Rechtsdiskurs, Rechtsprinzipien, Rechtsbegriff

Rechtsdiskurs, Rechtsprinzipien, Rechtsbegriff

Elemente einer diskursiven Theorie fundamentaler Rechte

Symposium zum 75. Geburtstag von Robert Alexy

Herausgegeben
von

Carsten Bäcker

Mohr Siebeck

Carsten Bäcker ist Inhaber des Lehrstuhls für Öffentliches Recht, Verfassungstheorie und Rechtsphilosophie an der Universität Bayreuth.

ISBN 978-3-16-161810-9 / eISBN 978-3-16-161907-6
DOI 10.1628/ 978-3-16-161907-6

Die Deutsche Nationalbibliothek verzeichnet diese Publikation in der Deutschen Nationalbibliographie; detaillierte bibliographische Daten sind über *http://dnb.dnb.de* abrufbar.

Das Buch wurde von SatzWeise in Bad Wünnenberg aus der Minion gesetzt, von Gulde Druck in Tübingen auf alterungsbeständiges Werkdruckpapier gedruckt und von der Buchbinderei Spinner in Ottersweier gebunden.

Printed in Germany.

Vorwort

Der vorliegende Band dokumentiert die Erträge eines internationalen Symposiums, welches – aus Anlaß des 75. Geburtstages von Robert Alexy am 9. September 2020 – vom 29. September bis zum 1. Oktober 2021 in deutscher und in englischer Sprache an der Universität Bayreuth stattfand. Das ursprünglich für den September 2020 geplante Symposium mußte im Zuge der Maßnahmen zur Bekämpfung der COVID-19-Pandemie um ein Jahr verschoben werden. Es kamen Weggefährten, Freunde und Schüler des Jubilars in Bayreuth zusammen, um den freudigen Anlaß mit Referaten zu seinem Werk akademisch zu würdigen. Aufgrund der noch immer andauernden Pandemie fand das Symposium in einer hybriden Form statt. Von den in Bayreuth gehaltenen und diskutierten 23 Referaten haben 22 den Weg in diesen Band gefunden. Hinzugekommen sind zwei Beiträge, die auf dem Symposium aufgrund terminlicher Kollisionen nicht haben präsentiert werden können.

Großzügige Unterstützung erfuhr das Symposium wie auch die Drucklegung dieses Bandes durch eine Zuwendung des Recht und Wirtschaft in Bayreuth e.V., der sich der Förderung von Forschung und Lehre an der hiesigen Fakultät verschrieben hat. Dafür sei herzlich gedankt. Nicht minder sei dem Verlag Mohr Siebeck in Tübingen, namentlich Ilse König, für die umsichtige Betreuung des Bandes gedankt.

Einen großen Dank verdient das Team des Bayreuther Lehrstuhls für Öffentliches Recht, Verfassungstheorie und Rechtsphilosophie, dessen Engagement in vielfacher Weise für das Gelingen des Symposiums wie auch für das Erscheinen dieses Bandes ursächlich war. So sind etwa die englischen Originalfassungen einiger Beiträge unter großem Einsatz des Lehrstuhlteams für den vorliegenden Band in die deutsche Sprache übertragen worden. Entsprechende Referenzen sind den Beiträgen vorangestellt. Besonders hervorzuheben ist das Engagement von Jonas Holoubek, dem die Organisationsleitung der Tagung ebenso wie die Redaktionsleitung dieses Bandes überantwortet war. Beiden Aufgaben ist er meisterlich und unter höchstem persönlichen wie zeitlichen Einsatz gerecht geworden.

Der größte Dank gebührt den Teilnehmern des Symposiums und den Autoren dieses Bandes. Trotz der Verlegung um ein Jahr haben alle an ihrer Zusage festgehalten, und die ausgearbeiteten Beiträge binnen recht kurzer Frist dem Herausgeber zur Publikation zugeleitet. Beides sind notwendige Voraussetzungen des Gelingens eines derartigen Projekts, die ein Veranstalter wie ein Herausgeber selbst nicht schaffen kann.

Ein größter Dank läßt noch einen allergrößten Dank zu. Dieser gebührt dem Jubilar selbst. Er hat das Symposium mit Antworten auf alle zuvor gegebenen 23 Referate beschlossen. Es ist ein unschätzbares Unglück, daß diese gesammelte Positionierung zu den hier dokumentierten Auseinandersetzungen mit seiner Theorie, die den Band beschließen sollte, wegen eines technischen Problems im Zuge der Aufzeichnung nicht im Wortlaut festgehalten werden konnte; sie bleibt sohin allein der Erinnerung der Teilnehmer überantwortet. Umso schöner ist es, daß Robert Alexy sich bereit erklärt hat, einige Reflexionen über die Entwicklung seiner Theorie der Grundrechte beizusteuern, die diesen Band nun eröffnen.

Bayreuth, im November 2022 *Carsten Bäcker*

Inhalt

II. Prinzipientheorie und Grundrechte

III. Rechtsbegriff, Rechtsgeltung und Rechtsinterpretation

Einleitung

Die in diesem Band versammelten 24 Beiträge unterscheiden sich vielfach voneinander, aber sie eint ihr Bezugspunkt: alle kreisen – mal in engeren, mal in weiteren Bahnen – um die Rechtstheorie des Jubilars, die als diskursive Theorie fundamentaler Rechte Gegenstand des Symposions war. Sie ist von drei Kernelementen geprägt: einer diskurstheoretischen Grundlegung der juristischen Argumentation, einer normtheoretischen Erklärung der Struktur fundamentaler Rechte und einem moralinklusiven, nichtpositivistischen Rechtsbegriff. Diese drei Kernelemente, die sich in den drei Monographien des Jubilars deutlich widerspiegeln, werden im Titel und in der Gliederung dieses Bandes aufgegriffen.

Die Zuordnung der Beiträge zu dem einen, dem anderen oder dem dritten dieser Elemente erfolgte nach den Schwerpunkten der jeweiligen Überlegungen. Ohnehin lassen sich Rechtsdiskurs, Rechtsprinzipien und Rechtsbegriff im Werk des Jubliars nicht als voneinander isolierte Theoriestücke begreifen. Sie sind vielmehr von Anfang an interdependent: So impliziert schon die in der Dissertation des Jubilars entwickelte Theorie der juristischen Argumentation (1978) die erst später ausgearbeitete normtheoretische Unterscheidung zwischen Regeln und Prinzipien, wenn Diskursregeln einerseits und approximativ anzustrebende, ideale Diskursbedingungen andererseits ihr strukturelles Herzstück ausmachen. In der Theorie der Grundrechte, der Habilitationsschrift des Jubilars (1985), in der den Grundrechten des Grundgesetzes die ihre Anwendung kennzeichnende Eigenschaft der Abwägungsfähigkeit und Abwägungsbedürftigkeit und mithin ihre Prinzipiennatur zugeschrieben wird, ist der Rückgriff auf die Theorie der rationalen juristischen Argumentation unabdingbar, um die Rationalität der zur Anwendung der Grundrechte erforderlichen Abwägungswertungen annehmen zu können. Der nicht-positivistische Rechtsbegriff schließlich, wie er wesentlich in der kleineren Schrift Begriff und Geltung des Rechts (1992) ausgearbeitet wurde, beruht maßgeblich, zum einen, auf dem dort entfalteten Prinzipienargument, welches geltend macht, daß ein entwickeltes Rechtssystem notwendig Prinzipien im Sinne der Theorie der Grundrechte enthält, und, zum anderen, auf einer Begründung der prioritären Geltung universaler moralischer Menschenrechte, die vom Jubilar unter Fortentwicklung seiner Theorie der juristischen Argumentation grundlegend in dem Aufsatz Diskurstheorie und Menschenrechte entfaltet wird. Dieser wurde im Sammelband des Jubilars, Recht, Vernunft, Diskurs (1995), erstmals publiziert. Es ist, vor diesem Hintergrund der vielfältigen Verflechtungen zwischen den Kernelementen der Rechtstheorie des Jubilars, nur konsequent, daß nicht wenige der jeweils einem der drei Elemente zugeordneten Beiträge auch zu den anderen Elementen Überlegungen enthalten.

Der Band wird eröffnet durch einige Reflexionen, die *Robert Alexy* nach mehr als 35 Jahren über seine Theorie der Grundrechte vorgenommen hat. Diese Reflexionen des Jubilars bestätigen die eben angedeutete Verwobenheit seiner drei theoretischen Kernelemente aus erster Hand. Drei Meilensteine der Weiterentwicklung hebt er hervor: eine analytische durch die Gewichtsformel, eine philosophische durch die diskurstheoretisch grundierte explikativ-existentielle Begründung der Menschenrechte, sowie eine methodologische, die darin bestehe, daß die Abwägung von Grundrechten als Prinzipien einer rationalen Überprüfung und sohin überhaupt nur der Rationalität fähig sei, weil die Theorie der juristischen Argumentation ein Urteil auch über die Rationalität von Wertungsentscheidungen, wie der Gewichtung von Eingriffsintensitäten, zulasse. Diese Reflexionen zeigen, daß die vorbenannten Interdepenzen zwischen den drei Elementen aus Sicht des Jubilars nicht etwa einfach nur bestehen, sondern seine Theorie gerade durch diese Verschränkungen bestärkt und fortentwickelt wird.

Der erste Teil des Bandes widmet sich im Schwerpunkt der Diskurstheorie und den Menschenrechten. Dieser Teil wird, kraft alphabetischer Reihenfolge, durch den Beitrag des Herausgebers eröffnet. Es wird der Versuch unternommen, die diskurstheoretische Begründung der Menschenrechte, wie sie der Jubilar zur Begründung des in seinen Augen Unbegründeten vorgelegt hat, in ihrem Anspruch auf Letztbegründetheit zu relativieren. Mit dieser Relativierung wäre der universale Geltungsanspruch der Menschenrechte, mithin ihre Universalität als Begriffsmerkmal, in Frage gestellt. Damit aber wäre zugleich auch die den Menschenrechten, verstanden als moralische Fundamentalrechte, begrifflich unterlegte Eigenschaft der Priorität gegenüber positivem Recht in Zweifel gezogen – womit der nichtpositivistische Rechtsbegriff des Jubilars ins Wanken geraten muß. Hier zeigt sich eine Schattenseite der Verschränkung der Theorieelemente: Die Schwächung eines der Kernelemente muß zur Schwächung aller mit ihm verwobenen Bauteile führen. Die Überlegungen schließen mit dem Appell, die als bloß jetztbegründet qualifizierten Menschenrechte in Grundrechte zu überführen – um so die Geltungsrelativität und die mangelnde Priorität dieser historisch und kulturell kontingenten moralischen Fundamentalsätze mit den Mitteln des Verfassungsrechts zu überwinden.

Mit *Laura Clérico* und *Martín Aldao* widmet sich der anschließende Beitrag der Anreicherung der Theorie der juristischen Argumentation, wie sie vom Jubilar ausgearbeitet wurde, um diskursive Gebote der Wahrnehmung und Vermeidung von Genderstereotypen. Dazu wird anhand einer Fallstudie analysiert, wie Genderstereotypisierung in Gerichtsurteilen, konkret eines Urteils des IAGMR, die Unterordnung der Frauen aufrechterhält und zu Lasten ihrer Rechte geht. Die Analyse der Autoren will dem Erkennen, Entschärfen und

Ergreifen von Maßnahmen zur Überwindung von Genderstereotypen dienen. Vorgeschlagen wird insbesondere eine Erweiterung der allgemeinsten Diskursregeln um den Passus, daß jede Person, die am Diskurs teilnimmt, aufmerksam zuhören und bereit sein muß, die Stereotype abzubauen, die ihr aufmerksames Zuhören blockieren, und sich stets bewußt sein muß, daß unsere Teilnahme am Diskurs notwendig kontextual situiert ist.

Der dritte Beitrag nimmt sich einer Rekonstruktion der Alexyschen Diskursregeln anhand einer Verortung zwischen einer funktionalen und einer transzendentalen Dimension an. *Leonardo Di Carlo* beginnt mit einer Abgrenzung dreier Dimensionen der Rechtserfahrung: die Identifikation von Normen, die Bestimmung eines Rechtsbegriffs und die Anwendung von Normen. Besonders den ersten beiden Dimensionen spürt *Di Carlo* im Werk des Jubilars nach, wobei er neue Verbindungslinien zwischen dessen drei Monographien und dem Sammelband Recht, Vernunft, Diskurs zieht, in dem die Rechtsphilosophie des Jubilars bis zu diesem Zeitpunkt (1995) gebündelt war. Den Schwerpunkt des Aufsatzes bildet sodann die Rekonstruktion wesentlicher Diskursregeln aus der Perspektive der drei Dimensionen der Rechtserfahrung. Die Arbeit schließt mit der Feststellung, daß Alexys Rechtsbegriff, je nach Perspektive, als normativer und als deskriptiver Nichtpositivismus zugleich anzusehen sei.

Eric Hilgendorf unterzieht Alexys Diskurstheorie des Rechts sodann einer kategorisierenden Einordnung. Er beginnt mit der Erinnerung an die Dichotomie zwischen dem Kritischen Rationalismus und der Diskurstheorie, die ihn, als Schüler *Herbert Keuths* dem Kritischen Rationalismus verhaftet, einst zu einer sehr kritischen Arbeit wider die Diskurstheorie veranlaßt habe. Diese Dichotomie sei, so *Hilgendorf*, heute weit weniger unversöhnlich, als sie es früher zu sein schien. Diese These wird mit einer Betrachtung der Genese der Diskursethik, der Grundelemente der Alexyschen Diskurstheorie sowie einer – gleichwohl noch immer anzubringenden – Kritik der Diskurstheorie insbesondere hinsichtlich ihres transzendentalen Anspruchs untermauert, wobei der Übergang zur staats- und demokratietheoretischen Perspektive sowie der juristische Diskurs herausgehoben wird. Letztlich deutet *Hilgendorf* den Pfad an, auf dem der Kritische Rationalismus und die Alexysche Diskurstheorie versöhnlich zueinander finden könnten, um antirationalistischen Tendenzen gemeinsam entgegenzuschreiten: er liege im Verzicht auf die Restbestände des Deutschen Idealismus.

Mit *Georg Lohmann* wird der Bogen zurück zu den Menschenrechten geschlagen, wenn er nach den Rollen von Rechtfertigungen der Menschenrechte fragt. Er beleuchtet die wesentlichen Unterschiede und Gemeinsamkeiten zwischen seinem Menschenrechtsverständnis und dem des Jubilars. Unterschiede erkennt er etwa in der Konzeption von Menschenrechten als (nicht) rein moralischen Rechten; Gemeinsamkeiten etwa in der Konzeption der Menschenrechte als Prinzipien, als abwägungsoffene Rechte. Besonderen Wert legt *Lohmann* auf die Feststellung, Menschenrechte seien, anders als der Jubilar es annehme, als subjektive Rechte des öffentlichen Rechts zu begreifen, und eben nicht als subjektive Rechte des Privatrechts. Die weiteren Überlegungen dienen der Begründung und näheren Entfaltung dieser These. Die Überlegungen schließen mit dem Fazit, daß nicht die Menschenrechte selbst, sondern nur die (rechtliche) Forderung, sie zu egalisieren und zu universalisieren, (moralisch) begründbar sei.

In einen anderen Kontext setzt *Alejandro Nava Tovar* das Unterfangen des Jubilars, die Menschenrechte als universelle Rechte zu begründen. Er betrachtet diese universalistische Menschenrechtsbegründung als Gegenspieler zur Kritik des Kulturrelativismus, wonach die Idee universaler Menschenrechte einem eurozentrischen Vorverständnis aufsitze. Insbesondere geht es ihm um eine Antwort auf die dekoloniale Wende, in deren Zuge auch die Forderung erhoben worden sei, die Menschenrechtstheorie emanzipiert und aus der Perspektive des globalen Südens neu zu denken. Dazu skizziert er zunächst die Menschenrechtsbegründung des Jubilars, erläutert sodann die Kritik, die seitens des dekolonialen Denkens am universalistischen Menschenrechtsverständnis geübt werde, und schließt mit einer Verteidigung eines universalistischen Menschenrechtsverständnisses ohne eurozentrischen Reduktionismus. Er argumentiert unter anderem mit dem prinzipiellen Charakter der Menschenrechte, der es erlaube, trotz universell formulierter Ansprüche kulturelle oder regionale Unterschiede in ihren konkreten Geltungsanspruch aufzunehmen. So ließe sich der Widerspruch zwischen einer universalistischen Menschenrechtstheorie und einer pluralistischen Sichtweise auf die Welt und ihre Normen als ein bloß vermeintlicher ausräumen.

Es folgt der Beitrag von *Ulfrid Neumann*, in dem er sich mit der Frage befaßt, ob sich „gute" und „schlechte" Metaphysik bei der Begründung der Menschenwürde finden und unterscheiden lasse. Er geht dazu von einem jüngeren Beitrag des Jubilars aus, in dem dieser eine problematische „emphatische" von einer unproblematischen „konstruktiven" Metaphysik unterscheide. Dies erscheine, so *Neumann*, vielversprechend, da mit einer derart konstruktiven Metaphysik, die *Neumann* als „weiche" bezeichnet, zugleich die erkenntnistheoretischen Probleme einer „harten" Metaphysik wie die legitimationstheoretischen Probleme infolge eines Verzichts auf Metaphysik zugunsten eines Dezisionismus vermieden werden könnten. Neumann geht dem aus seiner Sicht unklaren, weichen Metaphysikbegriff des Jubilars nach und grenzt ihn von einem harten Metaphysikverständnis in der Begründung der Menschenwürde ab. Er kontrastiert sodann *Alexys* diskurstheoretisch grundierte Begründung der Menschenwürde über den Personenbegriff mit *Paul Tiedemanns* Unterscheidung zwischen einer „Was"- und einer „Wozu"-Metaphsysik. Da ihn beide Ansätze nicht überzeugen, betrachtet er eine Alternative, die in der (normativen) Zuerkennung von Menschenwürde besteht. Letztlich würdigt er den

Verzicht des Jubilars auf eine „emphatische" Metaphysik als einen ersten Schritt, dem der zweite mit dem Verzicht auf jegliche Metaphysik möglicherweise implizit schon gefolgt sei.

Den ersten Teil des Bandes beschließen Überlegungen von *Jan Sieckmann*, in denen er den Diskurs bzw. die Diskurstheorie mit der Autonomie verknüpft. Zu Beginn streicht er heraus, daß die Diskurstheorie nicht nur eines von mehreren Kernelementen sei, sondern eigentlich das philosophische Fundament der gesamten Theorie des Jubilars bilde. Dementsprechend schwer wiegt der Einwand *Sieckmanns*, daß es der Diskurstheorie bzw. eines Diskurses im Grunde nicht bedürfe – denn entweder gebe es überzeugende Gründe für ein Urteil, dann seien diese auch ohne Diskurse als solche einzusehen, oder es gebe keine derartigen Gründe, dann werde auch ein Diskurs daran nichts ändern können. Ein vergleichbares Problem bestehe für die Konzeption moralischer Autonomie als Ursprung legitimer Normativität: Wenn die Autonomie darin bestehe, sich aus besseren Gründen für die Befolgung einer Norm und gegen die einer anderen zu entscheiden, dann sei eigentlich nicht die Autonomie das wesentliche Argument, sondern die Existenz der besseren Gründe. Es sei daher fraglich, welche Bedeutung Diskurs und Autonomie überhaupt für die Begründung von Normen haben können. Dieser Frage geht *Sieckmann* nach.

Die Beiträge im zweiten Teil des Bandes befassen sich im Schwerpunkt mit der Prinzipientheorie und den Grundrechten. Eröffnet wird dieser Teil von *Hidehiko Adachi*, der das vom Jubilar mit den Prinzipien identifizierte ideale Sollen als Sollen in der idealen Welt rekonstruiert, welches den Regeln als Sollen in der realen Welt gegenüberstehe. Dazu beginnt *Adachi* mit einer Klassifizierung der Unterscheidung von Regeln und Prinzipien in mehrfacher Hinsicht: Diese Unterscheidung bewege sich auf der Ebene der Normen, nicht der Normsätze; sowohl Regeln und Prinzipien seien als Normen ohne Wahrheitswert, nicht als normative Aussagen mit Wahrheitswert zu betrachten; und beides seien bedingte Normen (wobei *Adachi* nicht nur die Konsequenz als obligat betrachtet, sondern das gesamte Konditional). Das Kernstück seiner Überlegungen bildet aber die Unterscheidung zwischen der realen Welt, der nächstbesten Welt und der besten Welt. Eine Regel sei die Beschreibung eines Sollens, welches den Zustand in einer besseren, von der realen Welt aus erreichbaren Welt darstellt – so sei das Gebot, nicht zu morden, in der nächstbesseren Welt durch den Zustand des Nicht-Mordens erfüllt. Prinzipien seien dagegen, wie *Adachi* in Auseinandersetzung mit *Peng-Hsiang Wang* herausstellt, in der besten Welt zu verorten, da sie normative Aussagen in der nächstbesten Welt seien.

Von *Carlos Bernal Pulido* wird im Anschluß der Grundsatz der Verhältnismäßigkeit bei wirtschaftlichen und sozialen Grundrechten in den Blick genommen. Er spürt dabei zwei zentralen Fragen der Verfassungsgerichtsbarkeit nach: Sollten Verfassungsgerichte den Inhalt von Verfassungsrechten mit Schutzwirkung unbegrenzt bestimmen können, wenn den Normadressaten von den Rechteinhabern vorgeworfen wird, sie hätten ihre Rechte nicht hinreichend beachtet? Und: Wie sollten Verfassungsgerichte ihre Entscheidungen zur ersten Frage begründen? *Bernal* positioniert sich deutlich dazu, daß Verfassungsgerichte jedenfalls den Inhalt wirtschaftlicher und sozialer Verfassungsrechte bestimmen sollten. Zudem präsentiert er, in Auseinandersetzung mit der Theorie des Jubilars, ein dialogisches Modell der Verhältnismäßigkeitsprüfung, welches von den Verfassungsgerichten zur Begründung dieser Bestimmungen herangezogen werden könne. Für dieses Modell spreche, daß es – im Gegensatz zu anderen Modellen – ein höheres Maß an argumentativer Transparenz schaffe, weniger intensiv in die Gewaltenteilung eingreife und den epistemischen Nachteil von Verfassungsgerichten in der Gestaltung von Sozialpolitik berücksichtige.

Ebenfalls dem Verhältnismäßigkeitsgrundsatz spürt *Martin Borowski* nach, der Grundrechte als Gebote einer *vollständigen* Optimierung verstanden wissen will. Ihm geht es um Alternativen zu staatlichem Handeln, die nach dem klassischen Kanon der Verhältnismäßigkeitsprüfung nicht in den Blick gerieten. Geprüft werde nur, im Rahmen der Erforderlichkeit, ob es ein gleich geeignetes, milderes Alternativmittel gebe – nicht aber, ob es ein Alternativmittel gebe, welches ein insgesamt günstigeres Verhältnis von grundrechtlichen Kosten zu verfassungsrechtlichem Nutzen aufweise. Diese Mittel bezeichnet Borowski, zur Abgrenzung von den im technischen Sinne milderen Mitteln, als „sonst effizientere Mittel". Er formuliert sodann ein Gebot des sonst effizienteren Mittels; welches, wie zu erwarten sein könnte, nicht nur in komplexeren, mehrpoligen Güterkollisionen eine Rolle spiele, sondern auch in simplen, bipolaren Kollisionslagen, die dann auch im Fokus der weiteren Betrachtung stehen. Dieses Gebot sei in einer derartigen Situation auch bereits, wie er am Beispiel einer Entscheidung des BVerfG illustriert, beachtet worden (Kennzeichnungspflicht statt Verkaufsverbot) – wenn auch unter dem dogmatischen Deckmantel des milderen Mittels. Es folgen, in Auseinandersetzung mit Literaturmeinungen, Dogmatisierungen dieses Gebots unter den begrifflichen Dichotomien von Über- und Untermaßverbot sowie enger und weiter Tatbestandstheorie.

Dem Abwägen von Prinzipien in einer Welt voller Regeln widmet sich im Anschluß *Virgílio Afonso da Silva*. Ihm geht es um die nähere Betrachtung einer Kollision nicht zwischen Regeln oder Prinzipien, sondern von Regel mit Prinzip. Diese Kollisionslage sei bislang noch kaum beachtet worden – obwohl sie, wie *da Silva* meint, die „häufigsten, wichtigsten und komplexesten Aufgaben für die Abwägung" enthalte. Der Jubilar zumindest habe dieser Kollisionslage bislang lediglich eine Fußnote gewidmet, die – und deren Unklarheiten – *da Silva* zum Ausgangspunkt seiner Überlegungen macht. Er identifiziert verschiedene Standardsituationen, in denen diesen Kollisionen verschieden zu begegnen ist – mit dem Ergebnis, in der Regel habe die Regelbefolgung Vorrang; es sei denn, mit den Regeln ist der einschlägigen Prinzipienkollision nicht gerecht geworden, dann könnten Prinzipien den Tatbestand von Regeln einschränken oder ausweiten. Hierbei aber liege die Argumentationslast bei denjenigen, die von der Regel zugunsten eines Prinzips abweichen wollen.

Der folgende Beitrag, von *María Elósegui*, ist der Rekonstruktion einer verfassungsgerichtlichen Entscheidung nach Maßgabe der Gewichtsformel des Jubilars verschrieben. *Elósegui* geht es um den Nachweis, daß die formale Rekonstruktion des Angemessenheitsgrundsatzes für die Praxis der Verfassungsgerichte wie auch der des EGMR nützlich sei. Dies will sie anhand einer Rekonstruktion der Kopftuch-Entscheidung des BVerfG aus dem Jahr 2015 leisten, die sie eingehend darstellt und den verschiedenen Faktoren und Skalierungen der Gewichtsformel zuordnet. Sie kommt zu dem Ergebnis, daß das BVerfG das Prinzip der Angemessenheit, nach Maßgabe der Gewichtsformel, insgesamt richtig angewendet habe.

Mit *Dieter Grimm* folgt eine Betrachtung nicht einer einzelnen, sondern einer ständigen Rechtsprechung des BVerfG. Er wendet sich gegen die gefestigte Interpretation des BVerfG, wonach in Art. 2 I GG ein allgemeines Freiheitsrecht gewährleistet sei. Diese Interpretation des BVerfG sei, wie *Grimm* aufzeigt, weder in grammatischer noch in historischer oder in systematischer Hinsicht überzeugend. Er schildert zudem die Entstehung der Elfes-Entscheidung, in der diese ständige Rechtsprechung ihren Ausgang nahm, als eine eher plötzliche, da bis zuletzt eine Entscheidung am Maßstab von Art. 11 GG vorberaten gewesen sei. Mit dem Minderheitsvotum des Autors zur Entscheidung „Reiten im Walde“ sei die Diskussion um die allgemeine Handlungsfreiheit zwar noch einmal entfacht worden, doch die ständige Rechtsprechung und die herrschende Lehre sei nicht umgeschwenkt. Auch der Jubilar sekundiere dem BVerfG in einem Kapitel seiner Habilitationsschrift im Ergebnis, wenn er in der allgemeinen Handlungsfreiheit mehr Vor- als Nachteile sehe – dies jedoch nicht so sehr, weil er die Entscheidung für eine allgemeine Handlungsfreiheit für inhaltlich richtig befunden habe, sondern weil er sie für möglich und strukturell widerspruchsfrei halte. Dies könne zwar, so *Grimm*, durchaus so gesehen werden; die interessantere Frage sei aber, ob der Verfassungsgeber eine derartige Vorschrift wegen ihrer die Nachteile überwiegenden Vorteile überhaupt in den Grundrechtskatalog hätte aufnehmen sollen – was *Grimm* in Auseinandersetzung mit den Argumenten des Jubilars nach wie vor verneint.

Dem schließt sich eine Auseinandersetzung mit der Struktur der Abwägung an, die *Matthias Klatt* für die Situation hinterfragt, in der eine erforderliche Gewichtung einer normativen oder empirischen Prämisse in gleich plausibler Weise unterschiedlich getroffen werden kann. Diesen Zustand bezeichnet er als Erkenntnisvakuum. Ihm ist daran gelegen, dem Ergebnis von Abwägungen auch in derartigen Situationen nicht die Rationalität absprechen zu müssen. Dazu betrachtet er zunächst das Problem epistemischer Unsicherheiten in Abwägungen im Allgemeinen, wobei er zunächst die relevanten Grundlagen der Prinzipientheorie rekapituliert, sodann die Auswirkungen epistemischer Unsicherheiten auf Abwägungen benennt, um schließlich die Bedeutung epistemischer Variablen in der Gewichtsformel zu diskutieren. Im zweiten Schritt hinterfragt er die Rolle der formellen Prinzipien in der Theorie des Jubilars, dessen ursprüngliche Position (Kombinationsmodell) *Klatt* kritisiert, woraufhin er sein Modell der praktischen Konkordanz von Kompetenzen (als Trennungsmodell) verteidigt – und darin eine Antwort auch auf das Problem des Erkenntnisvakuums erblickt. Schließlich werden die theoretischen Überlegungen anhand der Rotmilan-Entscheidung des BVerfG verdeutlicht.

Einer Rekonstruktion der Grundrechte als Kooperationsrechte wendet sich *Josef Franz Lindner* zu. Dazu erörtert er zunächst die Erweiterung des grundsätzlich vertikalen Grundrechtsverhältnisses in der abwehrrechtlichen Konstellation auf ein Dreiecksverhältnis, in dem der staatliche Eingriff in ein Abwehrrecht des einen Bürgers dem Schutz der Rechte eines anderen Bürgers diene. Diese Form der Dreieckskonstellationen als „Schutz durch Eingriff" kennzeichne namentlich die als mittelbare Drittwirkung firmierenden Fallgestaltungen. Es gebe jedoch noch weitere Grundrechtsverhältnisse, in denen Dritte von Bedeutung seien. So könne es zur Realisierung einer Grundrechtsposition eines Bürgers erforderlich sein, sich eines anderen Bürgers zu bedienen, wie etwa in der Suizidhilfe. Davon ausgehend unterscheidet *Lindner* drei mögliche Beteiligungen von Dritten in Grundrechtsverhältnissen: (1) Kooperationsfälle – der Dritte als Partner (Eheschließung); (2) Kollisionsfälle – der Dritte als Störer; (3) Konfrontationsfälle – der Dritte als Auslöser grundrechtlicher Duldungspflichten (Religionsausübung/Meinungsäußerung). Die Kooperationsfälle unterzieht *Lindner* sodann einer näheren Betrachtung; sie unterfielen in denknotwendige (Versammlung), faktisch notwendige (Beruf) und optionale (Suizidhilfe) Kooperationen. Von hier aus wendet er sich den Fragen zu, ob Grundrechte (ausnahmsweise) Kooperationsansprüche gewähren und wie staatliche Kooperationsverbote grundrechtlich zu bewerten sind.

Die Überlegungen von *Julian Rivers* zur Verhältnismäßigkeit und der richterlichen Kontrollkompetenz beginnen mit einer Einordnung der Theorie des Jubilars als einer nicht vollständig allgemeinen Verfassungstheorie. Sie sei in Auseinandersetzung mit dem deutschen System entstanden – und so auf ein Verfassungsdenken zugeschnitten, in dem eine starke Verfassungsgerichtsbarkeit existiere. Gleichwohl sei die Prinzipientheorie als Theorie der Verhältnismäßigkeit auf ein derartiges, in *Rivers'* Worten, stark materiales System nicht zu reduzieren, da sie „in der Frage der richterlichen Kontrollkompetenz völlig offen" sei. Dies will er in einer Auseinandersetzung mit dem Verständnis des Jubilars von strukturellen Spielräumen nachweisen – wobei er zunächst auf das Problem stößt, daß die Verhältnismäßigkeit (ieS) ihrer Idee nach auf eine optimale Lösung von Konfliktsituationen ausgeht, die Spielräumen strukturell entgegenstehe. Gleichwohl erkenne der Jubilar Spielräume des Gesetzgebers an, die sich negativ aus der (Einschränkung der) Kontrollkompetenz des Verfassungsgerichts ergäben. Dies sei jedoch, wie auch seine jüngere Ausgestaltung der Theorie formeller Prinzipien, nicht geeignet, um eine adäquate Theorie des gesetzgeberischen Ermessens abzubilden; was ebenso für die Modelle von *Borowski* und *Klatt* gelte. Daher stellt *Rivers* diesen Vorschlägen sein Modell der begrenzten Kompetenzen gegenüber, welches im Kern besagt, daß ein Verfassungsgericht nicht zu prüfen habe, ob die Abwägung des Gesetzgebers in jeder Hinsicht korrekt war, sondern lediglich, ob die Werte „aus rechtlicher Sicht akzeptabel" seien. Diese Prüfung könne, je nach System, unterschiedlich streng vorgenommen werden, womit die verschiedenen Systeme mit einer gerichtlichen Verhältnismäßigkeitskontrolle vereinbar seien.

Ein wiederum gänzlich anderes verfassungsrechtliches System unterliegt den sich anschließenden Betrachtungen von *Axel Tschentscher* über die schweizerische Rezeption der Grundrechtstheorie des Jubilars. Es gebe, so *Tschentschers* Grundthese, zwar kaum eine explizite, wohl aber eine implizite Rezeption der Theorie in der Schweiz. Dies habe verschiedene Ursachen, zu denen „sehr alte und eigenständige Traditionslinien" ebenso zählten wie eine Kultur des Zitierens, die „weniger liebevoll und gründlich" sei als in Deutschland. Einleitend werden die Grundgedanken der Theorie des Jubilars, um deren Rezeption es gehe, zusammengefaßt – mit der These, die einzelnen Elemente seien für sich genommen keine Besonderheit der Alexyschen Theorie, sondern vielmehr paradigmatisch für das heutige Grundrechtsdenken; die Besonderheit bestehe aber darin, daß alle Elemente aufeinander bezogen seien und in einem wechselseitigen Implikationsverhältnis stünden. Rezeptionsgrenzen ergäben sich gleichwohl aus den institutionellen Besonderheiten in der Schweiz, die *Tschentscher* darin sieht, daß es keine konzentrierte Normenkontrolle wie auch keine umfassende Verfassungsgerichtsbarkeit gebe, und auch keine allgemeine Handlungsfreiheit anerkannt sei, weswegen die Verhältnismäßigkeitsprüfung nicht in allen Bereichen staatlichen Handelns durchzuführen sei. Letztlich hänge das Fortschreiten der Rezeption der Theorie des Jubilars am bewußteren Umgang mit der Abwägung.

Der Beitrag von *Mark Tushnet* über die Verhältnismäßigkeit und das Problem regulatorischer Subventionen beschließt den zweiten Teil des Bandes. Er beginnt seine Überlegungen, die sich mit der Theorie des Jubilars als Theorie der Verhältnismäßigkeit befassen, durch eine Unterscheidung dreier Ordnungen der Verfassungsdogmatik. Die Dogmatik erster Ordnung führe „zur besten Auflösung konkreter verfassungsrechtlicher Kontroversen", die der zweiten Ordnung lege „fest, wie mit diesen Interessen umgegangen werden soll", und die der dritten binde „institutionelle Interessen in die Analyse ein". Die Verhältnismäßigkeitsprüfung sei „eine gute Dogmatik zweiter Ordnung, wenn sie zur Lösung von Problemen der ersten Ordnung angewendet wird". Schwierigkeiten habe sie aber „bei der Behandlung von Fragen der dritten Ordnung“. Diesen Schwierigkeiten in der „Beziehung zwischen der Verhältnismäßigkeitsprüfung und dem Gesamtsystem der gesetzgebenden Politikgestaltung“ will *Tushnet* nachgehen. Dazu bringt er zwei Fälle regulatorischer Subventionen vor, einen aus Deutschland und einen aus der USA, die zwar nach der dritten Ordnung wünschenswert seien, mit dem Verhältnismäßigkeitsgrundsatz aber nicht in Einklang zu bringen wären – was letztlich darauf hinauslaufe, daß ein Beharren auf dem Verhältnismäßigkeitsgrundsatz „die Fähigkeit des politischen Systems schwächen [könne], die Bürger zu politischem Engagement zu motivieren“.

Der dritte Teil des Bandes ist dem Rechtsbegriff, der Rechtsgeltung und der Rechtsinterpretation gewidmet. Dieser Teil wird von *Andreas Funke* eröffnet, der einem institutionalistischen Vorurteil in der Interpretationslehre nachspüren will, indem er die Bedeutung der Selbstbeurteilung von und im Recht hinterfragt. Ihm geht es um die Frage, wer das Recht interpretiert – genauer, „wer für die Interpretation von Rechtsnormen zuständig ist“. Diese Frage werde kaum behandelt, obwohl sich hinter ihr ein zentrales Problem der Rechtstheorie und der juristischen Methodenlehre verberge. Denn es sei nicht gerechtfertigt, die Interpretation des Rechts (allein) in die Hände der Institutionen des Rechts, allen voran der Gerichte, zu legen. Auch die Adressaten seien als Interpreten der Rechtsnormen anzuerkennen. Der Jubilar immerhin habe neben die institutionelle Interpretation des Rechts die Laieninterpretation gestellt, die rechtlich nicht verbindlich sei. Um diese Laieninterpretation geht es Funke. Sie sei von *Borowski* näher konturiert worden, letztlich aber auch bei ihm gegenüber der institutionellen Interpretation bedeutungslos. Dies überzeuge nicht, so *Funke*, denn es bedürfe einer „Selbstbeurteilung“ des Rechts durch dessen Träger und Adressaten – die (wenigstens im Zivilrecht) nicht mit den Institutionen des Staates identisch seien: „Die Inhaber von Rechten sind die Erstinterpreten ihrer Rechte“.

Mit der Begriffsgeschichte und Begriffsbildung der Geltung des Rechts befaßt sich im Anschluß *Nils Jansen*. Sein Ausgangspunkt besteht in der Feststellung, daß es dem Jubilar in seiner Auseinandersetzung mit Begriff und Geltung des Rechts nicht um den Begriff der Geltung zu tun gewesen sei, sondern um die Kriterien rechtlicher Geltung – auch wenn er von „Geltungsbegriffen“ spreche. *Jansen* will dagegen herausarbeiten, „was genau Juristen meinten, und was sie im Einzelnen voraussetzten, als sie begannen, von ‚Geltung‘ zu sprechen“. Dazu rekapituliere er in einem ersten Schritt die Grundlagendiskussionen um den Gültigkeits- und den Geltungsbegriff im 20. Jahrhundert, bevor er, in einem zweiten Schritt, der Frage nachgehe, inwiefern die „Geltung“ des Rechts zu einem Rechtsbegriff wurde. Es zeige sich, daß der Geltungsbegriff im Frühkonstitutionalismus geboren wurde, um Verstöße niederrangigen Rechts gegen die höherrangigen Verfassungen zu kennzeichnen, wobei mit dem Begriff der

Geltung die Zugehörigkeit einer Norm zum Rechtssystem bezeichnet worden sei. Damit seien die „Verbindlichkeit und Anwendbarkeit" von Recht selbst „zu Rechtsfragen geworden". Mit „Geltung" sei „die ontologische Dimension einer Aussage über die Verbindlichkeit einer Rechtsnorm oder Rechtsordnung" zum Ausdruck gebracht; es handele sich um ein normatives ontologisches Prädikat, eine normative Existenzaussage über Normen, die nur im Recht brauchbar sei.

Jorge Alexander Portocarrero Quispe befaßt sich mit der Frage, wie Verfassungsnormen von anderen Rechtsnormen begrifflich unterschieden werden können. Er erkennt einen Sondercharakter der Verfassungsnormen, der sich nicht nur in der Struktur und den Beziehungen innerhalb einer Rechtsordnung zeige, sondern auch in rechtsphilosophischen Aspekten. Letztere bestünden darin, daß Verfassungsnormen eine institutionalisierende Funktion erfüllten, indem sie „pragmatische, ethisch-politische und moralische Gründe in positives Recht" umwandelten. Er ordnet seine These des Sondercharakters der Verfassungsnormen ein zwischen eine „Äquivalenzthese", die keinen Unterschied zwischen Verfassungsnormen und sonstigen Rechtsnormen anerkenne, und eine „strikte Differenzthese", die Verfassungsnormen als gänzlich eigene Art der Rechtsnormen begreife. Zur Stützung seiner These betrachtet er das hierarchische und das institutionalisierende Moment als spezifische Merkmale der Verfassungsnormen näher, kategorisiert das verfassungsrechtlich nicht Institutionalisierbare als diskursiv unmöglich, das in der Verfassung Institutionalisierte als (wohl im juristischen Diskurs) diskursiv notwendig, und das verfassungsrechtlich Vertretbare als diskursiv möglich (dies allerdings in „einem Diskurs, der zwischen dem allgemeinen praktischen Diskurs und dem institutionalisierenden juristischen Diskurs gelagert" sei). Besonders bedeutsam sei die These des Sondercharakters aber für die Verfassungsinterpretation, die ebenfalls einen Sondercharakter gegenüber der Interpretation sonstiger Rechtssätze aufweise – womit eine Theorie der Verfassungsauslegung erforderlich werde.

An der Schnittstelle von Prinzipientheorie und Rechtsbegriff bewegen sich die Überlegungen von *Alexandre Travessoni Gomes Trivisonno*, der die Theorie des Jubilars zum Verhältnis von Rechtssicherheit und Gerechtigkeit, wie er sie im Anschluß an die Radbruchsche Formel entwickelt hat, als Ergebnis einer Abwägung dieser beiden Güter begreift. Dabei handele es sich, so *Trivisonno*, um eine Abwägung zwischen einem formellen und einem materiellen Prinzip. Er rekonstruiert diese Abwägung, wie es der Jubilar selbst nahegelegt habe, anhand einer reduzierten Gewichtsformel, was jedoch einige Widersprüchlichkeiten („fünf Probleme") in der Argumentation zum Verhältnis von Rechtssicherheit und Gerechtigkeit offenbare. Zu diesen Problemen zähle eine mögliche Unterkomplexität der Abwägung anhand der einfachtriadischen Skalierung. Doch Probleme blieben auch dann bestehen, wenn eine doppeltriadische Skalierung gewählt würde, weil es zu Pattsituationen zwischen extremer Ungerechtigkeit und Rechtssicherheit kommen könne. Lösen ließe sich dies Problem nur, wenn der Gerechtigkeit ein höheres abstraktes Gewicht als der Rechtssicherheit zuerkannt würde. Ein weiteres Problem betreffe die aus der Arithmetik der Gewichtsformel abzuleitende These, daß nicht nur extrem ungerechte Gesetze ihre Geltung verlieren, sondern vielmehr jedes Gesetz, dessen Rechtssicherheitsgewicht vom Ungerechtigkeitsgewicht seines Inhalts überwogen würde. Um dies Problem zu vermeiden, müsse die Anwendung der Gewichtsformel auf die Fälle extremen Unrechts begrenzt werden. Letztlich zeigten die Probleme, daß eine Rekonstruktion des Rechtsbegriffs des Jubilars anhand von dessen Gewichtsformel als noch ungelöste Aufgabe verbleibe.

Mit dem Beitrag von *Peng-Hsiang Wang* wird der dritte Teil und damit auch der Band beschlossen. Er hinterfragt, inwiefern der inklusive Rechtsnichtpositivismus des Jubilars als eine hybride Naturrechtstheorie anzusehen sei, wie es von einigen Naturrechtlern angenommen werde – wofür er zunächst zwei Versionen der Naturrechtsthese, eine starke und eine schwache, mit der Unterscheidung des Jubilars zwischen drei Varianten des Rechtsnichtpositivismus vergleicht. Danach lasse sich vertreten, daß der inklusive Rechtsnichtpositivismus als Hybrid einer starken und einer schwachen Naturrechtstheorie angesehen werden könne. Allerdings träten dabei zwei Unklarheiten bzw. Probleme zutage: Es sei offen, wie das Richtigkeitsargument des Jubilars einen moralischen Fehler als rechtlichen Fehler qualifiziere; und es sei undurchsichtig, wie der Jubilar mit der Doppelnaturthese von einem schwachen Naturrechtszusammenhang, der nur die Fehlerhaftigkeit betreffe, zu einem starken übergehe, der auch den Geltungsverlust einbeziehe. Lösungen dieser Probleme will *Wang* in der Einbeziehung eines funktionalen Arguments ausmachen – welches in der These zum Ausdruck kommt, daß das Recht das Handeln anleite, indem es normative Gründe für Handlungen liefere. Insgesamt sei die Theorie des Jubilars nicht als hybride, sondern als eine starke Naturrechtsthese zu begreifen, die aber hinsichtlich der hinreichenden Voraussetzung der rechtlichen Ungültigkeit einer Norm auf den Tatbestand extremer Ungerechtigkeit reduziert sei.

Die Theorie des Jubilars hat in den hier versammelten Beiträgen zu Zusprüchen und Widersprüchen, zu Ausgestaltungen und Weiterführungen der drei Kernelemente und ihrer Zusammenhänge angeregt, aus ganz unterschiedlichen Perspektiven. Sie hat sich damit einmal mehr – trotz und wegen ihrer hohen Ausbaustufe, die sie im bald 78. Lebensjahr des Jubilars erreicht hat – als ein vielfältig anknüpfungsfähiges Projekt erwiesen, das durch ihn selbst wie auch durch seine Schüler, Weggefährten, Freunde und Kritiker weiter vorangebracht werden wird. Als Herausgeber wäre ich froh, wenn der vorliegende Band dazu einen Beitrag leisten könnte.

Präludium

Einige Reflexionen über die „Theorie der Grundrechte" nach mehr als 35 Jahren

Robert Alexy

Die „Theorie der Grundrechte" ist 1985 erstmals erschienen. Vieles vertrete ich bis heute. Dazu gehört vorrangig, trotz zahlreicher Einwände, die Unterscheidung von Regeln und Prinzipien. Auch an der weiten Tatbestandstheorie halte ich fest.

In einer Reihe von Punkten aber gab es Weiterentwicklungen. Gäbe es diese nicht, wäre meine Theorie keine wissenschaftliche Theorie. Drei Entwicklungen sind von besonderer Bedeutung: eine analytische, eine philosophische und eine methodologische.

I. Die analytische Weiterentwicklung

Die analytische Entwicklung betrifft die Abwägung im Rahmen der Verhältnismäßigkeitsprüfung. Ich habe 1985 zwei Gesetze aufgestellt, das *Kollisionsgesetz*[1] und das *Abwägungsgesetz*.[2] Das Kollisionsgesetz halte ich bis heute ohne die geringste Veränderung aufrecht. Das Abwägungsgesetz habe ich dagegen in die *Gewichtsformel* transformiert. Die Gewichtsformel ist das wichtigste Element der Weiterentwicklung meiner Grundrechtstheorie. Das Abwägungsgesetz lautet:

> Je höher der Grad der Nichterfüllung oder Beeinträchtigung des einen Prinzips ist, desto größer muss die Wichtigkeit der Erfüllung des anderen sein.[3]

Das Abwägungsgesetz findet sich, in unterschiedlichen Formulierungen, nahezu überall in der Verfassungsrechtsprechung. Es drückt eine zentrale Eigenschaft der Abwägung aus und ist von großer praktischer Bedeutung. Wenn man eine präzise und vollständige Analyse der Struktur der Abwägung erhalten will, muss das Abwägungsgesetz freilich weiter ausgearbeitet werden. Das Ergebnis einer solchen weiteren Ausarbeitung ist die Gewichtsformel. Eine frühe

[1] *R. Alexy*, Theorie der Grundrechte, 1985, S. 83–84.
[2] Ebd., S. 146.
[3] Ebd.

Form der Gewichtsformel habe ich 2002 in dem *Postscript* der englischen Übersetzung der „Theorie der Grundrechte" publiziert.[4] Dies *Postscript* wurde 2007 als *Epílogo* in die zweite Auflage der spanischen Übersetzung übernommen. Die damalige Formel war unnötig kompliziert. Zudem hat sich in den folgenden Jahren gezeigt, dass sie erweitert werden kann. Ihr Kern stand und steht jedoch fest. In deutscher Sprache habe ich diesen Kern 2003 wie folgt zusammengefasst:[5]

$$G_{i,j} = \frac{I_i \cdot G_i \cdot S_i}{I_j \cdot G_j \cdot S_j}$$

Bis heute ist dies die Standardform der Gewichtsformel.

Die Gewichtsformel definiert das Gewicht eines Prinzips P_i in einem konkreten Fall, das heißt, das konkrete Gewicht von P_i relativ zu einem kollidierenden Prinzip P_j ($G_{i,j}$), als den Quotienten erstens des Produkts der Intensität des Eingriffs in P_i (I_i) und des abstrakten Gewichts von P_i (G_i) und der epistemischen Sicherheit der empirischen oder normativen Annahmen darüber, was die in Frage stehende Maßnahme für die Nichtrealisierung von P_i bedeutet (S_i), und zweitens des Produkts der entsprechenden Werte für P_j, nun bezogen auf die Realisierung von P_j.

Die Rede von Quotienten und Produkten setzt die Verwendung von Zahlen voraus. Das führt zu dem Problem der Skalierung. Ich habe als Standardskala eine geometrische und diskrete Skala vorgeschlagen. Diskrete Skalen sind dadurch definiert, dass zwischen ihren Punkten keine weiteren Punkte existieren. Das Abwägen kann anfangen, sobald man eine Skala mit zwei Werten hat, etwa leicht und schwer. Im Verfassungsrecht wird oft eine triadische Skala verwendet, die mit den Werten leicht (*l*), mittel (*m*) und schwer (*s*) arbeitet. Es gibt verschiedene Möglichkeiten, diese Werte durch Zahlen darzustellen.[6] Wenn man eine geometrische Folge wie 2^0, 2^1 und 2^2 wählt, wird es möglich, die Tatsache darzustellen, dass die Kraft der Prinzipien bei steigender Eingriffsintensität überproportional wächst. Das ist die Basis der Antwort auf den Einwand, dass die Prinzipientheorie zu einer inakzeptablen Schwächung der Grundrechte führe. Wenn das konkrete Gewicht ($G_{i,j}$) von P_i größer als 1 ist, geht P_i P_j vor, ist es kleiner als 1, geht P_j P_i vor. Wenn aber das konkrete Gewicht

[4] *R. Alexy*, A Theory of Constitutional Rights, übers. v. J. Rivers, 2002, S. 408–409, 419. Die erste Publikation der Gewichtsformel in der frühen Form auf Deutsch erfolgte 2001; vgl. *ders.*, Die Abwägung in der Rechtsanwendung, in: Jahresbericht des Institutes für Rechtswissenschaft an der Meiji Gaikuin Universität Tokio 17 (2001), S. 69–83 (77).

[5] *R. Alexy*, Die Gewichtsformel, in: J. Jickeli/P. Kreutz/D. Reuter (Hrsg.), Gedächtnisschrift für Jürgen Sonnenschein, 2003, S. 771–792 (790); *ders.*, The Weight Formula, übers. v. B. Brożek und S. L. Paulson, in: Studies in the Philosophy of Law 3, 2007, S. 9–27 (25); wieder abgedruckt in: *ders.*, Law's Ideal Dimension, 2021, S. 154–174 (172).

[6] Vgl. hierzu *Alexy*, Die Gewichtsformel (Fn. 5), S. 783–787.

($G_{i,j}$) 1 ist, besteht ein Patt. In diesem Fall ist es sowohl erlaubt, die in Frage stehende Maßnahme auszuführen, als auch, sie zu unterlassen. Das bedeutet, dass der Staat, insbesondere der Gesetzgeber, einen Spielraum hat.[7] Das ist für die Zurückweisung des Einwandes, dass die Prinzipientheorie zu einer Überkonstitutionalisierung führe,[8] von höchster Bedeutung.

Gegen die Gewichtsformel sind zahlreiche Einwände erhoben worden. Viele von ihnen machen geltend, dass sich die juristische Argumentation nicht mit Hilfe von Zahlen erfassen lasse. Ich stimme der These zu, dass das Begründen nicht durch Rechnen ersetzt werden kann. Doch eine solche Ersetzung ist nicht die Intention der Gewichtsformel. Sie zielt allein darauf, die Struktur der Abwägungsargumentation deutlich zu machen. Damit hat sie eine ausschließlich analytische Funktion. Unter diesem Aspekt besteht eine starke Parallele zwischen der logischen Struktur der Subsumtion und der mathematischen Struktur der Abwägung.[9] Beide bestimmen nicht den Inhalt der Entscheidung, bringen aber Ordnung in das Argumentieren. Diese Ordnung ist ein unverzichtbarer Rationalitätsgewinn. Alles weitere ist bei der methodologischen Weiterentwicklung meiner Theorie in den Blick zu nehmen.

II. Die philosophische Weiterentwicklung

Zuvor möchte ich aber auf die philosophische Entwicklung eingehen. Im ersten Kapitel der „Theorie der Grundrechte“ habe ich meine Theorie als eine „allgemeine juristische Theorie der Grundrechte des Grundgesetzes“ bezeichnet.[10] Ihr Ausgangspunkt waren die Grundrechte als positives Recht.[11] Das entsprach der starken analytischen Tendenz des Buches. Die analytischen Grundstrukturen der Grundrechte kann man anhand jedes Rechtssystems, das Grundrechte kennt, studieren. Je besser die Institutionalisierung der Grundrechte ist, desto einfacher und fruchtbarer ist die Analyse. Die damals bereits mehr als dreißigjährige Rechtsprechung des deutschen Verfassungsgerichts gab meinen Analysen ein wunderbares Material. Ich räumte zwar ein, dass neben der analytischen Dimension eine philosophische Dimension der Grundrechte existiert,[12]

[7] *R. Alexy*, Verfassungsrecht und einfaches Recht – Verfassungsgerichtsbarkeit und Fachgerichtsbarkeit, in: VVDStRL 61 (2002), S. 7–33 (22–26).

[8] *E.-W. Böckenförde*, Grundrechte als Grundsatznormen. Zur gegenwärtigen Lage der Grundrechtsdogmatik, in: *ders.*, Staat, Verfassung, Demokratie, 1991, S. 159–199 (185–191); *ders.*, Fundamental Rights as Constitutional Principles. On the Current State of Interpreting Fundamental Rights, übers. v. T. Dunlap und R. Zimmerling, in: M. Künkler/T. Stein (Hrsg.) Constitutional and Political Theory, 2017, S. 234–265 (255–259).

[9] *R. Alexy*, On Balancing and Subsumption, in: Ratio Juris 16 (2003), S. 433–449 (448).

[10] *Alexy*, Theorie der Grundrechte (Fn. 1) S. 21.

[11] Ebd., S. 15.

[12] Ebd., S. 18.

wollte diese beiden Dimensionen aber voneinander trennen. Diese Trennungsthese habe ich in späteren Arbeiten durch eine Verbindungsthese ersetzt, die ein wesentliches Element meiner allgemeinen Theorie der Doppelnatur des Rechts ist.[13]

Den Ausgangspunkt der Verbindung von juristischer Analyse und philosophischer Reflexion bildet die Unterscheidung von *Grundrechten* und *Menschenrechten*. Grundrechte sind positive Rechte, Menschenrechte nichtpositive Rechte. Als nichtpositive Rechte sind Menschenrechte durch fünf Merkmale definiert. Sie sind, erstens, moralische, zweitens, universelle, drittens, fundamentale und, viertens, abstrakte Rechte, die, fünftens, Vorrang vor allen anderen Normen haben.[14] Die Grundrechte als positive Rechte sind notwendig mit den Menschenrechten als bloß moralischen, und deshalb nichtpositiven, Rechten verbunden. Die Verbindung besteht darin, dass Grundrechte Rechte sind, die mit der Intention in eine Verfassung aufgenommen worden sind, Menschenrechte in positives Recht zu transformieren.

Das erste Problem dieser Verbindungsthese besteht in dem Begriff der Intention. Eine verfassungsgebende Versammlung kann auf den Einschluss der Grundrechte in die Verfassung verzichten. An genau dieser Stelle kommt der *Anspruch auf Richtigkeit* ins Spiel. Der Anspruch auf Richtigkeit ist die Basis meiner Rechtsphilosophie.[15] Richtigkeit im Recht impliziert Gerechtigkeit. Wir finden keine Verfassung, in der ein Satz steht wie:

> *X* ist eine souveräne, föderale und ungerechte Republik.

Natürlich kann eine Republik oder ein Staat ungerecht sein. Und es sind viele. Aber alle erheben den Richtigkeitsanspruch. Dieser Anspruch definiert die ideale Dimension des Rechts.

Der Anspruch auf Richtigkeit hat allerdings neben der materiellen oder substantiellen Seite, die für die ideale Dimension des Rechts steht, auch eine formelle oder institutionelle Seite, die der realen Dimension des Rechts Rechnung trägt.[16] Das vergrößert den Raum dessen, was unter *Richtigkeit* verstanden werden kann, beträchtlich. Dies bedeutet allerdings nicht, dass sich alles als richtig einstufen lässt. Die entscheidende Frage lautet, ob Menschenrechte als moralische, also ideale Rechte neben der realen Dimension des Rechts, die durch ordnungsgemäße Gesetztheit und soziale Wirksamkeit definiert ist, notwendige Elemente seines Inhalts sein können. Meine Antwort lautet: Ja. Das setzt voraus, dass Menschenrechte existieren. Rechte existieren, wenn sie gelten. Menschenrechte als moralische Rechte gelten, wenn sie begründbar sind,

---

[13] *R. Alexy*, The Dual Nature of Law, in: Ratio Juris 23 (2010), S. 167–182; wieder abgedruckt in: *ders.*, Law's Ideal Dimension (Fn. 5), S. 36–50.

[14] Ebd., S. 178.

[15] *R. Alexy*, Begriff und Geltung des Rechts, 6. Aufl. 2020, S. 64–70.

[16] Eingehender hierzu *Alexy*, The Dual Nature of Law (Fn. 13), S. 173–174.

denn die Geltung der Menschenrechte besteht allein in ihrer *Begründbarkeit.*[17] In zwei Aufsätzen habe ich versucht, die Geltung der Menschenrechte zu begründen.[18] Eine perfekte Begründung ist mir nicht gelungen. Eine perfekte Begründung wäre eine objektive Begründung wie sie zum Beispiel beim Satz des Pythagoras oder bei der Behauptung, dass der Mond der einzige Trabant der Erde ist, möglich wird. Was aber möglich ist, ist eine Begründung, die objektive mit subjektiven Elementen verbindet. Das ist die explikativ-existentielle Begründung. Diese Begründung folgt *Kantischen* Linien sowie Spuren Kierkegaards.[19] Eine objektiv-subjektive Begründung ist nicht das Allerbeste, aber doch das Beste.

Die Möglichkeit der objektiv-subjektiven Begründung hat weitreichende Konsequenzen für die Interpretation von Grundrechtskatalogen. Der Anspruch auf Richtigkeit fordert, dass die Menschenrechte als moralische Rechte bei der Interpretation der positivrechtlichen Verfassung berücksichtigt werden. Das kann in verschiedenen Formen geschehen.[20] Hier soll nur eine Variante betrachtet werden. Bei ihr geht es um die Hinzufügung eines Grundrechts, das nicht in dem geschriebenen Katalog enthalten ist, zu den von der Verfassung garantierten Grundrechten. Ein Beispiel bildet die Hartz IV-Entscheidung des Bundesverfassungsgerichts aus dem Jahr 2010, in der das Gericht dem Grundrechtskatalog, der nur ein soziales Grundrecht explizit enthält, nämlich das Recht jeder Mutter „auf den Schutz und die Fürsorge der Gemeinschaft“ (Art. 6 Abs. 4 GG), ein weiteres soziales Grundrecht hinzufügt, nämlich das Recht auf ein Existenzminimum. Die Begründung stützt sich wesentlich auf die Menschenwürde,[21] die freilich in der Kriegerwitwenentscheidung aus dem Jahr 1951, obwohl sie schon in der Verfassung stand, noch nicht die Kraft hatte, „Schutz vor materieller Not“ zu fordern.[22] Man kann hier von einer Verstärkung der Interpretation der Menschenwürde sprechen, die von den Menschenrechten als moralischen Rechten gefordert wird. So viel zur philosophischen Weiterentwicklung.

[17] Ebd., S. 178.

[18] *R. Alexy*, Menschenrechte ohne Metaphysik?, in: Deutsche Zeitschrift für Philosophie 52 (2004), S. 15–24; *ders.*, The Existence of Human Rights, in: ARSP Beiheft 136 (2013), S. 9–18.

[19] *Alexy*, The Existence of Human Rights (Fn. 18), S. 18.

[20] *R. Alexy*, The Absolute and the Relative Dimensions of Constitutional Rights, in: Oxford Journal of Legal Studies 37 (2017), S. 31–47 (35–36); wieder abgedruckt in: *ders.*, Law's Ideal Dimension (Fn. 5), S. 235–252 (238-239).

[21] BVerfGE 125, 175 (222).

[22] BVerfGE 1, 97 (104).

III. Die methodologische Weiterentwicklung

Abschließend komme ich, wie bereits angekündigt, zum dritten Aspekt, der die methodologische Weiterentwicklung betrifft. Im dritten Abschnitt des zehnten und letzten Kapitels der „Theorie der Grundrechte" gehe ich ausführlich auf das Verhältnis von Grundrechten, Verfassungsgerichtsbarkeit und der Theorie der juristischen Argumentation ein.[23] In der philosophischen Weiterentwicklung wird mein Buch „Begriff und Geltung der Rechts" mit der „Theorie der Grundrechte" verknüpft. Nun geht es um die Verknüpfung der „Theorie der Grundrechte" mit der „Theorie der juristischen Argumentation". In dem zehnten Kapitel ist die Verknüpfung recht allgemeiner Art. Damals gab es die Gewichtsformel noch nicht, die eine präzisere Form der Verknüpfung verlangt. In den letzten Jahren habe ich die Verknüpfung von Abwägung und Argumentation im Blick auf die Gewichtsformel zu präzisieren versucht.

Mein Ausgangspunkt ist die oft erhobene Kritik, dass die Gewichtsformel mit Zahlen arbeite. Das sei möglich, wenn es Messinstrumente, wie etwa Thermometer, gibt. Im Recht aber gehe es um Argumente. Ich räume ein, dass es kein dem Thermometer entsprechendes „Argumeter" gibt.[24] Das ist jedoch kein Argument gegen die Gewichtsformel. Hinter dieser Antwort stehen zwei Thesen, die *Propositionsthese* und die *Argumentationsthese*. Die Propositionsthese, man kann sie auch als „Propositionalitätsthese" bezeichnen, sagt, dass die Zahlen, etwa die Zahlen 1, 2 und 4 der triadischen Skala, für drei verschiedene Propositionen oder Sätze stehen. Die Zahl 1 steht für den Satz „Der Eingriff in das Recht ist leicht", die Zahl 2 für den Satz „Der Eingriff in das Recht ist mittelschwer", die Zahl 4 für den Satz „Der Eingriff in das Recht ist schwer". Ich habe diese Sätze als „Klassifikationspropositionen" bezeichnet.[25] Klassifikationspropositionen, wie Propositionen überhaupt, bedürfen der Rechtfertigung. Die Rationalität der Abwägung hängt davon ab, ob sie der Rechtfertigung fähig sind.

Hier kommt die zweite These ins Spiel, die Argumentationsthese. Sie sagt, dass Aussagen über die Intensität eines Eingriffs und das Gewicht der hinter ihm stehenden Gründen einer rationalen Begründung fähig sind. Man könnte nun meinen, dass man dann, wenn es letzthin auf das Gewicht der Argumente ankommt, auf die Mathematik der Gewichtsformel verzichten könnte. Doch damit würde man auf die Ordnung der Argumente verzichten. Das wäre ein schwerer Rationalitätsverlust.

---

[23] *Alexy*, Theorie der Grundrechte (Fn. 1), S. 493–521.

[24] *R. Alexy*, Proportionality and Rationality, in: V. C. Jackson/M. Tushnet (Hrsg.), Proportionality. New Frontiers, New Challenges, 2017, S. 13–29 (22); wieder abgedruckt in: *ders.*, Law's Ideal Dimension (Fn. 5), S. 220–234 (228).

[25] Ebd.

Ich fasse zusammen. Die Verbindung der analytischen, der philosophischen und der methodologischen Weiterentwicklung meiner Theorie sind Schritte zur Erweiterung der Rationalität. Rationalität aber ist mein alle Aspekte umfassendes Ideal.

I. Diskurstheorie und Menschenrechte

Unbegründetes Begründen

Zur Relativität von Robert Alexys diskurstheoretischer Begründung der Menschenrechte

Carsten Bäcker

Robert Alexy begreift Menschenrechte nicht als völkerrechtliche Gewährleistungen, sondern als moralische Rechte.[1] Als moralische Rechte existieren Menschenrechte, mit *Alexy*, genau dann, wenn sie gelten, und sie gelten genau dann, wenn sie begründbar sind.[2] Eine überzeugende Begründung der Menschenrechte sei aber bislang, so *Alexy*, nicht gelungen.[3] Er hat daher einen eigenen Ansatz zur Begründung der Menschenrechte – verstanden als fundamentale Rechte, die universelle Geltung beanspruchen und prioritär gegenüber allem positivem Recht seien[4] – auf einer diskurstheoretischen Basis vorgeschlagen.[5] Diese Begründung des Unbegründeten besteht in einem explikativ-existentiellen Argument.[6]

---

[1] Vgl. *R. Alexy*, Menschenrechte ohne Metaphysik?, in: DZPhil 52 (2004), S. 15–24, 16: „Das bedeutet, dass ein Menschenrechtspakt ebenso wie ein Urteil eines Menschenrechtsgerichtshofs menschenrechtswidrig sein kann".

[2] Vgl. ebd., S. 16: „Die Geltung der Menschenrechte ist ihre Existenz. Die Existenz der Menschenrechte besteht daher in ihrer Begründbarkeit und in sonst nichts"; s. a. *R. Alexy*, Die Institutionalisierung der Menschenrechte im demokratischen Verfassungsstaat, in: S. Gosepath/G. Lohmann (Hg.), Philosophie der Menschenrechte, 1998, S. 244–264, 249; *ders.*, Grund- und Menschenrechte, in: J.-R. Sieckmann (Hrsg.), Verfassung und Argumentation, 2005, S. 61–72, 66.

[3] Vgl. *Alexy*, Metaphysik (Fn. 1), S. 16–19; er handelt hier konzis sechs verschiedene Begründungsansätze ab. – Eine frühere Auflistung weicht in manchem ab, vgl. *ders.*, Diskurstheorie und Menschenrechte, in: ders., Recht, Vernunft, Diskurs, 1995, S. 127–164, 129: „So finden sich, um acht Beispiele anzuführen, Berufungen auf religiöse Offenbarungen, die Natur des Menschen, Evidenzen, die nicht zu bezweifeln sein sollen, große Traditionen, existentielle Entscheidungen, individuelle Interessen, kollektive Güter und weitreichende faktische Konsense".

[4] „Menschenrechte als universelle, moralische, fundamentale, vorrangige und abstrakte Rechte", *Alexy*, Institutionalisierung (Fn. 2), S. 254. – S. a. *ders.*, Metaphysik (Fn. 1), S. 16: „Menschenrechte sind (1) universelle, (2) fundamentale, (3) abstrakte, (4) moralische und (5) prioritäre Rechte"; ferner *ders.*, Menschenrechte (Fn. 2), S. 64: „Sie sind (1) universelle, (2) moralische, (3) fundamentale, (4) vorrangige und (5) abstrakte Rechte".

[5] Grundlegend in *Alexy*, Diskurstheorie (Fn. 3), S. 129–163.

[6] Vgl. *Alexy*, Metaphysik (Fn. 1), S. 19–21. – Das existentielle Argument wird vertieft in *ders.*, Law, Morality, and the Existence of Human Rights, in: Ratio Juris 25 (2012), S. 2–14,

Das Argument umfaßt zwei Elemente. Die Menschenrechte seien, erstes Element, in ihren Kernbereichen normative Explikationen fundamentaler, diskurstheoretisch notwendiger Bedingungen des allgemeinen praktischen Diskurses.[7] Sie werden gleichsam als handlungsleitende Reflexionen diskursiver Gelingensbedingungen rekonstruiert. Wer diese Gelingensbedingungen nicht akzeptiert, kann nicht am Diskurs teilnehmen; wer gleichwohl am Diskurs teilnimmt, würde sich in performative Widersprüche verstricken.[8] Eine Teilnahme am Diskurs sei überdies nicht bloß instrumentell, also an den kontingenten Wunsch des Erreichens eines diskursiv richtigen Ergebnisses gerade in allgemeinen praktischen Fragen gebunden, sondern, zweites Element, existentiell mit der Natur des Menschen verwoben: Weil der Mensch ein diskursives Wesen sei, könne er sich weder allen Diskursen[9] noch seinem eigenen Anspruch auf diskursive Richtigkeit[10] in Diskursen vollständig entziehen.[11] Die Gelingensbedingungen der Diskurse als Unternehmungen freier und gleicher Argumentationspartner seien daher notwendig in der notwendigen Praxis des rationalen, d.h. diskursiven[12] Begründens anerkannt. Das Argument läßt sich in drei Implikationen rekonstruieren: Weil jeder Mensch ein diskursives Wesen sei, müsse jeder Mensch mit (potentiell) jedem anderen Diskurse führen, und weil Diskurse bestimmte Regeln voraussetzten, müsse jeder Mensch dabei diese Re-

---

11–13; s.a. *ders.*, The Existence of Human Rights, in: ARSP-Beiheft 136 (2013), S. 9–18, 15–18.

[7] Vgl. *Alexy*, Metaphysik (Fn. 1), S. 20: Die diskursive „Praxis setzt notwendig Regeln voraus, die die Ideen der Freiheit und Gleichheit der Diskursteilnehmer als Diskursteilnehmer zum Ausdruck bringen".

[8] Vgl. ebd., S. 20.

[9] Vgl. ebd., S. 21: „Der Mensch als, wie Brandom ihn nennt, ‚discursive creature[s]' müsste auf die Teilnahme an dem verzichten, was man als die allgemeinste Lebensform des Menschen bezeichnen kann".

[10] Zurückhaltender noch *Alexy*, Diskurstheorie (Fn. 3), S. 142f.: „Es ist sicher ein unbegründeter anthropologischer Optimismus, bei jedem Menschen mit einem Interesse an Richtigkeit zu rechnen oder dieses Interesse stets dann, wenn es vorhanden ist, als so stark einzustufen, daß es nicht durch gegenläufige Interessen daran gehindert werden kann, soziale Wirksamkeit zu entfalten. Umgekehrt ist es aber ein unbegründeter anthropologischer Pessimismus, bei niemandem oder bei allzu wenigen mit einem Interesse an Richtigkeit zu rechnen oder dieses Interesse dort, wo es vorhanden ist, als so schwach einzustufen, daß es keine soziale Wirksamkeit entfalten kann".

[11] Andernfalls müsse sich der Mensch, so Alexy, gegen das entscheiden, was er ist, vgl., unter Hinweis auf Kierkegaard, *Alexy*, Morality (Fn. 6), S. 12. – Alexy scheint darin allerdings keine existentielle Unmöglichkeit zu sehen. Vielmehr sei diese existentielle Entscheidung notwendig als gefallen vorauszusetzen, und insofern unhintergehbar: „Rather, the decision has the character of an endorsement of something that has been proven, by means of explication, to be a capability necessarily connected with human beings or, in other words, a necessary possibility" (ebd.).

[12] Zum Verhältnis von Rationalität und Diskursivität vgl. *C. Bäcker*, Was bedeuten Begründungen für juristische Entscheidungen? Neun Thesen, in: S. Kirste (Hg.), Interdisziplinarität in den Rechtswissenschaften, 2016, S. 231–251, 235f.

geln beachten, und weil diese Regeln die Geltung der fundamentalen Menschenrechte der Diskurspartner implizierten, müßten diese fundamentalen Menschenrechte für jeden Menschen gelten.

Die folgenden Überlegungen hinterfragen, ob die von *Alexy* vorgeschlagene Begründung der Menschenrechte trägt.[13] Dazu wird, im ersten Teil, die diskurstheoretische Basis des explikativ-existentiellen Arguments relativistisch unterspült (I.). Im zweiten Teil wird betrachtet, wie sich diese Schwächung des diskurstheoretischen Fundaments auf das Vorhaben der Begründung universeller Menschenrechte auswirkt (II.). Im dritten Teil zeigt sich, als Konsequenz der relativierten diskurstheoretischen Begründung der Menschenrechte, daß der Prioritätsanspruch der Menschenrechte gegenüber positivem Recht einzuschränken ist, woraus sich eine Rekalibrierung von *Alexys* nichtpositivistischem Rechtsbegriff ergibt (III.). Zum Abschluß wird herausgestellt, daß die Relativierung des Geltungsanspruchs der Menschenrechte als moralische Rechte im Zuge der Relativierung der Basis ihrer diskurstheoretischen Begründung nicht bedeutet, sie als politischen Leitstern positiven Rechts aufgeben zu müssen (IV.).

I. Die Relativität des diskurstheoretischen Fundaments

Vor der Relativierung des diskurstheoretischen Fundaments ist sich zunächst der wesentlichen Leitgedanken der Alexyschen Diskurstheorie zu versichern. Die Diskurstheorie versteht *Alexy* als prozedurale Theorie der Richtigkeit oder Wahrheit: „Diskurse sind Handlungszusammenhänge, in denen Aussagen auf ihre Wahrheit oder Richtigkeit hin überprüft werden“[14] können. Je gelungener der Diskurs, desto höher der Grad der zu ermittelnden Wahrheit oder Richtigkeit. In einem idealen Diskurs könnten endgültig richtige oder wahre Antworten gefunden werden.[15] Mit *Jürgen Habermas*' Konsensustheorie der Wahrheit, auf der *Alexys* Überlegungen fußen, wäre dieser ideale Diskurs der Diskurs, in dem sich wahre oder richtige Aussagen dadurch identifizieren ließen, daß ihnen alle Teilnehmer zustimmen könnten.[16] Ideal wäre ein Diskurs, wenn er

[13] Die Annahme, daß keine andere außer der diskurstheoretischen Begründung erfolgversprechend ist, ließe sich ebenso hinterfragen. Dabei ist es für das Gelingen des Alexyschen Projekts, die Begründung moralischer Menschenrechte, freilich nicht schädlich, wenn es andere Begründungen geben sollte. – In diesem Sinne auch *Alexy*, Metaphysik (Fn. 1), S. 21: „Jede Unterstützung durch Argumente der anderen Ansätze bleibt dabei willkommen“.

[14] *R. Alexy*, Theorie der juristischen Argumentation. Die Theorie des rationalen Diskurses als Theorie der juristischen Begründung, 1983, S. 224.

[15] Vgl. *Alexy*, Diskurstheorie (Fn. 3), S. 131: „Richtig und damit gültig sind genau die Normen, die in einem idealen Diskurs von jedem als richtig beurteilt werden würden“.

[16] Vgl. *J. Habermas*, Faktizität und Geltung, 1992, S. 138; zur Annäherung an Habermas und von dort weiter zu Kant vgl. *Alexy*, Diskurstheorie (Fn. 4), S. 131.

unter idealen Bedingungen stattfinden würde. Ideal wären die Bedingungen eines Diskurses dann, wenn für den Diskurs unbegrenzt viel Zeit bestünde und unbegrenzt viele Teilnehmer daran teilnehmen könnten. Auch müßten die Diskursteilnehmer selbst ideale Wesen sein; dafür müßten sie u.a. über den Gegenstand des Diskurses vollkommen empirisch informiert sowie vollkommen vorurteilsfrei und überdies vollkommen fähig und bereit zum Rollentausch sein.[17] Es wäre ein Diskurs der Engel.

1. Vom idealen zum optimalen Diskurs

Es ist schnell erkennbar, daß ein idealer Diskurs unter den gegebenen Bedingungen, wie wir sie auf Erden vorfinden, nicht möglich ist. Nach *Alexy* hat „noch niemals ein Mensch an einem in allen Hinsichten idealen Diskurs" teilgenommen, und es werde auch „niemals ein Sterblicher dies tun".[18] Dies ist noch untertrieben: Es hat noch niemals ein Mensch an einem auch nur in irgendeiner Hinsicht idealen Diskurs teilgenommen. Menschen sind keine idealen Wesen, sie sind keine Engel. Jeder menschliche Diskurs ist daher notwendig nicht-ideal. *Alexy* stellt dem unrealisierbaren idealen Diskurs deswegen den realen Diskurs gegenüber. Den realen Diskurs definiert er dadurch, daß in begrenzter Zeit mit einer begrenzten Zahl in jeder Hinsicht unvollkommener Teilnehmer ein Diskurs geführt wird. Reale Diskurse sind, mit *Alexy*, „in keiner Hinsicht ideale Diskurse"[19]. Gleichwohl sei der reale Diskurs nicht ein Aliud zum idealen Diskurs, sondern ein Minus: Der reale Diskurs sei dem idealen Diskurs seinem Wesen gemäß stets so weit wie möglich anzunähern, auch wenn er stets eine Untererfüllung seines regulativen Ideals, des idealen Diskurses, bleibe.[20] In der Alexyschen Diskurstheorie sind die Bedingungen des idealen Diskurses damit als normative Leitlinien zu verstehen, denen die Bedingungen des realen Diskurses soweit wie möglich zu genügen haben. Diese

[17] Zur noch umfassenderen Definition des idealen Diskurses vgl. *R. Alexy*, Probleme der Diskurstheorie, in: ZphF 43 (1989), S. 81–93, 84: „Er ist dadurch definiert, daß unter den Bedingungen unbegrenzter Zeit, unbegrenzter Teilnehmerschaft und vollkommener Zwanglosigkeit im Wege der Herstellung vollkommener sprachlich-begrifflicher Klarheit, vollkommener empirischer Informiertheit, vollkommener Fähigkeit und Bereitschaft zum Rollentausch und vollkommener Vorurteilsfreiheit die Antwort auf eine praktische Frage gesucht wird".

[18] *R. Alexy*, Hauptelemente einer Theorie der Doppelnatur des Rechts, in: ARSP 95 (2009), S. 151–166, 157.

[19] *R. Alexy*, Idee und Struktur eines vernünftigen Rechtssystems, in: ders./R. Dreier/U. Neumann (Hrsg.), Rechts- und Sozialphilosophie in Deutschland heute, ARSP Beiheft 44 (1991), S. 30–44, 35.

[20] Vgl. *Alexy*, Hauptelemente (Fn. 18), S. 157: „Die Vorstellung des idealen Diskurses ist eine in realen Diskursen stets anwesende regulative Idee".

Leitlinien können normtheoretisch als Diskursprinzipien im Sinne der Prinzipientheorie verstanden werden.[21]

Da der ideale Diskurs definitionsgemäß undurchführbar ist, kann er kein nützliches Instrument zur Feststellung von Wahrheit oder Richtigkeit von Aussagen sein. Dafür bleibt nur der reale Diskurs. Die Orientierung realer Diskurse über die Diskursprinzipien am idealen Diskurs als deren immanentes regulatives Ideal sei aber, so *Alexy*, ausreichend, um realen Diskursen die Potentialität der Wahrheitsfindung zuzuerkennen.[22] Dies ist zu bezweifeln, denn es erscheint schon wenig sinnvoll, einen nicht durchführbaren idealen Diskurs als ein hypothetisches Kriterium der Möglichkeit der Feststellung von Wahrheit oder Richtigkeit aufrechtzuerhalten. Menschlichen Diskursteilnehmern ist der ideale Diskurs nicht zugänglich; ein hypothetischer Diskurs bleibt Fantasie. Vor allem aber sind die uns verbleibenden realen Diskurse nicht nur, als Untererfüllungen idealer Diskurse, sub-ideal. Sie sind nie-ideal, und daher ist es nicht einsichtig, wie sie an einer hypothetischen Wahrheitsfähigkeit eines idealen Diskurses partizipieren können sollen.

Das eindimensionale Modell des Diskurses nimmt diese Nie-Idealität des realen Diskurses zum Anlaß, die in *Alexys* zweidimensionalem Modell als Wahrheitsversprechen mitgeführte ideale Dimension aufzugeben. Es gibt keine ideale Diskursdimension, und es kann sie auch nicht geben.[23] Es gibt nur die reale Diskursdimension, und es kann auch nur sie geben. In der realen Diskursdimension finden tatsächliche Diskurse statt, die sich an tatsächlichen Diskursregeln orientieren. In tatsächlichen Diskursen sind die Bedingungen des Diskurses, wie die zur Verfügung stehende Zeit, die Teilnehmerzahl und die diskursive Qualität der Teilnehmer, nie ideal. Die Bedingungen können allerdings, im (realen) Idealfall, optimal sein, also so nah an den idealisierten Bedingungen eines hypothetischen idealen Diskurses, wie sie es relativ auf die davon abgeleiteten Diskursprinzipien und die tatsächlich gegebenen zeitlichen, räumlichen und personellen Umstände des Diskurses sein können. Zum Maßstab tatsächlicher Diskurse wird damit, im eindimensionalen Modell, der relativ auf die Diskursprinzipien und die gegebenen Diskursumstände optimale Diskurs.[24] Es gilt dabei nicht, den einen optimalen Diskurs zu identifizieren, der für jeden tatsächlichen Diskurs das Leitmotiv bildete, sondern den jeweils relativ auf einen bestimmten tatsächlichen Diskurs optimalen Diskurs.

Alexys Vorstellung eines idealen Diskurses und die ihn definierenden Bedingungen bilden gleichwohl, auch im eindimensionalen Modell, den Maßstab

---

[21] Vgl. *C. Bäcker*, Begründen und Entscheiden. Kritik und Rekonstruktion der Alexyschen Diskurstheorie des Rechts, 2. Aufl. 2012, S. 146–148.

[22] Vgl. *Alexy*, Probleme (Fn. 17), S. 93.

[23] Eingehende Abgrenzung von Alexys zweidimensionalem Modell zu dem eindimensionalen Modell in *Bäcker*, Begründen (Fn. 21), S. 116–174.

[24] Vgl. *Bäcker*, Begründen (Fn. 21), S. 127 f.

aller tatsächlichen Diskurse, weil sich die optimalen Diskurse über die Diskursprinzipien am Leitbild des idealen Diskurses orientieren. Der ideale Diskurs wird im eindimensionalen Modell aber als ein (historisch und kulturell) bloß kontingentes Diskursideal, als Idee im Sinne einer Vorstellung von den Bedingungen eines perfekten, notwendig hypothetischen Diskurses verweltlicht.[25] Der ideale Diskurs als Maßstab optimaler Diskurse ist damit relativ und diesseitig, nicht erst der optimale Diskurs als Ergebnis der Optimierung des realen Diskurses relativ auf die gegebenen Möglichkeiten. Der optimale Diskurs ersetzt im eindimensionalen Modell daher nicht einfach den idealen Diskurs des zweidimensionalen Modells, er kommt vielmehr als Zwischenform dazu. Die Optimalität tatsächlicher Diskurse ist dabei, im Gegensatz zur Idealität des realen Diskurses im zweidimensionalen Modell, nicht per se unmöglich.

Gleichwohl werden tatsächliche Diskurse kaum einmal optimal sein. Die tatsächlichen Umstände von Diskursen kennzeichnet, stets in unterschiedlichem Maße, die notwendig begrenzte Zeit, die notwendig begrenzte Teilnehmerzahl und die notwendig weit von Idealität entfernten Eigenschaften der Diskursteilnehmer. Einen tatsächlichen Diskurs unter komplexen Bedingungen zu optimieren würde bedeuten, ihn zunächst sehr lange nicht führen zu können. Wer Antworten sucht und dazu Diskurse führen muß, der muß mit sub-optimalen Diskursen auskommen. Tatsächliche Diskurse sind daher nahezu immer, nicht aber notwendig, sub-optimale Diskurse. Aus diesem Grund können die Ergebnisse tatsächlicher Diskurse nur einen noch weiter eingeschränkten Richtigkeitsanspruch erheben, als es optimale Diskurse erlauben würden.

Alexy gesteht freilich ebenso zu, daß tatsächlich durchgeführte, reale Diskurse nur einen relativen Begriff der Richtigkeit erlauben.[26] Damit erkennt er naturgemäß nicht etwa die Suboptimalität tatsächlicher Diskurse im Sinne des eindimensionalen Modells an; vielmehr betont er die Nichtidealität realer Diskurse und die Relativität der Diskursergebnisse auf den nicht-idealen Diskurs im Sinne des zweidimensionalen Modells. Diese Relativität der Richtigkeit realer Diskursergebnisse, einschließlich deren entsprechend abgeschwächter Wahrheits- oder Richtigkeitsansprüche, wird jedoch in späteren Arbeiten zunehmend weniger betont. Sie wird hinter der von ihm anfangs noch als flüchtig[27] bezeichneten absoluten Richtigkeit als regulativer Idee realer Diskurse gleichsam verborgen:[28] „Der Diskurstheorie liegt damit eine *absolute* […] Kon-

---

[25] Vgl. ebd., S. 131.

[26] *Alexy*, Probleme (Fn. 17), S. 92 f.

[27] Vgl. ebd., S. 93: „Der Begriff der Richtigkeit verflüchtigt sich […] zu einer regulativen Idee".

[28] Vgl. *R. Alexy*, Nachwort. Antwort auf einige Kritiker, in: ders., Theorie der juristischen Argumentation, 2. Aufl. 1991, S. 399–435, 414; s. a. *ders.*, Hauptprobleme (Fn. 18), S. 157.

zeption der Richtigkeit zugrunde“[29]. Es bleibt dabei rätselhaft, wie die notwendig bloß relativen Richtigkeiten realer Diskursergebnisse an dieser absoluten Konzeption der Richtigkeit partizipieren können sollen.[30] Das Streben nach der unerreichbaren Idealität des idealen Diskurses allein kann den Ergebnissen realer Diskurse und ihrer notwendig relativen Richtigkeit jedenfalls nicht einmal einen Hauch von Absolutheit verleihen. Relatives bleibt relativ, auch wenn es nach Absolutheit strebt.

2. *Vom universellen zum relativen Vernunftkern*

Von größerer Bedeutung für die hier unternommene Kritik an *Alexys* diskurstheoretischer Begründung der Menschenrechte ist allerdings nicht dieses Verbergen der Relativität des Relativen, sondern die Annahme des vermeintlich Absoluten als absolut. *Alexy* geht in seiner Begründung der Menschenrechte davon aus, daß die Geltung der grundlegenden Diskursregeln, die den allgemeinen praktischen Diskurs konstituieren, als unbedingt notwendig oder universell erwiesen ist. Als grundlegende Diskursregeln versteht *Alexy* v. a. diejenigen, die er als „Vernunftregeln“[31] bezeichnet hat. Aus diesen Vernunftregeln und ihrer universellen Geltung leitet er in seinen menschenrechtstheoretischen Schriften die ebenso universelle Geltung der Menschenrechte ab.[32] Es handelt sich dabei um die folgenden Regeln:[33]

> (2) Jeder Sprecher muß das, was er behauptet, auf Verlangen begründen, es sei denn, er kann Gründe anführen, die es rechtfertigen, eine Begründung zu verweigern.
> (2.1) Jeder, der sprechen kann, darf an Diskursen teilnehmen.
> (2.2.a) Jeder darf jede Behauptung problematisieren.
> (2.2.b) Jeder darf jede Behauptung in den Diskurs einführen.
> (2.2.c) Jeder darf seine Einstellungen, Wünsche und Bedürfnisse äußern.

---

[29] *Alexy*, Nachwort (Fn. 28), S. 414; Hervorhebung beibehalten.

[30] Auch *R. Hartwig*, Die Institutionalisierung des Nichtinstitutionellen. Alexys diskurstheoretische Konzeption der praktischen Vernunft als Grundlage der Theorie des Rechts und des Staates, 2020, S. 272 f., bringt wenig Licht in das Dunkel, wenn er ausführt, daß die „Dialektik des idealen und des realen Diskurses [zu] einem kontext-transzendierenden Charakter des Anspruchs auf Richtigkeit“ führe.

[31] Vgl. *Alexy*, Argumentation (Fn. 14), S. 238 ff.

[32] Grundlegend *Alexy*, Diskurstheorie (Fn. 3), S. 130 f.; wieder aufgreifend in *ders.*, Metaphysik (Fn. 1), S. 20; *ders.*, Hauptelemente (Fn. 18), S. 155 f.; *ders.*, Morality (Fn. 6), S. 11; *ders.*, Existence (Fn. 6), S. 15 f.

[33] Vgl. *Alexy*, Argumentation (Fn. 14), S. 238 ff. – Die Numerierung entspricht dem Original. Die Regeln der höherrangigen Kategorie (1) sind Regeln der Widerspruchsfreiheit (etwa: „Kein Sprecher darf sich widersprechen“), mithin formale Regeln, die nicht zur Ableitung materialer Menschenrechte taugen. Für eine Übersicht dieser sog „Grundregeln“ vgl. ebd., S. 361.

(2.3) Kein Sprecher darf durch innerhalb oder außerhalb des Diskurses herrschenden Zwang daran gehindert werden, seine in (2.1) und (2.2) festgelegten Rechte wahrzunehmen.

Es ist schnell zu erkennen, daß diese grundlegenden Diskursregeln fundamentale Gleichheits- und Freiheitssätze postulieren, die nicht nur formalen oder prozeduralen, sondern wesentlich materialen Charakter haben.[34] Es ist von ihnen aus inhaltlich nicht mehr sehr weit bis zur Begründung fundamentaler Menschenrechte – wobei eine Herausforderung bleibt, ihre Geltung außerhalb des Diskurses zu begründen, also im Bereich des Verhaltens anderen Menschen gegenüber jenseits der argumentativen Rede.[35] *Alexys* Begründung dieser fundamentalen Diskursregeln hat in seinem diskurstheoretischen Basiswerk, der „Theorie der juristischen Argumentation", noch eher sammelnden und rekonstruktiven Charakter,[36] was sich aus der Zielsetzung dieser Arbeit erklärt. In späteren Arbeiten, in denen *Alexy* aus den Vernunftregeln Menschenrechte ableiten will, legt er jedoch eine vertiefte Begründung vor.[37] Diese Begründung besteht im Kern aus einer transzendentalpragmatischen Argumentation, die um ein utilitaristisch-empirisches Argument bereichert wird.[38]

Diese Begründung der grundlegenden Diskursregeln ist vielfach kritisiert worden.[39] Die Kritik, die hier im Einzelnen nicht gewürdigt werden kann,[40]

---

[34] Vgl. *Alexy*, Diskurstheorie (Fn. 3), S. 132: „Die Idee des Diskurses ist keine neutrale Idee. Sie schließt die Universalität und die Autonomie der Argumentation sowie eine hierauf beruhende Konzeption der Unparteilichkeit ein. Die Idee des Diskurses ist damit eine wesentlich liberale Idee".

[35] Dazu ebd., S. 141 ff.; s. a. *Hartwig*, Institutionalisierung (Fn. 30), S. 225–229.

[36] Sie erschöpft sich weitgehend in einem Hinweis auf eine regelförmige Abbildung der Habermas'schen idealen Sprechsituation, vgl. *Alexy*, Argumentation (Fn. 14), S. 239.

[37] Insb. *Alexy*, Nachwort (Fn. 28), S. 417–426; *ders.*, Diskurstheorie (Fn. 3), S. 132 ff.

[38] Zusammenstellung des Arguments in *Bäcker*, Begründen (Fn. 21), S. 49–52.

[39] Vgl. nur *E. Hilgendorf*, Zur transzendentalpragmatischen Begründung von Diskursregeln, in: Rechtstheorie 26 (1995), S. 183–200; *P. Gril*, Die Möglichkeit praktischer Erkenntnis aus Sicht der Diskurstheorie. Eine Untersuchung zu Jürgen Habermas und Robert Alexy, 1998; *S. Wesche*, Robert Alexys diskurstheoretische Menschenrechtsbegründung, in: Rechtstheorie 30 (1999), S. 79–93; *K.-E. Hain*, Diskurstheorie und Menschenrechte. Eine kritische Bestandsaufnahme, in: Der Staat 40 (2001), S. 193–219; *A. Engländer*, Diskurs als Rechtsquelle? Zur Kritik der Diskurstheorie des Rechts, 2002.

[40] Nachweise und Würdigung bei *Bäcker*, Begründen (Fn. 21), S. 53–113. – Zur weiteren Entwicklung der Debatte und einer Verteidigung von Alexys Begründung, auch gegen meine Rekonstruktion der Alexyschen Diskurstheorie, vgl. *Hartwig*, Institutionalisierung (Fn. 30), S. 229–281. Gegenüberstellungen von Alexys Ansatz und meinen Rekonstruktionsvorschlägen finden sich ferner bei *J. Hennig*, Mediation als rationaler Diskurs. Überpositive Legitimation der Mediation und Vergleich zum Gerichtsprozess am Maßstab der Alexyschen Diskurstheorie, 2014, S. 159–184, und *P. Siedenburg*, Die kommunikative Kraft der richterlichen Begründung. Zur Argumentationsfigur der einzig richtigen Entscheidung, 2016, S. 37–98, der seine Konzeption des richterlichen Richtigkeitsanspruchs allerdings letztlich an Überlegungen von Ulfrid Neumann orientiert; vgl. zu Siedenburgs Ansatz *C. Bäcker*, Anspruch und Wirk-

führt zu dem Ergebnis, daß *Alexys* Begründungsprogramm dem eigenen Anspruch nicht vollumfänglich gerecht wird. Seine Begründung scheitert zwar nicht, sie ist aber zu relativieren.[41] In ihrer relativierten Form erweist sie eine Notwendigkeit des (zumindest objektiven) Erhebens der Ansprüche auf Gleichberechtigung, Zwanglosigkeit und Universalität im Diskurs, wie sie in den Vernunftregeln zum Ausdruck gelangen. Diese Notwendigkeit gilt aber nicht absolut; sie bleibt vielmehr relativ auf unsere Sprachpraxis und unsere Erkenntnis über sie.[42] *Alexys* Vernunftregeln sind insofern nicht letztbegründet; sie können *Hans Alberts* Münchhausen-Trilemma[43] nicht überwinden.[44] Sie bilden aber einen überzeugenden Ausgangspunkt einer Erkenntnistheorie, der als *jetzt*begründet qualifiziert werden kann.[45] Die Vernunftregeln lassen sich insofern als diskurstheoretische Basissätze verstehen[46] – mithin als vorläufig anerkannte und anzuerkennende Sätze, die einen Erkenntnisfortschritt erst ermöglichen, und dabei doch stets reversibel bleiben müssen.

In diesem Sinne sind die fundamentalen Diskursregeln, auf die *Alexy* sein explikatives Argument zur Begründung der Menschenrechte stützt, nicht als absolut, sondern als kulturell-historisch bloß kontingent und sohin relativ anzusehen – womit sie ihren universellen Anspruch einbüßen. Diese Relativierung kann nicht ohne Auswirkungen auf sein Unternehmen der diskurstheoretischen Begründung universeller Menschenrechte bleiben, die hier im Vordergrund stehen und sogleich näher betrachtet werden sollen (II.). Da es sich bei der diskurstheoretischen Grundierung jedoch nicht nur um das Fundament der Menschenrechtsbegründung *Alexys* handelt, sondern um den erkenntnistheoretischen und moralphilosophischen Boden seiner gesamten Theorie, metastasiert diese Relativität in weitere wesentliche Bauteile seines gesamten rechtsphilosophischen Theoriegebäudes hinein. Dies wird für den nichtpositivistischen Rechtsbegriff wie für die These der Doppelnatur des Rechts und der Grundrechte noch zu betrachten sein (III.), da beides mit dem Verständnis von Menschenrechten eng verknüpft ist. Die Entidealisierung der

lichkeit des richterlichen Entscheidens. Ulfrid Neumann und die Illusion der einzig richtigen Antwort, in: F. Saliger et al. (Hrsg.), Rechtsstaatliches Strafrecht. FS Neumann, 2017, S. 43–54. Die jüngeren Entwicklungen in der Diskurstheorie des Rechts greift bündelnd auf *L. Scharpf*, Umweltgerechtigkeit durch Planfeststellungsverfahren, 2021, S. 263–353.

[41] Zusammenstellung der auf der Grundlage der Kritik rekonstruierten Begründung Alexys in *Bäcker*, Entscheiden (Fn. 21), S. 114 f.

[42] Vgl. ebd., S. 113.

[43] Vgl. *H. Albert*, Traktat über kritische Vernunft, S. 15.

[44] Näher *Bäcker*, Begründen (Fn. 21), S. 175 ff.; mit der These, das eindimensionale Modell erlaube es der Diskurstheorie, das Münchhausen-Trilemma zu durchbrechen.

[45] Vgl. *A. Tschentscher*, Prozedurale Theorien der Gerechtigkeit. Rationales Entscheiden, Diskursethik und prozedurales Recht, 2000, S. 264; daran anknüpfend *Bäcker*, Begründen (Fn. 21), S. 179, 185 f.

[46] Vgl. *Bäcker*, Begründen (Fn. 21), S. 179 f., dort Fn. 637.

Diskurstheorie und die Relativierung ihres Richtigkeitsanspruchs betrifft daneben auch fundamentale Annahmen der Prinzipientheorie, wie etwa die Unterscheidung von idealem und realem Sollen[47] oder das Problem der Rationalität von Abwägungsentscheidungen[48]. Hier muß es genügen, auf diese Auswirkungen hingewiesen zu haben.

---

[47] Dazu grundlegend *R. Alexy*, Zum Begriff des Rechtsprinzips, in: Rechtstheorie Beiheft 1 (1979), S. 59–87 (81): „Ein ideales Sollen ist jedes Sollen, das nicht voraussetzt, daß das, was gesollt ist, in vollem Umfang tatsächlich und rechtlich möglich ist, das dafür aber möglichst weitgehende oder approximative Erfüllung verlangt. Demgegenüber kann der Gebotscharakter von Vorschriften, die nur entweder erfüllt oder nicht erfüllt werden können, als ‚reales Sollen' gekennzeichnet werden"; wieder aufgegriffen in *ders.*, Theorie der Grundrechte, 1985, S. 120: „In der geräumigen Welt der Prinzipien ist für vieles Platz. Sie kann als eine Welt des idealen Sollens bezeichnet werden. Zu Kollisionen oder [...] zu Spannungen, Konflikten und Antinomien kommt es, wenn der Schritt von der geräumigen Welt des idealen in die enge Welt des definitiven oder realen Sollens vollzogen werden soll". Nach Zweifeln an der Unterscheidbarkeit von Optimierungsgeboten und Regeln anders *ders.*, Ideales Sollen, in: L. Clérico/J.-R. Sieckmann (Hrsg.), Grundrechte, Prinzipien und Argumentation, 2009, S. 21–38 (22): „Ich habe versucht, das Problem durch die Unterscheidung zwischen zu optimierenden Geboten und Geboten zu optimieren zu lösen. Die Optimierungsgebote als Gebote zu optimieren drücken ein definitives und in diesem Sinne reales Sollen aus. Demgegenüber enthalten die Prinzipien als zu optimierende Gebote nur ein ideales oder Prima-facie-Sollen". – Die Unterscheidung von realem und idealem Sollen erinnert nicht nur begrifflich an den idealen und den realen Diskurs. Denn Alexy verknüpft den Begriff der Existenz eines Sollens (im starken Sinne) mit dem der Begründbarkeit, vgl. *Alexy*, Ideales Sollen, S. 24. Die Begründung erfolgt qua Diskurs. Mir scheint dabei folgender Zusammenhang naheliegend: Begründbar und mithin existent wäre ein ideales Sollen genau dann, wenn es das Ergebnis eines idealen Diskurses sein könnte; begründbar ist ein reales Sollen genau dann, wenn es das Ergebnis eines realen Diskurses sein kann. Wenn dies zutrifft – und es keinen idealen Diskurs gibt und geben kann, weswegen es auch keine Ergebnisse dieser Diskurse geben kann –, kann es kein ideales Sollen geben, sondern nur reales. Prinzipien wären dann als reales Sollen, also bloß als Optimierungsgebote in Alexys jüngerer Unterscheidung, zu begreifen, womit die Unterscheidung von Regeln und Prinzipien im Ergebnis wieder der älteren Unterscheidung entspricht. Damit entfällt aber nicht, entgegen der jüngeren Befürchtungen von Alexy, die Unterscheidbarkeit von Regeln und Prinzipien (als Optimierungsgeboten); sie bleibt vielmehr anhand der Defeasibility normtheoretisch möglich, vgl. *C. Bäcker*, Regeln, Prinzipien und Defeasibility, RPhZ 2022, S. 81–95 (90).

[48] Zur Frage der Rationalität der Abwägung, die im Zentrum der Prinzipientheorie steht und mit der Gewichtsformel formalisiert wurde, vgl. insb. *R. Alexy*, Die Gewichtsformel, in: J. Jickeli/P. Kreutz/D. Reuter, GS Sonnenschein, 2003, S. 771–792 (790). Mit dieser (nicht unumstrittenen) Formel sind die Faktoren der Abwägung (Eingriffsintensität, abstraktes Gewicht, Sicherheit) und deren Relation beschrieben, nicht aber deren Werte bemessen. Von entscheidender Bedeutung für die Rationalität einer Abwägung ist jedoch gerade die Rationalität der Begründung der in die Abwägung eingestellten Bewertungen der Abwägungsfaktoren. Die Rationalität dieser Ponderationen bemißt sich, so Alexy, wiederum im Diskurs: „Die den Urteilen über die Eingriffsintensität und den Wichtigkeitsgrad zugrundeliegenden Annahmen sind nicht willkürlich. Es werden Gründe für sie angeführt, die sich hören lassen" (776). Diese Rationalität von Gewichtungen durch angeführte Gründe (und Gegengründe) kann die im Diskurs überhaupt nur erreichbare Rationalität naturgemäß nicht übersteigen. Auch hier hätte eine Relativierung des Rationalitätsanspruchs der Diskurstheorie unmittel-

II. Die Relativität der diskurstheoretischen Begründung der Menschenrechte

Eine diskurstheoretische Begründung der Menschenrechte steht, wie *Alexy* formuliert, vor zwei Aufgaben: „Sie muß auf einer ersten Stufe die Regeln des praktischen Diskurses begründen, um dann in einem zweiten Schritt auf dieser Basis die Menschenrechte zu rechtfertigen“[49]. Mit den Regeln des praktischen Diskurses, die hier angesprochen sind, bezeichnet *Alexy* im Kern die o. g. Vernunftregeln.[50] Hervorgehoben sei, was sich aus diesem Zitat wie von selbst ergibt: Die Rechtfertigung der Menschenrechte kann nicht stärker sein als ihre Basis – die Begründung der Vernunftregeln. Wenn deren Begründung als relativ angesehen werden muß, muß das auch für die Rechtfertigung der Menschenrechte durchgreifen. Dies gilt jedenfalls dann, wenn die Menschenrechte *unmittelbar* aus der Diskurstheorie und ihren Grundregeln abgeleitet werden sollen.[51]

Alexy schlägt jedoch noch in anderer Weise den Bogen von den Menschenrechten zur Diskurstheorie. Weil Menschenrechte originär moralische Rechte seien, würden sie, wie eingangs beschrieben, nur existieren, wenn sie moralisch gelten.[52] Und: „Eine Norm gilt moralisch, wenn sie gegenüber jedem, der sich auf eine rationale Begründung einläßt, gerechtfertigt werden kann“[53]. Hier scheint *Alexy* von einer unmittelbaren auf eine mittelbare diskurstheoretische Begründung umzuschwenken. Mittelbar diskurstheoretisch ist eine Begrün-

---

bare Konsequenzen, wenn die Abwägungsgewichtungen stets und bestenfalls nur relativ richtig sein können. Diese Relativierung könnte den Kritikern der Abwägung Auftrieb geben, die ein Überhandnehmen der Abwägung im Recht beklagen (vgl. nur *Joachim Rückert*, Abwägung – die juristische Karriere eines unjuristischen Begriffs oder: Normenstrenge und Abwägung im Funktionswandel, JZ 2011, S. 913–923); wobei von den Kritikern der Prinzipientheorie erst noch zu zeigen wäre, daß die Rationalität von ebenfalls diskursiv und durch (politische) Abwägungen begründeten sowie defeasiblen Regeln und die ihrer Anwendung qua Subsumtion im Einzelfall der einer unvermittelten Prinzipienabwägung durch den dazu kompetenten Rechtsanwender strukturell überlegen wäre. Letztlich geht es in beiden Fällen, der Anwendung von Prinzipien oder von Regeln, um die Frage der Zuweisung bzw. der Grenzen von Abwägungs- oder Interpretations- als Entscheidungskompetenzen. Dies hat *Alexy*, Theorie (Fn. 47), S. 521, in der Sache schon früh hervorgehoben: „Es gilt ganz allgemein, daß praktische Vernunft erst im Rahmen eines Rechtssystems, das Argumentation und Entscheidung verbindet, zur Realisierung gelangen kann“.

49 *Alexy*, Diskurstheorie (Fn. 3), S. 129.

50 Vgl. ebd., S. 130; hier bezeichnet als die „wichtigsten“ der „spezifischen Diskursregeln“.

51 Vgl. ebd., S. 146 f.: Eine unmittelbare Begründung von Rechten liege vor, wenn „bestimmte Rechte […] allein aufgrund der Diskurstheorie gelten. […] Hier sollen nur Rechte interessieren, die sich unmittelbar diskurstheoretisch begründen lassen, also nur im engeren Sinne diskursiv notwendige Rechte“.

52 Vgl. *Alexy*, Institutionalisierung (Fn. 2), S. 249.

53 Ebd., S. 249; mit unspezifischem Verweis auf *Alexy*, Diskurstheorie (Fn. 3), S. 127 ff.

dung, wenn sie durch einen Diskurs erfolgt, genauer: „wenn die Entscheidung über die Menschenrechte einem tatsächlich stattfindenden politischen Prozeß überlassen wird, der aber bestimmten diskurstheoretisch begründeten Anforderungen genügen muß“[54].

In diesem Zusammenhang versteht *Alexy* die Menschenrechte jedoch nicht etwa nur als diskursiv mögliche und sohin kontingente Ergebnisse politischer Diskurse, die sich für oder gegen Menschenrechte aussprechen könnten, sondern als deren diskursiv notwendige Ergebnisse.[55] Sein Argument besteht darin, daß eine Negation der fundamentalen Menschenrechte als Ergebnis eines tatsächlich stattfindenden politischen Prozesses bedeutete, im Ergebnis des Diskurses gegen die konstitutiven Grundregeln des Diskurses, die Vernunftregeln, zu verstoßen. Das aber sei diskursiv unmöglich, weil notwendig performativ widersprüchlich.[56] An dieser Stelle mündet die mittelbare in die unmittelbare diskurstheoretische Begründung. Auch bei der vermeintlich mittelbaren Begründung geht es *Alexy* daher nicht, wie es etwa in *Gustav Radbruchs* berühmten Verweis auf „die Arbeit der Jahrhunderte“[57] anklingt, um tatsächliche Ergebnisse vergangener politischer Diskurse, wie sie sich im Verlauf der Jahrhunderte in politischen Diskursen durchgesetzt haben mögen, sondern um die apriorische Unmöglichkeit menschenrechtsnegierender Diskursergebnisse durch deren Widerspruch zu den fundamentalen, jedem allgemeinen praktischen Diskurs notwendig vorausgehenden Diskursregeln.

Beide Begründungsweisen führen, wenn auch auf leicht unterschiedlichen Wegen, zu einer diskursiven Notwendigkeit der Menschenrechte aufgrund der universellen Geltung der Vernunftregeln. Wenn diese Vernunftregeln aber, im Sinne der relativierten Lesart der Diskurstheorie, nur diskurstheoretische Basissätze sind, die hintergehbar bleiben müssen, dann muß es auch möglich sein, im Diskurs ihre Geltung zu hinterfragen. Dazu wird es erforderlich sein, aus einem allgemeinen praktischen Diskurs über Menschenrechte in einen Metadiskurs über Diskursregeln zu wechseln. In einem diskurstheoretischen Diskurs über die Diskursregeln[58] ist es nicht diskursiv unmöglich, daß die Ver-

---

[54] *Alexy*, Diskurstheorie (Fn. 3), S. 146.

[55] Zu den diskursiven Modalitäten der Möglichkeit, der Unmöglichkeit und der Notwendigkeit (sowie deren immanente Relativität auf den zugrundliegenden Diskurs) vgl. *Bäcker*, Begründen (Fn. 21), S. 223 f.

[56] Zum Argument des performativen Widerspruchs vgl. *Alexy*, Diskurstheorie (Fn. 3), S. 135 ff.; krit. *Bäcker*, Begründen (Fn. 21), S. 64–74.

[57] *G. Radbruch*, Fünf Minuten Rechtsphilosophie, in: Rhein-Neckar-Zeitung v. 12. September 1945, S. 3; wieder abgedruckt in: A. Kaufmann (Hrsg.), Gustav Radbruch Gesamtausgabe, Bd. 3: Rechtsphilosophie III, bearb. v. W. Hassemer, 1990, S. 78 f.

[58] Dies gesteht *Alexy*, Argumentation (Fn. 14), S. 255, im Grundsatz auch selbst zu; vgl. die sog. Übergangsregel 6.3: „Es ist jederzeit jedem Sprecher möglich, in einen diskurstheoretischen Diskurs überzugehen“. Die grundstürzende Konsequenz dieser Relativierung der Gel-

nunftregeln als fehlerhaft erkannt werden. Wenn dieses Ergebnis eines diskurstheoretischen Diskurses möglich ist, schlägt die oben geschilderte Relativität der Geltung der Vernunftregeln auf *Alexys* diskurstheoretische Menschenrechtsbegründung durch: Solange die Vernunftregeln, als diskurstheoretische Basissätze, im diskurstheoretischen Diskurs hinterfragbar und abänderbar bleiben, kann ihre Negation im allgemeinen praktischen Diskurs nicht schlechterdings diskursiv unmöglich sein.[59] Vielmehr kann ihre Negation nur relativ auf die relative Geltung der Vernunftregeln diskursiv unmöglich sein.

Hinzu kommt, daß die Feststellung einer diskursiven Unmöglichkeit oder Notwendigkeit von Diskursergebnissen in tatsächlichen Diskursen, wie oben gezeigt, immer relativ auf den tatsächlich geführten Diskurs und dessen auf das relative Diskursideal hin regelmäßig suboptimale Bedingungen bleibt. Mit anderen Worten: Die diskurstheoretisch zu erweisende Geltung der Menschenrechte bleibt historisch und kulturell zumindest ebenso kontingent, wie die Vernunftregeln als historisch und kulturell kontingente Ergebnisse eines tatsächlichen diskurstheoretischen Diskurses anzusehen sind. Eine universelle Geltung der Menschenrechte bzw. eine Geltung universeller Menschenrechte zu allen Zeiten und in allen Welten läßt sich auf dieser Basis diskurstheoretisch nicht begründen. Vielmehr entzieht die diskurstheoretische Relativität den diskurstheoretisch begründeten Menschenrechten ihren Anspruch auf Universalität.

III. Die Relativität der Menschenrechte und *Alexys* Nichtpositivismus

Während *Alexy* in früheren Arbeiten noch betont, daß Menschenrechte zu ihrer Realisierung der Form nach positivrechtlich zu garantieren sind – und daher auch einen demokratischen Verfassungsstaat fordern, in den sie als Grundrechte zu transformieren sind[60] –, geht es ihm im Zuge der Herausbil-

tung aller Diskursregeln und der diskursiven Unmöglichkeit eines ihnen widersprechenden Ergebnisses wird in seinen späteren Schriften nicht mehr aufgegriffen.

[59] Gänzlich anders ist es, wenn Grundrechte, als transformierte Menschenrechte, verfassungsrechtlich dem einfachen parlamentarischen Prozeß entzogen werden. Dies betont *Alexy*, Theorie (Fn. 47), S. 407: „Grundrechte des Grundgesetzes sind Positionen, die vom Standpunkt des Verfassungsrechts aus so wichtig sind, daß ihre Gewährung oder Nichtgewährung nicht der einfachen parlamentarischen Mehrheit überlassen werden kann".

[60] Vgl. *Alexy*, Diskurstheorie (Fn. 3), S. 144: „Ihre volle Kraft können Menschenrechte nur dann entfalten, wenn sie durch Normen positiven Rechts garantiert, also in positives Recht transformiert werden. Das ist z. B. dann der Fall, wenn sie als bindendes Recht in den Grundrechtskatalog einer Verfassung aufgenommen werden". Eingehend *Alexy*, Institutionalisierung (Fn. 2), S. 244: „Meine These lautet, daß die beste Konzeption der Menschenrechte auf nationaler Ebene am besten im demokratischen Verfassungsstaat realisiert werden kann".

dung seines nichtpositivistischen Rechtsverständnisses verstärkt um die Bedeutung moralischer Menschenrechte als solcher im Recht.[61] Er erkennt den originär moralischen Menschenrechten den Charakter überpositiven Rechts zu. Als überpositives Recht beanspruchen sie auch jenseits ihrer Transformation in Grundrechte eine *rechtliche* Geltung über das positive Recht hinaus; auch des positiven Rechts eines demokratischen Verfassungsstaates. Sie seien allem positiven Recht gegenüber prioritär.[62]

Das Merkmal der Priorität der Menschenrechte erweist sich damit als Scharnier der diskurstheoretisch grundierten Menschenrechtstheorie für den nichtpositivistischen Rechtsbegriff.[63] *Alexy* unterscheidet allerdings einen schwachen und einen starken Prioritätszusammenhang: Nach dem schwachen sei „die Beachtung der Menschenrechte [lediglich] eine notwendige Bedingung der Legitimität des positiven Rechts"[64]. Nach dem starken Prioritätszusammenhang lasse „die Verletzung eines Menschenrechts den Rechtscharakter und damit auch die Rechtsgeltung entfallen"[65]. Mit dem starken Prioritätszusammenhang ist die einen natur- oder vernunftrechtlichen Rechtsnichtpositivismus kennzeichnende Verbindungsthese[66] menschenrechtlich reformuliert. Es wird zu zeigen sein, daß nur der schwache Prioritätszusammenhang mit der relativierten diskurstheoretischen Basis vereinbar ist.

Ein Konflikt zwischen positivem Recht und moralischen Menschenrechten kann nur dann auftreten, soweit letztere nicht erfolgreich in positives Recht, etwa in Gestalt von verfassungsrechtlichen Grundrechten, transformiert worden sind[67] – oder aber die in Grundrechte transformierten Menschenrechte im Rechtssystem keine hinreichende Beachtung finden. In diesen Fällen fehlt den moralischen Menschenrechten notwendig der (hinreichende) Geltungsgrund positiven Rechts, nämlich die Setzung und/oder die Wirksamkeit; also, im

---

[61] Vgl. *Alexy*, Institutionalisierung (Fn. 2), S. 249: „Die zweite für Menschenrechte essentielle Eigenschaft ist, daß es bei ihnen um moralische Rechte geht".

[62] Vgl. ebd., S. 252 f.

[63] Vgl. ebd., S. 253, mit dem Hinweis auf die starke Priorität als Zentrum des Positivismusproblems: „Bei ihr läßt die Verletzung eines Menschenrechts den Rechtscharakter und damit auch die Rechtsgeltung des entgegenstehenden positiven Rechts entfallen. Ob eine solche starke Priorität anzunehmen ist, bildet den Kern des Streits um den Rechtspositivismus" (253).

[64] Ebd., S. 252.

[65] Ebd., S. 253.

[66] Vgl. *R. Alexy*, Begriff und Geltung des Rechts, 1992, S. 39 ff.; *ders.*, Morality (Fn. 6), S. 3.

[67] Zum Gebot der Transformation der Menschenrechte vgl. *Alexy*, Diskurstheorie (Fn. 3), S. 144 ff.; *ders.*, Institutionalisierung (Fn. 2), S. 254 ff.; *ders.*, Grundrechte, in: H. J. Sandkühler (Hrsg.), Enzyklopädie Philosophie, Bd. 1, 1999, S. 525–529, 526; *ders.*, Menschenrechte (Fn. 2), S. 68. – Aus dem Gebot der Transformation wird später, eher deskriptiv, die begriffliche Eigenschaft der Grundrechte, mit dem Anspruch gesetzt worden zu sein, Menschenrechte zu institutionalisieren; vgl. etwa *ders.*, Hauptelemente (Fn. 18), S. 161.

Sinne der Alexyschen Doppelnaturthese,[68] die reale Dimension.[69] Moralische Rechte existieren als solche, so *Alexy*, nur in der idealen Dimension des Rechts; und zwar genau dann, „wenn die Norm", die dieses Recht gewährt, „moralisch gilt".[70] Die moralische Geltung der Menschenrechte kann diskurstheoretisch aber nur, wie ausgeführt, relativ begründet werden, womit die Idealität der idealen Dimension des Rechts relativ ist. Dies hat bedeutsame Auswirkungen auf *Alexys* Nichtpositivismus.

Alexys Nichtpositivismus besteht im Kern in der These, daß das Recht notwendig einen Anspruch auf inhaltliche Richtigkeit oder Gerechtigkeit erhebt.[71] Wenn einzelne Rechtssätze diesen Anspruch nicht erheben oder in gröberem Maße nicht erfüllen, so verlieren sie – und mit ihnen ab einer gewissen Schwelle die gesamte Rechtsordnung – ihren Rechtscharakter und ihre Rechtsgeltung. *Alexy* bezieht sich hierbei auf die Radbruchsche Formel, die er auf die (zu kurze)[72] Kurzfassung bringt: „Extremes Unrecht ist kein Recht"[73]. Jenseits aller Fragen, die sich bei dem Versuch einer näheren Bestimmung dieser Schwelle des Extremen aufdrängen, folgt *Alexy Radbruch* auch darin, daß wir es jedenfalls dann mit extremen Unrecht zu tun haben, wenn Menschenrechte mißachtet werden: „legal norms which are incompatible with the core of fundamental human rights are extremely unjust and therefore no law"[74]. Damit bekennt sich *Alexy* zur These eines starken Prioritätszusammenhangs der Menschenrechte.[75]

---

[68] Vgl. *R. Alexy*, Die Doppelnatur des Rechts, Der Staat 50 (2011), S. 389–404.

[69] In der Sache ist diese These eine Reformulierung des nichtpositivistischen Rechtsbegriffs. Nach der Doppelnaturthese weise das Recht eine reale oder faktische und eine ideale oder kritische Dimension auf. Die reale Dimension sei durch die Elemente der autoritativen Gesetztheit und der sozialen Wirksamkeit gekennzeichnet, während die ideale im Element materialer Richtigkeit zum Ausdruck gelange; vgl. *Alexy*, Begriff (Fn. 66), S. 136: „Insofern führt der Anspruch auf Richtigkeit zu einer mit dem Recht notwendig verbundenen idealen Dimension". – Nun kann der idealen Dimension des Rechts aber nur dann kritisches Potenzial gegenüber der realen zukommen, wenn es materiale Richtigkeit gibt und sie sich als solche erkennen läßt. Das führt zurück zur Relativierung der Diskurstheorie und ihres Anspruchs, eine Theorie absoluter Wahrheit oder Richtigkeit zu sein.

[70] *Alexy*, Institutionalisierung (Fn. 2), S. 249.

[71] Vgl. *Alexy*, Begriff (Fn. 66), S. 39ff., insb. das sog. Richtigkeitsargument, S. 64ff.; krit. dazu etwa *Bäcker*, Begründen (Fn. 21), S. 215ff.

[72] Zur inhaltlichen Verkürzung der Radbruchschen Formel durch die Kurzform, mit der die in Radbruchs Formel angelegte Differenz von Begriff und Geltung des Rechts vermengt wird, vgl. *C. Bäcker*, Gerechtigkeit im Rechtsstaat. Das Bundesverfassungsgericht an der Grenze des Grundgesetzes, 2015, S. 29, dort Fn. 65.

[73] *R. Alexy*, Mauerschützen. Zum Verhältnis von Recht, Moral und Strafbarkeit, 1993, S. 4.

[74] *R. Alexy*, Law, Discourse, and Time, in: ARSP Beiheft 64 (1995), S. 101–110 (104): „legal norms which are incompatible with the core of fundamental human rights are extremely unjust and therefore no law".

[75] Zurückhaltender noch in *Alexy*, Institutionalisierung (Fn. 2), S. 253.

Verglichen mit *Radbruchs* Einschätzungen fällt auf, daß dieser seinen Zusammenhang von Recht und Menschenrechten weit zurückhaltender als *Alexy* formuliert:

„Es gibt also Rechtsgrundsätze, die stärker sind als jede rechtliche Satzung, so daß ein Gesetz, das ihnen widerspricht, der Geltung bar ist. [...] Gewiß sind sie im Einzelnen von manchem Zweifel umgeben, aber die Arbeit der Jahrhunderte hat doch einen festen Bestand herausgearbeitet, und in den sogenannten Erklärungen der Menschen- und Bürgerrechte mit so weitreichender Übereinstimmung gesammelt, daß in Hinsicht auf manche von ihnen nur noch gewollte Skepsis den Zweifel aufrechterhalten kann."[76]

Radbruch läßt hier zwar die Rechtsgeltung entfallen, nicht aber die Rechtsnatur (*Alexy* hingegen: „no law"), und er verneint gerade nicht die kulturell-historische Kontingenz der Menschenrechte. Näheres Hinsehen erweist dann auch, daß es nicht die Menschenrechte sind, die für *Radbruch* die eigentliche Grenze der Geltung positiven Rechts markieren, sondern die vermeintlich ewigen Rechtsgrundsätze des Naturrechts, deren rechtskulturell gegenständliche Abbildung die Menschenrechte sein sollen.[77] Doch ewiges Naturrecht gab es für *Radbruch* eben nicht. Es blieb bei ihm vielmehr, wie die Menschenrechte, bis zuletzt kulturell und historisch relativ: „es teilt nicht die übernationale und überzeitliche Unveränderbarkeit des Naturrechts der Vergangenheit, es ist ein ‚Naturrecht mit wandelbarem Inhalt', wandelbar nach Zeit und Volk".[78] Gerade deswegen zog sich *Radbruch* zur Begründung des Geltungsverlustes von gesetztem Recht auf die Menschenrechte zurück, wie sie in den Erklärungen der Menschen- und Bürgerrechte zum Ausdruck gekommen waren. *Alexy* hingegen genügt dieser Rückzug nicht; ihm geht es um moralisch (letzt-)begründbare Menschenrechte, und nicht um diejenigen fallibler und kontingenter völkerrechtlicher Erklärungen oder Verträge.

Es ist daher durchaus konsequent, wenn für *Alexy* letztlich nicht die diskurstheoretisch so aufwendig hergeleiteten Menschenrechte die eigentliche Grenze der Rechtsnatur gesetzlichen Unrechts bilden sollen, sondern die ihre Geltung begründende Anerkennung der Autonomie des Menschen.[79] Die Anerkennung der Autonomie führt *Alexy* allerdings gleichermaßen zurück auf die Diskurstheorie und die grundlegenden Diskursregeln. Die Autonomie sei jedem Menschen als Teilnehmer eines Diskurses von allen anderen Menschen als Diskursteilnehmern zuzuerkennen, weil sich die Diskursteilnehmer sonst in performa-

---

[76] Vgl. *G. Radbruch*, Fünf Minuten Rechtsphilosophie, in: Rhein-Neckar-Zeitung v. 12.09.1945, S. 3.

[77] Näher *Bäcker*, Gerechtigkeit (Fn. 72), S. 73 ff.

[78] *G. Radbruch*, Neue Probleme in der Rechtswissenschaft, 1952, S. 33; näher etwa *F. Saliger*, Radbruchsche Formel und Rechtsstaat, 1995, S. 26–31.

[79] Zum Autonomieargument vgl. schon *Alexy*, Diskurstheorie (Fn. 3), S. 148 ff.; ferner *ders.*, Metaphysik (Fn. 1), S. 24.

tive Widersprüche verstricken würden. Die Anerkennung der Autonomie sei somit als „eine notwendige Präsupposition genuiner Diskursteilnahme“[80] erwiesen. Die Argumentation verläuft mithin analog zur Begründung der Menschenrechte aus den Vernunftregeln: Da jeder, so *Alexy*, irgendwann an Diskursen teilnehmen müsse,[81] müsse jeder die Autonomie jedes anderen anerkennen. Doch dies setzt nicht nur voraus, daß zumindest potentiell von allen mit allen Diskurse geführt werden können, sondern auch, daß alle Diskursteilnehmer im Diskurs einen Anspruch auf Richtigkeit erheben und daß die Vernunftregeln in jedem Diskurs gelten. An der Notwendigkeit dieser drei Bedingungen läßt sich begründet zweifeln.[82] Solange diese Zweifel nicht aufgelöst werden, ist ein starkes Prioritätsverständnis moralischer Menschenrechte über gesetztes Recht, wie *Alexy* es voraussetzt, diskurstheoretisch nicht begründet. Nur aufgrund eines starken Prioritätszusammenhangs entfiele aber, so *Alexy* selbst, der Rechtscharakter und die Rechtsgeltung positiven Rechts im Falle extremer Ungerechtigkeit, Menschenrechtswidrigkeit oder diskursiver Unmöglichkeit.

Die relative Lesart der Diskurstheorie läßt jedoch nicht jeden Prioritätszusammenhang entfallen. Recht ist, im historisch-kulturellen Kontext K, als nicht legitim anzusehen, wenn es nicht mit den auf den historisch-kulturellen Kontext K diskursiv (relativ) notwendigen Menschenrechten in einem Mindestmaß übereinstimmt. Dieser schwache Prioritätszusammenhang wirkt zwar nur regional und auch zeitgeschichtlich beschränkt, aber er wirkt. Extrem ungerechtes, menschenrechtswidriges oder diskursiv unmögliches gesetztes Recht hat, diskurstheoretisch begründbar, ernste Legitimationsdefizite – auch wenn diese Defizite relativ auf tatsächliche Diskurse und deren tatsächliche Ergebnisse bleiben. Es gibt also einen Zusammenhang von Menschenrechten und Recht.

Die Relativität der Illegitimität von Recht aufgrund eines menschenrechtlichen Desiderats macht es zu einem Risiko, die Geltung von Recht an dessen Übereinstimmung mit diesen (falliblen) Maßstäben der Legitimität zu knüpfen. Der definitive Verlust an Rechtssicherheit ist durch einen nur potentiellen Gewinn an Legitimität im Regelfall nicht aufzuwiegen. Daher ist es grundsätzlich zu akzeptieren, daß auch ein (relativ) illegitimes Gesetz legal bleibt, wenn

[80] *Alexy*, Diskurstheorie (Fn. 3), S. 155.

[81] Vgl. nur *Alexy*, Nachwort (Fn. 28), S. 418: „Wer sein ganzes Leben lang [nicht an Diskursen teilnimmt], nimmt nicht an dem teil, was man die ‚allgemeinste Lebensform des Menschen‘ nennen kann“. – Zu Zweifeln an der Überzeugungskraft dieser These *Bäcker*, Begründen (Fn. 21), S. 53–61.

[82] Vgl. neben den geschilderten Zweifeln an der universellen Geltung der Vernunftregeln wiederum *Bäcker*, Begründen (Fn. 21), S. 175–186 (zum Problem der Letztbegründetheit) und S. 215–267 (zum Anspruch auf Richtigkeit im allgemeinen praktischen und im juristischen Diskurs).

es ordnungsgemäß zustandegekommen und soweit es sozial wirksam ist. Ein (relativ) illegitimes Gesetz kann also rechtlich gelten, selbst dann, wenn es extrem ungerecht ist. Mit anderen Worten: Die Illegitimität von Recht ist kein hinreichender Faktor für die Nicht-Geltung des Rechts. Sie gibt aber einen dringenden Hinweis auf die Abänderungsbedürftigkeit des extrem ungerechten Rechts, weil es seinen Anspruch, gerecht zu sein, grob verfehlt.

Damit führt die Relativierung der Diskurstheorie und die Relativierung der mit ihr begründeten Menschenrechte im Ergebnis zu einer signifikanten Abschwächung des Nichtpositivismus: Aus dem konvergenten Nichtpositivismus[83] der Radbruchschen Formel, der Begriff und Geltung des Rechts an ein moralisches Minimum knüpft, wird mit dem nur noch schwachen Prioritätszusammenhang ein divergenter Rechtsnichtpositivismus – wie ihn *Radbruch* vor 1933 selbst noch vertreten hat.[84] Der divergente Rechtsnichtpositivist erkennt zwar eine strukturelle oder begrifflich notwendige Verbindung von Recht und Moral an, die sich ggf. in Legitimitätsdefiziten des Rechts äußert, er lehnt aber zugleich einen notwendigen Geltungsverlust von gesetztem Recht selbst im Falle extremen Unrechts ab. *Alexy* hat diese Position als die des superinklusiven Rechtsnichtpositivismus bezeichnet.[85] Mit der diskurstheoretischen Relativierung des Prioritätszusammenhangs wird aus seiner Position, die er als inklusiven Nichtpositivimus charakterisiert hat, ein superinklusiver Nichtpositivismus.[86] Nur am Rande sei bemerkt, daß diese Form des Nichtpositivismus ebenso als Positivismus betrachtet werden kann, weil sie einen negativen Geltungszusammenhang von Recht und Moral ablehnt.[87]

IV. Das Positivierungsbedürfnis der Menschenrechte

Es hat sich gezeigt, daß die explikativ-existentielle Begründung der Menschenrechte, wie *Alexy* sie vorgeschlagen hat, an einem bedeutenden Mangel leidet: Sie kann nur überzeugen, wenn sie in ihrem Anspruch kategorial reduziert wird. Die fundamentalen Bedingungen des allgemeinen praktischen Diskurses, die nach *Alexy* in den Menschenrechten expliziert sind, sind nicht als univer-

---

[83] Zum Begriff des konvergenten bzw. divergenten Rechts(nicht)positivismus näher *Bäcker*, Gerechtigkeit (Fn. 72), S. 275–280.

[84] Zu Radbruchs Wandel vom divergenten zum konvergenten Rechtsnichtpositivisten vgl. ebd., S. 280–283.

[85] Vgl. nur *Alexy*, Morality (Fn. 6), S. 5f.

[86] Zum Begriff des inklusiven bzw. superinklusiven Rechtsnichtpositivismus vgl. *Alexy*, Morality (Fn. 6), S. 4–7; zum Verhältnis dieses Begriffspaares zu dem des konvergenten und divergenten Rechtsnichtpositivismus vgl. *Bäcker*, Gerechtigkeit (Fn. 72), S. 272–275.

[87] Dies verdeutlicht die Differenz des quadralen Modells im Begriffsparadigma einerseits und im Geltungsparadigma andererseits, vgl. *Bäcker*, Gerechtigkeit (Fn. 72), S. 277.

sell gültig erwiesen, sondern nur als kulturell-historisch relativ. Da kein Schluß universeller als seine Prämissen ist, kann die diskurstheoretische Begründung der Menschenrechte nur zu einer relativen Geltung der Menschenrechte führen. Die Relativierung der diskurstheoretischen Begründetheit der Menschenrechte und ihrer Geltung muß sich letztlich auf den Begriff der Menschenrechte auswirken: Sie können nicht als universelle moralische Rechte, sondern nur als kulturell-historisch relative moralische Rechte begriffen werden. Menschenrechte bleiben, anders formuliert, auch vor dem Hintergrund eines diskurstheoretischen Begründungsansatzes ein Erzeugnis der westlichen Rechtskultur.

Aus dieser Relativierung folgt allerdings nicht, daß ein Abgesang auf die Menschenrechte und der Verzicht auf die Idee ihres globalen Siegeszuges unvermeidlich wären. Zwar sind die Menschenrechte diskurstheoretisch nicht als *letzt*begründet zu erweisen, aber sie sind eben doch – nach der relativistischen Lesart – *jetzt*begründet. Diese Jetztbegründetheit moralischer Rechte ist nicht zu unterschätzen. Sie sorgt zumindest für eine Art Beweislastumkehr. Wer die diskurstheoretisch begründeten Menschenrechte und ihren moralischen Geltungsanspruch nicht erfüllen oder gar ablehnen will, der muß Argumente anführen, mit denen die diskurstheoretischen Fundamentalannahmen (der Voraussetzung der Geltung der Vernunftregeln und der relativen Notwendigkeit der Teilnahme an allgemeinen praktischen Diskursen) falsifiziert werden können. Solange dies nicht erfolgt, können moralische Menschenrechte Geltung beanspruchen. Ihr Geltungsanspruch bleibt aber nur relativ auf das herrschende Diskursideal und die gegebenen Diskursumstände richtig, und diese Richtigkeit bleibt fallibel. Eine relative, fallible Richtigkeit ist jedoch alles, was diskursiv erreicht werden kann; und sie erlaubt es, zwischen richtig und falsch zu unterscheiden.

Als Grundlage einer Begründung universeller Menschenrechte kann eine derart relativierte Diskurstheorie allerdings nicht dienen. Solange Menschenrechte nur historisch kulturell relativ begründbar sind, wie es die eindimensionale Diskurstheorie annimmt, muß sich dies auch im Begriff der Menschenrechte niederschlagen. Dies ist umgesetzt, wenn die Universalität der Menschenrechte als historisch-kulturell relativ begriffen wird. Eine relative Universalität läßt sich mit der relativierten Diskurstheorie begründen. Die Menschenrechtspolitik unserer Zeit sollte diese Relativität der vermeintlichen Universalität nicht ausblenden – und umso mehr daran setzen, von ihrer Vorstellung von Menschenrechten ebenso wie vom demokratischen Verfassungsstaat als einem politischen Ideal argumentativ zu überzeugen. Juristisch betrachtet kommt dem relativistisch geschwächten Verständnis der Menschenrechte jedenfalls letztlich doch eine starke Wirkung zu: Wer Menschenrechte als Korrektiv positiven Rechts will, der kann nicht auf ein vermeintlich universelles, überpositives Recht verweisen. Vielmehr sind die Menschenrechte als

Grundrechte positiv-rechtlich zu institutionalisieren.[88] So wird das positive Recht, mit *Alexy*, zur Institution der Vernunft.[89]

---

[88] Näher zum Verhältnis von Grund- und Menschenrechten *C. Bäcker*, Historische und ideengeschichtliche Grundlagen der Grundrechte, in: K. Stern/H. Sodan/M. Möstl (Hrsg.), Das Staatsrecht der Bundesrepublik Deutschland im europäischen Staatenverbund, Bd. III, 2022, § 58, Rn. 17 ff.

[89] Wohl erstmals so in *R. Alexy*, My Philosophy of Law: The Institutionalisation of Reason, in: L. J. Wintgens (Hrsg.), The Law in Philosophical Perspectives, 1999, S. 23–45, 23 f.; s. a. *M. Klatt*, Robert Alexy's Philosophy of Law as System, in: ders. (Hrsg.), Institutionalized Reason. The Jurisprudence of Robert Alexy, OUP 2012, S. 1–26, 2, und die Bezeichnung des Bandes; krit. *C. Bäcker*, Recht als institutionalisierte Vernunft? Zu Robert Alexys diskurstheoretischer Konzeption des Rechts, ARSP 97 (2011), S. 346–359. – Alexy benennt in seinen Arbeiten drei Probleme einer diskurstheoretischen Institutionalisierung der Vernunft in konkreten Handlungsanweisungen, die insgesamt zur Notwendigkeit des Rechts führen sollen: „das Erkenntnisproblem, das Durchsetzungsproblem und das Organisationsproblem", *Alexy*, Diskurstheorie (Fn. 3), S. 144; s. a. *ders.*, Institutionalisierung (Fn. 2), S. 254 ff.; näher dazu und für weitere Nachweise, auch hins. einer gewissen Varianz der Terminologie in Alexys Arbeiten, *Bäcker*, Begründen (Fn. 21), S. 198–200.

Theorie der juristischen Argumentation und Analyse von Genderstereotypen

Laura Clérico/Martín Aldao *

I. Einleitung: Genderstereotype und staatliche Verpflichtungen

Die meisten lateinamerikanischen Staaten, die das Interamerikanische Menschenrechtssystem bilden, haben das UN-Übereinkommen zur Beseitigung jeder Form von Diskriminierung der Frau (im Folgenden CEDAW) ratifiziert. Der CEDAW-Ausschuss hat die Staaten wiederholt aufgefordert, ihren Verpflichtungen nachzukommen und Genderstereotype abzuschaffen, die zu Diskriminierung und Menschenrechtsverletzungen gegenüber Frauen und Mädchen führen (im Folgenden schädliche Genderstereotype). Die Verpflichtung ist klar. In Artikel 5 lit. a) CEDAW heißt es, dass die Vertragsstaaten alle geeigneten Maßnahmen ergreifen sollen, um „a) die sozialen und kulturellen Verhaltensmuster von Männern und Frauen zu ändern, um die Beseitigung von Vorurteilen sowie gewohnheitsmäßigen und allen anderen Praktiken zu erreichen, die auf der Vorstellung von der Unterlegenheit oder Überlegenheit des einen oder anderen Geschlechts oder auf stereotypen Rollenbildern von Mann und Frau beruhen". Insbesondere in der Allgemeinen Empfehlung Nr. 33 über den Zugang zur Justiz bestimmt der CEDAW-Ausschuss, dass: „Richter oft starre Normen für das angemessene Verhalten von Frauen anwenden und diejenigen bestrafen, die diesen Stereotypen nicht entsprechen",[1] und „Staatsanwälte, Strafverfolgungsbehörden und *andere Akteure* [...] häufig zu (lassen), dass Stereotype die Ermittlungen und Versuche beeinflussen"[2]. Der CEDAW-Ausschuss kommt zu folgendem Schluss: „Genderspezifische Stereotype und Vorurteile im Justizsystem haben weitreichende Folgen für die uneingeschränkte Wahrnehmung der Menschenrechte durch Frauen. Sie können

---

* Wir danken Robert Alexy und den Teilnehmern des Symposiums für ihre Fragen, Kommentare und Kritiken, und Jan Sieckmann, Antonia Stummvoll, Jonas Holoubek und Sarah Greilich für die Lektüre dieses Textes sowie Julieta Lobatto, Arnulfo Mateos und Gonzalo Villa Rosas für die Lektüre der spanischen Version dieses Textes. Irrtümer sind unsere eigenen.

1 CEDAW, Allgemeine Empfehlung, Nr. 33, UN: CEDAW/C/GC/33, 2015, Abs. 27 und 28.

2 CEDAW, Allgemeine Empfehlung, Nr. 33, Abs. 27, Hervorhebung hinzugefügt. CEDAW, Allgemeine Empfehlung Nr. 35, Abs. 26.

den Zugang zur Justiz in allen Rechtsbereichen erschweren und betreffen insbesondere weibliche Opfer und Überlebende von Gewalt.“[3]

Das Interamerikanische Übereinkommen über die Verhütung, Bestrafung und Beseitigung von Gewalt gegen Frauen, „Übereinkommen von Belém Do Pará“ legt in Artikel 6 das Recht jeder Frau auf ein Leben frei von Gewalt fest; das beinhaltet unter anderem: „a. das Recht der Frauen, frei von jeder Form der Diskriminierung zu sein, und b. das Recht der Frauen auf Wertschätzung und Bildung, frei von stereotypen Verhaltensmustern[4] und sozialen und kulturellen Praktiken, die auf Konzepten von Minderwertigkeit oder Unterlegenheit beruhen.“[5] In begrifflicher Hinsicht greift der Interamerikanische Gerichtshof für Menschenrechte (im Folgenden IAGMR) auf eine Definition von Stereotypen zurück: „Genderstereotypisierung bezieht sich auf eine vorgefasste Meinung über Eigenschaften, Verhaltensweisen oder Merkmale, die Männer bzw. Frauen besitzen oder ausüben sollten, und darauf, dass es möglich ist, die Un-

---

[3] CEDAW, Allgemeine Empfehlung, Nr. 33, Abs. 27 und 28.

[4] Eine der am häufigsten zitierten Definitionen von Genderstereotypen im juristischen Bereich stammt von *Cook* und *Cusack*. Ein genderspezifisches Stereotyp ist demnach eine verallgemeinerte Ansicht oder ein Vorurteil über die Eigenschaften oder Merkmale der Menschen, die eine bestimmte Gruppe oder Bevölkerung bilden (ein deskriptives Stereotyp), oder über die Rollen, die diese Menschen erfüllen müssen oder sollten, weil sie zu dieser Gruppe gehören (ein präskriptives Stereotyp). Wenn wir von „Genderstereotypen“ sprechen, beziehen wir uns auf Weltanschauungen über die Rollen, Einstellungen, Ausdrücke, Orte und sozialen Positionen, die von Menschen (in diesem Fall von Frauen) „erwartet“ werden, oder umgekehrt, was sie nicht tun, sagen usw. sollen, nur weil sie Frauen sind. „Ein schädliches Genderstereotyp ist eine verallgemeinerte Ansicht oder ein Vorurteil über Eigenschaften oder Eigenschaften, die Frauen und Männer besitzen oder besitzen sollten, oder über die Rollen, die sie einnehmen oder einnehmen sollten, die unter anderem die Möglichkeiten von Frauen und Männern einschränken, ihre persönlichen Fähigkeiten zu entwickeln, ihre berufliche Laufbahn zu verfolgen und Entscheidungen über ihr Leben und ihre Lebenspläne zu treffen. Schädliche Stereotype können sowohl feindselig/negativ (z. B. Frauen sind irrational) als auch scheinbar gutartig (z. B. Frauen sind fürsorglich) sein“; *R. Cook/S. Cusack*, Gender Stereotyping: Transnational Legal Perspectives, 2010, S. 11, s. a. *S. Cusack*, Gender stereotyping as a human rights violation, United Nations Human Rights, Office of the High Comissionate, 2013, S. 18.

[5] IAGMR, Fall weibliche Opfer von sexueller Folter in Atenco gegen Mexiko, 2018 (im Folgenden Frauen von Atenco), Abs. 216: „Der Gerichtshof stellt fest, dass sich aus dem Recht der Frauen auf ein Leben frei von Gewalt und den anderen spezifischen Rechten, die in der Konvention von Belém do Pará verankert sind, die entsprechenden Verpflichtungen des Staates ergeben, diese zu respektieren und zu garantieren. Die in Artikel 7 des Übereinkommens von Belém do Pará genannten Verpflichtungen des Staates müssen sich auf alle Bereiche des staatlichen Handelns erstrecken, und zwar sowohl in transversaler als auch in vertikaler Hinsicht, d. h. auf alle staatlichen Ebenen (Legislative, Exekutive und Judikative), sei es auf Bundes-, Landes- oder lokaler Ebene, sowie auf den privaten Bereich. Dies erfordert die Formulierung von Rechtsnormen und die Gestaltung öffentlicher Politiken, Institutionen und Mechanismen zur Bekämpfung aller Formen von Gewalt gegen Frauen, aber auch die Verabschiedung und Umsetzung von Maßnahmen zur Beseitigung von Vorurteilen, Stereotypen und Praktiken, die die Hauptursache für geschlechtsspezifische Gewalt gegen Frauen sind.“

terordnung von Frauen mit Praktiken in Verbindung zu bringen, die auf gesellschaftlich vorherrschenden und anhaltenden Genderstereotypen beruhen. In diesem Sinne wird ihre Schaffung und Anwendung zu einer der Ursachen und Folgen genderspezifischer Gewalt gegen Frauen, die noch verstärkt wird, wenn sie sich implizit oder explizit in Politik und Praxis, insbesondere in der Argumentation und Sprache der staatlichen Behörden, niederschlägt."[6] Das Gericht ist seinerseits klar, präzise und prägnant: „Die Verpflichtung, alle Formen der Diskriminierung von Frauen zu beseitigen, beinhaltet die Verpflichtung, Diskriminierung aufgrund von Genderstereotypen zu beseitigen".[7]

In diesem Sinne ist es die Pflicht derjenigen, die das Recht anwenden, ständig wachsam zu sein, um nicht selbst in die Falle von schädlichen Genderstereotypen zu tappen. Man muss Genderstereotype erkennen, entschärfen und Maßnahmen zu ihrer Beseitigung ergreifen.[8] Schädliche Genderstereotype kommen in richterlicher Argumentation vor.[9] Sie sind fest verwurzelt. Sie müssen beseitigt werden.

II. Arbeitshypothese und Struktur der Argumentation

Damit die Verpflichtung zur Vermeidung von Genderstereotypen systematisch eingehalten werden kann, muss die Analyse von Stereotypen zum Instrumentarium der täglichen Arbeit der Justiz gehören. Es gibt zweifelsohne mehrere Möglichkeiten, diese Einbeziehung zu erreichen. Hier konzentrieren wir uns auf eine. Theorien wie die Alexysche Theorie der juristischen Argumentation und die Theorie der Grundrechte müssen *ergänzt werden.* Die Idee der Komplementarität geht davon aus, dass diese Theorien mit der Stereotypenanalyse vereinbar sind und dass beide durchlässig genug sind, um voneinander zu lernen. Dieser Gedanke impliziert ein weitergehendes Ziel, das darin besteht, die

---

[6] IAGMR, Fall Campo Algodonero gegen Mexiko, 2009, Abs. 398, 401; Fall Gutiérrez Hernández gegen Guatemala, Abs. 169; Fall Velásquez Paiz et al. gegen Guatemala, 2015, Abs. 180; Fall Manuela y familia gegen El Salvador, 2021, Abs. 133.

[7] IAGMR, Fall Campo Algodonero gegen Mexiko, 2009, Abs. 401; Fall Espinoza Gonzales gegen Peru, 2014, Abs. 268; Fall I.V. gegen Bolivien, 2016, Abs. 285, 287. Siehe auch IAGMR, Ramírez Escobar gegen Guatemala, 2018, Abs. 295; Fall Veliz Franco et al. gegen Guatemala, 2014, Abs. 212 und 213; Fall Velásquez Paiz et al. gegen Guatemala, 2015, Abs. 183; Fall Espinoza Gonzáles gegen Peru, 2014, Abs. 268 und 272.

[8] UN Office of the High Commissionate, Background Paper on the Role of the Judiciary in Addressing Harmful Gender Stereotypes in Sexual and Reproductive Health and Rights Cases. A Review of Jurisprudence, 2018.

[9] CEDAW-Ausschuss, Abschließende Beobachtungen zum neunten periodischen Bericht Mexikos, CEDAW/C/MEX/CO/9, 2018; CEDAW-Ausschuss, Abschließende Bemerkungen zum siebten periodischen Bericht Argentiniens, CEDAW/C/ARG/CO/7, 2016; CEDAW-Ausschuss, Abschließende Bemerkungen zum kombinierten siebten und achten periodischen Bericht Perus, 2014.

Durchlässigkeit der juristischen Argumentationstheorie für Entwicklungen in der Genderforschung zu untersuchen. Dieser Text ist nur ein Beispiel.

Um die Komplementaritätsthese zu prüfen, werden wir zunächst einige Grundpfeiler der Theorie der juristischen Argumentation und der Grundrechte rekonstruieren. Diese Theorien müssen eher als unvollendete Werke denn als statische Konstruktionen verstanden werden. Wie auch immer sie heute zu interpretieren sind, sie wurden als *rekonstruktive Theorien* der Argumentation im Recht im Allgemeinen und im Verfassungsrecht im Besonderen geschaffen. Es ist an der Zeit, sie auf den Prüfstand zu stellen, um zu sehen, ob ihre Annahmen den neuen Herausforderungen an die juristische Argumentation im Sinne einer *kritischen Rekonstruktion* gerecht werden können. Diese Herausforderungen ergeben sich aus der Genderforschung, die zeigt, was in der herrschenden richterlichen Argumentation (dem realen Diskurs) nur am Rande beachtet wird. Zu diesem Zweck bemüht sich die Genderforschung auch um Methoden, Genderstereotype sichtbar zu machen. Das zweite Bindeglied besteht also darin, die Methodologie der Stereotypenanalyse zu überdenken und ihre Vereinbarkeit mit den Voraussetzungen der Theorie der juristischen Argumentation aufzuzeigen. Um dies rekonstruktiv anzugehen, nehmen wir als Fallstudie das Urteil des Interamerikanischen Gerichtshofs für Menschenrechte im Fall „Weibliche Opfer sexueller Folter von Atenco gegen Mexico" („Mujeres víctimas de tortura sexual en Atenco vs México/ Women Victims of Sexual Torture in Atenco v. Mexico", im folgenden Frauen von Atenco), in dem der Staat für die Verletzung der Rechte von elf Frauen verurteilt wurde, die illegal inhaftiert und im Rahmen einer Demonstration physischer, psychischer und sexueller Gewalt ausgesetzt waren, und insbesondere für die Verletzung des Rechts auf persönliche Integrität, Autonomie und darauf, nicht sexuell gefoltert zu werden, u. a.[10] Insbesondere werden wir uns auf den Fall der genderstereotypen staatlichen Maßnahmen und Praktiken konzentrieren, die eine Verletzung der in der Amerikanischen Konvention der Menschenrechte (im Folgenden AKMR) verankerten Rechte implizieren.[11] In diesem Kapitel fokussieren wir uns auf Genderstereotypen. Die Rechtsprechung zeigt, wie wichtig es ist, andere Arten von Stereotypen aufgrund von Behinderung,[12] Migrationsstatus,

---

[10] Für eine Analyse der Auswirkungen der Fälle siehe CEJIL, Case Map, https://cejil.org/caso/caso-selvas-gomez-y-otras-denunciantes-de-tortura-sexual-en-atenco-vs-mexico/, (Stand 22.07.2022).

[11] IAGMR, Fall Frauen von Atenco, 2018, Abs. 310–316 und 338.

[12] BVerfG, Beschluss des Ersten Senats vom 16. Dezember 2021(1 BvR 1541/20) Rn. 1–131, entschied: „Der Gesetzgeber hat Art. 3 Abs. 3 Satz 2 GG verletzt, weil er es unterlassen hat, Vorkehrungen zu treffen, damit niemand wegen einer Behinderung bei der Zuteilung überlebenswichtiger, nicht für alle zur Verfügung stehender intensivmedizinischer Ressourcen benachteiligt wird." U. a. berücksichtigt es (Abs. 113), dass „mehrere sachkundige Dritte […] zudem ausgeführt [haben], dass die Lebenssituation und -qualität von Menschen mit Behinderungen oft sachlich falsch beurteilt werde […]. *Das Diskriminierungsrisiko resultiere aus*

ethnischer Zugehörigkeit, Alter und viele andere Faktoren zu identifizieren. Die hier geleistete Arbeit dient dazu, diese anderen Stereotypen und sogar kombinierte Stereotypen[13] anzusprechen.

Um die Argumentation zu entwickeln, gehen wir von der Prämisse aus, dass das Mandat, keine Genderstereotype zu bilden, eine Verpflichtung ist, die alle Staaten bindet (Abschnitt I). Anschließend wird die Komplementarität zwischen der Theorie der juristischen Argumentation und der kritischen Genderforschung untersucht (Abschnitte II und III), um dann konkret eine Methodik zur Analyse von Stereotypen aufzuzeigen (Abschnitt IV), die anhand der Rekonstruktion des Falles Frauen von Atenco auf die Probe gestellt wird. In den Schlussfolgerungen wird schließlich argumentiert, dass die hier entwickelte Analyse es ermöglicht, den emanzipatorischen Charakter der Theorie der juristischen Argumentation sichtbar zu machen, wenn sie mit der Methodologie der Stereotypenanalyse ergänzt wird (Abschnitt V).

III. Theoretischer Rahmen im Dialog: Komplementarität

Die Theorie der juristischen Argumentation entsteht laut *Alexy* aus der Sorge, ob ein rationaler juristischer Diskurs möglich sei. Der Autor denkt dabei an die juristische Argumentation im Prozess der richterlichen Entscheidungsfindung, wenn es konkret um die Auslegung und Anwendung von Gesetzen in einem Streitfall zwischen Parteien in einem bestimmten Fall geht. Die Frage nach der Rationalität juristischer Argumentation ist zu bejahen, woraus sich die Sonderfallthese ergibt: Juristische Argumentation ist insofern ein rationales Verfahren, als sie als Voraussetzung des allgemeinen praktischen Diskurses, d. h. des Diskurses über das Gebotene, Erlaubte oder Verbotene, konzipiert ist. Der Begriff der rationalen praktischen Argumentation wurde durch ein System von 28 Regeln und Formen definiert.[14] Die Angemessenheit des Ergebnisses dieser Argumentation wird nicht durch die Übereinstimmung mit einer materiellen Moraltheorie begründet, sondern dadurch, dass das Ergebnis in einem argumentativen Verfahren entstanden ist, bei dem diese 28 Regeln beachtet wurden.

---

mangelndem Fachwissen und einer unzureichenden Sensibilisierung des medizinischen und pflegenden Gesundheitspersonals für behinderungsspezifische Besonderheiten […]. Desgleichen haben sachkundige Dritte dargelegt, dass eine unbewusste Stereotypisierung von behinderten Menschen diese bei medizinischen Entscheidungen benachteilige" (Hervorhebung durch die Autoren); http://www.bverfg.de/e/rs20211216_1bvr154120.html, (Stand 22.07.2022).

[13] Siehe Art. 8 Abs. 1 Satz b, UN-Konvention über die Rechte von Menschen mit Behinderungen, explizit über Stereotypes (englische Version) und Art. 6 über kombinierte Stereotypisierung.

[14] *R. Alexy*, Theorie der juristischen Argumentation. Die Theorie des rationalen Diskurses als Theorie der juristischen Begründung, 1983.

Eine dieser Regeln, die für unsere These von Bedeutung ist, besagt, dass jeder, der sprechen kann – im weitesten Sinne verstanden als, sich in irgendeiner Weise ausdrücken zu können – am Diskurs teilnehmen kann,[15] und jeder die Möglichkeit hat, jede Behauptung, die aufgestellt wird, zu problematisieren.[16]

Wenn also im Alltag darüber diskutiert und entschieden wird, ob etwas erlaubt, verboten oder rechtlich verpflichtend ist, müssen die Stimmen der Betroffenen berücksichtigt werden. Daher muss jede Einschränkung im besten Fall beseitigt werden; zumindest muss sie als pragmatisches Erfordernis der Diskussion begründet werden können.[17] In der Sprache der Menschen- und Grundrechte ausgedrückt, handelt es sich um die Verpflichtung zur Begründung staatlicher Handlungen, die eine mehrdimensionale Garantie darstellt. Einerseits impliziert sie ein Recht auf Rechtfertigung für die betroffenen Personen. Sie enthält die rechtsstaatliche Forderung, „nach den Gründen zu urteilen, die das Recht liefert".[18] Schließlich bezieht sie sich auf die Legitimität der Ausübung der Staatsgewalt: „Sie verleiht den rechtlichen Entscheidungen im Rahmen einer demokratischen Gesellschaft Glaubwürdigkeit".[19] Sie ermöglicht es andererseits auch, das Recht auf Verteidigung auszuüben, um zu wissen, was angegriffen werden soll. Schließlich lässt sich damit überprüfen, ob das Gericht sein Urteil auf diskriminierende Stereotype gestützt hat.[20] Wenn die Begründung „die äußere Form der Rechtfertigung ist, die eine Schlussfolgerung zulässt", muss „die Begründung eines Urteils zeigen"[21], dass die Argumente der Betroffenen und die Umstände des Falles gebührend berücksichtigt und die Beweismittel analysiert wurden. Die Begründung zeigt den Parteien, dass sie angehört wurden, und ermöglicht es in Fällen, in denen die Begründung stereotypisiert ist, die Entscheidung zu kritisieren und zu verlangen, dass sie frei von genderspezifischen Stereotypen überprüft wird. Die Pflicht zum aufmerk-

---

[15] Ebd. und Regeln 2 und 5.

[16] Ebd.

[17] Angemessene Beschränkungen, wie z. B. eine demokratische Vertretung, wenn der Kläger in der Praxis vertreten wird, müssen daher von unangemessenen Beschränkungen unterschieden werden, z. B. wenn die Vertretung den Ausschluss von Stimmen zur Folge hat. Für eine detailliertere Analyse siehe den Abschnitt über die IAGMR-Fälle Castañeda Gutman gegen Mexiko und Yatama gegen Nicaragua in: *L. Clérico/M. Aldao*, La igualdad como redistribución y reconocimiento: derechos de los pueblos indígenas y Corte Interamericana de Derechos Humanos, in: Estudios Constitucionales 9 (2011), S. 157–198; *L. Clérico/M. Aldao*, An Argument for the Test of Proportionality in Concreto: Silenced Voices from the Margins to the Center, in: J. Sieckmann (Hrsg.), Proportionality, Balancing, and Rights, 2021, S. 215–229.

[18] IAGMR, Fall Apitz Barbera et al. gegen Venezuela, 2008, Abs. 77; Fall Tristán Donoso gegen Panama, 2009, Abs. 152.

[19] Ebd.

[20] IAGMR, Fall Norín Catrimán et al. gegen Chile, 2014, Abs. 421.

[21] IAGMR, Fall Tristán Donoso gegen Panama, 2009, Abs. 153; Fall J. gegen Peru, 2013, Abs. 224.

samen Zuhören und die Begründungspflicht werden in *Alexys* Werk durch den dem Recht innewohnenden Anspruch auf Richtigkeit gerechtfertigt.[22] Eine Begründung, die sich auf Genderstereotype stützt, ist also eine fehlerhafte Begründung, weil die konkreten Stimmen der betroffenen Person und die konkreten Umstände des Falles von vornherein ausgeschlossen werden.

Diese Problematik steht im Zusammenhang mit dem zweiten Werk des Autors, der Theorie der Grundrechte.[23] Gleichheit und Autonomie sind strukturierende Prinzipien des demokratischen Rechtsstaates.[24] Damit soll nicht behauptet werden, dass diese Grundsätze in der heutigen Rechtsstaatlichkeit vollständig verwirklicht sind, sondern es geht vielmehr darum, eine von den Staaten übernommene Verpflichtung deutlich zu machen. Die Erfüllung dieser Verpflichtung gehört zum Fundament der Legitimität eines jeden Staates, der den Anspruch erhebt, demokratisch zu sein. *Alexy* identifiziert diesen Auftrag gerade aus verfassungsrechtlicher Sicht, wenn er argumentiert, dass die demokratische Debatte keine Debatte über die Bürgerschaft ist, sondern eine Debatte, an der die Bürgerschaft teilnehmen muss.[25]

Konkret haben Autoren aus der kritischen Tradition wie *Young*[26], *Fraser*[27], *Wayar*[28] und *Añón Roig*[29] aufgezeigt, auf welche Weise die Verletzung beider Prinzipien als Knebel für Personen aus unterdrückten Gruppen wirkt. So bedeutet selbst die Offenheit für eine Beteiligung nicht unbedingt, dass die Stimmen der Unterdrückten tatsächlich gehört werden. Patriarchalische Vorstel-

---

[22] Wir sind Robert Alexy dankbar, dass er auf diese Beziehung bestanden hat. Über den Anspruch auf Richtigkeit, die Menschen- und Verfassungsrechte und die ideelle Dimension des Rechts und die von Alexy seit den letzten Jahrzehnten verfolgte Forschungslinie, die diese Fragen systematisch zu verbinden versucht und deren Ergebnis die Idee des demokratischen Konstitutionalismus als Institutionalisierung der praktischen Vernunft wäre, *R. Alexy*, Der Anspruch auf Korrektheit, Rechte und die ideale Dimension des Rechts: Eine kurze Antwort, in: Ratio Juris 33 (2020), S. 283–290; *R. Alexy*, My Philosophy of Law, in: The Law in Philosophical Perspectives, 1999, S. 23–45.

[23] *R. Alexy*, Theorie der Grundrechte, 1993.

[24] *L. Clérico*, El matrimonio igualitario y los principios estructurantes de igualdad y/o autonomía, in: L. Clérico/M. Aldao (Hrsg.), Matrimonio igualitario en la Argentina: perspectivas sociales, políticas y jurídicas, 2010, S. 145–170.

[25] *R. Alexy*, Ley fundamental y teoría del discurso, in: N. Cardinaux/L. Clérico/A. D'Auria (Hrsg.), Las razones de la producción del derecho, 2006.

[26] *I. Young*, Polity and Group Difference: A critique of the ideal of Universal Citizenship, in: Ethik 99 (1989) Nro. 2, S. 250–274.

[27] *N. Fraser*, Rethinking the Public Sphere: A Contribution to the Critique of Existing Democracy, in: Social text 25/26 (1990), S. 56–80; und *C. Arruza/T. Bhattacharya/N. Fraser*, Feminismo para el 99 %: un manifiesto, 2019.

[28] *M. Wayar*, Travesti: Una teoría suficientemente buena, 2018.

[29] *M. J. Añón Roig*, Transformations in anti-discrimination law: progress against subordination, in: Revus 40 (2020), S. 27–43; *M. J. Añón Roig*, Principio antidiscriminatorio y determinación de la desventaja, in: Isonomía 39 (2013), S. 127–157.

lungen[30] schränken beispielsweise ein, wie und wann Frauen sich Gehör verschaffen und ihren Einfluss im privaten und öffentlichen Bereich geltend machen können.[31] Die bestehende Machtdynamik, in der diese Stimmen präsent sind und sich entfalten, ist ausschlaggebend dafür, welche Stimmen gehört und ernst genommen werden. Diese Machtdynamik hält die Ungleichheit aufrecht und muss weiterhin in Frage gestellt werden. Andernfalls wird die Produktion und Reproduktion von Institutionen auf den Diskurs privilegierter Stimmen und Subjektivitäten beschränkt, wobei Universalität mit Vorherrschaft verwechselt wird.

Strukturelle Muster der Ungleichheit, sowohl materiell als auch symbolisch (d.h. die ungleiche Verteilung von Ressourcen und Anerkennung),[32] machen die Annahme einer gleichen Staatsbürgerschaft zu einer Fiktion. Solange ihre Erfahrungen unsichtbar gemacht werden und sie systematisch Gewalttaten ausgesetzt sind, kann die Vermutung der Legitimität staatlichen Handelns nicht auf Einschränkungen der Rechte dieser Bevölkerungsgruppen übertragen werden. Das ist klar. Ein staatlicher Akt, der die Suche nach der verschwundenen Frau angesichts der Beschwerde ihrer Mutter aufschiebt, indem er behauptet, dass, wenn ihr etwas passiert sei, dies an ihrem eigenen Handeln liegen müsse, kann nicht als rechtmäßig angesehen werden. So geschah es unter anderem in den paradigmatischen Fällen der verschwundenen und ermordeten Frauen in Campo Algodonero, Ciudad Juárez in Mexiko oder in Guatemala. Verwandte dieser Frauen, die sie als vermisst melden, damit eine sofortige Suche nach den verschwundenen Frauen durchgeführt werden kann, werden von den staatlichen Stellen mit Misstrauen angehört. Sie sind nicht gleichberechtigt[33] was ihre Teilnahme am Diskurs angeht. Daher ist es kein Zufall,

---

[30] Explizit sagt der IAGMR in einer Entscheidung über Kriminalisierung von geburtshilflichen Notfällen von Frauen in El Salvador, Fall Manuela y familia vs. El Salvador, 2021, Abs. 155: „die Argumentation des Gerichts (in El Salvador) zeigt, dass geschlechtsspezifische Stereotype zur Ergänzung der unzureichenden Beweise, die ihm zur Verfügung standen, verwendet wurden. Das Urteil, mit dem Manuela verurteilt wurde, ist voll von Vorurteilen, die einem patriarchalischen System innewohnen, und nimmt den Beweggründen und Umständen der Tat jeden Wert. Er wirft Manuela vor, sie habe gegen die ihrem Geschlecht zukommenden Pflichten verstoßen […]. Die mögliche Motivation, ihre vermeintliche Schuld zu verbergen, um die Sanktionen eines traditionell auf androzentrische Werte ausgerichteten Umfelds zu vermeiden, wird heruntergespielt und verächtlich gemacht. Damit wurde das Recht auf die Unschuldsvermutung, das Recht auf ein unparteiisches Gericht und die Pflicht zur Begründung von Gerichtsentscheidungen verletzt".

[31] UN-Bericht der Berichterstatterin über die Rechte von Frauen als Menschenrechtsverteidigerinnen, A/HRC/40/60, 2019, Abs. 29.

[32] *L. Clérico/M. Aldao/L. Ronconi*, A Multidimensional Approach to Equality in the Inter-American Context: Redistribution, Recognition, and Participatory Parity, in: A. v. Bogdandy/E. Ferrer Mac-Gregor/M. Morales Antoniazzi/F. Piovesan/X. Soley (Hrsg.), Transformative Constitutionalism in Latin America, 2017, S. 83–96.

[33] *R. Segato*, in ihrer Aussage als Anthropologin und Expertin für sexuelle Gewalt, im

dass die Analyse von Stereotypen in der Rechtsprechung des IAGMRs Hand in Hand mit Themen der strukturellen Ungleichheit geht. Das Gericht sieht sogar bei der Analyse von Genderstereotypen[34] diese als Ausdruck und Ursache von Genderdiskriminierung an.

In diesem Sinne wird die Aufgabe der Identifizierung, des Abbaus und der Verbannung von Stereotypen, die ihre Regeln und Vereinbarungen auf den Behauptungen und Argumenten einer vorherrschenden Subjektivität (männlich, weiß, westlich, heterosexuell, cisgender, proprietär, national, ermächtigend usw.) aufbauen, wesentlich. Genderstereotype fungieren unter anderem als Nieten der Ungleichheit und verstärken diese: „Gesellschaftlich vorherrschende und hartnäckige Genderstereotype bilden bewusst oder unbewusst die Grundlage für Praktiken, die die Position von Frauen als abhängig und untergeordnet verstärken" und der tatsächlichen Wahrnehmung ihrer Rechte entgegenwirken. Daher beinhaltet die Verpflichtung des Staates,[35] alle Formen der Diskriminierung von Frauen zu beseitigen, auch die Verpflichtung, Diskriminierung aufgrund von Genderstereotypen abzuschaffen.[36]

Zusammenfassend lässt sich also sagen, dass die Diskursregel der juristischen Argumentationstheorie im Lichte der Erkenntnisse aus der kritischen Tradition der Genderforschung ergänzt werden muss:

> Jede Person, die sprechen kann – im weitesten Sinne verstanden als eine Art der Selbstdarstellung – kann am Diskurs teilnehmen, und jede hat die Möglichkeit, jede Aussage zu problematisieren. Wer am Diskurs teilnimmt, muss aufmerksam zuhören und bereit sein, die Stereotype abzubauen, die sein aufmerksames Zuhören blockieren, und sich bewusst sein, dass unsere Teilnahme am Diskurs situiert ist.

Der theoretische Rahmen schließlich verbindet den konzeptionellen mit dem methodischen Aspekt. Es ist wichtig, die Schritte zu rekonstruieren, um wachsam zu sein und Genderstereotype zu entschärfen.

Prozess „Escuelita VII" wegen Verbrechen gegen die Menschlichkeit während der militärischen Diktatur in Argentinien, Tribunal Oral Federal N°1 de Neuquén, Anhörung 14, 21.04.2021, https://www.youtube.com/watch?v=TkjqcsxCyiw (Stand: 22.07.2022).

[34] IAGMR, Fall Campo Algodonero gegen Mexiko, 2009, Abs. 398 und 401. *L. Clérico/ C. Novelli*, The Inclusion of the Social Question Within The Gender Perspective. Notes to Rewrite „Cotton Fields", in: Inter-American and European Human Rights Journal (2017), S. 313–333; *V. Undurraga*, Gender Stereotyping in the Case Law of the Inter American Court of Human Rights, in: E. Brems/A. Timmer (Hrsg.), Stereotypes and human rights law, 2016, S. 67–94.

[35] IAGMR, Fall Campo Algodonero gegen Mexiko, 2009; Fall Espinosa gegen Peru, Abs. 268; López Soto gegen Venezuela, 2018: „um die soziokulturellen Bedingungen zu ändern, die die Unterordnung der Frauen zulassen und aufrechterhalten", u.a.

[36] IAGMR, Fall I.V. gegen Bolivien, 2016, Abs. 186; Fall Campo Algodonero gegen Mexiko, 2009, Abs. 401; Fall Espinoza Gonzáles gegen Peru, 2014, Abs. 268.

IV. Stereotyp-Analyse: Schritte

Kritische Rekonstruktionen der Rechtsprechung internationaler Menschenrechtsgerichte (IAGMR[37] und EGMR[38]) und -ausschüsse (u. a. CEDAW) erlauben es, eine Methodik zu skizzieren. Und obwohl der IAGMR die Analyse von Stereotypen nicht explizit strukturiert, ist es nachvollziehbar, wenn

1. er Genderstereotypen „identifiziert"
2. er Genderstereotypen ablehnt, die „mit den internationalen Menschenrechtsnormen unvereinbar" sind, und
3. er „den Staaten verschiedene Maßnahmen zu ihrer Beseitigung auferlegt"[39], wenn sie „zur Rechtfertigung von Gewalt gegen Frauen oder ihrer Straflosigkeit, der Verletzung ihrer rechtlichen Garantien oder der unterschiedlichen Auswirkungen staatlicher Maßnahmen oder Entscheidungen herangezogen wurden".[40]

Identifizierung, Ablehnung und Beseitigung sind Schritte einer Methodologie der Stereotyp-Analyse,[41] die sich auf rekonstruktive Weise aus der systematischen Lektüre aller Fälle ergibt, in denen sie angewandt wurde.[42] Sie steht im

---

[37] *E. Cardoso Onofre de Alencar*, Mujeres y estereotipos de género en la jurisprudencia de la Corte Interamericana de Derechos Humanos, in: Eunomía. Revista en Cultura de la Legalidad 9 (2016), S. 26–48; *L. Clérico*, Hacia un análisis integral de estereotipos: desafiando la garantía estándar de imparcialidad, in: Revista Derecho del Estado 41 (2018), S. 67–96; *F. Arena*, Algunos criterios metodológicos para evaluar la relevancia jurídica de los estereotipos, Derecho y Control (2019), S. 11–14; *X. Gauché Marchetti*, Acerca Del Concepto De Estereotipos En El Sistema Interamericano De Derechos Humanos. Un Aporte Para El Abordaje De Causas De Violencia A Mujeres, in: Actualidad jurídica 41 (2020), S. 217–239; *N. Bórquez/ L. Clérico*, Una vuelta de tuerca al análisis de estereotipo: estereotipo combinado, in: Revista Electrónica Instituto de Investigaciones Jurídicas y Sociales A. L. Gioja 26 (2021), S. 1–28.

[38] *A. Timmer*, Judging Stereotypes: What the European Court of Human Rights Can Borrow from American and Canadian Equal Protection Law, in: The American Journal of Comparative Law 63 (2015), S. 239–284.

[39] IAGMR, Fall Espinosa gegen Peru, 2014, Abs. 268.

[40] IAGMR, Fall Ramírez Escobar gegen Guatemala, 2018, Abs. 295; Fall Veliz Franco et al. gegen Guatemala, 2014, Abs. 212 und 213; Fall Velásquez Paiz et al. gegen Guatemala, Abs. 183; Fall Espinoza Gonzáles gegen Peru, 2014, Abs. 268 und 272.

[41] CEDAW-Ausschuss, Allgemeine Empfehlungen Nr. 25, 33 und *35; A. Timmer*, Toward an Anti-Stereotyping Approach for the European Court of Human Rights. Human Rights Law Review 11 (2011), S. 707–738.

[42] IAGMR, Fall Campo Algodonero gegen Mexico, 2009; Fall Atala Riffo und Töchter gegen Chile, 2012; Fall Fornerón gegen Argentinien, 2012; Fall Norín Catrimán gegen Chile, 2014; Fall Veliz Franco et al. gegen Guatemala, 2014; Fall Espinoza Gonzáles gegen Peru, 2014; Fall Velásquez Paiz gegen Guatemala, 2015; Fall I.V. gegen Bolivien, 2016; Fall Gutiérrez Hernández gegen Guatemala, 2017; Fall V.R.P., V.P.C. et al. gegen Nicaragua, 2018; Fall Ramírez Escobar gegen Guatemala, 2018; Fall Frauen von Atenco gegen Mexiko, 2018; Fall López Soto et al. gegen Venezuela, 2019; Fall Rojas Marín gegen Peru, 2020; Fall Albarracín Guzmán

Einklang mit akademischen Arbeiten[43] und vielen anderen, die als Arbeitsmethodik die folgenden Phasen der Stereotypenanalyse vorschlagen:

1. Identifizierung von Stereotypen,
2. *Benennung* und Abbau der Stereotypen, die den zu behandelnden Fall betreffen, und darüber hinaus
3. Bewertung als Formen der Diskriminierung (*Anfechtung*) durch eine sehr strenge Prüfung der Gleichheit.

Betrachtet man den Fall Frauen von Atenco, so zeigt sich, dass Stereotype gegen die Rechte von Frauen wirken, die an der Demonstration teilgenommen haben oder vor Ort waren. Der IAGMR verurteilte Mexiko wegen der Verletzung der Rechte von elf Frauen, die im Rahmen einer Demonstration rechtswidrig inhaftiert und körperlicher, psychischer und sexueller Gewalt ausgesetzt waren.[44] In dieser Abhandlung konzentrieren wir uns auf den Fall hinsichtlich stereotyper staatlicher Handlungen und Praktiken sowohl während der Verhaftung (wie z. B. die Überführung der Frauen vom Ort des sozialen Protests zum Ort der Festnahme durch Sicherheitskräfte[45]), durch das unmittelbar beteiligte medizinische Personal[46] als auch während der nachfolgenden Interventionen (durch den Gouverneur, durch die mit[47] der Untersuchung des Sachverhalts beauftragten Behörden[48]). Dies geht auch aus den Aussagen mehrerer Opfer hervor:

---

gegen Ecuador, 2020; Fall Empleados de Fuegos San Antonio de Jesús y Familias gegen Brasilien, 2020; Fall Manuela y familia gegen El Salvador, 2021.

[43] *A. Timmer*, Toward an Anti-Stereotyping Approach for the European Court of Human Rights, in: Human Rights Law Review 11 (2011), S. 707–738; *E. Cardoso Onofre de Alencar*, Mujeres y estereotipos de género en la jurisprudencia de la Corte Interamericana de Derechos Humanos. in: Eunomía. Revista en Cultura de la Legalidad, 9 (2016), S. 26–48; *L. Clérico*, Hacia un análisis integral de estereotipos: desafiando la garantía estándar de imparcialidad, in: Revista Derecho del Estado, 41 (2018), S. 67–96; *F. Arena*, Algunos criterios metodológicos para evaluar la relevancia jurídica de los estereotipos. Derecho y Control, (2019), S. 11–14; *X. Gauché Marchetti*, Acerca Del Concepto De Estereotipos En El Sistema Interamericano De Derechos Humanos. Un Aporte Para El Abordaje De Causas De Violencia A Mujeres, in: Actualidad jurídica, 41 (2020), S. 217–239; *N. Bórquez/L. Clérico*, Una vuelta de tuerca al análisis de estereotipo: estereotipo combinado, in: Revista Electrónica Instituto de Investigaciones Jurídicas y Sociales A. L. Gioja 26 (2021), S. 1–28.

[44] Für eine Analyse der Auswirkungen der Fälle siehe CEJIL, Case Map, https://cejil.org/caso/caso-selvas-gomez-y-otras-denunciantes-de-tortura-sexual-en-atenco-vs-mexico/, (Stand 22.07.2022).

[45] IAGMR, Fall Frauen von Atenco gegen Mexiko, 2018, Abs. 211–220.

[46] Ebd., Abs. 207.

[47] Ebd., Abs. 212. Der damalige Gouverneur erklärte zum Beispiel: „Es ist bekannt, dass in den Handbüchern der aufständischen Gruppen, der radikalen Gruppen, das erste, was das Handbuch sagt, ist, sich im Falle von Frauen als vergewaltigt zu erklären", Abs. 74.

[48] IAGMR, Fall Frauen von Atenco, 2018, Abs. 310–316, 338 und 355.

„Sie sagten ihnen, dass sie zu Hause kochen sollten, anstatt hier zu sein, dass sie nicht an [ihre] Familien oder [ihre] Kinder denken würden". Außerdem bedrohten sie sie und ihre Familie während der Überstellung, indem sie ihr sagten, dass auch ihre Mutter „gefickt" würde und dass „wir dich jetzt vergewaltigen und verschwinden lassen werden".[49]

Eine andere misshandelte Frau berichtete, dass ihr, während sie geschlagen wurde, gesagt wurde, dass „was sie dort gemacht hätte, wenn Frauen nur für die Herstellung von Tortillas gut sind, dass […] sie zu Hause sein sollte, dass das passiert ist, weil sie nicht zu Hause war".[50]

Polizeibeamte legen eine Genderrolle darüber fest, was sie als gesellschaftlich angemessenes Verhalten für Frauen ansehen: Mütter, Ehefrauen, Pflegerinnen und Haushaltsführung. Jedes Verhalten, das nicht dieser Rolle entspricht, wird durch Gewalt und Vergewaltigung diszipliniert und durch stereotype Beleidigungen angegriffen. Der IAGMR stellt fest:

> „Der Gerichtshof hat bereits darauf hingewiesen, dass es ein verwerfliches Genderstereotyp ist, Gewalt gegen Frauen zu rechtfertigen und ihnen in gewisser Weise die Verantwortung für ihr Verhalten zuzuschreiben, was ein diskriminierendes Kriterium gegen Frauen darstellt, nur weil sie Frauen sind. Im vorliegenden Fall ist die äußerst unhöfliche und sexistische Art und Weise, in der die Polizeibeamten die Opfer mit obszönen Worten ansprachen und Anspielungen auf ihr imaginäres Sexualleben und ihr angebliches Versagen bei der Erfüllung ihrer häuslichen Pflichten sowie ihr angebliches Bedürfnis nach Domestizierung machten, ein Beweis für zutiefst machohafte Stereotype, die darauf abzielten, Frauen auf eine sexuelle oder häusliche Rolle zu reduzieren, und bei denen das Verlassen dieser Rollen, um zu demonstrieren, zu protestieren, zu studieren oder zu dokumentieren, was in Texcoco und San Salvador de Atenco geschah, d.h. ihre bloße Anwesenheit und ihr Auftreten im öffentlichen Raum, ausreichte, um sie mit verschiedenen Formen von Missbrauch zu bestrafen."[51]

Was sollten Richter tun, um Stereotype abzubauen? Einerseits sollen sie selbst in ihrer Argumentation keine Stereotype verwenden. Andererseits müssen sie die „Interpretationen", die „Argumente" in der Argumentation der Polizei oder des vorinstanzlichen Gerichts überprüfen. Schauen wir uns an, wie man das operationalisieren kann: identifizieren und demontieren, um Stereotype zu beseitigen.

---

[49] Ebd., Abs. 215, 213 und 75–105.

[50] Ebd., Abs. 215, 213 und 75–105.

[51] Ebd., Abs. 217.

V. Abbau von Stereotypen: Identifizieren, Benennen; Bewerten, Kontextanalyse

Es beginnt damit, dass wir erkennen, dass wir von impliziten Bildern durchzogen sind, die automatisch in unseren Köpfen auftauchen und die durch die Kraft der Trägheit der Gewohnheit versuchen, das, was uns präsentiert wird, zu benennen und zu etikettieren. Diese impliziten Bilder wirken wie Blockbuchstaben, die das, was ausgedrückt wird, vorformatieren wollen. Die Aufgabe besteht also darin, nicht der Trägheit zu erliegen und sich von der Form mitreißen zu lassen. Die Erfüllung der Pflicht zur Begründung eines Urteils ist fundamental. Wie früher betont wurde, soll die Begründung zeigen, dass die Argumente der Betroffenen gebührend berücksichtigt und die Beweismittel analysiert wurden. Die Begründung ermöglicht es in Fällen, in denen sie stereotypisiert ist, die Entscheidung zu kritisieren und zu verlangen, dass sie frei von genderspezifischen Stereotypen überprüft wird.

1. Identifizieren und benennen

Die Stereotypisierung kann überwunden werden, indem man sich fragt und darüber nachdenkt, wie Genderstereotype in verschiedenen Umständen, Kontexten und unter den besonderen Bedingungen des jeweiligen Falles wirken. Dies bedeutet zum Beispiel, dass Richter „nicht von Einstellungen beeinflusst werden dürfen, die auf Stereotypen, Mythen oder Vorurteilen beruhen. Sie müssen sich daher bemühen, solche Haltungen zu erkennen, dafür zu sensibilisieren und sie zu korrigieren.“[52] Die Funktionsweise der Stereotypisierung lässt sich mit Hilfe des folgenden Schaubilds (Tab. 1) veranschaulichen.

Tab. 1: Eigene Ausarbeitung auf der Grundlage von UN Office of the High Commissioner, Background Paper on the Role of the Judiciary in Addressing Harmful Gender Stereotypes, 2018, angewandt im Fall Frauen von Atenco, 2018.

Schlussfolgerung aus dem Einzelfall	Vermutung über ein Kollektiv	Stereotyp
„Eine Frau, die Journalistin ist oder einen Protest oder ein Interview dokumentiert, ist keine gute Frau. Sie muss durch Beleidigungen, sexuelle Gewalt, Vergewaltigung diszipliniert werden.“	„Frauen sollten zu Hause bleiben, im Pflegebereich arbeiten oder in öffentlichen Räumen uneigennützige Pflegearbeit leisten.“	„Frauen sind in erster Linie dazu bestimmt, Mütter und Pflegerinnen zu sein.“

[52] Judicial Council of Canada, Ethische Grundsätze für Richter, 1998, 24.

In drei Schritten wird die Frage beantwortet, welche Genderstereotype bei staatlichen Handlungen verwendet werden. Zunächst wird ein potenziell stereotyper Sprachgebrauch ermittelt. Diese Art des Diskurses begründet die Disqualifizierung von Frauen auf der Grundlage ihrer Abweichung von dem, was die Polizisten als korrektes Verhalten ansehen. Wie wir jedoch in der dritten Spalte sehen, ist dieses Kriterium in einem Genderstereotyp verankert, das mit dem Verbot von Genderdiskriminierung unvereinbar ist. Auf diese Weise kommen wir zum Kern des Problems: Es geht bei der Verletzung der Menschenrechte der Opfer durch staatliche Akteure nicht nur um gewalttätige körperliche Praktiken, sondern auch um die Vorstellung davon, was eine „gute Frau", eine „gute Mutter" oder eine „gute Ehefrau" sein und tun sollte.

Diese zu identifizieren ist wichtig, damit die Schlussfolgerung für den Einzelfall nicht „auf vorgefassten Meinungen und Mythen statt auf Fakten" beruht.[53] Richter „müssen sich daher bemühen, solche Haltungen zu erkennen, dafür zu sensibilisieren und sie zu korrigieren".[54]

Im Fall Frauen von Atenco werden Stereotype verwendet, um die Frauen auch zu beleidigen: Während der Verhaftung[55], der Verlegung[56] und der anschließenden Inhaftierung[57] werden die Opfer ständig von den Sicherheitskräften angegriffen und eingeschüchtert, weil sie sich nicht so verhalten, wie sich Frauen verhalten „sollten". Der IAGMR spricht ausdrücklich von der stereotypen Beleidigung, von der stereotypen Gewalt, die von den staatlichen Behörden ausgeübt wird, und von der Wiederholung dieser Handlungen. In diesem Zusammenhang verweisen die Sicherheitskräfte ausdrücklich auf die Hausarbeit, den Platz der Frauen im Haus, die Versorgung anderer, die Herstellung von Tortillas in der Küche und die Notwendigkeit, sie durch physische, psychische und verbale sexuelle Gewalt[58] zu diskriminieren, ohne dass sie von anderen Vertretern aufgehalten oder zurechtgewiesen werden.[59] Mit der glei-

---

[53] CEDAW-Ausschuss, Allgemeine Empfehlung Nr. 33.

[54] Judicial Council of Canada, Ethische Grundsätze für Richter, 1998, 24.

[55] IAGMR, Fall Frauen von Atenco, 2018, Abs. 75, 79–81 und 83–85.

[56] Ebd., Abs. 86–90 und 92–99.

[57] Ebd., Abs. 101–105.

[58] Ebd., Abs. 215, 213 und 75–105.

[59] IAGMR, Fall Frauen von Atenco, 2018, Abs. 213: „Auch wenn bereits festgestellt wurde, dass die von den Polizeibeamten gegen die elf Frauen begangenen Aggressionen Folter und sexuelle Gewalt darstellten, hält es das Gericht für angebracht, einige zusätzliche Überlegungen zu der verbalen und stereotypen Gewalt anzustellen, der sie im Rahmen dieser Ereignisse ausgesetzt waren, und zwar aufgrund der Art dieser Äußerungen, ihres sich wiederholenden und übereinstimmenden Charakters in allen Fällen und des Fehlens einer angemessenen Reaktion des Staates in dieser Hinsicht. Die körperliche Gewalt, der die Opfer, wie oben beschrieben, ausgesetzt waren, war schwerwiegend, was jedoch nicht bedeutet, dass die Schwere der verbalen und psychologischen Gewalt, der sie durch Beleidigungen und Drohungen mit stark sexuellen, sexistischen, diskriminierenden und in einigen Fällen frauenfeindlichen Konnotationen ebenfalls wiederholt ausgesetzt waren, ignoriert werden sollte. Daher wird der

chen Argumentation rechtfertigten die politischen Behörden das Vorgehen der Sicherheitskräfte und die fehlende Notwendigkeit einer gründlichen Untersuchung des Sachverhalts.[60] Hier ist die Arbeit von *Cook* und *Cussak* von Bedeutung. Sie schlagen vor, eine Reihe von Fragen zu verwenden, um Genderstereotype zu identifizieren (s. dazu beispielhaft Tab. 2).

Tab. 2: Eigene Ausarbeitung der Tabelle auf der Grundlage der Fragen in: Cook und Cussak (2010) und IAGMR, Frauen von Atenco (2018).

Fragen	Rekonstruktion der Reaktionen auf den Fall Frauen von Atenco
a) „Wird Frauen eine Leistung aufgrund eines bestimmten Genderstereotyps vorenthalten?"	Auf der Grundlage des Stereotyps der „Hausfrau" wurden den Frauen sowohl bei der Verhaftung als auch im weiteren Verlauf des Verfahrens die Unschuldsvermutung und die Garantien für ein ordnungsgemäßes Verfahren verweigert, und zwar sowohl auf der Ebene des Handelns der Beamten als auch auf der Ebene der politischen Beamten (Abs. 159–176).
b) „Wird den Frauen eine Last auferlegt, weil ein bestimmtes Genderstereotyp existiert?"	Alle an den Verhaftungen und den anschließenden Verfahren beteiligten Personen wurden Opfer von physischer und symbolischer Gewalt. Im Falle von Frauen wurde auch sexuelle Gewalt hinzugefügt. Die Abweichung der Opfer von den Verhaltensmustern, die von den Beamten von Frauen erwartet werden, wurde ausdrücklich zur Rechtfertigung dieser Praktiken herangezogen (Abs. 177–209).
c) „Werden Frauen erniedrigt, in ihrer Würde herabgesetzt oder in irgendeiner Weise an den Rand gedrängt, weil es ein bestimmtes Genderstereotyp gibt?"	Sowohl bei den Festnahmen als auch im weiteren Verlauf des Verfahrens wurden die repressiven Praktiken der Sicherheitskräfte im Falle der Frauen von Beleidigungen, Drohungen und sexueller Gewalt begleitet (Abs. 220–220).

Um Stereotype *zu erkennen* und zu benennen, ist es auch hilfreich, den Kontext zu berücksichtigen. Durch die Analyse des Kontextes[61] wird deutlich, dass die verwendeten Stereotype wie eine *Momentaufnahme* der sozialen, wirtschaftli-

Gerichtshof in diesem Abschnitt insbesondere die Ausdrücke und stereotypen Beschimpfungen analysieren, denen die elf Frauen zum Zeitpunkt ihrer Festnahme, während der Verbringung und bei ihrer Ankunft im CEPRESO von den Polizeibeamten, die diese Maßnahmen durchführen, ausgesetzt waren. Sie wird sich auch auf die unmittelbare, ebenfalls von Stereotypen geprägte Reaktion hochrangiger Regierungsstellen auf die Anprangerung der begangenen oder begangenen Missstände beziehen".

[60] IAGMR, Fall Frauen von Atenco, 2018, Abs. 73 und 74.

[61] *V. Hinestroza/S. Serrano* (Hrsg.), Violaciones, derechos humanos y contexto: herra-

chen und kulturellen Prozesse erscheinen, die Frauen in eine Situation der Unterordnung und Ungleichheit beim Zugang zur Ausübung von Rechten bringen. Die Stereotype, die in diesem *Zusammenhang* zu lesen sind, zeugen von einer anhaltenden *Kultur der Diskriminierung* von Frauen in der Region.[62] Damit würde man anerkennen, dass diese Symptome von Mechanismen sprechen, die auf eine patriarchalische Kultur reagieren, deren Eckpfeiler die Annahme der Unterordnung der Frau ist, die sie in eine unsichtbare, unbezahlte oder schlecht bezahlte Rolle im Zusammenhang mit Pflege- und Haushaltsaufgaben drängt.[63] Der Fall Frauen von Atenco ist paradigmatisch, denn er ist ein klares Beispiel für die Verwendung von Genderstereotypen durch Sicherheitskräfte und Behörden zum Zweck der sozialen Disziplinierung einer bestimmten Gruppe. Die angeprangerten und verurteilten Praktiken sind Teil einer Konstellation repressiver Praktiken, die darauf abzielen, Frauen zu disziplinieren, insbesondere diejenigen, die zu den Volksschichten, dem mexikanischen Prekariat[64], gehören, sowie diejenigen, die sich der Dokumentation und Aufzeichnung des Protests widmen. Wenn Frauen in Szenen sozialer Proteste auftauchen, werden automatisch eine Reihe gezielter disziplinarischer Maßnahmen angewandt, da ihre bloße Anwesenheit bei den Protesten das universelle Bild von Frauen als Versorgerinnen im Haushalt oder altruistischen Versorgerinnen im öffentlichen Raum in Frage stellt. Wir verstehen diese Stereotype sowohl als Ursache als auch als Folge einer „strukturellen Situation und eines sozialen und kulturellen Phänomens, das in Bräuchen und Mentalitäten verwurzelt ist".[65]

Wie viel kontextuelle Analyse enthält die IAGMR in Frauen von Atenco? Im vorliegenden Fall kann bestätigt werden, dass der IAGMR eine stereotype Analyse durchführt. Es fällt jedoch *auf, dass die kontextuelle Analyse sehr kurz ist.*[66]

---

mientas propuestas para documentar e investigar. Manual de análisis de contexto para casos de violaciones a los derechos humanos, 2017.

[62] Inter-American Commission On Human Rights, Violence and Discrimination against Women and Girls: Best Practices and Challenges in Latin America and the Caribbean, 2019.

[63] „In Lateinamerika und der Karibik […] [ist es notwendig, zu verstehen], wie sozioökonomische Ungleichheit und Armut zusammenhängen und durch die Konzentration von Macht und hierarchischen Beziehungen patriarchalische kulturelle Muster und die ungerechte soziale Organisation der Pflege verstärkt werden, um diese Strukturen und Prozesse zu untergraben und zu einer substanziellen Gleichstellung zu gelangen", *N. Bidegain Ponte*, The 2030 Agenda and the Regional Gender Agenda: synergies for equality in Latin America and the Caribbean. CEPAL, 2017.

[64] *R. Munck*, The Precariat: a view from the South, in: Third World Quarterly 34 (2013), S. 747–762.

[65] Ebd.

[66] Das Vorbringen neuer Elemente in den Schriftsätzen der IAGMR, die sich auf den faktischen Rahmen der in der mexikanischen Gesellschaft herrschenden Gender-Diskriminierung beziehen, wird vom IAGMR im Stadium der Vorüberlegungen ausdrücklich ausgeschlossen. IAGMR, Fall Frauen von Atenco, 2018, Abs. 46.

Der unmittelbare politische Kontext der Inhaftierungen wird anerkannt[67], nicht aber der wirtschaftliche und kulturelle Kontext, der sie umgibt.[68] An diesem Punkt ist die relative Position der Opfer und der staatlichen Akteure von zentraler Bedeutung, um die Intensität des verursachten Schadens zu erklären: Bäuerinnen und Aktivistinnen[69] sind historisch und strukturell unterdrückte Subjektivitäten in der Region, insbesondere in Mexiko. Stereotype Praktiken treten also nicht „abstrakt" auf. Der IAGMR befasst sich zwar insbesondere mit den aktuellen Auswirkungen stereotyper Praktiken auf die Opfer, aber es gibt keine Analyse, die die Verstöße in den breiteren Kontext einordnet, innerhalb dessen diese Praktiken ermöglicht und gefördert werden (vgl. dazu Tab. 3). Es ist daher wahrscheinlich, dass sich solche Menschenrechtsverletzungen gegen Frauen wiederholen werden.

Eine Besonderheit des Falles Frauen von Atenco besteht darin, dass die stereotype Praxis so schwerwiegend ist, dass sie nicht als verschleiernde Diskriminierung wirkt. Es gibt auch Elemente, die darauf hindeuten, dass sich die Agenten in einem Kontext staatlicher Straflosigkeit befanden. In diesem Sinne stellt der IAGMR selbst fest, dass „die sexuelle Gewalt, die die elf Frauen erlitten haben, nicht isoliert war, sondern Teil eines Musters war, das sich durch die gesamte Operation zog".[70] Um das Muster und die materiellen Bedingungen, die es ermöglicht haben, sichtbar zu machen, muss der *erweiterte Kontext, wie er von den Vertretern behauptet wird,* berücksichtigt werden: „(i) die Unterdrückung sozialer Proteste in Mexiko und (ii) die weit verbreitete Anwendung von Folter und sexueller Gewalt gegen Frauen, was im Einzelnen einschließt: (a) die weit verbreitete Anwendung von Folter in Mexiko und die fehlende Dokumentation ihrer Folgen; (b) sexuelle Gewalt, Diskriminierung und fehlender Zugang zur Justiz für Frauen in Mexiko; und (c) sexuelle Folter an Frauen in

---

[67] Bei der Analyse der Hintergründe der Inhaftierungen, IAGMR, Fall Frauen von Atenco, 2018, Abs. 56.

[68] *S. Moreau*, Faces of Inequality: A Theory of Wrongful Discrimination, 2020.

[69] *R. A. Castillo Hernández*, Violencia de Estado y violencia de género. Las paradojas en torno a los derechos humanos de las mujeres en México, in: Trace. Travaux et recherches dans les Amériques du Centre 57 (2010), S. 86–98; *J. de L. Quintana Muñoz*, Territory, Memory and Gender: The Meanings of Women's Political Participation in Atenco, in: Ambiente & Sociedade 22 (2019), S. 2–18.

[70] IAGMR, Fall Frauen von Atenco, 2018, Abs. 186: „Darüber hinaus stellt der Gerichtshof fest, dass die an den elf Frauen begangenen Übergriffe Teil eines breiteren Kontextes sind, der vom SCJN überprüft wurde, der zu dem Schluss kam, dass ‚bei den Polizeieinsätzen [vom 3. und 4. Mai 2006] die Polizei physische sexuelle Gewalt gegen eine große Mehrheit der dort inhaftierten Frauen ausübte'. Außerdem wurde festgestellt, dass mindestens 62 % der Frauen, die bei den Einsätzen festgenommen wurden, angaben, sexuell missbraucht worden zu sein (Abs. 284). In diesem Sinne stellt der Gerichtshof fest, dass die sexuelle Gewalt, die die elf Frauen erlitten haben, nicht isoliert war, sondern Teil eines Musters war, das während der gesamten Operation auftrat".

Tab. 3: Eigene Ausarbeitung. Quelle: Timmer (2013) und IAGMR, Frauen von Atenco (2018).

Fragen	Der Fall Frauen von Atenco
„Wurde der historische, wirtschaftliche, politische, kulturelle und soziale Kontext einer Maßnahme, eines Gesetzes, eines Verwaltungsakts, eines Urteils oder einer Praxis berücksichtigt?“	Der IAGMR nimmt den von den Vertretern behaupteten erweiterten Kontext zur Kenntnis, beschließt aber, ihn nicht in den Fall einzubeziehen (Abs. 46). Er reduziert seine Analyse des Kontextes auf den Kontext der spezifischen Polizeiaktion (Abs. 186).[71]
„Sind die Fakten und der Kontext Teil einer Geschichte der Genderdiskriminierung oder der sexuellen Orientierung oder der Genderidentität oder des Genderausdrucks?“	Der IAGMR stellt diese Frage nicht, obwohl es zahlreiche Berichte von Menschenrechtsorganisationen in Mexiko zu diesem Thema gibt sowie wissenschaftliche Arbeiten, die den historischen und strukturellen Charakter der Gendergewalt in Mexiko aufzeigen.
„Was sind die tatsächlichen Auswirkungen auf bestimmte Personen, Gruppen, Situationen, Zustände, Beziehungen, was sind die Prozesse, Praktiken, Institutionen, Strukturen, die diese Stereotype erzeugen und nähren?“	Der Zweck der repressiven Praktiken der staatlichen Behörden steht in direktem Zusammenhang mit der Einschüchterung der Bevölkerung und der an dem Fall beteiligten Personen. Das Fehlen einer angemessenen Ausbildung, der Ermessensspielraum, der den Sicherheitskräften während der Operation eingeräumt wurde, und die ausdrückliche Rechtfertigung der angewandten Praktiken durch hochrangige politische Beamte sind einige der wichtigsten Elemente, die der IAGMR bei der Entstehung von Stereotypen festgestellt hat.

[71] Der Kontext der Operation scheint eine wichtige Rolle zu spielen, wenn es darum geht, ob der Staat verpflichtet ist, „jede“ Form der Verantwortung zu untersuchen. Sie stützt sich dabei auf die AKMR und das Interamerikanische Übereinkommen zur Verhütung und Bestrafung von Folter. Dies ermöglichte es ihr, den „Fokus“ in Bezug auf die zu untersuchenden Themen und die Unzulänglichkeit der durchgeführten staatlichen Untersuchung zu erweitern. Der IAGMR stellte fest, dass der Staat sich darauf beschränkt hatte, gegen eine Gruppe von Agenten niedrigen Ranges zu ermitteln. Er konstatierte jedoch, dass „genügend Beweise vorlagen, um die Einleitung einer Untersuchung über die Befehlsverantwortung der mit den Operationen betrauten Beamten zu rechtfertigen“ (Abs. 295). Sie „hatten die materielle Fähigkeit, die Tat zu verhindern und zu bestrafen“ (Abs. 296). In seiner Analyse berücksichtigte der IAGMR das Versäumnis des Staates in Bezug auf die Befehlskette, die auf der Grundlage der Nachrichten über die Fakten, die die höheren Behörden erreicht hatten, hätte untersucht werden müssen (Abs. 297). Er kam unter anderem zu dem Schluss, dass „nicht alle möglichen Formen der individuellen Verantwortung für die in der Interamerikanischen Anti-Folter-Konvention vorgesehenen Folterhandlungen untersucht wurden, einschließlich der Befehlsverantwortung, obwohl es diesbezügliche Beweise gibt. Das Gericht stellt fest, dass der Staat nicht gegen alle potenziell strafrechtlich Verantwortlichen ermittelt oder nicht alle logischen Ermittlungswege beschritten hat und somit seiner Pflicht, mit der gebotenen Sorgfalt zu ermitteln, nicht nachgekommen ist“ (Abs. 304).

Mexiko".[72] Das Gericht beschloss jedoch, sie nicht in die Analyse des breiten Kontextes des vorliegenden Falles einzubeziehen.[73] Es vertrat die Auffassung, dass sie „weit über den von der (Interamerikanischen) Kommission im Bericht des Falles angegebenen Tatsachenrahmen hinausgehen". Der IAGMR nahm also an, dass dieser Kontext, den wir hier als erweiterten Kontext bezeichnen, „nicht dazu diente, den darin enthaltenen Sachverhalt zu erklären oder zu verdeutlichen, sondern einen anderen Kontext darstellt".[74] Ein solcher erweiterter Kontext[75] ermöglicht es uns jedoch, bei der Analyse von Stereotypen die zugrundeliegenden Faktoren zu untersuchen, die weiterhin die Verwendung von Stereotypen ermöglichen, die schwerwiegende Verstöße gegen die Rechte von Frauen implizieren. In diesem Sinne macht der IAGMR zwar Fortschritte bei der Konsolidierung der Analyse von Stereotypen, indem sie beispielsweise stereotype Beleidigungen und verbale Gewalt mit einbezieht, verpasst aber die Gelegenheit, diese in den breiteren Kontext der Diskriminierung von Frauen zu stellen, wie von den Vertretern der Opfer gefordert.[76]

2. Bewertung und Ausmerzung

In seiner Bewertung des Falles erkannte der IAGMR an, dass die genderstereotypen Praktiken eindeutig die politische Funktion haben, Frauen davon abzuhalten, öffentlich zu demonstrieren: „Die Gewalt, die gegen die elf Frauen ausgeübt wurde, hatte zum Ziel, sie und ihre vermeintlichen Gruppenkameraden zu demütigen, ihnen Angst zu machen, sie einzuschüchtern und sie daran zu hindern, wieder am politischen Leben teilzunehmen oder ihre Ablehnung in der Öffentlichkeit zum Ausdruck zu bringen, da es ihnen nicht zustand, ihr

[72] IAGMR, Fall Frauen von Atenco, 2018, Abs. 46.

[73] Ebd. Er vertrat somit die Auffassung, dass die Ausnahmen, die er in anderen Fällen zugelassen hat, nicht vorliegen, Abs. 44–45: „Die Ausnahme von diesem Grundsatz sind die Tatsachen, die als „*supervening*" qualifiziert werden oder wenn die Kenntnis von Tatsachen oder der Zugang zu Beweisen über sie nachträglich erlangt wird, sofern sie mit den Tatsachen des Verfahrens verbunden sind. Kurzum, es ist Sache des Gerichts, in jedem Einzelfall zu entscheiden, ob Behauptungen zum Sachverhalt angemessen sind, um das verfahrensrechtliche Gleichgewicht zwischen den Parteien zu wahren".

[74] Ebd.

[75] Über Folter und sexuelle Gewalt, UN Follow-up-Bericht des Sonderberichterstatters über Folter und andere grausame, unmenschliche oder erniedrigende Behandlungen oder Strafen – Mexiko. A/ HRC/34/54/Add.4, 2017, Abs. 23–29.

[76] „Die Situation der Frauen wird sich nicht verbessern, solange die Ursachen für die Diskriminierung von Frauen und ihre Ungleichheit nicht wirksam bekämpft werden. Das Leben von Frauen und Männern muss *kontextsensibel* angegangen werden, und es müssen Schritte unternommen werden, um Möglichkeiten, Institutionen und Systeme wirklich so zu verändern, dass sie nicht mehr auf historisch bedingten männlichen Lebensmustern und Machtparadigmen beruhen." CEDAW-Ausschuss, Allgemeine Empfehlung Nr. 25, 2004, Abs. 10, Hervorhebungen und Kursivschrift hinzugefügt.

Zuhause zu verlassen, den einzigen Ort, an den sie nach ihren imaginären und stereotypen Vorstellungen von sozialen Rollen angeblich gehörten;[77] sondern hatte auch den eindeutigen Zweck, sie dafür zu bestrafen, dass sie es gewagt hatten, ihre Autorität in Frage zu stellen, sowie als Vergeltung für die angeblichen Verletzungen, die ihre Polizeikollegen erlitten hatten."[78]

Nach einer kurzen Neupositionierung der Stereotypisierung als menschenrechtsverletzende[79] Praxis identifiziert der IAGMR diese Praktiken speziell in den Handlungen, die von Staatsbeamten[80] gegen jedes der Opfer durchgeführt wurden,[81] sowie in der Verwendung von Stereotypen in dem[82] Versuch, die Verantwortung für die von den Staatsbeamten durchgeführten Gewalttaten auf die Opfer abzuwälzen.[83] Diese und die Haltung der Ärzte, die sie nach der Verhaftung untersuchten[84] und die von einer verunglimpfenden und stereotypen Behandlung geprägt war, stellen Handlungen dar, die nicht nur eine Folter darstellen (Art. 5 und 11 AKMR), sondern auch gegen das allgemeine Diskriminierungsverbot verstoßen (Art. 1.1 der AKMR).[85] Der IAGMR fügte hinzu, dass stereotype Beleidigungen und stereotype Gewalt auf der Grundlage

---

[77] IAGMR, Fall Frauen von Atenco, 2018, Abs. 210 ff.

[78] Ebd., Abs. 197.

[79] Ebd., Abs. 213.

[80] Ebd., Abs. 251.

[81] Ebd., Abs. 214.

[82] Bei der Analyse der staatlichen Ermittlungspflicht weist der IAGMR neben anderen Mängeln wie der ungerechtfertigten Verzögerung, der mangelnden Sorgfalt und der Nichtverfolgung möglicher Ermittlungsansätze auch auf das Fehlen einer genderspezifischen Perspektive und die stereotype Behandlung durch die mit der Untersuchung beauftragten Behörden hin: „die Opfer wurden durch den Gouverneur, den Generalsekretär der Regierung des Bundesstaates Mexiko und den Kommissar der staatlichen Sicherheitsbehörde in Frage gestellt und öffentlich als Guerilleros stigmatisiert. In diesem Zusammenhang stellt der Gerichtshof fest, dass es absolut inakzeptabel ist, dass die erste öffentliche Reaktion der höchsten zuständigen Behörden darin bestand, die Glaubwürdigkeit der Beschwerdeführerinnen in Bezug auf sexuelle Gewalt in Frage zu stellen, sie zu beschuldigen und als Guerilleros zu stigmatisieren und die Geschehnisse zu leugnen, obwohl noch nicht einmal eine Untersuchung eingeleitet worden war. Zur Erfüllung der Verpflichtungen des Staates, Gewalt gegen Frauen zu verhindern und zu bestrafen, gehört auch, dass er alle Berichte über Gewalt mit der gebotenen Ernsthaftigkeit und Aufmerksamkeit behandelt. Das Gericht erkennt die genderspezifischen Stereotype in diesen Antworten der Behörden an und weist sie zurück, wobei sie die Existenz der Vergewaltigungen aufgrund fehlender physischer Beweise leugneten, die Frauen selbst für das Fehlen von Beschwerden oder medizinischen Untersuchungen verantwortlich machten und ihre Glaubwürdigkeit auf der Grundlage einer angeblich nicht vorhandenen Zugehörigkeit zu den Aufständischen untergruben. Wie in anderen Fällen stützten sich die Behörden auf das genderspezifische Stereotyp, dass Frauen in Haft oder in einem Gerichtsverfahren von Natur aus nicht vertrauenswürdig und unzuverlässig sind, was ein negatives Stereotyp ist."

[83] IAGMR, Fall Frauen von Atenco, 2018, Abs. 217; vgl. Fall Velásquez Paiz et al. gegen Guatemala, 2015, Abs. 183, und Fall López Soto et al. gegen Venezuela, 2018, Abs. 235 und 236.

[84] IAGMR, Fall Frauen von Atenco, 2018, Abs. 207.

[85] Ebd., Abs. 220.

von Genderrollen eine der anderen Komponenten sind, die es ermöglichen, physische, psychische und verbale Gewalt gegen Frauen als genderspezifische Gewalt und als eine Form der Diskriminierung von Frauen einzustufen,[86] und abgebaut werden müssen. Diesbezüglich stellte der IAGMR in dem Fall fest:

„[...] um den Frauen eine tatsächliche und effektive Gleichberechtigung zu garantieren und, insbesondere unter Berücksichtigung der Umstände dieses Falles, um ihnen die Möglichkeit der Teilnahme am öffentlichen Leben unter den gleichen Bedingungen wie jedem anderen Bürger zu gewährleisten, müssen die Staaten aktive und positive Maßnahmen ergreifen, um stereotype und diskriminierende Haltungen zu bekämpfen, wie sie von ihren Polizeibeamten bei der Unterdrückung der Proteste vom 3. und 4. Mai 2006 an den Tag gelegt wurden. Da diese Verhaltensweisen auf tief verwurzelten Vorurteilen und soziokulturellen Mustern beruhen, reicht eine passive Haltung des Staates oder eine einfache nachträgliche Sanktion nicht aus, was in diesem Fall nicht einmal geschehen ist. Der Staat muss Programme, Maßnahmen oder Mechanismen einführen, um diese Vorurteile aktiv zu bekämpfen und den Frauen eine echte Gleichstellung zu garantieren. Wenn der Staat keine konkreten Maßnahmen entwickelt, um sie zu beseitigen, verstärkt und institutionalisiert er sie, wodurch Gewalt gegen Frauen entsteht und reproduziert wird."[87]

In diesem Sinne erfordert der Wandel die Beseitigung der Faktoren, die weiterhin die Verwendung von Genderstereotypen und Gewalt hervorrufen, aber dafür ist eine Analyse des weiteren Kontextes unerlässlich. Die Behandlung dieses Punktes geht über die Ziele dieser Arbeit hinaus; sie impliziert die Erforschung der transformativen Berufung von Wiedergutmachung[88] und Ga-

---

[86] Ebd., Abs. 218, 220 und 212: „[...] das Gericht ist der Ansicht, dass die gegen die elf Frauen verübte körperliche Gewalt eine Form der Diskriminierung aufgrund des Geschlechts darstellt, da die sexuellen Übergriffe auf die Frauen angewandt wurden, weil sie Frauen waren. Während die Männer, die während der Operationen festgenommen wurden, ebenfalls übermäßiger Gewaltanwendung ausgesetzt waren, waren die Frauen von differenzierten Formen der Gewalt betroffen, die eindeutig sexuell konnotiert waren und sich auf intime Teile ihres Körpers konzentrierten, mit Stereotypen bezüglich ihrer sexuellen Rolle im Haus und in der Gesellschaft sowie ihrer Glaubwürdigkeit behaftet waren und den eindeutigen Zweck hatten, sie zu demütigen und zu bestrafen, weil sie Frauen waren, die angeblich an einer öffentlichen Demonstration gegen eine Entscheidung der Staatsgewalt teilnahmen".

[87] IAGMR, Fall Frauen von Atenco gegen Mexiko, 2018, Abs. 218; vgl. Fall Gutiérrez Hernández et al. gegen Guatemala, 2017, Abs. 173 und Fall López Soto et al. gegen Venezuela, 2018, Abs. 236.

[88] Der IAGMR ordnete Wiedergutmachung und Garantien der Nichtwiederholung an. Zum einen hat er, wie in anderen Fällen auch, festgestellt, dass sein Urteil *per se* eine Form der Wiedergutmachung darstellt. Er ordnete zum anderen an, „(i) die umfassenden, systematischen und gründlichen Ermittlungen fortzusetzen und einzuleiten, die notwendig sind, um alle Verantwortlichen für die Gewalt und die sexuelle Folter, die die elf weiblichen Opfer in diesem Fall erlitten haben, zu ermitteln, strafrechtlich zu verfolgen und gegebenenfalls zu bestrafen; (ii) den Opfern in diesem Fall kostenlose und sofortige medizinische und psychologische oder psychiatrische Behandlung zu gewähren; (iii) die angeordneten Veröffentlichungen innerhalb von sechs Monaten nach Zustellung dieses Urteils vorzunehmen; (iv) einen öffentlichen Akt der Anerkennung der internationalen Verantwortung und der öffentlichen Ent-

rantien der Nichtwiederholung. Es ist jedoch wichtig zu betonen, dass diese Veränderungen auch die Erfüllung von staatlichen Pflichten erfordern, die die Stimmen der betroffenen Bevölkerung, der konkreten Opfer und insbesondere derjenigen Gruppen ernst nehmen, die stark darunter gelitten haben. Kurz gesagt, die transformative Berufung der Wiedergutmachung kann nicht beginnen oder enden, ohne die spezifischen Stimmen der betroffenen Bevölkerungsgruppen zu berücksichtigen. In diesem Sinne scheint die Einbeziehung einer Analyse der Stereotypen unvermeidlich, wenn die Stimmen der Frauen gehört werden sollen.

VI. Abschließende Überlegungen

In diesem Beitrag wird anhand einer Fallstudie aufgezeigt, wie Genderstereotypisierung die Unterordnung der Frauen aufrechterhält und wie sie zu Lasten ihrer Rechte geht. Wenn die *Theorie der juristischen Argumentation* eine Reihe von Regeln für die Beteiligung aufstellt, z. B. dass jeder, der sich ausdrücken kann, am Diskurs teilnehmen und etwas problematisieren kann, so argumentieren wir, dass die Genderforschung eine Kontextualisierung erfordert, damit dies auch wirklich geschieht. Jüngste Studien zeigen, dass Offenheit für eine Beteiligung nicht unbedingt bedeutet, dass ihre Stimmen gehört werden. Wir bekräftigen, dass „patriarchalische Vorstellungen vorschreiben, wie und wann Frauen sich Gehör verschaffen und ihren Einfluss im privaten und öffentlichen Bereich geltend machen können".[89] Wie wir in diesem Fall gesehen haben, versuchen diese patriarchalischen Vorstellungen sogar, sie mit Gewalt zu disziplinieren. Aus diesem Grund versuchen wir in diesem Beitrag anhand der kritischen Rekonstruktion eines Falles des IAGMR zu analysieren, wie sich Argumentationstheorie und *Genderforschung* gegenseitig ergänzen können, und zwar durch einen konkreten Beitrag der letzteren zum Rechtsbereich: die Analyse von Genderstereotypen. Wenn das so ist – und wir hoffen, dass unser

schuldigung vorzunehmen; (v) einen Ausbildungsplan für Beamte der Bundespolizei und der Polizei des Bundesstaates Mexiko zu erstellen und einen Überwachungs- und Kontrollmechanismus einzurichten, um die Wirksamkeit der bestehenden Maßnahmen und Einrichtungen im Hinblick auf die Rechenschaftspflicht und die Überwachung der Gewaltanwendung durch die Bundespolizei und die Polizei des Bundesstaates Mexiko zu messen und zu bewerten; (vi) einigen Opfern ein Stipendium an einer öffentlichen mexikanischen Hochschule zu gewähren, damit sie ein technisches oder universitäres Studium absolvieren können; (vii) einen zeitlich begrenzten Plan zur Stärkung des Follow-up-Mechanismus für Fälle von sexueller Folter an Frauen auszuarbeiten; (viii) die festgelegten Beträge für die Entschädigung für materielle und immaterielle Schäden sowie die Erstattung von Kosten und Auslagen zu zahlen", um nur einige zu nennen.

[89] UN-Bericht der Berichterstatterin über die Rechte von Menschenrechtsverteidigerinnen, A/HRC/40/60, 2019, Abs. 29.

Text dazu beigetragen hat – dann muss die Diskursregel der juristischen Argumentationstheorie ergänzt werden: Wer sprechen kann – verstanden in einem weiten Sinne als ‚sich in irgendeiner Form ausdrücken' – kann am Diskurs teilnehmen, und jeder hat die Möglichkeit, jede Behauptung zu problematisieren. Wer am Diskurs teilnimmt, muss aufmerksam zuhören und bereit sein, die Stereotype abzubauen, die sein aufmerksames Zuhören behindern, und sich bewusst sein, dass unsere Teilnahme am Diskurs situiert ist. In der Sprache der Menschen- und Grundrechte ausgedrückt, handelt es sich um eine Verpflichtung zur Motivation. Wenn die Begründung „die äußere Form der Rechtfertigung ist, die eine Schlussfolgerung zulässt", muss „die Begründung eines Urteils zeigen", dass die Argumente der Parteien gebührend berücksichtigt und die Beweismittel analysiert wurden. Die Begründung zeigt den Parteien, dass sie angehört wurden, und ermöglicht es in Fällen, in denen die Begründung stereotypisiert ist, die Entscheidung zu kritisieren und zu verlangen, dass sie frei von genderspezifischen Stereotypen überprüft wird.

Robert Alexys Diskursregeln zwischen funktionaler und transzendentaler Dimension

Leonardo Di Carlo

I. Die rechtliche Erfahrung zwischen der Identifizierung von Normen, dem Rechtsbegriff und der Anwendbarkeit

Das Universum der rechtlichen Normen bildet einen bestimmten, von der Realität getrennten Bereich. Wir sind nämlich fähig, neben sinnlich wahrnehmbaren Dingen wie dem Kugelschreiber, dem Computer und dem Obst, auch solche idealen Dinge wahrzunehmen, die wir als rechtliche Normen definieren.

Nun kommt es darauf an, zu erforschen, wie das Bewusstsein dazu kommt, die rechtliche Norm als ein sich von anderen Arten von Dingen unterscheidendes Objekt wahrzunehmen. Warum erscheint uns eine Gruppe von Dingen, wie rechtliche Normen, als eine Gruppe von getrennten Dingen der Wirklichkeit? Das geschieht, weil sie bestimmte Merkmale besitzen. Diese Merkmale der rechtlichen Normen können wir zum Beispiel darin sehen, dass sie von ermächtigten Behörden erlassen worden sind, dass sie ein bestimmtes Ziel haben usw.; das sind jedoch offensichtlich keine ausreichenden Merkmale. Der Prozess der *Identifizierung von Normen* findet zuerst im Bewusstsein statt, sofern die ausschlaggebenden Merkmale der Norm Eigenschaften sind, die durch das Bewusstsein wahrgenommen werden. Konkret soll hier jedoch nicht auf den subjektiven Prozess der Bildung der Norm eingegangen werden, bei dem zum Beispiel *Husserls* phänomenologische Konstitution der Dinge Erwähnung fände, auch wenn dieser subjektive Prozess konstitutiv für die Identifizierung von Normen ist. Vielmehr soll nur die objektive Seite der Norm in Betracht gezogen werden, die eben der Prozess der Identifizierung selbiger Norm ist.

Dieser Identifizierungsprozess ist die wahre und radikale Haltung des Individuums hinsichtlich der rechtlichen Erfahrung. Im Bezug auf diese Identifizierung erweisen sich die berühmten Begriffe des *inneren und äußeren Aspekts* von *Hart* als weniger radikale Begriffe. Diese Hartschen Begriffe dienen nämlich nur dazu, korrekt zu erkennen, welche Normen wirklich zu einer Rechtsordnung gehören. Ein verbreiteter Gedanke ist, dass, wenn man nur die äußere Haltung des Beobachters annimmt, man nur schwierig dazu kommt, die Normen zu erkennen, die wirklich zu einer Rechtsordnung gehören. Hieraus ergibt sich die Notwendigkeit, eine innere Haltung anzunehmen. Aber wenn wir die innere Haltung annehmen und zu einer korrekten Erkenntnis der Norm einer Rechtsordnung gelangen, bleibt noch eine weitere Frage: Warum wird jene Norm N_1, korrekt als der Rechtsordnung zugehörig bezeichnet, als rechtliche Norm empfunden und wahrgenommen? Für die Beantwortung dieser Frage scheinen die Begriffe des inneren und äußeren Aspekts wenig geeignet. Auch die Annahme des inneren Aspekts sagt nämlich noch nichts darüber aus, welche die fundamentalen Eigenschaften für die Identifizierung des Rechts sind. Die korrekte und zutreffende Erkenntnis der rechtlichen Normen, soweit sie nur auf der Basis des inneren Aspekts möglich ist, setzt schon voraus, dass das Bewusstsein in der Lage ist, die Struktur der Norm selbst zu beschreiben. Daher braucht man etwas anderes, hier als Identifizierungsprozess der Rechtsnorm bezeichnet, was sich so als erste grundlegende Dimension der Rechtserfahrung präsentiert.

Nach dieser Dimension sind die anderen zwei fundamentalen Kategorien der rechtlichen Erfahrung die des *Rechtsbegriffs* und der *Anwendbarkeit*[1]. Wir fangen mit dem Rechtsbegriff an, der hier im Sinne von *Aristoteles*' Idee des Begriffs als Zweck und Ziel eines Wesens zu verstehen ist. So wie der Begriff des Menschen in der Realisation der Vernunft besteht, die das letzte Ziel des menschlichen Wesens verwirklicht, so wird hier der Rechtsbegriff als Zweck verstanden, bei dem die Normen zweckmäßig sind. Im Mittelalter bezog sich der Begriff des Rechts auf die Rettung von Seelen. Bei *Hobbes* und *Kelsen* ist der Zweck des Rechts eher minimalistisch, er bezieht sich auf die Garantie des Friedens und der inneren Sicherheit. Für *Hegel* und überhaupt für den Idealismus ist der Zweck des Rechts die gegenseitige Anerkennung und deshalb das Selbstbewusstsein der Individuen usw.

Es handelt sich um eine engere und spezifische Auffassung des Rechtsbegriffs, die vom verbreiteteren und allgemeinen Gebrauch abweicht. Wenn diese letztgenannte Auffassung die großen Rechtstheorien wiedergibt, wie zum Beispiel das Naturrecht und den Rechtspositivismus – und so wird sie, glaube ich, von *Alexy* verstanden – gibt hier der *Rechtsbegriff*, oder besser, *der Rechtsbegriff im engeren Sinn* den letzten Zweck an, zu dem die Normen zweckmäßig sind.

Untersucht man dann die letzte Grundlage des Rechtsbegriffs im engeren Sinn, kommt man zu dem Ergebnis, dass der Zweck des Rechts die *soziale*

---

[1] Die Unterscheidung zwischen der Rechtsidentifizierung und dem Rechtsbegriff im engeren Sinn ist ähnlich, aber getrennt von der Unterscheidung zwischen *Rechtsbegriff* und *Rechtsnatur*, von *M. Borowski*, Grundrechte als Prinzipien, 3. Aufl. 2018, S. 104–108, vorgeschlagen worden. Für Borowski ist der Rechtsbegriff nichts anderes als eine Theorie der Geltung der Norm, während die Dimension der Rechtsnatur generellere Kategorien aufzeigen würde, wie die Verbindlichkeit der Norm, das Verhältnis zwischen Recht und Moral, die objektive Natur der Rechtsnormen usw. Die Theorie der Geltung setze nämlich schon voraus, dass eine Norm als Norm definiert worden ist.

Integration ist, oder besser gesagt die Koordination der Handlungen der Individuen einer Gemeinschaft. Technischer kann dieser Gedanke mit der Idee der *Kohärenz* der Rechtsordnung ausgedrückt werden. Unter Kohärenz versteht man nicht nur die Abwesenheit von Antinomien, d. h. von Widersprüchen zwischen Normen – so die allgemeine Bedeutung von „Antinomie" – sondern vor allem den Widerspruch zwischen Normen und dem Verhalten der Individuen, welches die Grundlage der Wirksamkeit ist. Wenn die Quellen von Normen solche Normen schaffen sollen, die die soziale Integration garantieren, dann muss man einen besonderen Zweck des Rechts in Betracht ziehen – hier als *Rechtsbegriff im engeren Sinn* definiert – an dem sich die Schaffung von Normen orientiert.

Schließlich besteht in der *Anwendbarkeit* der Rechtsnormen die dritte und letzte grundlegende Dimension von Rechtsnormen. Ihre Wichtigkeit und Zentralität ist im 20. Jahrhundert unter der Wirkung eines ideologischen Pluralismus nach und nach immer deutlicher aufgetreten. Hier soll diese letzte Dimension ausgelassen und *Alexys* Rechtsphilosophie grundsätzlich nur in Bezug auf die beiden anderen Kategorien analysiert werden.

II. Die Rechtsphilosophie von Alexy und die grundlegenden Dimensionen der Rechtserfahrung

Unter der eben beschriebenen Voraussetzung lassen sich nun die theoretisch-juristischen Überlegungen von *Robert Alexy* anhand der drei genannten Dimensionen neu klassifizieren.

Das erste zu berücksichtigende Werk ist die *Theorie der juristischen Argumentation*[2]. Dieses wird üblicherweise aus zwei verschiedenen Perspektiven gelesen. In erster Linie handelt es sich um ein Werk, das ausdrücklich sowohl der Analyse der Argumentationsform und der epistemischen Kontrolle der normativen Anwendung vom Standpunkt des Richters aus, wie auch der Schaffung von Normen vom Standpunkt des Gesetzgebers gewidmet ist. Zweitens wird es, wie jede Theorie der juristischen Argumentation, in der Regel als Instrument der Legitimation des Rechts gelesen.

Unter dem Gesichtspunkt der Identifizierung des Rechts wäre es jedoch herabsetzend, die *Theorie der juristischen Argumentation* nur im Lichte dieser zwei Perspektiven zu verstehen. Vielmehr erweitert sich die Tragweite des Werkes hier: es wird auch auf die Konstitution und Identifizierung der Norm bezogen. Der große Verdienst dieses Buches besteht nämlich darin, eine neue Art und Weise zu erarbeiten, die Dimension der Rechtsidentifizierung zu denken,

---

[2] Vgl. *R. Alexy*, Theorie der juristischen Argumentation. Die Theorie des rationalen Diskurses als Theorie der juristischen Begründung, 1983.

die nun in der argumentativen Struktur der juristischen Norm enthalten ist. Wenn stimmt, was *Hegel* in der *Wissenschaft der Logik* sagt, dass nämlich jede Kategorie des Gedankens nichts anderes sei als die Kristallisierung einer philosophischen Theorie, dann sind die großen Kategorien, die *Alexy* der Geschichte des Rechtsgedanken vermittelt hat, zwei: die des argumentativen Paradigmas und die der Regeln als Optimierung der Prinzipien.

Deshalb lehrt uns dieses Werk, einen einfachen und präskriptiven Satz nur dann als Rechtsnorm zu betrachten, wenn er argumentativ strukturiert ist. Die Tatsache, von einer ermächtigten normativen Quelle zu stammen, ist demnach notwendige, aber noch nicht hinreichende Bedingung, um eine Norm als ein von anderen Objekten der Wirklichkeit getrenntes Objekt zu identifizieren. Das argumentative Paradigma besteht in etwas Größerem, etwas, das uns erlaubt, eine Rechtsnorm wie ein von anderen Arten von Objekten unabhängiges Objekt wahrzunehmen und zu identifizieren.

Auf dieser Basis kann man auch das letzte berühmte Werk *Begriff und Geltung des Rechts* neuinterpretieren[3]. Üblicherweise als das Buch gelesen, das der Sensibilität der Naturrechtsphilosophie am nächsten steht, muss es in der Tat weniger als Fortsetzung der *Theorie der Grundrechte* gesehen werden, der es aus verschiedenen, hier nicht zu benennenden Gründen nahe steht, sondern als Fortführung der *Theorie der juristischen Argumentation.* Insbesondere wenn die Identifizierung einer Norm als Norm nur auf Basis einer argumentativen, ihr immanenten Struktur möglich ist, würde die Anwendung der Radbruchschen Formel in *Begriff und Geltung des Rechts* das letzte Instrument für die Identifizierung einer Norm als solche darstellen[4]. Hierauf soll jedoch später eingegangen werden.

Schließlich wäre es sinnvoll, auch für die *Theorie der Grundrechte*[5] einen neuen Platz zu finden. Dieses Werk wird üblicherweise als das Werk gelesen, das der Analyse der Struktur der Rechtsnormen nach dem berühmten Begriffspaar von Prinzipien und Regeln gewidmet ist. Hier wird eine alternative Lesart vorgeschlagen, die das betreffende Werk als Theorie teilweise hinsichtlich der Phase der Anwendbarkeit der Norm und teilweise hinsichtlich des Begriffs des Rechts im engeren Sinn betrachtet.

Als Theorie der *Abwägung* handelt es sich um ein Werk, das sich auf die Dimension der *Anwendbarkeit* bezieht. Außerdem bezieht sich das Werk aus folgenden Gründen auch auf den Rechtsbegriff im soeben bestimmten Sinn.

---

[3] *Ders.*, Begriff und Geltung des Rechts, 1992–2020.

[4] Ein Echo dieser Idee wäre die These von Bulygin, nach der die Radbruchsche Formel bei Alexy nicht der Beweis der Verbindung zwischen Recht und Moral sei, sondern nur ein inneres Mittel der Rechtsordnung. Vgl. dazu *E. Bulygin*, Alexy zwischen Positivismus und Nicht-Positivismus, in: M. Borowski/S. Paulson/J-R. Sieckmann (Hrsg.), Rechtsphilosophie und Grundrechtstheorie, 2017, S. 53–65 (59–61).

[5] Vgl, *R. Alexy*, Theorie der Grundrechte, 1994.

Erstens setzt die berühmte Unterscheidung zwischen Prinzipien und Regeln den *semantischen Normbegriff* voraus[6], der seinerseits die Theorien der Geltung als ausschlaggebendes Element der Norm hinter sich lässt. Doch zu behaupten, dass die semantische Auffassung der Norm die Theorie der Geltung nicht berücksichtigt – wo doch die Geltung grundlegend für die Identifizierung einer Norm als Norm bleibt – bedeutet, dass man voraussetzt, dass eine Norm als Norm nur auf der Basis des jeweiligen, in der Rechtsordnung vorgesehenen rechtlichen Verfahrens identifiziert werden kann. Die semantische Auffassung der Norm erscheint im Kontext der *Theorie der Grundrechte* nur plausibel, wenn man die Theorie der Geltung schon voraussetzt. Daher entsteht in der *Theorie der Grundrechte* der Eindruck, dass das Problem der Identifizierung der Norm schon vorausgesetzt wurde.

Zweitens stellen Prinzipien Gründe für Regeln dar. Prinzipien sind zwar Gründe für Regeln, aber Gründe, die nötig sind, um *juristische Kollisionen* zu lösen und so die soziale Integration zu garantieren, nach der der Rechtsbegriff i. e. S. strebt. Sie sind deshalb nicht so sehr vom Standpunkt der Identifizierung der Rechtsnormen aus bedeutsam, sondern eher vom Standpunkt des Erlasses der Regeln aus, welche die Kollisionen unter den Mitgliedern auflösen.

Es ist der Verdienst der Theorie *Sieckmanns* von Prinzipien als *reiterierten Geltungsgeboten*, zu betonen, dass die Annahme von Prinzipien nur innerhalb einer effektiven Rechtspraxis sinnvoll ist.[7] Prinzipien sind Gründe für Regeln, aber vor allem Gründe für *gute* Regeln, d. h. Gründe für Regeln, die imstande sind, Kollisionen aufzulösen und so soziale Integration zu garantieren. Die Praxis, in der die Mitglieder zu einer gegenseitigen Koordination finden, geht dem Begriff der Prinzipien voraus.

Gerade die Idee von Prinzipien als *reiterierten Geltungsgeboten* gibt uns die Gelegenheit, kurz *Alexys* Auffassung des *idealen Sollens* als Bildung einer Praxis zu diskutieren, ausgehend von den Forderungen nach Rationalität und normativer Kohärenz der Rechtsordnung. Im Falle einer Rechtskollision könnten sowohl die Norm A als auch die Norm Nicht-A gelten, da im selben Fall zwei widersprüchliche Normen angewandt werden könnten. Da jedoch das Prinzip der Kohärenz mit sich bringt, dass man nur eine der beiden antinomischen Normen wählen kann, hätte die Überwindung der Antinomie auf der logischen und ideellen Ebene die Auflösung der Kollision auf der realen Ebene[8] zur Konsequenz.

---

[6] Ebd., S. 42 ff.

[7] Vgl. *J. Sieckmann*, Recht als normatives System. Die Prinzipientheorie des Rechts, 2009, S. 25–30, 50–56, 62; *ders.*, Rechtsphilosophie, 2018, S. 110–117.

[8] Vgl. *R. Alexy*, Ideales Sollen, in: L. Clérico/J.-R. Sieckmann (Hrsg.), Grundrechte, Prinzipien und Argumentation. Studien zur Rechtstheorie Robert Alexys, 2009, S. 21–38 (26–29); *ders.*, Ideales Sollen und Optimierung, in: F. Saliger (Hrsg.), Rechtsstaatliches Strafrecht. Festschrift für Ulfried Neumann zum 70. Geburtstag, 2017, S. 17–30 (18–22, 27–29).

Möglicherweise ist es jedoch nötig diese Anpassung der Realität an das logische Prinzip der normativen Kohärenz aufzugeben. Angesichts des Rechtsbegriffs i. e. S. wäre es nämlich nicht die Praxis, die sich an die Norm anpasst, sondern im Gegenteil ist es das Präskriptive, das sich dauernd an die soziale Wirklichkeit anpassen muss. Der Widerspruch auf der idealen Ebene des Gedankens zwischen der Norm A und der Norm Nicht-A ist nichts anderes als die Beschreibung eines Widerspruches auf der realen Ebene des effektiven Verhaltens. Deshalb sind es nicht die Normen, die die Wirklichkeit schaffen, sondern es ist die Wirklichkeit, die den Normen Sinn verleiht.

Kehren wir jedoch zum Verhältnis zwischen *Alexys* Rechtstheorie und den grundlegenden Dimensionen der Rechtserfahrung zurück. Das letzte Werk, das Beachtung verdient, ist das Buch *Recht, Vernunft, Diskurs*, vor allem in Bezug auf den in ihm enthaltenen Aufsatz *Diskurstheorie und Menschenrechte.*[9] Während die Grundrechte in der *Theorie der Grundrechte* unter dem Gesichtspunkt der Prinzipien und Regeln verstanden werden, werden sie in *Recht, Vernunft, Diskurs* ausdrücklich in der Struktur des Diskurses verwurzelt. Zusätzlich werden sie auch in den Regeln des Diskurses verwurzelt, um eine kommunikative Verständigung zu ermöglichen. Ohne Grundrechte bliebe nämlich die kommunikative Verständigung, die von jeder Rechtsauffassung im engeren Sinn gefordert wird, prekär. Deshalb gibt es einen roten Faden, der die Rechtfertigung der Grundrechte in *Recht, Vernunft, Diskurs* bis zu ihrer Ableitung mittels der Abwägung der Prinzipien in der *Theorie der Grundrechte* verbindet.

Zusammenfassend: Während die Dimension der Rechtsidentifizierung sowohl in der *Theorie der juristischen Argumentation* als auch in *Begriff und Geltung des Rechts* einen zentralen Platz einnimmt, ist in *Recht, Vernunft, Diskurs* und in der *Theorie der Grundrechte* die Dimension des Rechtsbegriffs i. e. S. vorherrschend. Das Thema der Anwendbarkeit bleibt zwischen der *Theorie der juristischen Argumentation* und der *Theorie der Grundrechte* verteilt.

III. Rechtsidentifizierung und Diskursregeln

Die Dimension der Rechtsidentifizierung hat also ihren Platz vornehmlich im Kontext des *allgemeinen praktischen Diskurses*. Eine Norm wird nur als Rechtsnorm wahrgenommen, also von anderen Objekten der Wirklichkeit unterschieden, wenn sie argumentativ strukturiert ist und offensichtlich von einer ermächtigten Autorität erlassen worden ist.

Dieser Prozess der argumentativen Strukturierung der rechtlichen Norm geschieht mittels der Regeln des allgemeinen praktischen Diskurses, deren Ein-

[9] *R. Alexy*, Recht, Vernunft, Diskurs. Studien zur Rechtsphilosophie, 1995, S. 127–164.

haltung, wenn auch ohne die definitive Sicherheit der Ergebnisse zu gewährleisten, doch imstande ist, die Vernünftigkeit der Norm zu bezeichnen.[10]

Was diesen Punkt betrifft, sind die *Grundregeln* als Bedingung der Möglichkeit jeder sprachlichen Kommunikation grundlegend für die Identifizierung der Norm.[11] Unter diesen finden wir:

> (1.1) Kein Sprecher darf sich widersprechen.
> (1.2) Jeder Sprecher darf nur das behaupten, was er selbst glaubt.
> (1.4) Verschiedene Sprecher dürfen den gleichen Ausdruck nicht mit verschiedenen Bedeutungen benutzen.

In Nachahmung dieser Regeln kann man die erste *Vernunftregel* aufstellen.

> (2) Jeder Sprecher muss das, was er behauptet, auf Verlangen begründen, es sei denn, er kann Gründe anführen, die es rechtfertigen, eine Begründung zu verweigern.[12]

Wenn nun der Rechtsdiskurs ein *Sonderfall* des allgemeinen praktischen Diskurses ist (*Sonderfallthese*),[13] wird mit rechtlichen Sätzen ein Anspruch auf Richtigkeit erhoben, der es unmöglich macht, etwas zu behaupten, ohne die Gründe dafür anzugeben. Folglich sind diese Regeln der äußerste Rahmen, in dem sich die Rechtsnorm als solche bildet. Der Rechtsdiskurs findet innerhalb der argumentativen Vernünftigkeit des allgemeinen praktischen Diskurses statt. Ohne die Einhaltung der Regeln dieses praktischen Diskurses würde die Rechtsnorm nicht entstehen.

Neben der Idee, dass auf Basis der hier vorgestellten These die Argumentation die grundlegende Form der Rechtsidentifizierung ist, impliziert die Sonderfallthese noch etwas anderes. Während der Rechtsdiskurs ein Sonderfall des allgemeinen praktischen Diskurses ist, schränkt er ihn gleichzeitig ein. Mit anderen Worten ist der Rechtsdiskurs zwar auf der einen Seite gezwungen, sich der Regeln des allgemeinen praktischen Diskurses zu bedienen, gleichzeitig stellt er aber eine Begrenzung und Einschränkung der argumentativen Vernünftigkeit des allgemeinen praktischen Diskurses dar und übt Druck auf sie aus.[14] Die These des Sonderfalls ist deshalb zweideutig. Einerseits ist die argumentative Vernünftigkeit des allgemeinen praktischen Diskurses – mit seinen Prinzipien der Universalisierbarkeit, Widerspruchsfreiheit, Kohärenz im Gebrauch der Prädikate, empirischen Wahrheiten, Rollentausch usw.[15] – für die Identität der Rechtsnorm konstitutiv. Andererseits scheint sie *ex ante* den

[10] *Alexy*, Theorie der juristischen Argumentation (Fn. 2), S. 223–224.
[11] Ebd., S. 234–235.
[12] Ebd., S. 239.
[13] Ebd., S. 261 ff.
[14] Ebd., S. 264–272 ff.
[15] Ebd., S. 401.

Druck auf die Vernünftigkeit, der unvermeidlich in der rechtlichen Rechtfertigung zu finden ist, zu rechtfertigen. Beispiele hierfür sind das Respektieren von Präjudizien und der Gebrauch der Rechtsdogmatik[16].

Die Möglichkeit dieser Einschränkungen der argumentativen Vernünftigkeit ist auch in *Begriff und Geltung des Rechts* erkennbar, wo *Alexy* die berühmte Radbruchsche *Formel*[17] erwähnt und sich zu eigen macht. Diese Formel muss daher im Zusammenhang mit der Sonderfallthese aus der *Theorie der juristischen Argumentation* gelesen werden. *Begriff und Geltung des Rechts* und *Theorie der juristischen Argumentation* bilden nämlich eine durchgehende Linie, die die Identifizierung des Rechts und der Rechtsnorm zum Gegenstand hat und wie folgt zusammengefasst werden kann: Eine Rechtsnorm wird nur dann als solche gebildet, wenn sie argumentativ strukturiert ist; Einschränkungen der Vernünftigkeit sind möglich, wenn sie nicht unerträglich schwer sind.[18]

Dieser Zusammenhang zwischen den beiden Werken lässt eine neue Deutung der Radbruchschen Formel erkennen, die vornehmlich eine Präzisierung ist. In *Begriff und Geltung des Rechts* findet man die Gleichung Richtigkeit = Gerechtigkeit. In Wirklichkeit verlangt die Gleichung nach Präzisierung. Richtigkeit ist nämlich eine notwendige Bedingung von Gerechtigkeit: wenn eine Norm nicht korrekt ist, dann ist sie auch nicht gerecht; dieselbe Norm könnte aber richtig sein, ohne gerecht zu sein. Die Gerechtigkeit scheint vielmehr eine hinreichende Bedingung der Richtigkeit zu sein: wenn eine Norm gerecht ist, dann ist sie auch richtig.[19] Deshalb erscheinen Gerechtigkeit und Richtigkeit nicht logisch äquivalent. Trotzdem gehen wir, ungeachtet dieser Präzision, von der Gleichung Richtigkeit = Gerechtigkeit aus.

Indem man auf dieser Grundlage die Vernünftigkeit des allgemeinen praktischen Diskurses, so, wie sie in der *Theorie der juristischen Argumentation* aufgezeichnet ist, mit den Grenzen einer solchen Vernünftigkeit verbindet, wie sie in der Radbruchschen Formel in *Begriff und Geltung des Rechts* auftaucht, können wir Gerechtigkeit mit Richtigkeit ersetzen und wie folgt zu einer neuen Formel gelangen: unrichtige Normen sind Normen, wenn sie nicht unerträglich unrichtig sind.

Zu sagen, dass eine argumentativ unrichtige Norm auch dann noch eine Rechtsnorm ist, wenn die Verletzung des Anspruchs auf Richtigkeit nicht un-

[16] Ebd., S. 307ff.

[17] *Alexy*, Begriff und Geltung (Fn. 3), S. 52–53.

[18] Diese These stimmt mit der Theorie von Bäcker überein, der die Diskurstheorie gemäß dem Drei-Ebenen-Modell liest. Die Diskurstheorie müsste nach einem schwachen Modell der Vernünftigkeit gelesen werden, gekennzeichnet von dem Verzicht auf die Ebene des idealen Diskurses. Vgl. dazu *C. Bäcker*, Begründen und Entscheiden. Kritik und Rekonstruktion der Alexyschen Diskurstheorie des Rechts, 2008, S. 127ff., 150–151.

[19] Ein Echo der Unterscheidung zwischen Richtigkeit und Gerechtigkeit kann man finden bei *J. Raz*, Das Gerechtigkeitsargument, in: Rechtsphilosophie und Grundrechtstheorie (Fn. 4), S. 9–30 (19–21).

erträglich ist, heißt zu sagen, dass eine Norm eine solche bleibt, solange noch ein, wenn auch nur schwaches, Licht der argumentativen Vernünftigkeit vorhanden ist. Im Wesentlichen komprimiert die fundamentale autoritäre Natur des Rechts notwendigerweise die argumentative Struktur der Rechtsnorm gemäß der Sonderfallthese. Jedoch tut sie dies nicht bis zu dem Punkt, an dem der Norm jedes Merkmal der Vernünftigkeit entzogen würde. Deshalb scheint die Einschränkung dieses Anspruchs auf Richtigkeit zwischen einer natürlichen *Mindestgrenze* – auf Grund der Praxis der Präjudizien, der Dogmatik und der autoritären Natur des Rechts – und einer *maximalen Grenze* der Unerträglichkeitsschwelle der Radbruchschen Formel zu schwanken.

IV. Diskursregeln und Radbruchsche Formel

Auf der Basis dieser Schwankungsgrenzen der argumentativen Vernünftigkeit soll sich nun mit der Frage auseinandergesetzt werden, ob alle Regeln des allgemeinen praktischen Diskurses imstande sind, den Test der Radbruchschen Formel unbeschadet zu überstehen.

Die These, die hier aufgestellt wird, ist, dass nicht alle Diskursregeln diesen Test bestehen können. Die Radbruchsche Formel gewährt nur die stetige Anwesenheit einer *Mindestschwelle* der argumentativen Vernünftigkeit. Angesichts dessen sind die eben erwähnten *Grundregeln* für die argumentative Struktur einer Rechtsnorm unumgänglich und notwendig und sind deshalb notwendige und hinreichende Bedingung für die Identifizierung einer Norm als Rechtsnorm. Eine schwere Verletzung der Grundregeln wäre fraglos eine Verletzung der Radbruchschen Formel.

Dieselbe Behauptung ist aber für einige der *Vernunftregeln* nicht möglich, darunter folgende:

(2.1) Jeder, der sprechen kann, darf am Diskurs teilnehmen.
(2.2) (a) Jeder darf jede Behauptung problematisieren.
(b) Jeder darf jede Behauptung in den Diskurs einführen.
(c) Jeder darf seine Einstellungen, Wünsche und Bedürfnisse äußern.
(2.3) Kein Sprecher darf durch innerhalb oder außerhalb des Diskurses herrschenden Zwang daran gehindert werden, seine in (2.1) und (2.2) festgelegten Rechte wahrzunehmen.[20]

Wenn wir nun diese *Vernunftregeln* betrachten und von der Voraussetzung ausgehen, dass eine Rechtsnorm eine solche nur dann ist, wenn sie zumindest

[20] Vgl. *Alexy*, Theorie der juristischen Argumentation (Fn. 2), S. 239–240.

eine minimale argumentative Struktur aufweist, sehen wir, dass die Verletzung dieser Regeln die argumentative Struktur einer Norm nicht in übertriebenem Maß unterdrückt. Versuchen wir (2.1) auszuschalten. Was würde passieren? Es gäbe nur eine Verringerung der potenziellen Anzahl der Teilnehmer am Diskurs. Das würde zwar die Qualität der Argumentation senken, die argumentative Natur der betreffenden Norm aber nicht vollständig aufheben. Zwar gäbe es eine Beschränkung der argumentativen Qualität, aber keine totale Ausschaltung der Vernünftigkeit. Dasselbe könnte man für die anderen Vernunftregeln (2.2.) bis (2.3) behaupten.

Wenn wir dagegen die Grundregel (1.1) ausschalten, so hätte das einen schweren Schaden der argumentativen Struktur der entsprechenden Norm zur Folge. Verstößt man nämlich gegen die Regel (1.1), die die Pflicht für jeden Sprecher enthält, sich selbst nicht zu widersprechen, so erhält man eine widersprüchliche Norm, die absolut unfähig ist, das Verhalten von Individuen zu leiten. Daraus kann man folgern, dass einige Regeln des Diskurses, wie die Regel (1.1), grundlegend und deshalb *transzendental* für die Dimension der Rechtsidentifizierung sind.

Andere Regeln, wie die *Vernunftregeln* (2.1) bis (2.3), haben dagegen im Prozess der Rechtsidentifizierung vom Standpunkt der Individuen aus einen empirischen Charakter. Die Interpretation, die ich hier vorschlage, ist, dass die Regeln (2.1) bis (2.3) eine *technisch-funktionelle Natur* haben, in dem Sinne dass sie funktionelle Regeln zur Ermöglichung der kommunikativen Verständigung und Anerkennung der Standpunkte aller Teilnehmer der Diskussion darstellen. Übereinstimmung und Richtigkeit sind eng verflochten, sodass korrekt strukturierte Ergebnisse die Übereinstimmung unter den Teilnehmern der Prozedur erleichtern würden.[21] Es scheint offensichtlich, dass man nur schwer zu einer Übereinstimmung kommt, wenn die Zahl derjenigen, die an den Diskursen teilnehmen, willkürlich gekürzt wird, oder wenn einige an den Diskursen teilnehmen können, aber ohne Redeerlaubnis, oder wenn andere zum Diskurs zugelassen werden, aber ihnen verboten wird, bestimmte Behauptungen zu problematisieren usw.

Darüber hinaus erscheinen diese Regeln auch bei Diskursen mit kulturell heterogenen Teilnehmern überflüssig. In solchen Kontexten wären kulturell benachteiligte Personen nicht imstande, an der Diskussion mit kulturell bevorzugten Personen teilzunehmen. Man denke an den Fall der nationalen und internationalen Finanzorganisationen. Ihr Übermaß an technischer Kompetenz riskiert Einbußen bei ihrer Fähigkeit, ihre Entscheidungen aus dem Blickwinkel der Subjekte des politischen Prozesses zu *problematisieren*. Im ersten Fall wäre das Einverständnis prekär; im zweiten Fall überflüssig.

---

[21] *Alexy*, Recht, Vernunft, Diskurs (Fn. 9), S. 131.

In beiden Fällen haben die *Vernunftregeln*, da sie pragmatische Voraussetzungen der Zustimmung sind, *kontingenten* und *empirischen* Charakter.[22] Diese Regeln, wenn sie auch nicht notwendig für die Rechtsidentifizierung wären, sind jedoch wesentlich und grundlegend für die kommunikative Verständigung. Sie sind deshalb in dem Maße, in dem sie Grundlage der Rechtfertigung der Grundrechte und folglich der *kommunikativen Verständigung* sind, wesentlich für die andere Rechtsdimension, die des *Rechtsbegriffes im engeren Sinn.*

V. Diskursregeln, Menschenrechte und kommunikative Verständigung

Die Rechtfertigung der Grundrechte geht von der Feststellung aus, Behauptungen aufzustellen sei ein unvermeidbarer Akt. Erkennt man aber an, dass das Behaupten unvermeidbar ist, muss man auch anerkennen, dass das Behaupten unmöglich ist ohne notwendigerweise gewisse Regeln als Grundlage der sprachlichen Verständigung vorauszusetzen.[23] Wenn man also eine Behauptung tätigt, erhebt man implizit einen Anspruch auf Richtigkeit, da niemand unrichtige Behauptungen aufstellt, es sei denn mit scherzhaften oder trügerischen Absichten.

Die erste Regel ist deshalb:

> (1) Wer etwas behauptet, erhebt einen Anspruch auf Wahrheit oder Richtigkeit.[24]

Wenn jemand die eben zitierte Regel (1) leugnet, würde er in einen *performativen Widerspruch* gelangen, weil er, die Regel (1) leugnend, d.h. die Falschheit von (1), implizit die Geltung der Regel (1) zugeben müsste.

Aus (1) folgt eine weitere Regel (2), die behauptet:

> (2) Der Anspruch auf Wahrheit oder Richtigkeit impliziert einen Anspruch auf Begründbarkeit.

---

[22] Ein Echo dieser Unterscheidung zwischen transzendenten Diskursregeln und funktionellen Diskursregeln kann in dem Einwand von Weinberger gesehen werden, nach dem die Richtigkeit eines Arguments nicht Frage eines Einverständnisses ist, sondern einer logischen Folgerung: vgl. *O. Weinberger*, Basic Puzzles of Discourse Philosophy, in: Ratio Juris 9 (1996), S. 172–181 (172). Vgl. dazu auch *Bäcker*, Begründen und Entscheiden (Fn. 18), S. 177ff. Zur Verneinung des Regelcharakters der Regeln der Rechtsargumentation von Alexy, vgl. *O. Weinberger*, Logische Analyse als Basis der juristischen Argumentation, in: R. Alexy/W. Krawietz (Hrsg.), Metatheorie juristischer Argumentation, 1983, S. 159–232 (167–168).

[23] Zur Idee, dass die Kommunikation nicht möglich sei, wenn sie keine linguistischen Regeln voraussetzt, vgl. *J. Searle*, Atti linguistici. Saggio di filosofia del linguaggio, 1976, S. 47.

[24] Vgl. *Alexy*, Recht, Vernunft, Diskurs (Fn. 9), S. 135.

Aus (2) folgt außerdem eine dritte Regel, die die dauernde Anwendung der Rechtfertigung verhindert, d. h.:

> (3) Der Anspruch auf Begründbarkeit impliziert eine *prima facie*-Pflicht, das Behauptete auf Verlangen zu begründen.

Aus der Regel (3) über die *argumentative Last* folgt die Regel (4.1) über die *Gleichberechtigung* des Partners der Diskussion:

> (4.1) Für mich ist der Grund G, den ich für meine Behauptung anführe, natürlich kein guter Grund; du solltest angesichts deiner geringen Intelligenz G aber als guten Grund für diese Behauptung akzeptieren.[25]

Analog folgt aus der Regel über die argumentative Last die Regel der Abwesenheit des Zwangs:

> (4.2) Wenn dich meine Gründe nicht überzeugen, wirst du entlassen.

Aus der Regel über die argumentative Last folgt immer die Regel der Universalität:

> (4.3) Wenn wir *A*, *B*, *C* von unserer Diskussion ausschließen und deren Einwände vergessen, werden wir uns davon überzeugen können, dass der von mir angeführte Grund *G* ein guter Grund ist.

Die Regel (4) fasst (4.1), (4.2) und (4.3) zusammen und lautet:

> (4) Mit Begründungen werden, jedenfalls, was das Begründen als solches anbelangt, die Ansprüche auf Gleichberechtigung, Zwanglosigkeit und Universalität erhoben.[26]

Die vier Regeln leiten den korrekten Verlauf des Verfahrens und bilden, da sie die liberalen Ideen der Autonomie und der Universalität ausdrücken, den Ausgangspunkt für die Rechtfertigung der Grundrechte auf Grundlage der Freiheit und Gleichheit der westlichen Tradition.[27]

Es ist nicht Aufgabe dieses Beitrags, die Rechtfertigung der Grundrechte, angefangen bei den Diskursregeln, nachzuvollziehen. In erster Linie geht es darum, dass die hier vorgeschlagene technisch-funktionale Lektüre, soweit sie die Dimension des Rechtsbegriffs im engeren Sinn betrifft, uns erlaubt, auf den Einwand von *Habermas* zu antworten, nach dem die Diskursregeln von *Alexy* keine konstitutiven Regeln im Sinne von *Searle* seien.[28] Im Gegenteil ist es gerade die funktionelle Natur, die die konstitutive impliziert. Ohne solche Re-

[25] Ebd., S. 137.
[26] Ebd., S. 138.
[27] Ebd., S. 138.
[28] Vgl. *J. Habermas* in E. Agazzi (Hrsg.), Etica del discorso, 2004, S. 101–102.

geln wären weder das Einverständnis noch überhaupt die Praxis des Diskurses möglich. Jede noch so minimale Verletzung der Grundrechte hätte dann nämlich den Bruch des Einverständnisses zwischen den Individuen zur Folge.

Diese eben erwähnten *Vernunftregeln* sind deshalb im Bezug auf die Dimension der Rechtsidentifizierung *empirischer* Natur. Hinsichtlich des Rechtsbegriffs im engeren Sinn haben sie dagegen den *transzendental-konstitutiven* Charakter der kommunikativen Verständigung.

VI. Ideologische Verwicklungen der Diskurstheorie

Die innerhalb des allgemeinen praktischen Diskurses getroffene Unterscheidung zwischen konstitutiven Regeln für die Identifizierung des Rechts und konstitutiven Regeln im Bezug auf den Rechtsbegriff im engeren Sinn gestattet uns, *Alexys* theoretische und ideologische Position besser zu präzisieren.

Zunächst wäre bei der Radbruchschen Formel in *Begriff und Geltung des Rechts* eine Meinungsänderung angebracht. Was ich hier vorschlage, ist, dass *Alexy* die Radbruchsche Formel nicht mechanisch übernehmen, sondern sie im positivistischen Sinn interpretieren sollte. Wenn der Anspruch auf Richtigkeit für die Identifizierung einer Rechtsnorm auf der Grundlage der Radbruchschen Formel, wie sie in *Begriff und Geltung des Rechts* angenommen wird, wesentlich ist, könnte man behaupten, dass schwere Verletzungen der Grundrechte nur bei gleichzeitigen schweren Verletzungen des Anspruchs auf Richtigkeit kein Recht mehr seien. Vielmehr wären schwere Verletzungen der Grundrechte ohne eine gleichzeitige unerträgliche Verletzung der Richtigkeit immer noch Recht. Nach der ursprünglichen Radbruchschen Formel hingegen sind schwere Verletzungen der Grundrechte kein Recht mehr, unabhängig von der Verletzung des Anspruchs auf Richtigkeit. Ganz klar schlägt *Alexy* keine einfache Aufnahme der Radbruchschen Formel vor, sondern eine positivistische und beschränkende Deutung der Formel.

Zweitens stellen die *Grundregeln* des allgemeinen praktischen Diskurses vom ideologischen Standpunkt aus *Alexys* Position als *deskriptiven Nicht-Positivismus* dar, da sie gemeinsam sowohl zum Recht als auch zur Moral gehören,[29] und hinreichend für die Rechtsidentifizierung sind. Dank dieser Regeln ist nämlich das Bewusstsein imstande, eine Norm als Rechtsnorm wahrzunehmen.

Im Bereich des Rechtsbegriffs im engeren Sinn würden uns dagegen die *Vernunftregeln* erlauben, indem sie konstitutiv für die kommunikative Verständigung sind, von einem *normativen Nicht-Positivismus* bei *Alexy* zu sprechen.

---

[29] Vgl. *R. Alexy*, Hauptelemente einer Theorie der Doppelnatur des Rechts, in: ARSP 95 (2009), S. 151–166 (151).

Man *soll* nämlich diese Regeln und die bezüglichen Grundrechte beachten, wenn man die soziale Integration erreichen will.

Um *Alexys* ideologische Position angemessen zu erfassen, gelten folgende Beobachtungen: Vom Standpunkt des Rechtsbegriffs im engeren Sinn aus müsste der normative Nichtpositivismus *Alexys* (das Recht *soll* moralische Elemente in der Form von Grundrechten enthalten, wenn man die kommunikative Verständigung bewahren will) sowohl dem *inklusiven Positivismus* von *Jules Coleman* (das Recht *kann* moralische Elemente enthalten[30]) als auch dem *normativen Positivismus* von *Jeremy Waldron*[31] (das Recht *soll keine* moralischen Elemente enthalten) entgegengesetzt werden. Nebenbei gesagt stellt sich auf der Basis der deontischen Logik *Colemans* inklusiver Positivismus nicht, wie man oft denkt, dem exklusiven Positivismus von *Raz* entgegen, sondern dem normativen Positivismus von *Waldron.*

Von Standpunkt der Rechtsidentifizierung aus würde sich dagegen *Alexys deskriptiver Nichtpositivismus* den epistemischen und beschreibenden positivistischen Ansätzen, wie dem *deskriptiven Positivismus* von *Hart* und dem *exklusiven Positivismus* von *Raz*, widersetzen.[32] Insgesamt erscheint *Alexys* allgemeine Rechtstheorie sowohl vom Standpunkt der Rechtsidentifizierung aus als auch vom Standpunkt des Rechtsbegriffs im engeren Sinn als *nichtpositivistische Theorie.*

---

[30] Vgl. *M. La Torre*, Il diritto contro se stesso. Saggio sul positivismo giuridico e la sua crisi, 2020, S. 126 ff. Über die Unfähigkeit des inklusiven Positivismus, sich der Tatsache bewusst zu werden, dass man sich bei den Abwägungen noch nicht positivierter Prinzipien bedient, vgl. *J.-R. Sieckmann*, Grundrechte als Prinzipien, in: J.-R. Sieckmann (Hrsg.), Die Prinzipientheorie der Grundrechte. Studien zur Grundrechtstheorie Robert Alexys, 2007, S. 17–38 (28–29).

[31] Vgl. *M. Barberis*, Una filosofia del diritto per lo stato costituzionale, 2017, S. 85–87.

[32] Vgl. *J.-Y.Cherot*, Interrogando il positivismo giuridico. Saggio sul giuspositivismo contemporaneo, 2020, S. 11–12, 16–17, 19–20, 32. Über die deskriptive Natur des exklusiven Positivismus von Raz, der eine relative Theorie zur Rechtsidentifizierung ist, vgl. *J. Raz*, Das Gerechtigkeitsargument, in: Rechtsphilosophie und Grundrechtstheorie (Fn. 4), S. 9–30 (13–15, 23–26). Für eine Übersicht der ideologischen Positionen zu Positivismus und Nicht-Positivismus, vgl. *C. Bäcker*, Menschenrechte zwischen Recht und Richtigkeit, in: Rechtsphilosophie und Grundrechtstheorie (Fn. 4), S. 185–203 (194–197).

Diskurstheorie des Rechts

Eric Hilgendorf

I. Vorbemerkungen

Robert Alexy ist heute unbestritten einer der internationalen Großmeister der Rechtstheorie. Sein Ruhm reicht weit über den deutschen Sprachraum hinaus über Spanien, Italien und Osteuropa bis nach Lateinamerika und Ostasien. Auch in den angelsächsischen Ländern werden seine Arbeiten studiert.[1] Für mich bedeutet die Beschäftigung mit der Diskurstheorie des Rechts allerdings eine Art Reise in die eigene Vergangenheit, denn vor mehr als 30 Jahren habe ich zu eben diesem Thema meine erste, philosophische Doktorarbeit verfasst.[2] Die damalige Untersuchung ist trotz meiner schon damals vorhandenen Bewunderung für den Jubilar recht kritisch ausgefallen, dies auch unter dem Einfluss meines akademischen Lehrers *Herbert Keuth*,[3] der als Schüler *Hans Alberts*[4] und als Wissenschaftstheoretiker in der Tradition des Kritischen Rationalismus[5] der

[1] In Auswahl: M. Borowski/S. L. Paulson/J.-R. Sieckmann (Hrsg.), Rechtsphilosophie und Grundrechtstheorie. Robert Alexys System, 2018; M. Klatt (Hrsg.), Institutionalized Reason: The Jurisprudence of Robert Alexy, 2012; G. Pavlakos (Hrsg.), Law, Rights and Discourse: The Legal Philosophy of Robert Alexy, 2007. Zahlreiche Übersetzungen seiner Werke werden nachgewiesen unter https://www.alexy.jura.uni-kiel.de/de/data/Schriftenverzeichnis.pdf, (Stand 22.07.2022).

[2] *E. Hilgendorf*, Argumentation in der Jurisprudenz. Zur Rezeption von analytischer Philosophie und kritischer Theorie in der Grundlagenforschung der Jurisprudenz, 1991; *ders.*, Zur transzendentalpragmatischen Begründung von Diskursregeln, in: Rechtstheorie 26 (1995). S. 183–200

[3] *H. Keuth*, Fallibilismus versus transzendentalpragmatische Letztbegründung, in: Zeitschrift für allgemeine Wissenschaftstheorie 14 (1983), S. 320–337; *ders.*, Erkenntnis oder Entscheidung. Zur Kritik der kritischen Theorie, 1993.

[4] *H. Albert*, Transzendentale Träumereien. Karl-Otto Apels Sprachspiele und sein hermeneutischer Gott, 1975; Die Wissenschaft und die Fehlbarkeit der Vernunft, 1982; Traktat über kritische Vernunft, 5. Aufl. 1991.

[5] Die Literatur zum Kritischen Rationalismus ist fast uferlos. In Auswahl: *M. Alamuti*, Critical Rationalism and Globalization. Towards the sociology of the open global society, 2015; V. Gadenne/R. Neck (Hrsg.), Hans Albert und der Kritische Rationalismus. Festschrift zum 100. Geburtstag von Hans Albert, 2021; E. Hilgendorf (Hrsg.), Kritischer Rationalismus und Einzelwissenschaften. Zum Einfluss des Kritischen Rationalismus auf die Grundlagendebatten, 2017; R. Neck/H. Stelzer (Hrsg.), Kritischer Rationalismus heute. Zur Aktualität der Philosophie Karl Poppers, 2013; R. van Ooyen/M. Möllers (Hrsg.), Karl Popper und das Staatsverständnis des Kritischen Rationalismus, 2019; I. Pies/M. Leschke (Hrsg.), Karl Poppers kri-

Diskursethik, so wie sie von *Jürgen Habermas*,[6] vor allem aber von *Karl-Otto Apel*[7] und dessen Schüler *Wolfgang Kuhlmann*[8] ausgearbeitet worden war, sehr skeptisch gegenüberstand. Seine Argumente erscheinen mir bis heute überzeugend.

Inzwischen haben sich die Wogen der Auseinandersetzungen zwischen Kritischem Rationalismus einerseits und der Kritischen Theorie andererseits geglättet. Im Nachhinein ist deutlich geworden, was bei derartigen Auseinandersetzungen so oft eine Rolle spielt, dass nämlich eng verwandte geistige Strömungen sich besonders scharf gegeneinander abzugrenzen versuchen. Die Diskurstheorie des Rechts steht nicht zwingend in einem Gegensatz zu kritisch-rationalem Denken, ganz im Gegenteil lässt sie sich vielleicht sogar als eine seiner Ausprägungen ansehen, wenn man sie auf ihr Kernanliegen, die Sicherung rationaler Argumentation, beschränkt, und überzogene Letztbegründungsansprüche zurückweist.[9]

II. Zur Genese der Diskursethik

Diskursethik war ursprünglich eine Variante der kognitivistischen Ethiktheorien, also eine Theorie, die den Anspruch erhebt, zu sicherem praktischen Wissen zu führen: „Die Wahrheit und Falschheit moralischer Urteile ist der menschlichen Erkenntnis zugänglich“[10]. Diesem kognitivistischen Ansatz steht

---

tischer Rationalismus, 1999; K. Salamun (Hrsg.), Moral und Politik aus der Sicht des Kritischen Rationalismus, 1991; *A. Waschkuhn*, Kritischer Rationalismus. Sozialwissenschaftliche und politiktheoretische Konzepte einer liberalen Philosophie der offenen Gesellschaft, 1999; siehe ferner *H.-J. Niemann*, Lexikon des Kritischen Rationalismus, 2004.

[6] *J. Habermas*, Diskursethik – Notizen zu einem Begründungsprogramm, in: *ders.*, Moralbewusstsein und kommunikatives Handeln, 1983, S. 53–125; *ders.*, Erläuterungen zur Diskursethik, 2. Aufl. 1992; *ders.*, Faktizität und Geltung. Beiträge zur Diskurstheorie des Rechts und des demokratischen Rechtsstaats, 1998.

[7] *K.-O. Apel*, Das Apriori der Kommunikationsgemeinschaft und die Grundlagen der Ethik. Zum Problem einer rationalen Begründung der Ethik im Zeitalter der Wissenschaft, in: *ders.*, Transformation der Philosophie. Band 2: Das Apriori der Kommunikationsgemeinschaft, 1973, S. 358–435; *ders.*, Das Problem der philosophischen Letztbegründung im Lichte einer transzendentalen Sprachpragmatik. Versuch einer Metakritik des „kritischen Rationalismus“, in: B. Kanitscheider (Hrsg.), Sprache und Erkenntnis. Festschrift für Gerhard Frey zum 60. Geburtstag, 1976, S. 55–82.

[8] *W. Kuhlmann*, Reflexive Letztbegründung versus radikaler Fallibilismus, in: Zeitschrift für allgemeine Wissenschaftstheorie 16 (1985), S. 357–374; *ders.*, Reflexive Letztbegründung. Untersuchungen zur Transzendentalpragmatik, 1985; *ders.*, Unhintergehbarkeit. Studien zur Transzendentalpragmatik, 2009.

[9] Beide Strömungen aufgreifend und würdigend etwa *C. Bäcker*, Begründen und Entscheiden. Kritik und Rekonstruktion der Alexyschen Diskurstheorie des Rechts, 2. Aufl. 2012.

[10] So die Charakterisierung des Kognitivismus durch *D. Birnbacher*, Analytische Einführung in die Ethik, 2. Aufl. 2007, 382.

traditionell der non-kognitivistische Ansatz gegenüber, wonach es sicheres Wissen in der Ethik genauso wenig gibt wie in den faktenorientierten Disziplinen, also den Natur- und empirischen Sozialwissenschaften.[11] Auch der Kritische Rationalismus orientiert sich an einem durchgehenden Fallibilismus: Unser gesamtes Wissen beruht danach auf Vermutungen, die zwar mehr oder weniger bewährt sein können, die aber stets durch neue Erfahrungen widerlegt werden können und dann modifiziert oder ganz beiseite gelegt werden müssen. Sicheres Wissen gibt es nicht, oder allenfalls durch definitorische Festlegungen.[12] Man könnte dies als eine Haltung „epistemsicher Bescheidenheit" bezeichnen.

Die Einsicht in die prinzipielle Fehlbarkeit aller unserer Annahmen über die uns umgebende Welt hat die Naturwissenschaften und empirischen Sozialwissenschaften nicht daran gehindert, in den letzten beiden Jahrhunderten die menschlichen Lebensverhältnisse enorm zu verbessern. Auch in der Ethik führt der Fallibilismus nicht dazu, rationale Debatten über Werte und Normen unmöglich zu machen – im Gegenteil: die Einsicht, dass uns Werte und Moral nicht vorgegeben sind, sondern von uns selbst geschaffen, weiterentwickelt und damit auch verantwortet werden müssen, entspricht dem Autonomiegedanken, wie er seit der Aufklärung herrschend geworden ist.[13] In den Worten des Moralphilosophen *Kurt Bayertz*:

„An die Stelle der Berufung auf letzte Fundamente – der Wille Gottes, das Wesen der Dinge, die Natur des Menschen, die Gesetze der Vernunft – tritt das Anknüpfen an bestehende Konsense und die Bezugnahme auf menschliche Interessen, einschließlich ihrer legitimen Verschiedenheit"[14].

Hans Albert hat die Unmöglichkeit einer „letzten" Begründung im sog. „Münchhausen-Trilemma" dargelegt, welches in den Debatten um die Letztbegründbarkeit der Diskursethik eine wesentliche Rolle gespielt hat:

„Wenn man für *alles* eine Begründung verlangt, muss man auch für die Erkenntnisse, auf die man jeweils die zu begründende Auffassung – bzw. die betreffende Aussagen-Menge – zurückgeführt hat, wieder eine Begründung verlangen. Das führt zu einer Situation mit drei Alternativen, die alle drei unakzeptabel erscheinen, also: zu einem Trilemma, das ich angesichts der Analogie, die zwischen unserer Problematik und dem Problem besteht, das der bekannte Lügenbaron einmal zu lösen hatte, das *Münchhausen-Trilemma* nennen möchte. Man hat hier offenbar nämlich nur die Wahl zwischen:

---

[11] Näher zur Unterscheidung von Kognitivismus und Nonkognitivismus *M. Werner*, Einführung in die Ethik, 2021, S. 197.

[12] „Alle Sicherheiten in der Erkenntnis sind selbstfabriziert und damit für die Erfassung der Wirklichkeit wertlos", *Albert*, Traktat über kritische Vernunft (Fn. 4), S. 36.

[13] Überblick bei *E. Hilgendorf*, Aufklärung, in: ders./J. Joerden (Hrsg.), Handbuch Rechtsphilosophie, 2. Aufl. 2021, S. 143 ff.

[14] *K. Bayertz*, Zur Selbstaufklärung der angewandten Ethik, in: V. Steenblock (Hrsg.), Praktische Philosophie/Ethik. Ein Studienbuch, 3. Aufl. 2007, S. 145.

1. einem *infiniten Regress*, der durch die Notwendigkeit gegeben erscheint, in der Suche nach Gründen immer weiter zurückzugehen, der aber praktisch nicht durchzuführen ist und daher keine sichere Grundlage liefert;

2. einem *logischen Zirkel* in der Deduktion, der dadurch entsteht, dass man im Begründungsverfahren auf Aussagen zurückgreift, die vorher schon als begründungsbedürftig aufgetreten waren, und der ebenfalls zu keiner sicheren Grundlage führt; und schließlich:

3. einem *Abbruch des Verfahrens* an einem bestimmten Punkt, der zwar prinzipiell durchführbar erscheint, aber eine willkürliche Suspendierung des Prinzips der zureichenden Begründung involvieren würde“[15].

Dennoch wird in der Ethik und der Rechtsphilosophie immer wieder versucht, zu sicherem ethischen und praktischen Wissen zu gelangen. Die dahinterliegenden psychologischen und soziologischen Antriebe verdienen mehr Aufmerksamkeit, als ihnen bisher zuteilwurde. Möglicherweise handelt es sich hier um den Versuch, ein nach dem Wegfall der alten religiösen Sicherheiten brüchig gewordenes, grundlegendes und sinnstiftendes Orientierungswissen zurückzugewinnen, u. U. auch um den Preis, dass es sich um selbsterzeugtes Scheinwissen handelt. Ein solches „sacrificium intellectus“ mag menschlich verständlich sein, intellektuell zufriedenstellend ist es nicht.

Die Traditionslinie des ethischen Kognitivismus ist außerordentlich beeindruckend. Die wohl ältesten Ansätze stellen theonome Modelle dar, die das ethisch Richtige aus dem Willen einer Gottheit herzuleiten vorgeben. Eine verwandte, in gewisser Weise säkularisierte Form davon bildet der Wertplatonismus, in dem anstelle der Gottheiten überzeitliche und dem menschlichen Dafürhalten vorgegebene Werte getreten sind. Weitere Stationen auf dem Weg des Kognitivismus sind das theologische Naturrecht des Mittelalters, das in der frühen Neuzeit durch ein säkularisiertes Naturrecht und schließlich das Vernunftrecht der Aufklärung abgelöst wurde. In den letztgenannten Zusammenhang gehören sowohl der Kategorische Imperativ Kants als auch der Utilitarismus Benthams, wenngleich mit Bezug auf Bentham auch nonkognitivistische Interpretationen gut vertretbar erscheinen. Zum Kognitivismus zählt auch die Geschichtsphilosophie Hegels, die, vom Kopf auf die Füße gestellt, von Marx als Geschichts- und Gesellschaftstheorie fortgeführt wurde.

In den beiden großen totalitären Systemen der ersten Hälfte des 20. Jahrhunderts wurden kognitivistische Ansätze zu politischen Zwecken missbraucht, wobei anzumerken ist, dass sowohl die Marx'sche Geschichts- und Gesellschaftstheorie (als Hintergrundtheorie des Marxismus-Leninismus und

---

[15] *Albert*, Traktat über kritische Vernunft (Fn. 4), S. 15. Daran anschließend *E. Hilgendorf*, Begründung in Recht und Ethik, in: C. Brand u. a. (Hrsg.), Wie funktioniert Bioethik?, 2008, 233 ff.

Stalinismus[16]) als auch die Hegel'sche Geschichtsmetaphysik (als Legitimationstheorie im Nationalsozialismus[17]) durchaus missbrauchsanfällig waren (und sind). Manche Theorieangebote lassen sich offenbar einfacher für Unrechtsregime instrumentalisieren als andere.[18] Für autoritäre oder gar totalitäre Regime eignen sich kognitive Ethikmodelle eher als non-kognitive, weil nur dann der Führungsanspruch mit dem Verweis auf angeblich vorgegebene (von der herrschenden Elite nach Bedarf zu interpretierende) Werte und Normen legitimiert werden kann.

In Reaktion darauf verfasste *Karl Popper* im Jahr 1945 sein sozialphilosophisches Hauptwerk über „Die offene Gesellschaft und ihre Feinde", worin er leidenschaftlich für eine Abkehr von den „Großen Theorien" und für ein deliberatives, auf rationale Argumentation begründetes Entscheidungsmodell gerade in praktischen politischen Fragen plädierte.[19] Dieses deliberative Argumentationsmodell fand in Deutschland ab den 60er Jahren sehr viel Beachtung,[20] nicht zuletzt bei dem Philosophen *Karl-Otto Apel*, der allerdings die Ansicht vertrat, das Poppersche Modell sei nicht nur eine Art Resignationslösung nach dem Scheitern der älteren kognitiven Ethikmodelle, sondern ließe sich selbst im Sinne des ethischen Kognitivismus „letztbegründen".[21] Dies war die Geburtsstunde der Diskursethik.

Ihr Grundgedanke ist die Vorstellung, dass sich in der Sprache für uns „unhintergehbare" Regeln finden lassen, darunter auch moralische Regeln. Wer diese Regeln leugne, begehe einen „performativen Widerspruch", denn in der Leugnung selbst seien die Regeln der Argumentation bereits anerkannt. Die auf diese Weise „transzendentalpragmatisch"[22] begründete Diskursethik ist damit eine

---

[16] Siehe nur *K. Salamun*, Ideologie, Wissenschaft, Politik. Sozialphilosophische Studien. Mit einem Vorwort von Ernst Topitsch, 1975, S. 61 ff.

[17] Pointiert *H. Kiesewetter*, Von Hegel zu Hitler. Die politische Verwirklichung einer totalitären Machtstaatstheorie in Deutschland (1815–1945), 1995; *E. Topitsch*, Die Sozialphilosophie Hegels als Heilslehre und Herrschaftsideologie, 2. Aufl. 1981.

[18] Woran dies liegt, wäre näherer Untersuchungen wert. Einschlägige Faktoren sind wohl „tief" klingende, dabei ausdeutbare und mithin schwer zu kritisierende Texte, das Interpretationsmonopol einer Priester- oder Funktionärskaste, sowie unbedingter Herrschaftswillen auf der einen und Leichtgläubigkeit und Kritiklosigkeit auf der anderen Seite.

[19] *K. Popper*, Die offene Gesellschaft und ihre Feinde, 2 Bände, 7. Aufl. 1992 (engl. Ausgabe 1945).

[20] Der einflussreichste Vertreter der Kritischen Rationalismus im deutschen Sprachraum ist Hans Albert, der nach dem 2. Weltkrieg neben Wolfgang Stegmüller entscheidend dazu beitrug, die von den Nationalsozialisten vertriebenen analytischen und kritischen Strömungen der Philosophie wieder in Deutschland heimisch zu machen.

[21] *Apel*, Das Apriori der Kommunikationsgemeinschaft und die Grundlagen der Ethik (Fn. 7), S. 358 (379).

[22] Zum „transzendentalen Begründen" auch *T. Schönwälder-Kuntze*, Philosophische Methoden zur Einführung, 2020; S. 21 ff.; speziell zum Ansatz Apels *W. Reese-Schäfer*, Karl-Otto Apel zur Einführung, 1990, S. 43 ff.

den älterenVariante einer kognitivistischen Ethik; sie greift *Kants* These vom „Faktum der Vernunft" auf und versucht sie sprachphilosophisch zu fundieren. Anders als bei den älteren Varianten des ethischen Kognitivismus handelt es sich jedoch bei der Diskursethik um eine prozedurale Theorie, denn „letztbegründet", um noch einmal diesen Ausdruck Apels zu verwenden, sind nur die Diskursregeln selber, während für die Ergebnisse praktischer Diskurse ein andersgearteter Anspruch auf Richtigkeit erhoben wird, der sich mit dem liberalen Denkmodell *Poppers* und des Kritischen Rationalismus weitgehend deckt.

Habermas hat den Grundgedanken der Diskursethik von *Apel* übernommen,[23] was einerseits die Verbreitung der Diskursethik förderte, andererseits aber doch auch zu gewissen Präzisions- und Plausibilitätsdefiziten geführt hat. Dies mag ein Grund dafür sein, dass der Einfluss des Letztbegründungsdenkens in der Fachphilosophie in den letzten beiden Jahrzehnten deutlich zurückgegangen ist.[24] *Alexy* hat trotz seines Bekenntnisses zur *Habermas'schen* Theorie in gewisser Weise den entgegengesetzten Weg gewählt und die Diskursethik weiter zu präzisieren versucht.[25] In dieser präzisierten Form hat er sie auch auf das Recht übertragen.[26]

III. Grundelemente der Alexyschen Diskurstheorie

Alexys Diskurstheorie soll im Folgenden auf der Grundlage einer von ihm selbst verfassten Zusammenschau im 1991 erschienenen repräsentativen Sammelband „Recht und Staatsphilosophie in Deutschland heute" dargestellt werden.[27] Nach der von *Alexy* formulierten „Theorie des rationalen praktischen Diskurses" ist „eine Norm richtig, wenn sie das Ergebnis einer bestimmten Prozedur, der des rationalen praktischen Diskurses, sein kann".[28] *Alexy* arbeitet bestimmte Anforderungen an diese Prozedur heraus, die er in Form von Diskursregeln formuliert. Diese Regeln sollen „so etwas wie ein Gesetzbuch der

---

[23] *J. Habermas*, Diskursethik – Notizen zu einem Begründungsprogramm, in: *ders.*, Moralbewusstsein und kommunikatives Handeln, 1983, S. 53–125; siehe auch die weiteren Angaben oben Fn. 6.

[24] Siehe etwa *V. Steenblock*, Die großen Themen der Philosophie. Eine Anstiftung zum Weiterdenken, 2. Aufl. 2011, S. 107 ff.

[25] *R. Alexy*, Theorie der juristischen Argumentation. Die Theorie des rationalen Diskurses als Theorie der juristischen Begründung, 1978, 2. Aufl. 1991, S. 219 ff. Wichtige Texte zur Verteidigung und Fortentwicklung des Alexyschen Theoriewerks enthält der Sammelband *R. Alexy*, Recht, Vernunft, Diskurs. Studien zur Rechtsphilosophie, 1995.

[26] *Alexy*, Theorie der juristischen Argumentation (Fn. 25), S. 259 ff.

[27] *R. Alexy*, Idee und Struktur eines vernünftigen Rechtssystems, in: R. Alexy/R. Dreier/U. Neumann (Hrsg.) Rechts- und Staatsphilosophie in Deutschland heute. Beiträge zur Standortbestimmung, 1991, S. 30–44.

[28] Ebd., S. 30.

praktischen Vernunft" formulieren.[29] Praktische Vernunft ist „das Vermögen, [...] nach diesem Regelsystem zu praktischen Einsichten zu gelangen".[30]

Zumindest diese Regeln sollen ethisches Wissen im Sinne des Kognitivismus darstellen. Es verdient deshalb besondere Aufmerksamkeit, um welche Regeln es sich konkret handelt. *Alexy* unterscheidet zunächst eine Gruppe von Grundregeln. Sie lauten:

„(1.1) Kein Sprecher darf sich widersprechen. (1.2) Jeder Sprecher darf nur das behaupten, was er selbst glaubt. (1.3) Jeder Sprecher, die ein Prädikat F auf einen Gegenstand a anwendet, muss bereit sein, F auch auf jeden anderen Gegenstand, der a in allen relevanten Hinsichten gleicht, anzuwenden. (1.3') Jeder Sprecher darf nur solche Wert- und Verpflichtungsurteile behaupten, die er in allen Situationen, die der, in der er sie behauptet, in allen relevanten Hinsichten gleich sind, ebenfalls behaupten würde. (1.4) Verschiedene Sprecher dürfen den gleichen Ausdruck nicht mit verschiedenen Bedeutungen benutzen"[31]

In diesen Regeln sieht *Alexy* das impliziert, was wir üblicherweise als „Minimalbedingungen der Rationalität" verstehen.[32] Der ersten Regelgruppe schließt sich eine zweite Gruppe von Diskursregeln an. Sie beginnt mit einer allgemeinen Begründungsregel: (2) Jeder Sprecher muss das, was er behauptet, auf Verlangen begründen, es sei denn, er kann Gründe anführen, die es rechtfertigen, eine Begründung zu verweigern.[33] Hier wird sozusagen die Forderung, dass sich Äußerungen begründen lassen müssen, mit der Vorstellung verbunden, dass jemand, der eine Behauptung aufstellt, auf Aufforderung eine entsprechende Begründung abzugeben hat.

Es folgt eine Gruppe von Regeln, die für *Alexy* in besonderer Weise die *Habermas'sche* Idee der idealen Sprechsituation ausdrücken:

„(2.1) Jeder, der sprechen kann, darf an Diskursen teilnehmen. (2.2) (a) Jeder darf jede Behauptung problematisieren; (b) Jeder darf jede Behauptung in den Diskurs einführen, (c) Jeder darf seine Einstellungen, Wünsche und Bedürfnisse äußern. (2.3) Kein Sprecher darf durch innerhalb oder außerhalb des Diskurses herrschenden Zwang daran gehindert werden, seine in (2.1) und (2.2) festgelegten Rechte wahrzunehmen."[34]

Alexy bezeichnet diese Regeln auch als „Vernunftregeln" und erläutert sie wie folgt: „Wer etwas begründet, gibt zumindest vor, den anderen, zumindest was das Begründen anbelangt, als gleichberechtigten Diskurspartner zu akzeptieren und weder Zwang selbst auszuüben noch sich auf von anderen ausgeübten Zwang zu stützen. Er beansprucht ferner, seine Behauptung nicht nur gegen-

---

[29] Ebd.
[30] Ebd.
[31] Ebd., S. 31.
[32] Ebd.
[33] Ebd.
[34] Ebd.

über dem Diskurspartner, sondern darüber hinaus gegenüber jedermann verteidigen zu können".[35] Es geht hier also um Gleichberechtigung der Diskurspartner, universelle Rationalität und Zwanglosigkeit der Diskurssituation.

Hinzu treten in der Theorie von *Alexy* des Weiteren Argumentationslastregeln, die etwa die Ungleichbehandlung von Personen einer besonderen Legitimationsverpflichtung unterstellen, ferner Argumentformen, die bestimmte Grundformen von Argumentationen in präzisierter Form umschreiben, sodann Begründungsregeln und schließlich sogenannte Übergangsregeln.[36] Diese Diskursregeln gelten nach *Alexy* auch im Recht, wobei er darauf insistiert, dass die diskurstheoretische Rechts- und Staatsphilosophie nicht bloß einen Anwendungsfall der Diskurstheorie darstellt, „sondern deren aus theorieinternen Gründen notwendige Vervollständigung".[37]

Die Relevanz dieses Regelkanons erschließt sich vor allem dann, wenn man eine durch ihn strukturierte Argumentation mit praktischen Debatten vergleicht, in dem der *Alexysche* Kanon missachtet wird. Man denke etwa an die autoritativen praktischen Entscheidungen eines absoluten Machthabers oder eines Priesterkollegiums, in denen ohne jede Beteiligung der Betroffenen und ohne jede Begründung Entscheidungen über andere gefällt werden,[38] aber auch an Überzeugungsbildung durch Falschmeldungen, Überdramatisierung, Emotionalisierung und Skandalisierung, wie dies für viele soziale Medien, etwa „Twitter", typisch geworden ist.[39]

Kaum vereinbar mit dem *Alexyschen* Regelkanon ist auch die vor allem in den USA verbreitete akademische Praxis, normative Fragen in Form von Geschichten („stories"), zu behandeln und dabei auf eine theoretische Sachargumentation zu verzichten.[40] In vielen der dadurch gekennzeichneten Debatten sind zudem keineswegs alle potentiell Interessierten als Teilnehmer zugelassen, sondern nur die Angehörigen bestimmter Gruppen. Derartige identitätspolitische Tendenzen[41] verbreiten sich derzeit auch in Deutschland, nicht nur in der akademischen Sphäre, sondern auch in den Massenmedien, und es ist wohl nur eine Frage der Zeit, bis sie sich auch in der Rechtswissenschaft bemerkbar machen.

---

[35] Ebd.

[36] Ebd., S. 31 f.

[37] Ebd., S. 36.

[38] *Albert*, Traktat über kritische Vernunft (Fn. 4), S. 42 setzt dem die „Idee der kritischen Prüfung" entgegen, also „der kritischen Diskussion aller in Frage kommenden Aussagen mit Hilfe rationaler Argumente".

[39] *V. Hendricks/M. Vestergaard*, Postfaktisch. Die neue Wirklichkeit in Zeiten von Bullshit, Fake News und Verschwörungstheorien, 2018.

[40] Dazu *D. Farber/S. Sherry*, Beyond all Reason. The Radical Assault on Truth in American Law, 1997, S. 38 ff., 84 ff.

[41] Dazu *E. Hilgendorf*, Identitätspolitik als Herausforderung für die liberale Rechtsordnung. Versuch einer Orientierung, in: JuristenZeitung 2021, S. 853 ff.

Die bisherigen Ausführungen haben deutlich gemacht, worin meines Erachtens die großen Vorzüge der *Alexyschen* Diskursregeln liegen. Sie explizieren wesentliche Elemente dessen, was wir als Grundlagen von Rationalität und rationaler Auseinandersetzung betrachten, nicht nur, aber doch auch gerade in Recht und Rechtspolitik. Auf diese Weise helfen sie uns, Formen praktischer Diskurse zu kritisieren, die ihren Vorgaben nicht gerecht werden. Die Sicherung der Standards rationaler Debatten besitzt über die Wissenschaft und auch über das Recht hinaus eine erhebliche Bedeutung für den Bestand der liberalen Demokratie, die ohne vernunftgeleitete Deliberation nicht funktionsfähig wäre.[42]

IV. Zur Kritik der Diskurstheorie

Fraglich ist allerdings, ob diese Regeln mehr als nur eine Explikation unseres Rationalitätsverständnisses darstellen, also ob sie tatsächlich „letztbegründet" im Sinne sicheren (ethischen) Wissens sind. Diese Frage möchte ich nach wie vor bei allem Respekt dem Jubilar gegenüber vorsichtig verneinen, wobei ich als ein Anhänger des Kritischen Rationalismus sehr gerne bereit bin, mich eines Besseren belehren zu lassen. Es ist hier nicht der Ort, die Kritik an dem transzendentalpragmatischen Letztbegründungsansatz, so wie ihn *Karl-Otto Apel* und sein Schüler *Wolfgang Kuhlmann* ausgearbeitet haben, noch einmal im Detail vorzustellen.[43] Ich begnüge mich mit folgendem Argument:

Man wird kaum bezweifeln können, dass menschliche Kommunikation an die Einhaltung bestimmter Regeln gebunden ist. Angenommen, in einer Kommunikationssituation gelten die Regeln 1–10; die gesamte Kommunikation einer Gruppe wird auf Basis dieser Regeln abgewickelt. Angenommen weiter, eine dieser Regeln kommt nicht mehr zur Anwendung. In einem solchen Fall dürfte die Kommunikation zwischen den Beteiligten beeinträchtigt sein, lässt sich aber dennoch fortführen. Dies ändert sich, wenn nicht nur eine, sondern zwei, drei oder fünf der Kommunikationsregeln nicht mehr eingehalten werden. Im Extremfall, nämlich wenn neun oder alle zehn Regeln nicht mehr befolgt werden, bricht die Kommunikation zusammen.

Bedeutet dies, dass die Regeln 1 bis 10 in irgendeinem Sinne „letztbegründet" sind? Die Einhaltung der Regeln ist immerhin „Bedingung der Möglichkeit" von Kommunikation in der besagten Gruppe. Werden sie nicht eingehalten, ist die Kommunikation in der Gruppe nicht mehr möglich. Das heißt aber doch nur, dass dann, wenn Kommunikation sein soll, auch die Regeln der

---

[42] *J. Nida-Rümelin*, Die gefährdete Rationalität der Demokratie. Ein politischer Traktat, 2020, S. 200 ff.; S. Russ-Mohl (Hrsg.), Streitlust und Streitkunst. Diskurs als Essenz der Demokratie, 2020.

[43] Dazu *Hilgendorf*, Argumentation in der Jurisprudenz (Fn. 2), S. 131 ff.

Kommunikation eingehalten werden müssen. Ohne die erste Prämisse gibt es keinen Grund für die Geltung und Akzeptanz der Kommunikationsregeln 1–10. Sie lassen sich deshalb ohne weiteres instrumentell deuten: Wenn man kommunizieren will, dann ist die Einhaltung der Kommunikationsregeln erforderlich. Eine absolute Geltung der Regeln lässt sich damit aber nicht begründen. Von einer „Letztbegründung“ kann keine Rede sein.[44]

Dies ist unabhängig davon, dass die von *Alexy* explizierten Regeln in vielen Kontexten sinnvoll und fruchtbar sind. Es ist ein leider weit verbreiteter Denkfehler, Letztbegründungsbehauptungen kritiklos nur deshalb zu akzeptieren, weil das, was als „letztbegründet“ dargestellt wird, sympathisch erscheint, und Kritik an Letztbegründungsansprüchen deshalb abzulehnen, weil die Normen und Werte, um deren Letztbegründung es geht, wertvoll erscheinen. Auch eine diskurstheoretische „Letztbegründung“ von Menschenwürde und Menschenrechten ist unmöglich, ungeachtet dessen, dass Menschenwürde und Menschenrechte die zentralen Werte des liberalen Rechtsstaats bilden. Emotionale und intellektuelle Attraktivität ist das eine, Letztbegründbarkeit etwas ganz anderes.

Überträgt man die hier präferierte instrumentelle Perspektive auf den diskursethischen Regelkanon, so ließe sich sagen, dass dann, wenn wir allgemeine praktische und juristische Rationalität, so wie sie in unserem Kulturraum spätestens mit der Aufklärung herrschend geworden ist, praktizieren wollen, gehalten sind, den Regelkanon der Diskursethik einzuhalten. Derjenige, der praktische Entscheidungen etwa auf der Grundlage eines autoritären Dezisionismus oder durch Überredung mittels „storytelling“ herbeiführen möchte, kann demgegenüber die Diskursregeln unbeachtet lassen. Ein logischer oder „performativer“ Widerspruch[45] liegt darin nicht.

Folgt man dem, so stellen die Diskursregeln das kommunikative Ideal einer rationalen Rechtsordnung dar. Sie sind aber nicht im Sinne *Apels* „letztbegründet“, sondern historisch kontingent.[46] Immerhin handelt es sich um einen Typ rechtlicher Ordnung, welcher sich jedenfalls bislang allen anderen Rechtsordnungen als überlegen erwiesen hat, sofern man die Überlegenheit an Leistungsmerkmalen wie Frieden, Wohlstand und wohl auch am individuellen Glück der Rechtsunterworfenen festmachen möchte. Man könnte hier von einem „humanistischen Ideal“ sprechen.[47] Ob dies in Zukunft auch noch so sein wird, ist

---

[44] Weitere Argumente bei *Keuth*, Erkenntnis oder Entscheidung (Fn. 3), S. 226 ff.; siehe auch *A. Engländer*, Diskurs als Rechtsquelle?, Zur Kritik der Diskurstheorie des Rechts, 2002, S. 41 ff., 88 ff.; *Hilgendorf*, Argumentation in der Jurisprudenz (Fn. 2), S. 142 ff.

[45] Vgl. oben II. am Ende.

[46] *Hilgendorf*, Zur transzendentalpragmatischen Begründung von Diskursregeln (Fn. 2), S. 199; ähnlich *Bäcker*, Begründen und Entscheiden (Fn. 9), S. 184 f.

[47] Zum Humanismus als Leitidee der Rechtsphilosophie *E. Hilgendorf*, Humanismus und Recht – Humanistisches Recht?, in: H. Groschopp (Hrsg.), Humanismus und Humanisierung, 2014, S. 36 ff.

offen, nach meiner Ansicht aber wahrscheinlich. Für die Diskursregeln spricht also weniger ihre angebliche Verortung in der Sprache, sondern die bisher zutage getretenen und in der Zukunft erhofften Konsequenzen ihrer praktischen Befolgung.[48]

V. Staats- und demokratietheoretische Perspektiven

Wie bereits erwähnt, verbindet *Alexy* die Diskurstheorie mit einer Theorie des Staates und des Rechts, und betont, eine solche Theorie sei „kein bloßer Anwendungsfall der Diskurstheorie, sondern deren [...] notwendige Vervollständigung".[49] Im Zentrum seiner Überlegungen zum Rechtssystem steht ein vierstufiges prozedurales Modell:

> „Auf der ersten Stufe findet sich die Prozedur des allgemeinen praktischen Diskurses, auf der zweiten die der staatlichen Rechtsetzung, auf der dritten die des juristischen Diskurses und auf der vierten die des gerichtlichen Prozesses. Die zweite und die vierte Prozedur, die der staatlichen Rechtsetzung und die des gerichtlichen Prozesses, sind *institutionalisiert*, die erste und die dritte haben demgegenüber einen *nichtinstitutionalisierten* Charakter"[50].

Der Übergang vom eben geschilderten allgemeinen praktischen Diskurs zum institutionalisierten Prozess der staatlichen Rechtsetzung bedeutet aber, wie *Alexy* hervorhebt, nicht zwingend „die Verabschiedung des Diskursprinzips"[51], denn:

> „Die Prozedur der staatlichen Rechtsetzung kann Gegenstand des Diskurses sein. Wer das Diskursprinzip vertritt, wird fordern, dass die Rechtsetzungsprozedur diesem in möglichst hohem Maße entspricht. Die Institutionalisierung des auf dem allgemeinen Wahlrecht beruhenden parlamentarischen Gesetzgebungsverfahrens kann als Versuch einer unter den gegebenen Verhältnissen möglichst weitgehenden Realisierung des Diskursprinzips auf der Ebene der staatlichen Gesetzgebung verstanden werden"[52].

Verknüpft werden die allgemeine Diskurstheorie und die Gesetzgebung auch über die Grundrechte, die dazu beitragen, das Diskursverfahren zu sichern. Einen weiteren Zusammenhang zwischen Diskursphilosophie und Gesetzgebungsprozess sieht *Alexy* darin, „dass im Rahmen des Gesetzgebungsverfahrens eine rationale Diskussion zumindest stattfinden kann. Wird sie durch ein

---

[48] Es handelt sich bei dem hier vertretenen Ansatz mithin um eine Form des Konsequentialismus, dazu näher *Birnbacher*, Analytische Einführung in die Ethik (Fn. 10), S. 173 ff.

[49] *Alexy*, Idee und Struktur (Fn. 27), S. 36.

[50] Ebd., S. 36 f. Hervorhebung i. O.

[51] Ebd., S. 37.

[52] Ebd.

Spiel zwischen Interessengruppen und durch Fernsehrhetorik ersetzt, so kann sich die hiergegen gerichtete Kritik am Diskursprinzip orientieren"[53].

Mir scheinen die damit skizzierten Argumente außerordentlich erhellend, klar und nachvollziehbar zu sein, und zwar auch dann, wenn man nicht der Meinung ist, die Diskursregeln bildeten sicheres ethisches Wissen. Die von *Alexy* angesprochenen Problembereiche und Zusammenhänge sind gerade für das Funktionieren der liberalen Demokratie von herausragender Bedeutung.[54] Ihre Klärung und systematische Strukturierung besitzt deshalb auch große demokratietheoretische Relevanz.

VI. Der juristische Diskurs

Die dritte von *Alexy* genannte Prozedur ist der juristische Diskurs:

„Sowohl historische Erfahrungen als auch systematische Überlegungen zeigen, dass keine Gesetzgebungsprozedur möglich ist, die vor dem Auftauchen jeder Rechtsfrage Normen zur Verfügung stellt, aus denen zusammen mit empirischen Prämissen entweder logisch folgt oder sich mit Hilfe von zweifelsfreien Regeln der juristischen Methode zwingend begründen lässt, was im Einzelfall rechtlich geboten ist. [...] Wenn dennoch in jedem Fall eine rational begründete Antwort auf die Frage, was rechtlich geboten, verboten oder erlaubt ist, gegeben werden soll, muss diese Rationalitätslücke geschlossen werden. Hierauf zielt der juristische Diskurs"[55].

Nach *Alexy* unterscheidet sich der juristische Diskurs vom allgemeinen praktischen Diskurs durch seine restriktiven Randbedingungen: „In ihm wird nicht gefragt, was die schlechthin vernünftigste Lösung ist, sondern was die im jeweiligen Rechtssystem vernünftigste Lösung ist". Dies ist diejenige Lösung, welche „unter Beachtung der Bindung an die geltenden Rechtsnormen und Berücksichtigung der Präjudizien sowie der von der Rechtswissenschaft erarbeiteten Dogmatik am besten begründbar ist"[56].

Allerdings wird es in vielen Fällen nicht möglich sein, „allein mit Hilfe des spezifisch juristischen Instrumentariums" eindeutige Antworten zu finden. In solchen Fällen bleibt nach *Alexy* „nur der Rückgriff auf den allgemeinen praktischen Diskurs": Das aber heißt, so *Alexy*,

„dass die Prozedur des juristischen Diskurses, wenn es in ihm um vernünftige Lösungen gehen soll, durch zwei Regelsysteme zu definieren ist, zum einen durch spezifische Regeln des juristischen Diskurses, die die Bindung an Gesetz, Präjudiz und Dogmatik zum Ausdruck bringen, und zum anderen durch die Regeln des allgemeinen praktischen Diskurses, die dem Anspruch juristischer Urteile, im Rahmen der geltenden Rechtsordnung

[53] Ebd., S. 38.
[54] *Nida-Rümelin*, Die gefährdete Rationalität der Demokratie (Fn. 42), S. 200ff.
[55] *Alexy*, Idee und Struktur (Fn. 27), S. 38.
[56] Ebd.

vernünftig begründbar zu sein, Rechnung tragen. Dies ist ein Grund für die These, dass der juristische Diskurs ein durch bestimmte Bindungen gekennzeichneter *Sonderfall* des allgemeinen praktischen Diskurses ist“[57].

Allerdings lässt sich in einem so skizzierten juristischen Diskurs, wie auch *Alexy* sieht, keine absolute Ergebnissicherheit erreichen. Es war bedarf deshalb einer vierten Prozedur, nämlich der des gerichtlichen Prozesses:

„Der gerichtliche Prozess ist wie das Gesetzgebungsverfahren eine institutionalisierte Prozedur. Sie ist durch Rechtsnormen so geregelt, dass es nach Abschluss der Prozedur stets nur eine rechtlich bindende Lösung gibt. In ihr wird nicht nur argumentiert, sondern auch entschieden. Letzteres bedeutet jedoch keine Verabschiedung der Vernunft. Sowohl die Regeln des gerichtlichen Prozesses als auch seine Durchführung sowie seine Ergebnisse sind im Lichte der drei vorangehenden Prozeduren rationaler Rechtfertigung wie auch rationaler Kritik fähig“[58].

Insgesamt ist die Strukturierung der prozeduralen Seite des Rechtssystems damit abgeschlossen. Hinzu tritt bei *Alexy* eine mindestens ebenso differenzierte Analyse der materialen Dimension des Rechts. Grundlegend hierfür sind seine Unterscheidung von Regeln und Prinzipien und die Ausarbeitung der zwischen ihnen bestehenden Zusammenhänge. Dieser Teil des *Alexyschen* Werkes hat womöglich noch mehr Aufmerksamkeit erfahren als seine Rezeption der Diskurstheorie und ihre Übertragung auf die Rechtstheorie. Da hierzu eigene Beiträge vorgesehen sind,[59] brauche ich auf diesen Teil seines Werkes hier nicht weiter eingehen.

VII. Fazit

Was ist zusammenfassend von *Alexys* Modell des juristischen Diskurses zu halten? *Alexys* Entwurf offenbart eine ungewöhnliche Kombination von Scharfsinn und systematischer Kraft, verbunden mit einem Willen zur Synthese, der seinesgleichen sucht. Sein Bekenntnis zur Rationalität im Sinne von begrifflicher Klarheit, Widerspruchsfreiheit und Transparenz der Argumentation ist von seltener Eindeutigkeit. Ein solcher Wille zur Rationalität ist nicht altmodisch, sondern zeitlos und verdient gegenüber vielen der heute modischen Formen eines Vulgärskeptizismus, wie sie etwa in manchen postmodernen Entwürfen aufscheinen,[60] unbedingten Vorzug.

---

[57] Ebd., S. 38 f. Hervorhebung i. O.

[58] *Alexy*, Theorie der juristischen Argumentation (Fn. 25), S. 39.

[59] Siehe die Beiträge im zweiten Teil des vorliegenden Bandes.

[60] Typisch hierfür sind Aussagen wie „Es gibt keine Wahrheit“, ohne dass geklärt wäre, was damit gemeint ist. Was ist der ins Auge gefasste Wahrheitsträger? Fehlt es an einer (konsentierten) Wahrheitsdefinition? Oder verfügen wir nur über kein sicheres Kriterium, um zwischen wahren und falschen Aussagen zu unterscheiden? Auch (und gerade) skeptische Theo-

Für Rechtsphilosophie und Rechtstheorie sehr wichtig und fruchtbar ist des Weiteren *Alexys* Rezeption analytischer Philosophie, die für die jüngere deutsche Rechtsphilosophie Maßstäbe gesetzt hat. Aus einer stärker juristischen Perspektive lässt sich *Alexys* Diskursmodell als Muster eines rechtstheoretisch informierten Rechtsstaatsmodells deuten. Rationale Argumentation, Demokratie und Rechtsstaatlichkeit gehören eng zusammen.[61] Dass dies nicht bloß Leitidee und Programm sein muss, hat *Alexy* gezeigt, indem er die Zusammenhänge zwischen rationalem Diskurs und Rechtsstaat im Detail dargelegt hat. Alle diese Leistungen sind unabhängig davon, ob man an eine „Letztbegründung" des diskurstheoretischen Apparats glauben möchte.[62] M.E. lassen sich diese Restbestände des Deutschen Idealismus[63] aus *Alexys* Werk ausklammern, ohne dass *Alexys* Diskurstheorie und Prinzipienlehre dadurch Schaden nehmen würden.

Es war schon immer schwierig, die Zukunftschancen rechtstheoretischer und rechtsphilosophischer Entwürfe abzuschätzen. Mir scheint, dass *Alexys* Diskursmodell und seine Prinzipienlehre einen Status erreicht haben, der dafür spricht, dass die von ihm entworfene Theorie des Rechts auch in Zukunft als Orientierungs- und Referenzmodell Bestand haben wird, vergleichbar etwa mit der Reinen Rechtslehre *Kelsens*. Dies heißt nicht, dass die begrifflichen Festlegungen und Konstruktionsvorschläge *Alexys* unangefochten bleiben werden. Im Gegenteil: Es ist Zeichen einer lebendigen und fruchtbaren Theorie, dass sie analysiert, diskutiert und auch fortentwickelt wird, gerade weil ihre Elemente nicht „letztbegründet" sind, sondern im Lichte neuer Erfahrungen und Herausforderungen stets kritischer Überprüfung, neuer Konstruktionen und neuer Kritik bedürfen.[64] *Carsten Bäcker* spricht in diesem Zusammenhang von einer „Jetztbegründung".[65] *Alexys* Theorie ist den heute modischen postmodernen Entwürfen an Rationalität, Klarheit und auch Problemlösungsfähigkeit weit überlegen. Ich bin deshalb überzeugt davon, dass sie auch in Zukunft die Aufmerksamkeit auf sich ziehen wird, die sie verdient.

---

rien sollten sich um ein Minimum an Präzision bemühen. Zu den Hintergründen der aktuellen Auseinandersetzungen *M. Kakutani*, The Death of Truth, 2018.

[61] Siehe oben V.

[62] So wohl auch *Bäcker*, Begründen und Entscheiden (Fn. 9), S. 191 und passim.

[63] Zur Kritik des Deutschen Idealismus im Kontext der Philosophiegeschichte Deutschlands *T. Reed*, Mehr Licht in Deutschland. Eine kleine Geschichte der Aufklärung, 2009, S. 186ff.

[64] Dabei sollten auch die Ergebnisse der Rationalitätsforschung und nicht-normativen Argumentationstheorie Berücksichtigung finden, dazu etwa M. Knauff/W. Spohn (Hrsg.), The Handbook of Rationality, 2021. Zur Rolle der Fantasie in diesem Prozess von „Konstruktion und Kritik" *Hilgendorf*, Kreativität, Fantasie und geistige Offenheit, in: Gadenne/Neck (Hrsg), Hans Albert und der kritische Rationalismus (Fn. 5), S. 279ff.

[65] *Bäcker*, Begründen und Entscheiden (Fn. 9), S. 185f.

Über die Rollen von Rechtfertigungen bei Menschenrechten

Georg Lohmann[†]

Die Rollen von Rechtfertigungen bei Menschenrechten werden von einer *Alexy* entgegengesetzten Position aus untersucht. Anders als bei diesem werden hierbei drei Konzeptionen unterschieden: die internationalen Menschenrechte sind keine rein moralischen Rechte, sondern juristische Rechte mit Klage- und Durchsetzungschancen. Sie existieren nicht schon dann, wenn sie begründet sind, sondern werden aus der performativ gesetzten gleichen Menschenwürde als Basis vertraglich gesetzt. Deswegen weisen sie aber charakteristische Mängel auf: Es fehlt eine „Konstitutionalisierung des Völkerrechts", und ihre Begründungen sind strukturähnlich wie bei *Habermas* (rationale und existentielle Bestandteile), sodass es nur eine Frage der Bezeichnung zu sein scheint, ob man von „konstruktiver Metaphysik" oder „Nachmetaphysik" spricht. In leichtem Gegensatz zu beiden sollen hier Begründungen *via negationis* gewählt werden, die den egalitären Universalismus der Menschenrechte nur präsumtiv behaupten, in Wahrheit aber nur Egalisierung und Universalisierung begründen. Wie bei *Alexy* haben sie daher Schwierigkeiten, in allen Situationen als „Trümpfe" zu gelten, und funktionieren nur als „Prinzipien".

I. Einleitung

Die Position, von der aus ich die Rollen der Begründungen der Menschenrechte betrachte, unterscheidet sich zum einen in wesentlichen Punkten von der Position *Alexys*, zum anderen aber stimmt sie ebenso wesentlich mit ihr überein. Sie unterscheidet sich von ihr,

---

[†] Der Beitrag beruht auf dem Manuskript, welches Georg Lohmann allen Teilnehmern des Symposiums zum Mitlesen ausgab. Es kam nicht mehr dazu, daß das Manuskript vom Autor in Reinfassung vorgelegt werden konnte. Gleichwohl war es undenkbar, diesen Band ohne die offenkundig vollständig ausgearbeiteten Überlegungen des am 4. Dezember 2021 Verstorbenen zu publizieren. Wenige sprachliche Glättungen sind vorgenommen worden, soweit der Bedarf dazu evident war.

1. weil sie drei historisch und systematisch unterschiedliche Konzeptionen von Menschenrechten annimmt[1] (und die Orientierung am deutschen GG für fehlbar hält),
2. weil Menschenrechte keine rein moralischen Rechte sind, sondern politisch gesetzte juristische Rechte, die allerdings neben ihrer juristischen und politischen Dimension eine unabhängige moralische Dimension haben und in ihren normativen Aussagen moralisch begründbar sein müssen,[2]
3. weil Menschenrechte nicht schon dann existieren, wenn sie begründet werden, sondern erst, wenn sie öffentlich deklariert und entweder durch Verträge oder allgemeine Gesetzgebung positiviert sind.[3]
4. In den nationalen Konzeptionen fehlt ein Würdebegriff; in der internationalen Konzeption wird er eingeführt: Diese Menschenwürde wird ihnen vertraglich zugewiesen, zunächst als „Kuckucksei", dann 1966 als Basis für die Menschenrechte.[4]
5. Diese „Würde" ist keine *besondere* oder *allgemeine* (theologische oder ethische) Würde, sondern eine „rechtliche" (neue) „Menschenwürde", und steht inhaltlich vermittels der Menschenrechte für Gleichwertigkeit und Rechtsgleichheit, überlegte Selbstbestimmung und selbstverantwortliche Sorge um ein würdevolles Leben.[5]
6. Schließlich: Die internationale Konzeption ist, sofern sie nur durch Verträge geschaffen wurde, mit einem demokratischen Manko behaftet, und erfordert normativ (um den egalitären Universalismus der Menschenrechte, dass sie formal individuell, egalitär, universell, kategorisch und fundamental sind, zu realisieren) eine allgemeine Verfassungsgebung, d. h. eine „Konstitutionalisierung des Völkerrechts" (*Habermas*).[6]

---

[1] *G. Lohmann*, Different Conceptions and a General Concept of Human Rights, Fudan Journal of the Humanities and Social Sciences, Volume 8, Issue 3, 2015, S. 369–385.

[2] *G. Lohmann*, Was muss man wie bei den „Menschenrechten" begründen?, in: D. Demko/G. Brudermüller/K. Seelmann (Hrsg.), Menschenrechte. Begründung – Bedeutung – Durchsetzung, 2015, S. 23–43.

[3] *G. Lohmann*, Welchen Status begründet die Menschenwürde?, in: RphZ 2015, S. 170–186.

[4] *G. Lohmann*, Erkämpfte Gleichheiten. „Volksvorurteil" und Menschenwürde als Kuckucksei des Völkerrechts, in: Kuckuck. Notizen zur Alltagskultur, 2/2018, Jg. 33, S. 6–10.

[5] *G. Lohmann*, Was umfasst die „neue" Menschenwürde der internationalen Menschenrechtsdokumente? ARSP-Beiheft 142, 2015, S. 15–39.

[6] *G. Lohmann*, Menschenrechte und transnationale Demokratisierungen. Überforderungen oder Erweiterungen der Demokratie?, in: M. Reder/M. Cojocaru (Hrsg.), Zukunft der Demokratie, 2014, S. 64–77; *G. Lohmann*, Der egalitäre Universalismus der internationalen Menschenrechte als historisches Ereignis, Ms. 2021 (im Erscheinen).

Sie weist aber auch wesentliche Gemeinsamkeiten auf:

1. Das positive Recht ist intern mit dem Anspruch auf moralische Begründung verbunden.[7]
2. Die Menschenrechte weisen den Status von „Prinzipien" auf und sind „relativ absolut", d.h. abwägungsoffen.[8]
3. Übereinstimmung besteht teilweise auch in den typischen Charakteristika der Menschen*rechte*: Sie sind formal wenigstens dreigliedrig: A hat ein Recht auf B gegenüber C,[9] und sie sind formal: universell (= individuell, egalitär mit Einschränkungen, und universell), fundamental, prior (= vorstaatlich/vorpositiv) und abstrakt (= fundamental und kategorisch in meinem Sinne); Unterschied besteht wesentlich nur im Charakter 2: „moralische Geltung".[10]

II. Auftakt: Moralische versus juristische Rechte

Ausgangspunkt der Unterschiede zu *Alexy* (neben dem mehr apodiktischen Stil seiner Überlegungen) ist die These, dass bei den *nationalen* Konzeptionen am Ende des 18. Jh. und ebenso bei der *internationalen* Konzeption 1948 (wie auch bei der zukünftigen *transnationalen* Konzeption) begrifflich (d.h. als Konzept) die Menschenrechte nicht bloß moralisch sind, sondern juristischen Charakter haben; sie sind begrifflich mit Klagebefugnis und (staatlichen) Durchsetzungschancen verbunden.

Auch wenn umstritten, ist der Rechtsbegriff der Menschenrechte nach meiner Auffassung daher begrifflich ein juristischer Begriff,[11] und er wird normativ richtig als „subjektives Recht des öffentlichen Rechts" im Rahmen eines objektiven Rechtssystems mit Gewaltenteilung, und nicht, wie in der deutschen Tradition, als subjektives Recht des Privatrechts verstanden. Für alles das stehen paradigmatisch *Kant* und *Habermas* ein,[12] und zumindest mit *Kant* besteht

---

[7] *R. Alexy*, Zur Kritik des Rechtspositivismus, ARSP-Beiheft 37, 1990, S. 9–26; *G. Lohmann*, Zu den wechselnden Vorrangverhältnissen von Recht und Moral im Kontext der Menschenrechte, in: M. Hoffmann/R. Schmücker/H. Wittwer (Hrsg.), Vorrang der Moral? Eine metaethische Kontroverse, 2017, S. 245–257.

[8] *R. Alexy*, Theorie der Grundrechte, 1985, S. 71–158.

[9] Ausführlich in *Alexy*, Theorie der Grundrechte (Fn. 8), S. 171–193.

[10] *R. Alexy*, Die Institutionalisierung im demokratischen Verfassungsstaat, in: S. Gosepath/G. Lohmann (Hrsg.), Philosophie der Menschenrechte, 1998, S. 246ff. Das ist im frühen Aufsatz *R. Alexy*, Diskurstheorie und Menschenrechte, in: *ders.*, Recht, Vernunft, Diskurs. Studien zur Rechtsphilosophie, 1995, S. 127–164, offen, zumindest kann man so die Argumentation auf S. 144ff. verstehen: Die Begründung der Menschenrechte „schließt [...] notwendig die Begründung der Demokratie ein", a.a.O., S. 146.

[11] *G. Lohmann*, Menschenrechte zwischen Moral und Recht, in: S. Gosepath/G. Lohmann (Hrsg.), Philosophie der Menschenrechte, 1989, S. 62–95. Siehe auch die Anmerkung in Fn. 10.

[12] *G. Lohmann*, Menschenrechte als subjektive Rechte des öffentlichen Rechts. Für Jürgen

wohl eine Übereinstimmung. Und damit wäre mein Vortrag auch schon zu Ende, zumindest wären die Unterschiede zur Auffassung von *Alexy* auch ersichtlich und verständlich. Aber sind sie auch begründet? Das will ich im Folgenden etwas überprüfen und ausführen.

Wir hatten gesagt, dass Menschen*rechte* subjektive Rechte mit Klagebefugnis und Durchsetzungschancen sind, und sie setzen damit ein Rechtssystem mit Gewaltenteilung und Organisationsregelungen begrifflich voraus.[13] Es fällt auf, dass *Alexy*, wenn er auf diese Themen zu sprechen kommt, soweit ich sehe, gar nicht auf die Klage- und Durchsetzungschancen moralischer Menschenrechte zu sprechen kommt,[14] und, so die These, Menschenrechte eigentlich auf den Anspruch berechtigter Ansprüche auf korrespondierende Verpflichtungen reduziert.[15] Der Unterschied besteht wohl darin, (die These vorwegnehmend) dass er, um den egalitär universellen Anspruch der Rechte zu schützen und zu begründen, glaubt, sie nur als moralische Rechte verstehen und begründen zu können, während ich glaube, sie nur als egalisierbare und universalisierbare Rechte begründen zu können, weil sie juristische Rechte sind.[16] Nach meinem Verständnis sind sie also relativ und gewissermaßen schwächer, zielen aber, wie Prinzipien bei *Alexy*, so weit wie möglich auf Egalität und Universalität. Was also ist der Unterschied und wie ist er zu bewerten?

Nun behandelt *Alexy* sehr wohl den Fall, dass C seine Verpflichtung, B etwas zu gestatten, ihn nicht zu behindern oder ihm gegenüber etwas zu erfüllen (also ergeben sich wie bei *Henry Shue* drei Verpflichtungsarten aus moralischen Rechten), nicht erfüllt. Bei ihm lösen sie bei A gefühlsmäßige Reaktionen (Empörung, Schuld- oder Schamvorwürfe) hervor, die einen moralischen Zwang auf C ausüben, seine Verpflichtungen bezüglich B gegenüber A zu erfüllen.

Habermas zum 90. Geburtstag, in: E. Hilgendorf/B. Zabel (Hrsg.), Die Idee subjektiver Rechte, 2021, S. 53–88.

[13] Dazu *Lohmann*, Menschenrechte als subjektive Rechte (Fn. 12); dieses Rechtssystem ist zumeist staatlich, aber es ist umstritten, ob es das auch begrifflich sein muss, siehe z. B.: *H. Brunkhorst*, Rechtsrevolutionen, Ms. 2022 (im Erscheinen).

[14] Eher beiläufig erwähnt er die Klagebefugnis und spricht dabei aber von Grundrechten (!) als „gerichtlich durchsetzbaren Rechten", in *R. Alexy*, Die Entwicklung der Menschen- und Grundrechte in Deutschland, in: Christiana Albertina. Forschungen und Berichte aus der Christian-Albrechts-Universität zu Kiel, 2002, S. 9. In *Alexy*, Theorie der Grundrechte (Fn. 8), sucht man die Stichworte „Klage" und „Durchsetzung" oder „Zwang" vergeblich; dafür konzentriert sich Alexy aber im letzten Teil sehr stark auf die Entscheidungen und die Rolle des Verfassungsgerichtes und grundrechtlicher Argumentationen, siehe ebd. S. 493–522.

[15] Dazu *G. Lohmann*, Über den Rechtscharakter von Menschenrechten als „moralische Rechte", in: A. Krause/D. Simmermacher (Hrsg.), Denken und Handeln. Perspektiven der praktischen Philosophie und der Sprachphilosophie. Festschrift für Matthias Kaufmann zum 65. Geburtstag, 2020, S. 255–275.

[16] Der Unterschied spielt im früheren Aufsatz, *Alexy*, Diskustheorie und Menschenrechte (Fn. 10), noch keine so wichtige Rolle, obwohl in der Auseinandersetzung mit Habermas darauf angespielt wird, vgl. S. 155–164.

Das gilt aber nur, wie *Ernst Tugendhat* gezeigt hat, wenn C moralisch sein will,[17] oder wie *Andreas Wildt* betont, moralisch ist oder moralische Gefühle hat.[18] Auf diese Bedingungen geht, soweit ich sehe, *Alexy* nicht ein. Er setzt daher moralische Rechte auf die gleiche Stufe wie juristische Rechte, indem er zunächst keinen prinzipiellen Unterschied im Zwang anerkennt. Rechte sind einfach die andere Seite von moralischen Verpflichtungen, und wenn C seine Pflicht nicht erfüllt, reagiert A wie bei nicht erfüllten moralischen Pflichten. Bestenfalls räumt er ein, dass rein moralische Rechte „schwach" sind, während juristische Rechte, also Grundrechte, „stark" sind,[19] indem sie außerdem noch Klagebefugnis und Durchsetzungschancen haben.[20] Das aber formuliert er, wenn er sagt, dass „das Durchsetzungs-, das Erkenntnis- und das Organisationsverfahren" „die Notwendigkeit der Transformation in positives Recht" erfordern,[21] und es sind gewissermaßen nur technische, keine moralischen Argumente. Der Anspruch auf „moralische Geltung" bleibt aber bestehen oder ist schon vorher gültig und wird auch nicht verändert. Das heißt aber dreierlei. Einmal wird unterschlagen, dass der Rechtszwang, ob nun als Durchsetzung einer Klage oder als Polizeigewalt u. ä., nur äußere Verhaltensweisen betreffen kann (*Kant*), und Rechtspflichten daher nur äußerliche Pflichten sein können und innere Einstellungen wie moralische Überzeugungen nicht erreichen können. Zum anderen sind Selbstverpflichtungen ausgeschlossen und drittens ist die Begründung unterschiedlich und nicht schon in der Begründung von moralischen Rechten enthalten.

III. Unterschiede und Gemeinsamkeiten

Alexys Position unterscheidet sich daher von meiner. Ich glaube nämlich, dass es drei unterschiedliche Arten von Begründungen sind, die die normativen Implikationen eines formalen Menschenrechts betreffen: Einmal und zuerst, dass der Zustand des Naturzustandes (oder des Privatrechts) zu verlassen ist, in dem ein bloß moralisch verstandenes Menschenrecht schon vorstaatlich gelten soll, und ein Zustand des öffentlichen Rechts demokratisch geschaffen wer-

[17] *E. Tugendhat*, Vorlesungen über Ethik, 1998, S. 95 f.

[18] *A. Wildt*, Menschenrechte und moralische Rechte, in: S. Gosepath/G. Lohmann (Hrsg.), Philosophie der Menschenrechte, 1998, S. 137.

[19] Zu dieser Differenz *G. Lohmann*, Menschenrechte zwischen Moral und Recht, in: S. Gosepath/G. Lohmann (Hrsg.), Philosophie der Menschenrechte, 1998, S. 90 f.; andere Auffassungen: *Tugendhat*, Ethik (Fn. 17), S. 348 f. und kritisch zu beiden *Wildt*, Menschenrechte und moralische Rechte (Fn. 18), S. 129 ff.

[20] Siehe *Alexy*, Entwicklung der Menschen- und Grundrechte (Fn. 14), S. 9.

[21] *R. Alexy*, Die Institutionalisierung der Menschenrechte im demokratischen Verfassungsstaat, in: S. Gosepath/G. Lohmann (Hrsg.), Philosophie der Menschenrechte, 1998, S. 254 ff.

den muss, in dem subjektive Rechte erst positiviert werden können,[22] zweitens, dass ein äußerer Rechtszwang (wie eben bei juristischen Gesetzen) ausgeübt werden und auch auf der internationalen Ebene zum Zuge kommen muss, drittens, dass ein Menschenrecht erst in Bezug auf Individualität, Egalität, Universalität, kategorische Geltung und Fundamentalität[23] moralisch zu begründen ist.

Ad 1. In *Lohmann 1998* nehme ich noch an, dass bei Vorliegen von begründeten wechselseitigen Verpflichtungen dafür eine kluge, nichtmoralische Begründung ausreicht,[24] heute glaube ich, dass dafür eine andersgeartete Begründung wie bei der moralischen Begründung des egalitären Universalismus der Menschenrechte nötig ist, und die Begründung sich außerdem bei einer allgemeinen Verfassungsgesetzgebung und/oder bei völkerrechtlichen Verträgen unterscheidet. Auf jeden Fall ist sie nicht schon im egalitären Universalismus der Menschenrechte „enthalten". Eigentlich handelt es sich in den nationalen Konzeptionen um *Kants* Problem des „exeundum est e statu naturali"[25] und das ist weiter als eine bloß moralische Frage. Sie ist außerordentlich kompliziert. *Kant* meint sogar, dass sie auch durch pure Gewalt möglich sein kann,[26] aber selbst, wenn man das wegen seines Verbots eines Widerstandsrechts zurecht zurückweist, ist die Verfassungsgebung des Volkes souverän und nicht an bloße moralische Überzeugungen gebunden. Sie ist aber an ihnen *orientiert*, und selbst wenn sie mit gewaltsamer Souveränität beginnt, muss sie spätestens bei der ersten Verfassungsänderung moralisch orientiert sein, wenn sie die Verfassung gerechter machen will.[27] *Kant* stützt sich außerdem nicht umsonst auf ein „Postulat der praktischen Vernunft", die er zudem mit geschichtsphilosophischen und anderen, quasi-religiösen (Vernunftglaube) Motiven abstützt.[28] Die moralischen Motive (!) haben den Vorrang, aber sie sind eingebettet in das Recht des Volkes, sich eine Verfassung selbst zu geben, sie stützen sich (freilich

---

[22] Im Anschluss an Kant und Habermas *G. Lohmann*, How to determine the extent of a human right to a dignified existence?, in: L. Gunnarsson/U. Mürbe/N. Weiß (Hrsg.), The Human Right to a Dignified Existence in an International Context. Legal and Philosophical Perspectives, 2019, S. 55–70.

[23] Das entspricht, wie gesagt, außer dem Kriterium der „moralischen Geltung", in etwa Alexys Kriterien. Siehe dazu *Lohmann*, Was muss man wie bei den „Menschenrechten" begründen? (Fn. 2), S. 23–43.

[24] *G. Lohmann*, Menschenrechte zwischen Moral und Recht (Fn. 10), S. 91, anders als Wildt, siehe *Wildt*, Menschenrechte und moralische Rechte (Fn. 18), S. 131 f.

[25] Siehe dazu *C. Horn*, Nichtideale Normativität, 2014, S. 174–237 (174).

[26] *I. Kant*, Refl. 7734, AA XIX, S. 503; siehe auch *Horn*, Nichtideale Normativität (Fn. 25), S. 95 und 190 ff.

[27] Will sie das nicht, so bleibt es aber bei Kants These, dass sie nicht legitime Gewalt anwendet und, gegen Kant, auch nur eine nicht legitimierte Verfassung schafft oder verlängert.

[28] Dazu *J. Habermas*, Auch eine Geschichte der Philosophie, 2021, Bd. 2., S. 805, und *Lohmann*, Menschenrechte als subjektive Rechte (Fn. 12), S. 53–88.

bei *Kant* nicht explizit) auf einen egalitären Universalismus der Menschenrechte, der sich in Ansätzen schon entwickelt hat, und bei der Meinungsbildung der Strukturen der Verfassung (Grundrechtteil, Organisationsteil, Änderungsweise) orientierend ist.

In Amerika werden sie naturrechtlich vorausgesetzt, und gesellschafts*vertraglich* realisiert, in Frankreich gewissermaßen konstitutiv ersetzt durch eine demokratische Verfassungs*gesetz*gebung[29]. Diese Zweiteilung beachtet *Habermas* in seiner paradigmatischen Hochschätzung des Modus allgemeiner gesetzlicher Verfassungsgebung zwar in den nationalen Konzeptionen der Menschenrechte, aber nicht mehr (oder zu gering) in der internationalen Konzeption. Die beruht nämlich auf internationalen Verträgen souveräner Staaten, und nicht mehr oder noch nicht auf der Forderung des Rechts auf Volkssouveränität.

Das zu schaffende und geschaffene (objektive) Recht basiert nun nicht mehr auf externen Rechtssetzungen (durch Gott, Natur, Natur des Menschen), und erfordert zu seiner Beachtung tugendhafte, d.h. innere Einstellungen, sondern ist 1948 nur moralisch und dann erst 1966/1976 durch horizontale Rechtssetzung zwischen souveränen Vertragspartnern, also privatrechtlich, geschaffen. Zwar soll das internationale Recht in nationales Recht, die internationalen Menschenrechte also als Grundrechte, übernommen werden, aber auch das *entspricht* nur der allgemeinen Verfassungsgesetzgebung, ist aber selbst keine.[30] Die Schaffung eines internationalen, öffentlichen Rechts, in dem die Bürger nicht durch souveräne Staaten vertreten werden, sondern selbst (Mit-) Autoren der Rechte sein können, die sie als Menschenrechte tragen, also eine „Konstitutionalisierung des Völkerrechts“ (*Habermas*), steht noch aus. Sie ist aber normativ in vielfacher Weise gefordert.[31] Gleichwohl entsteht so etwas wie ein objektives Recht, in dem die Bürger als Träger von internationalen subjektiven Rechten anerkannt werden[32] und so etwas wie eine internationale Durchsetzungschance sich entwickelt.

Ad 2. Dieser Umstand hat zwar zur Folge, dass das Recht, wie *Kant* sagt, mit der gleichen Willkürfreiheit Anderer, die durch allgemeine Gesetzgebung bestimmt wird, verträglich ist. Im internationalen Recht gilt der gleiche Rechtsbegriff wie im nationalen, mithin auch der subjektive, juristische Begriff der

---

[29] Dazu der frühe *J. Habermas*, Naturrecht und Revolution, in: *ders.*, Theorie und Praxis, 1978, S. 89–147. Zum Unterschied von vertraglicher und gesetzlicher Verfassungsgebung siehe auch *G. Frankenberg*, Die Rückkehr des Vertrages. Überlegungen zur Verfassung der Europäischen Union, in: L. Wingert/K. Günther (Hrsg.), Die Öffentlichkeit der Vernunft und die Vernunft der Öffentlichkeit, 2001, S. 509–523.

[30] Die Konflikte zwischen den nationalen Verfassungsgerichten und dem EUGH für Menschenrechte zeigen das in gewissem Sinne.

[31] *G. Lohmann*, Echo des Naturrechts? Menschenwürde, Menschenrechte und Demokratie, in: P. Stekler-Weithofer/B. Zabel (Hrsg.), Philosophie der Republik, 2018, S. 450–462.

[32] Vgl. A. Peters, Jenseits der Menschenrechte: Die Rechtsstellung des Individuums im Völkerrecht, 2014, und *Lohmann*, Echo des Naturrechts? (Fn. 31).

Rechte. Aber im Falle, dass C (als ein Vertragsstaat) seine Verpflichtungen nicht erfüllt, folgen bislang nur dürftige Durchsetzungsmittel und bisher wenig und regional beschränkte, zwingende Gerichtsurteile. Die Bürger können sich effektiv nur innerstaatlich im geläufigen, juristischen Sinne schützen, und werden nur dort durch äußere Sanktionen geschützt *und* sanktioniert. Gleichwohl versucht die Entwicklung der Durchsetzungschancen und der Klagebefugnisse auch im internationalen Bereich einen Fortschritt zu erzielen, und es ist nicht ausgeschlossen, dass diese Entwicklung fortschreitet. Denn auch die internationalen Menschenrechte sind als juristische Rechte gedacht und erfordern einen entsprechenden, internationalen Durchsetzungszwang.

Warum aber sollen juristische Rechte nicht durch innere Überzeugungen geregelt und entsprechend begründet werden? Sie sollen doch damit kompatibel und entsprechend moralisch begründet werden können! Die Begründung dafür ist, dass es dem objektiven Recht nur um objektive, aus der Beobachterperspektive erschließbare und sichtbare Verhaltensweisen geht, nicht um innere Überzeugungen oder Einstellungen. Sichtbare Verhaltensweisen aber kann man durch äußeren Zwang regeln, nicht aber innere Überzeugungen („Die Gedanken sind frei!"), so dass effektiv nur die Regelung äußerer Verhaltensweisen übrigbleibt. Diese Naturtatsache bestimmt und begründet, dass Rechtszwang nur äußerlich angewendet werden kann. Er ist zwar selbst mit Moral übereinstimmend (weil er und wenn er nur ein legitimer Gegenzwang eines ungerechten Zwangs ist, so *Kant*), aber nicht durch Moral begründet, sondern eben durch eine Naturtatsache.

Ad 3. Die Begründung der normativen Implikationen der Menschenrechte ist nun in der Tat eine moralische Aufgabe, aber hier gibt es unterschiedliche Möglichkeiten, und der Unterschied zu *Alexy* ist eher differenziert, wenn auch dann letztlich einer ums Ganze.

Zunächst einmal werden nicht die Menschenrechte begründet (Begriffe werden expliziert), sondern ihre normativen Implikationen. Zu begründen sind die Forderungen, dass formal Menschenrechte *allen individuellen* Menschen, *nur weil sie Menschen sind* (= eine Menschenwürde performativ zugesprochen bekommen), *gleich* zugesprochen werden und dass sie fundamental sind; sie sind also *individuell, egalitär, universell, kategorisch und fundamental.* Im Versuch aber, sie nicht-metaphysisch zu begründen, liegt der Hauptunterschied zu *Alexy.*

Er nämlich glaubt, sie metaphysisch begründen zu müssen.[33] Nun hat *Alexy* vollkommen recht, dass der Begriff „Metaphysik" unscharf und unklar ist, und je nachdem, was man darunter versteht, die Antwort ausfallen muss.[34] Der

[33] *R. Alexy*, Menschenrechte ohne Metaphysik?, in: DZPhil, 2004, S. 15–24.

[34] Ebd., S. 21 ff. Er versteht darunter eine „emphatische Metaphysik", die durch vier Charakteristika gekennzeichnet ist: Totalität, Notwendigkeit, Normativität und Heilsbedeutung;

Hauptgegner ist sicherlich *Habermas*; seine frühe These einer bloß „nachmetaphysischen Begründung“[35] hat *Habermas* im neusten Buch etwas zurückgenommen, zugleich aber auch, gegenüber der Geschichte der Philosophie, wieder verschärft und verdeutlicht.[36] Unterscheidet sich *Alexys* Metaphysik von der „neuen“ „Genealogie nachmetaphysischen Denkens“? Ich glaube, wenn man die innere Struktur des Metaphysikbegriffs und seine Variabilität beachtet, nicht entscheidend! Das Entscheidende scheint mir eine Strukturähnlichkeit zwischen beiden zu sein: *Habermas* verortet sich selbst wohl in der *Kantischen* Variante des nachmetaphysischen Denkens (und lehnt wie *Alexy* eine „naturalistische“[37], also *Hume*[38], ab). Jene rekonstruiert rational vernünftige Verhältnisse in der praktischen Philosophie aus der Perspektive des Teilnehmers[39], und bindet sie zugleich an das moralische Gefühl (wie *Kant*), um den unbedingten (= universalen) Verpflichtungscharakter moralisch zu begründender (juristischer) Menschenrechte zu erklären. Dieses moralische Gefühl speist sich aus einer unbedingten Moral, die dezentralisierende „Spuren des Sakralen“ (a. a. O.) enthält, und ähnlich wie bei *Alexy* in den *Existenzweisen des Menschen (= Teilnehmerperspektive)* verankert ist. Der Unterschied besteht darin, dass *Habermas* diese Existenz pragmatisch (mit *Pierce*) rekonstruiert und motivational ein Substitut der religiösen, „rettenden Gerechtigkeit“ sucht, während *Alexy* zunächst einmal die rationale (= diskursive) Konstruktion des Menschen zugrunde legt und dann diese schlicht mit der Existenz verbindet. Das vierte Charakteristikum „Heilsbedeutung“ wird zunächst ausgeklammert: „Nur Heil im Sinne von Erlösung oder Erhöhung winkt nicht“[40]. Mit *Brandom* (und *Apel* und letztlich wohl auch mit *Habermas*) schreibt es dieser „discursive

---

zum Thema selbst *E. Angehrn*, Metaphysik, in: A. Pieper (Hrsg.), Philosophische Disziplinen. Ein Handbuch, 1998, S. 213–233.

35 Siehe zusammenfassend *J. Habermas*, Nachmetaphysisches Denken, 1988; dazu mit Literaturangaben *G. Lohmann*, Nachmetaphysisches Denken, in: H. Brunkhorst/R. Kreide/ C. Lafont (Hrsg.), Habermas-Handbuch, 2009, S. 356–358; *ders.*, Auch eine Geschichte der Philosophie, 2019.

36 Siehe dazu vorerst *G. Lohmann*, Verfassungsgesetzgebung als historisches Ereignis der Verkörperung von Vernunft. Zur Verbindung von Demokratie und Menschenrechten, erscheint in FS: M. Gensler/W. Kazimierska-Jerzyk/K. Kędziora (Hrsg.), Practica et Speculativa. Studies Offered to Professor Andrzej M. Kaniowski, 2021; *G. Lohmann*, Der egalitäre Universalismus der internationalen Menschenrechte als historisches Ereignis, Ms. 2021.

37 *Alexy*, Menschenrechte ohne Metaphysik? (Fn. 33), S. 23.

38 *J. Habermas*, Auch eine Geschichte der Philosophie, Band 2, 2019, S. 272 ff.

39 *Habermas*, Geschichte der Philosophie (Fn. 38), S. 804.

40 *Alexy*, Menschenrechte ohne Metaphysik? (Fn. 33), S. 24. Aber wie bei Habermas bleibt eine Spur des Religiösen zurück: Ein „gewisser versöhnender Glanz“, der bei Alexy aber individuell, bei Habermas kollektiv ist; siehe die Anmerkung 34 bei *Alexy*, Menschenrechte ohne Metaphysik? (Fn. 33), und *Habermas*, Geschichte der Philosopie (Fn. 39), 2019, S. 807, sowie *J. Habermas*, Eine Hypothese zum gattungsgeschichtlichen Sinn des Ritus, in: Nachmetaphysisches Denken II, 2012, S. 77–95.

creature"[41] *notwendig* (*Apel*) eine diskursive, und letztlich universale Menschenrechte begründende Existenzweise zu. Beide verbinden also eine „explikative"[42] (= rationale/diskursive) mit einer „existentiellen"[43] (= pragmatischen) Begründung. Es erscheint mir nur eine kontingente und letztlich gleiche oder zumindest ähnliche Bedeutung von „Metaphysik", die der eine „nachmetaphysisch" nennt, der andere „konstruktive Metaphysik", von der hier die Rede ist. Denn beiden geht es um die (verhallende) Wirkung eines nicht-transzendentalen und nicht-naturalen „Etwas", das die Existenzweise des Menschen „notwendig" (*Alexy*/*Apel*) oder „möglich und wünschenswert" (*Habermas*) bestimmt.

Angesichts dieser beinahe erreichten Patt-Situation schlage ich mich auf die *Habermas*-Seite. Konsequenter als er, so denke ich, rekonstruiere ich aber die notwendigen Begründungen des egalitären Universalismus der Menschenrechte *via negationis*, d.h. ich mache mit dem Fallibilismus der Idealisierung ernst und weise nur gegenteilige Vorschläge als nicht begründbar oder als weniger begründet zurück. *Habermas* aber verstärkt den idealisierenden pragmatischen Anspruch auf Universalisierung durch den religiösen Nachklang der gesetzesartigen „Zehn Gebote",[44] während ich ihn an das „second best"-Kriterium der Unparteilichkeit binde, das wie ein Metaprinzip prüft, ob der gemachte Vorschlag auch im unparteilichen Interesse der Beteiligten liegt, und erst wenn nicht, ihn dann als unbegründet zurückweist und den universellen und egalitären Anspruch (bis auf weiteres) erhebt. Das Prinzip der Unparteilichkeit schafft daher nur „präsumtiv" Universalisierung und Egalisierung, misst nicht an und begründet nicht idealisierte Universalität und Egalität.[45]

Dementsprechend weise ich etwa den Vorschlag, dass zunächst Gemeinschaftspflichten und dann individuelle Rechte zu erfüllen sind, als unparteilich und damit als unbegründet zurück. Ebenso den neo-konfuzianischen Vorschlag, nur tugendhafte Bürger als Wahlbürger zu akzeptieren, und nicht alle individuellen Menschen.[46] Das gleiche Verfahren wende ich bei egalitären, universellen, kategorischen und fundamentalen Ansprüchen an;[47] in all diesen Fällen werden gegengerichtete Fälle als unbegründet zurückgewiesen, sodass

---

[41] *R. Brandom*, Articulating Reasons, 2000, S. 26, zit. bei *Alexy*, Menschenrechte ohne Metaphysik? (Fn. 33), S. 21.

[42] *Alexy*, Menschenrechte ohne Metaphysik? (Fn. 33), S. 17f.

[43] Ebd., S. 21.

[44] Deutlich z.B. in *Habermas*, Geschichte der Philosophie, Band 2 (Fn. 38), 2019, S. 88ff.

[45] *W. K. Frankena*, Analytische Ethik, 5. Aufl., 1994, S. 66f.

[46] Afrikanische, islamische und asiatische (neo-konfuzianische) Vorschläge, die Kollektive als Träger von Menschenrechten und nicht Individuen vorschlagen, verletzten den Unparteilichkeitsanspruch, siehe *G. Lohmann*, Individual Human Rights and Obligations Towards Communities (Fn. 1), S. 387–399; *G. Lohmann*, Eine konfuzianische Verabschiedung der Menschenrechte?, in: ZFMR 2021, S. 190–203.

[47] Vorerst siehe *G. Lohmann*, Welchen Status begründet die Menschenwürde?, in: RphZ,

die idealisierende Forderung eines egalisierenden Universalismus erst dann begründet erscheint. Faktisch sind es daher nur Prozesse der Egalisierung und Universalisierung, die begründet werden.[48] Das scheint mir der Hauptunterschied zu *Alexy* zu sein: Begründbar ist nicht der unbedingte und egalitär universelle Anspruch der Menschenrechte direkt, sondern nur die Forderung, sie zu egalisieren und zu universalisieren. Das entspricht dem, was rechtlich behauptet, aber nicht dem, was rein moralisch zu fordern ist. Indem *Alexy* aber die Menschenrechte von vornherein als moralische Rechte auffasst, entgeht ihm der Vorteil der Trennung von Recht und Moral, so wichtig sonst dieser Unterschied für sein Werk ist.

2015/2, S. 170–186; genauer *G. Lohmann*, Differenzierungen der Menschenrechte, Ms. 2021 (im Erscheinen).

[48] So auch *C. Menke/A. Pollmann*, Philosophie der Menschenrechte. Zur Einführung, 2007, S. 74 ff.

Kulturrelativismus und Menschenrechte

Eine Antwort auf die dekoloniale Wende

*Alejandro Nava Tovar**

I. Die philosophische und die institutionelle Dimension der Menschenrechte

Die Theorie der Grundrechte von *Robert Alexy* hat seit ihrem Erscheinen im Jahr 1985[1] weltweit eine gleichermaßen anerkennende wie kritische Rezeption erfahren. *Alexys* Grundrechtsdogmatik und sein Verhältnismäßigkeitsprinzip, die beide in diesem Buch enthalten sind, haben es geschafft, letzteres als „Universelles Verfassungsprinzip"[2] zu verankern, notwendigerweise mit jedem Rechtsstaat verbunden. Daher überrascht es nicht, dass *Alec Stone Sweet* und *Jud Mathews* im Jahr 2008 behaupteten, dass „Alexys Buch, *Theorie der Grundrechte*, das wohl wichtigste und einflussreichste Werk der Verfassungstheorie ist, das in den letzten fünfzig Jahren geschrieben wurde"[3].

Alexys Werk über die Menschenrechte beschränkt sich jedoch nicht auf die verfassungsrechtliche oder institutionelle Dimension der Rechte, die in diesem Buch behandelt wird. Vielmehr wurde seine Untersuchung auf die ideale oder philosophische Dimension der Menschenrechte erweitert. Beide Dimensionen koexistieren und sind in *Alexys* Werk miteinander verbunden. Die Überlegungen zur philosophischen Begründung der Menschenrechte wurden in einer Reihe von Aufsätzen von *Alexy* nach der Veröffentlichung der *Theorie der Grundrechte* entwickelt und verfeinert. Diese umfassende Reflexion wird von einem normativen Standpunkt begründet. Die Menschenrechte können nicht auf eine bloße politische oder autoritative Dimension reduziert werden. Vielmehr haben die Menschenrechte, wie *Georg Lohmann* betont, „eine mora-

* Ich danke Robert Alexy, Carsten Bäcker, Georg Lohmann und Jorge Portocarrero für ihre Fragen, Einblicke und Kommentare. Ich danke auch Arnulfo Mateos Durán für das erste Korrekturlesen dieses Aufsatzes.

[1] *R. Alexy*, Theorie der Grundrechte, 1985.

[2] *M. Klatt/M. Meister*, Verhältnismässigkeit als universelles Verfassungsprinzip, in: Der Staat 51 (2012), S. 159–188.

[3] *A. Stone Sweet/ J. Mathews*, Proportionality Balancing and Global Constitutionalism, in: Columbia Journal of Transnational Law 47 (2008), S. 72–164 (94).

lische, politische und juristische Dimension“[4], oder, um es mit den Worten von *Rainer Forst* zu sagen, ein *moralisches, juristisches* und *politisches* Leben.[5] So wurde die Theorie der Menschenrechte von *Alexy* um die Dimension der moralischen Begründung von Menschenrechten erweitert.

Es gibt jedoch ein aktuelles Problem in der heutigen rechtsphilosophischen Debatte, das mit der moralphilosophischen Dimension der Menschenrechte zusammenhängt. Diesem Problem zufolge ist die moralische Universalität der Menschenrechte nicht universell, weil die moralische Universalität, die die Menschenrechte begründet, in eine abstrakte, eurozentrische Auffassung von den Menschenrechten eingebettet ist und daher die Begründung der Menschenrechte in den konkreten Bedingungen der Gesellschaften gesucht werden muss. Aber im Zusammenhang mit der Tatsache, dass diese eurozentrischen Theorien aus moralischen Gründen für den globalen Süden unrichtig sind, muss die wirkliche und emanzipatorische Begründung von Menschenrechten über das eurozentrische Paradigma hinausgehen. Aus diesem Grund müssen die universalistischen Menschenrechtstheorien des Nordens in Bezug auf andere Kulturen verworfen werden. Diese Kritik wird vom dekolonialen Denken vertreten.

Abgeleitet von der kulturrelativistischen Kritik an den Menschenrechten durch dekoloniales Denken, werde ich die Reichweite der Alexyschen Begründung der Menschenrechte mit dem Ziel untersuchen, einen interkulturellen Dialog anzubieten und zu zeigen, dass einige der Kritikpunkte an der westlichen Begründung der Menschenrechte, die aus dem „Globalen Süden“ stammen, in einigen Aspekten überdacht werden sollten. Meine Argumentation geht von einer kurzen Skizze der Begründung der Menschenrechte durch *Alexy* aus. Dann erläutere ich die Kritik, die vom dekolonialen Denken an der universalistischen Menschenrechtsbegründung geübt wird. Abschließend komme ich auf den notwendigen Anspruch auf universelle Menschenrechte ohne eurozentrischen Reduktionismus zurück.

II. Über *Alexys* Begründung der Menschenrechte

Alexys philosophische Begründung der Menschenrechte findet sich zum ersten Mal in einem interessanten Aufsatz zu Diskurstheorie und Menschenrechten.[6] Seitdem sind mehrere Aufsätze erschienen, in denen *Alexy* sein Verständnis

---

[4] *G. Lohmann*, Zur moralischen, politischen und juristischen Dimension der Menschenrechte, in: H. Sandkühler (Hrsg.), Recht und Moral, 2010, S. 135–150 (135).

[5] Vgl. *R. Forst*, The Justification of Human Rights and the Basic Right to Justification. A Reflexive Approach, in: Ethics (2010), S. 711–740 (711).

[6] *R. Alexy*, Diskurstheorie und Menschenrechte, in: Recht – Vernunft – Diskurs. Studien zur Rechtsphilosophie, 1. Aufl. 1995, S. 127–164.

von Menschenrechten erweitert hat. Diese Auffassung umfasst verschiedene philosophische Fragen der Menschenrechte, angefangen von der Problematik ihrer Institutionalisierung,[7] dem Schutz der Person und ihrem Verhältnis zum Speziesismus,[8] den verschiedenen Formen der Begründung,[9] ihrer Verknüpfung mit der notwendigen Verbindung zwischen Recht und Moral,[10] und schließlich dem Problem ihrer bloßen Existenz.[11] Diese Aufsätze stellen zusammenfassend *Alexys* diskursive Begründung von Menschenrechten dar.

Damit stellen sich einige Fragen: Warum hat *Alexy* ein starkes Interesse an der Begründung und Existenz von Menschenrechten? Ist ihre bloße Institutionalisierung nicht ausreichend? Immerhin ist für viele Juristen und Philosophen die Frage nach ihrer Durchsetzung und nicht nach ihrer Begründung das Entscheidende. *Norberto Bobbio*, ein renommierter Rechts- und politischer Philosoph, hat einmal geschrieben, dass es keine absolute Begründung für die relativen und geschichtlichen Rechte gibt und dass daher „das Hauptproblem in Bezug auf die Menschenrechte heute nicht so sehr darin besteht, sie zu rechtfertigen, sondern darin, sie zu schützen. Es ist kein philosophisches, sondern ein politisches Problem".[12] In einem ähnlichen Sinne schrieb *Bernard Williams*, ein berühmter Moralphilosoph, dass, wenn wir eine gute Vorstellung von den Menschenrechten haben, „das wichtigste Problem nicht darin besteht, sie zu identifizieren, sondern sie durchzusetzen".[13] Wie man sieht, findet sich, in *Alexys* Worten, „[F]undamentalkritik, die sich gegen die Annahme richtet, dass es Menschenrechte gibt, nicht nur in den dunklen Regionen des politischen, ideologischen und religiösen Extremismus, sondern auch in höchst respektablen philosophischen Schriften".[14] Wenn die Menschenrechte für jede Gesellschaft wertvoll sind, dann hat diese Begründung Sinn. Es ist nicht notwendig, eine

---

[7] *R. Alexy*, Die Institutionalisierung der Menschenrechte im demokratischen Verfassungsstaat, in: S. Gosepath/G. Lohmann (Hrsg.), Philosophie der Menschenrechte, 1998, S. 244–264

[8] *R. Alexy*, Data und die Menschenrechte. Positronisches Gehirn und doppeltriadischer Personenbegriff, 2000, https://www.alexy.jura.uni-kiel.de/de/download/data-und-die-menschenrechte (Stand 22.07.2022).

[9] *R. Alexy*, Menschenrechte ohne Metaphysik?, in: Deutsche Zeitschrift für Philosophie 52 (2004), S. 15–24.

[10] *R. Alexy*, Law, Morality, and the Existence of Human Rights, in: Ratio Juris (2012), S. 2–14. Auch in *ders.*, Law's Ideal Dimension, 2021, S. 51–63. Im Folgenden werden alle Artikel von Alexy, die sich in Law's Ideal Dimension wiederfinden, entsprechend der Paginierung dieses Werks zitiert.

[11] *R. Alexy*, The Existence of Human Rights, in: K. Günther/U. Neumann/L. Schulz (Hrsg.), Law, Science, Technology, 2013, S. 9–18. Auch in *R. Alexy*, Law's Ideal Dimension, 2021, S. 142–153.

[12] *N. Bobbio*, L'età dei diritti. Dodici saggi sul tema dei diritti dell'uomo, 1997, S. 16.

[13] *B. Williams/ Geoffrey Hawthorn:* In the Beginning was the Deed. Realism and Moralism in Political Argument, 2005, S. 62.

[14] *Alexy*, The Existence (Fn. 11), S. 142.

umfassende Synthese von *Alexys* Argumentation zu den Menschenrechten zu erstellen, da seine Argumente in seinen Aufsätzen systematisch dargelegt werden. Es genügt, drei Punkte von Interesse zu erläutern, um den folgenden kulturrelativistischen Einwänden zu begegnen.

In „Diskurstheorie und Menschenrechte" liefert *Alexy* zunächst eine nichtpositivistische Begründung der Menschenrechte auf der Grundlage der Diskurstheorie, einer Theorie der Gerechtigkeit, die „zur Begründung der richtigen Antwort auf jede moralische Frage verwendet werden kann".[15] Auf der Grundlage dieser Moraltheorie stellt *Alexy* zwei Probleme fest, die mit der doppelten Dimension der Menschenrechte zusammenhängen: das Formproblem, das mit der Umwandlung der moralischen Substanz in positives Recht zusammenhängt, und das Substanzproblem, das mit der Frage nach den notwendigen Menschenrechten zusammenhängt, die mit Hilfe von drei Argumenten begründet werden, nämlich dem Autonomieargument, dem Konsensargument und dem Demokratieargument.[16] Um einen Begriff von den Menschenrechten zu geben, erläutert *Alexy* zunächst deren Merkmale. Die Menschenrechte sind „erstens moralische, zweitens universelle, drittens fundamentale und viertens abstrakte Rechte, die fünftens vor allen anderen Normen Vorrang haben".[17] Das zweite Merkmal, die Universalität, ist hier von besonderem Interesse.

An zweiter Stelle argumentiert *Alexy* in seinem Aufsatz „Menschenrechte ohne Metaphysik?" gegen den moralischen Skeptizismus und plädiert stattdessen für Gründe, die mit moralischer Objektivität zusammenhängen. So analysiert *Alexy* acht nicht-skeptische Begründungen für die Menschenrechte. Diese Begründungen sind die religiöse, die intuitionistische, die konsensuale, die biologische, die instrumentelle, die kulturelle, die explikative und die existenzielle.[18] Die ersten sechs Begründungen, in denen *Alexy* den kulturellen Ansatz verortet, weisen mehr Schwächen als Stärken auf, während er die letzten beiden, nämlich die explikative und die existenzielle Begründung, zu einer robusten Begründung der Menschenrechte kombiniert, einer Begründung, die als „explikativ-existenzielle Begründung" bezeichnet werden kann.[19]

An dritter Stelle, in „Recht, Moral und die Existenz der Menschenrechte", verbindet *Alexy* das Problem des Rechtspositivismus mit der Existenz von absoluten oder notwendigen moralischen Elementen. Diese notwendigen Elemente ermöglichen uns, die Existenz der Menschenrechte anzuerkennen. Aber das ist noch nicht alles. Die Begründung der Menschenrechte hat nicht nur Konsequenzen für *Alexys* Theorie der Grundrechte insgesamt, sondern auch

---

[15] *M. Borowski*, Discourse Theory in International Law. Human Rights through Discourse, in: German Yearbook of International Law 44, (2001), S. 38–71 (38).

[16] *Alexy*, Diskurstheorie (Fn. 6), S. 148–164.

[17] *Alexy*, Law, Morality (Fn. 10), S. 59.

[18] *Alexy*, Menschenrechte ohne Metaphysik? (Fn. 8), S. 17–21.

[19] *Alexy*, Law, Morality (Fn. 10), S. 62.

für seine nicht-positivistische Rechtsphilosophie, denn wenn die Menschenrechte über eine extreme Schwelle hinaus verletzt werden können, dann ist die Radbruchsche Formel anwendbar.[20] Wenn diese Formel anwendbar ist, dann wäre das Recht notwendigerweise mit der Moral verbunden. Daher würde die Existenz von Menschenrechten die Kritik am Rechtspositivismus stärken.

Die Beschreibung dieser drei Punkte – nämlich der universalistischen Begründung der Menschenrechte durch die Diskursethik, der explikativ-existentiellen Begründung und der Verbindung der Menschenrechte mit der Radbruchschen Formel – erlaubt mir, die Alexysche Begründung der Menschenrechte zusammenzufassen, um diese Begründung mit der dekolonialen Kritik an der Universalität der Menschenrechte zu konfrontieren. Mich interessiert, ob die Alexysche Begründung der Menschenrechte der dekolonialen Kritik an den Menschenrechten standhält, denn diese Kritik ist in den lateinamerikanischen Staaten in Mode und zielt darauf ab, universalistische Theorien der Menschenrechte zu verwerfen.

III. Konkreter Partikularismus, nicht abstrakter Universalismus. Die dekoloniale Wende in den Menschenrechten

Die Begründung der Menschenrechte scheint Philosophen und Sozialtheoretikern seit vielen Jahrzehnten ein ernsthaftes Problem in pluralistischen Gesellschaften darzustellen. Die Tatsache, dass die Menschenrechte Teil einer *lingua franca* in den heutigen philosophischen, politischen und juristischen Debatten sind, bedeutet nicht, dass sie frei von Kritik sind. Diese Kritik bezieht sich auf ihre philosophische Grundlage, ihre politische Institutionalisierung, ihre juristische Auslegung und ihre regionale und transnationale Anwendung. Dies hat sogar zu skeptischen Zweifeln an den ihnen zugrundeliegenden moralischen Prinzipien und zur Leugnung ihres Universalitätsanspruchs geführt. Es gibt Ansätze, die behaupten, dass die Menschenrechte kulturell relativ sind und dass sie vielmehr von den konkreten Bedingungen der Gesellschaften abhängen. Dies führt zu einer Leugnung des moralischen Universalismus. Die dekoloniale Wende gilt als Beispiel für eine radikale Kritik an universalistischen westlichen Theorien der Menschenrechte.

Während die Vertreter der nicht-positivistischen Rechtstheorie die Kritik an den Menschenrechten als „Kulturimperialismus der westlichen Staaten",[21] „westlichen Imperialismus, der die legitime Existenz einer Pluralität von Kul-

[20] Ebd., S. 63.

[21] Siehe *Borowski*, Discourse Theory (Fn. 15), S. 39.

turen verleugnet",[22] oder den Konflikt zwischen „Kulturrelativismus und Diktatur der Rationalität"[23] bezeichnet haben, stellt sich die dekoloniale Kritik der Menschenrechte als eine andere und viel tiefere Kritik dar, da sie von einer anderen Rationalität ausgeht. Diese Kritik geht weit über die postmoderne oder multikulturalistische Kritik an den Menschenrechten der achtziger Jahre hinaus,[24] da sie sich auch gegen die erkenntnistheoretischen Postulate des „Globalen Nordens" wendet. Ein skeptischer Postmodernismus oder ein relativistischer Multikulturalismus wären demnach Teil desselben hegemonialen Denkens, das in einen anderen begrifflichen Rahmen gekleidet ist.

Die dekoloniale Kritik an den Menschenrechten gehört zu einem viel breiteren Rahmen, nämlich dem von *Nelson Maldonado-Torres* geprägten Begriff des „dekolonialen Denkens" oder der „*decolonial turn*".[25] Das dekoloniale Denken wurde in den letzten 40 Jahren von lateinamerikanischen Denkern wie *Enrique Dussel*, *Aníbal Quijano* und *Walter Mignolo* entwickelt, die an intellektuellen Projekten wie der „Lateinamerikanischen Philosophie, der Befreiungsphilosophie und der Philosophie der Modernität/Kolonialität gearbeitet haben".[26] Daher bezieht sich dekoloniales Denken „auf eine Familie verschiedener Positionen, die die Kolonialität als ein grundlegendes Problem des modernen (wie auch des postmodernen und des Informations-) Zeitalters und die Dekolonisierung oder Dekolonialität als eine notwendige, aber unvollendete Aufgabe betrachten".[27] Diese philosophischen Standpunkte stellen auch die Produktion der hegemonialen Universalität des westlichen Wissens in Frage, da sie diese Universalität als eine Verschleierung der Kolonialität der eurozentrischen Episteme und Macht darstellen. Westliches Wissen oder westliche Narrative werden nicht geleugnet, denn sie haben ihre eigene „Existenzberechtigung, da sie mit der Erfahrung der euro-amerikanischen Geschichte übereinstimmen, aber sie haben nicht das Recht, das Narrativ für den Rest der Welt zu sein, außer in ihren imperialen/kolonialen Dimensionen".[28] In seinem Versuch, eurozentrische Vorstellungen von Rationalität und Modernität zu kritisieren,

---

[22] Siehe *J. Sieckmann*, Cultural Pluralism and the Idea of Human Rights, in: S. Arend (Hrsg.), Pluralism and Law, 2011, S. 235–249 (235).

[23] Siehe *C. Bäcker*, Begründen und Entscheiden. Kritik und Rekonstruktion der Alexyschen Diskurstheorie des Rechts, 2. Aufl. 2012, S. 183.

[24] Siehe beispielsweise *A. MacIntyre*, After Virtue, 1981; *M. Sandel*, Liberalism and the Limits of the Justice, 1982; *C. Taylor*, Sources of the Self. The Making of the Modern Identity, 1989; *M. Walzer*, Spheres of Justice, 1983.

[25] Siehe *N. Maldonado-Torres*, La descolonización y el giro des-colonial, in: Tabula Rasa 9, (2008), S. 61–72 (66).

[26] *J. Barreto*, Decolonial Thinking and the Quest for Decolonising Human Rights, in: Asian Journal of Social Science 46 (2018) S. 484–502 (487).

[27] *N. Maldonado-Torres*, Thinking through the Decolonial Turn. Post-continental Interventions in Theory, Philosophy, and Critique – An Introduction, in: Transmodernity. Journal of Peripheral Cultural Production of the Luso-Hispanic World (2011), S. 1–15 (2).

[28] *W. Mignolo*, Preamble. The Historical Foundation of Modernity/Coloniality and the

stellt dieser Ansatz insgesamt die These von den „Epistemologien des Südens“ (*Epistemologies of the South*) auf.

Die „Epistemologien des Südens“, erläutert der renommierte Rechtssoziologe *Boaventura de Sousa Santos*, „betreffen die Produktion und Anerkennung von Erkenntnissen, die in den Widerstandserfahrungen all jener sozialen Gruppen verankert sind, die systematisch Ungerechtigkeit, Unterdrückung und Zerstörung durch Kapitalismus, Kolonialismus und Patriarchat erfahren haben“.[29] Ebenso wird die Erkenntnistheorie des Südens der Erkenntnistheorie des Nordens entgegengesetzt, weil sie „falsche Universalismen“ vertritt. Einer der Kritikpunkte an der Erkenntnistheorie des Nordens ist der „Universalismus“, eine Kategorie, „die als eine Besonderheit der westlichen Moderne verstanden wird und sich auf jede Entität oder Bedingung bezieht, deren Geltung nicht von einem bestimmten sozialen, kulturellen oder politischen Kontext abhängt“.[30] Diese falschen Universalismen werden jedoch als das einzig „gültige Verständnis der Welt“[31] angesehen. So versuchen die Epistemologien des Südens, „einen subalternen Kosmopolitismus von unten nach oben anzustreben. Statt abstrakter Universalität fördern sie Pluriversität. Eine Art des Denkens, die Dekolonisierung, Kreolisation oder Mestizaje durch interkulturelle Übertragung fördert“.[32]

Diese Ansprüche und Kritik werden auf den Bereich des Rechts und der Menschenrechte übertragen. Auf der Grundlage dieser Annahmen haben mehrere Rechtsphilosophen in Lateinamerika, die von der dekolonialen Wende in der Philosophie und den Sozialwissenschaften beeinflusst wurden, auch behauptet, dass es keine universell gültige Rationalität und kein universell gültiges Wissen gäbe, sondern dass verschiedene Kulturen unterschiedliche Rationalitäten und unterschiedliches Wissen hätten, eine These, die in gewissem Sinne zu einem epistemologischen und kulturellen Relativismus führt. Die Vertreter des dekolonialen Denkens im Bereich des Rechts stützen sich auf die dekoloniale Theorie, um ihre Ansichten zu begründen. Den Vertretern dieser Theorie zufolge erklärt diese, dass das, was von Recht, Staat und Menschenrechten wirklich richtig ist, von den konkreten und kulturellen Bedingungen unserer Gesellschaften abhängt. So wird aus den Epistemologien des Südens eine Hermeneutik des Verdachts entwickelt. Das dekoloniale Denken versucht jedoch, eine Alternative zur eurozentrischen Auffassung von Menschenrechten vor-

Emergence of Decolonial Thinking, in: S. Castro-Klaren (Hrsg.), A Companion to Latin American Literature and Culture, 2013, S. 12–32 (19).

[29] *B. de Sousa Santos*, The End of the Cognitive Empire. The Coming of Age of Epistemologies of the South, 2018, S. 1.

[30] Ebd., S. 6.

[31] Ebd.

[32] Ebd., S. 8.

zuschlagen. Diese Alternative besteht in der Dekolonisierung der Menschenrechte. Aber was bedeutet es, die Menschenrechte zu dekolonisieren?

Die Dekolonisierung der Menschenrechte bedeutet, sie zu resignifizieren. Dies meint zweierlei: Erstens bedeutet es eine radikale Kritik an den Inhalten der Menschenrechte, die als universell beansprucht werden. Zweitens bedeutet es auch die Hervorhebung und Anerkennung von Wissen, Praktiken, Bräuchen und konkreten kommunitären Perspektiven von Gesellschaften sowie von alternativen Formen institutioneller und nicht-institutioneller Normativität. Als Beispiel für diese Resignifikation der Menschenrechte führt *de Sousa Santos* die Spannungen zwischen dem Recht auf Entwicklung und der Zerstörung der Umwelt, zwischen kollektiven Weltanschauungen und dem Individualismus, der den ursprünglichen Menschenrechtskanon definiert, sowie zwischen der Unzulänglichkeit der Sprache der Menschenrechte und den Rechten der Natur an.[33] Daraus lassen sich einige Konsequenzen ableiten.

Zum einen werden die europäischen Rechtsvorstellungen in Frage gestellt, da sie für die europäische Moderne und nicht für kolonialisierte Länder formuliert wurden. Ein universeller Kern von Menschenrechten erscheint letztlich als eine Fassade westlicher Werte. Zum anderen werden die Menschenrechte als Fortsetzung eines individualistischen und unterdrückerischen Denkens gegenüber der Natur und den kollektiven Gütern betrachtet, das sich unter dem Deckmantel des Universalismus verbirgt, der nichts anderes ist als die europäische Erfahrung. Aus diesen Betrachtungen gegen das westliche Verständnis von Menschenrechten ergibt sich eine kulturrelativistische Auffassung von ihnen. Auf den ersten Blick klingt dies für viele Theoretiker richtig. Zweifellos sind kulturelle Sensibilität und Wertepluralismus konstitutiv für moderne Gesellschaften. Darüber hinaus kann das Anhören anderer Stimmen und Meinungen zu den Menschenrechten unsere Sichtweise auf sie bereichern. Offenheit ist notwendig. Daraus folgt jedoch nicht, dass jede Lebensform die Menschenrechte gleichermaßen achtet und dass jede kulturelle Äußerung allein dadurch, dass sie geäußert wird, gut für die anderen ist, die an ihr teilnehmen. Noch viel weniger folgt daraus, dass eine Anschauung von den ausgeschlossenen Völkern allein aufgrund der Tatsache, dass sie einen solchen Status hat, moralisch besser ist.

Mit anderen Worten, es gibt Punkte, in denen dekoloniale Denker mit dem, was sie behaupten, richtig liegen, aber sie irren sich in dem, was sie auslassen. Das dekoloniale Denken hat recht, wenn es die Anerkennung anderer Formen der Integration und den Schutz der Menschenrechte anstrebt. Aber es ist nicht richtig, zu übersehen, dass verschiedene kollektive Weltanschauungen, die unter dem Mantra des kulturellen Relativismus und der Bräuche und Sitten ein-

---

[33] Siehe *B. de Sousa Santos*, The Pluriverse of Human Rights. The Diversity of Struggles for Dignity, 2021, S. 22–34.

heimischer Gemeinschaften gerechtfertigt werden, die Menschenrechte verletzen können. Und wenn es bei den Menschenrechten um einen unerbittlichen Kampf der Unterdrückten und Ausgegrenzten gegen faktische Mächte und illegitime staatliche Autorität geht, haben wir es dann nicht mit einem Kampf zu tun, der den Anspruch erhebt, moralisch und universell für alle akzeptabel zu sein? Dies könnte auch zu einem scheinbaren Widerspruch führen, da sie den Universalismus leugnen, sich aber im Falle von Ungerechtigkeiten, die sie für extrem halten, auf den Universalismus berufen.[34] Das dekoloniale Denken kann aus vielen verschiedenen Perspektiven kritisiert werden. Das ist für diesen Aufsatz nicht notwendig.[35] Es reicht aus, eine Kritik an seinem Verständnis vom Begriff des Universalismus der Menschenrechte zu formulieren. Dazu werde ich mich auf einige Grundzüge der Alexyschen Diskurstheorie der Menschenrechte stützen.

IV. Eine Verteidigung von Menschenrechten und Universalismus durch die Diskurstheorie

Das dekoloniale Denken ist deshalb so überzeugend, weil es von einem geschichtlichen und für die Völker des globalen Südens schmerzhaften Problem ausgeht. Das Phänomen der Kolonisierung brachte zweifellos kulturelle Beherrschung, Plünderung und Ungerechtigkeiten wie Rassismus mit sich, die bis heute andauern. Offensichtlich handelt es sich beim dekolonialen Denken um ein überzeugendes Narrativ, bis auf den Punkt, dass es eine negative Sicht auf den Universalismus des Inhalts der Menschenrechte schafft. Es ist klar, dass rationale Meinungsverschiedenheiten und Debatten über die Begründung der Menschenrechte und ihre Universalität in pluralistischen Gesellschaften aus theoretischen und praktischen Gründen gut sind, aber sie müssen auf einem

---

[34] Wie Mario Rojas bemerkt, ergibt sich eine sehr merkwürdige Situation: „Auf der einen Seite werden universelle Normen oder normative Prinzipien abgelehnt, auf der anderen Seite wird für die Verteidigung und Verwirklichung der Rechte eines jeden Menschen gekämpft, und es werden Kritik und Forderungen mit objektiven Geltungsansprüchen an die Herrschenden, an andere soziale Klassen als die eigene, an die Kirchen, an die Traditionen und an das kapitalistische Wirtschaftssystem formuliert [...]. Man verabscheut perverse Handlungen, ist sich aber nicht darüber im Klaren, dass man sich für dieses Urteil und diese Ablehnung auf die eine oder andere Weise auf Normen beruft, die implizit als objektiv gültig angenommen werden; universelle Normen werden nicht anerkannt, aber bei Konflikten und Problemen beruft man sich auf Gerechtigkeit, Solidarität und Menschenrechte". Siehe *M. Rojas*, La razón ético-objetiva y los problemas morales del presente. Crítica ético-racional del relativismo moral-cultural, 2011, S. 34–35.

[35] Vivek Chibber hat, wenn auch unter einer anderen Bezeichnung, suggestive Kritiken an den subalternen Studien geäußert, die hilfreich sein können, um zu erkennen, wie westliche Kategorien mit dieser Art von Kritik umgehen können. Siehe *V. Chibber*, Postcolonial Theory and the Specter of Capital, 2013.

begründeten Misstrauen und nicht auf unreflektierter Skepsis beruhen. Aus diesem Grund möchte ich diesem relativistischen Ansatz mit drei Argumenten entgegentreten, nämlich mit der Diskurstheorie, der Anerkennung des Pluralismus und der Radbruchschen Formel.

1. *Die Natur der Diskurstheorie*

Die Diskurstheorie ist eine Antwort auf verschiedene Formen des moralischen Skeptizismus sowie des moralischen und kulturellen Relativismus. Der Dialog zwischen der Diskursethik und der Philosophie des Südens ist nicht neu. In den späten achtziger Jahren begann *Apel* eine interessante Debatte mit *Dussel*,[36] die in den folgenden Jahrzehnten fortgesetzt wurde.[37] *Dussel*, beeinflusst von *Karl Marx* und *Emmanuel Levinas*, kritisierte die Diskursethik von *Jürgen Habermas*,[38] *Karl-Otto Apel*[39] und *Albrecht Wellmer*[40]. *Dussel* kritisierte, dass die Diskursethik den Inhalt vernachlässige, eine Kritik, die an *Hegels* Kritik an *Kants* Ethik erinnert.[41] Im Gegensatz zur Diskursethik, die den Sinn des ethischen Gehalts der moralischen Normen ignoriert, schlägt *Dussel* eine materielle Ethik vor, die sich auf die Seite der Opfer stellt und an einen „Anspruch auf *kritische* politische Gerechtigkeit" (*critical* political justice claim) appelliert.[42] *Apel* hat jedoch keineswegs auf sein ethisch-universalistisches Projekt verzichtet, sondern *Dussel* mehrfach geantwortet und darüber nachgedacht, ob eine

---

[36] *R. Fornet-Betancourt* (Hrsg.), Ethik und Befreiung, 1990. Ich danke Gustavo Leyva für seinen Hinweis auf diese Debatte.

[37] Siehe *R. Fornet-Betancourt* (Hrsg.), Diskursethik oder Befreiungsethik? 1992; *ders.*, Die Diskursethik und ihre lateinamerikanische Kritik, 1993; *ders.*, Konvergenz oder Divergenz? Eine Bilanz des Gesprächs zwischen Diskursethik und Befreiungsethik, 1994; Armut, Ethik, Befreiung, 1996. Für eine Kritik an der Philosophie von Dussel siehe *G. Leyva*, Modernidad y exterioridad en Latinoamérica. La propuesta de la filosofía de la liberación, in: Disenso. Revista Internacional de Pensamiento Latinoamericano 1 (1995), S. 11–32; *M. Rojas*, Universalismus und Begründung der Ethik. Ein Dilemma der lateinamerikanischen Philosophie, in: Polylog. Zeitschrift für interkulturelles Philosophieren 20 (2008), S. 30–52; *ders.*, Die lateinamerikanische Philosophie. Kritische Philosophie ohne strikten Universalismus und strikte Letztbegründung der Ethik?, in: K. Vieweg (Hrsg.), Universalismus, 2011, S. 98–113; *F. Castillejos*, Enrique Dussel: Entre Latinoamérica y la hermenéutica de la otredad, in: Agora. Papeles de Filosofía 38 (2019), S. 37–55.

[38] *J. Habermas*, Moralbewußtsein und kommunikatives Handeln, 1983.

[39] *K. Apel*, Transformation der Philosophie, 1973.

[40] *A. Wellmer*, Ethik und Dialog, 1983.

[41] Zu Hegels Kritik der kantischen Ethik, siehe *G. W. F. Hegel*, Grundlinien der Philosophie des Rechts oder Naturrecht und Staatswissenschaft im Grundrisse. Werke in 20 Bänden mit Registerband, 2004, §§ 133–137.

[42] *E. Dussel*, Twenty Theses on Politics, 2008, S. 135–136. Ich möchte jedoch hinzufügen, dass Alexy darauf hingewiesen hat, dass diese Art von Gerechtigkeitsanspruch auf Radbruch zurückgeht. Siehe *R. Alexy*, Gustav Radbruch's Concept of Law, in: Law's Ideal Dimension, 2021, S. 109.

Befreiungsethik möglich ist, die nicht notwendigerweise universelle Geltungsansprüche beinhaltet. Die Tatsache, dass falsche Universalismen erhoben werden, bedeutet nicht, dass der Universalismus als solcher aufgehoben wird.

Die Diskurstheorie von *Alexy*, die Recht und Moral miteinander verbindet, überwindet diese Kritik. So antwortet *Alexy* auf *Philippos Vassiloyannis*, dass „der Diskurs seiner Natur nach immer mit Moral verbunden ist. Eine rein formale Konzeption der Diskursethik ist daher unmöglich".[43] In diesem Sinne hat die Diskurstheorie nicht nur einen theoretischen, sondern auch einen praktischen Wert. In seinem früheren Aufsatz „Probleme der Diskurstheorie" behauptet *Alexy*, dass diese Theorie ihr bestes Licht zeigen wird „wenn sie zu einer Basistheorie der auf Diskussion angelegten Institutionen des demokratischen Verfassungsstaates gemacht wird".[44]

In einer demokratischen Gesellschaft zielt die Diskurstheorie darauf ab, einen gültigen Inhalt mit kritischer Akzeptanz zu verbinden. Nach der Diskurstheorie definiert sich der Begriff des gültigen Inhalts nicht über das, was eine bestimmte Gruppe in einer bestimmten Situation und aufgrund ihrer Gewohnheiten oder Lebensformen als gültig akzeptiert, sondern über kritisch begründete Prinzipien, die über die Strategien von Partikularinteressen einer Gruppe hinausgehen. Ein besonderer Inhalt von Normen kann natürlich innerhalb bestimmter Lebensformen aufgestellt werden; das ist es, was ein Kulturrelativist als gültig akzeptieren kann. Für einen Vertreter der Diskurstheorie sind zwar einige bestimmte gültige Inhalte von Normen bestimmten Lebensformen immanent, aber ein universeller Anspruch gibt immer einen gültigen Inhalt vor, der zwar immer noch diesen bestimmten Lebensformen *immanent* ist, aber mit Sicherheit alle bestimmten Lebensformen *transzendiert*. Obwohl argumentiert wird, dass eine solche Begründung im Bereich der Diskurstheorie und der Menschenrechte keine reine Objektivität ist, ist sie auch mehr als reine Subjektivität. Dies gilt, so *Alexy*, sowohl für die Diskurstheorie selbst[45] als auch für die Menschenrechte.[46] Dadurch wird es möglich, einen Kern von moralischen

[43] *R. Alexy*, 16 Replies, in: G. Pavlakos (Hrsg.), Law, Rights and Discourse. The Legal Philosophy of Robert Alexy, 2007, S. 339.

[44] *R. Alexy*, Problems of Discourse Theory, in: Law's Ideal Dimension, 2021, S. 287.

[45] „Es ist insofern objektiv, als es einer diskursiven Überprüfung, die auf der Basis eines grundsätzlich vorhandenen Urteilsvermögens der Teilnehmer stattgefunden hat, standhalten konnte. Auf diese Weise vermeidet die Diskurstheorie sowohl die Schwächen subjektivistischer oder relativistischer als auch die objektivistischer Moraltheorien", siehe *Alexy*, Recht, Vernunft (Fn. 6), S. 121.

[46] „Man könnte einwenden, dass eine Begründung nur entweder objektiv oder subjektiv sein kann und nicht sozusagen ‚halb-objektiv', und dass jede Kontamination mit subjektiven Elementen die Objektivität gänzlich beseitigt. Dem ist zu entgegnen, dass die mit Subjektivität verbundene Objektivität zwar weniger als die reine Objektivität ist, aber auch mehr als die reine Subjektivität", siehe *Alexy*, Law, Morality (Fn. 10), S. 62.

Normen, gültigen Inhalten und Ansprüchen zu begründen, die eine Ebene der Universalität erreichen. Darum geht es schließlich bei den Menschenrechten.

2. Die Anerkennung des Pluralismus in der Diskurstheorie

Die Diskurstheorie erkennt die Existenz von Prinzipien an, die universalisierungsfähig sind und in Menschenrechte umgesetzt werden können. Aber die Existenz dieser universellen Prinzipien leugnet keineswegs den kulturellen und moralischen Pluralismus. Relative und absolute Normen und moralische Inhalte können nebeneinander bestehen, wie es im Bereich der Grundrechte der Fall ist, auf die sich *Alexy* ausdrücklich bezieht.[47] Dieses Verständnis wird durch die Prinzipientheorie erleichtert, die hier nicht weiter ausgeführt werden muss. Es genügt zu sagen, dass die absolute und relative Dimension der Verfassungsrechte, ein Eckpunkt der Prinzipientheorie, auch auf die Dimension der moralischen Normen und Standards angewendet werden kann. Einige Normen müssen relativ sein, andere absolut. Das dekoloniale Denken sowie andere Formen des Kulturrelativismus können sicherlich einen Beitrag zur Debatte über den Inhalt und die Erweiterung der Menschenrechte leisten, aber ihre Vertreter müssen sowohl Fragen der Verfassungslehre als auch die Einschränkungen einiger Rechte, die sicherlich westlichen Ursprungs sind, kritisch reflektieren.

Richtig verstanden und kombiniert, können kultureller Relativismus und der Schutz eines universellen Kerns von Menschenrechten nebeneinander bestehen. Es gibt Fälle, in denen eine Vereinbarkeit zwischen dem, was das westliche Verständnis der Menschenrechte anstrebt, und dem, was ein Verständnis des Südens in ähnlicher Weise anstrebt, festgestellt werden kann. Ich denke dabei zum Beispiel an die Erweiterung und wirksame Ausübung der sozialen Rechte.[48] Das dekoloniale Denken erhebt auch den Anspruch, den Schutz der Rechte der Natur zu erneuern, der nichts anderes ist als „eine Mischform, die abendländische Konzepte von Rechten mit dem indigenen Konzept der Natur verbindet"[49]. Es gibt aber auch Fälle, in denen es ein Spannungsverhältnis zwischen den Sitten und Gebräuchen einer bestimmten Gesellschaft und den Menschenrechten gibt. In diesem Fall ist es nicht einfach, Sitten und Gebräuche mit den Menschenrechten abzuwägen.

---

[47] Siehe *R. Alexy*, The Absolute and the Relative Dimension of Constitutional Rights, in: Law's Ideal Dimension, S. 235–252.

[48] Ich stimme Raúl Zaffaroni voll und ganz zu, wenn er die Dekolonisierung der Rechte als ein Bemühen betrachtet, sie im internen Rahmen der Staaten wirklich wirksam werden zu lassen, ein spezifischer Anspruch unserer lateinamerikanischen Region, der gleichzeitig ein universeller Anspruch jedes Rechtsstaates sein muss. Siehe *R. Zaffaroni*, El motor de los Derechos Humanos. La cultura criminal de la humanidad y el espíritu del sur (im Erscheinen).

[49] *De Sousa Santos*, The Pluriverse (Fn. 33), S. 35.

In diesem Fall erscheint die Abwägung bestimmter kollektiver Ziele und Gewohnheiten mit den Menschenrechten eher problematisch, denn, so *Sieckmann*,

„unterschiedliche kulturelle Hintergründe werden in mancher Hinsicht zu unterschiedlichen Werturteilen und dementsprechend auch zu unterschiedlichen normativen Urteilen führen. So können die Grenzen der definitiven Menschenrechte in verschiedenen Rechtskulturen unterschiedlich sein. Dies schließt jedoch nicht aus, dass es einen universellen Kern definitiver Menschenrechte gibt“[50].

Auf der Grundlage eines Begründungsmodells der individuellen Autonomie lehnt *Sieckmann* die Akzeptanz unterdrückerischer Bräuche wie der Zwangsheirat ab,[51] aber dennoch wird es diejenigen geben, die sagen, dass Autonomie ein individualistischer Wert ist oder dass westliche Menschen ihre moralischen Regeln nicht geschichtlich unterdrückten Völkern aufzwingen können. Diese extremen Einwände führen mich zu meinem letzten Argument, das sich auf die Radbruchsche Formel bezieht.

3. *Kulturrelativismus und die Radbruchsche Formel*

Im Gegensatz zu einigen Formen des moralischen Skeptizismus nimmt das dekoloniale Denken eine kritische Perspektive in Bezug auf Ungerechtigkeiten ein. Aber es wägt die Menschenrechte nicht angemessen gegen bestimmte Praktiken und Bräuche ab. Das dekoloniale Denken geht von einer differenzierten Kritik des moralischen Universalismus aus, unterlässt es aber gleichzeitig, Werturteile über die Akzeptanz rückschrittlicher Bräuche und Normen nichtwestlicher Lebensformen zu fällen, um nicht als Vertreter der „westlichen Rationalität“ zu erscheinen. Die bloße Akzeptanz eines Brauchs ist weder eine Bedingung für seine Geltung, noch ist sie eine Bedingung für die Berufung auf seinen Ursprung. Dies impliziert, dass die Entstehung einer Norm mit ihrer Geltung gleichgesetzt wird. Es ist eine kritische Begründbarkeit erforderlich. Jede Form von Normativität, ob institutionell oder nicht-institutionell, muss einer kritischen Prüfung unterzogen werden.

Nach den Begründungsregeln hält eine moralische Regel einer kritischen Prüfung im Hinblick auf ihre individuelle Genese nicht stand, „wenn sie nur aufgrund nicht zu rechtfertigender Sozialisationsbedingungen übernommen wurde“.[52] Natürlich gibt es einige kulturelle Bräuche und Praktiken, die von den Teilnehmern unter diesen unbegründeten Bedingungen akzeptiert wurden. Wenn jedoch eine Kritik an unterdrückerischen kulturellen Elementen geübt

---

[50] *J. Sieckmann*, Cultural Pluralism (Fn. 22), S. 246.

[51] Ebd., S. 247.

[52] *R. Alexy*, Theorie der juristischen Argumentation. Die Theorie des rationalen Diskurses als Theorie der juristischen Begründung, 1983, S. 254.

werden soll, muss der Maßstab außerhalb eben dieser kulturellen Elemente angesetzt werden. Andernfalls wäre es für viele Gruppen nicht möglich, die menschenrechtsverletzenden Elemente innerhalb ihrer kulturellen Systeme zu erkennen. In Anbetracht dieser Bemerkungen ist die Verbindung der Radbruchschen Formel mit den Menschenrechten notwendig.

In jeder Kultur oder Lebensform gibt es schädliche Bräuche oder Sitten. Diskriminierung aufgrund der Hautfarbe, Diskriminierung aufgrund des Geschlechts oder sexuelle Gewalt sind Themen, die sowohl in nördlichen als auch in südlichen Kulturen vorkommen. Es ist sicher ein Fehlschluss, diese schädlichen Themen als rein nördlich zu betrachten. Das Gleiche gilt für Folter, Homophobie, Päderastie und den Verkauf von minderjährigen Mädchen als Bräute. Es gibt Ungerechtigkeiten, die alle Gesellschaften mehr oder weniger stark betreffen. Im Zentrum der Radbruchschen Formel steht das Problem der extremen Ungerechtigkeit, die eine bestimmte Schwelle überschreitet.

Es stimmt, dass „Radbruch seine Formel als Reaktion auf das Naziregime erfunden hat",[53] aber diese Formel spricht nicht nur von den Menschen, die während des Naziregimes gelitten haben, sondern auch von jeder anderen Gruppe in unserer Welt, die von einer anderen Gruppennorm gewaltsam und extrem unterdrückt wird, in jeder ihrer kulturellen Erscheinungsformen. Diese Formel spricht auch vom Schmerz extremer Ungerechtigkeit, der im Geist und im Körper der Opfer eingeprägt bleibt, „nicht weil sie es selbst verdient hätten, sondern als Folge der universellen Ungerechtigkeit"[54]. Extreme Ungerechtigkeiten, jenseits der Schwelle des Unerträglichen, können in jeder Kultur begangen werden. In Anbetracht dessen ist es unerlässlich, Gründe für den Entzug der Rechtsgeltung von Normen zu nennen, die diese Art von extremer Ungerechtigkeit begründen, Gründe, die sich auf moralische universelle Normen berufen, „die stärker sind als jede rechtliche Satzung, so daß ein Gesetz, das ihnen widerspricht, der Geltung bar ist"[55]. Diese Gründe, argumentiert *Alexy*, „bestehen in den Menschenrechten"[56].

In der Radbruchschen Formel geht es also darum, dass nicht jede kulturelle Differenz im Namen der Menschenrechte zu einem Verlust ihrer institutionellen oder sozialen Geltung führen darf und nicht jedes Unrecht im Namen der Achtung der kulturellen Vielfalt toleriert werden darf. Daher spielt die Schwelle der Menschenrechte in dieser Abwägung eine wichtige Rolle. Sicherlich haben die Menschenrechte westliche Ursprünge, aber das bedeutet nicht, dass wir sie ablehnen sollten, und es bedeutet auch nicht, dass wir jede soziale Normativität

---

[53] *R. Alexy*, Kant's Non-Positivistic Concept of Law, in: Kantian Review, 24 (2019), S. 497–512 (505).

[54] *J. Moscoso*, Pain. A Cultural History, 2012, S. 23.

[55] *G. Radbruch*, Fünf Minuten Rechtsphilosophie, in: R. Dreier/S. Paulson (Hrsg.), Rechtsphilosophie, 2. Aufl. 2003, S. 210.

[56] *Alexy*, Gustav Radbruch's Concept (Fn. 42), S. 116.

unkritisch akzeptieren sollten, nur weil sie von einem geschichtlich unterdrückten oder ausgebeuteten Ort stammt. Diese Argumente reichen aus, um zwei Dinge zu zeigen. Erstens, dass sich, wie so oft in der Philosophie, einige Arten von Meinungsverschiedenheiten bei sorgfältiger Analyse auflösen oder abschwächen, und zweitens, dass es nicht möglich ist, eine bessere Gesellschaft anzustreben, ohne auf universalistische Maßstäbe und Prinzipien zurückzugreifen.

V. Abschluss

Abschließend möchte ich deutlich machen, dass, auch wenn einige Theoretiker skeptische oder relativistische Argumente zur Objektivität verschiedener Begründungen der Menschenrechte vorbringen, dies nicht bedeutet, dass letztlich alles erlaubt ist, dass man jede beliebige Handlung gegen andere Menschen begehen kann oder dass es keine moralischen Maßstäbe zur Bewertung unserer eigenen Handlungen oder Rechtssysteme gibt. Der Streit um die Begründung der Menschenrechte verpflichtet viele Philosophen vielmehr dazu, Theorien mit einem höheren und anspruchsvolleren Maß an philosophischer Tiefe, analytischer Präzision und sozialer Sensibilität zu begründen. Die von *Alexy* entwickelte Begründung der Menschenrechte gilt als ein Beweis dafür. Leider kommt es im Alltag immer wieder zu extremen Ungerechtigkeiten und Menschenrechtsverletzungen, und deshalb ist heute ein echter Dialog zwischen Nord und Süd erforderlich. In diesem Sinne kann die Suche nach einer rationalen Begründung der Menschenrechte dazu beitragen, unsere Argumente gegen ungerechte Gesetze, Machtmissbrauch und illegitime Autorität zu verfeinern.

Diese Argumente lassen mich zu dem Schluss kommen, dass die Unterstützung universalistischer Theorien nicht im Widerspruch zum Kampf gegen lokale Unterdrückung, Elend und Ungleichheit steht. Die Verteidigung des Anspruchs auf universalistische Rechtfertigungen der Menschenrechte ohne eurozentrischen Reduktionismus ist als etwas Vernünftiges für alle, die an Gerechtigkeit interessiert sind, so wichtig wie immer. Skeptisch, relativistisch oder zynisch gegenüber der Begründung der Menschenrechte zu sein, ist in Situationen extremer Ungerechtigkeit, Gewalt und Elend, gelinde gesagt, nicht die richtige Position.

„Gute“ und „schlechte“ Metaphysik bei der Begründung der Menschenwürde?

Ulfrid Neumann

I. Hexen, Einhörner und Menschenrechte

Robert Alexy zitiert in seinem Beitrag „Menschenrechte ohne Metaphysik?“[1] einleitend die berühmte Behauptung von *Alasdair MacIntyre*, die Annahme der Existenz von Menschenrechten sei nichts anderes als der Glaube an Hexen und Einhörner: „There are no such rights, and belief in them is one with belief in witches and in unicorns.“[2] Es liegt in der Konsequenz des rechtsphilosophischen Ansatzes von *Alexy*, dass er sich von dieser Parallelisierung nachdrücklich distanziert.

Allerdings: *MacIntyre* hat mit seiner Behauptung, der Glaube an Menschenrechte sei das Gleiche wie der Glaube an Hexen und Einhörner, unzweifelhaft recht, *wenn* man die Existenz von Menschenrechten so versteht, wie sich der Aberglaube die Existenz von Hexen und Einhörnern vorstellt. Die Annahme, dass Menschenrechte in der Welt herumschweben wie Hexen auf ihren Besen am Blocksberg oder herumgeistern wie Einhörner in den Wäldern, ist nicht weniger abseitig als der Glaube an Hexen und Einhörner selbst.

In dieser Interpretation ist diese Feststellung nahezu trivial, weil sie die Behauptung der erkenntnistheoretischen Parallelität von Hexenglauben einerseits, der Annahme der Existenz von Menschenrechten andererseits bereits in der Voraussetzung festlegt, *dass* man die Existenz von Menschenrechten in der Weise versteht, in der sich der Aberglaube die Existenz von Hexen vorstellt. Die Pointe des von *MacIntyre* gezogenen Vergleichs liegt aber nicht darin, dass für eine rationale Weltsicht die Annahme der Existenz von Hexen inakzeptabel ist. Der entscheidende Punkt ist ein anderer: Die Existenz von Menschenrechten darf auch nicht mit der Existenz von Entitäten parallelisiert werden, an deren Realität auch das aufgeklärte Denken nicht zweifelt. Also: Menschenrechte „gibt“ es nicht in dem Sinne, in dem in der realen Welt *zweigehörnte* Tiere oder heil- und kräuterkundige Frauen existieren. Gerade deshalb gleiche der Glaube

---

[1] *R. Alexy*, Menschenrechte ohne Metaphysik?, Deutsche Zeitschrift für Philosophie 52 (2004), S. 15–24 (15).

[2] *A. MacIntyre*, After Virtue, 2. Auflage 1985, S. 69.

an die Existenz von Menschenrechten dem an die Existenz von Produkten religiöser Wahnvorstellungen oder sagenhafter Wesen.

Auch diese Argumentation ist folgerichtig, *wenn* man davon ausgeht, dass die Existenz von Menschenrechten nur parallel zu der Existenz unzweifelhaft realer Gegebenheiten der Welt verstanden werden kann. Genau dies aber ist die Frage, um die es bei dem Problem einer metaphysischen Begründung von Menschenrechten und Menschenwürde geht.[3] So versteht *Alexy* die Existenz von Menschenrechten im Sinne von deren Begründbarkeit.[4] Der Anspruch auf eine metaphysische Fundierung der Menschenrechte soll mit dieser Reduktion der Existenz auf Begründbarkeit aber nicht aufgegeben, sondern bestätigt werden. *Alexy* unterscheidet in diesem Kontext zwischen einem problematischen „emphatischen" und einem „konstruktiven" Metaphysikbegriff. Vergleichbare Differenzierungen finden sich in der neueren Diskussion, teilweise in Anschluss an *Alexy*, auch bei anderen Autoren.[5]

Derartige Ansätze erscheinen vielversprechend, weil sie einen Weg in Aussicht stellen, der einerseits die erkenntnistheoretischen Probleme einer „emphatischen" Metaphysik vermeidet, andererseits aber die Anerkennung von Menschenrechten und Menschenwürde nicht der Dezision überantwortet. Ich werde für diese Ansätze im Folgenden den Begriff der „weichen" Metaphysik verwenden und ihn „hart" metaphysischen Ansätzen, wie sie etwa von *MacIntyre* zugrunde gelegt und kritisiert werden, gegenüberstellen. Die Abgrenzung erfolgt dabei nach dem Kriterium, ob Menschenwürde und Menschenrechte als menschlichen Entscheidungen und menschlicher Praxis vorausliegend gedacht werden („hart metaphysischer Ansatz"), oder ob sie durch diese Entscheidungen und diese Praxis jedenfalls mitkonstituiert werden („weich metaphysischer Ansatz").

---

[3] Hinsichtlich der Frage der Möglichkeit einer metaphysischen Begründung lassen sich die Probleme der Fundierung der Menschenrechte einerseits, des Prinzips der Menschenwürde (um das es im Folgenden gehen wird) andererseits parallelisieren. Zur Anerkennung der Menschenwürde als „Station" auf dem Weg zur Anerkennung der Menschenrechte *Alexy*, Menschenrechte (Fn. 1), S. 20.

[4] *Alexy*, Menschenrechte (Fn. 1), S. 15. Besonders deutlich *Alexy*, The Existence of Human Rights, in: U. Neumann/K. Günther/L. Schulz (Hrsg.), Law, Science, Technology. ARSP-Beiheft 136 (2013), S. 9–18 (11): „The existence of human rights consists in their justifiability, and in nothing else."

[5] *W. Feng*, Menschenwürde, Persönlichkeit und die verfassungsmäßige Kontrolle. Oder: starke Normativität ohne Metaphysik?, in: U. Neumann/P. Tiedemann/S. Liu (Hrsg.), Menschenwürde ohne Metaphysik. ARSP-Beiheft 165 (2021), S. 23–61 (im Anschluss an *Alexy*); *P. Gisbertz-Astolfi*, Die Sackgassen des Humiliationismus in Metaphysik oder Positivismus, in: U. Neumann/P. Tiedemann/S. Liu (Hrsg.), Menschenwürde ohne Metaphysik. ARSP-Beiheft 165 (2021), S. 63–74; *P. Tiedemann*, Menschenwürde und die Tugend der metaphysischen Sparsamkeit, in: U. Neumann/P. Tiedemann/S. Liu (Hrsg.), Menschenwürde ohne Metaphysik, ARSP-Beiheft 165 (2021), S. 231–244.

II. „Hart" metaphysische Begründung der Menschenwürde

1. *Begriff der „Metaphysik"*

Alexy weist zu Recht darauf hin, dass der Begriff der „Metaphysik" in hohem Maße umstritten ist.[6] Er selbst verzichtet im vorliegenden Kontext auf eine vollständige Definition und begnügt sich mit einer negativen Begriffsbestimmung (Ausschluss des empirisch Erfahrbaren aus der Metaphysik) und der Explikation des Unterschieds zwischen einem „emphatischen" und einem „konstruktiven" Metaphysikbegriff.[7] Aus der Feststellung, die Grundform der Metaphysikkritik sei die negative Existenzbehauptung,[8] und dem mehrfachen Verweis auf die Vorstellung von *Entitäten* im Kontext der Diskussion metaphysischer Positionen[9] lässt sich jedoch schließen, dass als Kandidaten für den Metaphysikbegriff jedenfalls Behauptungen in Betracht kommen, die empirisch nicht überprüfbare Annahmen über die Existenz von Entitäten betreffen. In diesem Sinne ordnet *Alexy* – ohne definitorischen Anspruch – der Metaphysik Aussagen über „Entitäten" zu, „die die Reiche des Physischen und des Psychischen aus eigener Kraft nicht erzeugen können".[10]

Ich werde im Folgenden einen entsprechenden Metaphysikbegriff zugrunde legen – mit der Maßgabe, dass es (a) um prinzipiell (und nicht nur mangels aktueller Verfügbarkeit geeigneter Instrumentarien) empirisch nicht überprüfbare Existenzbehauptungen geht und dass (b) auch institutionelle Tatsachen wie Parlamente, Gerichte, das „Abseits" im Fußball und das „Matt" im Schach nicht dem Metaphysikbegriff unterfallen.

2. *Leistungen der „hart" metaphysischen Konzeption der Menschenwürde*

Versteht man Menschenwürde als metaphysische Qualität des Menschen, so kann und muss sie als unabhängig von empirischen Eigenschaften des konkreten Individuums gedacht werden. Sie ist dann weder an einen bestimmten sozialen Status[11] noch an bestimmte Leistungen[12] des menschlichen Individu-

---

[6] *Alexy*, Menschenrechte (Fn. 1), S. 21.

[7] Ebd., S. 21 ff.

[8] Ebd., S. 15.

[9] Ebd., S. 23 f.

[10] Ebd., S. 24.

[11] Zur traditionellen Statusorientierung der Würde in asiatischen Kulturen vgl. etwa *H. Hattori*, Was lehrt das Scheitern der Verwurzelung des Begriffs der „Menschenwürde" in Japan?, in: U. Neumann/P. Tiedemann/S. Liu (Hrsg.), Menschenwürde ohne Metaphysik. ARSP-Beiheft 165 (2021), S. 75–88. Ausführliche Analyse der Entwicklung des Verhältnisses von „Würde" und sozialem Status bei *J. Waldron*, Dignity, Rank, and Rights, 2012.

[12] „Leistungstheorie" der Menschenwürde bei *N. Luhmann*, Grundrechte als Institution, 1965, S. 53 ff. (6. Auflage 2019).

ums gebunden. Auch gegenüber natürlichen Fähigkeiten und Dispositionen des Einzelnen ist sie indifferent. Menschenwürde kann dann als Eigenschaft eines jeden Individuums verstanden werden, das der menschlichen Gattung zugehört. Auch einem irreversibel Komatösen könnte dann die Menschenwürde nicht abgesprochen werden.[13]

Die metaphysische Interpretation der Menschenwürde hat insofern das Potential, eine Universalisierungs- und Integrationsfunktion zu übernehmen,[14] die allen Modellen, die lediglich auf empirische Fähigkeiten abstellen, versagt ist. Exemplarisch kann hier auf den Topos der „Gottebenbildlichkeit" verwiesen werden, der keinen Raum für die Exklusion von Menschen aufgrund des individuellen Fehlens bestimmter Eigenschaften lässt. Denn so wenig die Menschenwürde in diesem Modell durch positiv bestimmte empirisch erfahrbare Eigenschaften des Menschen konstituiert wird, so wenig kann das Fehlen dieser Eigenschaften seine Würde in Frage stellen. *Spaemann* bringt diese Sichtweise der katholischen Theologie in der Formulierung auf den Punkt: „Alle empirischen Qualitäten sind nur die nach außen tretende Erscheinungsform einer sich nicht selbst zeigenden Substanz".[15] Ob die Institutionen, die sich auf diejenige Religion berufen, zu deren theologischem Bestand die Vorstellung der Gottebenbildlichkeit des Menschen gehört, von diesem Universalisierungs- und Integrationspotential stets Gebrauch gemacht haben, steht auf einem anderen Blatt.

3. *Defizite*

a) Verluste in der Schutzdimension

Die Interpretation der Menschenwürde als metaphysische Eigenschaft ist gegenüber der Schutzfunktion des Menschenwürdeprinzips ambivalent. Auf der einen Seite lässt sich, sofern man eine normative Kreativität von Metaphysik grundsätzlich anerkennt, eine Verstärkung der appellativen Funktion des Prinzips registrieren, wiederum am Beispiel der Gottebenbildlichkeit: Dass einem Wesen, das Gott ebenbildlich ist, Respekt geschuldet wird, ist einsehbar. Andererseits liegt die Argumentation nahe, eine metaphysische Eigenschaft des

---

[13] Insofern ist es folgerichtig, wenn *Tiedemann*, nach dessen „Personalitätstheorie" der im irreversiblen Koma liegende Mensch keine Person (mehr) ist und deshalb nicht mehr über Menschenwürde verfügt, als möglichen Einwand gegen seine Position ein „Zuwenig" an Metaphysik diskutiert (*Tiedemann*, Menschenwürde [Fn. 5], S. 243).

[14] Dazu *U. Neumann*, Interessen und Bedürfnisse als Basis des Prinzips der Menschenwürde. Eine Alternative zur metaphysischen Würdebegründung, in: U. Neumann/P. Tiedemann/S. Liu (Hrsg.), Menschenwürde ohne Metaphysik. ARSP-Beiheft 165 (2021), S. 159–176 (163f.).

[15] *R. Spaemann*, Über den Begriff der Menschenwürde (1985), in: ders., Das Natürliche und das Vernünftige, 1987, S. 77–106 (93).

Menschen könne durch menschliche Handlungen oder soziale Umstände nicht tangiert werden.[16] Es erscheint überzeugend, wenn die Toleranz christlicher Autoren gegenüber der Sklaverei jedenfalls auch in diesem Zusammenhang gesehen wird.[17] Der Ontologisierung der Menschenwürde korrespondiert hier eine Entnormativierung und damit ein Verlust an schützender Kraft.[18]

b) Erkenntnistheoretische Probleme

Der zentrale Einwand gegen eine hart metaphysische Interpretation der Menschenwürde ist aber erkenntnistheoretischer Natur. Das gilt zunächst für alle Ansätze, die einer bestimmten *Religion* verpflichtet sind. Religiöse Deutungsmuster sind jenseits der entsprechenden Religionsgemeinschaft weder konsensfähig noch verbindlich.[19] Die mangelnde Konsensfähigkeit steht der Integration in eine moralische Konzeption der Menschenwürde, die mangelnde Verbindlichkeit der Integration in die interpretative Ausgestaltung eines Rechtsprinzips der Menschenwürde entgegen. Letzteres schließt nicht aus, dass religiöse Ideologien in die Verfassungsinterpretation Eingang finden, sofern sich das mit den anerkannten methodologischen Instrumenten (etwa der historischen oder genetischen Auslegung) begründen lässt. Der unmittelbare Rückgriff auf Glaubensinhalte aber ist sowohl im Rahmen eines rationalen moralischen Diskurses als auch bei der Konturierung des Rechtsprinzips unzulässig.[20]

Prinzipiell das Gleiche gilt für Konzeptionen einer *säkularen Metaphysik*, soweit sie das Prädikat der hart metaphysischen Interpretation der Menschenwürde verdienen. Denn auch im Bereich der säkularen harten Metaphysik geht es um die Annahme von Eigenschaften (Entitäten), deren Existenz nicht überprüfbar ist. Der Versuch, die Menschenwürde in empirisch feststellbaren menschlichen Eigenschaften zu fundieren, rekurriert zwar auf eine intersubjektiv akzeptierte Basis, bedarf aber der argumentativen Vermittlung. Diese Vermittlung kann durch transzendentale Argumentation, im Wege einer diskursethischen Begründung oder über die Argumentationskette „Eigenschaften – Bedürfnisse – legitime Bedürfnisse – moralische Rechte“ geleistet werden.

---

[16] Dazu *U. Neumann*, Die Menschenwürde als Menschenbürde – oder wie man ein Recht gegen den Berechtigten wendet (2004), in: ders., Recht als Struktur und Argumentation, 2008, S. 35–55 (52f.).

[17] Dazu (differenzierend) *K. Hilpert*, Die Menschenrechte. Geschichte, Theologie, Aktualität, 1991, S. 96f.; *O. Höffe*, Vernunft und Recht. Bausteine zu einem interkulturellen Rechtsdiskurs, 1996, S. 100.

[18] Ebenso *Y. Kim*, Rekonstruktion der Diskussion um die Menschenwürde. Menschenwürde als ein normativer Anspruch, in: U. Neumann/P. Tiedemann/S. Liu (Hrsg.), Menschenwürde ohne Metaphysik. ARSP-Beiheft 165 (2021), S. 109–122 (115).

[19] *Alexy*, Menschenrechte (Fn. 1), S. 17.

[20] Näher dazu *Neumann*, Interessen (Fn. 14), S. 165f.

Der „Kurzschluss" von empirisch feststellbaren menschlichen Eigenschaften auf Normativität wäre als naturalistischer Fehlschluss einzustufen.[21]

III. „Weich" metaphysische Begründung von Menschenwürde und Menschenrechten

1. *„Emphatischer" und „konstruktiver" Metaphysikbegriff*

a) Ablehnung einer „hart" metaphysischen Position

Alexy erteilt einem „hart" metaphysischen Konzept von Menschenwürde und Menschenrechten eine klare Absage. Zwar deckt sich sein Begriff der „emphatischen" Metaphysik, die der Ablehnung verfällt, nicht vollkommen mit dem hier als „harte" Metaphysik bezeichneten Ansatz. Er ist durch spezifischere Merkmale gekennzeichnet: durch Totalität, Notwendigkeit, Normativität und Heilsbedeutung.[22] Mit der Reduktion der Existenz von Menschenrechten auf deren Begründbarkeit aber verwirft *Alexy* die Vorstellung von entsprechenden Entitäten, die menschlichen Entscheidungen und menschlicher Praxis vorausliegen und unabhängig von ihnen existieren würden. Damit verfällt die hier als „hart" metaphysisch gekennzeichnete Position[23] der Ablehnung.

b) Begründbarkeit und Existenz von Menschenrechten

Für die Existenz von Menschenrechten ist im Modell *Alexys* deren Begründbarkeit konstitutiv. Hinsichtlich möglicher Begründungsmodelle unterscheidet *Alexy* acht Ansätze, von denen sich zwei in ihrer Kombination als tragfähig erweisen: der „explikative" Ansatz, in dem „zum Ausdruck gebracht wird, was notwendig implizit in der menschlichen Praxis enthalten ist"[24], und der „existenzielle", in dem es darum geht, „ob wir uns selbst als diskursive Kreaturen wollen."[25] Keine maßgebliche Rolle spielen an dieser Stelle axiologische und normative Fragen, also etwa die Überlegung, ob die Zuerkennung bestimmter moralischer und juridischer Rechte nicht unter Gesichtspunkten der Gerechtigkeit oder der Humanität geboten ist. Die entscheidende Argumentationslinie verläuft über die Stationen Autonomie, Personhaftigkeit, Würde, Menschenrechte. „Wer den anderen als autonom anerkennt, erkennt ihn als Person an.

---

[21] Dazu *Kim*, Rekonstruktion (Fn. 18), S. 114.
[22] *Alexy*, Menschenrechte (Fn. 1), S. 22.
[23] Dazu oben unter I.
[24] *Alexy*, Menschenrechte (Fn. 1), S. 19.
[25] Ebd., S. 21.

Wer ihn als Person anerkennt, spricht ihm Würde zu. Wer ihm Würde zuspricht, erkennt seine Menschenrechte an.“[26]

Nicht ganz deutlich wird, ob die Begründbarkeit der Menschenrechte ein (zwingendes) *Kriterium* für die Existenz der Menschenrechte darstellt, oder ob die Existenz mit der Begründbarkeit *identisch* ist. Für Identität spricht die bereits zitierte Behauptung: „The existence of human rights consists in their justifiability, and in nothing else“.[27] In die gleiche Richtung weist die Formulierung, die Existenz der Menschenrechte liege in ihrer Begründbarkeit.[28] Auf der anderen Seite wird die Begründbarkeit offensichtlich als (zwingendes) *Kriterium* der Existenz der Menschenrechte gewertet, wenn es heißt: „Da die Existenz der Menschenrechte ausschließlich von ihrer Begründbarkeit abhängt, entscheidet nur die Begründbarkeit darüber, ob sie mehr als eine Illusion sind.“[29] Wenn die Begründbarkeit *darüber entscheidet*, ob den Menschenrechten Existenz zukommt oder ob sie lediglich eine Illusion sind, dann kann die Begründbarkeit mit der Existenz nicht identisch sein. Andernfalls würde die Existenz der Menschenrechte über ebendiese Existenz, also über sich selbst entscheiden. Vielmehr kommt ihr die Funktion eines (zwingenden) Existenzkriteriums zu.

c) Transzendentale Argumentation als Weg zur Metaphysik?

Die „explikative“ Begründung der Menschenrechte, der bei der Konstitution der Menschenrechte die zentrale Rolle zufällt, bringt zum Ausdruck, „was notwendig implizit in der menschlichen Praxis enthalten ist.“[30] Sie hat damit eine transzendentale Struktur; denn sie argumentiert mit den Bedingungen der Möglichkeit von „Wahrnehmungen, Gedanken oder sprachliche[n] Handlungen“, die als notwendig vorgestellt werden.[31] Ob diese Argumentation, die von der als notwendig gedachten Anerkennung der Autonomie des anderen im Diskurs über die Anerkennung des anderen als Person und weiter über die Zuerkennung von Menschenwürde zur Anerkennung der Menschenrechte des anderen führt,[32] in der Sache überzeugt, steht hier nicht zur Diskussion. Im Kontext des Themas „Menschenwürde und Metaphysik“ geht es vielmehr um die Verbindung von transzendentaler Argumentation und Metaphysik, die

---

[26] Ebd., S. 20.

[27] *Alexy*, Existence (Fn. 4), S. 11.

[28] *Alexy*, Menschenrechte (Fn. 1), S. 15.

[29] Ebd., S. 16.

[30] Ebd., S. 19.

[31] Zu dieser Bestimmung eines transzendentalen Arguments *Alexy*, Diskurstheorie und Menschenrechte, in: ders., Recht, Vernunft, Diskurs. Studien zur Rechtsphilosophie, 1995, S. 127–164 (133). Ich übernehme diese für mich überzeugende Bestimmung des Begriffs des transzendentalen Arguments, ohne auf die umstrittene (dazu *Alexy* a. a. O.) Frage, was genau ein transzendentales Argument ist, näher einzugehen.

[32] *Alexy*, Menschenrechte (Fn. 1), S. 20.

Alexy explizit, wenngleich in einer vorsichtigen Formulierung herstellt: Die explikative Begründung der Menschenrechte „folgt den Linien der Transzendentalphilosophie *Kants*. Damit erscheint die Möglichkeit einer immanenten Metaphysik am Horizont."[33]

Die hochkomplexe Frage nach dem Verhältnis von Transzendentalphilosophie und Metaphysik kann hier nicht aufgenommen werden. Ich beschränke mich auf das konkrete Problem einer transzendentalen, auf die Bedingungen des Diskurses rekurrierenden (und in diesem Sinne transzendentalpragmatischen) Argumentation, die die Existenz von Menschenrechten (gedacht als metaphysischer Sachverhalt) erweisen soll.[34] Hier stellen sich m. E. zwei – miteinander zusammenhängende – Probleme.

Das erste Problem hat sich bereits bei der Erörterung der Frage angedeutet, ob in *Alexys* Konzeption die Begründbarkeit der Menschenrechte ein (zwingendes) Kriterium für deren Existenz oder aber mit dieser Existenz identisch ist.[35] Zugespitzt lautet das Problem: Entweder ist mit „Existenz" nichts anderes als „Begründbarkeit" bezeichnet; dann ist es überflüssig, neben dem Begriff der „Begründbarkeit" den der „Existenz" einzuführen. Die Verwendung des Begriffs der Existenz zusätzlich zu dem der Begründbarkeit kann dann lediglich zu der Fehlvorstellung führen, es handele sich um zwei verschiedene Dinge. Oder aber „Existenz" meint etwas anderes als „Begründbarkeit"; dann wäre aufzuzeigen, dass eine transzendentalpragmatische Argumentation Entitäten nachweisen kann, die etwas anderes sind als Voraussetzungen der Praxis, die als Ausgangspunkt dieser Argumentation gewählt wurde.

Alexys Argumentation folgt, trotz einiger Formulierungen, die in die entgegengesetzte Richtung weisen,[36] dem zweiten Muster. Deutlich wird das insbesondere in der Rede von den „Entitäten", deren Existenz sich aus den Bedingungen des Diskurses ergebe: In der diskursiven Natur des Menschen „schlummere" „ein System von Begriffen, [...] die [...] dazu führen, dass unsere Welt mit Entitäten bevölkert wird, die die Reiche des Physischen und des Psychischen aus eigener Kraft nicht erzeugen können: mit Personen"[37]. Die Bedingungen der Möglichkeit des Diskurses werden damit kreativ; sie erzeugen „Entitäten" in Gestalt von „Personen".

Nicht nur auf der Basis des Prinzips „Entia non sunt multiplicanda praeter necessitatem" („Ockhams Rasiermesser") stellt sich hier die Frage, ob es hilfreich ist, die Feststellung: „Die Anerkennung von Menschen als Personen ist Bedingung eines ernsthaften Diskurses und damit als transzendentalpragmati-

---

33 Ebd., S. 19.

34 Ich folge dabei sowohl hinsichtlich des „Transzendentalen" als auch des „Metaphysischen" den referierten Begriffsbestimmungen *Alexys*.

35 Oben unter III. 1. b).

36 Oben unter III. 1. b).

37 *Alexy*, Menschenrechte (Fn. 1), S. 24.

sche Voraussetzung anzusehen“, durch die Behauptung „Personen existieren in einer Sphäre jenseits des Physikalischen und des Psychologischen“ in den Bereich des Metaphysischen zu verlängern. Ein erkennbarer Mehrwert wird damit nicht erzielt; die Zustimmungsrate dürfte in der Folge dieser Expansion der transzendentalpragmatischen Argumentation eher sinken.

Das zweite Problem hängt mit dem ersten zusammen. Es betrifft die Frage, in welchem Sinne man Menschenrechte als Fakten, Tatsachen, „Entitäten“ ansehen kann. Der unmittelbare Schluss von der „Begründetheit“ auf die Existenz von Menschenrechten überspringt die Dimension, in der moralische wie juridische Rechte ihre soziale Existenz haben: die der gesellschaftlichen (insbesondere: rechtlichen) Anerkennung. Zu fragen wäre, ob nicht ein Modell vorzugswürdig ist, in dem die Existenz von Rechten im sozialen Bereich lokalisiert und die Frage der „Begründetheit“ als normativer Maßstab der Ausgestaltung dieser Rechte herangezogen wird.

2. „Was“-Metaphysik und „Wozu“-Metaphysik

Eine different ausgestaltete, aber strukturell parallele Differenzierung zwischen einer problematischen und einer nicht nur unproblematischen, sondern unvermeidlichen metaphysischen Begründung findet sich, bezogen auf Menschenwürde und Menschenrechte, bei *Paul Tiedemann*. *Tiedemann* unterscheidet zwischen einer unverzichtbaren „Was“-Metaphysik und einer entbehrlichen und problematischen „Wozu“-Metaphysik.[38] Die „Was“-Metaphysik frage „in der Tradition *Kants* nach den notwendigen Bedingungen der Möglichkeit einer bestimmten Praxis, bzw. nach den notwendig mitzudenkenden Bedingungen einer Idee, die einer menschlichen Praxis zugrundeliegt.“[39] Die „Wozu“-Metaphysik, die in Übernahme der Terminologie eines anderen Autors auch als „Spezielle Metaphysik“ der „Allgemeinen Metaphysik“ („Was“-Metaphysik) gegenübergestellt wird, frage dagegen „nach den allgemeinsten Gründen, aus denen sich das Seiende bzw. die Ideen erklären oder rechtfertigen lassen.“[40] Die „Wozu“-Metaphysik sei die Domäne von Theologie und Weltanschauungen.[41] „Was“-Metaphysik, so kann man wohl ergänzen, ist demgegenüber Philosophie.

Voraussetzung für Menschenwürde und Menschenrechte sei eine „Metaphysik der Freiheit“, ohne die „nicht klar werden“ könne, „was mit Willensfreiheit, Selbstbestimmung, autonomer Lebensführung und Personalität ge-

---

[38] *Tiedemann*, Menschenwürde (Fn. 5). Eine ähnliche Unterscheidung findet sich der Sache nach bei *Gisbertz-Astolfi*, Sackgassen (Fn. 5), der sich aber gegen *Tiedemanns* Terminologie („Was“-Metaphysik und „Wozu“-Metaphysik) wendet (S. 74).

[39] *Tiedemann*, Menschenwürde (Fn. 5), S. 236.

[40] Ebd., S. 237.

[41] Ebd., S. 237.

meint sein kann."[42] Die Eigenschaft der Personalität bildet in *Tiedemanns* Theorie („Personalitätstheorie der Menschenwürde") „den einzigen Gegenstand, der für jede Person nicht nur einen relativen, sondern einen absoluten Wert, also Würde hat".[43] Der Metaphysik der Freiheit wird eine „Metaphysik des Determinismus" gegenübergestellt, die Voraussetzung für die Kausalwissenschaften sei. „So wie Wissenschaft nicht sinnvoll betrieben werden kann, wenn man ihr nicht eine Metaphysik des Determinismus zugrunde legt, so lässt sich aus der Perspektive des Akteurs [...] kein angemessenes Selbstverständnis gewinnen ohne Zugrundelegung einer Metaphysik der Freiheit."[44]

Der Ausschluss einer religiösen oder weltanschaulichen, also auf partikularen Deutungsmustern beruhenden Fundierung der Menschenwürde verdient hier ebenso Zustimmung wie die Feststellung, unserer sozialen Praxis liege notwendigerweise die Vorstellung der Nicht-Determiniertheit menschlichen Handelns zugrunde. Die Frage heißt, mit welchem Recht sich der Ansatz von *Tiedemann* als „metaphysisch" kennzeichnen lässt – eine Charakterisierung, die für den Autor so bedeutsam ist, dass er die Forderung einer von Metaphysik gänzlich befreiten Rechtstheorie geradezu für „sinnlos" erklärt.[45]

Natürlich hängt auch hier nahezu alles davon ab, wie man den vieldeutigen Begriff der Metaphysik interpretiert.[46] Ich bestreite nicht, dass man den Begriff in einem Sinne verwenden kann, der die Kennzeichnung der Annahme menschlicher Handlungsfreiheit als „metaphysische" Voraussetzung sozialer Praxis erlaubt. Ich behaupte aber, dass diese Kennzeichnung eine Verständigung über eine tragfähige Fundierung von Menschenwürde und Menschenrechten erschwert, weil sie einen extensiven Begriff der Metaphysik zugrunde legt und damit konsensfähige Analysen hinsichtlich der Bedingungen sozialer Praxis zu nicht konsensfähigen Behauptungen über empirisch nicht erfahrbare Entitäten überhöht.

Es geht hier um den Übergang von transzendentalen (aus meiner Sicht: transzendentalpragmatischen) Rekonstruktionen zur Ontologie, also zu Existenzbehauptungen. Wiederum gilt, dass hier das Verhältnis von transzendentaler Argumentation und Metaphysik nicht in grundsätzlicher Weise thematisiert werden kann.[47] Es lässt sich m. E. aber zeigen, dass in *Tiedemanns* „Personalitätstheorie der Menschenwürde" nicht nur die „Wozu"-Metaphysik, sondern auch die „Was"-Metaphysik entbehrlich ist.

Tiedemann selbst erkennt an, dass es im Rahmen einer transzendentalen Argumentation „nicht um verschiedene Wirklichkeiten, sondern nur um ver-

[42] Ebd., S. 234.
[43] Ebd., S. 232.
[44] Ebd., S. 235.
[45] Ebd., S. 235.
[46] Dazu oben unter II. 1.
[47] Dazu oben unter III. 1. c.

schiedene Deutungen“ geht.[48] Gleichwohl hält er daran fest, die unterschiedlichen Deutungen, wie sich schon in dem akzeptierten Nebeneinander von „Metaphysik des Determinismus“ und „Metaphysik der Freiheit“ gezeigt hat, im Bereich der Metaphysik (die mit Ontologie gleichgesetzt wird) zu lokalisieren. Die entsprechende Passage verdient es, ausführlich zitiert zu werden:

„Seit *Kant* besteht eine gewisse Skepsis darüber, ob uns eine empirisch nicht wahrnehmbare Wirklichkeit überhaupt irgendwie zugänglich ist. Seitdem neigen viele Philosophen dazu, nicht mehr nach den allgemeinen Grundstrukturen des Seins zu fragen, sondern nach den allgemeinsten Grundstrukturen unserer Ideen und Gedanken, und zwar insbesondere nach den allgemeinen Grundstrukturen jener Ideen, die sich in unserer empirisch wahrnehmbaren menschlichen Praxis widerspiegeln. Die Ergebnisse beider Betrachtungsweisen sind aber praktisch die gleichen. Was man früher für das Sein hielt, versteht man heute als grundlegende Ideen in unseren Köpfen. Es geht also nicht um verschiedene Wirklichkeiten, sondern nur um verschiedene Deutungen. Deshalb ist es nicht nur üblich, sondern auch gerechtfertigt auch den nachkantischen Forschungsansatz als Metaphysik oder Ontologie zu bezeichnen, obwohl es eigentlich angemessener wäre, von einer Metapraxis zu sprechen.“[49]

Es soll hier nicht darüber gerechtet werden, ob die Ergebnisse der transzendentalphilosophischen Analysen einerseits, die Behauptungen der vor-kantischen Ontologie andererseits tatsächlich „praktisch die gleichen“ sind. Im vorliegenden Kontext ist entscheidend der letzte Halbsatz des Zitats, der uneingeschränkte Zustimmung verdient. Tatsächlich wäre es angemessener, die vorgetragene Argumentation einer „Metapraxis“ anstatt einer „Metaphysik oder Ontologie“ zuzuordnen. Das aber bedeutet: Der metaphysische Ansatz ist hier nicht nur verzichtbar; er überlagert auch die „angemessenere“ Zuordnung der Argumentation zu dem Bereich der Metapraxis.

IV. Alternative: Modus der Zuerkennung von Menschenwürde und Menschenrechten

Die Zweifel an der erkenntnistheoretischen Validität der Versuche, Menschenwürde und Menschenrechte metaphysisch zu begründen, legen es nahe, anstelle eines kognitiven einen normativen Ansatz zu wählen. Ausgangspunkt ist dann nicht mehr die Frage nach transzendenten Eigenschaften, die geeignet sein sollen, Menschenwürde und Menschenrechte zu begründen. Ausgangspunkt ist die Frage, welche Bedürfnisse und Interessen der Menschen über die

---

[48] *Tiedemann*, Menschenwürde (Fn. 5), S. 236.
[49] Ebd., S. 236.

Grenzen der einzelnen Rechtskulturen hinaus zu schützen sind, weil sie erstens elementare Bedeutung und zweitens universellen Charakter haben.

1. Menschenwürde und Menschenrechte als normativer Status

Auf der Basis dieses Ansatzes sind nicht nur die Menschenrechte als subjektive Rechte zu verstehen; auch die Menschenwürde erhält den Status eines subjektiven Rechts. Bei dieser Interpretation trifft, wie *Stephan Kirste* gezeigt hat, die sprachliche Ausgestaltung, die das Prinzip der Menschenwürde im deutschen Grundgesetz erfahren hat, den Regelungsgehalt dieses Prinzips genau.[50] Denn als subjektives Recht ist die Menschenwürde tatsächlich unantastbar, und zwar in einem doppelten Sinn: Das Recht auf menschenwürdige Behandlung *darf* keinesfalls verletzt werden,[51] und es *kann* als Rechtsposition nicht gemindert („angetastet") werden – auch wenn die Ansprüche, die aus diesem Recht resultieren, selbstverständlich verletzt werden können.[52] Auch im Sinne des moralischen Status lässt sich die Menschenwürde, sofern man überhaupt moralische Rechte anerkennt, als subjektives Recht interpretieren. Hinsichtlich der Konturierung dieses Rechts bzw. dieses Ensembles von Rechten[53] ist bei der Frage anzusetzen, welche Handlungen die Menschenwürde verletzen.[54] Der Schutzbereich des Rechts auf menschenwürdige Behandlung betrifft insbesondere Selbstbestimmung und Freiheit von Demütigungen.[55]

---

[50] *St. Kirste*, Menschenwürde als subjektives Recht. Selbstverhältnis in Rechtsverhältnissen, in: U. Neumann/P. Tiedemann/ S. Liu (Hrsg.), Menschenwürde ohne Metaphysik. ARSP-Beiheft 165 (2021), S. 123–146 (140).

[51] Zur umfangreichen Diskussion um die Frage, ob die verfassungsrechtlich garantierte Menschenwürde (Art. 1 Abs. 1 GG) einer Abwägung zugänglich ist, klärend die rechtsphilosophisch fundierten Stellungnahmen von *R. Alexy*, Menschenwürde und Verhältnismäßigkeit, AöR 140 (2015), S. 497–513, sowie von *C. Bäcker*, Begrenzte Abwägung. Das Menschenwürdeprinzip und die Unantastbarkeit, DER STAAT 55 (2016), S. 433–460.

[52] Auch wenn man das Klonieren eines Menschen (jedenfalls unter bestimmten Umständen) als Würdeverletzung qualifiziert, bleibt die Würde des auf diesem Weg Erzeugten als subjektives Recht selbstverständlich ungemindert.

[53] „Ensembletheorie" der Menschenwürde bei *E. Hilgendorf*, Instrumentalisierungsverbot und Ensembletheorie der Menschenwürde, in: H.-U. Paeffgen u. a. (Hrsg.), Strafrechtswissenschaft als Analyse und Rekonstruktion. Festschrift für Ingeborg Puppe zum 70. Geburtstag, 2011, S. 1653–1671.

[54] Ebenso *H. Hofmann*, Die versprochene Menschenwürde, AöR 118 (1993), S. 353 ff.; *T. Hörnle*, Menschenwürde und Lebensschutz, ARSP 89 (2003), S. 318–338; *P. Schaber*, Instrumentalisierung und Würde, 2010, S. 48 ff.; *ders.*, Die Bedeutung von Instrumentalisierung und Demütigung als Würdeverletzung, in: D. Demko/K. Seelmann/P. Becchi (Hrsg.), Würde und Autonomie. ARSP-Beiheft 142 (2015), S. 159–168.

[55] Näher dazu *Neumann*, Interessen (Fn. 14), S. 168 ff.

2. *Rückbindung an Eigenschaften als Basis von Interessen und Bedürfnissen*

Die auch in metaphysikkritischer Absicht unternommene Interpretation der Menschenwürde von ihrem Schutzbereich (und damit von möglichen Verletzungshandlungen) her ist teilweise auf grundsätzliche Kritik gestoßen. Das gilt insbesondere für die an *Margalit*[56] anschließende, teilweise als „Humiliationismus" bezeichnete Deutung der Menschenwürde als Verbot der Demütigung.[57] Im vorliegenden Kontext interessiert diese Kritik nicht unter inhaltlichen, sondern unter erkenntnistheoretischen Gesichtspunkten. Es geht insbesondere um die Behauptung, dass sich Positionen, die – wie der sog. Humiliationismus – zur Bestimmung der Menschenwürde bei der Verletzung menschlicher Interessen und der Missachtung menschlicher Bedürfnisse ansetzen, nicht begründen ließen, ohne selbst wieder auf metaphysische Voraussetzungen zurückzugreifen. Die Alternative zu einer metaphysischen Begründung der Menschenwürde sei deshalb ein schlichter Dezisionismus.[58]

Es geht bei dieser Kritik zentral um die Frage, ob nicht auch metaphysikkritische Ansätze, die „Menschenwürde" von der Verletzungshandlung her rekonstruieren, auf metaphysische Eigenschaften des Menschen zurückgreifen müssen. Die Frage lässt sich in drei Teilprobleme aufspalten: (a) Müssen nicht auch nicht-metaphysische Modelle der Menschenwürde von bestimmten menschlichen Eigenschaften ausgehen? (b) Lässt sich begründen, dass nichtmetaphysischen (empirisch feststellbaren) *typischen* Eigenschaften von Menschen normative Relevanz zukommen kann? (c) Wenn ja: kann diesen typischen menschlichen Eigenschaften normative Relevanz auch für menschliche Individuen zugeschrieben werden, die diese Eigenschaften nicht aufweisen?

---

[56] *A. Margalit*, The Decent Society, 1996 (deutsch: Politik der Würde. Über Achtung und Verachtung, 1997/2012).

[57] Zur Demütigung als Kern der Verletzung der menschlichen Würde: *T. Hornle*, Menschenwürde als Freiheit von Demütigungen, ZRPh 2008, S. 41 ff.; *dies.*, Warum sich das Würdekonzept Margalits zur Präzisierung von „Menschenwürde als geschütztes Rechtsgut" eignet, in: E. Hilgendorf (Hrsg.), Menschenwürde und Demütigung. Die Menschenwürdekonzeption Avishai Margalits, 2013, S. 91–108; *R. Stoecker*, Worin liegen Menschenwürde-Verletzungen? Eine Fallgruppenanalyse, in: D. Demko/K. Seelmann/P. Becchi (Hrsg.), Würde und Autonomie. ARSP-Beiheft 142 (2015), S. 91–105. Kritik etwa bei *Gisbertz-Astolfi*, Sackgassen (Fn. 5); *E. Hilgendorf*, Menschenwürde als Schutz vor Demütigungen? Eine Kritik, in: ders. (Hrsg.), Menschenwürde und Demütigung. Die Menschenwürdekonzeption Avishai Margalits, 2013, S. 127–138; *C. Horn*, Die verletzbare und die unverletzbare Würde des Menschen – eine Klärung, Information Philosophie 2011, S. 30–41.

[58] *Gisbertz-Astolfi*, Sackgassen (Fn. 5). Der Verf. verwendet für die hier als dezisionistisch bezeichnete Position den vieldeutigen und in der moralphilosophischen Diskussion wenig gebräuchlichen Begriff des „Positivismus".

a) Menschliche Eigenschaften als Basis der Zuerkennung von Menschenwürde

Die erste Frage lässt sich mit einem klaren „Ja" beantworten. Wenn man, wie hier vorgeschlagen wird, dem Prinzip der Menschenwürde den Schutz elementarer menschlicher Bedürfnisse zuordnet,[59] dann liegt das auf der Hand. Denn selbstverständlich resultieren menschliche Interessen und Bedürfnisse aus menschlichen Eigenschaften. Wären Menschen nicht schmerzempfindlich, wäre ein Recht auf Freiheit von Schmerzen als (positives) subjektives Recht, als Menschenrecht wie auch als Element des Rechts auf Menschenwürde[60] sinnlos. Würden zur (empirischen) menschlichen Existenz nicht Leiden und Tod gehören, dann könnte dem Prinzip der Menschenwürde nicht ein Recht auf menschenwürdiges Sterben zugeordnet werden. Schließlich: Wäre der Mensch nicht zur „symbolischen Interaktion und Kommunikation" fähig, dann käme eine Verletzung der Menschenwürde in Form einer Demütigung nicht in Betracht.[61]

Es ist folglich richtig, dass auch Ansätze, die Menschenwürde von Verletzungshandlungen her rekonstruieren, bestimmte menschliche Eigenschaften voraussetzen müssen. Es handelt sich aber durchgehend um empirisch feststellbare Eigenschaften. Dies gilt selbstverständlich auch für das letzte Beispiel, die Fähigkeit zu symbolischer Kommunikation. Der Bereich der symbolischen Kommunikation (und mit ihm die Erfahrung von Demütigungen) ist Bestandteil der Lebenswelt und nicht weniger real als Hunger und Schmerzen. Ein Rückgriff auf irgendeine Art von („harter" oder „weicher") Metaphysik ist bis zu diesem Punkt der Überlegungen nicht erforderlich.

b) Übergang vom Sein zum Sollen

Probleme bereitet demgegenüber der Übergang von der Feststellung faktischer (empirisch erfahrbarer) menschlicher Eigenschaften zur Normativität. Die Frage heißt, wie „die Brücke von faktischen Eigenschaften zu Wertprädikaten wie Würde geschlagen" werden kann.[62] An dieser Stelle droht, wie verschiedentlich festgestellt worden ist, die Gefahr eines „naturalistischen Fehlschlusses".[63]

---

[59] *U. Neumann*, Das Rechtsprinzip der Menschenwürde als Schutz elementarer menschlicher Bedürfnisse. Versuch einer Eingrenzung, ARSP 103 (2017), S. 287–303.

[60] Für ein Recht auf Freiheit von extremen Schmerzen als Element des Menschenwürde-Prinzips *Hilgendorf*, Instrumentalisierungsverbot (Fn. 53), S. 1666.

[61] Insoweit zutreffend *Gisbertz-Astolfi*, Sackgassen (Fn. 5), S. 68.

[62] *M. Mahlmann*, Menschenwürde in Politik, Ethik und Recht – universelle Fassade, kulturelle Relativität?, in: F. Saliger (Hrsg.), Rechtsstaatliches Strafrecht. Festschrift für Ulfrid Neumann zum 70. Geburtstag, 2017, S. 267–281 (276).

[63] Dazu *Feng*, Menschenwürde (Fn. 5), S. 60; *Kim*, Rekonstruktion (Fn. 18), S. 114. Grundsätzlich und klärend zu den Voraussetzungen, unter denen einer Argumentation ein naturalistischer Fehlschluss angelastet werden kann, *K. Langenbucher*, Bemerkungen zum ‚naturalis-

Der Schluss von einem Sein (bestimmte menschliche Eigenschaften als Ursachen bestimmter Interessen und Bedürfnisse) auf ein Sollen (Menschenwürde als subjektives Recht, Menschenrechte) lässt sich indes durch die Einführung einer normativen Prämisse konvalidieren, die das Sein als Voraussetzung des Sollens in den normativen Kontext integriert. Diese Prämisse kann etwa formuliert werden: „Die Regeln und Prinzipien der Gesellschaft sollen so ausgestaltet sein, dass sie den elementaren Bedürfnissen und Interessen der Menschen Rechnung tragen."

Ich halte diese Prämisse für in hohem Maße konsensfähig, soweit man überhaupt bereit ist, einen „moral point of view" zu akzeptieren. Selbstverständlich ist damit zu der Frage, welche Interessen und Bedürfnisse elementarer Natur sind und in welcher Weise sie bei der *Ausgestaltung* von Rechtspositionen zu berücksichtigen sind, noch nichts gesagt. Es geht an dieser Stelle nur darum, aus dem Modus beschreibender Aussagen in den *normativen Modus* von Rechtspositionen überzugehen. Dieser Schritt aber scheint mir unter der genannten Voraussetzung eines „moral point of view" unproblematisch zu sein.[64]

c) Universalisierbarkeit

Schwierigkeiten wirft dieser metaphysik-abstinente Ansatz dort auf, wo die Bedürfnisse und Interessen, auf die der normative Status (Menschenwürde, Menschenrechte) gegründet wird, im Einzelfall nicht gegeben sind. Es geht an dieser Stelle nicht um die Frage einer kulturellen Relativität von Menschenwürde und Menschenrechten. Zu dieser Frage lässt sich überzeugend argumentieren, dass die Gründe für die Zuschreibung von Menschenwürde und Menschenrechten „in geteilten zentralen humanen Eigenschaften [liegen], die jeder Mensch besitzt, unabhängig von Religion, Geschlecht oder Hautfarbe"[65]. Es geht vielmehr um menschliche Individuen, die in ihrer Person eine jener Eigenschaften, die normativ relevante Interessen und Bedürfnisse begründen, nicht aufweisen. Soweit man die Verletzung der Menschenwürde auf die Demütigung eines Menschen fokussiert, lässt sich hier die Konstellation anführen, dass jemand aufgrund einer besonderen psychischen Konstitution nicht über die „Fähigkeit" verfügt, sich gedemütigt zu fühlen.[66]

---

tischen Fehlschluss', in: F. Saliger (Hrsg.), Rechtsstaatliches Strafrecht. Festschrift für Ulfrid Neumann zum 70. Geburtstag, 2017, S. 247–256.

[64] Eine deutlich anspruchsvollere und aufwendigere Konstruktion zur Lösung des Problems eines „naturalistischen Fehlschlusses" findet sich bei *Mahlmann*, Menschenwürde (Fn. 62), der einen Ansatz verfolgt, der „eine humanistische Anthropologie mit grundlegenden normativen Prinzipien verbindet und dadurch einen naturalistischen Fehlschluss vermeidet" (S. 277).

[65] *Mahlmann*, Menschenwürde (Fn. 62), S. 279.

[66] *Gisbertz-Astolfi*, Sackgassen (Fn. 5), S. 69.

Die mögliche Konsequenz, Menschenwürde und Menschenrechte den Individuen selektiv, je nach konkreter Interessenlage zu- oder abzusprechen, wäre für das notwendig universalistisch verstandene Konzept von Menschenwürde und Menschenrechten desaströs. Ein metaphysisches Modell der Menschenwürde überwindet diese Hürde mit Leichtigkeit, weil es auf – angebliche – überempirische Qualitäten „des" Menschen abstellt, die von den konkreten Interessen und Bedürfnissen des Einzelnen (und dem Fehlen dieser Interessen und Bedürfnisse) nicht tangiert werden. Nicht-metaphysische Ansätze stehen vor der Aufgabe, zu begründen, dass Menschenwürde und Menschenrechte generalisierend zuerkannt werden müssen, also auch dann, wenn die Interessen und Bedürfnisse, deren Schutz sie dienen, im Einzelfall nicht feststellbar sind.

Dafür bieten sich zwei Argumentationen an. Die erste bezieht sich auf die Funktionsbedingungen rechtlicher Normen. Die zweite, gewichtigere, führt über eine Rekonstruktion des Modus der *Zuschreibung*, der ein nicht-metaphysisches Verständnis von Menschenwürde und Menschenrechten prägt.

Rechtsnormen können Interessen, an die sie anschließen, grundsätzlich nur generalisierend berücksichtigen. So beruhen die Vorschriften über Schadensersatz bei der Verletzung fremden Eigentums (auch) darauf, dass der Eigentümer einer Sache typischerweise ein Interesse daran hat, den ihm zugefügten Schaden ersetzt zu bekommen. Ist dieses Interesse im Einzelfall nicht vorhanden, dann ist das rechtlich unerheblich. Denn die Interessenlage, auf die das Recht reagiert, kann es nur typisierend bestimmen. Entsprechendes gilt im Fall von Handlungen, die *typischerweise* als schwere Demütigungen erfahren werden. Auch bei ihnen liegt eine Rechtsverletzung (Verletzung des Rechts auf Menschenwürde) vor, gleichgültig, ob der Betroffene selbst diese Handlung als schwere Demütigung erlebt.[67] Auch moralische Normen können – auf der Basis einer interessenbasierten Moral – Interessen nur typisierend berücksichtigen, soweit überhaupt an dem Konzept moralischer Normen festgehalten (und nicht an deren Stelle eine bloße Einzelfall-Moral gesetzt) wird.

d) Menschenwürde und Menschenrechte als Status-Zuschreibungen

Menschenwürde und Menschenrechte lassen sich somit als subjektive Rechte interpretieren, die Menschen aufgrund bestimmter elementarer Bedürfnisse und Interessen (und durch diese wird ein konsensfähiges normatives Prinzip *begründet*)[68] zuerkannt werden. Eine solche rein „deontologische" (in der Kategorie von subjektiven Rechten und korrespondierenden Pflichten formulier-

---

[67] Daraus folgt nicht zwingend, dass eine Beleidigung (§ 185 StGB) gegenüber geistig Behinderten auch dann vorliegen kann, wenn diese die Herabsetzung nicht als solche erfahren können. Zu dieser umstrittenen Frage NK-StGB/*R. Zaczyk*, 5. Aufl. 2017, Vor. §§ 185 ff. Rn. 11.

[68] Dazu oben unter IV. 2. b).

te) Rekonstruktion erschöpft jedoch das Verständnis von Menschenrechten und Menschenwürde, das wir in unserer gesellschaftlichen Kommunikation zugrunde legen, nicht. Nach diesem Verständnis geht es nicht nur um die Statuierung von Rechten und Pflichten, sondern auch um die Zuschreibung eines normativen Status, der als Fundament der Rechte erscheint. Es geht in diesem Sinne um eine *Eigenschaft* des Menschen. Das ist die richtige Intuition der metaphysischen Ansätze, die allerdings als solche in erkenntnistheoretisch steiniges Gelände führen (dazu oben).

Die Alternative liegt in einem Ansatz, der Menschenwürde nicht als metaphysische, sondern – in Analogie zum Modell der institutionellen Tatsachen – als „konventionelle“, dem Menschen zugeschriebene Eigenschaft konzipiert.[69] Das entspricht im Wesentlichen der von *Gutmann* und *Quante* vertretenen Position des „Askriptivismus“, der „die zentralen Aspekte unserer ethischen Praxis als Zuschreibungen, also nicht primär als Präskriptionen und auch nicht als bloße Beschreibungen“ versteht.[70] Insbesondere gilt auch für das Modell der Menschenwürde als konventionelle Tatsache die Feststellung: „Ohne unsere ethische Praxis gäbe es Menschenwürde, Autonomie oder Verantwortung genauso wenig wie es das Abseits im Fußball, die Rochade im Schach […] ohne entsprechende sozial vereinbarte Regeln gäbe“[71].

Zu erörtern bleibt in diesem Kontext allerdings die Frage einer „kognitivistischen“ oder „nonkognitivistischen“ Lesart des Askriptivismus. *Gutmann* und *Quante* beziehen sich auf den Beitrag des „Urvaters“ des Askriptivismus,[72] distanzieren sich aber von dem von ihnen bei *Hart* diagnostizierten „Nonkognitivismus“. Die Verfasser setzen in diesem Zusammenhang Nonkognitivismus mit „Willkür“ gleich und verweisen auf zwei Kriterien in der Praxis unserer Zuschreibung, die Willkür (und damit den in ihrem Sinne verstandenen Nonkognitivismus) ausschließen: (1) die deskriptiven Elemente in Begriffen, mit denen Lob, Tadel, Autonomie und Verantwortung zugeschrieben werden; (2) das Erfordernis der Kohärenz von Zuschreibungen, das Willkür gleichfalls ausschließe.[73]

Diese Gegenüberstellung dürfte zu scharf, die Verteidigung eines ethischen Kognitivismus durch Widerlegung der Alternative willkürlicher Zuschreibungen daher nur bedingt erfolgreich sein. Denn so richtig es ist, dass der Willkür

---

[69] Dazu *Neumann*, Interessen (Fn. 14), S. 175f.

[70] *T. Gutmann/M. Quante*, Menschenwürde, Selbstbestimmung und Pluralismus: Zwischen sittlicher Vorgabe und deontologischer Konstruktion, ARSP 103 (2017), S. 322–336 (329).

[71] Ebd., S. 330.

[72] *H. Hart*, The Ascription of Responsibility and Rights, in: Proceedings of the Aristotelian Society 49 (1948/49), S. 171–194 (abgedruckt in: A. Flew (Hrsg.), Essays on Logic and Language, 1951, S. 145–176).

[73] *Gutmann/Quante*, Menschenwürde (Fn. 70), S. 330.

von Zuschreibungen durch deskriptive Begriffselemente ebenso wie durch Anforderungen einer kohärenten Zuschreibungspraxis Grenzen gesetzt werden, so wenig trifft es zu, dass diese Zuschreibungen lediglich Erkenntnisse (Kognitionen) vorgegebener Wertungen zum Ausdruck bringen. Es verdient deshalb Zustimmung, wenn die Autoren ihre kognitivistische Position später abschwächen und nur noch von einem „schwachen, weil kontextgebundenen Kognitivismus" des Askriptivismus sprechen.[74]

Diese Sichtweise auf die Menschenwürde dürfte nicht nur dem Verständnis entsprechen, das unserer ethischen Praxis zugrunde liegt. Sie löst auch das Problem der Universalisierung, das sich für ein Modell der Menschenwürde, das sich auf die Notwendigkeit der Berücksichtigung elementarer menschlicher Interessen und Bedürfnisse gründet, in den Fällen stellt, in denen diese Interessen *in casu* nicht aufweisbar sind. Denn die Zuschreibung von Menschenwürde erfolgt in der ethischen Praxis nicht individualisierend, sondern generalisierend. Als konventionelle Tatsache ist die Menschenwürde lediglich an das Mensch-Sein gebunden. Ein wichtiger Vorteil metaphysischer Menschenwürde-Konzeptionen ließe sich damit sichern, ohne den Preis erkenntnistheoretischer Defizite zu bezahlen.

V. Fazit

Alexys Absage an eine „emphatische" Metaphysik bei der Begründung der Menschenrechte ist ein wichtiger Schritt in Richtung eines rationalen und erkenntnistheoretisch überzeugenden Modells. Der zweite Schritt, die Absage an jegliche metaphysische Begründung, ist in der Reduktion der Existenz von Menschenrechten auf deren Begründbarkeit schon angelegt – möglicherweise auch implizit schon vollzogen.

---

[74] Ebd., S. 334.

Diskurs und Autonomie

Jan Sieckmann

I. Einleitung

Die Diskurstheorie bildet die philosophische Grundlage von *Robert Alexys* Theorie des Rechts. Sie bildet die Grundlage der Theorie juristischer Argumentation[1] wie auch der Begründung der Menschenrechte,[2] der Theorie des demokratischen Verfassungsstaats[3] und der des Rechts insgesamt.[4] Wann immer Begründungsprobleme ungelöst bleiben, bleibt der Verweis auf den rationalen Diskurs.[5]

Die Diskurstheorie ist zugleich umstritten,[6] auch die Alexysche Diskurstheorie des Rechts.[7] Ein zentrales Problem ist, wie ein rationaler Diskurs zur Begründung normativer Aussagen beitragen kann. Eine Begründung muss sich auf Gründe stützen, die jeder vernünftig Urteilende einsehen kann. Wenn es aber solche Gründe gibt, scheint ein Diskurs als Begründungsinstrument überflüssig.[8] Das Ergebnis würde aus den Gründen folgen. Wenn es aber keine

---

[1] Grundlegend *R. Alexy*, Theorie der juristischen Argumentation, 1978.

[2] *R. Alexy*, Diskurstheorie und Menschenrechte, in: *ders.*, Recht, Vernunft, Diskurs, 1995, S. 127–164; *ders.*, Menschenrechte ohne Metaphysik?, in: DZPhil 52 (2004), S. 15–24.

[3] *R. Alexy*, Die Institutionalisierung der Menschenrechte im demokratischen Verfassungsstaat, in: S. Gosepath/G. Lohmann (Hrsg.), Philosophie der Menschenrechte, 1995, S. 244–264; *ders.*, Grundgesetz und Diskurstheorie, in: W. Brugger (Hrsg.), Grundrechte, Demokratie und Repräsentation, in: Der Staat 51 (2015), S. 201–212.

[4] *R. Alexy*, Die Idee einer prozeduralen Theorie der juristischen Argumentation, sowie *ders.*, Rechtssystem und praktische Vernunft, beide in *ders.*, Recht, Vernunft, Diskurs, 1995.

[5] Exemplarisch zur Abwägung *R. Alexy*, Theorie der juristischen Argumentation. Nachwort: Antwort auf einige Kritiker, 8. Aufl. 2015, S. 409f.

[6] *P. Gril*, Die Möglichkeit praktischer Erkenntnis aus Sicht der Diskurstheorie, 1998; *A. Engländer*, Diskurs als Rechtsquelle, 2002, S. 41ff.; *O. Weinberger*, Logische Analyse als Basis der juristischen Argumentation, in: R. Alexy/W. Krawietz (Hrsg.), Metatheorie juristischer Argumentation, 1983, S. 191ff.; *E. Tugendhat*, Probleme der Ethik, 2002, S. 122f.

[7] Insbesondere *E. Hilgendorf*, Argumentation in der Jurisprudenz, Diss., Tübingen 1990, S. 223ff.; *ders.*, Zur transzendentalpragmatischen Begründung von Diskursregeln, in: Rechtstheorie 27 (1995), S. 183–200; *Gril*, Diskurstheorie (Fn. 6), S. 124ff.; *Engländer*, Diskurs (Fn. 6), S. 88ff.; *K.-E. Hain*, Diskurstheorie und Menschenrechte, in: Der Staat 40 (2001), S. 193–220 (199ff.); *C. Bäcker*, Begründen und Entscheiden. Kritik und Rekonstruktion der Alexyschen Diskurstheorie des Rechts, 2008; *ders.*, Recht als institutionalisierte Vernunft? Zu Robert Alexys diskurstheoretischer Konzeption des Rechts, in: ARSP 97 (2011), S. 346–359.

[8] Siehe auch *Gril*, Diskurstheorie (Fn. 6), S. 164.

hinreichenden Gründe für eine normative Aussage gibt, kann auch ein Diskurs keine Begründung liefern. Selbst wenn der Diskurs zu einem Konsens aller Beteiligten führte, wäre dieser nur zufällig, aber nicht begründet, und könnte jederzeit entfallen.[9]

Ein paralleles Problem besteht hinsichtlich der Konzeption moralischer Autonomie.[10] Autonome Subjekte sollen selbst über die für sie geltenden Normen urteilen können, sollen also selbstgesetzgebend sein. Die Geltung von Normen (nicht nur die Entscheidung, sie zu befolgen) muss also von autonomen Urteilen abhängen. Zugleich sollen autonome Subjekte an die selbstgesetzten Normen gebunden sein. Wenn autonome Subjekte aber in ihrem Urteil frei sind, also auch anders urteilen könnten, könnten sie ihre Auffassung jederzeit ändern. Es ist nicht klar, wie eine Bindung an Normen dann möglich sein sollte.[11] Wenn aber die Anerkennung der Geltung dieser Norm notwendig ist, weil es hinreichende Gründe für sie gibt, dann käme es für die Begründung der Normgeltung nicht auf das Urteil autonomer Subjekte an. Wiederum ist fraglich, wie moralische Autonomie als Selbstgesetzgebung verstanden werden kann.

Die Parallelität der Probleme ist kein Zufall. Diskurs und Autonomie hängen zusammen. Ein Diskurs muss aus freien Urteilen der Beteiligten hervorgehen, wenn er eine Begründungsfunktion haben soll. Es muss also die Autonomie der Beteiligten anerkannt werden. Autonomie wiederum kann ohne Diskurs keine Grundlage für die Begründung verbindlicher Normen sein. Denn autonome Subjekte können nicht beanspruchen, dass ihre normativen Urteile für andere autonome Subjekte verbindlich sind. Dies würde die gleiche Autonomie der anderen verletzen. Autonome Normbegründung erfordert also Diskurse, letztere wiederum autonome Urteile.

Es ist somit fraglich, welche Bedeutung Diskurs und Autonomie für die Begründung von Normen haben können. Dabei geht es um Begründung im Sinne der rational notwendigen Anerkennung der Geltung der Normen, nicht um Normerzeugung durch einen Konsens etwa im Sinne einer Vertragstheorie. Fraglich ist, woraus sich diese Notwendigkeit ergeben kann. Diese Frage führt auf zwei grundsätzlich verschiedene Interpretationen der Diskurstheorie. Zu

---

[9] Alexy möchte dem mit der Konzeption einer absoluten, nicht-prozeduralen Wahrheit oder Richtigkeit als regulativer Idee begegnen, siehe *R. Alexy*, Thirteen Replies, in: G. Pavlakos (Hrsg.), Law, Rights, and Discourse, 2007, S. 333–366 (348); *ders.*, Probleme der Diskurstheorie, in: ders., Recht, Vernunft, Diskurs. Studien zur Rechtsphilosophie, 1995, S. 109–126 (121). Siehe auch *J. Habermas*, Richtigkeit versus Wahrheit, in: *ders.*, Wahrheit und Rechtfertigung, 1999, S. 401 („realistischer Stachel") (dazu *R. Hartwig*, Die Institutionalisierung des Nichtinstitutionellen, 2020, S. 295, 297).

[10] Dazu *J. Sieckmann*, The Logic of Autonomy, 2012.

[11] Die Möglichkeit einer verbindlichen autonomen Moral wird dementsprechend abgelehnt von *R. Wolff*, In Defence of Anarchism, 1998, S. 180 f.; *R. Bittner*, Moralisches Gebot oder Autonomie?, 1983, S. 118 ff.

unterscheiden ist zwischen dem Diskurs als Erkenntnisverfahren und dem Diskurs als Verfahren der Normbegründung, durch das Normgeltung erst konstituiert wird.[12] Meine These ist, dass der praktische Diskurs als Normbegründungsverfahren zu verstehen ist.

II. Diskurs als Erkenntnisverfahren

Die Diskurstheorie ist mit dem Ziel entwickelt worden, die Möglichkeit rationaler oder wissenschaftlicher Beantwortung normativer Fragen darzulegen.[13] Sie richtet sich damit gegen einen ethischen Skeptizismus, der normative Fragen nicht als möglichen Gegenstand wissenschaftlicher Aussagen ansieht. Dessen Grundlage war wiederum eine empiristische Wissenschaftsauffassung, die nur durch Erfahrung überprüfbare Aussagen zulässt und normative Aussagen als unwissenschaftlich ansieht. Insbesondere wurde argumentiert, dass der Streit um das moralisch Richtige und die Verschiedenheit moralischer Auffassungen, von denen keine objektiv als falsch erwiesen werden kann, es ausschließe, normative Aussagen als wahr oder falsch zu beurteilen.[14] Zwar wurden im Zuge des „linguistic turn" meta-ethische Untersuchungen normativer Sprache als möglich angesehen,[15] nicht aber normative Aussagen als solche.

Gegen diese Beschränkung richteten sich vor allem Theorien von *Perelman*, *Apel* und *Habermas*. *Perelman* entwickelte – als Vorläufer der Diskurstheorie – eine an *Aristoteles* anknüpfende Argumentationstheorie, die als Kriterium der Wahrheit das Urteil eines idealen Auditoriums ansah.[16] *Apel* versuchte, den „unhintergehbaren" normativen Gehalt transzendental-pragmatischer Voraussetzungen der Kommunikation herauszuarbeiten.[17] Habermas entwickelte den argumentationstheoretischen Ansatz zu einer Theorie des Diskurses, in der der

---

[12] Vgl. auch *C. Lafont*, Correctness and Legitimacy in the Discourse Theory of Law, in: M. Klatt (Hrsg.), Institutionalized Reason, 2012, S. 291–306 (297).

[13] Insbesondere *J. Habermas*, Wahrheitstheorien, in: H. Fahrenbach (Hrsg.), Wirklichkeit und Reflexion, 1973, S. 211–266. Auch *R. Alexy*, Juristische Argumentation und praktische Vernunft, in: Jahrbuch der Akademie der Wissenschaften in Göttingen 1982, S. 29–32 (29f.); *ders.*, Rechtssystem und praktische Vernunft, in: Recht, Vernunft, Diskurs. Studien zur Rechtsphilosophie, 1995, S. 213–231 (229f.); *ders.*, Menschenrechte ohne Metaphysik? (Fn. 2), S. 17; *ders.*, Die juristische Argumentation als rationaler Diskurs, in: R. Alexy/H.-J. Koch/L. Kuhlen/H. Rüßmann (Hrsg.), Elemente einer juristischen Begründungslehre, 2003, S. 113–122 (117).

[14] Siehe etwa *J. Mackie*, Ethik, 1981, S. 40ff.

[15] Dazu *Alexy*, Theorie der juristischen Argumentation (Fn. 1), S. 70ff.

[16] *C. Perelman/L. Olbrechts-Tyteca*, La nouvelle rhétorique, 1958. Dazu *Alexy*, Theorie der juristischen Argumentation (Fn. 1), 1978, 197ff.

[17] *K.-O. Apel*, Das Apriori der Kommunikationsgemeinschaft, 1978, 358ff. Der transzendentalpragmatische Ansatz wurde fortgeführt von *W. Kuhlmann*, Reflexive Letztbegründung, 1985.

Konsens in einem idealen Diskurs als Kriterium der Wahrheit oder Richtigkeit dient.[18]

In diesen Ansätzen lassen sich verschiedene erkenntnistheoretische Funktionen der Diskurstheorie unterscheiden:

- die Kritik von Auffassungen, die nicht entsprechend den Regeln eines idealen Diskurses begründet sind oder in dieser Weise begründet werden könnten;
- die Widerlegung der skeptischen These, dass rationale Normbegründung nicht möglich ist;[19]
- die Begründung normativer Aussagen als wahr oder richtig.

Die kritische Funktion der Diskurstheorie erscheint kaum bestreitbar. Sie führt allerdings nicht zu Normbegründung, sondern zur Verwerfung von Normbehauptungen. Die anderen beiden Funktionen, der Nachweis, dass die Möglichkeit von Normbegründung nicht ausgeschlossen werden kann, sowie die diskurstheoretische Begründung von Normen, erscheinen hingegen klärungsbedürftig.

1. Die Widerlegung des ethischen Skeptizismus

Die Diskurstheorie verwendet den Konsens in einem idealen Diskurs als Kriterium der Wahrheit oder Richtigkeit.[20] Nun ist der ideale Diskurs praktisch nicht realisierbar, das Kriterium des Konsenses in einem idealen Diskurs also nicht konkret anwendbar. Aber sofern nicht bestimmte Auffassungen als fehlerhaft verworfen werden können, bleibt die *Möglichkeit*, dass ein Diskurs in einer idealen Sprechsituation zu einer allgemeinen Anerkennung der betreffenden Aussage führt.

---

[18] *J. Habermas*, Diskursethik – Notizen zu einem Begründungsprogramm, in: ders., Diskursethik. Philosophische Texte, Bd. 3, 2009, S. 31 ff. Allerdings ist Geltungskriterium nicht ein realer Konsens, sondern ein möglicher Konsens in einem idealen Diskurs. Siehe etwa *J. Habermas*, Faktizität und Geltung, 1994, S. 138. Nach *Alexy*, Probleme der Diskurstheorie (Fn. 9), S. 119 f., ist nicht der Konsens das Kriterium der Wahrheit, sondern die Durchführung einer Prozedur gemäß den Diskursregeln. Siehe auch *Hartwig*, Institutionalisierung (Fn. 9), S. 210.

[19] Dies hat wiederum zwei Varianten: (1) Die Annahme, es könne keine wahren oder richtigen normativen Aussagen geben, ist nicht begründet. (2) Es gibt wahre oder richtige normative Aussagen. Das Argument für erstere ist die Konsensustheorie der Wahrheit, das für letztere ist die transzendental-pragmatische Argumentation mit notwendigen Voraussetzungen der Argumentation oder Kommunikation.

[20] *Alexy*, Theorie (Fn. 1), S. 135. Dazu *Hilgendorf*, Argumentation (Fn. 7), S. 195 f., auch zur Unklarheit der Position von Habermas, ob die Konsenstheorie den Wahrheitsbegriff oder das Wahrheitskriterium betrifft. Es erscheint jedoch klar, dass Konsens nicht mit Wahrheit einer Aussage gleichgesetzt werden kann und die Konsenstheorie daher nicht den Wahrheitsbegriff definieren kann.

Diese diskurstheoretische Widerlegung des ethischen Skeptizismus erscheint durchaus plausibel. Es kann nicht ausgeschlossen werden, dass sich aufgrund eines idealen Diskurses oder der notwendigen Voraussetzungen eines idealen Diskurses normative Aussagen begründen lassen. Die Gegenposition – eine negative Existenzbehauptung – erscheint nicht begründbar, ohne bereits ein empiristisches Weltbild vorauszusetzen.

Gegen die Konsenstheorie der Wahrheit wird allerdings eingewandt, dass Wahrheit nicht von Zustimmung abhängt.[21] Es ist ein Merkmal von wahren Aussagen, dass ein Irrtum über sie möglich ist.[22] Der Glaube, dass etwas der Fall ist, ist, selbst wenn er von allen geteilt wird, nicht identisch damit, dass etwas der Fall ist.[23] Demnach könnte selbst ein Konsens in einem idealen Diskurs nicht zur Begründung der Wahrheit einer normativen Aussage führen.

Habermas unterscheidet allerdings Richtigkeit von Wahrheit.[24] Normative Aussagen seien nicht in demselben Sinn wahr wie empirische Aussagen.[25] Es ist jedoch fraglich, ob diese Differenzierung das Problem löst, dass Zustimmung nicht mit Wahrheit einer Aussage gleichzusetzen ist. Der Begriff der Richtigkeit scheint die gleiche Funktion zu erfüllen wie der der Wahrheit.[26]

Aus der Differenz zwischen Wahrheit und Zustimmung folgt dennoch nicht, dass eine diskurstheoretische Begründung normativer Aussagen nicht möglich wäre. Zunächst trifft dieser Einwand lediglich die Begründung aufgrund eines Konsenses (a posteriori-Begründung), nicht die transzendental-pragmatische Begründung aufgrund notwendiger Voraussetzungen des Diskurses (a priori-Begründung). Aber auch eine konsensbasierte Begründung erscheint nicht ausgeschlossen. Ein Konsens in einem idealen Diskurs setzt voraus, dass Fehlerquellen so weit wie möglich ausgeschlossen werden. Läge ein idealer Konsens vor, gäbe es keine begründeten Einwände gegen ihn. Ein Konsens über eine Aussage bedeutet nun zwar nicht, dass eine der Aussage korrespondierende Tatsache vorliegt, deren Erkenntnis die Aussage rechtfertigen würde.[27] Es ist aber höchst unwahrscheinlich, dass es zu einem Konsens kommt, wenn es keine Gründe gibt, die die einzelnen Diskursteilnehmer veranlassen, dieser Aussage zuzustimmen. Theoretisch könnten diese Gründe für jeden Diskursteil-

---

[21] Siehe etwa *Gril*, Diskurstheorie (Fn. 6), S. 87 f.

[22] Zum Unterschied von Fürwahrhalten und Wahrsein auch *Alexy*, Probleme der Diskurstheorie (Fn. 9), S. 119; *Hartwig*, Institutionalisierung (Fn. 9), S. 210.

[23] Siehe auch die Kritik der Verwischung des Unterschieds zwischen Wahrheit und Fürwahrhalten bei *Gril*, Diskurstheorie (Fn. 6), S. 87 f.

[24] *J. Habermas*, Richtigkeit vs. Wahrheit, in: *ders.*, Wahrheit und Rechtfertigung. Philosophische Aufsätze, 1999, S. 171–318.

[25] *Habermas*, Wahrheitstheorien (Fn. 13), S. 220, 226 ff.

[26] Dazu *Hartwig*, Institutionalisierung (Fn. 9), S. 282 f.

[27] Siehe auch *Alexy*, Probleme der Diskurstheorie (Fn. 9), S. 121 ff.: Erreichen des Konsenses ist nicht als Anzeichen einer verfahrensunabhängigen Existenz von Normen zu deuten, welche mit Hilfe des Diskurses erkannt werden; *Hartwig*, Institutionalisierung (Fn. 9), S. 202 f.

nehmer verschieden sein, der Konsens damit nur zufällig.[28] Aber wenn in den Diskurs auch die Begründung der Auffassungen einbezogen wird und ein idealer Konsens über eine Aussage und ihre Begründung besteht, dann ist dies kaum anders zu erklären, als dass es etwas gibt, was die Beteiligten zu dieser Auffassung bringt. Das, was dieses Ergebnis bewirkt, lässt sich als Tatsache interpretieren. Es ist allerdings eine Tatsache, die nicht vollkommen unabhängig vom Diskurs besteht, sondern erst aufgrund der Durchführung der diskursiven Begründungsprozedur festgestellt werden kann.[29]

Damit wird nicht unterstellt, dass es etwas gibt, dessen Wahrnehmung dazu führt, eine Tatsache anzuerkennen. Anders als in empirischen Wissenschaften kann bei normativen Aussagen nicht angenommen werden, dass es Aussagen gibt, die sich direkt anhand von Erfahrungen verifizieren oder falsifizieren lassen. Dennoch bleibt das Schema von Aussagesatz und durch ihn formulierte Tatsache anwendbar.[30] Demnach lässt sich auch für normative Aussagen festhalten, dass eine Aussage wahr ist, wenn sie eine Tatsache ausdrückt. Dass sie eine Tatsache ausdrückt, wird wiederum dadurch indiziert, dass sie in einem idealen Diskurs Konsens findet oder, da sich ein idealer Diskurs nicht realisieren lässt, finden würde. Die Diskurstheorie kann auf diese Weise erklären, warum eine wissenschaftliche, an Wahrheit orientierte Auseinandersetzung über normative Aussagen sinnvoll ist. Es kann nicht von vornherein ausgeschlossen werden, dass ein Diskurs zur Anerkennung der Wahrheit oder Falschheit von normativen Aussagen führt.

Nun ist allerdings ein idealer Diskurs tatsächlich nicht erreichbar. Daraus folgt aber nicht, dass die Suche nach Wahrheit im Bereich normativer Aussagen sinnlos wäre. Der ideale Diskurs bietet zwar kein Kriterium, das es erlaubte, normative Aussagen zu verifizieren. Es ist dennoch sinnvoll, nach Wahrheit zu suchen, auch wenn ein idealer Diskurs nicht existiert und damit eine abschließende Erkenntnis nicht möglich ist.

Damit lässt sich das Argument des ethischen Skeptizismus widerlegen, dass der Streit um das moralisch Richtige und die Verschiedenheit moralischer Auffassungen, von denen keine objektiv als falsch erwiesen werden kann, es sinnlos mache, normative Aussagen als wahr oder falsch zu beurteilen. Vernünftiger Streit schließt die Suche nach Wahrheit nicht aus.

---

[28] So fordert auch *Habermas*, Wahrheitstheorien (Fn. 13), S. 160, einen begründeten Konsens. Dazu *Hilgendorf*, Argumentation (Fn. 7), S. 196.

[29] Siehe auch *Alexy*, Probleme der Diskurstheorie (Fn. 9), S. 119 f. Gril nimmt an, Alexy habe mit diesem Kriterium das Konsenskriterium aufgegeben. Jedoch muss, auch wenn der Konsens selbst nicht als Kriterium der Richtigkeit angesehen wird, vorausgesetzt werden, dass die Durchführung der Diskursprozedur zu einem Konsens führt, um darin die Rechtfertigung einer normativen Aussage zu sehen.

[30] Siehe auch *Alexy*, Theorie (Fn. 1), S. 138, zu Tarskis semantischer Konzeption der Wahrheit.

2. *Das Problem diskurstheoretischer Normerkenntnis*

Auch wenn die Suche nach normativer Wahrheit oder Richtigkeit sinnvoll ist, bleibt ein Problem, ob aufgrund der Diskurstheorie Normerkenntnis möglich ist, also Aussagen der Geltung bestimmter Normen als wahr oder richtig qualifiziert werden können. Dabei sind a priori-Begründungen in Form transzendental-pragmatischer Argumentationen und a posteriori-Begründungen aufgrund des Kriteriums des Konsenses zu unterscheiden.

a) Transzendental-pragmatische Argumentationen

Problematisch erscheint bei transzendental-pragmatischen Argumentationen in erster Linie der Nachweis, dass die Teilnahme an argumentativen oder kommunikativen Praktiken, die bestimmte implizite Voraussetzungen einschließen, notwendig ist.[31] Die Explikation notwendiger Bedingungen für die Möglichkeit von Normbegründung, etwa die Möglichkeit freier und gleicher Teilnahme an Diskursen, erscheint hingegen nicht ernsthaft bestreitbar. Für den Bereich des Rechts ist aber die Notwendigkeit von Argumentation nicht begründungsbedürftig. Der Normativitätsanspruch des Rechts lässt sich anders nicht rechtfertigen. Für Normbegründungen im Bereich des Rechts muss die Notwendigkeit der Teilnahme an Argumentation daher nicht gezeigt werden.

Wird allerdings die Frage der Notwendigkeit ausgeklammert, handelt es sich bei transzendental-pragmatischen Argumentationen lediglich um analytische Argumente in Bezug auf eine argumentative Praxis. Ihr Gegenstand ist ein Diskurs, es handelt sich aber nicht um eine spezifisch diskurstheoretische Begründung.

Zudem beschränken sich transzendental-pragmatische Argumentationen auf die Ebene der Argumentation und haben nur begrenzt Relevanz für Handlungsnormen.[32] So setzt die Wahrnehmung des Rechts auf freie und gleiche Teilnahme an Diskursen die Existenz der Diskursteilnehmer voraus, es folgt also, dass sie nicht getötet werden dürfen. Andererseits impliziert Gleichbehandlung im Diskurs nicht Gleichbehandlung außerhalb des Diskurses. Es ist daher fraglich, inwieweit in Bezug auf Handlungsnormen eine Erkenntnis aufgrund diskurstheoretischer Normbegründungen möglich ist.

---

[31] Siehe die Kritik bei *Hilgendorf*, Argumentation (Fn. 7), S. 167 ff. Zu weiteren Kritiken *Engländer*, Diskurs (Fn. 6), S. 41 ff.; *Gril*, Diskurstheorie (Fn. 6), S. 40 ff.; *Hain*, Diskurstheorie (Fn. 7), S. 202 ff.; *Hilgendorf*, Begründung (Fn. 7), S. 183–200; *Bäcker*, Begründen (Fn. 7), S. 49 ff.

[32] Siehe auch *Alexy*, Diskurstheorie und Menschenrechte (Fn. 2), S. 147.

b) Konsensustheorie der Wahrheit

Auch wenn ein idealer Konsens nicht erreichbar ist, ließe sich für die Möglichkeit diskursiver Normerkenntnis anführen, dass letztlich auch empirische Wissenschaften auf Konsens zielen und nicht in der Lage sind, endgültige, nicht kritisierbare Aussagen zu treffen. Jede einzelne empirische Aussage muss sich in einem theoretischen Zusammenhang erklären lassen, verschiedene Theorien können miteinander konkurrieren, letztlich hängt es von den Auffassungen der Beteiligten ab, welche Theorie akzeptiert wird. Diese Akzeptierung wiederum muss versuchen, den Anforderungen eines idealen Diskurses so weit wie möglich zu genügen. Auch empirische Wissenschaften scheinen letztlich ein Anwendungsfall der Diskurstheorie zu sein. Wenn aber auch empirische Wissenschaften sich mit der Diskurstheorie erfassen lassen, die Diskurstheorie aber auch normative Aussagen zulässt, dann scheint kein grundsätzlicher Unterschied in der Wissenschaftlichkeit empirischer und normativer Aussagen zu bestehen.

Der Einwand, es gebe keinen idealen Diskurs, trifft jedenfalls auch Diskurse in empirischen Wissenschaften. Wenn letztere als rational anerkannt werden, kann dies nur auf das in realen Diskursen erreichbare Maß an Rationalität gestützt werden. In realen Diskursen ist aber jedenfalls eine Annäherung an einen idealen Diskurs möglich. Darin zeigt sich die kritische Funktion des idealen Diskurses. Auch ein realer Diskurs, der eine bestmögliche Annäherung an einen idealen Diskurs darstellt, gewährleistet ein gewisses Maß an Rationalität. Dies gilt für empirische wie für normative Fragen.

c) Argumentation und Erkenntnis

Ein Problem bleibt allerdings, dass die Diskurstheorie zwar einen erkenntnistheoretischen Rahmen bietet, der empirische wie normative Wissenschaften umfasst. Sie erklärt aber nicht, wie einzelne Diskursteilnehmer vernünftigerweise dazu kommen, Aussagen zu treffen. In empirischen Wissenschaften ist dies relativ einfach. Es gibt Wahrnehmungen in Raum und Zeit, die unmittelbar zu Aussagen über Tatsachen führen. Diese mögen diskursiv überprüft und wissenschaftlich widerlegt werden. Aber es ist rational, solche Aussagen zu treffen. Wie lassen sich aber rational normative Aussagen treffen, wenn der Diskurs erst durchgeführt werden muss,[33] um Aussagen zu begründen, somit ein Konsens in einem Diskurs nicht existiert und damit nicht als Begründung dienen kann?

---

[33] Dies lässt sich auch als Einwand gegen das Festhalten an einer absoluten Konzeption der Richtigkeit fassen, siehe *Bäcker*, Recht (Fn. 7), S. 356. Bäcker verbindet diesen Einwand allerdings mit dem Problem, dass ein idealer Diskurs nicht realisierbar ist. Aber auch ein nicht realisierbarer idealer Diskurs könnte als Maßstab der Kritik dienen.

Wenn normative Aussagen bereits im Diskurs rational begründet sein können, muss dies auf ein anderes Kriterium als das eines Konsenses in einem realen oder idealen Diskurs gestützt werden. Verschiedene Modifikationen des Konsenskriteriums führen allerdings nicht weiter.

Eine Möglichkeit wäre es, nicht nur einen tatsächlichen, sondern einen notwendigen Konsens zu fordern. Wenn Zustimmung rational notwendig ist, dann ist es rational, diese Auffassung als wahr zu vertreten. Aber wenn ohne Durchführung eines Diskurses gezeigt werden könnte, dass bestimmte Aussagen notwendig anerkannt werden müssen, dann wäre der Diskurs als Instrument der Erkenntnisgewinnung überflüssig.

Eine Alternative könnte die Möglichkeit eines Konsenses als Kriterium der Wahrheit oder Richtigkeit sein. Dies hat *Alexy* mit der Konzeption diskursiver Richtigkeit vorgeschlagen.[34] Diskursiv richtig sind demnach Normen, die Ergebnis eines idealen Diskurses sein könnten.[35] Das Problem damit ist, dass unvereinbare Aussagen diskursiv möglich sein können.[36] Sie können aber nicht zugleich wahr (oder in einem wahrheitsanalogen Sinn richtig) sein. Diskursive Möglichkeit einer Auffassung rechtfertigt daher nicht, eine Auffassung als wahr zu vertreten.[37] Das Kriterium diskursiver Möglichkeit kann somit ebenfalls nicht erklären, wie Diskursteilnehmer in rationaler Weise bestimmte normative Auffassungen vertreten können.

Dieses Problem ließe sich umgehen, wenn vorausgesetzt würde, dass Normen bereits existieren und es im Diskurs nur noch um die Überprüfung solcher Normen geht. Wenn die anerkannte Norm diskursiv möglich ist, gilt sie als gerechtfertigt. Das Kriterium diskursiver Möglichkeit würde dann nicht zu einem Konflikt mit der Semantik von Wahrheit oder Richtigkeit führen. Allerdings würde die Schwäche dieses Kriteriums dazu führen, bestehende Normen in großem Umfang zu legitimieren. Für die Rechtfertigung normativer Aussagen erscheint dies nicht ausreichend.

Die diskursive Möglichkeit einer Auffassung rechtfertigt somit nicht, eine Auffassung als wahr zu vertreten. Das Kriterium diskursiver Möglichkeit kann somit ebenfalls nicht erklären, wie Diskursteilnehmer in rationaler Weise bestimmte normative Auffassungen vertreten können.

Man könnte noch an das Kriterium denken, dass eine Norm Zustimmung in einem idealen Diskurs finden *würde*. Damit müssten Diskursteilnehmer Ver-

[34] *Alexy*, Theorie (Fn. 1), S. 134ff., 146, 240f.; *ders.*, Idee einer prozeduralen Theorie (Fn. 4), S. 95.

[35] *Alexy*, Diskurstheorie und Menschenrechte (Fn. 2), S. 131, definiert Richtigkeit allerdings anders: Richtig und damit gültig seien diejenigen Normen, die in einem idealen Diskurs von jedem als gültig beurteilt werden würden.

[36] Dazu auch *Alexy*, Probleme der Diskurstheorie (Fn. 9), S. 117; *Hartwig*, Institutionalisierung (Fn. 9), S. 209.

[37] Siehe auch *Gril*, Diskurstheorie (Fn. 6), S. 157, 161.

mutungen über das Ergebnis eines idealen Diskurses anstellen. Sie könnten dabei aber kaum etwas anderes annehmen, als dass ihre eigene Auffassung diese Zustimmung finden würde. Dies genügt wiederum nicht zur Begründung der Wahrheit normativer Aussagen.

Modifikationen des Konsenskriteriums führen somit nicht weiter. Es könnte jedoch eine andere Begründungsform möglich sein, die nicht auf den Konsens in einem Diskurs bezogen ist. Dies wird von der Diskurstheorie in der Tat vorausgesetzt. Der Diskurs über normative Aussagen setzt voraus, dass es eine kommunikative Praxis gibt, in der solche Aussagen gemacht werden. Der Diskurs dient der Überprüfung von normativen Ansprüchen, die von den Beteiligten erhoben werden. Diese Ansprüche müssen selbst nicht diskurstheoretisch begründet sein.

Diese Konzeption erscheint durchaus möglich. Allerdings bedeutet sie auch, dass die Diskurstheorie keine vollständige Konzeption der Rechtfertigung normativer Aussagen ist. Es werden im Diskurs Aussagen zugelassen, die nicht den Begründungsstandards der Diskurstheorie genügen. Deren Rationalitätsdefizite sollen im Diskurs behoben werden. Der Diskurs hat damit auch eine aufklärerische Funktion. Dies kann durchaus funktionieren. Nur müssen die Diskursteilnehmer dabei andere Kriterien für ihre Urteile zugrunde legen als das des Konsenses in einem rationalen Diskurs. Die Teilnehmer am Diskurs können also nicht der Diskurstheorie folgen. Zudem genügen diese Kriterien nach der Diskurstheorie nicht, normative Aussagen zu rechtfertigen. In Diskursen über empirische Fragen sind andere, nicht-diskursive Erkenntniskriterien verfügbar. In normativen Fragen ist aber gerade problematisch, wie eine Begründung normativer Aussagen möglich ist. Eine Diskurstheorie müsste diese Frage beantworten und nicht auf andere Arten der Begründung verweisen, die gerade problematisch sind. Wenn normative Behauptungen als rational zugelassen werden, die nicht den Anforderungen diskursiver Begründung genügen, wirft dies zudem die Frage auf, welche der transzendental-pragmatischen Voraussetzungen des Diskurses tatsächlich für rationale Normbegründungen notwendig sind.

Dieses Problem wird sich nicht lösen lassen, wenn der Diskurs lediglich als Instrument zur Erkenntnis existierender Normen verstanden wird.[38] Damit wird vorausgesetzt, dass die zu erkennenden Normen bereits existieren. Dann ist die Wahrheit normativer Aussagen aber ohne Diskurs erkennbar. Wird deren diskursunabhängige Existenz hingegen verneint, ist nicht zu erklären, wie eine Erkenntnis aufgrund des Diskurses möglich ist, weil ein Gegenstand der Erkenntnis fehlt. Es ist demnach festzustellen, dass der Diskurs nicht nur eine

[38] Gegen diese Existenzannahme auch *Alexy*, Probleme der Diskurstheorie (Fn. 9), S. 121 f., allerdings bezogen auf die These der Existenz einer einzig richtigen Antwort in allen Fällen.

erkenntnistheoretische Funktion haben muss. Es ist vielmehr notwendig, dass Normen, die aufgrund eines Diskurses als gültig anerkannt werden, nicht als Gegenstand der Erkenntnis verstanden werden, sondern im Diskurs erzeugt werden.

Dies wird im Übrigen auch von *Alexy* gesehen, wenn er die Durchführung des Diskurses als Voraussetzung für die Beurteilung einer Norm als wahr oder richtig bezeichnet und sich gegen die Annahme der Existenz von Normen unabhängig von Diskursen wendet.[39] Nur legt er mit der Beschränkung des rationalen Diskurses auf Aussagen[40] die Diskursteilnehmer darauf fest, Aussagen der Existenz von Normen zu machen.

Nach *Alexy* kann ein Abwägungsurteil als Handlung nur rational sein, wenn ihm ein Urteil in Form einer Proposition vorausliegt. Mit ihr werde ein Anspruch auf Richtigkeit erhoben, der argumentativ gerechtfertigt werden müsse. Ein Argument bestehe aus den zur Stützung einer Aussage angeführten Aussagen, die zu einer Argumentform gehörten.[41] Demnach besteht ein Argument aus einer Menge von Aussagen. Im Gegensatz zur hier vertretenen Konzeption normativer Argumente lässt eine rationale Argumentation keine andere semantische Form als die von Aussagen zu.

Nun ist der Gehalt von Aussagen, dass etwas der Fall ist. Mit ihnen wird somit eine Existenzbehauptung aufgestellt. Wenn im Diskurs über Normen nur Argumente mit der Struktur normativer Aussagen zugelassen sind, dann kann es im Diskurs nur um die Erkenntnis existierender Normen gehen, nicht um die diskursive Konstituierung von Normgeltung. Dann bleibt aber das Problem, dass Diskursteilnehmer etwas behaupten müssen, was sie nicht diskurstheoretisch begründen können.

Alexy verteidigt seine Konzeption damit, dass mit Aussagen zwar der Anspruch auf Richtigkeit erhoben werde, dies aber nicht impliziere, dass die Aussage wahr sei oder eine Tatsache ausdrücke.[42] Nun können in der Tat Aussagen falsch sein und der erhobene Anspruch nicht gerechtfertigt sein. Dass eine Rechtfertigung fehlschlagen kann, erscheint jedoch kein guter Grund, auf Rechtfertigung generell zu verzichten. Der Einwand, dass nach der Alexyschen Konzeption im Diskurs Aussagen aufgestellt werden, die diskursiv nicht gerechtfertigt werden können, bleibt bestehen.

Auch *Alexy* räumt ein, dass Diskursteilnehmer einen nicht-prozeduralen Begriff absoluter Richtigkeit voraussetzen müssten, allerdings nur als regulative Idee, die dem Diskurs eine Richtung gibt.[43] Die Voraussetzung als regulative

---

[39] *Alexy*, Probleme der Diskurstheorie (Fn. 9), 119ff.

[40] So explizit *Alexy*, Ideales Sollen und Optimierung, in: F. Salinger (Hrsg.), Rechtsstaatliches Strafrecht, Festschrift für Ulfrid Neumann, 2017, S. 17–30 (30).

[41] *Alexy*, a.a.O., S. 29, mit Verweis auf *Alexy*, Theorie (Fn. 1), S. 123.

[42] *Alexy*, Thirteen Replies (Fn. 9), S. 347.

[43] *Alexy*, a.a.O., S. 348.

Idee erlaubt wiederum nicht, konkrete Aussagen als wahr zu behaupten. Wenn Argumente aber ausschließlich aus Aussagen bestehen, müssten Diskursteilnehmer solche Behauptungen machen. Damit müssten sie voraussetzen, dass nicht-diskursive normative Begründungen möglich sind.

Dieser Einwand führt jedoch nicht dazu, den Diskurs als Erkenntnisverfahren zu verwerfen, sondern lediglich dazu, dass eine Ergänzung notwendig ist. Diese Ergänzung ist für die Diskurstheorie die kommunikative Praxis, in der bereits Normbehauptungen aufgestellt werden, ohne dass sie diskurstheoretischen Anforderungen genügen. Der Diskurs dient dann der kritischen Überprüfung und Revision solcher Normbehauptungen. Es bleibt allerdings ein Problem, dass die Diskurstheorie damit eine kommunikative Praxis voraussetzt, in der die Teilnehmer nicht der Diskurstheorie folgen.

III. Diskurs als Normbegründung

Als Fazit ist festzuhalten, dass die Konzeption des Diskurses als Erkenntnisverfahren bei Normbegründungen unvollständig ist. Es soll daher ein anderer Ansatz verfolgt werden, bei dem der Diskurs nicht der Normerkenntnis dient, sondern die Geltung von Normen im Diskurs selbst erzeugt wird.[44] Die normerzeugende Funktion des Diskurses kann als Normbegründung bezeichnet werden, im Unterschied zur Begründung der Wahrheit normativer Aussagen, die die Existenz von Normen voraussetzt. Lässt sich eine Norm diskursiv begründen, dann ist eine Aussage ihrer Geltung wahr. Aber die Geltung einer Norm, die zutreffend als gültig behauptet wird, muss erst in einem rationalen Diskurs konstituiert werden.

Die Frage ist, wie in einem Diskurs eine Normbegründung möglich ist, ohne dass Diskursteilnehmer Aussagen machen, dass bestimmte Normen gültig sind. Die Antwort gibt die Konzeption autonomer Normbegründung, deren Kern die Abwägung normativer Argumente ist. Normative Argumente sind aber nicht Aussagen, die die Geltung von Normen behaupten, sondern Forderungen, die definitive Geltung von Normen anzuerkennen. Die Abwägung normativer Argumente führt zu autonomen Urteilen der Beteiligten darüber, welche Normen definitiv gültig sind.

---

[44] Vgl. auch *Lafont*, Correctness (Fn. 12), S. 297.

1. *Autonomie als Abwägung normativer Argumente*

Ausgangspunkt ist also die Idee von Autonomie als Selbstgesetzgebung.[45] Danach hängt die Geltung moralischer Normen von den Urteilen der Normadressaten über deren Geltung ab. Moralische Geltung kann somit nicht unabhängig von den Urteilen der betroffenen Individuen begründet werden, sondern setzt voraus, dass – unter bestimmten, idealisierten Voraussetzungen – vernünftige Subjekte diesen Normen zustimmen würden, müssten oder jedenfalls könnten. Im Unterschied zur persönlichen Autonomie (im Sinne von Handeln nach selbstgesetzten Normen oder Zielen) soll sie als moralische Autonomie bezeichnet werden.

Moralische Autonomie soll darin bestehen, aufgrund eigener Entscheidung über die moralische Gültigkeit von Normen urteilen zu können. Es besteht also ein Nebeneinander von Freiheit und Bindung: Das autonome Subjekt ist in seinem Urteil frei, insofern es keine objektiven, von ihm unabhängigen Kriterien gibt, die das Ergebnis seiner Entscheidung festlegen. Es ist andererseits gebunden, insofern seine Entscheidung keine beliebige, willkürliche Festsetzung darstellt, sondern beansprucht, das moralisch Gebotene und Richtige anzugeben.

Das für moralische Autonomie charakteristische Nebeneinander von Freiheit und Bindung lässt sich in einem Modell der Abwägung normativer Argumente konstruieren. Der Abwägende ist in seiner Entscheidung insofern frei, als entscheidungsdefinite Abwägungskriterien fehlen.[46] Die Festsetzung der Vorrangrelation erfordert eine Gewichtung kollidierender Forderungen, die, soweit eine Abwägung vorzunehmen ist, nicht durch Kriterien vorgegeben ist, sondern insofern eine freie Entscheidung des Abwägenden darstellt. Zugleich ist diese Entscheidung durch normative Argumente gebunden. Zum einen begründen autonome Subjekte dadurch, dass sie normative Argumente vorbringen, argumentative Verpflichtungen der am Diskurs Beteiligten. Zum anderen zwingt die Logik dieser Argumente zu einem normativen Richtigkeitsanspruch für das frei angenommene Abwägungsergebnis.

Selbstgesetzgebung enthält also die Abwägung normativer Argumente. Sie setzt voraus, dass die Entscheidung nicht durch unabhängig von individuellen

---

[45] Dazu *J. Sieckmann*, The Concept of Autonomy, in: T. Gizbert-Studnicky/J. Stelmach (Hrsg.), Law and Legal Cultures in the 21st Century: Diversity and Unity, 2007, S. 149–170; *ders.*, Logic of Autonomy (Fn. 10), S. 2ff. Der Begriff der Selbstgesetzgebung ist allerdings mehrdeutig. Er kann auf das Handeln nach selbstgesetzten Normen bezogen werden (*Alexy*, Menschenrechte ohne Metaphysik? [Fn. 2], S. 20) oder auf Normbegründung. Nur letztere Interpretation interessiert hier.

[46] Das Problem der Existenz eines freien Willens ist für diese formale Konzeption von Autonomie als Entscheidungsstruktur ohne Bedeutung. Selbst wenn menschliche Entscheidungen empirischen Einflüssen unterliegen, berührt dies die Existenz von Autonomie als Selbstgesetzgebung nicht.

Urteilen gültige Normen vorgegeben ist, sondern die Gültigkeit moralischer Normen selbst von freien Urteilen ihrer Adressaten abhängt. Selbstgesetzgebung schließt allerdings nicht aus, dass für das Urteil relevante Normen zu beachten sind, insbesondere Prinzipien rationaler Entscheidung sowie Rechte und Kompetenzen autonomer Subjekte zur Ausübung ihrer Autonomie. Notwendig ist aber, dass das normative Urteil nicht durch vorgegebene Normen determiniert ist. Individuell, sozial oder institutionell anerkannte Normen können für autonome Urteile relevant sein, diese aber nicht determinieren.[47]

Individuelle autonome Urteile können allerdings die Verbindlichkeit von Normen nicht begründen, da sie auf die gleiche Autonomie anderer Beteiligter treffen. Dies führt zu einem diskursiven Modell, in dem zunächst normative Argumente aus individuellen Interessen begründet werden, sodann individuelle normative Konzeptionen mit Anspruch auf Richtigkeit entwickelt werden und schließlich Diskurse und die Möglichkeit autoritativer Entscheidungen eingeführt werden, um verbindliche Normen begründen zu können.[48]

2. *Normative Argumente*

Normative Argumente enthalten Forderungen, die definitive Geltung bestimmter Normen als Ergebnis einer Abwägung anzuerkennen. Sie werden durch autonome Subjekte vorgebracht, um ihre Interessen zur Geltung zu bringen.[49] Autonome Subjekte benötigen keine Kriterien für das, was sie als normative Argumente anführen sollen. Gültige normative Argumente sind vielmehr diejenigen, die autonome Subjekte (unter Beachtung formeller Rationalitätsanforderungen) als Argument vorbringen. Grundlage für die Konstituierung normativer Argumente ist die normative Kompetenz autonomer Subjekte, solche Argumente in eine Argumentation einzuführen.[50] Im Bereich des Rechts kön-

---

[47] Unklar insofern *T. Schmidt*, Autonomie und Verbindlichkeit. Paradoxien der Moderne, in: K. Viertbauer/R. Kögerler (Hrsg.), Das autonome Subjekt? Eine Denkform in Bedrängnis, 2014, S. 81–94 (84), der meint, dass der Gehalt von Normen durch als verpflichtend akzeptierte soziale Institutionen und Praktiken konstituiert werde, sich das Individuum aber nicht allen etablierten Institutionen und Praktiken unterwerfen müsse, die als bindend akzeptierten Normen jedoch nicht in jeder Situation einer reflexiven Totalrevision offen stünden. Faktisch mag dies nicht möglich sein. Es lässt sich aber keine Norm autonomer Reflexion entziehen. Schmidt erklärt nicht, wie die Akzeptierung etablierter Normen zu einer Selbstbindung führen soll.

[48] Zur diskurstheoretischen Begründung von Normen *Habermas*, Faktizität und Geltung (Fn. 18), S. 135 ff.; *Alexy*, Theorie (Fn. 1), S. 219 ff.

[49] Dabei soll alles das, was den Gegenstand solcher normativen Argumente bildet, als Interesse bezeichnet werden. Es wird also kein substantieller Begriff des Interesses verwendet, sondern autonome Subjekte bestimmen selbst, was ihre Interessen sind.

[50] Kompetenz wird dabei analog zu einer Rechtsmacht im Hohfeldschen Sinne verstanden. Vgl. *W. N. Hohfeld*, Fundamental Legal Conceptions as Applied in Judicial Reasoning, and Other Legal Essays, 1923.

nen normative Argumente in Form rechtlicher Prinzipien vorgegeben sein. Der Struktur nach handelt es sich auch bei ihnen um Geltungsgebote, die Forderungen der Anerkennung definitiver Geltung von Normen darstellen.

3. *Individuelle normative Urteile*

Moralische Autonomie im Sinne von Selbstgesetzgebung ist zunächst eine Entscheidungsstruktur. Sie enthält verschiedene Elemente, die Bedingungen der Möglichkeit von Normbegründung sind. Ohne diese Elemente erscheint eine erfolgreiche Normbegründung ausgeschlossen, da autonome Subjekte der Geltung der betreffenden Norm nicht zustimmen werden.

So müssen autonome Subjekte die Möglichkeit haben, normative Argumente vorzubringen und aufgrund der Abwägung solcher Argumente normative Urteile zu bilden. Sie sind andererseits verpflichtet, die normativen Argumente und Urteile anderer autonomer Subjekte in ihrer Argumentation zu berücksichtigen. Wie sie diese bewerten, ist allerdings wiederum Gegenstand ihres autonomen Urteilens.

Autonome Urteile implizieren bereits einen Anspruch auf normative Richtigkeit. Obwohl sie im Ergebnis anders ausfallen könnten, folgt aus der Struktur normativer Argumente, dass sie als geboten vertreten werden müssen. Denn die Norm, die als definitiv gültig anerkannt wird, ist durch die als stärker angesehenen normativen Argumente gefordert und damit Gegenstand eines Geltungsgebots. Ihre Anerkennung ist daher aus Sicht des Urteilenden geboten. Sein Urteil ist so, wie es sein sollte, und in diesem Sinn richtig.

4. *Intersubjektiv verbindliche Normen*

Ein zentrales Problem der Begründung der Verbindlichkeit von Normen liegt in der Respektierung der Autonomie aller Normadressaten. Es genügt nicht, Abwägungsergebnisse mit Anspruch auf Richtigkeit festzusetzen. Es muss auch begründet werden, dass die Normadressaten diese Ergebnisse vernünftigerweise, als Personen mit einer eigenen Konzeption eines guten Lebens und einem Interesse an für alle Beteiligten verbindlichen Normen, akzeptieren müssen. Fraglich ist damit, ob und inwieweit eine verbindliche Normbegründung möglich ist.

a) Konsens oder vernünftige Konvergenz

Die Idee moralischer Autonomie führt dazu, dass Individuen grundsätzlich nur solchen Normen unterworfen werden dürfen, denen sie zustimmen oder vernünftigerweise zustimmen müssen. Eine direkte Verbindung von Autonomie und Normgeltung ergibt sich, wenn angenommen wird, dass Normen, denen alle Beteiligten zustimmen, gelten, oder dass jedenfalls keine Norm gilt, der die Beteiligten nicht zustimmen, zustimmen müssten oder zustimmen würden. Dies begründet einen Zusammenhang zwischen Autonomie und Konsens bei der Begründung intersubjektiv verbindlicher Normen. Ein strikter Zusammenhang würde allerdings die Begründung verbindlicher Normen weitgehend unmöglich machen.

Zudem kann ein Konsens autonomer Subjekte, selbst wenn er erreicht würde, jederzeit entfallen, da jeder seine Auffassung ändern kann. Ein Konsens begründet daher nicht die Verbindlichkeit einer Norm. Dies gilt auch, wenn autoritative Entscheidungen eingeführt werden, um das Problem mangelnden Konsenses zu beheben. Auch ein Konsens über autoritative Entscheidungskompetenzen kann entfallen. Die Möglichkeit verbindlicher Normbegründung erfordert andere Kriterien als das des Konsenses.

Eine Alternative zu dem Kriterium des Konsenses ist das einer vernünftigen Konvergenz. Bei dem Kriterium der Konvergenz geht es um die Annäherung der Urteile verschiedener Beteiligter an einen vernünftigen Konsens. Dieses Kriterium stellt, insofern es auf einen Teilkonsens abstellt, eine Abschwächung des Konsenskriteriums dar. Es ist damit leichter realisierbar, lässt aber abweichende Auffassungen zu. Es kann daher objektive Gültigkeit im Sinne rationaler Notwendigkeit, d. h., dass jedes vernünftige Subjekt zustimmen muss, nicht gewährleisten. Es kann aber Verbindlichkeit einer Norm in dem Sinne begründen, dass die Geltung der Norm von der individuellen Zustimmung einzelner Subjekte unabhängig ist. Eine Konvergenz der Urteilenden in der Anerkennung einer Norm als definitiv gültig ist mit einzelnen abweichenden Auffassungen vereinbar. Wenn eine solche Norm definitiv gültig ist, dann hängt ihre Geltung nicht von der Zustimmung eines jeden Einzelnen ab. Sie ist somit in diesem Sinn verbindlich. Die Frage ist, warum Konvergenz ausreichen soll, die definitive Geltung einer Norm zu begründen.

b) Die Normativität vernünftiger Konvergenz

Das Konvergenzkriterium wirft die Frage auf, warum einzelne oder eine Minderheit von Urteilenden eine Mehrheitsauffassung akzeptieren sollen. Als autonome Subjekte haben sie das Recht, eigene normative Auffassungen zu bilden. Sie haben keinen Grund, sich einer Mehrheitsmeinung zu unterwerfen, sei die Mehrheit auch noch so groß.

Wenn es möglich sein soll, die Verbindlichkeit einer Norm zu begründen, müssen zwei Voraussetzungen erfüllt sein:

1) Es muss die Notwendigkeit einer allgemeinverbindlichen Norm gegeben sein.

Besteht keine Notwendigkeit, gemeinsamen Normen zu folgen, gibt es für autonome Subjekte keinen Grund, ihre normativen Überzeugungen zurückzustellen.

> 2) Die Konvergenz der Urteile muss derart sein, dass die Wahl einer alternativen Norm als verbindliche Regelung ausgeschlossen werden kann.

Letzteres erfordert, dass die Konvergenz das Ergebnis rationaler Argumentation ist, also vernünftige Konvergenz besteht. Entspricht die Begründung der Norm nicht den Anforderungen rationaler Argumentation, ist sie angreifbar, und es können alternative Normvorschläge aufrechterhalten werden.

Zudem lässt sich fordern, dass das Kriterium der Konvergenz nicht nur statisch, als Teilkonsens, interpretiert wird, sondern dynamisch. In diesem dynamischen Sinn besteht vernünftige Konvergenz dann, wenn sich aufgrund rationaler Argumentation und intersubjektiver Reflexion divergierender Auffassungen eine Tendenz steigender Zustimmung zu einer bestimmten Position zeigt. Bildet sich eine solche Tendenz heraus, lassen sich alternative Normen vernünftigerweise ausschließen. Bei einer lediglich statischen Konvergenz könnte hingegen argumentiert werden, die gegen die Norm vorgebrachten Einwände könnten die bestehende Konvergenz untergraben. Da jedes neue Argument ein Diskursergebnis in Frage stellen kann, lässt sich dieses Argument nicht als irrational zurückweisen. Wenn hingegen der Verlauf der Argumentation zeigt, dass deren Fortsetzung zu stetig größerer Stützung eines Normvorschlags führt, lassen sich alternative Vorschläge als mögliches Diskursergebnis ausschließen.

Vernünftige Konvergenz setzt intersubjektiv reflektierte individuelle normative Urteile voraus. D. h., jeder Urteilende hat die abweichenden Urteile anderer in seine Überlegungen einzubeziehen, um zu bestimmen, welche Norm definitiv gelten soll. Gegenstand dieser Reflexion ist nicht die Frage nach der richtigen Norm in der Sache selbst, sondern die Metafrage, welche Norm im Fall der Divergenz normativer Urteile gelten soll. Es ist zu fragen, welche Norm in der Situation der Konkurrenz verschiedener Auffassungen als verbindlich anerkannt werden sollte.

> Geht es etwa um die Frage, ob Rauchen in öffentlichen Gebäuden verboten werden soll, könnten sich, wenn eine Mehrheit für eine bestimmte Auffassung besteht, andere, die in der Sache anderer Auffassung sind, bei der Frage, welche Norm als verbindlich gelten sollte, der Mehrheit anschließen. Oder es könnte auf erster Stufe eine Mehrheit gegen ein Rauchverbot sein, aber einige könnten unter Berücksichtigung der Forderung anderer nach einem Rauchverbot zu der Auffassung gelangen, dass ein solches Verbot eingeführt werden sollte. Ergeben sich bei der Argumentation auf höherer Stufe Meinungsänderungen, ist wiederum in

Bezug auf das geänderte Meinungsbild zu fragen, welche Norm als verbindlich anerkannt werden sollte, usf. Auf diese Weise kann sich eine Konvergenz der Meinungen ergeben. Allerdings ist nicht sicher, dass intersubjektive Reflexion zu Konvergenz führt. Auch das Gegenteil ist möglich.

Das Kriterium vernünftiger Konvergenz führt zu folgender These:

(VK) Besteht vernünftige Konvergenz in der Frage, welche Norm verbindlich gelten soll, so dass für keine alternative Norm Verbindlichkeit beansprucht werden kann, und ist eine gemeinsame, allgemeinverbindliche Regelung notwendig, dann ist die durch vernünftige Konvergenz gestützte Norm als definitiv gültig und verbindlich anzuerkennen.

Die Frage ist allerdings, ob für diese These rationale Notwendigkeit beansprucht werden kann, sie also von jedem vernünftig Urteilenden akzeptiert werden muss. Es stellt sich wiederum das Problem der Normativität. Der Ansatz für die Objektivität definitiver Geltungsaussagen ist, sie als Aussagen aus unparteilicher, neutraler Perspektive einzuführen. Das Kriterium vernünftiger Konvergenz und die Frage nach der richtigen Norm im Falle divergenter normativer Auffassungen führen jedoch wiederum auf normative Fragen. Damit erfordert die Anwendung dieses Kriteriums wiederum autonome Argumentation. Es bleibt das Problem, dass Konvergenz der Auffassungen vernünftigen Widerspruch nicht ausschließt. Selbst wenn sich eine Tendenz zu einem Konsens über eine bestimmte Auffassung abzeichnet, kann ein autonomes Subjekt zu einem abweichenden Ergebnis gelangen.

So könnte, selbst wenn sich die Auffassung durchsetzt, dass ein Verbot des Rauchens in öffentlichen Räumen akzeptiert werden sollte, ein Raucher (oder ein Nichtraucher) bei der Ansicht bleiben, dass die Notlage nikotinsüchtiger Raucher oder das Prinzip der Freiheit dabei nicht hinreichend berücksichtigt worden ist. Es bleibt also die Möglichkeit der Divergenz der subjektiven reflektierten Urteile und einer objektiv feststellbaren Tendenz zur Anerkennung einer Norm als verbindlich. Dies macht es notwendig, zwischen der objektiven Begründung der Verbindlichkeit einer Norm und der objektiv gerechtfertigten Behauptung der Verbindlichkeit zu unterscheiden.

5. *Objektiv gerechtfertigte Behauptung der Verbindlichkeit*

Als Ergebnis der bisherigen Überlegungen ist festzuhalten, dass die Begründung objektiv gültiger Normen, denen jedes rationale Subjekt zustimmen müsste, im Wege autonomer Argumentation nicht möglich ist. Da individuelle Autonomie nicht aufgehoben werden kann, sondern lediglich durch Anforderungen rationaler Normbegründung beschränkt ist, bleibt stets die Möglichkeit des Dissenses. Lediglich die Voraussetzungen der Möglichkeit autonomer Argumentation können notwendige Geltung beanspruchen.

Als alternative, schwächere Form der Begründung der Verbindlichkeit von Normen kommt allerdings in Betracht, die Behauptung der Verbindlichkeit von Normen gegenüber Opponenten objektiv zu rechtfertigen. D. h., Opponenten müssen zwar nicht die behauptete Norm als verbindlich akzeptieren, aber anerkennen, dass die Vertreter dieser Norm diese legitimerweise als verbindlich behaupten.

Kriterium und notwendige Voraussetzung der Verbindlichkeit einer Norm ist ihre Stützung durch vernünftige Konvergenz als Ergebnis der intersubjektiven Reflexion der Beteiligten. Daraus folgt allerdings nicht ohne Weiteres die objektive Verbindlichkeit oder Gültigkeit einer solchen Norm. In dieser substantiellen Frage divergieren die Auffassungen der Befürworter der Norm und ihrer Opponenten.

Für die Rechtfertigung rechtlicher Geltung genügt allerdings die Begründung der Legitimität des Anspruchs auf Verbindlichkeit. Rechtsnormen müssen nicht substantiell begründet werden, sondern können autoritativ gesetzt werden. Die Begründung ihrer Geltung erfordert lediglich, dass der Anspruch auf Verbindlichkeit autoritativer Normsetzung gerechtfertigt werden kann. Dies ist im Wege autonomer Argumentation möglich.

Für die Begründung rechtlicher Geltung ergeben sich damit drei Möglichkeiten:

- Notwendige Voraussetzungen autonomer Normbegründung gelten unmittelbar rechtlich;
- der Anspruch auf Verbindlichkeit autoritativer Normsetzung kann gerechtfertigt werden;
- die Kompetenz zu autoritativer Normsetzung selbst kann gerechtfertigt werden.

Es könnte bezweifelt werden, dass die ersten beiden Möglichkeiten praktisch von Bedeutung sind. Wenn Recht notwendig ist und damit – mangels substantieller Begründung von Normen – die Kompetenz zu autoritativer Rechtsetzung anerkannt werden muss, könnte die Kompetenz zu autoritativer Rechtsetzung als Legitimation rechtlicher Geltung ausreichen und die anderen Möglichkeiten überflüssig machen. Jedoch gibt es im Verfassungsstaat keine ungebundene Gesetzgebungskompetenz. Jede Gesetzgebung muss sich an den Prinzipien der Verfassung rechtfertigen lassen. Ein Rückgriff auf moralische Prinzipien mag nicht notwendig sein. Jedenfalls aber im Hinblick auf verfassungsrechtliche Prinzipien muss gerechtfertigt werden, dass der Geltungsanspruch des Gesetzes gerechtfertigt werden kann.

IV. Fazit

Festzuhalten ist, dass zwischen Diskurs als Erkenntnisverfahren und Diskurs als Verfahren der Normbegründung zu unterscheiden ist. Beim Diskurs als Erkenntnisverfahren geht es um die Begründung von Aussagen, auch von Aussagen über die Geltung von Normen. Beim Diskurs als Normbegründung geht es darum, durch den Diskurs Normgeltung erst zu konstituieren. Der Normbegründungsdiskurs ist also ein Verfahren der Normerzeugung.

Der Diskurs als Erkenntnisverfahren ist insofern unvollständig, als eine Begründung von Aussagen erfolgen muss, die nicht der Diskurstheorie folgt. Für normative Aussagen ist dies eine kommunikative Praxis, in der nicht-diskurstheoretisch begründete Normbehauptungen vorgetragen werden. Dies ist möglich, aber dennoch eine Schwäche der Diskurstheorie. Die Teilnehmer an praktischen Diskursen können nicht der Diskurstheorie folgen. Eine Theorie des praktischen Diskurses sollte hingegen so konzipiert sein, dass sie auch aus Sicht der Diskursteilnehmer anwendbar ist. Dies erfordert eine Ergänzung der Konzeption des Diskurses als Erkenntnisverfahren durch eine Konzeption des Diskurses als Normbegründungsverfahren, in dem Normgeltung konstituiert wird.

Meine These ist, dass der praktische Diskurs als Normbegründungsverfahren zu verstehen ist. Vom praktischen Diskurs ist der theoretische Diskurs über Normen zu unterscheiden. Im theoretischen Diskurs geht es um die Begründbarkeit normativer Aussagen. Dies setzt voraus, dass zunächst Normgeltung konstituiert worden ist. Dies muss entsprechend den Anforderungen der Diskurstheorie erfolgen.

II. Prinzipientheorie und Grundrechte

Ideales Sollen als Sollen in der idealen Welt

*Hidehiko Adachi**

I. Einleitung

Robert Alexy unterscheidet zwischen Regeln und Prinzipien. Ihm zufolge sei eine Regel ein definitives Gebot; also eine Norm, die stets erfüllt oder nicht erfüllt werden kann. Ein Prinzip hingegen sei ein Optimierungsgebot; also eine Norm, die gebiete, dass etwas in einem, relativ auf die rechtlichen und tatsächlichen Möglichkeiten, möglichst hohen Maße realisiert werden soll. Prinzipien seien zu unterschiedlichen Graden erfüllbar. Die Unterscheidung zwischen Regeln und Prinzipien sei dagegen eine qualitative Unterscheidung und keine Unterscheidung dem Grade nach. Jede Norm sei also entweder eine Regel oder ein Prinzip.[1] Außerdem bezeichnet er eine Regel als reales Sollen, ein Prinzip dagegen als ideales Sollen.[2]

Die qualitative Unterscheidung zwischen Regeln und Prinzipien soll im vorliegenden Beitrag nicht bestritten, wohl aber auf eine andere Art und Weise als bei *Alexy* getroffen werden: Mit Hilfe der Semantik der möglichen Welt von *Kripke* und *Hintikka* läßt sich zwischen normativen Aussagen (propositions) in der realen Welt und normativen Aussagen in der idealen Welt unterscheiden. Es wird zu argumentieren sein, dass *Alexys* Regeln den normativen Aussagen in der realen Welt und die Prinzipien den normativen Aussagen in der idealen Welt entsprechen – obwohl sie nicht identisch mit ihnen sind.

Zunächst sollen die Normen unter verschiedenen Gesichtspunkten klassifiziert werden (II, III, IV). Auf der Grundlage dieser Klassifizierungen werden normative Aussagen in der realen Welt und normative Aussagen in der idealen Welt beschrieben (V).

---

* Ich danke Herrn Jonas Holoubek herzlich für die sprachliche Überarbeitung des Manuskripts.

[1] *R. Alexy*, Theorie der Grundrechte, 1985, S. 75–77.

[2] *R. Alexy*, Zum Begriff des Rechtsprinzips, in: ders., Recht, Vernunft, Diskurs, 1995, S. 203–204.

II. Norm und Normsatz

Alexy unterscheidet zwischen Norm und Normsatz. Eine Norm sei die Bedeutung eines Normsatzes, und ein Normsatz sei der Ausdruck einer Norm.[3] Da dieselbe Norm durch verschiedene Normsätze ausgedrückt werden könne, sei der Begriff der Norm gegenüber dem Begriff des Normsatzes der primäre Begriff. Daher empfiehlt *Alexy*, Kriterien für die Identifikation von Normen nicht auf der Ebene des Normsatzes, sondern auf der Ebene der Norm zu suchen, und unterscheidet zwischen Regeln und Prinzipien auf der Ebene der Normen. Da diese von *Alexy* getroffene Unterscheidung zwischen Normen und Normsätzen und die Unterscheidung zwischen Regeln und Prinzipien auf der Ebene der Normen überzeugend sind, werden sie den folgenden Ausführungen zugrunde gelegt.

III. Normen und normative Aussagen

Ob eine Norm einen einzigen Wert hat, nämlich *wahr* oder *falsch* ist, kann umstritten sein. Ein Satz, der die Realität beschreibt, hat den Wert *wahr*, wenn die Beschreibung der Realität entspricht, und den Wert *falsch*, wenn sie ihr nicht entspricht. Da Normen jedoch nicht die Realität beschreiben, kann ihnen nicht derselbe Wahrheitswert beigemessen werden wie Sätzen, die die Realität beschreiben. Auf der Grundlage der Semantik der möglichen Welt können wir jedoch Normen Wahrheitswerte zuweisen, wenn wir nicht nur die reale Welt, sondern auch die mögliche Welt annehmen. Nach der Semantik der möglichen Welten ist der Modalsatz „p ist notwendig" (□p) in dieser Welt wahr, wenn p in allen von dieser Welt aus erreichbaren möglichen Welten wahr ist, und falsch, wenn p in mindestens einer möglichen Welt falsch ist. Der normative Satz „p ist obligatorisch" (Op) ist wahr, wenn p in allen von dieser Welt aus erreichbaren idealen Welten wahr ist, und falsch, wenn p in mindestens einer idealen Welt falsch ist. Ideale Welten existieren nicht in der gleichen Weise wie die reale Welt, aber es ist möglich, sie durch Gründe zu rechtfertigen. Daher können wir Normen, die die begründete ideale Welt beschreiben, wahre Werte zuweisen und Normen, die sie nicht beschreiben, falsche Werte. Eine Norm mit einem einzigen Wahrheitswert wird im Folgenden als normative Aussage bezeichnet.

Es wurde bereits erwähnt, dass Normen einen Wahrheitswert haben können, aber es wurde noch nicht erwähnt, unter welchen Umständen dies der Fall ist. Eine Norm hat einen Wahrheitswert, wenn die Menge (set), zu der sie gehört, konsistent (nicht widersprüchlich) ist. Da jeder Satz logisch aus einer wider-

---

[3] *Alexy*, Theorie der Grundrechte (Fn. 1), S. 43.

sprüchlichen Menge abgeleitet werden kann, und daher jeder Satz, der zu einer widersprüchlichen Menge gehört oder aus ihr abgeleitet wird, sowohl wahr als auch falsch ist, kann eine Norm, die zu einer widersprüchlichen Menge gehört oder aus ihr abgeleitet wird, nicht mit einem einzigen Wahrheitswert versehen werden.

Es ist die Entscheidung desjenigen, der die Norm formuliert, ob er sie als einer konsistenten Menge zugehörig betrachtet und ihr einen einzigen Wahrheitswert gibt – oder nicht. Was die Rechtsnormen anbelangt, so braucht derjenige, der die Rechtsnormen, die zur Rechtsordnung eines Landes gehören, als solche wiedergeben will und nicht nach dem Verhältnis zwischen den Rechtsnormen zu fragen braucht, nicht von der Konsistenz dieser Rechtsordnung auszugehen. Dies ist der Standpunkt des Gelehrten, der vergangenes oder ausländisches Recht studiert; oder, in *Alexys* Worten: der Standpunkt des Beobachters.[4] Wer hingegen eine Antwort darauf geben will, ob die Rechtsordnung eines Landes eine bestimmte Handlung oder einen bestimmten Sachverhalt gebietet, verbietet oder freistellt, der muss von der Konsistenz dieser Rechtsordnung ausgehen. Denn ohne sie vorauszusetzen, könnte jede Handlung und jede Situation geboten, verboten und freigestellt sein. Diese Konsistenzannahme kennzeichnet den Standpunkt eines Richters oder sonstigen Akteurs im geltenden Recht; oder, um die Terminologie von *Alexy* zu verwenden: des Teilnehmers.

Mit anderen Worten: Eine Norm, die nicht zu einer konsistenten Menge gehört, hat keinen Wahrheitswert, während eine Norm, die zu einer konsistenten Menge gehört, d. h. eine normative Aussage ist, einen Wahrheitswert hat.

Diese und ähnliche Unterscheidungen wurden von vielen Modallogikern und Rechtsgelehrten getroffen. So vertrat beispielsweise *von Wright* die Auffassung, dass das Naturrecht deskriptiv ist und einen Wahrheitswert hat, während das Staatsrecht präskriptiv ist und keinen Wahrheitswert hat[5]; *Kelsen* vertrat die Auffassung, dass die von der Rechtsautorität gesetzten Rechtsnormen weder wahr noch falsch sein können, sondern nur gültig oder ungültig, während die von der Rechtswissenschaft beschriebenen Rechtssätze wahr oder falsch sein können;[6] und *Navarro/Rodríguez* unterscheiden zwischen wahren Normen („genuine norms") und Aussagen über Normen („statements about norms, norm-propositions").[7] Wenn, wie *Navarro/Rodríguez* betonen, der Gesetzgeber vollkommen rational wäre und all seine Normen zu einem einzigen konsistenten System gehörten, dann könnte es keine Unterscheidung zwischen Normen

[4] *R. Alexy*, Begriff und Geltung des Rechts, Erweiterte Neuausgabe, 2020, S. 47–48.
[5] *G. H. von Wright*, Norm and Action, 1963, S. 2.
[6] *H. Kelsen*, Reine Rechtslehre, 2. Aufl., 1960, S. 75–76.
[7] *P. E. Navarro/J. L. Rodríguez*, Deontic Logic and Legal Systems, 2014, S. 78.

und normativen Aussagen geben.[8] Da es aber keinen solchen rationalen Gesetzgeber (außer Gott, dem Allmächtigen) gibt, können sie unterschieden werden.

Alexy geht von der Möglichkeit eines Konflikts zwischen Regeln und einer Kollision zwischen Prinzipien aus, sowie davon, dass sowohl Regeln als auch Prinzipien einen „prima facie"-Charakter haben.[9] Auf dieser Grundlage scheint *Alexy* Regeln und Prinzipien nicht als normative Aussagen zu betrachten, sondern als Normen ohne Wahrheitswert.

IV. Bedingte und unbedingte Normen

Eine Norm, die durch einen Satz „Wenn [...], dann muss man [...]" ausgedrückt wird, nennt man eine *bedingte Norm*, während eine Norm, die durch den einfachen Satz „Man muss [...]" ausgedrückt wird, eine *unbedingte Norm* genannt wird. Es gibt viele strittige Punkte in Bezug auf bedingte Normen, aber in diesem Beitrag ist nur der folgende Punkt von Bedeutung: die Reichweite der deontischen Modalität.

Bei bedingten Normen stellt sich das Problem, ob „müssen" in „wenn p dann muss q sein" nur die Konsequenz q oder den gesamten Satz betrifft. Drückt man beides in logischen Formeln aus, ergibt sich jeweils:

(1) $p \rightarrow Oq$

(2) $O(p \rightarrow q)$

Welche logische Formel eignet sich besser für die Darstellung einer bedingten Norm? Während der Gebotsoperator O in der ersten Formel nur q betrifft, betrifft der Gebotsoperator in der zweiten Formel $p \rightarrow q$. Beides sind korrekte logische Formeln, aber die letztere soll übernommen werden. Denn wenn wir die erste Formel als Ausdruck bedingter Normen annähmen, könnten wir ein Sollen aus einem Sein ableiten. Das heißt, wenn $\neg p$ wahr ist, können wir logischerweise jeden bedingten Satz mit $\neg p$ als Antezedens ableiten, und so können wir natürlich auch $p \rightarrow Oq$ ableiten. Nehmen wir zum Beispiel die Tatsache an, dass die Person A niemanden tötet. Aus der Tatsache „A tötet niemanden" können wir logisch beliebige bedingte Normen, zum Beispiel die Norm „Wenn A einen Menschen tötet, muss er sterben" und die Norm „Wenn A einen Menschen tötet, muss er auch einen anderen Menschen töten" ableiten. Dies wider-

---

[8] Ebd., S. 84.

[9] *Alexy*, Theorie der Grundrechte (Fn. 1), S. 87–90.

spricht der weithin akzeptierten Vorstellung vom Verhältnis zwischen Fakten und Normen, dem Dualismus von Sein und Sollen.

Andererseits können wir auch O(p→q) aus O¬p ableiten. Nehmen wir zum Beispiel folgende Norm an: „Es ist dem A geboten, keinen Menschen zu töten". Aus dieser Norm können wir logischerweise zum Beispiel die Normen „Es ist dem A geboten, dass er, wenn er einen Menschen tötet, stirbt" und „Es ist dem A geboten, dass wenn er einen Menschen tötet, auch einen anderen Menschen tötet" ableiten. Wir werden später sehen, wie dieses Problem gelöst werden kann.[10]

V. Die reale Welt, die nächstbeste Welt und die beste Welt

1. *Sekundäre Reflexivität*

Auf der Grundlage der Semantik der möglichen Welt können wir zwischen Normen in der realen Welt und Normen in der idealen Welt unterscheiden. Eine Norm Op in dieser Welt W ist eine Beschreibung einer besseren Welt W^+, die von dieser Welt aus erreichbar ist. Das heißt, Op beschreibt, dass p in allen W^+, die von dieser Welt aus erreichbar sind, wahr ist. In ähnlicher Weise besagt die Norm OOp in W, dass die Norm Op in allen W^+ wahr ist. Und die Norm Op in W^+ besagt, dass p in allen Welten W^{++} wahr ist, die besser als W^+ sind. Wir könnten auch die Normen OOOp, OOOOp usw. in W annehmen, aber der Einfachheit halber nehmen wir nur W^+ und W^{++} an und nennen W^+ die nächstbeste Welt und W^{++} die beste Welt.

Peng-Hsiang Wang behauptet, dass OOp→Op gültig ist (d.h. nicht zufällig wahr, sondern immer wahr), und wenn OOp wahr ist, dann ist auch Op wahr, so dass der wiederholte Gebotsoperator OO auf O reduziert werden kann.[11] *Wang* lässt eine sekundäre Reflexivität (oder transitive Reflexivität) in der Erreichbarkeitsbeziehung zwischen möglichen Welten zu.[12] Wenn eine bestimmte Welt (W^+) eine ideale Welt für unsere Welt (W) ist, dann ist diese bestimmte Welt (W^+) auch eine ideale Welt für sich selbst, so *Wang*. Dies liege daran, dass eine ideale Welt eine Welt sei, in der alle Verpflichtungen erfüllt werden, und es sei *natürlich* anzunehmen, dass alle Verpflichtungen nicht nur „alte Verpflichtungen" (das bedeutet: Verpflichtungen in W), sondern auch „neue Verpflichtungen" in der idealen Welt (Verpflichtungen in W^+) umfassen. Wenn also

---

[10] Siehe den letzten Absatz von V. 1.

[11] *P. Wang*, Principles as Ideal Ought: Semantic Considerations on the Logical Structure of Principles, in: ARSP Beiheft 124 (2010), S. 29–49 (42).

[12] Zur Sekundärreflexivität siehe *J. W. Garson*, Modal Logic for Philosophers, 2. Auflage, 2013, S. 108–109.

OOp in der Welt W wahr sei, dann sei Op in allen W^+ wahr, und da W^+ auch für sich selbst erreichbar sei, sei p nicht nur in W^{++}, sondern auch in W^+ wahr. Daher sei Op in W wahr. So sei OOp→Op gültig.

Wang gibt jedoch keinen Grund an, warum sein Argument „natürlich" ist. Ob „alle Verpflichtungen" sowohl „neue Verpflichtungen" als auch „alte Verpflichtungen" umfassen, hängt von der Interpretation der Erreichbarkeitsbeziehung zwischen möglichen Welten ab. Wenn wir keine Sekundärreflexivität zulassen, dann umfassen „alle Verpflichtungen" nur alte Verpflichtungen (Verpflichtungen in W); wenn wir Sekundärreflexivität zulassen, dann umfassen „alle Verpflichtungen" auch neue Verpflichtungen (Verpflichtungen in W^+). *Wang* gibt keine Gründe dafür an, welche der beiden Möglichkeiten besser geeignet ist.

Welche Beziehungen wir zwischen möglichen Welten zulassen sollen, hängt davon ab, was wir mit logischen Formeln ausdrücken wollen. Die Zulassung der sekundären Reflexivität und die Gültigkeit von OOp→Op sind nicht geeignet, um verschiedene Rechtsnormen zum Ausdruck zu bringen. Dies liegt daran, dass die Zulassung von Sekundärreflexivität bedeutet, dass W^+ und W^{++} beide gleich gute Welten für W sind, und wir folglich nicht zwischen W^+ und W^{++} unterscheiden können. Mit anderen Worten, wir wären nicht in der Lage, zwischen den nahen und den fernen Idealen für unsere reale Welt zu unterscheiden. Die Grundrechtsbestimmungen der Verfassung und die Zweckklauseln in den ersten Artikeln vieler Gesetze sollen so verstanden werden, dass sie das ultimative Idealbild eines jeden Landes und einer jeden Gesellschaft definieren. Um solche Typen von Normen auszudrücken, sollte die deontische Logik verwendet werden, die keine sekundäre Reflexivität zulässt und daher OOp→Op ungültig macht.

Die Unterscheidung zwischen der besten Welt (W^{++}) und der nächstbesten Welt (W^+) hat außerdem folgende Vorteile: Wir können davon ausgehen, dass die Norm gegen Mord (O¬p) keine Norm der realen Welt (W) ist, sondern eine Norm der nächstbesten Welt (W^+). Mit anderen Worten: Die Norm gegen Mord in der realen Welt W wird durch OO¬p ausgedrückt. Die Tatsache, dass OO¬p in der realen Welt wahr ist, ist die gleiche wie die Tatsache, dass O¬p in der nächstbesten Welt wahr ist. Aus O¬p in der nächstbesten Welt können wir logisch jede Norm O(p→q) ableiten, wobei q ein beliebiger Satz ist. Das heißt, p→q ist in allen besten Welten wahr. Da es jedoch in der besten Welt keine Mörder gibt, ergibt sich kein besonderes Problem, selbst wenn p→q in der besten Welt wahr ist.

2. *Das Verhältnis zwischen der besten Welt und der nächstbesten Welt*

Welche Art von Welt ist die beste Welt? Gehen wir davon aus, dass die beste Welt die vernünftige Welt von *Kant*, d.h. „ein Reich der Zwecke"[13] ist. Dies wird dadurch erreicht, dass die Menschen in der nächstbesten Welt für sich selbst moralische Gesetze aufstellen und sie befolgen. Moralische Gesetze sind daher Normen in der nächstbesten Welt (z.B. Verbot des Mordes: O¬p).

Wenn die beste Welt die Welt der Vernunft ist, dann müssen moralische Gesetze unbedingte Normen sein. Da die Welt der Vernunft nach Kant eine Welt ohne Kategorien von Raum und Zeit ist, gibt es in der Welt der Vernunft keine Kausalität, und deshalb kann kein bedingter Satz in der Welt der Vernunft wahr sein. Daraus ergibt sich, dass moralische Gesetze in der nächstbesten Welt unbedingte Normen sind.

Was für eine Welt ist dann die nächstbeste Welt? Die nächstbeste Welt liegt zwischen der realen Welt und der besten Welt. Wir sollten versuchen, die nächstbeste Welt der besten Welt so ähnlich wie möglich zu machen. Wenn zum Beispiel in der besten Welt alle Menschen keinen Mord begehen, dann sollten wir die nächstbeste Welt zu einer Welt machen, in der so viele Menschen wie möglich keinen Mord begehen. Eine Möglichkeit, dies zu erreichen, besteht darin, Mörder in der nächstbesten Welt durch Bestrafung davon abzuhalten, erneut einen Mord zu begehen, oder sie durch die Einschüchterung der normalen Menschen durch Strafen davon abzuhalten, dies zu tun. Mit anderen Worten: In der nächstbesten Welt ist die Aussage „Wenn man jemanden tötet, wird man bestraft" ($p \rightarrow q$) wahr. Daher ist in der realen Welt die normative Aussage „Es ist geboten: wenn man jemanden tötet, wird man bestraft" ($O(p \rightarrow q)$) wahr. Natürlich ist die Bestrafung von Mördern in der nächstbesten Welt, d.h. die Setzung der Norm für die Bestrafung von Mördern in der realen Welt, nur eine Möglichkeit, die Zahl der Mörder in der nächstbesten Welt zu verringern. Es gibt viele andere Möglichkeiten, wie z.B. verschiedene sozial- und kriminalpolitische Maßnahmen, die dazu beitragen können, die Zahl der Mörder zu verringern.

3. *Konflikt von Regeln und Kollision von Prinzipien*

Nach *Alexy* zeigt der Unterschied zwischen Regeln und Prinzipien sich am deutlichsten bei Prinzipienkollisionen und Regelkonflikten.[14] Ein Konflikt zwischen Regeln könne dadurch gelöst werden, dass entweder eine Ausnahmeklausel, die den Konflikt beseitigt, in eine der Regeln eingefügt oder mindestens eine der Regeln für ungültig erklärt werde. Stehen sich dagegen in einer gege-

---

[13] *I. Kant*, Grundlegung zur Metaphysik der Sitten, in: Königlich Preußische Akademie der Wissenschaft (Hrsg.), Kant's gesammelte Schriften, Band 4, 1903, S. 433.

[14] *Alexy*, Theorie der Grundrechte (Fn. 1), S. 77–84.

benen Situation Prinzipien gegenüber, so seien nach dem „Kollisionsgesetz" die Gewichte der Prinzipien in der Situation abzuwägen und eine bedingte Norm zu formulieren, mit der Situation als Antezedens und der aus dem übergeordneten, schwereren Prinzip abgeleiteten Rechtsfolge als Konsequenz.

Die obige Erklärung von *Alexy* scheint jedoch den Unterschied zwischen Regeln und Prinzipien nicht zu verdeutlichen. Sowohl Regeln als auch Prinzipien sind Normen ohne Wahrheitswerte, und wenn wir eine normative Aussage über einen konkreten Fall treffen, müssen wir eine generelle, bedingte und normative Aussage bilden und nach dieser urteilen. Wenn zwei Regeln oder zwei Prinzipien einander widersprechen, muss eine Entscheidung getroffen werden, welche Norm Vorrang hat. Die Nichtberücksichtigung einer der beiden Normen bedeutet jedoch nicht zwangsläufig, dass die Gültigkeit der betreffenden Norm geleugnet wird. Die Norm, die nicht berücksichtigt wurde, sei es eine Regel oder ein Prinzip, kann in einem anderen Fall berücksichtigt werden.

Die Lösung von Prinzipienkollisionen besteht aus zwei Prozessen: zum einem aus dem Prozess des Abwägens der Prinzipien, also der Entscheidung für ein übergeordnetes Prinzip und dessen Betrachtung als die normative Aussage in der nächstbesten Welt (i), und zum anderen aus dem Prozess der Formulierung einer bedingten normativen Aussage in der realen Welt, einer bedingten normativen Aussage, dass die nächstbeste Welt dazu dient, sie der besten Welt so ähnlich wie möglich zu machen (ii).

Der Prozess der Lösung von Regelkonflikten ist im Wesentlichen derselbe wie der erste Prozess der Lösung von Prinzipienkollisionen. Die Prozesse der Lösung von Regelkonflikten und die von Prinzipienkollisionen sind insofern gleich, als sie die Gewichte mehrerer Normen (Regeln oder Prinzipien) vergleichen, die schwerwiegendere wählen und die gewählte Norm als die normative Aussage betrachten.

Außerdem kann die Reihenfolge des ersten und des zweiten Prozesses zur Lösung der Prinzipienkollision umgekehrt werden. Das heißt, wir können für jedes Prinzip eine Regel formulieren, welche der Verwirklichung der vom Prinzip beschriebenen besten Welt dient (ii), und dann die Gewichtung der Regeln vergleichen und die gewichtigere auswählen, um eine bedingte normative Aussage in der realen Welt zu formulieren (i).

V. Schluss

Auf der Grundlage der Semantik der möglichen Welt können wir zwischen normativen Aussagen in der realen Welt und normativen Aussagen in der nächstbesten Welt unterscheiden. *Alexys* Regeln (reales Sollen) und Prinzipien (ideales Sollen) sind Normen, nicht normative Aussagen. Allerdings sind die durch Abwägung gewählten Regeln normative Aussagen in der realen Welt, und die durch Abwägung gewählten Prinzipien normative Aussagen in der nächstbesten Welt. Einfacher ausgedrückt: Da die nächstbeste Welt die idealere Welt für die reale Welt ist, können wir sagen, dass Regeln „Sollen in der realen Welt" und Prinzipien „Sollen in der idealen Welt" sind.[15]

Der Unterschied zwischen Regeln und Prinzipien besteht nicht darin, wie sie erfüllt werden. Er besteht in dem Unterschied der Welten, zu denen die entsprechenden normativen Aussagen, d. h. die gewählten Regeln oder Prinzipien, gehören. Daraus folgt, dass Regeln mit Regeln in Konflikt und Prinzipien mit Prinzipien in Kollision geraten können, weil ihre normativen Aussagen jeweils zur selben Welt gehören sollen (aufgrund der Konflikt- bzw. Kollisionslage aber nicht können), während Regeln mit Prinzipien nicht miteinander in einen Konflikt oder eine Kollision geraten können, weil ihre normativen Aussagen zu verschiedenen Welten gehören.

---

[15] Obwohl der Kontext ein anderer ist, könnten wir Sollen in der idealen Welt als „höherstufige Normen" (*J. Habermas*, Faktizität und Geltung, 1994, S. 310) bezeichnen.

Wirtschaftliche und soziale Grundrechte und Verhältnismäßigkeit

Carlos Bernal Pulido *

I. Einleitung

Die Verankerung wirtschaftlicher und sozialer Rechte in Verfassungen gemeinsam mit der Zuweisung der Befugnis zu ihrer Durchsetzung an die Verfassungsgerichte wirft zwei zentrale Fragen auf: die Frage nach dem normativen Inhalt und die Frage nach der Rechtfertigung. Die Frage nach dem normativen Inhalt lautet: Inwieweit sollten Verfassungsgerichte den materiellen Gehalt positiver wirtschaftlicher und sozialer Rechte bestimmen können, wenn die Betroffenen geltend machen, dass die Normadressaten sie nicht hinreichend geschützt haben? Die Frage nach der Rechtfertigung stellt sich wie folgt dar: Wie sollten Verfassungsgerichte ihre Entscheidungen betreffend die Bestimmung jenes normativen Inhalts begründen? Gerichte können diese Entscheidungen auf verschiedene Kriterien stützen. Dazu gehören die Angemessenheit, der Kerngehalt und die Verhältnismäßigkeitsprüfung.

In diesem Rahmen erfüllt der Beitrag drei Aufgaben. Erstens wird die Forderung nach gerichtlicher Feststellung bekräftigt, wonach die Verfassungsgerichte den normativen Inhalt positiver, verfassungsmäßiger Wirtschafts- und Sozialrechte bestimmen sollten.[1] Zweitens wird ein Modell der Verhältnismäßigkeitsprüfung vorgestellt, welches Verfassungsgerichte zur Begründung ihrer Entscheidungen verwenden können. Drittens wird argumentiert, dass dieses Modell im Vergleich zu anderen Standards einen höheren Grad an Transparenz bei der Begründung richterlicher Entscheidungen schafft, weniger intensiv in die Gewaltenteilung eingreift und den epistemischen Nachteil von Verfassungsgerichten bei der Gestaltung und Implementierung von Sozialpoli-

---

* Aus dem Englischen übersetzt von Elena Barth und Lukas Fest.

[1] Im Gegensatz zu einer Tendenz in der ersten südafrikanischen Verfassungsrechtsprechung zur „Reasonableness“ (Zumutbarkeit) stimme ich der Forderung von David Bilchitz zu, dass Verfassungsgerichte den normativen Inhalt wirtschaftlicher und sozialer Rechte bestimmen sollten, vgl. *D. Bilchitz*, Poverty and Fundamental Rights: The Justification and Enforcement of Socio-Economic Rights, in: Oxford University Press, 2007, S. 187 f.; *ders.*, Socio-economic rights, economic crisis, and legal doctrine, in: International Journal of Constitutional Law 12 (2014), S. 710–739.

tik berücksichtigt. Deshalb ist dieses Modell der beste verfügbare Standard für die verfassungsrechtliche Beurteilung von Fällen, die sich auf positive wirtschaftliche und soziale Rechte beziehen.

II. Die gerichtliche Bestimmung des normativen Gehalts positiver wirtschaftlicher und sozialer Rechte

1. Eine Typologie verfassungsrechtlicher Bestimmungen zu wirtschaftlichen und sozialen Rechten

Die verfassungsrechtliche Verankerung wirtschaftlicher und sozialer Rechte hat sich zu einer weit verbreiteten Strategie entwickelt, um die Probleme von Armut, unbefriedigten Grundbedürfnissen, des Mangels an Ressourcen zur Sicherung eines Lebens in Würde und der Ungleichverteilung von Chancen und Vermögen zu adressieren.

Verfassungen schützen wirtschaftliche und soziale Rechte auf verschiedene Weise. Manche Verfassungen enthalten Bestimmungen, die festschreiben, was *Mark Tushnet* als „nonjusticiable“ oder „merely declaratory rights“ bezeichnet, also Rechte, die Gerichte nicht durchsetzen würden.[2] Diese Verfassungen ermächtigen politische Instanzen lediglich dazu, den materiellen Gehalt wirtschaftlicher und sozialer Rechte zu bestimmen. Die Entscheidungen jener Instanzen sind endgültig. Sie können nicht gerichtlich angefochten werden.

Verfassungen können auch justiziable wirtschaftliche und soziale Rechte garantieren. Diese Art von verfassungsrechtlicher Verankerung ist in Kontexten, in denen sich politische Autoritäten in der Vergangenheit zurückhaltend zeigten, solche Rechte mittels wirtschafts- und sozialpolitischer Maßnahmen umzusetzen, sehr bedeutsam. Lateinamerika bietet hier verschiedene Beispiele. So garantieren Artikel 42 bis 77 der kolumbianischen Verfassung von 1991 einklagbare Verfassungsrechte von Kindern, schwangeren Frauen, Jugendlichen, Senioren und Menschen mit Behinderung sowie das Recht auf eine Rente, Gesundheitsversorgung, Wohnung, Erholung, gerechte Arbeitsbedingungen und Bildung.

Bestimmungen, die justiziable verfassungsmäßige Wirtschafts- und Sozialrechte verankern, begründen verschiedenen Arten von Rechtspositionen.[3] Wie *Michelman* erläutert,[4] begründen solche Bestimmungen drei Arten von An-

---

[2] Vgl. *M. Tushnet*, Weak Courts, Strong Rights: Judicial Review and Social Welfare Rights in Comparative Constitutional Law, in: Princeton University Press, 2008, S. 238.

[3] Zum Konzept der Rechtsposition vgl. *R. Alexy*, A Theory of Constitutional Rights, in: Oxford University Press, 2002, S. 120.

[4] Vgl. *F. I. Michelman*, Socio-economic Rights in Constitutional Law: Explaining America Away, in: International Journal of Constitutional Law, 2008, S. 667.

sprüchen für ihre Rechtsinhaber. Erstens: Abwehransprüche gegen Störungen des Staates und anderer Individuen im Hinblick auf den Zugang zu und den Bezug von Leistungen in angemessenem Umfang, die den Rechtsinhabern bereits zustehen (negative Ansprüche). Zweitens: Ansprüche betreffend den gleichen Zugang zu Leistungen und den Bezug von jenen angemessenen Leistungen durch die Rechtsinhaber im Vergleich zu anderen Individuen (Gleichheitsansprüche). Darüber hinaus werden Ansprüche auf Förderung, Schutz oder Gewährleistung des Zugangs von Rechtsinhabern zu den aus den wirtschaftlichen und sozialen Rechten erwachsenden angemessenen Leistungen und deren Bezug begründet (positive Ansprüche).

2. Die Unbestimmtheit positiver wirtschaftlicher und sozialer Rechte

Im Mittelpunkt dieses Beitrags stehen die positiven wirtschaftlichen und sozialen Rechtsansprüche. Bei diesen handelt es sich um Rechtspositionen, die eine triadische Struktur aufweisen, bei der ein Anspruchsberechtigter einen Rechtsanspruch gegen einen Anspruchsverpflichteten besitzt, der seinerseits eine entsprechende Verpflichtung hat. Der Inhalt des Anspruchs und zugleich der Verpflichtung ist eine Handlung, die der Verpflichtete zu Gunsten des Anspruchsinhabers oder eines Dritten auszuführen hat.[5] Die Ausführung dieser Handlung in einer bestimmten Art und Weise führt zur Erfüllung dieses Rechts zu einem bestimmten Grad.

Wie bei allen Arten von Rechten sind Fälle, in denen es um die Beurteilung von Verfassungsbestimmungen geht, die positive wirtschaftliche und soziale Rechte verankern, manchmal „hard cases" im Sinne *Dworkins*.[6] Es handelt sich um Fälle, in welchen die Verfassung die vom Anspruchsverpflichteten geschuldete Handlung nicht bestimmt. Grund hierfür sind die sprachlichen und institutionellen Umstände, unter denen die gerichtliche Entscheidung ergeht. Zu diesen Umständen gehört die Tatsache, dass Verfassungsbestimmungen, die wirtschaftliche und soziale Rechte verankern, vage, mehrdeutig und offen formuliert sind; dass die Ansprüche, die sie begründen, mit anderen, aus verfassungsrechtlichen Regeln und Prinzipien erwachsenden Ansprüchen kollidieren können;[7] dass es Meinungsverschiedenheiten über den angemessenen Weg zur Auflösung dieser Kollisionen gibt;[8] dass die in den Bestimmungen zu wirtschaftlichen und sozialen Rechten festgelegten Ziele unter anderem die

---

[5] Vgl. *R. Alexy*, On Constitutional Rights to Protection, in: Legisprudence 3 (2009), S. 1.

[6] Vgl. *R. Dworkin*, Hard Cases, in: Harvard Law Review, 1975, S. 1057.

[7] Vgl. *R. Dixon/T. Ginsburg*, The South African Constitutional Court and Socio-Economic Rights as ‚Insurance Swaps', 4 Constitutional Court Review, 2011, S. 3.

[8] Vgl. *O. Gerstenberg*, Negative/positive constitutionalism, ‚fair balance', and the problem of justiciability, International Journal of Constitutional Law, 2012, S. 906.

Umsetzung von Gesetzen und politischen Maßnahmen, technische Planung, die Schaffung von Infrastruktur und Ausgaben erfordern; dass es Gesetze oder politische Maßnahmen geben kann, die von den verantwortlichen politischen Instanzen zum Zwecke der Verwirklichung dieser Rechte erlassen wurden, sodass die Lösung von Fällen die Überprüfung dieser Gesetze und politischen Maßnahmen durch Richter erfordern kann; und schließlich, dass es – abhängig von dem gegebenen System der verfassungsrechtlichen Überprüfung – eine abstrakte und konkrete verfassungsrechtliche Überprüfung wirtschaftlicher und sozialer Rechte geben kann sowie dass die Entscheidungen und Argumentation der Gerichte in jedem dieser beiden Fälle unterschiedlich ausfallen können.

Was die Unbestimmtheit anbelangt, so verankern Verfassungen im Allgemeinen eher abstrakte und unqualifizierte wirtschaftliche und soziale Rechte als spezifische Kataloge konkreter Handlungen, die von identifizierbaren Pflichtenträgern auszuführen sind. Darüber hinaus schützen einige Verfassungsbestimmungen wirtschaftliche und soziale Rechte auf flexible Weise. Sie garantieren den Zugang zu Leistungen und weniger bestimmte Leistungen an sich. Zum Beispiel gewähren Artikel 26 und 27 der südafrikanischen Verfassung Zugang zu angemessenem Wohnraum, Gesundheitsfürsorge, ausreichend Nahrung und Wasser sowie sozialer Sicherheit. Andere Bestimmungen gewähren Rechte auf bestimmte Güter. So garantiert Artikel 30 der ecuadorianischen Verfassung jedem Menschen ein Recht auf „angemessenen Wohnraum“. Regelungen wie die letztgenannte enthalten allgemeine Beschreibungen der zugewiesenen Güter. Es bleibt offen, was „angemessen“ im Kontext des Artikel 30 der ecuadorianischen Verfassung bedeuten soll. Einige Bestimmungen verlangen die Ausarbeitung politischer Maßnahmen, beispielsweise eine „Gesundheitspolitik“ (Artikel 32 der ecuadorianischen Verfassung) oder einen „Wohnungsplan“ (Artikel 52 der kolumbianischen Verfassung). Ungeachtet ihres potenziellen diskursiven Wertes legen diese Bestimmungen weder Einzelheiten der politischen Konzepte noch den Zeitpunkt fest, zu dem diese umgesetzt werden sollten. Schließlich äußern sich diese Verfassungsbestimmungen für gewöhnlich nicht dazu, wie bei finanziellen Zwängen und knappen Ressourcen vorzugehen ist, um die Leistungen einer großen Zahl von Rechtsinhabern zukommen zu lassen.

Zudem fehlt es in den meisten Bestimmungen wirtschaftlicher und sozialer Rechte an der Bestimmtheit hinsichtlich des verfassungsrechtlich geforderten Grades und der Art und Weise der Befriedigung der positiven Rechte. Während der Grad der Erfüllung jener Rechte auf die spezifischen Ziele Bezug nimmt, die die politischen Instanzen und privaten Pflichtenträger erreichen sollen (zum Beispiel kostenlose Grundschul- und Sekundarbildung), betrifft die Art und Weise der Erfüllung die angemessenen Mittel, die zur Erreichung dieses Erfüllungsgrades eingesetzt werden sollten (beispielsweise ein öffentliches

Schulsystem, eine Kombination aus öffentlichem und privatem Schulsystem oder ein privates Schulsystem mit öffentlichen Stipendien). Folglich ist es sowohl in Fällen abstrakter als auch konkreter Verfassungsmäßigkeitsprüfung schwierig, das zu bestimmen, was man als ein „definites verfassungsmäßiges Gegenteil"[9] bezeichnen kann. Dieses Konzept bezieht sich auf das rechtmäßige Verhalten, das die Adressaten auszuführen haben, um das fragliche Recht zu erfüllen. Um festzustellen, ob ein Recht verletzt wurde und wie die Rechtsverletzung behoben werden kann, müssen Richter wissen, was das definite verfassungsmäßige Gegenteil ist.

3. Schritte zur gerichtlichen Durchsetzung von positiven wirtschaftlichen und sozialen Rechten

Wenn eine Verfassung justiziable positive wirtschaftliche und soziale Rechte schützt, sind politische Autoritäten ermächtigt, den verfassungsrechtlich geforderten Grad und die Art und Weise der Erfüllung dieser Rechte zu bestimmen. Darüber hinaus sind Richter auch befugt, die Verfassungsmäßigkeit dieser Bestimmungen zu überprüfen. Unter diesen Umständen erfordert die gerichtliche Durchsetzung positiver wirtschaftlicher und sozialer Rechte die Durchführung von vier Schritten: (1) die Bestimmung des verfassungsrechtlich geforderten Grades der Erfüllung des Rechts, (2) die Bestimmung der verfassungsrechtlich geforderten Art und Weise seiner Befriedigung und (3) die Festlegung der Handlungen, die der Pflichtenträger auszuführen hat, um den verfassungsrechtlich geforderten Grad und die Art und Weise der Erfüllung des Rechts zu erreichen. (4) Schließlich hat der Richter für den Fall, dass der Verpflichtete die von ihm verlangten Handlungen nicht vornimmt, eine angemessene Abhilfemaßnahme festzulegen.

Verfassungsgerichte sollten ihre Entscheidungen zu all diesen vier Schritten begründen. Die Verhältnismäßigkeitsprüfung ist der beste verfügbare Standard, dessen sich Verfassungsgerichte bedienen können, um diese Begründungsarbeit zu leisten.

---

[9] Vgl. auch zu diesem Konzept *G. Lübbe-Wolff*, Die Grundrechte als Eingriffsabwehrrechte. Struktur und Reichweite der Eingriffsdogmatik im Bereich staatlicher Leistungen, 1988, S. 40.

III. Verhältnismäßigkeitsprüfung und Bestimmung des materiellen Gehalts von wirtschaftlichen und sozialen Rechten

Vor einigen Jahren führten *David Bilchitz*[10] auf der einen Seite und *Xenophon Contiades* und *Alkmene Fotiadou*[11] auf der anderen Seite eine lebhafte Diskussion darüber, welcher Prüfungsmaßstab für die Begründung gerichtlicher Entscheidungen im Rahmen der verfassungsrechtlichen Beurteilung positiver wirtschaftlicher und sozialer Rechten angemessen sei. *Bilchitz* argumentiert, der Kerngehalt sei „am besten geeignet, die doktrinäre Grundlage zu liefern, die notwendig ist, um den positiven Pflichten des Staates Wirkung zu verleihen" und dass die Verhältnismäßigkeit einen analytischen Rahmen darstellt, dessen Anwendung ohne einen materiellen Maßstab wie den Kerngehalt unmöglich ist. Im Gegensatz dazu bekräftigen *Contiades* und *Fotiadou* ihre Hoffnung bezüglich des Potenzials der Verhältnismäßigkeit zur Beurteilung sozialer und wirtschaftlicher Rechte.[12]

Durch diese Debatte trat die Verhältnismäßigkeit neben der Zumutbarkeit und dem Kerngehalt zu den verfügbaren Maßstäben für die Beurteilung von Fällen hinzu, die Verfassungsbestimmungen über soziale und wirtschaftliche Rechte betreffen.[13] In diesem Kontext sollte ein Standard als ein Katalog von Richtlinien verstanden werden, die Richtern bei der Bestimmung des materiellen Gehalts der wirtschaftlichen und sozialen Rechte und bei der Begründung entsprechender Entscheidungen als Orientierung dienen.

Die mögliche Anwendung des Grundsatzes der Verhältnismäßigkeit in diesem Zusammenhang wirft die Frage auf: Welche argumentative Struktur sollte die Verhältnismäßigkeitsprüfung als Standard für die Verfassungsrechtsprechung zu positiven sozialen und wirtschaftlichen Rechten aufweisen? Sollte es

---

[10] *D. Bilchitz*, Socio-economic rights, economic crisis, and legal doctrine, in: International Journal of Constitutional Law 3 (2014), S. 710–739; *ders.*, Socio-economic rights, economic crisis, and legal doctrine: A rejoinder to Xenophon Contiades and Alkmene Fotiadou, in: International Journal of Constitutional Law 3 (2014), S. 747–750.

[11] *X. Contiades/A. Fotiadou*, Socio-economic rights, economic crisis, and legal doctrine: A reply to David Bilchitz, in: International Journal of Constitutional Law 3 (2014), S. 740–756.

[12] *X. Contiades/A. Fotiadou* gingen diesem Potenzial der Verhältnismäßigkeit bereits in einem anderen Beitrag nach: Social Rights in the Age of Proportionality: Global Economic Crisis and Constitutional Litigation, in: International Journal of Constitutional Law 3 (2014), S. 660–686.

[13] Für eine Verteidigung des Kerngehalts vgl. *Bilchitz*, Poverty and Fundamental Rights: The Justification and Enforcement of Socio-Economic Rights (Fn. 1), S. 187 f. Für eine Bewertung der Verwendung des Kerngehalts vgl. *D. Landau*, The Promise of a Minimum Core Approach: The Colombian Model for Judicial Review of Austerity Measures, in: A. Nolan (Hrsg.), Economic and Social Rights after the Global Financial Crisis, in: Cambridge University Press, 2014, S. 267–298. Zur Untersuchung und Verteidigung der Zumutbarkeit, s. *S. Liebenberg*, Socio-Economic Rights. Adjudication under a Transformative Constitution, Cape Town, 2010, S. 132.

dieselbe Struktur sein, die diese Prüfung bei der Beurteilung von Freiheitsrechten aufweist? Um diese Frage zu beantworten, werde ich kurz eine Konzeption der Struktur der Verhältnismäßigkeit im Rahmen der Rechtsprechung zu den Freiheitsrechten darlegen und diese dann entsprechend den Besonderheiten positiver sozialer und wirtschaftlicher Rechte abändern.

1. Verhältnismäßigkeitsprüfung und Freiheitsrechte

Ausgehend von seinen deutschen Ursprüngen hat sich das Verhältnismäßigkeitsprinzip über verschiedene Rechtsordnungen und Rechtsgebiete hinweg verbreitet.[14] Infolge dieser Verbreitung wurden an verschiedenen Orten unterschiedliche Strukturen dieses Standards entwickelt.[15] Trotz alledem verstehen ihn die meisten Gerichte und Rechtswissenschaftler als Katalog dreier miteinander verbundener Unterprinzipien: Geeignetheit, Erforderlichkeit und Angemessenheit bzw. Verhältnismäßigkeit im engeren Sinne. Jedes Unterprinzip stellt eine Anforderung auf, die jeder Grundrechtseingriff erfüllen muss. Das Teilprinzip der Geeignetheit erfordert, dass Eingriffe zur Erreichung eines legitimen Ziels geeignet sind. Das Unterprinzip der Erforderlichkeit verlangt, dass der jeweilige Eingriff die am wenigsten belastende Alternative unter allen zur Erreichung des angestrebten Ziels geeigneten Mitteln darstellt. Schließlich verlangt das Teilprinzip der Verhältnismäßigkeit im engeren Sinne, dass jeder Eingriff in ein Grundrecht in der Lage sein muss, das angestrebte Ziel in einem Umfang zu erreichen, der das Ausmaß des Eingriffs rechtfertigt. Unter dem Blickwinkel dieser Teilgrundsätze kann der Träger eines Grundrechts eine Grundrechtsverletzung geltend machen, sofern ein Eingriff in dieses Recht mindestens eine der Anforderungen an die Verhältnismäßigkeit nicht erfüllt.

Die erste Stufe zielt darauf ab, festzustellen, dass ein Freiheitsgrundrecht durch die Gesetzgebung, ein Regierungshandeln oder das Handeln einer anderen staatlichen oder privaten Gewalt beschränkt wurde. Bei den verfassungsrechtlichen Freiheiten handelt es sich um einen Katalog von Rechtspositionen, die im Wege der Auslegung dem Schutzbereich von Verfassungsbestimmungen zugeordnet werden können.[16] Die grundlegende Rechtsposition, die durch ein Freiheitsrecht garantiert wird, ist das Recht von *a* gegen *b*, dass *b* das Subjekt *a*

---

[14] *C. Bernal*, The Migration of Proportionality across Europe, New Zealand Journal of Public and International Law 11, 2013, S. 483–515.

[15] Zum Bestehen unterschiedlicher Verhältnismäßigkeitskonzeptionen vgl. *B. Schlink*, Proportionality (1), in: M. Rosenfeld/A. Sajó (Hrsg.), The Oxford Handbook of Comparative Constitutional Law, in: Oxford University Press, 2012, S. 721.

[16] Rechtspositionen sind Beziehungen zwischen Individuen oder zwischen Individuen und dem Staat, die durch das Gesetz durchgesetzt werden. Zum Konzept der Rechtsposition als Erklärung von Ansprüchen begründenden Rechten vgl. auch *R. Alexy*, A Theory of Constitutional Rights, in: Oxford University Press, 2002, S. 120f.

nicht an der Ausübung von φ hindern darf, wobei *a* der Rechtsinhaber, *b* der Pflichtenträger, also ein beliebiger staatlicher oder privater Akteur, und φ eine von der Verfassung geschützte Handlung ist.

Eine Beschränkung einer verfassungsmäßigen Freiheit ist ein rechtliches oder tatsächliches Hindernis für die Ausübung bestimmter Aspekte der durch das Recht geschützten Freiheit. Die Vornahme einer Handlung durch *b*, die *a* in φ behindert, ist ein Eingriff in die Freiheit von a, φ zu tun.

In diesem Rahmen umfasst die erste Stufe der Verhältnismäßigkeitsprüfung eine zweiteilige Prüfung: erstens, ob die zu untersuchende Maßnahme eine Beeinträchtigung einer Rechtsposition des Rechtsinhabers darstellt; zweitens, ob diese Rechtsposition in den Schutzbereich einer Grundrechtsbestimmung fällt. Die erste Prüfung bezieht sich auf das Vorliegen einer Beschränkung, die zweite auf die Auslegung der Verfassungsbestimmung.

Gerichte beginnen für gewöhnlich mit der zweiten Fragestellung. Zu diesem Zweck determinieren sie den Schutzbereich der einschlägigen Verfassungsbestimmungen.[17] Die Gerichte erfüllen diese Aufgabe unter Zuhilfenahme aller Auslegungsmethoden. Grundrechtsbestimmungen sind normative Aussagen der Verfassung, in welchen Rechte verankert sind. Jede einzelne dieser Aussagen hat eine semantische Reichweite. Die semantische Reichweite ist in ihrer Gesamtheit ein Bündel von Rechtspositionen, die jeder Bestimmung mittels Auslegung zugeordnet werden können. Diese Rechtspositionen bringen die Bedeutung der Bestimmungen zum Ausdruck. Sie geben an, welche konkreten Ansprüche auf den Grundrechtekatalog gestützt werden können.

Im konkreten Fall geht es um die Frage, ob die vermeintlich beeinträchtigte Rechtsposition in den Schutzbereich einer Grundrechtsbestimmung fällt. Der Ausdruck „in den Schutzbereich fallen" ist hierbei mehrdeutig. Er kann sowohl im engeren als auch im weiteren Sinne verstanden werden. Nach der grammatischen Auslegung („literal approach") erlaubt ein weites, einen umfassenden Grundrechtsschutz begünstigendes Verständnis die Einbeziehung jeder Rechtsposition in den Schutzbereich einer Grundrechtsbestimmung, sofern die Rechtsposition zumindest eine Eigenschaft aufweist, die für sich genommen diese Position mit dem Wortlaut der in Rede stehenden Norm verbindet. Aus der Sicht einer teleologischen Auslegung („purposive approach") erlaubt eine weite Auslegung die Einbeziehung von Rechtspositionen in den Schutzbereich von Grundrechtsbestimmungen in Fällen begründeter Meinungsverschiedenheiten durch teleologische Argumente der folgenden Struktur:

[17] Zu dieser Prüfung vgl. auch *A. Barak*, Proportionality (2), in: M. Rosenfeld/A. Sajó (Hrsg.), The Oxford Handbook of Comparative Constitutional Law (Fn. 15), S. 739.

(1) Eine Grundrechtsbestimmung p schreibt das Erreichen des Zustandes S vor.
(2) Wenn der Rechtsinhaber a nicht φ kann, dann kann S nicht erreicht werden.
Schlussfolgerung: p begründet den verfassungsrechtlichen Anspruch von a auf φ.

Ungeachtet dessen kann keiner Grundrechtsbestimmung eine Rechtsposition zugeschrieben werden, die auch bei einer weiten Auslegung außerhalb ihres Wortlauts liegt oder in den Anwendungsbereich einer Schrankenbestimmung fällt.

Die zweite Frage der ersten Stufe der Verhältnismäßigkeitsprüfung lautet, ob die betrachtete Maßnahme einen Eingriff in die Rechtsposition des Rechtsinhabers darstellt. Zum Zwecke eines möglichst umfassenden Grundrechtsschutzes sollte auch der Begriff des Eingriffs weit ausgelegt werden. Demnach sollte jede rechtliche oder tatsächliche Maßnahme, die sich tatsächlich oder potenziell nachteilig auf die Ausübung einer Freiheit auswirkt, als Eingriff in das Recht angesehen werden.

Die zweite Stufe der Verhältnismäßigkeit ist die Prüfung der Rechtfertigung des Eingriffs. Die Gerichte führen diese Prüfung anhand einer schrittweisen Anwendung der Unterprinzipien der Verhältnismäßigkeit durch.

Das Unterprinzip der Geeignetheit erfordert, dass die Eingriffe zur Förderung eines legitimen Ziels geeignet sind. Diese Definition impliziert zwei Bedingungen: legitimer Zweck und Geeignetheit. Ein Zweck ist legitim, wenn er nicht explizit oder implizit durch die Verfassung verboten ist. Zusätzlich ist ein Eingriff in eine verfassungsrechtlich garantierte Freiheit als nicht geeignet einzustufen, wenn er überhaupt nicht zur Erreichung des legitimen Ziels beiträgt.

Das Unterprinzip der Erforderlichkeit verlangt, dass bei Eingriffen in verfassungsmäßige Rechte das mildeste von allen zur Verfügung stehenden und zur Erreichung des Zwecks gleich geeigneten Mitteln gewählt wird. Die Prüfung der Erforderlichkeit eines Eingriffs setzt einen Vergleich der von den staatlichen Akteuren eingesetzten Mittel mit anderen alternativen Mitteln voraus. Bei diesem Vergleich wird untersucht, ob eines der alternativen Mittel zwei Anforderungen erfüllt: erstens, ob es zur Förderung des verfolgten Zweckes mindestens ebenso geeignet ist wie der gewählte Eingriff; zweitens, ob es weniger stark in das betroffene Grundrecht eingreift. Erfüllt eines der alternativen Mittel beide Voraussetzungen, sollte der zu prüfende Eingriff für verfassungswidrig erklärt werden.

Das Unterprinzip der Verhältnismäßigkeit im engeren Sinne verlangt, dass jeder Eingriff in ein Grundrecht in der Lage sein muss, den verfolgten Zweck in einem Maße zu fördern, das den Eingriff rechtfertigt. Diese Prüfung setzt einen

Vergleich der Intensität des Grundrechtseingriffs mit dem Grad der Zweckerreichung voraus. Dies wird in zwei Schritten durchgeführt. Der erste besteht in der Bestimmung der Intensität des Eingriffs und des Grades der Zweckerreichung. Der zweite besteht darin, beides zu vergleichen.

Der Grad des Eingriffs und der Zweckerreichung hängt im Wesentlichen von zwei Arten von Variablen ab: normativen und empirischen. Normative Variablen betreffen das Gewicht des Grundrechts und des verfolgten Ziels. Empirische Variablen beziehen sich auf die Wirksamkeit der zu prüfenden Maßnahme hinsichtlich des Grundrechtseingriffs und der Erreichung des verfolgten Ziels.

Trotz des gleichen verfassungsrechtlichen Status können verfassungsmäßige Rechte und Positionen unter normativen Gesichtspunkten – gemessen an positiven gesellschaftlichen Werten – mehr oder weniger bedeutsam sein. So ist beispielsweise der Schutz des Lebens wichtiger als der Schutz der Freiheit, und sei es nur, weil man offensichtlich am Leben sein muss, um seine Freiheit ausüben zu können. In ähnlicher Weise sind Rechtspositionen im Bereich der Meinungsfreiheit, die sich auf die Ausübung politischer Macht beziehen, bedeutsamer als andere mit dieser Freiheit verbundene Rechtspositionen, weil erstere mit der Demokratie verknüpft sind. Darüber hinaus können Ziele unterschiedlichen Gewichts eine Freiheitsbeschränkung rechtfertigen. Die Gewährleistung anderer Grundrechte oder Verfassungsprinzipien sollte das größte Gewicht haben. Gesetzgeberische Ziele sollten weniger wichtig sein, Regierungsziele oder private Ziele noch weniger Gewicht haben. Außerdem sind dringende gesetzgeberische oder Regierungsziele wichtiger als nicht dringende Ziele.

Aus empirischer Sicht kann ein Eingriff in ein Grundrecht mehr oder weniger wirksam sein, um das Grundrecht einzuschränken und das jeweilige Ziel zu erreichen. Diese Wirksamkeit hängt von der Geschwindigkeit, der Dauer, der Wahrscheinlichkeit und dem Umfang des Eingriffs in Bezug auf die verschiedenen Teilaspekte der Rechtsausübung ab sowie von den verschiedenen Elementen des Ziels, das damit erreicht wird.

Gerichte beziehen normative und empirische Prämissen in die Verhältnismäßigkeitsprüfung mit dem Ziel ein, diese normativen und empirischen Variablen zu berücksichtigen. Diese Prämissen können verschiedene Grade der Zuverlässigkeit aufweisen. Der Grad der Zuverlässigkeit dieser Prämissen sollte den Vergleich zwischen dem Grad des Eingriffs und dem Grad der Leistung beeinflussen. Je zuverlässiger beispielsweise eine Prämisse ist, die belegt, dass der Eingriff schwer wiegt, desto schwerwiegender ist er auch. Je weniger zuverlässig eine solche Prämisse ist, desto weniger schwer wiegt der Eingriff.

Nach *Alexy* ist es möglich, den Grad des Grundrechtseingriffs und den Grad der Zweckerreichung anhand einer triadischen Skala zu vergleichen: leicht, mittel und schwer. Ein ganzheitliches Urteil, das eine Bewertung der normativen und empirischen Voraussetzungen und ihrer Zuverlässigkeit umfasst, würde dazu führen, dass sowohl dem Grad des Grundrechtseingriffs als auch dem Grad der Zweckerreichung diese Werte zugeordnet werden. Ein Vergleich zwischen solchen ganzheitlichen Urteilen würde zum Ergebnis der Prüfung der Verhältnismäßigkeit im engeren Sinne führen. Das sogenannte Abwägungsgesetz würde diesen Vergleich anleiten. Dieses Gesetz lautet:

„The greater the degree of non-fulfilment of, or detriment to, [the constitutional right], the greater must be the importance of satisfying the [pursued end]".[18]

Ist also der Grad der Zweckerreichung geringer als der des Grundrechtseingriffs, wäre der Eingriff nicht gerechtfertigt. Ist dagegen der Grad der Zweckerreichung höher als der Grad des Grundrechtseingriffs, so ist der Eingriff gerechtfertigt. Besteht eine Patt-Situation und erfolgt der Eingriff nicht durch Gesetzgebung, ist er nicht gerechtfertigt. Kein Prinzip, das einem Freiheitsrecht entgegensteht, kann sich durchsetzen, solange nicht gewichtigere Gründe zu seinen Gunsten angeführt werden. Wird der Grundrechtseingriff jedoch durch den Gesetzgeber geschaffen und besteht eine Patt-Situation, so wäre dies als Ausfluss des Demokratieprinzips nicht unverhältnismäßig.

2. Zum Alexyschen Modell der Verhältnismäßigkeit bei der Beurteilung von Rechten auf Schutz

Aharon Barak[19], *Matthias Klatt* und *Moritz Meister*[20] haben Änderungen an der Struktur der Verhältnismäßigkeit vorgeschlagen, um sie für die Geltendmachung positiver Rechte anwendbar zu machen. Diese Autoren folgen jedoch hierzu im Wesentlichen dem Vorschlag *Alexys*.[21] Aus diesem Grund soll hier nur *Alexys* Modell der Verhältnismäßigkeit für die Geltendmachung positiver Rechte – von ihm als Grundrechte auf Schutz („Rights to Protection") bezeichnet – bewertet werden. Rechte auf Schutz gehören zu den positiven Rechten, weil sie vom Verpflichteten die Vornahme einer positiven Handlung verlangen. Diese Struktur sollte auch für positive wirtschaftliche und soziale Rechte gelten.

Der Ausgangspunkt des von *Alexy* eingeführten Verhältnismäßigkeitsmodells ist eine Reihe plausibler Annahmen, die wie folgt wiedergegeben werden können:

---

[18] *Alexy*, A Theory of Constitutional Rights (Fn. 16), S. 102.

[19] *A. Barak*, Proportionality. Constitutional Rights and their Limitations, in: Cambridge University Press, S. 422 f.

[20] *M. Klatt/M. Meister*, The Constitutional Structure of Proportionality, in: Oxford University Press, 2012, S. 85 f.

[21] *Alexy*, On Constitutional Rights to Protection (Fn. 5), S. 1 f.

(1) Das Recht auf Schutz kann auf verschiedenen Ebenen und auf verschiedene Weise erfüllt werden;

(2) Der Verpflichtete eines Rechts auf Schutz ist nicht verpflichtet, alle möglichen Maßnahmen zu ergreifen, um das Recht zu erfüllen. Insbesondere ist er nicht verpflichtet, gleichzeitig mehrere Maßnahmen zu ergreifen, die redundant sind;

(3) Manchmal kollidiert die Pflicht, ein Recht auf Schutz zu erfüllen, mit der Pflicht, Freiheitsrechte nicht einzuschränken.[22] Kommt es zu einer solchen Kollision, so schränkt eine Maßnahme die kollidierenden Freiheitsrechte umso stärker ein, je mehr sie das Recht auf Schutz erfüllt, und je weniger eine Maßnahme die Freiheitsrechte einschränkt, desto weniger erfüllt sie die kollidierenden Rechte auf Schutz.

(4) Bei der Betrachtung der Pflicht zur Erfüllung der Rechte auf Schutz sollte die Verhältnismäßigkeitsprüfung mit einer Eingrenzung der möglichen Erfüllungsgrade und -modi sowie mit einer Bewertung der mehr oder weniger zufriedenstellenden Handlungsmöglichkeiten beginnen. *Alexy* verwendet das Szenario der positiven Pflicht, den Nasciturus vor einer Abtreibung zu schützen, um sein Modell zu veranschaulichen. In diesem Szenario grenzt er das Feld der relevanten Maßnahmen auf vier Handlungsmöglichkeiten ein:

> „The first measure, M1, is a strict prohibition, which allows abortion only if the life of the mother is in danger. M2 consists of a weak prohibition which allows abortion on social grounds. M3 abandons the system of prohibition and exception and demands only counsel, which is, however, connected with the possibility of granting financial support. M4, finally, simply consists of providing for free abortion in the first three months".[23]

Auf der Grundlage dieser Annahmen bezüglich der Betrachtung der Pflicht zur Erfüllung der Rechte auf Schutz behauptet *Alexy*, dass es für die Verhältnismäßigkeitsprüfung darauf ankommt, ob die „Auswirkungen, die das Unterlassen [einer] Schutzmaßnahme" für das politische Recht hat, gerechtfertigt sind.[24] Das hängt davon ab, ob es für die politischen Instanzen eine Rechtfertigung gibt, keine zielführendere Maßnahme zu ergreifen als die, die sie umgesetzt haben. Dies stellt die Kernaussage des Werks dar.

Trotz dieser richtigen Annahmen weist das Modell *Alexys* einige Schwächen auf. Erstens geht es nicht auf die Struktur der Unterprinzipien der Geeignetheit und Erforderlichkeit ein. Diese Unterprinzipien umfassen empirische Prämissen, die bei der Verhältnismäßigkeitsprüfung berücksichtigt werden sollten.

---

[22] Der Fall der Abtreibung ist ein Beispiel für diese Kollision. Die Pflicht des Staates, das Leben des Nasciturus zu schützen, kollidiert mit seiner Pflicht, nicht in das Freiheitsrecht der schwangeren Frau einzugreifen.

[23] *Alexy*, On Constitutional Rights to Protection (Fn. 5), S. 10f.

[24] Ebd., S. 11.

Zweitens geht *Alexy* zumindest in seinem Beispiel davon aus, dass im Falle einer Kollision zwischen einem positiven Recht und einem Freiheitsrecht die Maßnahme, die das positive Recht am stärksten schützt, unverhältnismäßig bezüglich des Freiheitsrechts ist. Er geht auch davon aus, dass die Maßnahme, die das positive Recht am wenigsten schützt, unverhältnismäßig bezüglich des positiven Rechts ist, weil sie nicht in der Lage ist, dieses ausreichend zu erfüllen. Diese Annahmen sind nicht gerechtfertigt. *Alexy* liefert kein Argument, das sie stützt. Entgegen der Intuition *Alexys* haben nämlich viele Verfassungs- und Höchstgerichte M4, d.h. das am wenigsten schützende Mittel des Rechts des Nasciturus, für verfassungsrechtlich zulässig erklärt. Schließlich geht *Alexy* davon aus, dass M2 und M3 verhältnismäßig sind. Er leitet daraus ab, dass die politischen Instanzen über einen Ermessensspielraum verfügen, um zwischen diesen beiden Maßnahmen zu wählen. Anzunehmen, dass M2 und M3 verhältnismäßig sind, wirft jedoch genau diese Frage auf. Genau das ist das Problem, das es zu lösen gilt.

IV. Ein dialogisches Verhältnismäßigkeitsmodell zur verfassungsrechtlichen Entscheidungsfindung bei der Geltendmachung positiver wirtschaftlicher und sozialer Grundrechte

Ich möchte ein anderes Modell der Verhältnismäßigkeit für die verfassungsrechtliche Entscheidungsfindung bei der Geltendmachung positiver wirtschaftlicher und sozialer Rechte vorschlagen. Dieses Modell ist dialogisch. Es beruht auf der Annahme, dass im Gegensatz zum allgemeinen Ansatz der Verhältnismäßigkeitsprüfung bei der Entscheidungsfindung zu Freiheitsrechten die Verhältnismäßigkeitsprüfung im Bereich der wirtschaftlichen und sozialen Rechte nicht ausschließlich ein richterliches Unterfangen sein kann. Als Verpflichtete dieser Art von Rechten sollten politische Instanzen und Privatpersonen den Richtern die normativen und empirischen Prämissen liefern, welche die Verhältnismäßigkeit voraussetzt. Die Gerichte sollten einen Dialog mit diesen Akteuren und auch mit den Inhabern von Rechten aufbauen und führen, um festzustellen, ob eine Verletzung eines Rechts vorliegt und wie diese behoben werden kann. Zur Wahrung des Demokratieprinzips sollten die Gerichte die von den politischen Instanzen vorgegebenen Prämissen respektieren, solange sie nicht offenkundig unangemessen sind. Zudem wird die Einbeziehung der Verpflichteten in diese Betrachtung ihr Engagement für die Verwirklichung der wirtschaftlichen und sozialen Rechte stärken und dieses Engagement auf bestimmte Handlungsmöglichkeiten eingrenzen. Infolgedessen wird es wahrscheinlicher sein, dass die Adressaten Rechtsmittel zur Behebung bestehender Verstöße einsetzen. Darüber hinaus sollte das Modell, wenn es erfolgreich ist, eine Argumentationsgrundlage nicht nur für die gerichtliche Praxis, sondern auch für die Gesetzgebung und die Gestaltung politischer Maßnahmen liefern.

Es sei vorab klargestellt, dass dieses Modell der Prüfung der Verhältnismäßigkeit von der traditionellen deutschen Prüfungsstruktur abweicht, welche sich für die verfassungsrechtliche Überprüfung von Beschränkungen der verfassungsmäßigen Freiheiten etabliert hat. Nach dieser beurteilen die Gerichte zunächst, ob eine Einschränkung des normativen Schutzbereichs einer verfassungsmäßigen Freiheit vorliegt. Anschließend prüfen sie, ob diese Einschränkung den Anforderungen der drei Unterprinzipien der Verhältnismäßigkeit, nämlich Geeignetheit, Erforderlichkeit und Verhältnismäßigkeit im engeren Sinne, entspricht.

Stattdessen sollte die Verhältnismäßigkeitsprüfung für die verfassungsrechtliche Beurteilung wirtschaftlicher und sozialer Rechte, die ich hier vorschlagen möchte, eine zweistufige Analyse sein. Sie sollte eine Untersuchung aller Auslegungs- und empirischen Fragen umfassen, die für die Feststellung relevant sind, ob erstens in ein positives wirtschaftliches und soziales Recht eingegriffen wurde und zweitens, ob dieser Eingriff gerechtfertigt werden kann. Innerhalb dieses Rahmens sollte die erste Stufe eine Auslegungsprüfung und die zweite eine empirische Prüfung sein. Beide Prüfungen zusammen zielen darauf ab, festzustellen, ob ein solches Recht des Rechtsinhabers *a* vom Verpflichteten *b* nicht durch eine adäquate Handlungsweise *m*, die zur Erreichung eines angemessenen Erfüllungsgrades *l* führen würde, angemessen erfüllt worden ist. Fälle im Bereich der wirtschaftlichen und sozialen Rechte beginnen mit der Behauptung des Klägers, dass er ein geeigneter Träger *a* eines bestimmten angemessenen Erfüllungsgrades *l* eines Rechts ist und dass *b* ein geeigneter Verpflichteter dieses Rechts ist, der Handlungen im Zusammenhang mit der Erfüllungsart *m* vornehmen muss (dies aber nicht getan hat), um den Erfüllungsgrad *l* zu erreichen. Die Verhältnismäßigkeitsprüfung zielt darauf ab, festzustellen, ob die Ansprüche des Klägers bezüglich *l* und *m* begründet sind.

1. Die Auslegungsprüfung

Die Auslegung ist eine Erwägung hinsichtlich des Erfüllungsgrades *l*. Sie zielt darauf ab, festzustellen, ob die Rechtsposition, aus der *a* gegenüber *b* einen Anspruch auf den Erfüllungsgrad *l* hat, in den Schutzbereich der einschlägigen Grundrechtsbestimmung fällt. Dieser Schritt umfasst zwei Untersuchungen: eine *prima facie* Einbeziehung sowie die Prüfung der Gründe für die Nichterfüllung des höchsten vernünftigen Erfüllungsgrades des Rechts. Der Schritt sollte mit einer Abwägung abgeschlossen werden.

Zur Durchführung der ersten Untersuchung sollten die Gerichte den Schutzbereich der einschlägigen Grundrechtsbestimmungen im Wege der Auslegung beurteilen. Ihr Ziel sollte es sein, festzustellen, ob der vom Kläger geltend gemachte Erfüllungsgrad *l* in diesen Schutzbereich fällt.

Im Gegensatz zu dem, was die Vertreter der Theorien des Kerngehalts (*theories oft the minimum core*) behaupten, umfasst der Schutzbereich wirtschaftlicher und sozialer Grundrechtsbestimmungen nicht solche Mindestleistungen, die nur ausreichen, um die Befriedigung der Grundbedürfnisse zu gewährleisten.[25] Allerdings wäre auch die völlig gegenteilige Behauptung nicht plausibel. Dieser Schutzbereich kann nicht solche Rechtspositionen umfassen, die einem Höchstmaß an Erfüllung der wirtschaftlichen und sozialen Rechte für alle Individuen entsprechen. Eine solche Maximalgarantie würde zum Beispiel bedeuten, dass jedem Einzelnen das Recht auf ein luxuriöses Haus, eine private postgraduale Ausbildung an einer erstklassigen Privatuniversität oder eine Gesundheitsversorgung, die auch jegliche Arten kosmetischer Behandlungen umfasst, zustünde.

Dementsprechend sollte die Auslegung des Schutzbereichs der wirtschaftlichen und sozialen Grundrechte anhand dessen erfolgen, was ich als Prinzip des höchsten vernünftigen Grades („principle of the highest reasonable level") bezeichne. Diesem Prinzip zufolge garantieren wirtschaftliche und soziale Grundrechte das höchste vernünftige Maß an Rechtserfüllung. Folglich sollte zu Beginn der Verhältnismäßigkeitsprüfung festgestellt werden, ob eine weitere, aber zumutbare Auslegung des Schutzbereichs der betreffenden Bestimmung die Einbeziehung der zu prüfenden Rechtsposition in diesen Schutzbereich ermöglichen würde. Im Rahmen einer grammatischen Auslegung („literal approach") erlaubt dieses Verständnis die Einbeziehung jeder Rechtsposition, wenn die Position mindestens eine Eigenschaft aufweist, die sie für sich genommen mit dem Wortlaut der betreffenden Bestimmung verbindet. Aus der Sicht der teleologischen Auslegung („purposive approach") hingegen erlaubt das weitere Verständnis die Einbeziehung von Rechtspositionen durch teleologische Argumente mit der folgenden Struktur:

(1) Eine Bestimmung über wirtschaftliche und soziale Grundrechte *p* schreibt die Erlangung des Zustands *S* vor.
(2) Wenn der Rechtsinhaber *a* keinen Anspruch auf Zugang zu φ hat, kann *S* nicht erlangt werden.
Schlussfolgerung: *p* begründet den verfassungsrechtlichen Anspruch von *a* auf Zugang zu φ.

Ungeachtet dessen kann einer Grundrechtsbestimmung keine Rechtsposition zugeschrieben werden, die außerhalb ihres weit auszulegenden Wortlauts liegt

---

[25] Zu den Schwächen der Grundbedürfnistheorien bei der Begründung von sozioökonomischen Rechten und der Bestimmung ihres Inhalts, vgl. *K. Young*, Constituting Economic and Social Rights, in: Oxford University Pres, 2012, S. 35 f.

oder die in den Anwendungsbereich einer verfassungsrechtlichen Schranke fällt.

Gerichte sollten prüfen, was den Variablen im Zusammenhang mit dem Erfüllungsgrad *l* in dieser Auslegungsprüfung entspricht. Was *l* betrifft, so hat das südafrikanische Verfassungsgericht in der Rechtssache Soobramoney[26] den Satz „no one may be refused emergency medical treatment“ in Abschnitt 27 der Verfassung ausgelegt. Es stellte fest, dass die Dialysebehandlung eines Patienten, der an chronischem Nierenversagen leidet, auch nach einer weiten Auslegung dieser Bestimmung nicht als „emergency medical treatment“ angesehen werden kann.

Darüber hinaus ging es in diesem Fall darum, ob ein öffentliches Nierendialyseprogramm, das nur Patienten einschloss, die für eine Nierentransplantation in Frage kamen und keine signifikanten Gefäß- oder Herzerkrankungen aufwiesen, verfassungsgemäß war. Der Kläger qualifizierte sich nicht für das Programm. Er litt an einer Gefäßerkrankung. In einem Fall wie diesem erfordert eine Verhältnismäßigkeitsprüfung die prima facie Einbeziehung einer Rechtsposition, durch welche der Kläger einen Anspruch auf die Dialysebehandlung im Schutzbereich jener Bestimmung hat, die das Grundrecht auf Gesundheit garantiert. Diese prima facie Einbeziehung ist nicht unangemessen und würde es den Gerichten ermöglichen, festzustellen, ob der Grad der Erfüllung des Rechts auf Gesundheit durch ein öffentliches Programm, das eine Dialysebehandlung beinhaltet, gerechtfertigt ist oder eine Verletzung des Rechts darstellt.

Der zweite Gegenstand der ersten Stufe der Verhältnismäßigkeitsprüfung behandelt die Frage, ob es einen legitimen normativen Grund gibt, der Rechtsposition, die prima facie in den Schutzbereich einbezogen wurde, letztendlich die Geltung zu versagen. Die Verpflichteten der wirtschaftlichen und sozialen Grundrechte sollten die entsprechenden legitimen Gründe für den Dialog zur Überprüfung der Verfassung vorgeben. Diese normativen Gründe zielen darauf ab, zu rechtfertigen, dass das Prinzip des höchsten vernünftigen Grades nicht gewährleistet werden kann.

Um dem Prinzip der Gewaltenteilung Rechnung zu tragen, sollte der Begriff des legitimen normativen Grundes negativ und schwach ausgelegt werden. Nach dieser Konstruktion ist ein normativer Grund legitim, wenn die Verfassung ihn expressis verbis oder implizit verbietet. Dementsprechend kann jedes andere Grundrecht oder jedes verfassungsmäßige oder nicht verbotene gesetzgeberische Prinzip ein legitimer normativer Grund sein. Ein Beispiel für einen legitimen normativen Grund wäre das Prinzip des Gleichgewichts der öffentlichen Finanzen. Im Fall von Soobramoney war dieses Prinzip beispielsweise ein normativer Grund gegen die Einbeziehung aller Patienten in das Dialyse-

---

[26] Soobramoney v. Minister of Health, KwaZulu-Nat 1998 1 SA 765 (CC).

programm, so dass dieses Programm das Recht auf Gesundheit auf dem höchsten vernünftigen Grad erfüllen konnte. In jedem Fall würde das Erfordernis eines legitimen normativen Grundes für die Nichteinhaltung des höchsten vernünftigen Grades der Erfüllung auch ausschließen, dass der Staat bessere Grade oder Arten der Erfüllung wirtschaftlicher und sozialer Grundrechte aufgrund eines bloßen Mangels an politischem Handeln nicht anbieten kann.[27]

Der Auslegungsschritt der Verhältnismäßigkeit sollte mit einer normativen Abwägung abgeschlossen werden. Dies ist ein Beispiel für die Verhältnismäßigkeit im engeren Sinne. In diesem Zusammenhang erfordert die Verhältnismäßigkeit, dass das Gewicht des in der zweiten Untersuchung ermittelten normativen Grundes die Relevanz der Nichteinhaltung des höchsten vernünftigen Grades der Erfüllung des positiven wirtschaftlichen und sozialen Rechts rechtfertigt.

Diese Prüfung setzt einen Vergleich zwischen zwei Größen voraus: dem Gewicht des normativen Grundes und der Relevanz der Nichterfüllung des höchsten vernünftigen Grades der Erfüllung des Rechts. Die zweite Größe hängt davon ab, ob der Verpflichtete absolut untätig bezüglich der Erfüllung des Rechts war, oder ob er eine Maßnahme, eine Politik oder ein Programm zur Erfüllung des Rechts zu einem Grad durchgeführt hat, das unter dem höchsten vernünftigen Erfüllungsgrad liegt. Ist Letzteres der Fall, so entspricht der Wert der zweiten Größe dem Abstand zwischen der tatsächlich durchgeführten Maßnahme und dem höchsten vernünftigen Grad der Erfüllung.

Auch hier ist es möglich, die beiden Größen, um die es geht, zu vergleichen – zum Beispiel anhand einer triadischen Skala (leicht, mittel und schwer). Der Wert, der diesen Größenordnungen zugewiesen werden sollte, hängt von normativen Variablen ab. Die politischen Instanzen sollten dem Dialog zur Verfassungskontrolle Vorgaben bezüglich dieser Variablen machen.

Das Urteil T-740/2011 des kolumbianischen Verfassungsgerichts bietet hierzu ein Beispiel.[28] In diesem Urteil entschied das kolumbianische Verfassungsgericht über eine einstweilige Verfügung, in der die Klägerin, die finanziell nicht in der Lage war, die Wasserrechnung zu bezahlen, geltend machte, dass die Aussetzung des Dienstes durch ein privates Unternehmen ihr grundlegendes Recht auf Wasser verletze und einen Verzicht auf die Zahlung der Wasserrechnungen forderte. Obwohl es in der kolumbianischen Verfassung keine Bestimmung gibt, die das Recht auf Wasser garantiert, erkannte das Gericht die Geltung dieses Rechts aufgrund seiner Verknüpfung mit dem Recht auf Leben und auf Menschenwürde an. Die wichtigste Frage des Falles war, ob der Kläge-

---

[27] In Mazibuko v City of Johannesburg 2009 (39) BCLR 239 (CC) (S. Afr) teilte das südafrikanische Verfassungsgericht diesen Gedankengang. Es betrachtete „absolute inaction" (absolute Untätigkeit) als Indikator für die Unzumutbarkeit.

[28] http://www.corteconstitucional.gov.co/relatoria/2011/T-740-11.htm (Stand: 22.07.2022).

rin ein Recht darauf zustand, von einem privaten Unternehmen unbegrenzt kostenloses Wasser zu erhalten oder mit anderen Worten, ob die Verfassung die Erfüllung des Rechts auf Wasser im Grade einer unbegrenzten kostenlosen Wasserversorgung für Menschen ohne finanzielle Möglichkeiten garantiert. Bei den normativen Variablen geht es um die Frage, wie die Bereitstellung kostenlosen Wassers mit dem Prinzip der finanziellen Nachhaltigkeit der Wasserversorgung kollidieren würde. Politische Instanzen sollten in den Dialog eine ganzheitliche Bewertung der Auswirkungen einbringen, die die Bereitstellung dieser Wassermenge auf die politischen Maßnahmen hätte, die darauf abzielen, nachhaltige Wasserdienstleistungen für eine größtmögliche Anzahl von Bürgern im Rahmen des derzeitigen Marktes zu gewährleisten. Im Lichte dieser Erwägungen entspricht der Grad der Erfüllung, wie von der Klägerin vorgeschlagen, einem unbegrenzten Zugang zu kostenlosem Wasser. Die Gewährung von unbegrenzt kostenlosem Wasser für die Klägerin und (aufgrund des Gleichheitsgrundsatzes und der Dogmatik, notwendigerweise) für alle Personen in der gleichen oder einer analogen Situation hätte eine schwerwiegende negative Auswirkung auf das Prinzip der finanziellen Nachhaltigkeit der Wasserdienstleistungen. Gleichzeitig hätte die Nichtanrechnung dieses höchsten Erfüllungsgrades im Vergleich zu einem zumutbaren niedrigeren Grad nur eine „leichte" negative Auswirkung auf das Recht der Klägerin auf Wasser. Es ist vorhersehbar, dass der Einzelne, wenn er unbegrenzt kostenlos Wasser erhält, diese knappe Ressource nicht nach Bedarf nutzen wird. Es wird mit Sicherheit Wasser verschwendet werden.

Wenn sich der höchste Grad der Erfüllung (*hrl*) als unverhältnismäßig erweist, sollte der nächst niedrigere Grad der Erfüllung (*hrl-1*) in Betracht gezogen und analysiert werden. So hat das kolumbianische Verfassungsgericht in Anlehnung an den *General Comment No. 15* (2002) des Ausschusses für wirtschaftliche, soziale und kulturelle Rechte[29] und den Bericht „Domestic Water Quantity, Service Level and Health" der Weltgesundheitsorganisation aus dem Jahr 2003[30] in der Rechtssache T-740/2011 den Anspruch auf eine kostenlose Tagesmenge von 50 Litern pro Person geprüft. Aus dem Urteil geht hervor, dass das Gericht diese Menge als verhältnismäßig ansah. Die Verhältnismäßigkeit von (*hrl-1*), d.h. 50 Litern pro Person, könnte festgestellt werden, wenn z.B. nachgewiesen wird, dass der Abstand zwischen (*hrl*) und (*hrl-1*) nur leicht ist und die Auswirkungen dieses Betrags auf die finanzielle Tragfähigkeit des Wasserdienstes ebenfalls leicht sind. Wenn die erste Größe größer ist als die zweite (zum Beispiel, weil diese Wassermenge ein Leben in Würde gefährdet), dann sollte ein höherer Grad der Erfüllung des Rechts gewählt werden. Ist die zweite

[29] https://digitallibrary.un.org/record/486454/files/E_C-12_2002_11-EN.pdf?ln=en (Stand: 22.07.2022).

[30] https://apps.who.int/iris/rest/bitstreams/64268/retrieve (Stand: 22.07.2021).

Größe größer als die erste (weil es sich beispielsweise das Wassersystem unter den derzeitigen Umständen nicht leisten kann, den Bürgern 50 Liter Wasser pro Person kostenlos zur Verfügung zu stellen), dann sollte ein niedrigerer Grad der Erfüllung (*hrl-2*) gewählt werden. Dies könnte zum Beispiel erklären, warum das südafrikanische Verfassungsgericht in der Rechtssache *Mazibuko* zugestimmt hat, dass das Regierungsprogramm, das 25 Liter kostenloses Wasser pro Tag und Person vorgibt, zumutbar ist.[31]

In der dialogischen Konzeption der Verhältnismäßigkeit sollten die politischen Instanzen die Befugnis haben, die Liste der möglichen Grade der Erfüllung zu präzisieren, sie vom höchsten zum niedrigsten Grad zu ordnen (*hrl, hrl-1, hrl-2 [...], lrl*) und die normativen Gründe für die Auswahl eines dieser Grade als den vernünftigen zu nennen. Dies ist ein Spezialwissen, das keineswegs im Verfassungstext oder in den Methoden der Verfassungsauslegung zu finden ist. Richter bedürfen dieser Art von Wissen, um zu bestimmen, in welchen höheren bzw. niedrigeren Graden ein sozioökonomisches Recht erfüllt werden kann. Es sollte ihnen jedoch nicht überlassen werden, dieses Wissen selbst herauszuarbeiten. Andernfalls könnte die Verhältnismäßigkeitsprüfung am Ende auf einer Reihe von ungerechtfertigten richterlichen Annahmen beruhen.

Gerichte sollten das von den politischen Instanzen vorgegebene Wissen als relevante Prämissen für die Verhältnismäßigkeitsprüfung verwenden. Hiermit behalten die Richter ihre Souveränität bei der Beurteilung der Plausibilität der normativen Ansprüche von Gesetzgebern und Regierungen. Darüber hinaus können sie diese Ansprüche anhand einiger Abwägungskriterien beurteilen.[32] Beispiele für Abwägungskriterien, die aus der aktuellen Rechtsprechung zu sozioökonomischen Rechten stammen, sind die folgenden:

Schutzbedürftigkeit: Wenn eine Person besonders schutzbedürftig ist, gibt es mehr Gründe, sie als Inhaber eines Anspruchs auf Zugang zu einem bestimmten Grad l von φ zu betrachten, wenn l mit ihrer Schutzbedürftigkeit zusammenhängt.

Internationaler Kerngehalt: Wenn eine Rechtsposition unter den internationalen Kerngehalt eines wirtschaftlichen und sozialen Rechts fällt, sollte die Nichteinhaltung des Gegenstands dieser Position als schwerwiegender Eingriff in die entsprechenden wirtschaftlichen und sozialen Rechte betrachtet werden.

Erfüllung der Grundbedürfnisse für das Überleben: Wenn der Gegenstand einer Rechtsposition die Erfüllung eines Grundbedürfnisses für das Überleben

31 Mazibuko v City of Johannesburg 2009 (39) BCLR 239 (CC) (S. Afr.). Wenn sich (hlr-2) als unverhältnismäßig erweist, dann sollte der nächst niedrigere Grad der Erfüllung (hlr-3) analysiert werden, und so weiter.

32 Diese Abwägungskriterien könnten einige der plausiblen Gedankengänge hinter den Standards der Zumutbarkeit und des Kerngehalts berücksichtigen.

darstellt, stellt die fehlende Erfüllung einen schwerwiegenden Eingriff in das wirtschaftliche und soziale Recht dar, unter das die Position fällt.

2. *Die empirische Prüfung*

Der empirische Schritt der Verhältnismäßigkeitsprüfung im Rahmen der Entscheidungsfindung zu wirtschaftlichen und sozialen Grundrechten ist eine Prüfung des Verhältnisses zwischen dem Modus *m* und dem Grad *l* der Erfüllung des jeweiligen positiven sozioökonomischen Grundrechts. Diese Prüfung befasst sich mit empirischen Fragen, die dem Gegenstand der Unterprinzipien der Geeignetheit und Erforderlichkeit in der Verhältnismäßigkeitsprüfung von Freiheitsrechten entsprechen.

Sobald der Grad der Erfüllung *l* in der ersten Stufe der Verhältnismäßigkeitsprüfung bestimmt worden ist, stellen sich zwei Fragen. Erstens, ob die Erfüllungsart *m*, die der Kläger für zweckmäßig hält, tatsächlich geeignet ist, um *l* zu erreichen. Mit anderen Worten ob *m* unter allen Handlungsmöglichkeiten, die gleichermaßen geeignet sind, *l* zu erreichen, die am wenigsten einschränkende Option aus der Sicht des normativen Grundes gegen die vollständige Erfüllung des sozioökonomischen Rechts ist.

Der Hauptpunkt der Geeignetheit ist die Zweckmäßigkeit. Eine Erfüllungsform sollte ausgeschlossen werden, wenn sie überhaupt nicht zur Verwirklichung von *l* beiträgt. Darüber hinaus sollte die fehlende Zweckmäßigkeit anhand zuverlässiger empirischer Prämissen nachgewiesen werden, die auf allgemein anerkannten wissenschaftlichen Erkenntnissen oder sozialen Überzeugungen beruhen sollten.

Die Prüfung der Erforderlichkeit impliziert einen Vergleich von *m* mit anderen Handlungsalternativen. Bei diesem Vergleich wird geprüft, ob eines der alternativen Mittel zwei Anforderungen erfüllt: Erstens, ob es mindestens ebenso geeignet ist wie *m*, um zur Verwirklichung von *l* beizutragen und zweitens, ob es aus der Sicht des normativen Grundes die am wenigsten einschränkende Option gegen die volle Verwirklichung des sozioökonomischen Rechts ist.

Sofern keine alternativen Mittel bestehen, mit denen *l* erreicht werden kann, ist *m* erforderlich. Ansonsten ist die Prüfung der Erforderlichkeit sehr komplex. Der Grad, in dem *m* und die alternativen Mittel dazu beitragen können, *l* zu erreichen, kann anhand mehrerer Kriterien bewertet werden: Quantität, Qualität, Wahrscheinlichkeit, Geschwindigkeit und Wirksamkeit. Diese Kriterien gelten auch für die Prüfung der Art und Weise, in der sie mit dem normativen Grund gegen die vollständige Erfüllung des Rechts in Konflikt geraten. An diesem Punkt benötigen Gerichte finanzielles und technisches Wissen zu all diesen Variablen. Dieses Wissen können nur politische Instanzen bereitstellen und die Argumente für die Wahl der am besten geeigneten Erfüllungsart darlegen. In dieser Hinsicht sollten die Gerichte den politischen Instanzen gegenüber nachsichtig sein, solange ihre Forderungen nicht offenkundig unbegründet sind. Damit bliebe die Macht der politischen Instanzen erhalten, Maßnahmen zu wählen und umzusetzen, die beispielsweise effektiver sind, aber das angestrebte Ziel langsamer erreichen, oder die weniger stark eingreifen, aber das verfassungsmäßige Freiheitsrecht eher einschränken als alternative Mittel. An dieser Stelle kann die Politik nicht durch die Auslegung der Verfassung ersetzt werden.

V. Fazit

In diesem Beitrag wurde ein Modell zur Entscheidungsfindung im Rahmen der Geltendmachung wirtschaftlicher und sozialer Grundrechte anhand einer Verhältnismäßigkeitsprüfung vorgestellt. Diese Prüfung besteht aus zwei Schritten: einer Auslegungsprüfung und einer empirischen Prüfung.

Bei der Auslegungsprüfung sollten die Gerichte den verfassungsrechtlich gebotenen Grad der Erfüllung des betreffenden Rechts bestimmen. Diese Phase umfasst zwei Untersuchungen. Erstens wird der angestrebte Grad im Rahmen der einschlägigen Grundrechtsbestimmung und die Prüfung der Gründe für die Nichterfüllung des höchsten vernünftigen Grades der Erfüllung des Rechts prima facie einbezogen. Zweitens wird geprüft, ob es einen legitimen normativen Grund gibt, der Rechtsposition, die prima facie in der ersten Untersuchung der Prüfung enthalten war, keine endgültige Geltung zu verleihen. Drittens wird eine normative Abwägung mit dem Gewicht des in der zweiten Untersuchung ermittelten normativen Grundes, der die Relevanz der Nichterfüllung des höchsten vernünftigen Grades der Erfüllung des positiven wirtschaftlichen und sozialen Rechts rechtfertigt, durchgeführt.

Die empirische Phase beinhaltet die Prüfung des Verhältnisses zwischen dem Modus und dem Erfüllungsgrad des betreffenden positiven sozioökonomischen Grundrechts. Sobald der Grad der Erfüllung in der ersten Stufe der Verhältnismäßigkeit bestimmt wurde, stellen sich zwei Fragen. Erstens, ob der Erfüllungsmodus, den der Kläger für zweckmäßig hält, auch tatsächlich geeignet ist, diesen zu erreichen. Zweitens, ob diese Erfüllungsart erforderlich ist.

In beiden Prüfungen vertritt dieses Modell die Auffassung, dass die Gerichte den politischen Instanzen gegenüber respektvoll sein und mit ihnen in einen Dialog treten sollten. Dies steht im Einklang mit der Gewaltenteilung und schafft Anreize für die Gestaltung und Umsetzung wirksamer politischer Maßnahmen zu wirtschaftlichen und sozialen Rechten.

Die Grundrechte als Gebote vollständiger Optimierung

Martin Borowski

Nach *Robert Alexy* sind die Grundrechte wesentlich Prinzipien. Normen in Form von Prinzipien seien als Optimierungsgebote zu charakterisieren.[1] Sie geböten, dass „etwas relativ auf die tatsächlichen und die rechtlichen Möglichkeiten in möglichst hohem Maße realisiert wird".[2] Mit Blick auf den Grundsatz der Verhältnismäßigkeit im weiteren Sinne rekonstruiert Alexy die ersten beiden Teilgrundsätze, die Geeignetheit und die Erforderlichkeit, als Ausdruck der Relativierung auf die tatsächlichen Möglichkeiten,[3] die Verhältnismäßigkeit im engeren Sinne als Ausdruck der Relativierung auf die rechtlichen Möglichkeiten.[4] Zusammengefasst heißt es: „Alle drei Grundsätze drücken die Idee der Optimierung aus."[5]

Allerdings stellt sich die Frage, ob die drei von Alexy rekonstruierten Teilgrundsätze der Verhältnismäßigkeit im weiteren Sinne eine *vollständige* Optimierung ausdrücken. Gegenüber dem vom Staat eingesetzten Mittel alternative Mittel werden nach der klassischen Formulierung der drei Teilgrundsätze nur höchst begrenzt berücksichtigt – es wird nur in der Prüfung des zweiten Teilgrundsatzes, der Erforderlichkeit, überhaupt nach Alternativmitteln gefragt und nur dahingehend, ob ein im technischen Sinne dieses Teilgrundsatzes „milderes Mittel" existiert. Ein derartiges „milderes Mittel" liegt nur dann vor,

---

[1] Vgl. insbesondere *Robert Alexy*, Theorie der Grundrechte, 9. Aufl., 2020, S. 75 ff. Aus seinen jüngeren Publikationen sei nur *Robert Alexy*, The Absolute and the Relative Dimension of Constitutional Rights, in: Oxford Journal of Legal Studies 36 (2016), S. 1–17 (6), hervorgehoben: „optimisation requirements". Der Kritik vor allem von Jan-Reinard Sieckmann und Aulis Aarnio, nach der Alexys Definition von Optimierungsgeboten zu Regeln führe (*J.-R. Sieckmann*, Regelmodelle und Prinzipienmodelle des Rechtssystems, 1990, S. 65; *A. Aarnio*, Taking Rules Seriously, in: W. Maihofer/G. Sprenger (Hrsg.), Law and the States in Modern Times, 1990, S. 180–192 [187]), hat Alexy die Unterscheidung von „Optimierungsgeboten" und „zu optimierenden Geboten" entgegengehalten; *R. Alexy*, Zur Struktur der Rechtsprinzipien, in: B. Schilcher/P. Koller/B.-C. Funk (Hrsg.), Regeln, Prinzipien und Elemente im System des Rechts, 2000, S. 31–52 (38 f.); vgl. bereits *R. Alexy*, The Institutionalization of Reason, in: L. J. Wintgens (Hrsg.), The Law in Philosophical Perspectives. My Philosophy of Law, 1999, S. 23–45 (39).

[2] *Alexy*, Theorie der Grundrechte (Fn. 1), S. 75.

[3] Ebd., S. 101–103.

[4] Ebd., S. 100 f.

[5] *R. Alexy*, Grundrechte, Abwägung und Rationalität, in: Ars Interpretandi. Yearbook of Legal Hermeneutics 7 (2002), S. 113–125 (118).

wenn hiermit das vom Staat verfolgte Ziel in mindestens gleichem Maße erreicht werden kann, der Betroffene hingegen gar nicht oder weniger schwer belastet wird.[6]

Alternativmittel, die *nicht* in diesem technischen Sinne der Erforderlichkeit milder sind, aber jenseits dessen das Verhältnis von grundrechtlichen Kosten (Eingriffsintensität) und verfassungsrechtlichem Nutzen (Realisierung von kollidierenden Rechten und Gütern) optimieren, kommen damit von vornherein nicht in den Blick. Ein eingeführter Begriff für derartige nicht im technischen Sinne mildere, aber sonst effizientere Mittel existiert nicht. Sie sollen im Folgenden als „sonst effizientere Mittel" bezeichnet werden. Es stellt sich die Frage, ob derartige, in der klassischen Formulierung der Verhältnismäßigkeit nicht berücksichtigte Alternativmittel, „sonst effizientere Mittel", in der Prüfung der Verhältnismäßigkeit im weiteren Sinne berücksichtigt werden müssen.

I. Die klassische Charakterisierung des Übermaßverbots

Bevor die Berücksichtigung zusätzlicher Arten von Alternativmitteln in der Prüfung der Verhältnismäßigkeit im weiteren Sinne erörtert werden kann, sind die Teilgrundsätze in ihrer klassischen Formulierung kurz zu umreißen. In der Prüfung des Übermaßverbots wird ein vom Staat eingesetztes Mittel M_S daraufhin untersucht, ob es den Anforderungen der drei Teilgrundsätze, der Geeignetheit, der Erforderlichkeit und der Verhältnismäßigkeit im engeren Sinne, entspricht.

1. *Geeignetheit*

Ein staatliches Mittel M_S ist dann *geeignet*, wenn der Einsatz dieses Mittels dazu führt, dass ein staatlicherseits verfolgter legitimer Zweck P_1 erreicht oder wenigstens gefördert wird.[7] Das Kriterium der Geeignetheit enthält damit zwei Anforderungen, nämlich eine normative und eine empirische Anforderung – der verfolgte Zweck muss legitim sein und es muss mit Hilfe des eingesetzten Mittels der verfolgte Zweck gefördert werden können. Bei dieser Prüfung spielen alternative Mittel keinerlei Rolle.

---

[6] Hierzu sogleich eingehender in Abschnitt I. 2.

[7] Vgl. BVerfGE 30, 292 (316); 33, 171 (187); 40, 196 (222); 63, 88 (115); 67, 157 (173); 70, 278 (286); 77, 84 (108); 78, 38 (50); 81, 156 (192); 90, 145 (172); 96, 10 (23); 103, 293 (307); 116, 202 (224); 117, 163 (188 f.); 119, 59 (84); 121, 317 (354); 125, 260 (318); 126, 112 (144); 130, 151 (188); aus der Literatur statt vieler *Klaus Stern*, Das Staatsrecht der Bundesrepublik Deutschland, Bd. III/2, 1994, S. 779; *K.-P. Sommermann* in: H. von Mangoldt/F. Klein/C. Starck [Begr.], Grundgesetz Kommentar, 7. Aufl., Bd. 2, 2018, Art. 20 Abs. 3 GG, Rn. 314.

2. *Erforderlichkeit*

Das staatliche Mittel M_S ist *erforderlich*, wenn es kein milderes Mittel M_M gibt. Ein milderes Mittel M_M in dem technischen Sinne der Erforderlichkeit ist ein alternatives Mittel, mit dem das fragliche Ziel P_1 in mindestens gleichem Maße erreicht werden kann, das aber den Betroffenen gar nicht oder weniger schwer belastet.[8] Die Prüfung der Erforderlichkeit verlangt vom Rechtsanwender, mögliche Alternativmittel zu bestimmen und diese daraufhin zu prüfen, ob es sich tatsächlich um „mildere Mittel" im Sinne der Erforderlichkeit handelt. Die Behauptung, das staatliche Mittel M_S sei erforderlich, setzt damit die Behauptung der Nichtexistenz eines milderen Mittels M_M voraus.

Bei dieser Beurteilung findet keine Abwägung statt,[9] vielmehr muss für das staatliche Mittel und alle denkbaren Alternativmittel die Förderung des staatlichen Zwecks P_1 in eine bloß ordinale Ordnung gebracht werden – die Elemente werden nach den Relationen „kleiner", „größer", „gleich" gereiht.[10] Jedes denkbare Alternativmittel wird daraufhin untersucht, ob es P_1 in mindestens gleichem Maße („gleich" oder „größer") fördert, das grundrechtliche Prinzip P_2 aber weniger hemmt („kleiner").

3. *Verhältnismäßigkeit im engeren Sinne*

Nach dem dritten Teilgrundsatz, der *Verhältnismäßigkeit im engeren Sinne*, erfolgt eine Abwägung der Schwere des Eingriffs in das Grundrecht (P_2) gegen das Gewicht der ihn rechtfertigenden Rechte anderer und/oder kollektiven Güter, im einfachsten Fall allein des staatlicherseits verfolgten Zweckes P_1.[11] Dabei wird nicht verlangt, dass sich der Eingriff als verhältnismäßig im engeren Sinne erweist; es reicht aus, dass er *nicht* als *un*verhältnismäßig im engeren Sinne anzusehen ist – diese Präzisierung wird im Fall des Abwägungspatts[12] bedeut-

---

[8] BVerfGE 40, 196 (223); 53, 135 (145 f.); 67, 157 (177); 68, 193 (219); 77, 84 (109); 90, 145 (172); 92, 262 (273); 96, 10 (23). Aus der Literatur vgl. nur *D. Merten*, Verhältnismäßigkeitsgrundsatz, in: D. Merten/H.-J. Papier (Hrsg.), Handbuch der Grundrechte in Deutschland und Europa, Bd. 3, 2009, S. 517–567 (554–555); *Sommermann* in: von Mangoldt/Klein/ Starck (Fn. 7), Art. 20 Abs. 3 GG, Rn. 314.

[9] Vgl. nur *B. Schlink*, Abwägung im Verfassungsrecht, 1976, S. 181 f.; *Sieckmann*, Regelmodelle und Prinzipienmodelle (Fn. 1), S. 225; *M. Borowski*, Grundrechte als Prinzipien, 3. Aufl., 2018, S. 168.

[10] Zur ordinalen Ordnung vgl. nur *H.-J. Koch/H. Rüßmann*, Juristische Begründungslehre, 1982, S. 76.

[11] BVerfGE 30, 292 (316); 67, 157 (178); 68, 193 (219); 81, 70 (92); 90, 145 (173); 96, 10 (23); 120, 274 (322); 130, 372 (392); aus der Literatur siehe nur *Alexy*, Theorie der Grundrechte (Fn. 1), S. 103 *et passim*; *Borowski*, Grundrechte als Prinzipien (Fn. 9), S. 259 f.; *L. Clérico*, Die Struktur der Verhältnismäßigkeit, 2001, S. 140 ff.

[12] Ein Abwägungspatt liegt vor, wenn weder ein höheres Gewicht von P_1 gegenüber P_2 noch ein höheres Gewicht von P_2 gegenüber P_1 festgestellt werden kann. Im Falle eines Ab-

sam. Maßgebend ist allein die Tatsache des Überwiegens. Auf das Maß des Überwiegens kommt es nicht an. Die Abwägung von P_1 und P_2 erfolgt allein für das staatliche Mittel M_S. Eine Beurteilung von Alternativmitteln – gleich welcher Art – erfolgt nach der klassischen Formulierung der Verhältnismäßigkeit im engeren Sinne nicht.[13]

II. Das Gebot sonst effizienterer Mittel

Alexy betont in seiner prinzipientheoretischen Rekonstruktion zu Recht, dass die Geeignetheit und die Erforderlichkeit die in der Ökonomie entwickelte Pareto-Optimalität in der Rechtswissenschaft formulieren.[14] Allerdings stellt sich die Frage, ob die Effizienz des staatlicherseits eingesetzten Mittels M_S anhand weiterer Anforderungen überprüft werden kann und muss. Es sind zwei verschiedene Arten von Konstellationen zu unterscheiden, einerseits die einfache Konstellation mit nur zwei beteiligten Rechtssubjekten und zwei Prinzipien und andererseits komplexe Konstellationen mit drei oder mehr Rechtssubjekten und/oder drei oder mehr Prinzipien.

1. Nicht-mildere Alternativmittel mit besserem Kosten-Nutzen-Verhältnis

Es sind Alternativmittel bei nur zwei beteiligten Rechtssubjekten und zwei Prinzipien vorstellbar, die nicht im technischen Sinne der Erforderlichkeit milder sind, aber ein besseres Kosten-Nutzen-Verhältnis aufweisen.

---

wägungspatts liegt eine besondere Form der strukturellen Spielräume vor und zwar der „Abwägungsspielraum". Vgl. hierzu *R. Alexy*, Postscript, übers. von Julian Rivers, in: R. Alexy, A Theory of Constitutional Rights, 2002, S. 388–425 (408); *R. Alexy*, Verfassungsrecht und einfaches Recht – Verfassungsgerichtsbarkeit und Fachgerichtsbarkeit, in: VVDStRL 61 (2002), S. 7–33 (22); *Alexy*, The Absolute and the Relative Dimension (Fn. 1), S. 15; *Borowski*, Grundrechte als Prinzipien (Fn. 9), S. 176.

[13] In diesem Sinne erfolgt keine direkte Berücksichtigung von Alternativmitteln. Dies schließt eine indirekte Berücksichtigung von Alternativmitteln nicht notwendig aus. Diese könnte darin bestehen, dass die Existenz von nicht-milderen „sonst effizienteren Mitteln" die Gewichtung der kollidierenden Prinzipien für das staatliche Mittel M_S beeinflusst. Die Rekonstruktion einer solchen indirekten Berücksichtigung von Alternativmitteln setzte jedoch die umfassende Rekonstruktion der externen Rechtfertigung von rechtlichen Abwägungen voraus, die in dem begrenzten Rahmen dieses Beitrages nicht weiterverfolgt werden kann. Zur Unterscheidung von interner und externer Rechtfertigung vgl. *Borowski*, Grundrechte als Prinzipien (Fn. 9), S. 169 ff. m. w. N.

[14] *Alexy*, Theorie der Grundrechte (Fn. 1), S. 149; vgl. weiter *R. Dechsling*, Das Verhältnismäßigkeitsgebot, 1989, S. 51 ff.; *Sieckmann*, Regelmodelle und Prinzipienmodelle des Rechtssystems (Fn. 9), S. 181 f.; *Borowski*, Grundrechte als Prinzipien (Fn. 9), S. 257; *Clérico*, Die Struktur der Verhältnismäßigkeit (Fn. 11), S. 111 ff.

a) BVerfGE 53, 135 ff. – Das Kennzeichnungsgebot als nicht milderes „sonst effizienteres Mittel"

Dies kann am Beispiel der klassischen Entscheidung des Bundesverfassungsgerichts im 53. Band zu Schokoladenosterhasen[15] illustriert werden. Der Entscheidung lag ein Verkehrsverbot für aus minderwertigen Ausgangsstoffen hergestellte schokoladenartige Lebensmittel in saisonaler Form zugrunde, das wegen der Verwechslungsgefahr mit entsprechenden Artikeln aus echter Schokolade im Wege einer Verordnung erlassen worden war. Nach Ansicht des Bundesverfassungsgerichts stellt sich ein Verkehrsverbot nicht als erforderlich dar, weil mit dem Kennzeichnungsgebot ein milderes Mittel existiert.[16]

Sicher greift ein Kennzeichnungsgebot deutlich weniger intensiv in die Berufsfreiheit von Herstellern und Vertreibern von saisonalen Figuren aus Pseudo-Schokolade ein – das Bundesverfassungsgericht spricht mit Blick auf das Verkehrsverbot von einem „der denkbar einschneidendsten Mittel".[17]

Nach Ansicht des Gerichts soll für das Kennzeichnungsgebot auch die zweite Anforderung an ein im technischen Sinne milderes Mittel erfüllt sein. Mit Blick auf die Verwechselungsgefahr heißt es: „Regelmäßig kann einer solchen Gefahr in gleich wirksamer, aber weniger einschneidender Weise durch ein Kennzeichnungsgebot begegnet werden." Dagegen erhebt sich sofort der naheliegende Einwand, dass ein flüchtiger oder unaufmerksamer Kunde die Kennzeichnung übersehen kann, während ein Verkehrsverbot Täuschungen von Verbrauchern vollständig und mit höchster Sicherheit verhindern kann. Dem bloßen Kennzeichnungsgebot auch nur gleiche – geschweige denn höhere – Eignung zuzuerkennen, erscheint fernliegend. Das Bundesverfassungsgericht sieht diesen Punkt:

> „Zwar trifft es zu, daß die Verbraucherentscheidung zum Kauf eines Erzeugnisses oft nicht auf einem eingehenden Studium der Kennzeichnung der Ware beruht, sondern auch an deren äußerer Erscheinungsform orientiert ist [...] Dies berechtigt jedoch nicht zu der Annahme, daß zum Schutz des ‚flüchtigen' Verbrauchers ein grundsätzliches Verkehrsverbot jeder Art der in § 14 Nr. 2 KakaoVO bezeichneten Lebensmittel erforderlich wäre."[18]

Dies ist jedoch eine schlichte Behauptung, die nicht einmal ansatzweise begründet wird. Anschließend werden kurz weitere Ziele erwogen, aber dann für unbeachtlich erklärt, bevor es mit Blick auf den Hauptzweck, den Verbraucherschutz, heißt: „Um diesen Zweck zu erreichen, genügt regelmäßig ein Kennzeichnungsgebot."[19] Dies ist wiederum die bloße Behauptung der Erfor-

---

[15] BVerfGE 53, 135 ff.
[16] BVerfGE 53, 135 (146).
[17] BVerfG a. a. O.
[18] BVerfG a. a. O. (Hinweis auf Präjudiz ausgelassen).
[19] BVerfG a. a. O.

derlichkeit, wenn mit „genügen" die Eigenschaft gemeint sein soll, ein milderes Mittel darzustellen. Im Übrigen wird die Behauptung des Kennzeichnungsgebots als milderes Mittel wenig klar abgeschwächt, indem es nur „regelmäßig"[20] gelten soll.

Meine These lautet, dass die Einstufung des Kennzeichnungsgebots als „milderes Mittel" im Sinne der Erforderlichkeit falsch ist. Es handelt sich bei dem Kennzeichnungsgebot um ein alternatives Mittel, das gegenüber dem staatlicherseits gewählten Mittel eine *etwas geringere Eignung* aufweist, aber *deutlich weniger intensiv* in das Grundrecht *eingreift* – mit anderen Worten handelt es sich um ein nicht milderes „sonst effizienteres Mittel".

b) Die Rekonstruktion in der doppeltriadischen Skalierung

Dies kann mit Hilfe der doppeltriadischen Skalierung illustriert werden. Im Kontext der Entwicklung der Gewichtsformel hat Alexy die Idee der limitierten Skalierung eingeführt. Nach der Idee der limitierten Skalierung wird nicht infinitesimal, also unendlich fein, sondern nur in einer begrenzten Zahl von Stufen skaliert. Er hält eine triadische, also dreiwertige Skalierung von „l", „m" und „s", für der juristischen Argumentation besonders angemessen.[21] Schon bei der triadischen Skalierung wird die Idee einer bloß ordinalen Ordnung verlassen.[22] Denn gegenüber der Einstufung „l" kann man zwei alternative Einstufungen unterscheiden, nämlich „m" und „s" und es wird dabei vorausgesetzt, dass die Einstufung „s" weiter von „l" entfernt liegt als „m" von „l". Noch deutlicher wird die kardinale[23] Natur von limitierten Skalierungen in mindestens triadischer Form bei einer doppeltriadischen Skalierung, die Alexy ebenfalls – je nach den Umständen – für möglich hält.[24] Hier wird zwischen neun Stufen unterschieden, und zwar „ll", „lm", „ls", „ml", „mm", „ms", „sl", „sm" und „ss".

---

[20] BVerfG a.a.O.

[21] *Alexy*, Postscript (Fn. 12), S. 405ff.; *Alexy*, Verfassungsrecht und einfaches Recht (Fn. 12), S. 21; *R. Alexy*, Die Gewichtsformel, in: J. Jickeli/P. Kreutz/D. Reuter (Hrsg.), Gedächtnisschrift für Jürgen Sonnenschein, 2003, S. 771–792 (777ff.).

[22] Vgl. *M. Borowski*, Alexys drittes Modell formeller Prinzipien, in: M. Borowski/S. L. Paulson/J.-R. Sieckmann (Hrsg.), Rechtsphilosophie und Grundrechtstheorie, 2017, S. 449–476 (470); *Borowski*, Grundrechte als Prinzipien (Fn. 9), S. 129.

[23] Bei einer kardinalen Ordnung muss sich die Intensität des Eingriffs in ein Prinzip oder die Wichtigkeit der Erfüllung eines gegenläufigen Prinzips auf einer Skala von 0 bis 1 angeben lassen, vgl. *W. Stegmüller*, Probleme und Resultate der Wissenschaftstheorie und analytischen Philosophie, Bd. 2, 2. Halbbd., 1970, S. 44ff.

[24] *R. Alexy*, Die Abwägung in der Rechtsanwendung, in: Jahresbericht des Institutes für Rechtswissenschaften an der Meiji Gakuin Universität 17 (2001), S. 69–83 (76); *Alexy*, Postscript (Fn. 12), S. 412f.; *Alexy*, Gewichtsformel (Fn. 21), S. 786f. Feinere limitierte Skalierungen lehnt Alexy hingegen als „unverständlich" ab. Mit Blick auf eine tripeltriadische Skalierung heißt es: „Was sollte man etwa unter ‚schwer leicht mittel' verstehen?" (*R. Alexy*, Abwägung, S. 77). Man kann den sprachlich wenig anschaulichen Ausdruck aber ohne weiteres

Damit kann beispielsweise folgende Situation eintreten: Ein staatlicher Eingriff M_S in das grundrechtliche Prinzip P_2 hat die Eingriffsintensität[25] „sl" (Stufe 7), das Gewicht der rechtfertigenden Gründe mit Blick auf das Prinzip P_1 beträgt „sm" (Stufe 8). Es sei weiter angenommen, dass nach den Umständen des Falles ein Alternativmittel M_A gewählt werden könnte, welches für P_2 nur eine Eingriffsintensität von „lm" (Stufe 2) hat, für das das Gewicht der rechtfertigenden Gründe aber bei „sl" (Stufe 7) liegt.

Das staatliche Mittel M_S ist *geeignet*, die Realisierung des staatlichen Ziels, des Prinzips P_1, zu fördern – und zwar in einem Maße, die dem Gewicht „sm" (Stufe 8) entspricht. Es ist auch *erforderlich*, obwohl das Alternativmittel M_A mit Blick auf P_2 eine geringere Eingriffsintensität aufweist, nämlich nur „lm" (Stufe 2) für M_A gegenüber „sl" (Stufe 7) für M_S – denn die zweite Voraussetzung für ein milderes Mittel im technischen Sinne der Erforderlichkeit, die Realisierung des staatlichen Ziels in mindestens gleichem Maße, ist nicht erfüllt: M_A fördert P_1 in geringerem Maße („sl", Stufe 7) als M_S („sm", Stufe 8). Da das Gewicht der rechtfertigenden Gründe für M_S mit „sm" (Stufe 8) auch die Intensität des Eingriffs in das Grundrecht mit „sl" (Stufe 7) überwiegt, muss das staatliche Mittel M_S auch als *verhältnismäßig im engeren Sinne* angesehen werden. Aus der Perspektive der drei Teilgrundsätze der Verhältnismäßigkeit im weiteren Sinne in ihrer klassischen Formulierung handelt die öffentliche Gewalt verfassungsgemäß, wenn sie M_S anwendet.

Das Problem besteht allerdings darin, dass mit Blick auf das Kosten-Nutzen-Verhältnis ein Alternativmittel offensteht, das bei nur leicht geringerer Förderung der Realisierung des rechtfertigenden Grundes P_1 („sl", Stufe 7, für M_A gegenüber „sm", Stufe 8, für M_S) eine erheblich geringere Intensität des Eingriffs in das Grundrecht P_2 („lm", Stufe 2, für M_A gegenüber „sl", Stufe 7, für M_S) ermöglicht.

Eine gewisse Vorsicht ist allerdings geboten, wenn der doppeltriadischen Skalierung im Beispiel eine geometrische Folge auf der Basis von 2 zugrunde

---

leichter verständlich machen, indem man auf die bei tripeltriadischer Skalierung entstehenden 27 Stufen des Gewichts abstellt. Die Einstufung als „schwer leicht mittel" entspricht dann Stufe 20 von 27 Stufen. Das Problem von deutlich feineren Skalierungen liegt nicht in der mangelnden Verständlichkeit, sondern der erheblich ansteigenden Begründungslast für zunehmend feinere Unterscheidungen. Die Einstufungsbehauptung, ein Gewichtsfaktor sei bei tripeltriadischer Skalierung mit dem Gewicht Stufe 20 – und nicht Stufe 19 oder Stufe 21 – anzunehmen, wird sich mit hinreichender epistemischer Sicherheit nur schwer begründen lassen. Wenn eine derartige Begründung allerdings möglich sein sollte, spricht grundsätzlich nichts gegen feinere Skalierungen.

[25] Der Einfachheit halber werden in diesem Beispiel die verschiedenen Faktoren der Gewichtsformel – I_i, AG_i und S_i – nicht unterschieden. Vgl. zur Gewichtsformel mit weiteren Nachweisen *Borowski*, Grundrechte als Prinzipien (Fn. 9), S. 126–131.

gelegt wird, wie *Alexy* vorschlägt.[26] Dies hätte zur Folge, dass der Stufe 7 ein Wert von 64 zugeordnet wird, der Stufe 8 ein Wert von 128. Die um eine Stufe geringere Realisierung des rechtfertigenden Grundes P_1 führt zu einer Differenz in Höhe von 64. Die Reduktion der Eingriffsintensität liegt in der Differenz zwischen Stufe 7 mit dem Wert von 64 und Stufe 2 mit dem Wert von 2, also bei 62. Auf der Grundlage dieser Annahmen hätte das staatliche Mittel M_S tatsächlich absolut ein leicht besseres Kosten-Nutzen-Verhältnis als M_A, weil die Differenz um eine Stufe am oberen Ende der Skala ein absolut leicht höheres Gewicht aufweist als die Differenz von fünf Stufen am unteren Ende der Skala. Es ist aber keineswegs gesagt, dass ein derart stark überproportional ansteigendes Gewicht bei höherem Maß der Nichtrealisierung, wie es bei einer geometrischen Folge auf der Basis 2 entsteht, das Gewicht der kollidierenden Prinzipien zutreffend abbildet. Die Dinge sehen bei einer geometrischen Folge auf der Grundlage von beispielsweise 1,2 ganz anders aus. Der Wert für das Gewicht der rechtfertigenden Gründe P_1 in Stufe 7 beträgt $1{,}2^6 = 6$ und für Stufe 8 beträgt er $1{,}2^7 = 7$, die Differenz mithin 1, während der Wert für die Eingriffsintensitäten P_2 für Stufe 7 $1{,}2^6 = 6$ und für Stufe 2 $1{,}2^1 = 1{,}2$ beträgt. Die Differenz für die Eingriffsintensität zwischen M_S und M_A liegt absolut bei 4,8 (6 minus 1,2). Auf der Grundlage dieser Annahmen erweist sich das Kosten-Nutzen-Verhältnis von M_A als deutlich besser als dasjenige von M_S, weil mit etwas geringerer Nichtrealisierung des staatlichen Zwecks eine erhebliche Reduzierung der Intensität des Eingriffs in das Grundrecht möglich wird. Dies ist genau der Punkt von nicht milderen „sonst effizienteren Mitteln".

c) Nicht mildere „sonst effizientere Mittel" und Spielräume

Eine naheliegende Entgegnung auf die These, es handele sich bei dem Kennzeichnungsgebot in BVerfGE 53, 135 ff. um ein nicht milderes „sonst effizienteres Mittel", besteht in dem Hinweis darauf, dass es für den Verordnungsgeber bei Berücksichtigung von epistemischen Spielräumen zumindest vertretbar wird, in dem Kennzeichnungsgebot ein in gleichem Maße geeignetes Alternativmittel zum vollständigen Verkehrsverbot zu sehen.

Dies könnte man in der doppeltriadischen Skalierung abbilden, indem dem Verordnungsgeber ein epistemischer Spielraum[27] dahingehend eingeräumt wird, bei jeder Einstufung gegenüber den Annahmen in der gerichtlichen Kontrollabwägung um eine Stufe nach oben oder unten abzuweichen. Dies führt

---

[26] Damit sind die folgenden neun Werte anzunehmen: $2^0, 2^1, 2^2, 2^3, 2^4, 2^5, 2^6, 2^7, 2^8$, also 1, 2, 4, 8, 16, 32, 64, 128, 256, vgl. nur *Alexy*, Gewichtsformel (Fn. 21), S. 787.

[27] Die Frage der Rekonstruktion epistemischer Spielräume ist umstritten, vgl. hierzu *Borowski*, Grundrechte als Prinzipien (Fn. 9), S. 177 ff. m. w. N. In diesem Zusammenhang sind aber allein die Auswirkungen epistemischer Spielräume in der gerichtlichen Kontrollabwägung von Bedeutung.

für das staatliche Mittel M_S dazu, dass der Verordnungsgeber für die Intensität des Eingriffs in das grundrechtliche Prinzip P_2 „ms", „sl" oder „sm" (Stufe 6 bis 8) annehmen darf, für das Gewicht der rechtfertigenden Gründe mit Blick auf das Prinzip P_1 hingegen „sl", „sm" oder „ss" (Stufe 7 bis 9). Für das Alternativmittel M_A dürfte der Verordnungsgeber für P_2 eine Eingriffsintensität von „ll", „lm" oder „ls" annehmen (Stufe 1 bis 3), während er für das das Gewicht der rechtfertigenden Gründe mit Blick auf das Prinzip P_1 „ms", „sl" oder „sm" (Stufe 6 bis 8) annehmen dürfte.

Man könnte jetzt alle möglichen Kombinationen mit Blick auf alle Teilgrundsätze der Verhältnismäßigkeit durchgehen – beispielsweise wird es vertretbar, das staatliche Mittel M_S für unverhältnismäßig im engeren Sinne zu halten (bei Eingriffsintensität Stufe 8 und Gewicht der rechtfertigenden Gründe Stufe 7), während sich M_S ohne Spielräume als verhältnismäßig im engeren Sinne erweist. Zudem entstehen für M_S zwei Pattfälle (der erste bei Eingriffsintensität Stufe 7 und Gewicht der rechtfertigenden Gründe Stufe 7, der zweite bei Eingriffsintensität Stufe 8 und Gewicht der rechtfertigenden Gründe Stufe 8). Indem der epistemische Spielraum Pattfälle vertretbar werden lässt, entsteht zusätzlich zum epistemischen Spielraum ein Abwägungsspielraum.[28]

Im hier vorliegenden Kontext sollen jedoch die Auswirkungen der Spielräume auf die Erforderlichkeit im Vordergrund stehen. Es wird für den Verordnungsgeber vertretbar, folgende Kombinationen der Förderungsintensität für das Prinzip P_1 für die Mittel M_S/M_A anzunehmen: (1) 7/6, (2) 8/7, (3) 9/8, (4) 7/7, (5) 7/9, (6) 8/6, (7) 8/8, (8) 9/6, (9) 9/7. Unter diesen neun Kombinationen finden sich sechs Kombinationen, in denen das Gewicht der Förderung von P_1 bei M_S höher liegt als bei M_A, nämlich (1), (2), (3), (6), (8) und (9). Für diese Kombinationen kann nicht gesagt werden, dass M_A in mindestens gleichem Maße fördert wie M_S. Bei zwei Kombinationen fördert M_A das Prinzip P_1 in gleichem Maße wie M_S, nämlich (4) und (7). Es existiert sogar eine Kombination, bei der M_A das Prinzip P_1 in höherem Maße als M_S realisiert, nämlich (5). In den drei letztgenannten Kombinationen – (4), (5) und (7) – kann der Verordnungsgeber vertretbarerweise davon ausgehen, dass M_A das Prinzip P_1 in mindestens gleichem Maße verwirklicht, verglichen mit M_S. Mit anderen Worten: Geht man in dem doppeltriadisch rekonstruierten Beispiel von einem epistemischen Spielraum von einer Stufe aus, wird die Annahme des Verordnungsgebers vertretbar, dass M_A in mindestens gleichem Maße die Realisierung von P_1 fördert wie M_S, womit das Kennzeichnungsgebot als milderes Mittel im Sinne der Erforderlichkeit angesehen werden darf.

Die Tatsache, dass bei Berücksichtigung von Spielräumen nicht mildere „sonst effizientere Mittel" häufig vertretbarerweise für mildere Mittel gehalten werden dürfen, spricht allerdings keineswegs gegen meine These, dass die erst-

---

[28] Zu den verschiedenen Arten struktureller Spielräume siehe Abschnitt II.

genannten Mittel grundsätzlich verfassungsrechtlich bedeutsam sind. Diese Tatsache erklärt vielmehr, warum die Bedeutung nicht milderer „sonst effizienterer Mittel“ nicht schon früher aufgefallen ist. Es ist auch keineswegs gesagt, dass es aus der gerichtlichen Kontrollperspektive immer im Spielraum für die Ausgangsentscheidung liegt, ein nicht milderes „sonst effizienteres Mittel“ für ein milderes Mittel im Sinne der Erforderlichkeit zu halten. Dies hängt vom Gewicht der an der Kollision beteiligten Prinzipien und den Faktoren für die Größe des Spielraums ab. Mit Blick auf den Beispielsfall sei hier nur hervorgehoben, dass die Ausgangsentscheidung nicht vom demokratisch unmittelbar legitimierten Gesetzgeber, sondern vom demokratisch nur mittelbar legitimierten Verordnungsgeber stammte.

d) Die Parallele zum Untermaßverbot

Die Frage nach nicht milderen „sonst effizienteren Mitteln“ beim Übermaßverbot findet eine Entsprechung beim Untermaßverbot. Bei der Anwendung des Grundsatzes der Verhältnismäßigkeit auf prima facie-Handlungspflichten sind zunächst alle staatlichen Handlungen zu ermitteln, welche die Handlungspflicht realisieren. Dies wird teleologisch bestimmt. Handlungen sind nicht um ihrer selbst willen geboten, sondern weil sie ein grundrechtliches Schutzgut, beispielsweise den Schutz des Lebens, verwirklichen.[29] Das Unterlassen als Eingriff muss geeignet sein, legitime Ziele zu fördern. Dies ist immer dann gegeben, wenn die in Frage stehende Erfüllung der prima facie-Handlungspflicht die Realisierung von verfassungsrechtlichen Rechten oder Gütern beeinträchtigen würde.[30] Die Erforderlichkeitsprüfung läuft beim Untermaßverbot aus handlungstheoretischen Gründen notwendig leer.[31] In der Prüfung der Verhältnismäßigkeit im engeren Sinne erfolgt dann eine Abwägung des Gewichts des Eingriffs durch Unterlassen in die prima facie-Handlungspflicht einerseits und das Gewicht der dadurch bewirkten Förderung kollidierender Rechte und Güter.

Anders als beim Übermaßverbot fehlt beim Untermaßverbot die staatlicherseits vollzogene Handlung als archimedischer Punkt der Prüfung – dies gilt für vollständiges Unterlassen ebenso wie bei staatlicher Teil- oder Schlechterfüllung.[32] Damit kann durchaus die Konstellation auftreten, in der sich mehrere

---

[29] *Borowski*, Grundrechte als Prinzipien (Fn. 9), S. 266 f.

[30] Dies ist die „externe Geeignetheit“, vgl. *Borowski*, Grundrechte als Prinzipien (Fn. 9), S. 270 f., nicht zu verwechseln mit der „internen Geeignetheit“, nach der die in Frage stehende Erfüllungshandlung die Erfüllung der Schutzpflicht fördert. Ohne die „interne Geeignetheit“ wäre die betreffende staatliche Handlung aber schon gar nicht prima facie geboten, so dass sich die Frage nach der Rechtfertigung ihrer Unterlassung gar nicht stellt.

[31] *Borowski*, Grundrechte als Prinzipien (Fn. 9), S. 271 f.

[32] Ebd., S. 265.

staatliche Handlungen als geeignet und verhältnismäßig im engeren Sinne erweisen, bei möglicherweise vollkommen unterschiedlichen Niveaus der Kosten und des Nutzens und auch möglicherweise deutlich unterschiedlichem Kosten-Nutzen-Verhältnis. Dann stellt sich die Frage, ob es vollkommen dem Staat überlassen bleibt, welche dieser verschiedenen, jeweils für sich prima facie gebotenen Handlungen der Staat vollzieht. Um dies zu illustrieren, kann auf das Beispiel von vier möglichen staatlichen Handlungen im Rahmen von Schwangerschaftsabbrüchen zurückgegriffen werden: (1) M_1 besteht im Erlass eines Gesetzes mit einer hohen Strafdrohung für alle, die an Schwangerschaftsabbrüchen beteiligt sind, (2) M_2 bewirkt die umfassende finanzielle und sonstige Förderung von werdenden Müttern, (3) M_3 setzt ein Gesetz in Kraft, das eine mittlere Strafdrohung mit nennenswerten Ausnahmetatbeständen aufweist und (4) M_4 verwirklicht eine die umfassende Werbekampagne zugunsten der Vorzüge und Wichtigkeit der Elternschaft. Auf der Grundlage einiger Intuitionen über die jeweiligen Kosten und den jeweiligen Nutzen seien bei doppeltriadischer Skalierung die in der nachfolgenden Tabelle abgebildeten Beurteilungen angenommen.[33]

Tab. 1: Exemplarische Beurteilung von Kosten und Nutzen bei doppeltriadischer Skalierung am Beispiel von vier staatlichen Handlungsmöglichkeiten betreffend die Thematik des Schwangerschaftsabbruchs.

Förderungsmittel	Gewicht der Förderung	Gewicht der Beeinträchtigung
M_1	„sm" (Stufe 8)	„ss" (Stufe 9)
M_2	„sl" (Stufe 7)	„mm" (Stufe 5)
M_3	„ms" (Stufe 6)	„ls" (Stufe 3)
M_4	„lm" (Stufe 2)	„ll" (Stufe 1)

M_1 erweist sich als unverhältnismäßig im engeren Sinne und kann daher nicht definitiv geboten sein. M_2, M_3 *und* M_4 jedoch sind alle geeignet und verhältnismäßig im engeren Sinne – soll der Staat von vornherein und vollkommen frei sein, bloß die Werbekampagne zugunsten der Vorzüge und Wichtigkeit der Elternschaft im Sinne von M_4 durchzuführen, obwohl doch verhältnismäßige Schutzmittel möglich sind, die ein weit höheres Maß an Schutz realisieren? In dieser Situation werden die Grundrechte in einem höheren Maße optimiert, wenn das im engeren Sinne verhältnismäßige Mittel mit dem besten Kosten-Nutzen-Verhältnis gewählt wird.[34] Denkbar wäre auch, dem Staat die grund-

---

[33] Diese Tabelle findet sich in *Borowski*, Grundrechte als Prinzipien (Fn. 9), S. 274. Über die Bewertungen der Mittel M_1 bis M_4 mag man streiten; sie dienen in diesem Kontext vor allem der Illustration der strukturellen Fragen.

[34] *Borowski*, Grundrechte als Prinzipien (Fn. 9), S. 276.

sätzliche Wahl des Erfüllungsniveaus zu überlassen, innerhalb eines bestimmten Erfüllungsniveaus aber grundsätzlich die Wahl des effizientesten Mittels zu fordern.

Folgt man dem in diesem Beitrag unterbreiteten Vorschlag, die Prüfung der Verhältnismäßigkeit im weiteren Sinne beim Übermaßverbot auf nicht mildere „sonst effizientere Mittel" auszudehnen, wird eine Parallele zwischen den beiden Erscheinungsformen von Verhältnismäßigkeit, dem Übermaßverbot und dem Untermaßverbot, sichtbar.

e) Die Gegenthese

Die Idee einer Optimierung über die drei Teilgrundsätze der Verhältnismäßigkeit in ihrer klassischen Formulierung hinaus ist nicht gänzlich neu. Das Bundesverfassungsgericht hat im Kontext des Strafrechts ausgeführt, es könne die Entscheidung des Gesetzgebers

> „nicht darauf prüfen, ob er dabei die zweckmäßigste, vernünftigste oder gerechteste Lösung gefunden hat; es hat lediglich darüber zu wachen, daß die Norm materiell im Einklang mit den Bestimmungen der Verfassung steht und den ungeschriebenen Verfassungsgrundsätzen und Grundentscheidungen des Grundgesetzes entspricht."[35]

Auch die Literatur lehnt die Idee eines „optimierenden Verhältnismäßigkeitsgebots"[36] eher ab.[37] Die Begründungen bleiben jedoch oft recht vage – so heißt es bei *Dechsling* beispielsweise, es bestehe „bei einem Optimierungsgebot die Gefahr, daß alles ins Schwimmen gerät".[38] Klarer wird der Gegengrund, wenn darauf verwiesen wird, dass ein umfassendes Optimierungsgebot der kontrollierten Instanz in der gerichtlichen Kontrolle jeglichen Spielraum nimmt.[39] Die Gegenthese lautet damit, dass eine Optimierung im Sinne der Verpflichtung aller staatlichen Gewalt, jeweils die bestmögliche Lösung zu finden und anzuwenden, von vornherein gar nicht besteht. Dies führte dazu, die Frage nach nicht milderen „sonst effizienteren Mittel" in der gerichtlichen Kontrollabwägung von vornherein gar nicht zu stellen.

---

[35] BVerfGE 80, 244 (253); vgl. BVerfGE 80, 182, (186); 90, 145 (173). Vgl. auch BVerfGE 96, 10 (26).

[36] *Dechsling*, Das Verhältnismäßigkeitsgebot (Fn. 14), S. 154.

[37] Vgl. nur *Dechsling*, Das Verhältnismäßigkeitsgebot (Fn. 14), S. 56–62; *L. Clérico*, Die Struktur der Verhältnismäßigkeit (Fn. 11), S. 219 ff. m. w. N.

[38] *Dechsling*, Das Verhältnismäßigkeitsgebot (Fn. 14), S. 62.

[39] Vgl. insbesondere *R. Rubel*, Planungsermessen, 1982, S. 152 ff.; *G. Haverkate*, Rechtsfragen des Leistungsstaates, 1983, S. 292 ff.; *Dechsling*, Das Verhältnismäßigkeitsgebot (Fn. 14), S. 62.

f) Gegenargumente gegen die Gegenthese

Nachdem in den letzten zwei Jahrzehnten erhebliche Fortschritte in der Rekonstruktion der grundrechtlichen Abwägung mit Hilfe der Gewichtsformel und der Rekonstruktion der verschiedenen Arten von Spielräumen erreicht wurden, drängen sich einige Gegenargumente gegen die Gegenthese auf. Anders gesagt können wir vor diesem Hintergrund die oben zitierte Formulierung des Bundesverfassungsgerichts besser verstehen und auf ihre Tragfähigkeit hin überprüfen.

Ganz grundsätzlich stellt sich zunächst die Frage, warum angesichts des Anspruchs des Rechts auf Richtigkeit[40] das positive Recht soll darauf verzichten können, prima facie den Anspruch darauf zu erheben, die gerechteste Lösung zu verwirklichen. Natürlich lässt sich das idealerweise Gesollte regelmäßig nicht vollständig im Realen verwirklichen. Die Frage lautet aber, ob hierfür rechtfertigende Gründe mit hinreichendem Gewicht im Einzelfall gefordert werden müssen. Wenn es derartige rechtfertigende Gründe gibt, kann und sollte man sie auch nennen. Dies führt zu den Gründen für Zuständigkeiten, Kompetenzen und Spielräumen.

aa) Ausgangs- und Kontrollabwägung

Weiter fällt auf, dass die Gegenargumente spezifisch auf die gerichtliche Kontrollabwägung bezogen werden. Dies ist nicht die einzige relevante Perspektive auf die Frage der Optimierung. Geht man von der klassischen Konstellation der verfassungsgerichtlichen Kontrolle des demokratisch legitimierten Gesetzgebers aus, steht vor jeder kontrollierenden Abwägung des Verfassungsgerichts zunächst einmal die gestaltende Ausgangsabwägung des Gesetzgebers.[41] Es spricht vieles dafür, dass es dem Gesetzgeber obliegt, die von ihm verfolgten legitimen Zwecke mit größtmöglicher Effizienz, also mit möglichst geringem Schaden für kollidierende individuelle Rechte und kollektive Güter, zu verfolgen. Eine derartige umfassende Optimierung – wie bereits eingangs erwähnt, sind Grundrechte nach *Alexy* „Optimierungsgebote" – sichert in höherem Maße effizientere und in diesem Sinne rationalere Entscheidungen.

---

[40] Zum Anspruch des Rechts auf Richtigkeit vgl. nur *R. Alexy*, Begriff und Geltung des Rechts, 5. Aufl., 2011, S. 64ff.

[41] Zur Unterscheidung der gestaltenden Ausgangsabwägung des Gesetzgebers und der kontrollierenden Abwägung insbesondere des Bundesverfassungsgerichts siehe *Borowski*, Formelle Prinzipien und Gewichtsformel, in: M. Klatt (Hrsg.), 2013, S. 151–199 (192f.), Prinzipientheorie und Theorie der Abwägung, 2013, S. 151–199 (192f.); *Borowski*, Alexys drittes Modell formeller Prinzipien (Fn. 22), S. 452 und 461; *M. Borowski*, Limited Review in: J.-R. Sieckmann (Hrsg.), Balancing Constitutional Rights, in: Proportionality, Balancing, and Rights, 2021, 135–162 (144f.).

Die soeben erwähnte Gegenthese[42] muss man dahingehend verstehen, dass für die gerichtliche Kontrollabwägung die Anforderungen einer derart weitergehenden Optimierung keinen Maßstab bilden dürfen; die Kontrolle schrumptfe dann gleichsam auf die drei Teilgrundsätze der Verhältnismäßigkeit im weiteren Sinne jeweils in ihrer klassischen Formulierung zusammen.

bb) Spielräume

Wie erwähnt wird als Grund in der Literatur angeführt, dass dem Gesetzgeber ein Spielraum zustehen müsse.[43] Bemerkenswerterweise begründet auch das Bundesverfassungsgericht seine These, der Gesetzgeber sei nicht auf die gerechteste Lösung verpflichtet, mit einem Spielraum: Es sei „dem Gesetzgeber [...] ein nicht unerheblicher Spielraum eigenverantwortlicher Bewertung einzuräumen".[44]

Der Hinweis auf Spielräume kann aber gar nicht schlüssig gegen die Annahme einer grundsätzlichen Pflicht zur Optimierung angeführt werden, weil mit der Annahme einer grundsätzlichen Pflicht zur Optimierung ein Spielraum der kontrollierten Instanz weder geleugnet noch ausgeschlossen wird. Man kann die Annahme einer grundsätzlich bestehenden Pflicht der Optimierung im umfassenden und engeren Sinne mit der Einräumung von Spielräumen in der gerichtlichen Kontrolle kombinieren – sogar mit der Einräumung von großzügigen Spielräumen.

Die Diskussion um Spielräume in den letzten zwei Jahrzehnten hat zur Unterscheidung von strukturellen und epistemischen Spielräumen geführt. Innerhalb der strukturellen Spielräume wird weiter zwischen dem Abwägungsspielraum, dem Zwecksetzungsspielraum und dem Mittelwahlspielraum sowie innerhalb der epistemischen Spielräume zwischen empirisch-epistemischen und normativ-epistemischen Spielräumen unterschieden.[45] Zudem wurde und wird diskutiert, anhand welcher Kriterien und mit welchen Mechanismen die Größe dieser Spielräume im konkreten Fall bestimmt wird.[46]

Damit besteht keine Notwendigkeit, generell und abstrakt unter Hinweis auf notwendige Spielräume eine Pflicht zur vollständigen Optimierung grundlegend zu bestreiten. Die jeweils im konkreten Fall angemessenen Spielräume können und müssen berücksichtigt werden. Spielräume werden letztlich oft einer definitiven Pflicht, statt des staatlicherseits angewendeten Mittels M_S ein nicht milderes „sonst effizienteres Mittel" M_A anzuwenden, entgegenstehen,

---

[42] Siehe Abschnitt II. 1. d).

[43] Vgl. die Nachweise in Fn. 39.

[44] BVerfGE 80, 182 (186); nahezu wortgleich BVerfGE 96, 10 (26).

[45] Vgl. nur *Borowski*, Grundrechte als Prinzipien (Fn. 9), S. 174 ff. m. w. N.

[46] *Borowski*, Formelle Prinzipien und Gewichtsformel (Fn. 37), S. 194 ff.; *Borowski*, Grundrechte als Prinzipien (Fn. 9), S. 187 f.

womit die zitierte Wendung des Bundesverfassungsgerichts für den Regelfall überzeugend begründet wird. Gleichzeitig wird aber auch klargestellt, dass im Ausnahmefall anderes gelten kann.

cc) Die vermeintlich fehlende praktische Bedeutung

Dies führt zum letzten Einwand, mit dem die Gegenthese gestützt wird, der in der „fehlenden praktischen Bedeutung"[47] einer Pflicht zur weitergehenden Optimierung im Rahmen des Grundsatzes der Verhältnismäßigkeit im weiteren Sinne bestehen soll.

Dieser Punkt trifft insofern etwas Richtiges, als dass eine definitive Verpflichtung, ein nicht-milderes „sonst effizienteres Mittel" zu wählen, nur ausnahmsweise zur Annahme führen wird, das staatliche Mittel sei im weiteren Sinne unverhältnismäßig. Hierfür gibt es vor allem zwei nachvollziehbare Gründe.

Der erste Grund besteht darin, dass die Beurteilung der Pareto-Optimalität im Sinne der Geeignetheit und der Erforderlichkeit in der klassischen Formulierung sowie die Beurteilung der Verhältnismäßigkeit im engeren Sinne in der klassischen Formulierung auf der Grundlage der Bildung bloß ordinaler Ordnungen erfolgen kann. Die entsprechenden Prämissen der Gewichtsformel extern zu rechtfertigen,[48] stellt bereits ein anspruchsvolles Unterfangen dar. Wenn jetzt aber zusätzlich das „Maß der Effizienz" verschiedener möglicher staatlicher Handlungen (staatliches Mittel und Alternativmittel) beurteilt werden muss, dann geht es um eine Funktion – sei es beispielsweise die absolute Differenz oder ein Quotient[49] – von Größen, die in einer kardinalen Ordnung erfasst werden müssen. Eine hinreichend erkenntnissichere Begründung einer überlegenen Effizienz auf der Basis einer kardinalen Ordnung wird sich im Regelfall gar nicht begründen lassen[50] – was aber nicht ausschließt, dass dies in Ausnahmefällen eben doch gelingt.

Dies führt zum zweiten Grund, den bereits erwähnten Spielräumen. Das Erfordernis einer hinreichend erkenntnissicheren Begründung überlegener Effizienz wird angesichts der epistemischen Spielräume regelmäßig dahingehend bedeutsam, dass die Beurteilung der Effizienz in den Spielraum des Organs fällt, das die Kompetenz für die Ausgangsabwägung besitzt. Dies gilt um so mehr, als sich der epistemische Spielraum regelmäßig mit strukturellen Spielräumen kombiniert, woraus eher eine Potenzierung als bloße Addition zu einem Gesamtspielraum resultiert.[51]

---

[47] *Dechsling*, Das Verhältnismäßigkeitsgebot (Fn. 14), S. 63.

[48] Zur externen Rechtfertigung vgl. bereits Fn. 13.

[49] *Borowski*, Grundrechte als Prinzipien (Fn. 9), S. 276.

[50] Ebd.

[51] Ebd., S. 177, Fn. 451 und S. 245.

Allerdings haben diese beiden Gründe nicht die Kraft, jegliche praktische Bedeutung von nicht-milderen „sonst effizienteren Mitteln" kategorisch auszuschließen. Wenn ausnahmsweise die Beurteilung der Effizienz von staatlichen Handlungen vergleichsweise sicher ausfällt und zugleich Gründe für die Zuerkennung eines nur kleinen epistemischen Spielraums vorliegen – etwa bei sehr hoher Intensität des Grundrechtseingriffs und einem sehr geringen Maß von empirisch-epistemischer und normativ-epistemischer Unsicherheit – kann die prima facie-Forderung nach dem möglichst effizienten Mittel durchaus praktische Bedeutung erlangen.

g) Ein Aspekt der weiten Tatbestandstheorie

Auch wenn der Grundsatz der Verhältnismäßigkeit auf der Schrankenseite der Grundrechte Anwendung findet, geht es bei der Frage nach einer Optimierung mit Blick auf nicht mildere „sonst effizientere Mittel" darum, was die Grundrechte prima facie gebieten. Diese weitergehende Optimierung bildet damit einen Aspekt der weiten Tatbestandstheorie der Grundrechte.[52] Es sprechen letztlich alle Argumente für eine Berücksichtigung von nicht milderen „sonst effizienteren Mitteln", die für die weite Tatbestandstheorie sprechen.

2. Komplexere Konstellationen

Abschließend sei darauf hingewiesen, dass die Beurteilung von Alternativmitteln auf ihre Effizienz hin häufig dadurch verkompliziert wird, dass komplexere Konstellationen vorliegen. Es wurden eingangs Abschnitt II. die einfache Konstellation mit nur zwei beteiligten Rechtssubjekten und zwei Prinzipien und komplexe Konstellationen mit drei oder mehr Rechtssubjekten und/oder drei oder mehr Prinzipien unterschieden. Die bisherigen Ausführungen in Abschnitt II. bezogen sich nur auf die einfache Konstellation.

a) Nicht mildere „sonst effizientere Mittel" in komplexeren Konstellationen

In der Sache kann die Frage nach nicht milderen „sonst effizienteren Mitteln" auch in komplexen Konstellationen aufgeworfen werden. Dies ist beispielsweise der Fall, wenn zwei Rechtssubjekte und drei Prinzipien beteiligt sind. Um dies zu illustrieren, kann das oben erwähnte Beispiel[53] eines staatlicherseits gewählten Mittels M_S mit der Förderung des staatlichen Ziels mit dem Gewicht „sm" (Stufe 8) und dem Gewicht der Nichtrealisierung kollidierender Rechte

---

[52] Zur Diskussion um die enge und weite Tatbestandstheorie bei Abwehrrechten vgl. nur *Borowski*, Grundrechte als Prinzipien (Fn. 9), S. 327 ff. mit weiteren Nachweisen.
[53] Siehe Abschnitt II. 1. b).

und Güter „sl" (Stufe 7) und des alternativen Mittels M_A mit einer Förderung des staatlicherseits verfolgten Ziels „sl" (Stufe 7) und dem Gewicht der Nichtrealisierung kollidierender Rechte und Güter im Maß „lm" (Stufe 2) verwendet werden. Der Unterschied könnte in der komplexen Konstellation darin bestehen, dass sich das Gewicht der Nichtrealisierung kollidierender Rechte und Güter nicht bei M_S und M_A gleichermaßen auf P_2 bezieht, sondern bei M_S auf P_2 und bei M_A auf P_3.

Sind die Einstufungsbehauptungen zum Gewicht der Prinzipien P_1, P_2, und P_3 für jeweils M_S und M_A extern gerechtfertigt, ändert sich die Betrachtung gegenüber der einfachen Konstellation nicht grundlegend. Die zusätzliche Schwierigkeit besteht aber darin, dass die Einstufungen auf der Grundlage einer kardinalen Ordnung nicht nur für die zwei Prinzipien P_1 und P_2, sondern für die drei Prinzipien P_1, P_2, und P_3 gerechtfertigt werden müssen. Dies dürfte in aller Regel noch größere Schwierigkeiten aufwerfen als in der einfachen Konstellation.

b) Eine andere Frage: Alternativmittel im Rahmen der Erforderlichkeit in komplexen Konstellationen

Es sei hervorgehoben, dass die Frage nach nicht milderen „sonst effizienteren Mitteln" in einer komplexen Konstellation nicht verwechselt oder vermengt werden mit der Frage nach einem „milderen Mittel" in einer komplexen Konstellation. Dies kann anhand des Arbeitnehmerüberlassungsbeschlusses[54] illustriert werden. In diesem Fall ging es um das gesetzlich angeordnete vollständige Verbot der Arbeitnehmerüberlassung im Baugewerbe (M_S), das mit der besonderen Anfälligkeit dieses Sektors des Arbeitsmarktes für illegale Beschäftigung begründet wurde. Die betroffenen Unternehmen wandten ein, als Alternativmittel kämen intensivere staatliche Kontrollen in Frage,[55] die allerdings erhebliche finanzielle Aufwendungen des Staates verursacht hätten.[56] Mit diesem alternativen Mittel M_A kommen zusätzlich zu der beeinträchtigten Berufsfreiheit (P_2) und dem staatlichen Zweck, illegale Beschäftigung zu unterbinden (P_1), finanzielle Aufwendungen des Staates (P_3) ins Spiel. Das staatlicherseits eingesetzte Mittel M_S, das vollständige Verbot, greift schwer in die Berufsfreiheit P_2 ein und realisiert P_1 in einem bestimmten Maße. Unterstellen wir, dass das Alternativmittel M_A den staatlichen Zweck P_1 in genau gleichem Maße verwirklicht und weniger schwer in P_2 eingreift, aber zusätzlich in einem gewissen Maße die Realisierung von P_3 hemmt bzw. stärker hemmt. Die Erforderlichkeit in ihrer klassischen Formulierung ist auf die einfache Konstellation

54 BVerfGE 77, 84 ff.
55 BVerfGE 77, 84 (93 f.).
56 BVerfGE 77, 84 (110 f.).

zugeschnitten und erweist sich als schlicht „blind" gegenüber der Beeinträchtigung oder Nichtbeeinträchtigung von P_3.[57]

Alexy räumt bei seiner Rekonstruktion der Erforderlichkeit ausdrücklich ein, dass in Fällen dieser Art eine „Abwägung" erforderlich wird – er charakterisiert diese Abwägung aber mit einer einzigen Wendung dahingehend, es gehe um die „Rechtfertigung einer bedingten Präferenzrelation zwischen P_2 auf der einen Seite und P_1 und P_3 auf der anderen".[58]

Die maßgebende Frage scheint mir allerdings eine andere. Geht man davon aus, dass M_S und M_A in gleichem Maße geeignet sind,[59] stellt sich aus der Perspektive der Erforderlichkeit die Frage, ob M_A zu einer geringeren Beeinträchtigung kollidierender Rechte und Güter führt. Erforderlich wird damit die Beurteilung, ob aus der Perspektive des Verfassungsrechts eine leichte Beeinträchtigung der Berufsfreiheit, von P_2, kombiniert mit den notwendigen finanziellen Mitteln des Staates, einer Beeinträchtigung von P_3, einer vergleichsweise schweren Beeinträchtigung der Berufsfreiheit, von P_2 vorgezogen werden muss. Oder anders gesagt: Wiegt die Reduktion der Intensität des Eingriffs in die Berufsfreiheit (Differenz der Beeinträchtigung von P_2 durch M_S und M_A) die bei M_A erforderlichen zusätzlichen finanziellen Aufwendungen des Staates mehr[60] als auf?

Dieser theoretisch wie praktisch höchst bedeutsamen Frage wird in der grundrechtsdogmatischen Literatur erstaunlich wenig Aufmerksamkeit zuteil. Sie wird aber seit einiger Zeit in der theoretisch inspirierten Literatur zum Grundsatz der Verhältnismäßigkeit erörtert. *Rainer Dechsling* hat Ende der achtziger Jahre diese Abwägung innerhalb der Erforderlichkeit in Anlehnung an das wohlfahrtsökonomische Kaldor-Hicks-Kriteriums zu rekonstruieren versucht. Nach diesem Kriterium soll eine Maßnahme, durch die mindestens ein Mitglied der Gesellschaft bevorzugt und ein Mitglied der Gesellschaft benachteiligt wird, durchgeführt werden, wenn es möglich ist, aus dem Gewinn der Begünstigten den Nachteil der Benachteiligten zu kompensieren.[61] Mit diesen Wendungen wird eine Abwägung im soeben dargelegten Sinne umschrie-

---

[57] Vgl. hierzu *L. Hirschberg*, Der Grundsatz der Verhältnismäßigkeit, 1981, S. 66 ff.

[58] *Alexy*, Theorie der Grundrechte (Fn. 1), S. 101, Fn. 86.

[59] Erweist sich M_A als in geringerem Maße geeignet, kann es kein milderes Mittel im Sinne der (gegebenenfalls erweitert verstandenen) Erforderlichkeit sein. Die Beurteilung kann komplexer werden, wenn M_A die Realisierung von P_1 in höherem Maße fördert als M_S, weil damit Fragen der Optimierung jenseits der Erforderlichkeit aufgeworfen werden können.

[60] Dies ist bedeutsam für den Fall eines Patts, in dem das alternative Mittel M_A sich als weder relevant besser noch relevant schlechter erweist. In diesem Fall bleibt es dem Gesetzgeber überlassen, welches der beiden Mittel er einsetzt.

[61] *Dechsling*, Das Verhältnismäßigkeitsgebot (Fn. 14), S. 68.

ben. *Laura Clérico* will diese Frage hingegen mit Hilfe einer Zusatzregel zur Erforderlichkeit entscheiden.[62]

Dieser Linie in der Literatur, nach der auch die komplexen Konstellationen in der Erforderlichkeit mit Hilfe der erwähnten Abwägung behandelt und entschieden werden sollen, steht eine andere Linie gegenüber, nach der die komplexen Konstellationen in der Verhältnismäßigkeit im engeren Sinne zu behandeln seien. Hiervon geht beispielsweise *Alexy* aus, begründet aber nicht weiter, warum die Prüfung der Erforderlichkeit zwingend abwägungsfrei erfolgen muss und daher die „komplexen Konstellationen“[63] nicht durch Abwägung im Rahmen der Erforderlichkeit sollen entschieden werden können. Allerdings wird in der Verhältnismäßigkeit im engeren Sinne eine Abwägung der kollidierenden Prinzipien für das staatliche Mittel vorgenommen, Alternativmittel kommen hier überhaupt nicht in den Blick. Dies gilt ebenso für die klassische Formulierung der Verhältnismäßigkeit im engeren Sinne wie für *Alexys* eigene Rekonstruktion mit Hilfe der Abwägungsgesetze und der Gewichtsformel. Damit entsteht der Eindruck, die oben genannten „komplexen Konstellationen“ bei *Alexy* würden weder in der Erforderlichkeit noch in der Verhältnismäßigkeit im engeren Sinne berücksichtigt.

Letztlich fügt sich die „vergleichende Abwägung“ bei komplexen Konstellationen weder bruchlos in die Prüfung der Erforderlichkeit (weil eine Abwägung notwendig wird) noch in die Prüfung der Verhältnismäßigkeit im engeren Sinne des staatlichen Mittels ein (weil eine andere Art von Abwägung für ein Alternativmittel vorgenommen werden muss). Dies legt nahe, diese „vergleichende Abwägung“ weder in der Erforderlichkeit noch in der Verhältnismäßigkeit im engeren Sinne, sondern in einem eigenen Teilgrundsatz durchzuführen.[64]

Die Frage nach komplexen Konstellationen in der Erforderlichkeit verlangt gewiss eine eigene, eingehende Untersuchung. In diesem Kontext kann und soll nur festgehalten werden, dass sie von der Frage nach nicht milderen „sonst effizienteren Mitteln“ in komplexen Konstellationen unterschieden werden muss.

---

[62] *Clérico*, Die Struktur der Verhältnismäßigkeit (Fn. 11), S. 129.

[63] *Alexy*, Theorie der Grundrechte (Fn. 1), S. 102, Fn. 86.

[64] In diesem Sinne *M. Borowski*, Necesidad y Ponderacion, in: D. B. González Carvalho/ R. Sánchez Gil (Hrsg.), El Test de Proporcionalidad, 2021, S. 233–270 (260 ff.).

Das Abwägen von Prinzipien in einer Welt voller Regeln

*Virgílio Afonso da Silva**

„Jede Norm ist entweder eine Regel oder ein Prinzip“[1]. Dies ist eine der Kernannahmen von *Robert Alexys* Theorie der Grundrechte. Eine zweite Kernannahme lautet: „Die Abwägung ist die für Prinzipien kennzeichnende Form der Rechtsanwendung. [...] Die für [die Regel] charakteristische Form der Rechtsanwendung ist die Subsumtion“[2]. Diese Kernannahmen werden durch *Alexys* Betonung der unterschiedlichen Lösung für Regelkonflikte einerseits und für Prinzipienkollisionen andererseits verstärkt.[3]

Der Ausgangspunkt dieses Beitrags lässt sich mit den folgenden Fragen zusammenfassen: Wenn Rechtsnormen entweder Regeln oder Prinzipien sind, wäre es dann nicht plausibel anzunehmen, dass neben den Konflikten, die nur Regeln betreffen, und den Kollisionen, die nur Prinzipien betreffen, auch eine dritte Art von Spannung auftreten könnte, nämlich die zwischen einer Regel und einem Prinzip? Wenn ja, wie sollte diese Art von Spannung gelöst werden? Obwohl die strukturelle Unterscheidung zwischen Prinzipien und Regeln den Kern von *Alexys* Theorie der Grundrechte bildet, hat die Beziehung dieser bei-

---

* Ein erster Entwurf dieses Textes wurde vor sehr langer Zeit auf zwei Special Workshops auf dem IVR-Weltkongress 2007 in Krakau vorgetragen. Nachdem der Text so viele Jahre „in der Schublade“ gelegen hatte, war die Einladung zum internationalen Symposium „Elemente einer diskursiven Grund- und Menschenrechtstheorie“ an der Universität Bayreuth die perfekte Gelegenheit, ihn endlich zu Ende zu schreiben. Bei den Organisatoren dieser Veranstaltungen – Eveline T. Feteris und Martin Borowski (IVR Krakau) und Carsten Bäcker (Bayreuth) – möchte ich mich herzlich bedanken. Ein besonderer Dank gilt meinem akademischen Lehrer Robert Alexy, dessen Werk das Symposium in Bayreuth gewidmet war. Das, was ich in meiner Promotionszeit in Kiel gelernt habe, wurde zum festen und zentralen Bestandteil meiner akademischen Laufbahn. Bei den erwähnten Veranstaltungen und anderen Gelegenheiten habe ich ferner von den Kommentaren von Pedro S. Aleixo, Paula Gorzoni, Matthias Klatt, Fernando Leal, Rafael Bellem de Lima, Fábio Shecaira, Jan Sieckmann, Josecleyton Geraldo da Silva, Noel Struchiner und Axel Tschentscher profitiert. Meine Forschung wurde durch ein Stipendium der Fundação de Amparo à Pesquisa do Estado de São Paulo – Fapesp (Stipendium 2018/19447-9) unterstützt.

1 *R. Alexy*, Theorie der Grundrechte, 2. Aufl., 1994, S. 75.

2 *R. Alexy*, Rechtssystem und praktische Vernunft, in: Recht, Vernunft, Diskurs: Studien zur Rechtsphilosophie, 1995, S. 213–231 (216–217).

3 Vgl. *Alexy*, Theorie der Grundrechte (Fn. 1), S. 77: „Der Unterschied zwischen Regeln und Prinzipien zeigt sich am deutlichsten bei Prinzipienkollisionen und Regelkonflikten“. Vgl. auch *M. Borowski*, Grundrechte als Prinzipien, 3. Aufl., 2018, S. 124; *V. A. da Silva*, Grundrechte und gesetzgeberische Spielräume, 2003, S. 45.

den Arten von Rechtsnormen zueinander meines Erachtens weniger Aufmerksamkeit erfahren, als sie verdient.

In diesem Beitrag gehe ich davon aus, dass Prinzipien und Regeln in einem ständigen Spannungsverhältnis stehen, das entkräftet werden muss. Es gibt keine Welt der Prinzipien, innerhalb derer Abwägungen unvermeidlich sind und außerhalb derer Abwägungen keine Rolle spielen. Hier plädiere ich für eine weniger monolithische Sichtweise. Auch wenn das Abwägen mit Prinzipien verbunden ist, bedeutet das nicht, dass es nur in Kontexten stattfindet, in denen keine anwendbaren Regeln vorhanden sind. Im Gegenteil, unsere Welt ist voller Regeln, und nur in Ausnahmefällen ist keine von ihnen bei der Entscheidung eines Rechtsstreits anwendbar. Folglich sind echte „hard cases" – in denen der Rückgriff auf Abwägung dadurch gerechtfertigt ist, dass keine anwendbare Regel vorhanden ist[4] – weder die häufigsten, noch die wichtigsten, noch die komplexesten Fälle von Abwägungen.

Vor diesem Hintergrund vertrete ich die Auffassung, dass die häufigsten, wichtigsten und komplexesten Aufgaben für die Abwägung diejenigen sind, die mit Zusammenstößen zwischen Regeln und Prinzipien zusammenhängen. Dieser Beitrag widmet sich der Analyse solcher Zusammenstöße und der Rolle der Abwägung dabei. Eine zentrale These hier lautet: das Abwägen spielt bei verschiedenen Begegnungen zwischen Regeln und Prinzipien unterschiedliche Rollen. Um diese These zu untermauern sowie ihre Auswirkungen zu untersuchen, ist dieser Beitrag wie folgt aufgebaut. Abschnitt I bietet eine kurze Darstellung der wichtigen Merkmale des theoretischen Rahmens dieser Untersuchung. Abschnitt II ist der Hauptteil des Beitrags, in dem ich drei paradigmatische Rollen der Abwägung erörtere: Abwägung als *Auslegungs*instrument, das zur Bestimmung des Tatbestandes von Regeln gemäß den Anforderungen von Verfassungsprinzipien eingesetzt wird; Abwägung als *Korrektur*instrument, das zur Einschränkung oder Ausweitung des Tatbestands von Regeln unter außergewöhnlichen Umständen eingesetzt wird; und Abwägung als *Kontroll*instrument, das im Rahmen von verfassungsgerichtlichen Normenkontrollen eingesetzt wird.[5] Die allgemeinen Auswirkungen einer vermeintlichen Ubiquität der Abwägung, insbesondere in Bezug auf die Rolle der Regeln zur Förderung von Rechtssicherheit und Voraussehbarkeit, werden in Abschnitt III erörtert. Abschnitt IV kehrt zum theoretischen Rahmen der Untersuchung zurück, um die Auswirkungen der in den vorangegangenen Abschnitten erzielten Ergebnisse auf einige der Kernannahmen von *Alexys* Theorie der Grundrechte zu diskutieren.

---

[4] Vgl. *R. Dworkin*, Taking rights seriously, 1977, S. 81.

[5] Neben ihrer theoretischen und methodischen Relevanz haben diese Unterscheidungen auch wichtige institutionelle Implikationen, die ich in einem weiteren Artikel untersucht werde.

I. Konflikte zwischen Regeln und Prinzipien

Oben wurden die folgenden Fragen gestellt: Wenn Rechtsnormen entweder Regeln oder Prinzipien sind, wäre es dann nicht plausibel anzunehmen, dass es neben Konflikten zwischen Regeln und Kollisionen zwischen Prinzipien auch Konflikte zwischen einer Regel und einem Prinzip geben kann (im Folgenden „*RxP*-Konflikt")? Wenn ja, wie sollte diese Art von Konflikt gelöst werden? Obwohl diese Fragen trivial erscheinen, könnten manche der möglichen Antworten mit zentralen Annahmen von *Alexys* Theorie der Grundrechte unvereinbar sein.

Nach *Alexy* kann ein Konflikt zwischen zwei Regeln „nur dadurch gelöst werden, daß entweder eine Ausnahmeklausel, die den Konflikt beseitigt, in eine der Regeln eingefügt oder mindestens eine der Regeln für ungültig erklärt wird".[6] Diese Lösung kann also nicht auf einen *RxP*-Konflikt angewandt werden, da diese Art von Konflikt Prinzipien betrifft, die nicht für ungültig erklärt werden können. *Alexy* argumentiert weiter, dass Prinzipienkollisionen „jenseits der Dimension der Geltung in der Dimension des Gewichts" stattfinden,[7] d. h. kollidierenden Prinzipien sind abzuwägen. Auch diese Lösung kann nicht auf einen *RxP*-Konflikt angewandt werden, da es sich um Regeln handelt und Regeln keine Dimension des Gewichts haben, die *Alexy* den Prinzipien zuschreibt. Daher erfordert diese dritte Art von normativer Spannung (*RxP*-Konflikt) einen anderen Ansatz.

Die potenzielle Spannung zwischen Prinzipien und Regeln wird von *Alexy* und anderen Anhängern seiner Theorie der Grundrechte anerkannt. Regeln können Prinzipien einschränken[8] und Prinzipien können Gründe für die Einfügung von Ausnahmen in Regeln sein.[9] Eine systematische Untersuchung dieser Beziehung und vor allem der Rolle der Abwägung darin ist jedoch nicht verfügbar. *Alexy* macht geltend, dass man zwei Arten von Konflikten zwischen einer Regel und einem Prinzip unterscheiden soll:

„(1) Die Regel *R*, die das Prinzip *P* einschränkt, gilt strikt. Dies bedeutet, daß eine Geltungs*regel R'* gilt, die sagt, daß *R P* vorgeht, ganz gleich, wie wichtig die Erfüllung von *P* und wie unwichtig die von *R* ist. Es kann angenommen werden, daß in modernen Rechtsordnungen jedenfalls nicht alle Regeln unter einer derartigen Geltungsregel stehen. (2) *R* gilt nicht strikt. Dies bedeutet, daß ein Geltungs*prinzip P'* gilt, das unter bestimmten Bedingungen zuläßt, daß P_R zurückdrängt oder einschränkt. Diese Bedingungen können nicht schon dann erfüllt sein, wenn die Erfüllung von *P* im konkreten Fall wichtiger ist als die des *R inhaltlich* stützenden Prinzips P_R, denn dann würde *P'* keine

[6] *Alexy*, Theorie der Grundrechte (Fn. 1), S. 77.

[7] Ebd., S. 79.

[8] Vgl. *Borowski*, Grundrechte als Prinzipien (Fn. 3), S. 212. Vgl. ferner *V. A. da Silva*, Direitos fundamentais: conteúdo essencial, restrições e eficácia, 2009.

[9] Vgl. *Alexy*, Theorie der Grundrechte (Fn. 1), S. 88.

Rolle spielen. Es würde sich ausschließlich die Frage nach dem Verhältnis von P und P_R stellen. P' spielt eine Rolle, wenn für den Vorrang von P nicht nur verlangt wird, daß P dem Prinzip P_R, das R inhaltlich stützt, vorgeht, sondern daß P stärker ist als P_R *zusammen mit* dem Prinzip P', das die Erfüllung von Regeln verlangt und R in diesem Sinne *formell* stützt".[10]

Nach *Alexy* hängt die Lösung eines *RxP*-Konflikts also davon ab, ob die fragliche Regel strikt gilt oder nicht strikt gilt. Das Ziel dieser Teilung scheint klar zu sein: Wenn alle Regeln strikt gelten würden (im Sinne des oben zitierten Auszugs), könnte die Rolle von Prinzipien in der juristischen Argumentation und in gerichtlichen Entscheidungen stark untergraben werden. Indem *Alexy* davon ausgeht, dass zumindest einige Regeln einen anderen Charakter haben (keine strikte Geltung), will er eindeutig eine Tür für Prinzipien und Abwägung in diesem Bereich offenhalten. Allerdings findet man weder eine Definition der strikten Geltung noch Kriterien zur Unterscheidung zwischen Regeln, die strikt gelten, und denjenigen, die nicht strikt gelten. In dem oben zitierten Auszug wird angenommen, dass die Geltung von Regeln entweder auf eine „Geltungs*regel*" (R') oder auf ein „Geltungs*prinzip*" (P') gestützt werden könne. Im ersten Fall gelte die Regel strikt. Im zweiten gelte sie nicht strikt, weil ihre Geltung durch ein Prinzip gestützt werde, und Prinzipien könnten überspielt werden; wenn das „Geltungs*prinzip*" (P') überspielt werde, werde die Geltung der Regel betroffen. Es gibt jedoch keinen Hinweis darauf, wie man feststellen kann, ob die Geltung einer Regel auf einer „Geltungsregel" oder auf einem „Geltungsprinzip" beruht, und folglich, ob die Regel strikt gilt oder nicht.

1. Regeln mit und ohne strikte Geltung

Die Frage nach einem Kriterium für die Unterscheidung zwischen Regeln, die strikt gelten, und Regeln, die nicht strikt gelten, bleibt unbeantwortet. Es mag kein Zufall sein, dass einige Autoren zwar Beispiele für strikt geltende Regeln anführen, aber selten (wenn überhaupt) für Regeln, die nicht strikt gelten. *Pöyhönen* behauptet zum Beispiel, dass die Regel, die das Alter für die Strafmündigkeit festlegt, eine Regel sei, die strikt gelte.[11] Sie könne nicht überspielt werden. Dieses klare Beispiel beantwortet jedoch die Frage nicht, *warum* diese Regel strikt gilt. Darüber hinaus ist die Behauptung, es gebe Regeln, die strikt gelten, und selbst das Anführen von Beispielen solcher Regeln, kein Beweis oder Argument dafür, dass es auch Regeln gibt, die nicht strikt gelten.

---

[10] *Ebd.*, S. 76, Fn. 24 (Hervorhebung im Original). Die meisten Anhänger von Alexys Theorie der Grundrechte gehen entweder den gleichen Weg (vgl. z. B. *Borowski*, Grundrechte als Prinzipien (Fn. 3), S. 132; *P.-H. Wang*, Are rules exclusionary reasons in legal reasoning?, in: ARSP Beiheft 119 (2010), S. 37–48 (39)) oder diskutieren das Thema nicht.

[11] Vgl. *J. Pöyhönen*, Auslegung contra legem als ein dekonstruktives Spiel von Regeln und Prinzipien im Recht, in: Rechtstheorie 20 (1989), S. 211–220.

Das von *Pöyhönen* angeführte Beispiel kann jedoch hilfreich sein, um einige Missverständnisse auszuräumen. Die Regel, die das Alter für die Strafmündigkeit festlegt, wird als *absolut* angesehen, d.h. sie lässt keinerlei Ausnahmen zu. Auf den ersten Blick scheint dieser absolute Charakter auf einen trivialen Grund zurückzuführen zu sein: Über Zahlen und Alter gibt es keine Zweifel. Wenn eine Verfassung oder ein Strafgesetzbuch vorsieht, dass das Mindestalter für die Strafmündigkeit 18 Jahre beträgt, kann man genau feststellen, wann die Strafmündigkeit beginnt: 17 Jahre und 364 Tage sind weniger als 18 Jahre. Diese Feststellung reicht aus, um zu entscheiden, ob jemand für eine Straftat verantwortlich gemacht werden kann oder nicht. Zahlen lügen nicht. Es ist jedoch nicht schwer, einige Gegenbeispiele zu finden. In vielen Ländern gibt es Regeln, die ein bestimmtes Alter für die Einschulung von Kindern festgelegen (in der Regel sechs oder sieben Jahre). Kinder unter diesem Alter können nicht eingeschult werden, egal wie intelligent und reif sie sind. Es gibt jedoch viele Fälle von intellektuell hochbegabten und reifen Kindern, denen (manchmal durch Gerichtsentscheidungen) gestattet wird, vor dem gesetzlich festgelegten Alter eingeschult zu werden. Nehmen wir an, dass der Stichtag für die Festlegung, wer in einem bestimmten Jahr in die Grundschule kommt und wer noch ein Jahr warten muss, der 31. Dezember ist. Nach der Meinung vieler sollte ein intellektuell hochbegabtes und reifes Kind, das am 1. Januar (oder sogar viel später) Geburtstag hat, nicht noch ein ganzes Jahr warten müssen, bis es eingeschult wird. Warum neigt man dazu, diese Ausnahme von der Regel, die das Alter für die Einschulung festlegt, zu akzeptieren, während man es aber inakzeptabel finden würde, wenn ein Gericht entscheiden würde, jemanden ins Gefängnis zu schicken, der noch nicht das Mindestalter für die Strafmündigkeit erreicht hat?

Eine sehr plausible Antwort hat weniger mit Alter und Zahlen zu tun: Die Regel, die das Strafmündigkeitsalter festlegt, stützt sich auf Prinzipien, die in einem demokratischen Rechtsstaat von größter Bedeutung sind: Rechtssicherheit, persönliche Freiheit, Schutz der Jugend und der Kinder u.a. Die Regel, die das Mindestalter für die Einschulung festlegt, stützt sich nicht auf Prinzipien von ähnlicher Bedeutung, selbst wenn sie sicherlich auf sehr wichtigen pädagogischen und praktischen Erwägungen beruht. Aus diesem Grund könnte diese letzte Regel in bestimmten Kontexten zurückgedrängt werden, die erste hingegen nicht.

Obwohl diese Begründung durchaus Sinn ergibt, kann sie kein Kriterium für die Unterscheidung zwischen Regeln, die strikt gelten, und Regeln, die nicht strikt gelten, liefern. Nach *Alexy* sind Regeln, die strikt gelten, solche, die vollständig gegen Abwägung geschützt sind, während Regeln, die nicht strikt gelten, diesen Schutz nicht genießen. Die Bestimmung eines abwägungsfreien Bereichs (desjenigen der Regeln, die strikt gelten) ist das eigentliche Ziel der Unterscheidung zwischen diesen beiden Arten von Regeln. Die oben angeführte Begründung des Unterschieds zwischen der Regel, die das Alter für die Strafmündigkeit festlegt, und der Regel, die das Alter für die Einschulung bestimmt, beruht jedoch auf einer Abwägung. Die erste Regel ist stärker als die zweite, *weil* die Prinzipien, die sie stützen, gewichtiger sind und konkurrierende Prinzipien sie nicht überspielen können. Mit anderen Worten: Nach der oben angeführten Begründung ist die erste Regel nicht gegen eine Abwägung geschützt (wie man es bei einer strikt geltenden Regel erwarten sollte), sondern sie beruht einfach auf so gewichtigen Prinzipien, dass man davon ausgehen kann, dass kein konkurrierendes Prinzip sie jemals zurückdrängen kann.[12]

In Anbetracht der bisherigen Ausführungen behaupte ich, dass die Unterscheidung zwischen Regeln, die strikt gelten, und Regeln, die nicht strikt gelten, nicht in der Lage ist, die Beziehung von Regeln und Prinzipien zueinander und die Rolle von Abwägung in dieser Beziehung aufzufassen. Das bedeutet jedoch nicht, dass alle Regeln als gleich stark gegenüber konkurrierenden Argumenten betrachtet werden sollten. Die oben angeführten Beispiele sind der Beweis dafür, dass dies nicht der Fall ist. Es bedeutet nur, dass die Festigkeit einer Regel und ihr Verhältnis zu Prinzipien nicht durch diese Aufteilung erklärt werden kann. Deshalb behaupte ich, dass alle Regeln gleich gelten.

Diese Behauptung allein bedeutet nicht viel. Sie bedeutet nur, dass es auf der Ebene der Geltung keinen Unterschied gibt. Wenn man davon ausgeht, dass, wenn eine Regel gilt, „[…] es geboten [ist], genau das zu tun, was sie verlangt, nicht mehr und nicht weniger",[13] dann ist es möglich, die folgende Behauptung aufzustellen:

(A) Regeln haben Vorrang vor Prinzipien.

Diese Behauptung stärkt nicht nur die Kohärenz der Unterscheidung zwischen Prinzipien und Regeln, sondern fördert auch ein höheres Maß an Sicherheit in der juristischen Argumentation und in der Verfassungsgerichtsbarkeit sowie ein höheres Maß an Respekt für die Gesetzgebung. Ich gehe davon aus, dass diese einfache Behauptung ausreicht, um mit den meisten Fällen von Spannungen zwischen Regeln und Prinzipien umzugehen. Ich nenne dies die *Standardsituation*. Die Behauptung, dass Regeln Vorrang vor Prinzipien haben, in Verbindung mit der Annahme, dass Regeln durch Subsumtion angewandt werden,

---

[12] Dies bedeutet, dass der absolute Charakter der Regel, die das Alter für die Strafmündigkeit festlegt, allein durch *materielle* Prinzipien gestützt wird. *Formelle* Prinzipien spielen in diesem Zusammenhang keine Rolle. Selbst wenn formelle Prinzipien – wie dasjenige, das verlangt, dass Richter nicht von Entscheidungen des demokratisch legitimierten Gesetzgebers abweichen sollen – nicht nur für die Rechtsstaatlichkeit im Allgemeinen, sondern auch speziell für Alexys Unterscheidung zwischen Prinzipien und Regeln von größter Bedeutung sind, kann dieses formelle Prinzip die Unterscheidung zwischen absoluten und nicht-absoluten Regeln nicht rechtfertigen.

[13] *Alexy*, Theorie der Grundrechte (Fn. 1), S. 76.

sollte jedoch nicht zu dem Schluss führen, dass Abwägung in der Standardsituation überhaupt keinen Platz hat. Es bedeutet nur, dass sie eine eingeschränktere Rolle spielt als in anderen Kontexten. Ich werde auf diese Frage weiter unten zurückkommen.

2. Die Standardsituation I: Subsumtion ist alles, was man braucht

Es ist leicht, viele Rechtsregeln zu finden, die offensichtlich in einem Spannungsverhältnis zu verfassungsrechtlichen Prinzipien stehen. Strafrechtliche Regeln sind dafür ein gutes Beispiel. Die Regel, die Verleumdung verbietet, scheint im Widerspruch zum Prinzip der Meinungsäußerungsfreiheit.

Viele weitere Beispiele lassen sich auch in anderen Bereichen finden. Eine Regel, die vorsieht, dass man eine Prüfung ablegen und Mitglied der Anwaltskammer sein muss, um Anwalt zu werden, scheint sowohl mit dem Prinzip der Berufsfreiheit als auch mit dem der Vereinigungsfreiheit in Konflikt zu stehen. Ein unterschiedliches Renteneintrittsalter für Frauen und Männer scheint gegen das Prinzip der Gleichheit zu verstoßen. Wenn der Gesetzgeber zulässt, dass in bestimmten Situationen Briefe und andere Postsendungen ohne die Zustimmung des Absenders oder des Empfängers geöffnet werden dürfen, scheint dies mit dem Prinzip des Briefgeheimnisses zu kollidieren. Die Liste ähnlicher Beispiele ist nahezu endlos.

Diese Spannungsverhältnisse haben etwas gemeinsam. Auch wenn sie alle umstritten sein können, scheint es keinen Zweifel an der Rolle jener Regeln zu geben: Sie sollen eine Kollision zwischen zwei Prinzipien lösen. Das Verbot der Verleumdung beispielsweise ist eine Regel, die das Ergebnis einer Abwägung zwischen der Meinungsäußerungsfreiheit und dem Schutz der Ehre ist. Wenn es ein Spannungsverhältnis zwischen dem Verleumdungsverbot (Regel) und dem Schutz der Meinungsäußerungsfreiheit (Prinzip) gibt, ist das nur der Ausdruck eines beigelegten Konflikts. Ich nenne dies eine *vermittelte Spannung*.

Solche vermittelten Spannungen sind das unvermeidliche Ergebnis von Konfliktlösungen, nicht nur im juristischen Bereich. Wenn Eltern eine Regel aufstellen, der zufolge ihre Tochter sie nicht vor 6 Uhr morgens wecken darf, scheint diese Regel mit der Freiheit der Tochter zu kollidieren, sofort nach dem Aufwachen mit dem Spielen zu beginnen (laut, wenn ihr danach ist), selbst wenn dies um 5 Uhr morgens geschieht (nennen wir es „Prinzip der Spielfreiheit"). Es ist jedoch irreführend, diese Situation als einen Konflikt darzustellen. Die Regel wurde genau deshalb aufgestellt, um den Konflikt *zu lösen*. Als solche schränkt die Regel die Spielfreiheit der Tochter ein, damit die Eltern sich ausruhen können. Die Spannung bleibt bestehen, und das ist unvermeidlich. Aber die Regel koordiniert kollidierende Interessen, Erwartungen und Frustrationen. In diesem Beispiel wird dies noch deutlicher, weil auch die Interessen der Eltern eingeschränkt werden. Sie würden sicherlich gerne bis 7 Uhr morgens (oder noch länger!) schlafen. Aber das wird ihnen wahrscheinlich nicht gelingen.

Kurz gesagt: Die Beilegung eines Konflikts lässt den Konflikt nicht verschwinden. Die Spannung bleibt bestehen. Aber solange es kein zwingendes Argument gibt, die Lösung als falsch zu betrachten, ist die Regel, die sie ausdrückt, gültig und sollte daher so angewandt werden, wie es in Behauptung (A) zum Ausdruck kommt. Im rechtlichen Bereich darf die Rolle der Rechtssicherheit nicht unterschätzt oder ausgehöhlt werden. Neben der Rechtssicherheit gibt es aber noch ein weiteres Argument für die Stärkung der Rolle von Regeln. Der Erlass von Regeln (Gesetzgebung) und die Lösung normativer Konflikte (Rechtsprechung) sind Tätigkeiten, die oft nicht von denselben Institutionen ausgeführt werden. Die erste – die Legislative – hat in der Regel eine demokratische Legitimation, die zweite – die Judikative – meist nicht.[14]

Die bisher beschriebene Situation, in der die Kollision zweier Prinzipien durch den Erlass einer Regel gelöst wird, die eines der beiden oder sogar beide einschränkt, ist der häufigste Fall eines Spannungsverhältnisses zwischen einer Regel und einem Prinzip.[15] Wie bereits erwähnt, spreche ich in solchen Fällen von einem vermittelten Spannungsverhältnis und nicht von einem direkten Konflikt. In diesem Fall ist keine Abwägung erforderlich, da die notwendige Abwägung bereits vom Gesetzgeber vorgenommen wurde. Richter und andere Behörden wenden die Regel einfach durch Subsumtion an.

II. Die Abwägung ist wieder da (und man kann es nicht vermeiden)

Wie bereits erwähnt macht *Alexy* geltend, dass dann, wenn eine Regel gilt, „es geboten [ist], genau das zu tun, was sie verlangt, nicht mehr und nicht weniger".[16] Dies ist eine klare und starre Definition. Sie scheint jede Art von Abwägung bei Regelanwendungen auszuschließen. Dies ist jedoch nicht der Fall. Die Abwägung spielt bei der Auslegung und Anwendung von Regeln mindestens drei verschiedene Rollen:[17] (1) Sie kann Teil des Auslegungsprozesses von Rechtsregeln sein (*Auslegung*); (2) sie kann als Rechtfertigung für eine teleo-

---

[14] Da diese Feststellung nicht zum Kern meiner Argumentation gehört, ist es nicht notwendig, eine Analyse der anhaltenden Kontroversen über die Gewaltenteilung zwischen Gesetzgeber und Gerichten vorzunehmen.

[15] Vgl. *Borowski*, Grundrechte als Prinzipien (Fn. 3), S. 212–213. Vgl. auch *R. Alexy*, The construction of constitutional rights, in: Law & Ethics of Human Rights 4 (2010), S. 20–32 (21).

[16] *Alexy*, Theorie der Grundrechte (Fn. 1), S. 76; vgl. auch *Alexy*, The construction of constitutional rights (Fn. 15), S. 21.

[17] Einen ähnlichen Versuch, die verschiedenen Rollen, die die Abwägung spielen kann, zu systematisieren, hat Hege Stück unternommen; vgl. *H. Stück*, Subsumtion und Abwägung, in: ARSP 84 (1998), S. 405–419.

logische Reduktion oder eine analogische Extension verwendet werden (*Korrektur*); und (3) sie kann Teil eines umfassenderen Verfahrens – der Verhältnismäßigkeitsprüfung – sein, das darauf abzielt, die Vereinbarkeit einer Regel mit der Verfassung zu kontrollieren (*Normenkontrolle*). Diese drei Rollen werden in den folgenden Abschnitten analysiert.

1. Die Standardsituation II: Abwägung und die Bedeutung von vagen Begriffen

Wie oben erwähnt, setzt *Alexys* Regelkonzept die folgende These voraus: „Wenn eine Regel gilt, dann ist es geboten, genau das zu tun, was sie verlangt, nicht mehr und nicht weniger". Diese These setzt eine triviale (aber nicht unbedingt einfache) Aufgabe für diejenigen, die eine Regel anwenden, voraus: zu bestimmen, *was die Regel verlangt*. In der Tat ist die Definition dessen, was Rechtsvorschriften bedeuten, der Inbegriff der juristischen Arbeit. Und unter bestimmten Umständen kann die Abwägung in diesem Prozess eine entscheidende Rolle spielen.[18] Diese erste Rolle der Abwägung in der Welt der Regeln lässt sich durch die folgende These zusammenfassen:

> (B1) Eine Abwägung kann eingesetzt werden, um den Tatbestand einer Regel zu bestimmen und folglich festzustellen, ob ein Sachverhalt in ihren Tatbestand fällt oder nicht. *In diesem Fall ist die Abwägung eine Methode der Rechtsauslegung.*

Die Auslegung des einfachen Rechts wird – je nach Rechtstradition und je nach Land in unterschiedlichem Maße – stark von verfassungsrechtlichen Prinzipien beeinflusst. Prinzipien können unter anderem semantische Grenzen für Rechtsbegriffe festlegen. Somit wird die Entscheidung, welche Auslegung einer bestimmten Regel den Anforderungen der Verfassung am besten gerecht wird, und folglich auch die Entscheidung, ob ein Fall in den Tatbestand einer Regel fällt oder nicht, stark von Prinzipien beeinflusst. Das Lüth-Urteil des Bundesverfassungsgerichts[19] ist ein paradigmatisches Beispiel dafür, wie verfassungsrechtliche Prinzipien die Auslegung allgemeiner Begriffe des einfachen Rechts beeinflussen. Der Sachverhalt und die Entscheidung sind jedem Juristen bekannt. Nachdem *Erich Lüth* zum Boykott eines Films von *Veit Harlan*, einem bedeutenden Filmregisseur des Naziregimes, aufgerufen hatte, entschieden die unteren Gerichte, dass dies gegen § 826 BGB verstößt, dem zufolge derjenige, der „in einer gegen die guten Sitten verstoßenden Weise einem anderen vorsätzlich Schaden zufügt, [...] dem anderen zum Ersatze des Schadens verpflich-

---

[18] Vgl. *Alexy*, Theorie der Grundrechte (Fn. 1), S. 145. Vgl. auch *Stück*, Subsumtion und Abwägung (Fn. 17), S. 407.

[19] Vgl. BVerfGE 7, 198.

tet" ist. Dies war damals die gängige Auslegung von § 826 BGB. Das Bundesverfassungsgericht entschied jedoch zugunsten von *Lüth* und argumentierte, dass der Verweis auf die guten Sitten in § 826 BGB nicht notwendigerweise den Aufruf zum Boykott verbiete. Eine Abwägung sei erforderlich, um sowohl die Grenzen des Begriffs der guten Sitten als auch den Umfang des Schutzes der Meinungsäußerungsfreiheit zu definieren.[20]

Die „gute Sitten"-Klausel ist ein Beispiel für das, was in einigen Ländern *Generalklauseln* genannt wird und oft das Haupteinfallstor für verfassungsrechtliche Prinzipien bei der Auslegung von einfachen Gesetzen darstellt.[21] Generalklauseln beruhen auf inhärent vagen Begriffen. Im Zusammenhang mit dem Lüth-Urteil kann argumentiert werden, dass die Auffassung, dass ein Boykottaufruf gegen die guten Sitten verstößt (was die vorherrschende Auslegung vor dem Lüth-Urteil gewesen war), ebenso mit einer rein semantischen Auslegung des § 826 BGB vereinbar ist wie die Auffassung, dass ein Boykottaufruf nicht gegen die guten Sitten verstößt (wie im Lüth-Urteil entschieden wurde). Selbst wenn das Lüth-Urteil auf einer Abwägung beruhte, führte es daher nicht zu einem Ergebnis, das mit einer rein semantischen und systematischen Auslegung von § 826 BGB unvereinbar wäre. Mit anderen Worten: obwohl die Definition dessen, „was die Regel verlangt", im Lüth-Urteil durch ein Verfassungsprinzip (Meinungsäußerungsfreiheit) bestimmt wurde, widerlegte dieses Prinzip die Regel nicht. Aus diesem Grund sollte eine solche Entscheidung auch als Beispiel für das angesehen werden, was ich als „Standardsituation" bezeichnet habe: weil sie trotz Abwägung nicht von Behauptung (A) – „Regeln haben Vorrang vor Prinzipien" – abgewichen ist.

Man könnte selbstverständlich einwenden, dass § 826 BGB im Lüth-Urteil *nur deshalb* nicht angewandt wurde, weil das Gericht auf ein Prinzip und eine Abwägung zurückgegriffen hat. Das Prinzip habe also doch Vorrang vor der Regel (und nicht andersherum). Das ist jedoch nicht richtig. Dies wäre der Fall gewesen, wenn das Gericht entschieden hätte, dass der Boykottaufruf von *Lüth* zwar gegen die guten Sitten verstößt, aber dennoch akzeptiert werden sollte. Das Gericht hat aber anders entschieden. Es hat entschieden, dass der Boykottaufruf von *Lüth nicht* gegen die guten Sitten verstößt. Die Abwägung war also eine Form der Auslegung des Tatbestands der Regel, welche die semantischen Möglichkeiten des Gesetzestextes nicht überschritten hat.

---

[20] Vgl. BVerfGE 7, 198 (215). Zur Alexys Rekonstruktion des Lüth-Urteils im Lichte seiner Theorie der Grundrechte, vgl. *R. Alexy*, Constitutional rights, balancing, and rationality, in: Ratio Juris 16 (2003), S. 131–140 (132).

[21] Vgl. BVerfGE 7, 198 (206, 214). Vgl. auch *A. Heldrich/G. M. Rehm*, Importing constitutional values through blanket clauses, in: D. Friedmann/D. Barak-Erez (Hrsg.), Human Rights in Private Law, 2003, S. 113–128; *V. A. da Silva*, A constitucionalização do direito: os direitos fundamentais nas relações entre particulares, 2005, S. 78.

Dies ist weder eine Besonderheit der Abwägung noch von Verfassungsprinzipien: Auch andere Methoden der Rechtsauslegung (z.B. die teleologische Interpretation) werden häufig eingesetzt, um die geeignetste Auslegung im Rahmen der semantischen Möglichkeiten einer Rechtsregel zu ermitteln. Dies gilt im Übrigen nicht nur für Vorschriften, die auf inhärent vagen Begriffen beruhen. Grenzfälle, d.h. Situationen, in denen eine allgemeine Unsicherheit darüber besteht, ob ein bestimmter Sachverhalt in den Tatbestand einer Regel fällt oder nicht,[22] sind im Recht allgegenwärtig, selbst wenn die Regel auf ziemlich klaren Begriffen beruht.

Kurzum: Immer dann, wenn die Abwägung dazu dient, die geeignetste Auslegung des Tatbestands einer Regel zu bestimmen, ohne ihre semantischen Möglichkeiten zu überschreiten, steht die Abwägung auf einer Stufe mit anderen herkömmlichen Methoden der juristischen Interpretation, wie der systematischen oder teleologischen Auslegung. Man befindet sich immer noch innerhalb der Standardsituation.

2. Jenseits der Standardsituation: Einschränken und Ausweiten des Tatbestandes einer Regel

Oben wurde geltend gemacht, dass die Standardsituation, in der ein Spannungsverhältnis zwischen Regeln und Prinzipien besteht, die eines vermittelten Spannungsverhältnisses ist, bei dem der eigentliche Zweck der Regel darin besteht, eine Kollision zwischen zwei Prinzipien oder zwischen einem Prinzip und einem kollektiven Gut zu lösen. Das Verbot der Verleumdung ist das Ergebnis einer Abwägung zwischen der Meinungsäußerungsfreiheit und dem Schutz der Ehre. Ich habe dies „vermittelte Spannung" und „beigelegten Konflikt" genannt. Selbst wenn die Spannung nicht verschwindet, wird der Konflikt durch die Regel beigelegt. Regeln bieten daher einen *formalen Abschluss*, der für Rechtssicherheit und Rechtsstaatlichkeit unerlässlich ist. Selbst wenn bei der Auslegung von auf Generalklauseln beruhenden Rechtsregeln eine Abwägung stattfindet – wie im Fall des Lüth-Urteils –, verlassen Richter die semantischen Grenzen der Rechtsvorschriften nicht.

[22] Obwohl es keinen Konsens über den Begriff und die Quellen von Vagheit im Recht gibt, werden die Wiederholung von Grenzfällen sowie die Schwierigkeit zu erkennen, ob ein bestimmter Fall grenzwertig ist oder nicht, gewöhnlich als Zeichen von Vagheit angesehen. Vgl. z.B. *T. Endicott*, Law is necessarily vague, in: Legal Theory 7 (2001), S. 379–385 (379): Vagheit bedeutet, „that a legal system necessarily yields a significant range of ‚borderline cases' – cases in which the application of the standards of the law is subject to doubt and disagreement"; und *J. Waldron*, Vagueness in law and language: some philosophical issues, in: California Law Review 82 (1994), S. 509 (521) „True vagueness arises […] where there is a general uncertainty about whether a given case is a borderline case or not".

Was aber, wenn die Anwendung einer Regel unter bestimmten Umständen zu unangemessenen Ergebnissen führt, welche auf eine fehlerhafte Berücksichtigung der einschlägigen Prinzipien zurückzuführen sind? *Harts* bekanntes Beispiel einer Regel, die es verbietet, mit einem Fahrzeug in den öffentlichen Park hinein zu fahren, kann hier hilfreich sein.[23] Obwohl klar ist, dass diese Regel Autos im Park verbietet, fragte *Hart*, ob sie auch Fahrräder, Rollschuhe oder Spielzeugautos verbiete. Seiner Ansicht nach enthält eine geeignete Definition von Fahrzeugen folgende Merkmale: Sie seien selbstfahrend, fahren auf dem Boden und könnten eine Person befördern.[24] Auf der Grundlage einer solchen Definition von Fahrzeugen dürften dann Autos, Motorräder und Lastwagen nicht in den öffentlichen Park hinein. Im Gegensatz dazu könnte man mit einem Fahrrad hineinfahren, da es nicht selbstfahrend ist. Autos, Motorräder und Lastwagen zu verbieten, aber Fahrräder im Park zu erlauben, scheint eine vernünftige Auslegung der Regel zu sein, und dies wird sogar durch unsere Erfahrung in Parks bestätigt, die in der Regel Orte sind, an denen es keine Autos, Motorräder und Lastwagen gibt, aber Fahrräder normalerweise erlaubt sind.

Harts Regel und die Fragen, die sich darum ranken, werden seit Jahrzehnten verwendet, um einige wichtige Eigenschaften von Rechtsregeln und Rechtsauslegung zu erklären.[25] Die Zahl der möglichen Kandidaten, ein Fahrzeug zu sein (oder auch nicht), ist fast endlos. Die Liste begann mit einem Lastwagen als Kriegsdenkmal in *Fullers* direkter Antwort auf *Hart*[26] und umfasst neben vielen anderen auch Trolleys, Panzer, Boote, Mopeds und Rollstühle. *Harts* Beispiel und seine zahlreichen Variationen werden in Vorlesungen eingesetzt, um verschiedene Ansätze der juristischen Interpretation zu diskutieren. Sie zeigen nicht nur, dass es mehrere Möglichkeiten gibt, zu bestimmen, „was eine Regel verlangt", sondern auch, dass es Gründe geben kann, den Tatbestand einer Rechtsregel unter bestimmten außergewöhnlichen Umständen einzuschränken (oder umgekehrt auszuweiten). Der Prozess der Einschränkung oder Ausweitung des Tatbestands einer Regel setzt eine Abwägung nicht notwendigerweise voraus; da er jedoch häufig mit teleologischen Erwägungen verbunden ist, ist Abwägung potenziell inbegriffen.[27] In den folgenden Abschnitten werde ich

---

[23] Vgl. *H. L. A. Hart*, Positivism and the separation of law and morals, in: Harvard Law Review 71 (1958), S. 593–629 (607).

[24] Ebd.

[25] Vgl. z. B. *F. Schauer*, A critical guide to vehicles in the park, in: New York University Law Review 83 (2008), S. 1109–1134.

[26] Vgl. *L. L. Fuller*, Positivism and fidelity to law: a reply to professor Hart, in: Harvard Law Review 71 (1958), S. 630–672 (663).

[27] Für die Verbindung zwischen Abwägung und teleologischem Denken, vgl. etwa *J.-R. Sieckmann*, Regelmodelle und Prinzipienmodelle des Rechtssystems, 1990, S. 78–79; *H.-J. Koch*, Die Normtheoretische Basis der Abwägung, in: W. Erbguth/J. Oebbecke/H.-W. Rengeling/M. Schulte (Hrsg.), Abwägung im Recht, 1996, S. 9–24 (23–24); *Stück*, Subsumtion und

sowohl die Einschränkung als auch die Ausweitung des Tatbestands von Regeln kurz darlegen. Als allgemeine These dazu gilt:

> (B2) In Ausnahmefällen, in denen die Anwendung einer Regel aufgrund einer fehlerhaften Berücksichtigung der relevanten Prinzipien zu unangemessenen, zu nicht zu rechtfertigenden oder zu nicht beabsichtigten Ergebnissen führt, kann eine Abwägung erforderlich werden. *In diesem Fall ist die Abwägung ein Instrument zur Korrektur der Regel, entweder durch Einschränkung oder durch Ausweitung ihres Tatbestands.*

a) Einschränkung des Tatbestandes:
teleologische Reduktion und Abwägung

Das Beispiel des Krankenwagens, der in den Park einfahren muss, um jemanden zu retten, ist bekannt. Obwohl ein Krankenwagen „kein Grenzfall eines Fahrzeugs ist; wenn überhaupt, ist er ein paradigmatischer Fall von Fahrzeug",[28] würde kaum jemand die Ansicht verteidigen, dass es einem Krankenwagen nicht erlaubt sein sollte, in den Park hinein zu fahren, um jemanden zu retten. Wie lässt sich rechtfertigen, dass „ein paradigmatischer Fall von Fahrzeug" vom Tatbestand einer Regel ausgenommen werden soll, welche „Fahrzeuge" im Park verbietet?

Man kann nicht behaupten, dass die Anwendung der Regel in diesem Fall ihrem Zweck widerspricht. Wenn der Zweck der Regel darin besteht, „die Ruhe im Park zu wahren oder sorglose Spaziergänger vor Verletzungen zu bewahren",[29] dann wird er durch die Regel doch gefördert. Es besteht kein Zweifel, dass ein Park ruhiger und sicherer ist, wenn kein Krankenwagen hineinfahren darf. Aus diesem Grund ist eine teleologische Auslegung allein unzureichend, denn die relevante Frage ist nicht, ob die Regel ihre Ziele fördert (sie fördert sie!), sondern ob die Unterlassung der Rettung eines Hilfsbedürftigen eines dieser Ziele ist. Ist dies nicht der Fall – und daran scheint es keinen Zweifel zu geben –, dann kann nicht davon ausgegangen werden, dass die Regel das Ergebnis einer Abwägung ist, die eine Spannung zwischen zwei konkurrierenden Prinzipien oder zwischen einem Prinzip und einem kollektiven Gut ausgleicht. Im Fall des Krankenwagens ist die Regel, die das Befahren des Parks mit Fahrzeugen verbietet, in Wirklichkeit das Ergebnis einer mangelhaften Abwägung der einschlägigen Prinzipien, da das Recht auf Leben nicht gebührend berücksichtigt wurde. Wenn ein Gericht auf das Recht auf Leben zurückgreift, um den

---

Abwägung (Fn. 17), S. 416; *F. Leal*, Ziele und Autorität: Zu den Grenzen teleologischen Rechtsdenkens, 2014, S. 195 ff. Kritisch zur teleologischen Auslegung, vgl. *P. S. de M. Aleixo*, Verantwortbares Richterrecht: eine rechtstheoretische und methodenkritische Untersuchung, 2014, S. 236–244.

[28] *Waldron*, Vagueness in law and language (Fn. 22), S. 537.

[29] *Fuller*, Positivism and fidelity to law (Fn. 26), S. 663.

Tatbestand der Regel, die Fahrzeuge im Park verbietet, einzuschränken, ersetzt es nicht die Abwägung, welche beim Erlassen der Regel durchgeführt wurde, durch seine eigene Abwägung. Es nimmt das Abwägungsverfahren nicht wieder auf, um zu beurteilen, ob das Verbot von Fahrzeugen im Park das geeignetste Mittel ist, um die Ziele zu erreichen, die der Gesetzgeber verfolgt hatte (die Ruhe im Park zu bewahren und sorglose Spaziergänger vor Verletzungen zu schützen).

Selbst wenn Fälle wie dieser traditionell ohne ausdrückliche Bezugnahme auf eine Abwägung entschieden wurden, ist eine Abwägung immer implizit.[30] In diesem Zusammenhang ist die Abwägung somit Teil der breiteren Kategorie der teleologischen Argumentation.

b) Ausweitung des Tatbestandes: analogische Extension und Abwägung

Die Ausweitung des Tatbestands einer Regel, um sie auf Situationen anzuwenden, die nicht ausdrücklich von ihr abgedeckt werden, ist üblicherweise das Ergebnis einer analogen Auslegung. Obwohl dies genau das Gegenteil der im vorigen Abschnitt dargestellten teleologischen Reduktion zu sein scheint, sind beide oft komplementär und treten gleichzeitig auf.

Nehmen wir die folgenden zwei Regeln an, die von *Brożek*[31] in Anlehnung an das Beispiel *Harts* vorgeschlagen wurden:

(R_1) Fahrzeuge dürfen den öffentlichen Park nicht befahren.
(R_2) Krankenwagen dürfen den öffentlichen Park befahren.

Angenommen eine Person im Park ist schwer verletzt und muss in ein Krankenhaus gebracht werden. Nehmen wir weiter an, dass kein Krankenwagen zur Verfügung steht, um dies zu tun. Jemand schlägt vor, sein privates Auto zu benutzen, um die verletzte Person zu retten. Darf der Privatwagen in den Park hineinfahren? Eine mögliche Analogie, die sich auf die Ähnlichkeit zwischen einem Krankenwagen und einem Privatwagen in dieser bestimmten Situation stützt, könnte eine Ausweitung des Tatbestands der Regel R_2 rechtfertigen, um Privatwagen immer dann darin einzubeziehen, wenn sie zur Rettung einer Person verwendet werden. Es ist jedoch nicht schwer zu erkennen, dass die *Ausweitung* von R_2 auf Privatwagen, die zur Rettung von Personen eingesetzt werden, eine *Einschränkung* von R_1 nach sich zieht, weil Privatwagen in solchen Kontexten aus ihrem Tatbestand ausgeschlossen werden.

Dies ist der Fall, weil das analoge Denken ebenso wie die teleologische Reduktion auf einer teleologischen Argumentation beruht. Es ist zwar allgemein anerkannt, dass die Einschränkung des Tatbestands einer Regel oft auf teleolo-

[30] Vgl. *H. L. A. Hart*, The concept of law, 2. Aufl. 1994, S. 205.
[31] Vgl. *B. Brożek*, Analogy in legal discourse, in: ARSP 94 (2008), S. 188–201 (190; 197).

gischen Überlegungen beruht (teleologische Reduktion), doch dieser Zusammenhang wird nicht immer deutlich gemacht, wenn es um eine Analogie geht. Doch die Ausdehnung des Tatbestands einer Regel auf Situationen, die von ihr nicht abgedeckt zu sein scheinen, beruht in hohem Maße auch auf teleologischen Überlegungen. Die Literatur zur Analogie hat sich hauptsächlich mit dem Vergleich von Fällen, der logischen Formalisierung des analogischen Denkens und der Identifizierung von Ähnlichkeiten und Unähnlichkeiten zwischen Ausgangs- und Zielfällen befasst. Infolgedessen wird ein wichtiger Grund weshalb die Entscheidung eines aktuellen Falles der Begründung der Entscheidung eines früheren Falles folgen sollte, selbst wenn der Tatbestand der in der früheren Entscheidung angewandten Regel die aktuelle Situation nicht ausdrücklich abdeckt, oft übersehen. Dieser Grund ist das *Ziel* der im früheren Fall angewandten Regel und ihr Zusammenhang mit einem noch weiter gefassten Ziel.

Die Feststellung, dass sich zwei Fälle „in keiner wesentlichen Hinsicht unterscheiden“,[32] bedeutet, dass (i) die auf den früheren Fall angewandte Regel zwar so formuliert ist, dass sie den aktuellen Fall nicht erfasst, das Ziel dieser Regel aber als Teil eines umfassenderen Ziels zu betrachten ist, das den aktuellen Fall doch einschließt;[33] und dass (ii) ein vernünftiger Gesetzgeber den aktuellen Fall vom Tatbestand der Regel nicht ausgeschlossen hätte, wenn er bei ihrem Erlass eine angemessene Abwägung durchgeführt hätte.

Wenn also behauptet wird, dass ein Fall mittels Analogie zu lösen sei, wird gleichzeitig argumentiert, dass die *underinclusiveness* einer Regel das Ergebnis einer mangelhaften Abwägung oder gar des Fehlens einer Abwägung sei.[34] Die Anwendung von R_2 durch Analogie auf den Fall eines Privatwagens setzt daher voraus, dass die Abwägung, deren Ergebnis R_2 als einzige Ausnahme von R_1 begründet hat, mangelhaft war, weil man diejenigen Situationen nicht berücksichtigt hat, in denen andere Fahrzeugtypen die gleiche Aufgabe wie ein Krankenwagen erfüllen könnten. Die Analogie ist daher nichts anderes als die Ausweitung des Tatbestands von R_2 (und damit die entsprechende Einschränkung

---

[32] Dieser („differ in no essential respect“) ist der Ausdruck, der in der Entscheidung *Adams v. New Jersey Steamboat Company* 151 NY 163 (1896), 166–167 verwendet wird. Diese Entscheidung ist die vielleicht am häufigsten zitierte in Arbeiten über Analogie im angelsächsischen Raum.

[33] Eine ähnliche Argumentation wird von Duarte d’Almeida und Michelon vorgebracht, wobei sie von „Fragen“ und „Subfragen“ statt von Zielen sprechen. Vgl. *L. Duarte d’Almeida/C. Michelon*, The structure of arguments by analogy in law, in: Argumentation 31 (2017), S. 359–393 (376).

[34] Es ist wichtig zu betonen, dass diese Behauptung zwar davon ausgeht, dass die *underinclusiveness* einer Regel eine notwendige Bedingung für eine analogische Auslegung ist, aber nicht impliziert, dass sie auch ein hinreichender Grund dafür ist. Die Behauptung der *underinclusiveness* muss dadurch ergänzt werden, dass diese *underinclusiveness* nicht gerechtfertigt ist (d.h., dass sie das Ergebnis einer fehlerhaften oder fehlenden Abwägung ist). Wenn die *underinclusiveness* beabsichtigt und gerechtfertigt ist, gibt es keinen Raum für eine Analogie (vgl. *F. K. von Savigny*, System des heutigen römischen Rechts, 1840, S. §46).

des Tatbestands von R_1), um die Situation des Privatautos einzubeziehen. Diese Ausweitung von R_2 (und Einschränkung von R_1) ist das Ergebnis einer neuen Abwägung zwischen dem Recht auf Leben und dem öffentlichen Interesse, den Park für Besucher ruhig und sicher zu halten.[35]

c) Bestimmen, einschränken oder ausweiten: Gemeinsamkeiten und Unterschiede

In den vorangegangenen Abschnitten wurde erläutert, wie die Abwägung in bestimmten Kontexten eingesetzt werden kann, um zu bestimmen, ob ein konkreter Sachverhalt in den Tatbestand einer bestimmten Regel fällt (oder nicht). Das Ergebnis dieses Verfahrens wurde in Bestimmung (Abschnitt II., Ziffer 1.), Einschränkung (Abschnitt II, Ziffer 2., lit. a)) und Erweiterung (Abschnitt II, Ziffer 2., lit. b)) des Tatbestands einer Regel unterschieden. Diese Unterscheidungen erfordern einige Erläuterungen.

Erstens lässt sich leicht feststellen, dass die Einschränkung und Ausweitung des Tatbestands einer Regel gleichbedeutend mit ihrer Bestimmung ist, d.h. immer dann, wenn der Tatbestand eingeschränkt oder ausgeweitet wird, wird er gleichzeitig auch bestimmt (oder neu bestimmt). Zweitens kann die Behauptung, dass der Tatbestand einer Regel eingeschränkt oder ausgeweitet wurde, nur *im Bezug auf* andere alternative Interpretationen aufgestellt werden.[36] Daher, es sei denn es gibt eine Standardinterpretation, an der sich alle anderen Interpretationen messen lassen sollen, verliert die Rede von Einschränkungen oder Ausweitung weitgehend an Bedeutung. Einem Krankenwagen die Einfahrt in den Park zu gestatten, kann nur dann als Einschränkung des Tatbestands der Regel „Keine Fahrzeuge im Park" angesehen werden, wenn eine andere Auslegung dieser Regel zugrunde gelegt wird, der zufolge Krankenwagen die Einfahrt in den Park nicht gestattet werden sollte.

[35] Im ähnlichen Sinne, vgl. *Brożek*, Analogy (Fn. 31). Für eine ausführliche Analyse der Verbindung zwischen Analogie, Abwägung und Alexys Theorie der Grundrechte (zum Teil mit anderen Ansichten, als denjenigen, die hier vertreten wurden), vgl. *R. Alexy*, Two or Three?, in: ARSP Beiheft 119 (2010), S. 9–18; *L. Clérico*, Sobre „casos" y ponderación: los modelos de Alexy y Moreso, ¿Más similitudes que diferencias?, in: Isonomía (2012), S. 113–145; *C. Bäcker*, Begründen und Entscheiden: Kritik und Rekonstruktion der Alexyschen Diskurstheorie des Rechts, 2. Aufl. 2012, S. 318–320; *T. Bustamante*, Finding analogies between cases: on Robert Alexy's third basic operation in the application of law, in: ARSP Beiheft 133 (2012), S. 59–71; *Brożek*, Analogy (Fn. 31); *B. Brożek*, Analogy and balancing, in: Revus 25 (2015), S. 163; *D. Duarte*, Analogy and balancing: the partial reducibility thesis and its problems, in: Revus 25 (2015), S. 141–154.

[36] Dasselbe wird von Guastini hervorgehoben. Vgl. *R. Guastini*, Defeasibility, axiological gaps, and interpretation, in: *J. Ferrer Beltrán*/*G. B. Ratti* (Hrsg.), The logic of legal requirements: essays on defeasibility, 2012, S. 184–192 (188).

Inzwischen ist sicherlich deutlich geworden, dass ich von einem Vorrang einer semantisch basierten Auslegung von Regeln ausgehe. Ein solcher Vorrang sorgt für eine stärkere Bindung an die Gesetzgebung (im Falle von Regeln, die vom Gesetzgeber erlassen wurden) und an Präjudizien (im Falle von Regeln, die sich aus früheren Gerichtsentscheidungen ableiten). Folglich werden Gewaltenteilung und Rechtssicherheit gefördert.[37]

Dieser Vorrang ist jedoch nur *prima facie*. Wenn triftige Gründe dafür angeführt werden können, einen Krankenwagen bei Einfahrt in einen Park nicht als Fahrzeug zu betrachten, um jemanden zu retten, soll diese Auffassung Vorrang haben. Eine ähnliche These wird von *Alexy* vorgeschlagen. Er macht geltend, dass Argumente, die eine Bindung an den Wortlaut des Gesetzes aufweisen, *prima facie* mehr Gewicht haben. Wenn sich also ein Proponent (P) auf den Wortlaut beruft, um seinen Auslegungsvorschlag zu stützen, und der Opponent (O) seine abweichende Lösung mit dem vermeintlichen Zweck der Regel begründet, sollten die Argumente von P Vorrang haben, „es sei denn, O kann nicht nur gute Gründe für seine Behauptungen anführen, sondern auch gute Gründe dafür, daß seine Argumente stärker sind als die des P".[38] Infolgedessen stellte *Alexy* die folgende Argumentationslastregel auf:

„Argumente, die eine Bindung an den Wortlaut des Gesetzes oder den Willen des historischen Gesetzgebers zum Ausdruck bringen, gehen anderen Argumenten vor, es sei denn, es lassen sich vernünftige Gründe dafür anführen, den anderen Argumenten den Vorrang einzuräumen".[39]

Er räumt ein, dass diese Argumentationslastregel die Frage offen lässt, wann es vernünftige Gründe gibt, die der einen oder anderen Auslegung ein größeres oder geringeres Gewicht zuzuweisen.

„Das bedeutet nun nicht, daß diese Entscheidung willkürlich ist. Um vernünftige Gründe handelt es sich nur dann, wenn sie sich in einer vernünftigen juristischen Diskussion rechtfertigen lassen. In einer solchen Diskussion über den Gebrauch juristischer Argumente sind *alle* im juristischen Diskurs möglichen Argumente zulässig".[40]

---

[37] Vgl. *F. Müller*, Juristische Methodik, 6. Aufl., 1995, S. 256–257.

[38] *R. Alexy*, Theorie der juristischen Argumentation: Die Theorie des rationalen Diskurses als Theorie der juristischen Begründung, 3. Aufl., 1996, S. 305. Siehe auch *P.-H. Wang*, Defeasibility in der juristischen Begründung, 2004, S. 160–161.

[39] *Alexy*, Theorie der juristischen Argumentation (Fn. 38), S. 305. Ich gehe davon aus, dass es nicht möglich ist, die semantische Interpretation unabhängig von der systematischen Argumentation zu behandeln. Mit anderen Worten: Wann immer man von semantischer Interpretation (oder sogar von Wortlaut) spricht, muss dies eine vorherige systematische Analyse voraussetzen. In diesem Sinne vgl. *F. Poggi*, Defeasibility, law, and argumentation: a critical view from an interpretative standpoint, in: Argumentation 35 (2021), S. 409–434 (418).

[40] *Alexy*, Theorie der juristischen Argumentation (Fn. 38), S. 305 (Hervorhebung nicht im Original).

Zu „allen im juristischen Diskurs möglichen Argumenten" gehören sicherlich auch Abwägungsergebnisse. Es wäre jedoch ein Fehlschluss, Abwägung mit einem Bruch der „Bindung an den Wortlaut des Gesetzes" gleichzusetzen. Das Lüth-Urteil ist ein gutes Beispiel dafür. Die Entscheidung des Bundesverfassungsgerichts beruht zwar auf einer Abwägung, ist aber mit dem Wortlaut des § 826 BGB vollkommen vereinbar. Das Urteil mag ein Bruch mit früheren Auslegungen dieser Regel gewesen sein, aber es war kein Bruch mit ihrem Wortlaut. Deshalb ist die „Standardsituation" der Regelanwendung nicht nur diejenige, in der keine Abwägung stattfindet (Abschnitt I.), sondern auch diejenige, in der eine Abwägung stattfindet, um den Tatbestand einer Regel zu bestimmen, in einer Art und Weise, die mit einer semantischen und systematischen Auslegung vereinbar ist (Abschnitt II.). Man verlässt die Standardsituation erst dann, wenn das Ergebnis der Abwägung nicht vollständig mit dem mittels semantischer und systematischer Interpretation gewonnenen Tatbestand vereinbar ist: In dieser Situation wird der Tatbestand entweder eingeschränkt oder erweitert (vgl. lit. a) und b) in Abschnitt II, Ziffer 2).[41]

d) Defeasibility

Einige der in den vorangegangenen Abschnitten verwendeten Beispiele und Argumente ähneln denen, die in der Debatte über die vermeintliche *defeasibility* von Rechtsregeln verwendet werden. Ob, inwieweit und unter welchen Bedingungen Rechtsregeln *defeasible* sind, sind Fragen, die in den letzten Jahrzehnten zu scharfen Debatten geführt haben. Es ist nicht notwendig, hier Partei in dieser Debatte zu ergreifen,[42] denn das Modell, das ich bisher vorgestellt habe, ist mit mehreren Gesichtspunkten des Themas vereinbar, sowohl mit denjenigen von Befürwortern als auch mit denjenigen von Kritikern der Idee der *defeasibility* von Rechtsregeln.

Befürworter der Idee der *defeasibility* von Rechtsregeln behaupten, dass eine Regel zurückgedrängt („*defeated*") werden könne, wenn es dafür „sehr gute Gründe" gebe,[43] und zumindest einige Anhänger von *Alexys* Prinzipientheorie haben auch geltend gemacht, dass die Verwirklichung eines Prinzips in manchen Kontexten als Grund für die Zurückdrändung einer Regel angesehen wer-

---

[41] Es ist wichtig zu betonen, dass diese Schlussfolgerung nicht voraussetzt, dass eine semantische Interpretation immer zu nur einem – und unumstrittenem – Ergebnis führt. Daher muss ein Ergebnis, um mit einer semantischen Interpretation unvereinbar zu sein, mit jeder möglichen Interpretation unvereinbar sein, die sich ausschließlich auf semantische Argumente stützt.

[42] Einen guten Überblick über diese Debatte findet man bei *J. Ferrer Beltrán/G. B. Ratti*, The logic of legal requirements: essays on defeasibility, 2012; und *L. Duarte d'Almeida*, Allowing for exceptions: a theory of defences and defeasibility in law, 2015.

[43] *F. Schauer*, On the supposed defeasibility of legal rules, in: Current Legal Problems 51 (1998), S. 223–240 (238).

den könne.[44] In diesem Zusammenhang spiele die Abwägung eine Schlüsselrolle.

Auf der Seite der Kritiker verdient die kürzlich von *Poggi* vertretene Ansicht besondere Aufmerksamkeit. Sie behauptet: „if we are interested in legal argumentation, the notion of defeasibility lacks explanatory power, and it should be dismissed".[45] Sie macht weiter geltend:

> „to say that a norm is defeasible is an improper way of saying that a certain legal provision has not been interpreted in a literal way. *Defeasibility is the product of a given interpretation*, and it seems to consist of a peculiar non-literal meaning. Strictly speaking, defeasibility is not an interpretative problem. Alternatively, and more clearly, it is an interpretative problem only in the sense in which to decide how to interpret a legal provision – particularly whether to interpret it literally or not – is always an interpretative problem".[46]

Da sie von einem sehr umfassenden Begriff von Interpretation ausgeht, lehnt sie die Vorstellung ab, dass *defeasibility* außerhalb der Domäne der Interpretation stattfinden kann. Ich stimme zwar mit *Poggi* überein, wenn sie behauptet, dass *defeasibility* das Ergebnis einer bestimmten *Interpretation* sei. Wie ich in diesem Beitrag wiederholt betont habe, ist es jedoch möglich – und nützlich –, zwei Situationen zu unterscheiden: einerseits die Bestimmung des Tatbestands einer Regel innerhalb der Grenzen, die von semantischen und systematischen Argumenten bestimmt werden, und andererseits die Einschränkung oder Ausweitung dieses Tatbestands über die Grenzen der semantischen und systematischen Interpretation hinaus. Diese Aufteilung ist eigentlich (implizit oder explizit) weit verbreitet. Und sie ist auch mit einem solchen umfassenden Begriff von Interpretation, wie er von *Poggi* vertreten wird, vereinbar. Die Frage, ob das Überschreiten der Grenzen der semantischen und systematischen Interpretation implizieren würde, dass man notwendigerweise die Domäne der Interpretation verlässt und einen anderen Bereich betritt, muss hier nicht beantwortet werden, vorausgesetzt, diese beiden Situationen werden klar identifiziert.

---

[44] Vgl. *Wang*, Defeasibility in der juristischen Begründung (Fn. 38), S. 28. Vgl. auch *Bäcker*, Begründen und Entscheiden (Fn. 35), S. 137 und *C. Bäcker*, Rules, principles, and defeasibility, in: Archiv für Rechts- und Sozialphilosophie Beiheft 119 (2010), S. 79–92.

[45] *Poggi*, Defeasibility, law, and argumentation (Fn. 39), S. 412. Zu einer ähnlichen Schlussfolgerung gelangt auch Guastini, der behauptet, dass *defeasibility* nichts anderes als ein neuer Name für „eine altbekannte Auslegungstechnik" sei: die restriktive Auslegung; vgl. *Guastini*, Defeasibility (Fn. 36), S. 188.

[46] *Poggi*, Defeasibility, law, and argumentation (Fn. 39), S. 415 (Hervorhebungen nicht im Original). Vgl. ferner *R. Alexy*, Juristische Interpretation, in: Recht, Vernunft, Diskurs: Studien zur Rechtsphilosophie, 1995, S. 71–92 (91). Obwohl Alexy sich mit dem Begriff der *defeasibility* nicht beschäftigt, behauptet er, dass jede Form von Rechtsfortbildung auch eine Form der Interpretation ist.

Das zentrale Anliegen verlagert sich damit von der Frage, ob nur die erste oder doch beide Situationen innerhalb der Domäne der Interpretation zu verorten sind, auf die Frage, wie zu erkennen ist, wann „gute Gründe" vorliegen, die rechtfertigen können, von einem Standard zu einem Nichtstandard-Kontext der Regelanwendung zu wechseln.[47]

3. *Eine ganz andere Rolle der Abwägung: die Verhältnismäßigkeitsprüfung*

Verfassungswidrige Regeln sind nichtig. Dies ist eine Grundannahme in vielen modernen Verfassungssystemen. Diese Annahme wird nicht durch die Tatsache in Frage gestellt, dass es tiefe Auseinandersetzungen darüber geben kann, was genau „nichtig" bedeutet, ob es Ausnahmen davon geben kann, und wer die Befugnis haben sollte, Regeln für verfassungswidrig zu erklären. Was hier von Bedeutung ist, ist wesentlich unumstrittener. Es ist die Tatsache, dass immer dann, wenn Gerichte befugt sind, die Verfassungsmäßigkeit von Gesetzen zu kontrollieren, Richter die Geltung einer Regel aufgrund einer vermeintlichen Unvereinbarkeit mit verfassungsrechtlichen Prinzipien absprechen können. Der Zusammenhang zwischen Abwägung und gerichtlicher Normenkontrolle lässt sich wie folgt zusammenfassen:

> (B3) Eine Abwägung kann im Rahmen der gerichtlichen Normenkontrolle zur Prüfung der Verfassungsmäßigkeit einer Regel herangezogen werden. *In diesem Fall ist die Abwägung Teil eines umfassenderen Verfahrens, der Verhältnismäßigkeitsprüfung.*

Dass ein Gericht eine Regel aufgrund ihrer Unvereinbarkeit mit der Verfassung für nichtig erklären kann, ist in allen Ländern, in denen es irgendeine Form von Verfassungsgerichtsbarkeit gibt, eine Trivialität. Gerichte in der ganzen Welt setzen eine Vielzahl von interpretativen Werkzeugen ein, wenn sie die Aufgabe der Normenkontrolle wahrnehmen. Die Verhältnismäßigkeitsprüfung ist zunehmend eines dieser Werkzeuge.

Im Gegensatz zu dem, was häufig von Kritikern der Verhältnismäßigkeitsprüfung behauptet wird, bin ich der Auffassung, dass die Bedeutung von Regeln in Rechtssystemen – insbesondere für die Förderung der Rechtssicherheit – durch eine zunehmende Anwendung der Verhältnismäßigkeitsprüfung nicht beeinträchtigt wird. Zumindest nicht mehr als durch die Anwendung anderer Methoden der Normenkontrolle. Die Abwägung, die Teil der Verhältnismäßigkeitsprüfung ist, dient nicht dazu, in jedem konkreten Streitfall zu entscheiden, ob eine Regel angewandt werden soll oder nicht. Sie ist daher keine Methode,

---

[47] Vgl. *J. Ferrer Beltrán/G. B. Ratti*, Defeasibility and legality: a survey, in: J. Ferrer Beltrán/G. B. Ratti (Hrsg.), The logic of legal requirements: essays on defeasibility, 2012, S. 11–38 (24–25). Vgl. auch *Poggi*, Defeasibility, law, and argumentation (Fn. 39), S. 423.

um die Anwendung einer Regel *ad-hoc* zu blockieren, wann immer ein Gericht es für richtig hält. Wenn das Ergebnis der Verhältnismäßigkeitsprüfung lautet: „die Regel ist unverhältnismäßig“, dann ist die Regel verfassungswidrig und wird nicht angewandt. Weder in der Gegenwart noch in der Zukunft. Die Rechtssicherheit wird also nicht beeinträchtigt. Es ist zwar richtig, dass eine Regel, die in der Vergangenheit auf eine bestimmte Fallkonstellation angewandt wurde, in Zukunft nicht mehr auf ähnliche Fälle angewandt wird, was wiederum Pläne und berechtigte Erwartungen zunichte machen könnte. Dies ist jedoch eine unvermeidliche Folge *jeder* Form von gerichtlicher Normenkontrolle, und die Verhältnismäßigkeitsprüfung und Abwägung sollten nicht dafür verantwortlich gemacht werden.

Was sich in diesem Zusammenhang am stärksten auf die Rechtssicherheit auswirkt, sind daher Gründe, die mit institutionellem *Design* zusammenhängen. In einem Land, in dem alle Richter die Kompetenz zur gerichtlichen Normenkontrolle besitzen, kann die Rechtssicherheit stärker untergraben werden als in Ländern, in denen nur ein Verfassungsgericht diese Kompetenz hat. Gibt es in einem bestimmten Land ein kohärentes System verbindlicher Präjudizien, wird die Rechtssicherheit gefördert; ist dies nicht der Fall, kann die Rechtssicherheit untergraben werden. Diese institutionellen Variablen sind mindestens genauso relevant wie (und in vielen Kontexten noch relevanter als) die Debatte über die Struktur der Grundrechtsnormen. In der Diskussion über Prinzipien, Abwägung und Verhältnismäßigkeit werden solche institutionellen Variablen jedoch selten berücksichtigt, als ob alle Justizsysteme ähnlich konzipiert wären, auf ähnlichen Verfahrensregeln beruhen würden, und folglich von dieser oder jener Theorie der Rechtsnormen gleichermaßen betroffen wären.[48]

III. Ist Abwägung jemals verboten?

In diesem Beitrag habe ich bisher versucht zu zeigen, dass die Abwägung unterschiedliche Rollen in der Welt der Regeln spielt. Wie einleitend bereits dargestellt wurde, kann die Abwägung entweder als Teil des Auslegungsprozesses von Rechtsregeln (*Auslegung*) oder als Rechtfertigung für eine teleologische Reduktion bzw. eine analogische Extension (*Korrektur*) oder als Teil eines umfassenderen Verfahrens - der Verhältnismäßigkeitsprüfung –, das darauf abzielt, die Vereinbarkeit einer Regel mit der Verfassung zu kontrollieren (*Normenkontrolle*), eingesetzt werden.[49] Meines Erachtens haben diese verschiedenen Rol-

[48] Den Zusammenhang zwischen institutionellem Design und Abwägung werde ich in einem weiteren Artikel untersuchen.

[49] Die Abwägung erfüllt sicherlich weitere Aufgaben. Eine Abwägung kann z. B. stattfinden, wenn für die Lösung eines bestimmten Falles keine Regel anwendbar ist. Diese Art der

len unterschiedliche Konsequenzen, sowohl für das richtige Verständnis von *Alexys* Theorie der Grundrechte als auch für die Einschätzung, wie sich die Abwägung und die Verhältnismäßigkeitsprüfung auf die Gewaltenteilung und die Rechtssicherheit auswirken. Es ist nun wichtig, auf *Alexys* Unterscheidung zwischen Regeln, die strikt gelten, und Regeln, die nicht strikt gelten, zurückzukommen, die ich zu Beginn dieses Beitrages in Frage gestellt habe.[50] Mit dieser Unterscheidung beabsichtigt *Alexy*, die Welt der Regeln in zwei wasserdichte Bereiche zu unterteilen: einen, in dem Regeln vollständig vor Abwägung geschützt sind, und einen anderen, in dem dies nicht der Fall ist.

Da ich diese Unterscheidung in Frage gestellt und gleichzeitig behauptet habe, dass Abwägung allgegenwärtig sei, könnte man einwenden, dass Regeln niemals vor Abwägung geschützt seien. Und wenn sie nie gegen Abwägung geschützt wären, könnten immer wieder neue Ausnahmen in sie eingefügt werden. Wir wissen aber, dass es Regeln gibt, die absolut sind (d.h. Regeln, die keine Ausnahmen zulassen). Zu Beginn dieses Beitrages habe ich die Regel angeführt, die das Alter für die Strafmündigkeit festlegt. Ich habe behauptet, dass es sich bei absoluten Regeln nicht um Regeln handelt, die gegen Abwägung abgeschirmt sind, sondern um Regeln, die von so gewichtigen Prinzipien getragen werden, dass sie nicht zurückgedrängt werden können. Die (richtige) Behauptung, dass die Regel, die das Alter für die Strafmündigkeit festlegt, *absolut* ist und daher niemals relativiert werden darf, kann danach nur als Ergebnis eines argumentativen Prozesses gerechtfertigt werden, der eine Abwägung (neben anderen Arten von Auslegungsmethoden) beinhalten kann. Die einzige Alternative zu diesem Schluss wäre zu behaupten, dass jener absolute Charakter ein Dogma sei, das keinerlei Rechtfertigung bedürfe. Wir wissen aber, dass es eine Rechtfertigung dafür gibt: Es geht um den Schutz von Werten wie Rechtssicherheit, persönliche Freiheit, Schutz der Jugend und der Kinder u.v.m. Der absolute Charakter der Regel beruht also auf einer Abwägung.[51] Die Behauptung, dass es keine Regel gebe, die vor jeglicher Abwägung geschützt sei, bedeutet also nicht, dass alle Regeln gleichermaßen von Ausnahmen betroffen sind.

Abwägung ist jedoch für den Zweck dieses Kapitels, in dem das Verhältnis zwischen Abwägung *und Regeln* analysiert wird, kaum relevant. Wenn es keine anwendbare Regel gibt, gibt es auch kein Problem, das mit diesem Verhältnis zusammenhängt.

[50] Vgl. Abschnitt I.

[51] Es ist nichts Neues in dieser Behauptung. Im Strafrecht ist das Analogieverbot gegen den Angeklagten ein alter Standard in vielen Rechtsordnungen und wird in ähnlicher Weise begründet. Es ist das Ergebnis einer Abwägung, die die Rechtssicherheit höher einstuft als konkurrierende Werte. Vgl. z.B. *K. Larenz*, Methodenlehre der Rechtswissenschaft, 6. Aufl., 1991, S. 392: das Analogieverbot und das Verbot der teleologischen Reduktion sind begründet, „wenn ein vorrangiges Interesse an Rechtssicherheit die strikte Einhaltung der eindeutigen Norm verlangt. Ob das der Fall ist, ist zunächst wieder im Wege der Auslegung zu ermitteln".

Einem weiteren Einwand muss hier ebenfalls begegnet werden. Wenn die Abwägung überall lauert und Regeln deshalb nie davor geschützt sind, dann scheinen Regeln einen größten Teil ihres Zwecks zu verlieren, vor allem die Fähigkeit, Rechtssicherheit und Voraussehbarkeit zu fördern. Gerichte hätten fast immer Gründe, den Tatbestand von Regeln einzuschränken oder auszuweiten, um *over-* und *underinclusiveness* zu vermeiden und damit ihre Anwendung wohl gerechter oder angemessener zu gestalten. Wie ich an mehreren Stellen dieses Beitrages betont habe, ist dies keine Besonderheit der Debatte über die Abwägung oder von *Alexys* Theorie der Grundrechte. Es handelt sich um ein unvermeidliches – und ständiges – Problem in allen Rechtssystemen, unabhängig von Rechtstheorien und von Debatten über Auslegungsmethoden.

Allgemeine Normen sind fast zwangsläufig entweder *overinclusive* oder *underinclusive* oder beides. Der potenzielle *trade-off* zwischen Generalität und Gerechtigkeit ist seit langem allgemein anerkannt. Wie *Aristoteles* es ausdrückte:

„Wenn demnach das Gesetz allgemein spricht, aber in concreto ein Fall eintritt, der in der allgemeinen Bestimmung nicht einbegriffen ist, so ist es, in Betracht daß der Gesetzgeber diesen Fall außer Acht läßt und, allgemein sprechend, gefehlt hat, richtig gehandelt, das Versäumte zu verbessern, wie es auch der Gesetzgeber selbst, wenn er den Fall vor sich hätte, tun, und wenn er ihn gewußt hätte, es im Gesetze bestimmt haben würde."[52]

Die Tatsache, dass das Spannungsverhältnis zwischen Generalität und Gerechtigkeit (oder Billigkeit) seit langem anerkannt ist, und sogar die Behauptung, dass die Korrektur einer Regel zur Vermeidung von *over- und underinclusiveness* als eine Forderung der Gerechtigkeit angesehen werden könne,[53] sagt freilich nichts darüber aus, *wer* die Kompetenz zu jener Korrektur haben sollte. Das Problem, um das es hier geht, ist also nicht nur substanziell, sondern auch eine Frage der Kompetenzverteilung: Soll die Institution, die eine Regel anwendet, auch die Kompetenz haben, sie zu korrigieren? Wenn ja, stellt sich die berechtigte Frage, wie verbindlich diese Regeln für jene Institution überhaupt sind und ob Regeln noch Rechtssicherheit fördern können. *Schauer* formuliert es so:

[52] *Aristoteles*, Nikomachische Ethik, 2. Aufl., 1911, 1137b. Hinweise auf Aristoteles sowie eine ausführliche Auseinandersetzung mit seinen Ideen in diesem Zusammenhang finden sich in den Werken von Frederick Schauer. Siehe etwa *F. Schauer*, Profiles, probabilities and stereotypes 2003, S. 41–48; *F. Schauer*, Is defeasibility an essential property of law?, in: J. Ferrer Beltrán/G. B. Ratti (Hrsg.), The logic of legal requirements: essays on defeasibility, 2012, S. 77–88 (78–79).

[53] Vgl. *Aristoteles*, Nikomachische Ethik (Fn. 45), 1137b: „Und das ist die Natur des Billigen: es ist eine Korrektur des Gesetzes, da wo dasselbe wegen seiner allgemeinen Fassung mangelhaft bleibt".

„[i]f any injustice is a sufficient condition for an equitable override, then a regime of rules subject to equitable override is extensionally equivalent to a regime of no rules at all in which the decision-makers are empowered simply to reach the most just all-things-considered outcome."[54]

Obwohl *Schauers* Analyse nicht der Abwägung an sich, sondern der allgemeinen Idee der *defeasibility* gewidmet ist, ist dennoch das Problem, um das es geht, dasselbe: eine angebliche unkontrollierte Macht der Richter, den Tatbestand von Regeln in jeder Situation einzuschränken oder auszuweiten, indem sie entweder auf eine Abwägung oder auf die Idee der *defeasibility* (oder beides) zurückgreifen. Er argumentiert weiter:

„insofar as rules [...] bring the advantages of certainty, predictability, settlement, and stability for stability's sake, treating the rules as defeasible comes at the sacrifice of each of these values, even though of course it brings the potential advantages of fairness, equity, and, in theory, reaching the correct result in every instance".[55]

Er kommt zu dem Schluss, dass die meisten Regeln daher als nicht *defeasible behandelt* werden sollten.[56] Um von diesem Standard (*non-defeasibility*) abzuweichen, müsse es triftige Gründe geben, wie etwa „extreme injustice, or great inefficiency, or something of that variety".[57]

Eine ähnliche Argumentation liegt meiner Unterscheidung zwischen Standard- und Nichtstandardsituationen der Regelanwendung zugrunde. Selbst wenn es keine definitiven Kriterien für die Unterscheidung beider Situationen gibt (ebenso wenig wie für die Unterscheidung, wann eine Regel als *defeasible* behandelt werden sollte und wann nicht), gibt es dennoch mehrere Gründe, die für eine solche Unterscheidung sprechen.

Der erste ist einfach unsere Erfahrung. Richter – und nicht nur die zurückhaltendsten unter ihnen – nehmen das Rechtssystem nicht als eine regelfreie Umgebung wahr, in der es nur Prinzipien abzuwägen gelte und eine allgemeine Pflicht bestehe, das zu tun, was unterm Strich richtig sei. Der zweite ist die Idee der Argumentationslast, die in jeder Theorie der juristischen Argumentation vorkommt: Wer von einem Standard abweichen will, trägt die Argumentationslast. Wer also auf eine Abwägung zurückgreifen will, um den Tatbestand einer Regel einzuschränken oder auszuweiten, trägt die Last, dies zu rechtfertigen.[58] Drittens kann man die Schwelle für diese Argumentationslast hoch

---

[54] *Schauer,* Is defeasibility an essential property of law? (Fn. 45), S. 80. Unter „equitable override" (oder „equity-driven defeasibility") versteht Schauer die Befugnis, eine Rechtsregel auf der Grundlage von Gerechtigkeitsargumenten zu korrigieren (d.h. den Tatbestand einzuschränken oder auszuweiten).

[55] Ebd., S. 86.

[56] Wie Schauer hervorhebt, ist *defeasibility* „not a property of rules at all, but rather a characteristic of how some decision-making system will choose to *treat* its rules" (ebd., S. 87).

[57] Ebd., S. 80.

[58] In diesem Sinne, vgl. *R. Alexy,* Zum Begriff des Rechtsprinzips, in: Recht, Vernunft,

ansetzen: Es reicht nicht aus, einfach zu behaupten, dass durch Abwägung ein besseres oder gerechteres Ergebnis erzielt werden könne. Ein Richter, der von einer Standardsituation abweichen möchte, muss auch darlegen, dass seine auf materielle Gerechtigkeit (oder Effizienz) beruhte Argumente schwerer wiegen als die Anforderungen der Rechtssicherheit und der Gewaltenteilung.[59] Viertens kann die Freiheit der Richter, von einer Standardsituation abzuweichen, durch institutionelles *design* stark eingeschränkt werden. Ein System verbindlicher Präjudizien ist vielleicht das beste Beispiel dafür. Fünftens gibt es Gründe, die auf kontrafaktischen Überlegungen beruhen, die sich mit der folgenden Frage zusammenfassen lassen: Wie könnte es anders sein? Sollte zum Beispiel dem Krankenwagen verboten werden, in den Park hineinzufahren, um eine verletzte Person zu retten?

IV. Eine qualitative Unterscheidung oder eine Unterscheidung dem Grade nach?

Dieser Beitrag begann mit dem folgenden Zitat aus *Alexys* Theorie der Grundrechte: „Jede Norm ist entweder eine Regel oder ein Prinzip". Bevor ich zum Schluss komme, lohnt es sich, einen kurzen Blick auf den Satz zu werfen, der unmittelbar vor diesem Zitat kommt: „[...] die Unterscheidung zwischen Regeln und Prinzipien [ist] eine qualitative Unterscheidung und keine Unterscheidung dem Grade nach [...]".[60]

In Anbetracht der bisherigen Ausführungen ist die Frage berechtigt, ob die Unterscheidung zwischen Regeln und Prinzipien wirklich qualitativ oder strukturell ist. Wenn Regeln nicht notwendigerweise absolut sind, was unterscheidet dann eine nicht-absolute Regel von einem Prinzip, insbesondere wenn dieser nicht-absolute Charakter in bestimmten Situationen gerade das Ergebnis einer Abwägung ist? Auf diese Frage gibt es zwei – sich ergänzende – Antworten.

Die erste und häufigste stützt sich auf den Begriff der *formellen Prinzipien.* Wie *Alexy* es ausdrückt,

---

Diskurs: Studien zur Rechtsphilosophie, 1995, S. 177–212 (201): „Wer aufgrund eines Prinzips eine Ausnahme von einer Regel machen will, trägt, ganz ähnlich wie beim Abweichen von Präjudizien oder überhaupt beim Abweichen vom Bestehenden, die Argumentationslast".

[59] Dies entspricht in etwa Alexys Begriff der formellen Prinzipien, die im nächsten Abschnitt analysiert werden. Siehe in ähnlicher Weise auch *Dworkin*, Taking rights seriously (Fn. 4), S. 37: „any judge who proposes to change existing doctrine must take account of some important standards that argue against departures from established doctrine [...] They include the doctrine of ‚legislative supremacy', a set of principles that require the courts to pay a qualified deference to the acts of the legislature. They also include the doctrine of precedent, another set of principles reflecting the equities and efficiencies of consistency".

[60] *Alexy*, Theorie der Grundrechte (Fn. 1), S. 76–77.

„ist eine Regel nicht schon dann überspielt, wenn das gegenläufige Prinzip im konkreten Fall ein größeres Gewicht hat als das die Regel stützende Prinzip. Überspielt werden müssen darüber hinaus Prinzipien wie die, daß Regeln, die durch eine dazu legitimierte Autorität gesetzt sind, befolgt werden müssen und daß von einer tradierten Praxis nicht ohne Grund abzuweichen ist“[61].

Wenn man davon ausgeht, dass *alle* Regeln, selbst wenn sie nicht vollständig gegen Abwägungen geschützt sind (wie ich in diesem Beitrag argumentiert habe), dennoch durch einen solchen formellen Standard geschützt seien, und dass Prinzipien nicht den gleichen Schutz genießen, dann kann man behaupten, dass der Unterschied zwischen Regeln und Prinzipien qualitativ sei und nicht nur eine Frage des Grades. Selbst nicht-absolute Regeln begründen eine Argumentationslast, die sich *qualitativ* von derjenigen unterscheidet, die durch Prinzipien begründet wird.[62] Wie *Kumm* es formuliert:

„The setting aside of a rule raises a host of issues that do not arise when a principle is set aside, due to the fact that the institution that has legislated the rule has already made a judgment on how the relevant background principles apply to the regulatory context specified by the rule. [...] Only when formal considerations of this sort have no weight whatsoever, would rules have the same prima facie character as principles“[63].

Hinter dieser Argumentation verbergen sich einige wichtige Fragen, auf die hier nicht eingegangen werden kann. Sie sind jedoch erwähnenswert. Auf welche Weise erhöhen formelle Prinzipien die Schwierigkeit, von einer Regel abzuweichen?[64] Wenn alle Regeln auf demselben formellen Prinzip beruhen, wie kommt es dann, dass einige Regeln absolut sind und andere nicht? Wie ich zu Beginn dieses Beitrages dargelegt habe, lässt sich der Unterschied zwischen der (absoluten) Regel, die das Alter für die Strafmündigkeit festlegt, und der (potenziell nicht absoluten) Regel, die das Alter für Einschulung festlegt, nur durch inhaltliche, nicht durch formelle Gründe erklären.[65] Das formelle Prinzip, das

[61] Ebd., S. 89.

[62] Vgl. auch *F. Schauer*, Balancing, subsumption, and the constraining role of legal text, in: Law & Ethics of Human Rights 4 (2010), S. 34–45 (315): „rules, operating largely through the process of subsumption, can in fact operate as significant constraints on decision-maker choice. [...] The typical balancing approach is largely devoid of the kind of frustration and constraint just depicted“.

[63] *M. Kumm*, Constitutional rights as principles: on the structure and domain of constitutional justice, in: International Journal of Constitutional Law 2 (2004), S. 574–596 (578).

[64] Diese Frage stellt Wang in seinem Artikel über Regeln als „exclusionary reasons“: „In which way do formal principles increase the difficulty of deviating from a rule and thus reinforce its exclusionary force?“. Vgl. *Wang*, Are rules exclusionary reasons (Fn. 10), S. 47.

[65] Bei dieser Behauptung gehe ich davon aus, dass Rechtssicherheit, Voraussehbarkeit, Stabilität und ähnliche Werte substanzielle und nicht formelle Gründe sind. Für eine andere Sichtweise, d. h. eine, die Rechtssicherheit als formelles Prinzip einstuft, siehe *R. Alexy*, Formal principles: some replies to critics, in: International Journal of Constitutional Law 12 (2014), S. 511–524 (517).

beiden Regeln zugrunde liegt, ist dasselbe und unveränderlich. Was sich unterscheidet, sind die materiellen Gründe, die diesen Regeln zugrunde liegen.[66] Das Zusammenspiel von formellen und materiellen Gründen ist eines der meistdiskutierten Themen unter den Befürwortern (und Kritikern) von *Alexys* Theorie der Grundrechte und soll hier nicht analysiert werden.[67]

Der zweite Grund für die Behauptung, dass der Unterschied zwischen Regeln und Prinzipien ein qualitativer und kein gradueller ist, ist der folgende: Regeln erheben einen *Anspruch auf Absolutheit*, den Prinzipien nicht erheben. Der Anspruch selbst wird nicht betroffen, wenn der Tatbestand bestimmter Regeln in bestimmten Situationen eingeschränkt oder ausgeweitet wird. Ihr absoluter Charakter mag in diesen Ausnahmesituationen relativiert werden,[68] aber ihr Anspruch auf Absolutheit bleibt erhalten. Wird eine Ausnahme in eine Regel eingefügt, wird sie zum Teil der Regel. Infolgedessen und aufgrund des Anspruchs auf Absolutheit wird die neu formulierte Regel in der Lage sein, Stabilität, Voraussehbarkeit und Rechtssicherheit zu fördern. Und sie wird durch Subsumtion angewandt. Dies gilt umso mehr, wenn ein solides System verbindlicher Präjudizien besteht. Wenn also ein Krankenwagen zum zweiten Mal jemanden im Park retten muss, darf er ohne weiteres in den Park hinein. Die neu formulierte Regel – „Fahrzeuge dürfen in den Park nicht hineinfahren, außer Krankenwagen in Notfällen" – wird durch Subsumtion angewandt. Eine Abwägung ist nicht mehr erforderlich.

---

[66] Selbstverständlich kann das Gewicht eines allgemeinen formellen Prinzips, wie dasjenige, dass verlangt, dass Richter nicht von den Entscheidungen des demokratisch legitimierten Gesetzgebers abweichen sollten, in hohem Maße von epistemischen Variablen abhängen. Im Allgemeinen kann man sagen, dass ein formelles Prinzip umso schwächer ist, je unsicherer die Prämissen – insbesondere die empirischen Prämissen – sind, die einer bestimmten Regel zugrunde liegen, die mit einem Prinzip in Konflikt steht. Wenn jedoch epistemische Faktoren nicht relevant sind, tauchen die im Text gestellten Fragen wieder auf. Eine Analyse des Zusammenhangs zwischen formellen Prinzipien und epistemischen Faktoren findet man in der Literatur, auf die in der nächsten Fußnote verwiesen wird.

[67] Vgl. z. B. *da Silva*, Grundrechte und gesetzgeberische Spielräume (Fn. 3); *M. Borowski*, The structure of formal principles: Robert Alexy's ‚law of combination', in: ARSP Beiheft 119 (2010), S. 19–35; *J.-R. Sieckmann*, The logic of autonomy: law, morality and autonomous reasoning, 2012, S. 167–170; *M. Borowski*, Formelle Prinzipien und Gewichtsformel, in: M. Klatt (Hrsg.), Prinzipientheorie und Theorie der Abwägung, 2013, S. 151–199; *J. A. Portocarrero Quispe*, Zu Begriff und Struktur der formellen Prinzipien, in: M. Klatt (Hrsg.), Prinzipientheorie und Theorie der Abwägung, 2013, S. 200–235; *Alexy*, Formal principles (Fn. 58); *M. Klatt*, Balancing competences: how institutional cosmopolitanism can manage jurisdictional conflicts, in: Global Constitutionalism 4 (2015), S. 195–226; *P.-H. Wang*, Formal principles as second-order reasons, in: M. Borowski/S. L. Paulson/J.-R. Sieckmann (Hrsg.), Rechtsphilosophie und Grundrechtstheorie. Zum System Robert Alexys, 2017, S. 429–448; *G. A. A. Palu*, Grundrechte, Spielräume und Kompetenzen, 2019; *P. Gorzoni*, Der „margin of appreciation" beim Europäischen Gerichtshof für Menschenrechte, 2019.

[68] Vgl. *Alexy*, Theorie der Grundrechte (Fn. 1), S. 88.

V. Schlussbemerkungen

Dieser Beitrag hat einen verschlungenen Weg zurückgelegt und mehrere Themen angesprochen. Ein Leitmotiv war jedoch immer der Hintergrund: die Ablehnung monolithischer Auffassungen zu mehreren methodischen – und, wenn auch in geringerem Maße, auch institutionellen – Fragen, wie z. B. derjenigen, wonach es nur eine Art von Beziehung zwischen Prinzipien und Regeln gibt, nur einen Weg, die Spannung zwischen beiden zu erfassen, und nur eine Rolle für die Abwägung. Diese monolithische Sichtweise hat viele Kritiker dazu veranlasst, nur ein Szenario zu sehen: Überall haben Gerichte ständig Prinzipien abgewogen, obwohl sie eigentlich Regeln auslegen und subsumieren sollten, was zu Rechtsunsicherheit und zu einer Verschiebung der Gewaltenteilung zugunsten der Gerichte und zu Ungunsten des Gesetzgebers geführt hat. Monolithische Prämissen haben häufig zu monolithischen (und fehlerhaften) Schlussfolgerungen geführt.

Der Weg, dieses Bild zu relativieren, begann damit, einige der grundlegenden Merkmale von *Alexys* Theorie der Grundrechte aus einem anderen Blickwinkel zu betrachten. Diese Theorie scheint zwei Welten isolieren zu wollen – die der Regeln und der Subsumtion einerseits und die der Prinzipien und der Abwägung andererseits – und zwar auf eine so hieb- und stichfeste Weise, dass es scheint, als ob diese Welten kaum miteinander interagieren. Ich habe diese Annahme in Frage gestellt. Ich habe provokativ behauptet, dass sich die Ebene der Prinzipien und die Ebene der Regeln nur einmal treffen, und zwar in einer Fußnote von *Alexys* Theorie der Grundrechte. Und das ist eine frustrierende Begegnung, denn diese Fußnote versucht, die Spannung zwischen Regeln und Prinzipien zu erklären und zu lösen, indem sie auf die Unterscheidung zwischen Regeln, die strikt gelten, und Regeln, die nicht strikt gelten, zurückgreift, die nicht aussichtsreich zu sein schien.

Ausgehend von dieser Feststellung habe ich versucht, ein differenziertes Szenario aufzuzeigen, in dem Prinzipien und Regeln ständig aufeinandertreffen und die Beziehung zwischen beiden vielfältig ist. Dabei wird die in der Einleitung gestellte Hauptfrage – wie sollte das Spannungsverhältnis zwischen einer Regel und einem Prinzip gelöst werden? – je nach Kontext anders beantwortet. Ich habe argumentiert, dass die *Standardsituation* diejenige ist, in der die Entscheidung, ob ein Sachverhalt unter den Tatbestand einer Regel zu subsumieren ist, auf verschiedene Arten von Argumenten gestützt werden, Prinzipien berücksichtigen, und sogar Abwägung beinhalten kann, vorausgesetzt, dass das Ergebnis dieses Prozesses – d. h. die Bestimmung des Tatbestands – mit einer semantischen und systematischen Auslegung der betreffenden Regel vereinbar ist. Es kommt jedoch vor, dass Regeln aufgrund einer mangelhaften Berücksichtigung der einschlägigen Prinzipien ihre Rolle als Vermittler einer beigelegten Prinzipienkollision nicht gerecht werden; unter solchen Umständen treten

Abwägung und Prinzipien mit einer anderen Aufgabe in die Welt der Regeln ein: der Einschränkung oder Ausweitung des Tatbestands der Regel.[69]

Abschließend möchte ich hervorheben, dass die vorstehenden Ausführungen keineswegs die grundlegende Rolle von Regeln in einer Verfassungsordnung in Frage stellen. Ganz im Gegenteil. Die Abwägung mag in der Tat allgegenwärtig sein, aber Ubiquität kann nicht Willkür bedeuten. Die Betonung der unterschiedlichen Rollen, die die Abwägung in verschiedenen Kontexten spielt, zielt darauf ab, den Richtern bei der Anwendung von Regeln eine klare Argumentationslast aufzuerlegen.

---

[69] Eine weitere Implikation der hier vertretenen differenzierten Sichtweise über die Rolle der Abwägung, nämlich der institutionelle Aspekt dieser Sichtweise, konnte in diesem Kapitel nur kurz erörtert werden. In der Debatte über Abwägung und Verhältnismäßigkeit wird häufig davon ausgegangen, dass sich alles innerhalb einer einzigen Institution abspielt, nämlich der Judikative, die als monolithische Institution mit der gleichen Struktur und den gleichen Kompetenzen überall wahrgenommen wird. Dieser institutionelle Aspekt wird in einem weiteren Artikel untersucht, in dem über die Behauptung hinaus, dass die Abwägung unterschiedliche Aufgaben erfüllen kann, auch geltend gemacht wird, dass die für die jeweiligen Aufgaben zuständigen Institutionen auch unterschiedlich sein können. Dies ist die Domäne des institutionellen *design*, innerhalb dessen jedes Land eine Welt für sich ist. Ich vertrete die These, dass ein rein methodologischer Ansatz nicht ausreicht, um die Auswirkungen der Abwägung und der Verhältnismäßigkeitsprüfung auf die Gewaltenteilung und die Rechtssicherheit zu beurteilen (die beiden Aspekte, die in den Einwänden gegen die Abwägung am häufigsten genannt werden). Es ist unerlässlich, Variablen wie Kompetenzverteilung und Gerichtsverfahren zu berücksichtigen.

Die Gewichtsformel und das Kopftuch

Robert Alexys Gewichtsformel und deren Anwendung auf die Entscheidung des Bundesverfassungsgerichts aus dem Jahr 2015 zur Integration von muslimischen verbeamteten Lehrerinnen

María Elósegui *

In diesem Beitrag wird faktenbasiert aufgezeigt, dass die Verhältnismäßigkeitsprüfung und die Gewichtsformel *Robert Alexys* für die Praxis der Verfassungsgerichte und anderer hoher Gerichte, einschließlich des Europäischen Gerichtshofs für Menschenrechte („EGMR"), nützlich sind. Die Untersuchung wird sich auf einen konkreten Beschluss des Bundesverfassungsgerichts über den Gebrauch des Kopftuchs bei Beamtinnen stützen. In einer Untersuchung der Argumente des BVerfG in der Entscheidung vom 27. 01. 2015 zu zwei muslimischen Frauen, einer Lehrerin sowie einer Sozialarbeiterin, soll geprüft werden, wie die Abwägung vorgenommen wird, ob die Schritte der Verhältnismäßigkeitsprüfung eingehalten wurden, und wie sich dies mit den drei von *Alexy* beschriebenen Unterprinzipien deckt.

---

* Aus dem Englischen übersetzt von Lukas Fest. – Der Beitrag wurde ursprünglich in spanischer Sprache veröffentlicht („La formula del peso de Robert Alexy y su aplicación a la decisión del Tribunal Constitutional alemán de 2015 sobre la integración de profesoras funcionarias", in: Anales de la Catedra Francisco Suarez, Nr. 54, 2020, S. 205–236) und ins Englische übersetzt („Robert Alexy's Balancing Model and its Application to the Decision of the German Constitutional Court of 2015 on the Use of the Veil by Women Teachers", in: Liber Amicorum Linos-Alexandre Sicilianos, 2020, S. 181–209). Ich danke Herrn Prof. Dr. Martin Borowski für die herzliche Aufnahme an der Juristischen Fakultät der Universität Heidelberg in den Monaten April, Mai und Juni 2017 sowie dem Max-Planck-Institut Heidelberg für die Ermöglichung der Teilnahme an ihren Debatten. Mein besonderer Dank gilt dem Professor und Kollegen Robert Alexy für seine neuen Anregungen zum oben erwähnten Urteil des BVerfG von 2015. Ebenso gilt mein Dank der Alexander-von-Humboldt-Gesellschaft für die stets großzügige Unterstützung aller Stipendiaten der Vereinigung, die es uns ermöglicht, gemäß ihrem Motto „Einmal Humboldtianer, immer Humboldtianer" Forschungsphasen an deutschen Universitäten zu absolvieren.

I. Eine Anwendung des Abwägungsmodells von Robert Alexy auf die Entscheidung des Bundesverfassungsgerichts von 2015 zum Tragen des Kopftuchs durch Lehrerinnen

Diese Arbeit ist in eine meiner Forschungslinien eingebettet, in der ich anhand von Rechtsprechungsanalysen versuche aufzuzeigen, dass die Verhältnismäßigkeitsprüfung und die Gewichtsformel *Alexys* sich für die Praxis der Verfassungsgerichte und anderer hoher Gerichte, einschließlich des EGMR, als nützlich erweisen. In verschiedenen Arbeiten[1] habe ich bereits gezeigt, dass *Alexys* Form der Prüfung der in der Rechtsprechung des Gerichtshofs vorgenommenen Abwägung sehr ähnelt, wobei die Untersuchung der Anwendung von *Alexys* Methode durch den EGMR bereichert werden könnte.[2] Hierbei soll, da das Ziel der Arbeit eine Diskussion der Kritik daran[3] nicht umfasst, von der Gültigkeit des Alexyschen Abwägungsmodells ausgegangen werden. Um dessen Nützlichkeit zu unterstreichen, soll es hier auf eine konkrete Entscheidung des deutschen Verfassungsgerichts über den Gebrauch des Kopftuchs bei Beamtinnen angewendet werden. Die These, die damit unterstützt werden soll, lautet, dass sich zwischen dem Kopftuchurteil von 2003 und dem Beschluss von 2015, in der es um eine Lehrerin und eine Sozialarbeiterin ging, die Art und Weise der Abwägung geändert hat, wie ich bereits in verschiedenen Arbeiten zu der ersten und zweiten Entscheidung dargelegt habe.[4] Es wird davon ausgegangen, dass die Theorie *Alexys* in das Modell des schwachen Triumphs der Grundrechte (schwaches Trumpfmodell) eingeordnet werden muss.[5]

---

[1] *M. Elósegui*, El principio de proporcionalidad de Alexy y los acomodamientos razonables en el caso del TEDH Eweida y otros c. Reino Unido. Die verhältnismäßigen Anpassungen in der Entscheidung des Europäischen Gerichtshofs für Menschenrechte (EGMR) im Fall Eweida und Andere gegen das Vereinigte Königreich in *M. Elósegui* (Hrsg.), Los principios y la interpretación judicial de los Derechos Fundamentales. Homenaje a Robert Alexy en su 70 Aniversario, 2016; A. Flores/M. Elósegui/E. Uribe (Hrsg.), El neoconstitucionalismo en la teoría de la argumentación de Robert Alexy. Homenaje en su 70 Aniversario, 2015.

[2] Vgl. *M. Klatt*/*M. Meister*, The Constitutional Structure of Proportionality, 2012, S. 9: „Alexy's analysis of the proportionality test is as neatly in accordance with the jurisprudence of the ECtHR as possible."

[3] Vgl. dazu nur *M. Borowski*, Grundrechte als Prinzipien, 2. Aufl. 2007.

[4] *M. Elósegui*, La argumentación jurídica del tribunal constitucional alemán sobre el uso del velo. Un análisis desde la teoría de la ponderación de Alexy in Libro homenaje al profesor Andrés Ollero, Editorial Congreso de los Diputados, Madrid, 2015.

[5] Diese Ansicht wird von zahlreichen Autoren geteilt. Vgl. *S. Greer*, Balancing and the European Court of Human Rights: A Contribution to the Habermas-Alexy Debate, in: Cambridge Law Journal 63 (2004), S. 412–434; *Klatt*/*Meister*, Constitutional Structure (Fn. 2), S. 23; *M. Cohen-Eliya*/*I. Porat*, Proportionality and Constitutional Culture, 2013; *J. Bomhoff*, Balancing Constitutional Rights: The Origins and Meaning of Postwar Legal Discourse, 2015; *A. Barak*, Proportionality: Constitutional Rights and their Limitations, 2012.

In der Untersuchung der Argumentation des BVerfG in der Entscheidung von 27.01.2015[6] in Bezug auf zwei muslimische Frauen, eine Lehrerin und eine Sozialarbeiterin,[7] wird die Durchführung der Abwägung und das Einhalten der Schritte der Verhältnismäßigkeitsprüfung mit drei Unterprinzipien verglichen, die von *Alexy* im Lichte der Rechtsprechung dieses Gerichts rekonstruiert wurden. *Alexy* führt aus, dass im Falle des Bundesverfassungsgerichts die Abwägung Teil eines umfassenderen Grundsatzes sei: des Verhältnismäßigkeitsgrundsatzes. Der Verhältnismäßigkeitsgrundsatz bestehe aus drei Teilgrundsätzen: dem Grundsatz der Geeignetheit,[8] dem Grundsatz der Erforderlichkeit und dem Grundsatz der Angemessenheit. Diese Grundsätze würden als Prinzipien – und gerade nicht als Regeln – den Optimierungsgedanken zum Ausdruck bringen. Im Sinne der Optimierung würden Prinzipien verlangen, dass etwas so weit wie möglich in Anbetracht seiner rechtlichen und faktischen Möglichkeiten durchgeführt wird. Die Prinzipien der Geeignetheit und Notwendigkeit beziehen sich auf die relative Optimierung des faktisch Möglichen.[9]

Obwohl *Alexy* seine Theorie vielfach präsentiert hat, soll sich hier auf die Grundlagen konzentriert werden, die er selbst für ein Seminar in Zaragoza zu seinem siebzigsten Geburtstag vortrug und die 2016 auf Spanisch und Deutsch veröffentlicht wurden.[10] Eine weitgehend ähnliche Version ist in „The Absolute

---

[6] BVerfG, Beschluss vom 27. Januar 2015, 1 BvR 471/10, 1 BvR 1181/10. Der Unterschied zwischen einem Beschluss und einem Urteil des BVerfG ist, dass Beschlüsse, anders als Urteile, ohne öffentliche Anhörung entschieden werden. Der Großteil der Entscheidungen des BVerfG besteht aus Beschlüssen. Vgl. *E. Benda/E. Klein*, Verfassungsprozessrecht. Ein Lehr- und Handbuch, 2. Aufl. 2001, S. 128.

[7] Für eine Betrachtung des substantiven Inhalts der Entscheidung und der fraglichen betroffenen Grundrechte, vgl. *M. Elósegui*, La ponderación y la neutralidad abierta contra la discriminación religiosa y racial en la decision del Tribunal Constitucional Alemán de 2015 sobre el uso del velo en profesoras, Revista de Derecho político 104 (2019), S. 205–236. Verfügbar auf: http://revistas.uned.es/index.php/derechopolitico/article/view/24316, (Stand 22. 07.2022).

[8] Auch als „principle of adequacy" bekannt. Vgl. *R. Alexy*, The Absolute and the Relative Dimension of Constitutional Rights in: Oxford Journal of Legal Studies 36 (2016) S. 1–17.

[9] *R. Alexy*, Teoría del discurso y los derechos constitucionales 2005, S. 61. Ferner *R. Alexy*, Teoría de los derechos fundamentales, 1993 (übers. v. E. Garzón Valdés), S. 47, ausführlicher S. 81–115. Die Quellenangaben beziehen sich auf diese Ausgabe. Es gibt eine aktuellere Auflage mit einer neuen spanischen Übersetzung, ausgeführt von C. Bernal Pulido, ebenfalls herausgegeben vom Centre of Political and Constitutional Studies, 2007. Ferner: *R. Alexy*, Epílogo a la teoría de los derechos fundamentales (übers. v. C. Bernal Pulido), 2004, S. 25–64.

[10] *R. Alexy*, Un concepto no positivista de derecho fundamental. Sobre la relación entre teoría de los principios, derechos fundamentales y moral, in: M. Elósegui (Hrsg.), Los principios y la interpretación judicial de los Derechos Fundamentales, 2016, S. 27–45. Zur Gewichtsformel siehe S. 31. Die deutsche Version ist im selben Buch zu finden: Ein nichtpositivistischer Grundrechtsbegriff. Zum Verhältnis von Prinzipientheorie, Grundrechten und Moral, S. 251–269. Ferner: *R. Alexy*, La dimensión real e ideal del Derecho, in: Prensas Uni-

and the Relative Dimension of Constitutional Rights", im *Oxford Journal of Legal Studies*, zu finden.[11]

Das erste Problem, noch bevor die Abwägung beginnt, besteht aus der Wahl, welche Regeln auf den Fall zutreffen und wie diese auszulegen sind. Nur Grundrechte und Verfassungswerte werden als legitime Zwecke denselben Rang haben.[12] Sollte es zu einer Prinzipienkollision kommen, ist dementsprechend eine Abwägung notwendig, um herauszufinden, welches bedingt vorrangig ist bzw. wie ein angemessener Ausgleich gefunden werden kann. Darüber hinaus muss über den wesentlichen Inhalt der jeweiligen Verfassungsnorm entschieden werden. Diese Auslegung kann in der bisherigen Rechtsordnung bereits dogmatisch ausgeprägt sein, doch auch in solchen Fällen kommt es häufig zwischen den entscheidenden Richtern zu Kontroversen. In der vorliegenden Entscheidung wird die Mehrheit zu einer anderen Auslegung der verfassungsrechtlichen Vorschriften gelangen, als dies die vorinstanzlichen Gerichte taten, die sich wiederum von der Auslegung unterscheiden wird, die im Sondervotum vertreten wird. Meines Erachtens hat die Wahl der äußeren Begründung des Urteils, um einen Begriff von *MacCormick* zu verwenden, d. h. die Wahl der anzuwendenden Regeln, einen erheblichen Einfluss auf die innere Begründung des Urteils.[13]

Es sollen nun die drei Abwägungsschritte der BVerfG-Entscheidung untersucht werden. Nach *Alexy:*

> „Die Grundsätze der Geeignetheit und der Erforderlichkeit beziehen sich auf die Optimierung relativ auf die faktischen oder tatsächlichen Möglichkeiten. Wenn ein Mittel M, das eingesetzt wird, um das Prinzip P_1 zu fördern, hierfür ungeeignet ist, aber die Realisierung des Prinzips P_2 einschränkt, dann besteht die faktische oder tatsächliche Möglichkeit, auf M zu verzichten, ohne dass Kosten für P_1 und P_2 entstehen. Die Optimierung von P_1 und P_2 *zusammengenommen* verbietet deshalb den Einsatz von M."[14]

---

versidad de Zaragoza, Colección Paraninfo Honoris Causa, 2016, S. 39–50. Englische Version: The real and the Ideal Dimensión of Law, S. 51–61.

[11] *Alexy*, Dimension (Fn. 10), S. 1–17.

[12] Vgl. *Klatt/Meister*, Constitutional Structure (Fn. 2), S. 23.

[13] *N. MacCormick*, Legal Reasoning and Legal Theory, 1978.

[14] *Alexy*, Ein nichtpositivistischer Begriff der Grundrechte, in: W. Ewer/U. Ramsauer/ M. Reese/R. Rubel (Hrsg.), Methodik – Ordnung – Umwelt, FS für Hans-Joachim Koch, 2014, S. 17.

II. Die fraglichen Grundrechte in der Entscheidung des Bundesverfassungsgerichts von 2015

Zunächst sollen den Grundsätzen, die in der Entscheidung des BVerfG eine Rolle spielen, Buchstaben zugeordnet werden. In der Entscheidung, eine Abwägung vorzunehmen, werden die Themen in dieser Reihenfolge untersucht: Auf der einen Seite der Waage stehen die Rechte der Beamten, zu welchen auch das Recht auf Religionsfreiheit (Art. 4 GG) sowie das Recht auf gleichen Zugang zum öffentlichen Amte (Art. 33 GG) und auf Nichtdiskriminierung aufgrund des Geschlechts (Art. 3 GG) gehören. Auch die von Beamten geforderte Neutralität wird diskutiert. Auf der anderen Seite der Waage stehen die negative Religionsfreiheit der Kinder und das Recht der Eltern, ihre Kinder nach ihren Überzeugungen zu erziehen. Alle diese Rechte sind auch mit dem Erziehungsauftrag der Schule zu verbinden, der dem Staat zukommt und Teil der Achtung der positiven weltanschaulich-religiösen Neutralität des Grundgesetzes ist. Darüber hinaus konzentriert sich das BVerfG auf die Kontrolle der Verfassungsmäßigkeit von § 54 des Schulgesetzes des Landes Nordrhein-Westfalen („SchulG NRW"), der Landesregelung über das Schulwesen. Hierbei analysiert es jeden einzelnen Satz des Gesetzes eingehend.[15] Der dritte Satz des Abs. IV wurde vom BVerfG als diskriminierend im Hinblick auf den Zugang zum öffentlichen Dienst unter gleichen Bedingungen angesehen und für nichtig erklärt. Die Sätze 1 und 2 müssen restriktiv ausgelegt werden, damit der Text mit dem Grundgesetz vereinbar ist.

Zu diesem Zweck untersucht das Gericht einige unbestimmte Rechtsbegriffe sowie den materiellen Gehalt der in der Rechtssache betroffenen Grundrechte, wobei es sich am Toleranzprinzip orientiert, wie es in der deutschen Verfassungsrechtsdogmatik sehr ausführlich entwickelt worden ist. Dieses an den demokratischen Gesetzgeber gerichtete Toleranzgebot setzt voraus, dass dieser rechtliche Lösungen finden muss, die einen für alle zumutbaren Kompromiss

---

[15] § 57 IV SchulG NRW lautet: „[1]Lehrerinnen und Lehrer dürfen in der Schule keine politischen, religiösen, weltanschaulichen oder ähnliche äußere Bekundungen abgeben, die geeignet sind, die Neutralität des Landes gegenüber Schülerinnen und Schülern sowie Eltern oder den politischen, religiösen oder weltanschaulichen Schulfrieden zu gefährden oder zu stören. [2]Insbesondere ist ein äußeres Verhalten unzulässig, welches bei Schülerinnen und Schülern oder den Eltern den Eindruck hervorrufen kann, dass eine Lehrerin oder ein Lehrer gegen die Menschenwürde, die Gleichberechtigung nach Artikel 3 des Grundgesetzes, die Freiheitsgrundrechte oder die freiheitlich-demokratische Grundordnung auftritt. [3]Die Wahrnehmung des Erziehungsauftrags nach Artikel 7 und 12 Abs. 6 der Verfassung des Landes Nordrhein-Westfalen und die entsprechende Darstellung christlicher und abendländischer Bildungs- und Kulturwerte oder Traditionen widerspricht nicht dem Verhaltensgebot nach Satz 1. [4]Das Neutralitätsgebot des Satzes 1 gilt nicht im Religionsunterricht und in den Bekenntnis- und Weltanschauungsschulen."

darstellen,[16] was Minderheiten einschließe, womit auf das Ludin-Urteil Bezug genommen wird.[17] Ich verweise hierzu auf die von Autoren wie *Clérico*,[18] *Klein*,[19] *Möllers*,[20] *Hong*[21] u. a.[22] entwickelte Debatte.

Im Kopftuchbeschluss von 2015 sind neben einer Kontinuität einige neue Umstände zu erkennen, die auf der neuen Gesetzgebung des Landes Nordrhein-Westfalen beruhen. Dies erfordert eine erweiterte Argumentation, da *prima facie* kein Vorrang bei Grundrechtskollisionen besteht. Es stellt sich die Frage, ob es neben der Verantwortung des Staates, das Recht auf Bildung zu gewährleisten, auch ein Recht der Eltern gibt, ihre Kinder nach ihren Wertvorstellungen zu erziehen. Daneben stellt der Schulfrieden als Rechtsgut ohne Verfassungsrang ein Mittel dar, um einen Rahmen zu schaffen, in welchem Bildung empfangen werden kann. Jedoch ist dessen Priorisierung gegenüber anderen Grundrechten unklar. So haben im zweiten Urteil einige nationale Gerichte dem Bildungsauftrag der Schule *prima facie* Vorrang eingeräumt und damit einige Grundrechte der Lehrer zurückgestellt.

III. Das Prinzip der Geeignetheit

Um das Prinzip der Angemessenheit zu untersuchen, seien zunächst alle Rechte, die sich auf den Bildungsauftrag der Schule beziehen, einer Seite der Abwägung zugewiesen, die als P1 bezeichnet werden soll. Die verschiedenen Rechte der Lehrerinnen seien als P2 bezeichnet. Das vom Land vorgesehene Mittel (M) oder die Maßnahme zur Erfüllung von P1, dem Bildungsauftrag der Schule,

---

[16] Vgl. BVerfG, Beschluss vom 27. Januar 2015, 1 BvR 471/10, 1 BvR 1181/10, Rn. 98.

[17] Vgl. BVerfG, Beschluss vom 27. Januar 2015, 1 BvR 471/10, 1 BvR 1181/10, Rn. 108, 282, 302 ff.

[18] *L. Clérico*, Die Struktur der Verhältnismäßigkeit, 2001, S. 155, wo sie auf den Unterschied zwischen „distinguishing" und „overruling" Bezug nimmt, von dem *Alexy* in Theorie der juristischen Argumentation, 9. Auflage 2019, S. 340, ausgeht. Zu den Regelresultaten der Abwägung: „Wenn ein Präjudiz für oder gegen eine Entscheidung angeführt werden kann, ist es anzuführen" (S. 153), wobei sie *Alexy*, Theorie der juristischen Argumentation, S. 339, zitiert. Im Vergleich hierzu gibt sie jedoch auch an: „Hat der neue Fall aber Merkmale, die sich von den Umständen der anwendbaren Abwägungsergebnisregel vernünftig differenzieren lassen, kann von der Abwägungsergebnisregel abgewichen werden" (S. 155); spanische Version: *dies.*, El examen de proporcionalidad en el Derecho Constitucional, 2009, S. 183 (186).

[19] *T. Klein*, Das Kopftuch im Klassenzimmer: konkrete, abstrakte, gefühlte Gefahr? DÖV (2015), S. 464–470.

[20] *C. Möllers*, A Tale of Two Courts, Verfassungsblog v. 1. März 2015, https://verfassungsblog.de/a-tale-of-two-courts/ (Stand 22.07.2022).

[21] *M. Hong*, Ein Gericht oder Zwei Gerichte. Der Kopftuchbeschluss, das Plenumsverfahren und der Grundsatz „stare decisis", *Der Staat* 54 (2015), S. 409–434.

[22] Vgl. *R. Alexy/R. Dreier*, Precedent in the Federal Republic of Germany, in: N. MacCormick/R. Summers (Hrsg.), Interpreting Precedents: A Comparative Study, 1997, S. 17–64.

wird durch S. 3 des § 57 IV SchulG NW verwirklicht, wonach es Lehrern nicht gestattet sein soll, religiöse Symbole zu verwenden, mit Ausnahme solcher der abendländischen christlichen und jüdischen Religionen. Das BVerfG kommt zu dem Schluss, dass dieses Verbot aus mehreren Gründen kein angemessenes Mittel ist, um P1 (dem Bildungsauftrag der Schule) gerecht zu werden. Das Mittel schränkt die Erfüllung von P2 (das positive Recht muslimischer Lehrerinnen, den Schleier zu tragen,[23] welches weiter unten analysiert wird) absolut ein. Das positive Recht auf Religionsfreiheit wird durch ein allgemeines gesetzliches Verbot außer Kraft gesetzt und somit einem ohne ausreichende Rechtfertigung erfolgenden Eingriff ausgesetzt. Ein weiteres Argument, das meines Erachtens auf beiden Seiten der Waage angeführt werden kann, ist das Modell der offenen Neutralität in den Beziehungen des Staates zu den verschiedenen Religionen. Auch auf dieser Seite der Waage wird geprüft, ob es geeignet ist, die religiöse Vielfalt der Lehrer durch gesetzliche Verbote zu verbergen. Es wird analysiert, ob dieses mögliche Verbot verfassungsrechtlich mit dem vom Grundgesetz verteidigten Modell der offenen Neutralität des Staates gegenüber den Konfessionen vereinbar wäre. Das BVerfG verneint auch die Notwendigkeit eines solchen Verbots. Mit anderen Worten: Ein Verbot für Lehrer, religiöse Symbole zu verwenden, steht nicht im Einklang mit dem Bildungsauftrag der Schule, in der das Recht auf positive Religionsfreiheit nicht nur von den Schülern, sondern auch von den Lehrern ausgeübt werden können soll.

Daraufhin untersucht das BVerfG, ob es eine tatsächliche Möglichkeit gibt, auf M (das gesetzliche Verbot bzgl. des Kopftuchs) zu verzichten, ohne einen Nachteil für die Gesamtheit der Rechte zu verursachen, die wir in P1 auf der einen und P2 auf der anderen Seite eingeordnet haben. Zur Beantwortung dieser Frage untersucht das BVerfG das Vorliegen einer abstrakten oder konkreten Gefahr, um eine solche Abwägung vorzunehmen.

IV. Das Prinzip der Erforderlichkeit

In einem zweiten Schritt soll der Grundsatz der Erforderlichkeit untersucht werden, der mit dem Grundsatz der Geeignetheit eng zusammenhängt. *Alexy* fasst dies insofern zusammen, dass,

> „[w]enn ein Mittel *M*, das eingesetzt wird, um das Prinzip P_1 zu fördern, hierfür ungeeignet ist, aber die Realisierung des Prinzips P_2 einschränkt, dann besteht die faktische oder tatsächliche Möglichkeit, auf *M* zu verzichten, ohne dass Kosten für P_1 und P_2

[23] *Clérico*, Examen de proporcionalidad (Fn. 18), S. 80, wobei sich die Autorin auf BVerfGE 90, 145 (185) bezieht, dort heißt es: „Daraus folgt, daß unter Umständen der an sich in legitimer Weise angestrebte Schutz zurückstehen muß, wenn das eingesetzte Mittel zu einer unangemessenen Beeinträchtigung der Rechte des Betroffenen führen würde".

entstehen. Die Optimierung von P_1 und P_2 *zusammengenommen* verbietet deshalb den Einsatz von *M*."[24]

Auf unseren Fall angewandt, wäre Mittel 2 die Erziehung zur Achtung religiöser Vielfalt und der Rechte der Lehrer (sowie der Rechte anderer Schüler), kurz gesagt, die Erziehung zur Toleranz.[25] Mit anderen Worten: Der Bildungsauftrag umfasst das aktive Erlernen der Achtung der Rechte anderer. Anstelle von Verbotsmaßnahmen, die die Grundrechte derjenigen einschränken, die die Ausübung dieser Rechte beobachten, wäre es daher ein angemessenes Mittel, Schülern die Achtung dieser Rechte beizubringen. Dies würde nicht nur dazu beitragen, die Rechte der Religionsfreiheit, in diesem Fall der muslimischen Lehrerinnen, zu respektieren, sondern würde auch das Modell der positiven Neutralität des deutschen Grundgesetzes stärken und ihm besser entsprechen. Diese präventive Erziehung würde auch dazu beitragen, mögliche Konflikte zu vermeiden, die sich aus kulturellen Unterschieden ergeben. In diesem Sinne würden sowohl P1 als auch P2 optimiert werden. Kurz gesagt, eine weniger schädliche Maßnahme von P2 wäre es, die Schüler zu Toleranz und Nichtdiskriminierung von Menschen anderer Religionen oder von Gläubigen ihrer eigenen Religion zu erziehen, die jedoch ihre eigene Religion auf unterschiedliche Weise ausüben. Die Entscheidung bezieht sich auf ein Urteil des deutschen Bundesverwaltungsgerichts, das sich mit reflektierten Konflikten unter tatsächlichen muslimischen Schülern an einem Berliner Institut befasste. Nicht die Rechte der Lehrer wurden eingeschränkt, sondern die Rechte der muslimischen Schüler. Die Schule hatte ihnen einen Gebetsraum zur Verfügung gestellt. Diese Gebetsstätte wurde jedoch aufgrund von Spannungen, die durch Meinungsverschiedenheiten unter den muslimischen Schülern entstanden waren, geschlossen und aufgehoben. Trotz des Versuchs, Spannungen zu vermeiden, kann das BVerfG, wenn sich die normalen Mittel als unzureichend erweisen, ausnahmsweise auch andere restriktive Maßnahmen für möglich halten, deren vorübergehende Erforderlichkeit gerechtfertigt sein könnte. Wir werden dies im Folgenden analysieren.

Bei dieser Analyse der Geeignetheit und der Erforderlichkeit, die den Einsatz milderer Mittel und die Vermeidung des wahren Konflikts erlaubt, geht es nach *Alexy* „bei der Optimierung relativ auf die tatsächlichen Möglichkeiten [...] um vermeidbare Kosten"[26]. In der Tat zeigt das BVerfG in diesem ersten

[24] *Alexy*, Ein nichtpositivistischer Begriff der Grundrechte (Fn. 14), S. 17.

[25] In diesem Fall sind der Gesetzgeber und die Schulbehörden an das Toleranzgebot gebunden, unabhängig davon, ob die Existenz eines verfassungsmäßigen Rechts auf Toleranz auf der horizontalen Ebene der Drittwirkung zwischen den Bürgern strittig oder gar, da dies in den Augen mancher eine ethische und keine rechtliche Frage sein soll, bestreitbar ist. Jedenfalls verwendet das BVerfG in dieser Entscheidung den an den Gesetzgeber gerichteten Rechtsbegriff des Toleranzgebots auf den Gesetzgeber und wendet ihn nicht auf den Einzelnen an.

[26] *Alexy*, Ein nichtpositivistischer Begriff der Grundrechte (Fn. 14), S. 17.

Test, dass es keine wirkliche Kollision zwischen Lehrern und Schülern gegeben hat.

In seinem Werk *Theorie der Grundrechte*[27] stellt *Alexy* dieses dritte Teilprinzip der Angemessenheit in dem Sinne dar, dass, wenn eine als Prinzip betrachtete Grundrechtsnorm mit einem gegnerischen Prinzip in Kollision gerät, die rechtliche Möglichkeit der Verwirklichung der Grundrechtsnorm vom gegnerischen Prinzip abhängt. Um zu einer Entscheidung zu gelangen, ist ein Ausgleich im Sinne des Kollisionsrechts erforderlich.[28]

Alexy konstatiert:

„Kosten sind jedoch unvermeidbar, wenn Prinzipien kollidieren. Dann wird eine Abwägung notwendig. Die Abwägung ist der Gegenstand des dritten Untergrundsatzes des Verhältnismäßigkeitsgrundsatzes, des Grundsatzes der Verhältnismäßigkeit im engeren Sinne. Dieser Grundsatz bringt zum Ausdruck, was Optimierung relativ auf die rechtlichen Möglichkeiten bedeutet. Er ist mit einer Regel identisch, die als „Abwägungsgesetz" bezeichnet werden kann. Sie lautet: Je höher der Grad der Nichterfüllung oder Beeinträchtigung des einen Prinzips, desto größer muss die Wichtigkeit der Erfüllung des anderen sein. Das Abwägungsgesetz schließt, unter anderem, einen intensiven Eingriff in Prinzip P_1, der nur durch eine geringe Wichtigkeit der Erfüllung des kollidierenden Prinzips P_2 gerechtfertigt wird, aus. Unter diesen Umständen einen Eingriff zuzulassen, würde keine Optimierung von P_1 *zusammen mit* P_2 sein.[29]

Dazu müsse geprüft werden, ob die Vorteile aus der Erreichung dieses Kollektivgutes größer sind als der Schaden, welcher dem Aufgeben des Grundrechts innewohnt.[30]

---

[27] *Alexy*, Derechos fundamentales (Fn. 9) S. 102, sowie *Alexy*, Teoría del discurso (Fn. 9), S. 62.

[28] *Alexy*, Derechos fundamentales (Fn. 9), S. 112.

[29] *Alexy*, Ein nichtpositivistischer Begriff der Grundrechte (Fn. 14), S. 17f.

[30] *T. de Domingo*, La teoría de la justicia del neoconstitucionalismo, in: ders./A. L. Martínez-Pujalte, (Hrsg.), Neoconstitucionalismo, justicia y principio de proporcionalidad, 2011, S. 15. Für eine Bewertung, siehe *Clérico*, Examen de proporcionalidad (Fn. 18), S. 196, dort Fn. 96, S. 197, 219 und 238; deutsche Version: *Clérico*, Verhältnismäßigkeit (Fn. 18), S. 161, dort Fn. 591, S. 162, 177: „Der Rationalitätsgewinn dieses Vorschlages liegt aber darin, daß die Begründung von Abwägungsurteilen aufgrund allgemeiner Kriterien, die *unabhängig vom zu entscheidenden Abwägungsproblem* bestimmt werden, theoretisch möglich ist. Anders formuliert: Abwägungsergebnisse können aufgrund unabhängig von einem Abwägungsurteil ermittelter Werte für Erfüllungsgrade, Gewichte und Erfüllungswerte begründbar sein, ‚also sich nicht erst als Rationalisierung intuitiv getroffener Abwägungsurteile ermitteln lassen'" (*J.-R. Sieckmann*, Zur Begründung von Abwägungsurteilen, 1995, S. 58, 51) und 187.

V. Das Prinzip der Angemessenheit

Nun soll die Verhältnismäßigkeit im engeren Sinne (Angemessenheit) Schritt für Schritt mit ihren drei Unterprinzipien untersucht und auf die Abwägung des BVerfG angewendet werden. Als Antwort auf die Kritik, die seine Arbeit in den letzten Jahren erhielt, entwickelte *Alexy* ein Abwägungsprinzip, welches er „Abwägungsgesetz"[31] oder „Gewichtsformel" nannte:[32]

> „Nach dem Abwägungsgesetz hat die Abwägung in drei Stufen zu erfolgen. Auf der ersten Stufe ist die Intensität des Eingriffs zu bestimmen. Auf der zweiten Stufe geht es dann um die Wichtigkeit der den Eingriff rechtfertigenden Gründe. Erst auf der dritten Stufe erfolgt dann die Abwägung im engeren und eigentlichen Sinne."[33]

Dementsprechend müssen rationale Urteile formuliert werden: (1) bezüglich der Intensität der Eingriffe; (2) bezüglich der Grade der Bedeutung; sowie (3) bezüglich des Verhältnisses zwischen diesen.[34] Darüber hinaus resultiert die Abwägung nicht immer darin, einer Partei vollständig ihre Rechte zu gewähren, sondern vielmehr darin, harmonisierte Lösungen zu finden, bei denen jede Partei leicht nachgibt oder ihre Rechte in irgendeiner Weise an die Forderungen der anderen Partei (Person, Staat oder Kollektivgut) anpasst.[35] Im Rahmen des Nachweises, ob es möglich ist, rationale Urteile über den Grad der Erheblichkeit und die Intensität eines Eingriffs zu treffen, sodass das Ergebnis durch Abwägung ermittelt werden kann, entwickelt *Alexy* eine triadische Skala, die Eingriffen Werte von leicht, mittel und schwer zuweist.[36]

---

[31] Wobei das Wort „Gewicht" symbolisch zu verstehen ist; vgl. *Clérico*, Examen de proporcionalidad (Fn. 18), S. 179, dort Fn. 57.

[32] *R. Alexy*, Die Gewichtsformel, in: J. Jickeli/P. Kreutz/ D. Reuter (Hrsg.), Gedächtnisschrift für Jürgen Sonnenschein, 2003, S. 788–789.

[33] *R. Alexy*, Kollision und Abwägung als Grundprobleme der Grundrechtsdogmatik, in: M. La Torre/A. Spadaro, La ragionevolezza nel diritto, 2002, S. 24; ferner *ders.*, Los derechos constitucionales y el sistema jurídico, in: *ders.*, Teoría del discurso (Fn. 9), S. 78; *ders.*, On Balancing and Subsumption. A Structural Comparison, in: Ratio Juris 10 (2003) S. 433–449; *ders.*, Constitutional Rights (Fn. 29) S. 66; *ders.*, Balancing, Constitutional Review and Representation, in: Institutional Journal of Constitutional Law, 3 (2005), S. 572–581.

[34] *Alexy*, Derechos constitucionales (Fn. 33), S. 78; zur Gewichtsformel ebd., S. 83–84; Aktueller: *Alexy*, Dimension (Fn. 10), S. 7.

[35] Wie G. Valdés in El sentido actual de la tolerancia in *Alexy*, Teoría del discurso (Fn. 9), S. 38, aufzeigt, gibt es zwei Arten von Strategien, mit Konflikten umzugehen und Lösungen zu finden: Auf eine Abwägung der Relevanz der Prinzipien für den jeweiligen Fall zurückzugreifen oder den Schutzbereich eines dieser Prinzipien durch eine Regel einzuschränken. Geht man von der ersten Möglichkeit aus, weicht eines der Prinzipien, wird der zweite Weg beschritten, ist die Abwägung in den geregelten Fällen ausgeschlossen.

[36] *Alexy*, Derechos constitucionales (Fn. 33), S. 83–84.

1. *Der erste Schritt der Angemessenheitsprüfung: Der Grad der Nichtbefriedigung von P1, den Rechten der Studenten*

Die Grade der Nichtbefriedigung oder Beeinträchtigung des ersten Prinzips P_1 werden im ersten Schritt festgestellt. Im zweiten Schritt werden die auf der anderen Seite der Abwägung liegenden Rechte P_2 untersucht, worauf auf der dritten Stufe die Abwägung vorgenommen wird, welchem davon Vorrang zukommt. In seiner Entscheidung nimmt das BVerfG sogar zwei verschiedene Abwägungen vor, je nachdem, ob eine abstrakte oder konkrete Gefahr für den Bildungsauftrag der Schule und die Rechte der Schüler besteht.[37] Eine dritte Abwägung wäre nach Meinung der Autorin wünschenswert, um eine praktische Konkordanz herzustellen.

Daraufhin wird auf den Grad der Nichterfüllung des ersten Prinzips eingegangen – es wird aus den vorliegenden Tatsachen gefolgert, dass kollidierende Rechte nicht durch konkrete Konflikte, sondern durch eine Gesetzesänderung des Landesschulgesetzes über den 2006 eingeführten § 57 IV SchulG NW entstanden. Berichtet wird, dass sowohl die Lehrerin als auch die Sozialarbeiterin einige Jahre lang öffentlich unterrichten konnten, ohne dass Schüler, Lehrer oder beaufsichtigende Behörden sich über ihr Verhalten beschwert hätten, sowie dass beide Personen während dieser Zeit ein Kopftuch trugen. Die Kollision bestand erst, als sich beide weigerten, dem neuen Landesschulgesetz zu folgen, sodass eine weiterhin das Kopftuch und die andere eine Baskenmütze trug. Hierauf vertrat die Schulbehörde, dass das religiös beladene Tragen einer Baskenmütze mit dem Tragen eines Kopftuchs vergleichbar sei und verbat dieses ebenso. Die Folge in beiden Fällen war die berufliche Entlassung der Frauen. Der Landesgesetzgeber behauptete, dass ein Kopftuch zu tragen gegen das Grundgesetz verstoße und machte darüber hinaus geltend, dass die vorgesetzliche Arbeit die Argumente des Landtags widerspiegele, gemäß welchen das Tragen eines Kopftuchs der Rechtsstaatlichkeit entgegenstehe und ein theokratisches Staatswesen verteidige.[38] Den Argumenten des Landes zufolge stelle

---

[37] *Clérico*, Examen de proporcionalidad (Fn. 18), S. 260, sofern Bedingung C nicht gegeben ist (und nur eine abstrakte Gefahr besteht) oder wenn Bedingung C erfolgt (und eine konkrete Gefahr besteht). Das BVerfG untersucht, ob in vorherigen Instanzen eine konkrete Gewichtung durchgeführt wurde. Wenn das Verfassungsgericht zu dem Schluss kommt, dass im konkreten Fall eine Gewichtung unterblieben ist, erklärt es das Urteil für fehlerhaft. Das BVerfG vertritt, dass das Recht der Lehrer auf Religionsfreiheit nicht ausreichend gewichtet wurde, dass der Grad der durch ein Verbot entstehenden Beeinträchtigung nicht gemessen wurde, sowie dass die Konsequenzen einer Diskriminierung bei der Einstellung oder eines möglichen Eingriffs in den gleichen Zugang zu öffentlichen Ämtern im Vergleich zu sonstigen Bürgern nicht berücksichtigt wurden.

[38] LT-Vorlage 14/463, 2 und LT-Drucks. 14/5619, 8: „Vor diesem Hintergrund ist das Tragen eines muslimischen Kopftuchs im Unterricht künftig gemäß § 57 Abs. 4 SchulG unstatthaft, weil zumindest ein nicht unerheblicher Teil seiner Befürworter damit eine mindere Stellung der Frau in Gesellschaft, Staat und Familie oder eine fundamentalistische Stellungnahme

das Tragen dieses Kleidungsstücks einen Angriff auf die negative Religionsfreiheit der Schüler dar, dem darüber hinaus eine indoktrinierende Wirkung zukommt. Damit würden die Rechte der Schüler verletzt, ebenso wie das Recht der Eltern, ihre Kinder in religiösen Fragen nicht von Lehrern beeinflusst werden zu lassen. Andererseits wurden christliche oder jüdische Symbole durch die Landesgesetzgebung privilegiert, da die nicht verboten waren. Eine solche Privilegierungsklausel werde dadurch gerechtfertigt, dass es sich um traditionelle Werte des Landes handele, die darüber hinaus dem Grundgesetz und der nordrhein-westfälischen Landesverfassung zugrunde gelegen hätten. In der Praxis rechtfertigte das Land damit ein konfessionelles Staatsverständnis, das christliche Werte gegenüber anderen Konfessionen bevorzugt.

Die Argumente des BVerfG bezüglich solcher Werturteile unterscheiden sich hiervon deutlich. Das Bundesverfassungsgericht muss bei einer Abwägung berücksichtigen, dass eine parlamentarische Entscheidung, die sich in einem von demokratisch gewählten Abgeordneten mehrheitlich beschlossenem Gesetz niederschlägt, grundsätzlich ein hohes Gewicht zukommt, da sie das Ergebnis eines institutionalisierten Verfahrens darstellt.[39] Um sie aufzuheben, müssen daher gewichtige Gründe vorliegen. Einer der Belege, die dafür angeführt werden, ist der eigentliche Text der vorbereitenden Arbeiten des nordrhein-westfälischen Landtags, aus denen hervorgeht, dass die Gründe für die Einführung dieser Regel auf Vorurteilen gegenüber muslimischen Frauen beruht. Daraufhin stellt das BVerfG dar, dass die Verwendung des Kopftuchs an sich keine Indoktrination sei. Dann verneint es diese erste Identifizierung, sodass die Verwendung des Kopftuchs keine Verletzung von P1 darstellt. In anderen Worten besteht weder eine Verletzung der Rechte von Schülern oder Eltern noch eine des schulischen Bildungsauftrages, solange keine Belege dafür vorliegen, dass Lehrer diese Grenzen überschritten und verbale Indoktrinationshandlungen vorgenommen haben. Dies ist nicht geschehen. Bezüglich des Landesgesetzes stellt das BVerfG dar, dass eine Privilegierung zugunsten der Verwendung christlicher Symbole durch Lehrer und zulasten anderer Konfessionen eine Diskriminierung darstellt, welche gegen das Prinzip der Gleichbehandlung von Religionen verstößt. Hierzu merkt es an, dass die Verwendung religiöser Symbole durch Lehrer per se keinen Angriff auf das staatliche Neutralitätsprinzip darstelle, solange solche Symbole nicht aufgrund staatlicher Regelungen in Klassenzimmern präsent sind.

---

für ein theokratisches Staatswesen in Widerspruch zu den Verfassungswerten in der Bundesrepublik Deutschland und in Nordrhein-Westfalen verbindet."

[39] Vgl. *Clérico*, Examen de proporcionalidad (Fn. 18), S. 226.

2. Der zweite Schritt der Angemessenheitsprüfung: Die Wichtigkeit der Erfüllung von P_2

Im zweiten Schritt wird die Wichtigkeit der Erfüllung von P_2 festgestellt. Auf dieser Seite der Abwägung schlüsselt das Gericht auf, welche Grundrechte der muslimischen Lehrerinnen und Lehrer verletzt wurden, wobei es eine schwere Verletzung der Rechte auf Religionsfreiheit (Art. 4 GG), Gleichheit (Art. 3 GG) und auf den diskriminierungsfreien Zugang zum öffentlichen Amt (Art. 33 GG) erkennt. All dies fällt ebenfalls in den Kontext eines staatlichen Modells der offenen Neutralität.

3. Dritter Schritt: Den fraglichen Rechten Gewichte zuzuordnen, um festzustellen, ob die Wichtigkeit der Erfüllung von P_2 die Beeinträchtigung bzw. Nichterfüllung von P_1 rechtfertigt

In diesem dritten Schritt wird festgestellt, ob die Wichtigkeit der Erfüllung von P_2 (Rechte der Lehrer) die Beeinträchtigung bzw. Nichterfüllung von P_1 (Rechte der Schüler auf negative Religionsfreiheit) rechtfertigt. An diesem Punkt ist die Gewichtsformel anzuwenden – einerseits, um zu erkennen, ob P_1 oder P_2 stärker ist und welches nachgeben muss, sowie andererseits, ob es alternative Lösungen geben könnte, welche die Ausübung beider Arten von Grundrechten ermöglichen, sofern Zugeständnisse möglich sind, die nicht den vollständigen Verzicht auf eines der beiden entgegenstehenden Prinzipien darstellen. Es ist bereits darauf hingewiesen worden, dass nach *Alexy* gilt: „[j]e höher der Grad der Nichterfüllung oder Beeinträchtigung des einen Prinzips ist, desto größer muss die Wichtigkeit der Erfüllung des anderen sein.“[40]

Der hier vorgetragenen Ansicht nach führt das BVerfG zwei Abwägungen durch. Hierbei bezieht sich die erste darauf, ob eine konkrete Gefahr besteht, die zweite darauf, ob es gerechtfertigt ist, die Lehrerin an eine andere Schule ohne solche Konflikte zu versetzen, sofern sie darauf besteht, ein Kopftuch zu tragen.

Bestünde keine konkrete Gefahr, wären weder der Bildungsauftrag der Schule noch die Rechte der Schüler oder Eltern verletzt worden. In diesem Fall wäre ein präventives Verbot inakzeptabel. Es wäre für die Zweckerreichung nicht geeignet gewesen und es wäre unverhältnismäßig, eine abstrakte Gefahr für den Schulfrieden auf Kosten einer konkreten Beeinträchtigung der Rechte der Lehrerinnen zu bekämpfen. Im Falle einer konkreten Gefahr fiele diese Abwägung anders aus, aber auch dann wäre ein allgemeines Präventivgesetz nicht gerechtfertigt – hierauf soll später zurückgekommen werden. Folglich wird in

---

[40] *Alexy*, Ein nichtpositivistischer Begriff der Grundrechte (Fn. 14), S. 17.

einem ersten Ergebnis Absatz 3 des SchulG-NRW für nichtig und eine restriktive, verfassungskonforme Auslegung der Absätze 1 und 2 für notwendig erklärt.

Zunächst soll hier die Gewichtsformel auf das erste Szenario angewendet werden, welches am ehesten den Regelfall darstellt.

Die Alexysche Gewichtsformel lautet:[41]

$$G_{i,j} = \frac{I_i \cdot G_i \cdot S_i}{I_j \cdot G_j \cdot S_j}$$

Diese Formel stellt mehr als nur eine Bruchrechnung dar – jede Seite des Bruches repräsentiert eine Seite der Abwägung, sodass die gewichtigste Seite überwiegt. Sollte das Ergebnis eine Pattsituation darstellen, muss eine einvernehmliche Lösung gefunden werden.

Für praktische Zwecke wird hier mit *Lars Lindhal*[42] vertreten, dass es einfacher ist, Unterprinzipien 1 und 2 (anstatt von i, j) zu verwenden, wie oben bereits beim Vergleich von P_1 und P_2 erfolgt ist. In dieser ersten Abwägung, in der keine konkrete Gefahr besteht, wird das BVerfG den Rechten der Lehrer auf positive Religionsfreiheit, P_2, ein größeres Gewicht zuordnen als denen der Schüler auf negative Religionsfreiheit.

$G_{i,j}$ repräsentiert das Gewicht von P_1 beim Eingriff in P_2. Im vorliegenden Falle müssen beide durch eine Reihe von Grundrechten repräsentiert werden.

---

[41] *Clérico*, El examen de proporcionalidad (Fn. 18), S. 210, dort Fn. 136 mit Verweis auf *R. Alexy*, Die Abwägung in der Rechtsanwendung. Jahresbericht des Institutes für Rechtswissenschaften an der Meeij Gakuin Universität, Nr. 17, 2002, S. 69–83, 76 ff.: Mit der „Gewichtsformel" wird der Weg rekonstruiert, das spezifische Gewicht eines Prinzips zu finden, das im Rahmen einer Abwägung mit einem anderen kollidiert. Nach dieser Formel hängt das spezifische Gewicht eines Prinzips (x) gegenüber dem kollidierenden Prinzip (y) bei einer Gewichtung, die unter Berücksichtigung der Umstände des Falls C vorgenommen wird, von der Bedeutung des Prinzips (x) unter den Umständen in C ab, multipliziert mit dem abstrakten Gewicht des Prinzips (x) in der Verfassungsordnung sowie mit dem Grad der Sicherheit der Annahmen, der bei der Anwendung dieses Prinzips bestimmt werden kann. All dies wird wiederum geteilt durch die konkrete Bedeutung des kollidierenden Prinzips (und) unter den Umständen des konkreten Falls, multipliziert mit dem abstrakten Gewicht des Prinzips (und) in der Verfassungsordnung und durch den Grad der Gewissheit der Annahmen, die bei der Anwendung dieses Prinzips bestimmt werden können. Diesen Variablen können laut Alexy Werte zugeschrieben werden, die dem Vokabular bspw. des Bundesverfassungsgerichts nicht fremd sind: leicht, mittel und schwer.

[42] *L. Lindahl*, On Robert Alexy's Weight Formula for Weighing and Balancing, in: *A. Silva Dias et al.* (Hrsg.), Liber Amicorum de José Sousa e Brito, Bd. 12009, S. 173–193, www.researchgate.net/publication/283703488 (Stand: 22.07.2022) *L. Lindahl/D. Reidhav*, Conflict of Legal Norms: Definition and Varieties, in: M. Araszkiewicz/K. Pleska (Hrsg.), Logic in the Theory and Practice of Lawmaking, 2015, S. 49–95; ferner *L. Lindahl/D. Reidhav*, The Basic Definition, in: Ratio Iuris 30, (2017), S. 158–185.

Als Folge der Untersuchungen für Unterprinzipien 1 und 2 der Angemessenheitsprüfung erfolgt nun eine Analyse des Inhalts der Gewichtsformel.

Deren drei Faktoren wären vorliegend: (1) Intensität des Eingriffs; (2) Gewichtung der kollidierenden Prinzipien; sowie (3) epistemisches Ausmaß, empirische und normative Annahmen.

a) Intensität des Grundrechtseingriffs

aa) Intensität des Eingriffs in P_1

Der erste Faktor lautet (1) Intensität des Grundrechtseingriffs. Für P_1 stellt I_1 (wobei I = Intensität) den möglichen Einfluss auf die Schüler aufgrund der Autoritätsposition der Lehrerin und die Gefahr der Indoktrination dar. Dem Landesgesetz nach verursacht bereits das Tragen eines Kopftuchs einen solchen Effekt. Dieser Identifizierung folgt das BVerfG nicht.

bb) Intensität des Eingriffs I_2 in P_2

Die Intensität des Eingriffs I_2 in P_2 (Rechte der Lehrer) wird an der Wichtigkeit der Erfüllung des Prinzips des Rechts der Lehrer auf Religionsfreiheit gemessen, wobei I_2 aufgrund der starken negativen Konsequenzen des Gesetzes durch Ausschließung der Lehrerinnen vom Arbeitsmarkt eine größere Intensität zukommt. Das BVerfG misst den Effekt eines gesetzlichen Verbots und erklärt, dass über das Verbot der Verwendung religiöser Symbole, dass für Männer oder andere religiöse Minderheiten keine Auswirkungen hat, eine indirekte Diskriminierung muslimischer Frauen geschieht. In anderen Worten ist das vorliegende Szenario keines einer Hypothese einer zukünftigen Rechtsverletzung, sondern eines, in dem die Konsequenzen de facto real und konkret sind. Würde das gesetzliche Verbot nicht bestehen, wäre die Intensität des Eingriffs in P_2 ebenso nicht existent. Würde das Gesetz also für nichtig erklärt, würden die Rechte der Lehrerinnen zur vollen Geltung kommen, sowohl in Bezug auf Religionsfreiheit als auch auf den Zugang zu einem öffentlichen Amt. Sie würden folglich derselben Behandlung ausgesetzt wie ihre Kollegen, die ebenso religiöse Symbole verwenden dürfen. Das alleinige Verbot des Kopftuchs nimmt vor allem Einfluss auf muslimische Frauen und verursacht somit eine Doppeldiskriminierung. Insbesondere steht es dem Verfassungsprinzip der Gleichbehandlung religiöser Bekenntnisse entgegen. Eine Vorstellung der offenen Neutralität ohne Verbot der Verwendung von religiösen Symbolen im öffentlichen Dienst würde zu einer Gleichbehandlung der verschiedenen Konfessionen führen, was auch für Minderheitsreligionen gelten würde, anstatt ein Gesetz zu haben, welches Lehrer bevorzugt, die christliche oder jüdische Symbole bzw. Symbole der westlichen Kultur verwenden. Die Anwendung von Artikel 3 des Grundgesetzes würde eine differenzierte Behandlung rechtfertigen, sofern dies zum Schutze bestimmter Rechtsgüter erforderlich wäre.[43]

Nun soll darauf eingegangen werden, welche Intensität dem Eingriff in die Rechte der Schüler zukäme, sofern kein Verbot bestünde. Es besteht also eine hypothetische Beeinträchtigung von P_1. In dieser Situation, in der keine konkrete Gefahr besteht, wiegt der Eingriff in das Grundrecht der Religionsfreiheit der Lehrerinnen schwerer.

b) Zuordnung von Gewichten zu Prinzipien in Kollision: Analyse des zweiten Faktors

Zunächst soll das Gewicht von G_1 und G_2 analysiert werden. Ziel ist es, das abstrakte Gewicht der kollidierenden Prinzipien zu bestimmen. Auf den konkreten Fall bezogen – wenn es zu Kollisionen zwischen Grundrechten kommt, sind deren Gewichte auf der theoretischen Ebene häufig identisch. In anderen Fällen könnte ein Grundrecht schwerer wiegen als ein anderes, etwa wenn es um die Menschenwürde, das Recht auf Leben oder das Recht auf Freiheit vor Sklaverei oder Folter geht. Im vorliegenden Fall könnte dem Recht, nicht aufgrund der Religion oder des Geschlechts diskriminiert zu werden, ein besonderes Gewicht zukommen. Es könnte angenommen werden, dass das strittige Verbot, welches auf einer früheren Annahme des Parlaments beruht, die Würde von kopftuchtragenden muslimischen Frauen verletzt, die schließlich gleich allen anderen deutschen Staatsbürgern ihre staatsbürgerlichen Rechte ausüben. Im vorliegenden Fall hat das BVerfG den Grundrechten auf beiden Seiten der Waage dasselbe Gewicht zugewiesen: dem Recht auf Religionsfreiheit einerseits und dem Recht auf Bildung (Bildungsauftrag) andererseits. Anders wäre es zum Beispiel, wenn die Kollision zwischen dem Grundrecht eines Arbeitnehmers auf Religionsfreiheit und dem Firmenimage eines Unternehmens bestünde, das eine Kleiderordnung vorschreibt, vgl. das Urteil des EGMR Eweida v United Kingdom.[44] Ein Firmenimage ist kein Grundrecht. Ähnlich verhält es sich, wenn ein Grundrecht Kundenmeinungen gegenübersteht. Der Kundengeschmack stellt ebenso kein Grundrecht dar, wobei ihm gleichwohl eine geschäftliche Bedeutung im Rahmen der Kunden- bzw. Nutzerakquise zukommen mag. Es käme somit das Recht auf unternehmerische Freiheit in Betracht. Ebenso wäre der Kontext im Falle eines Privatunternehmens nicht derselbe wie im öffentlichen Dienst.

---

[43] Bereits in der ersten Entscheidung, dem Kopftuchurteil, wies der zweite Senat des BVerfG darauf hin, dass die negativen Auswirkungen eines Kopftuchverbots nicht alle Religionen im gleichen Maße, sondern manche Religionen stärker betreffen (BVerfG 108, 282, 6 bb).

[44] ECtHR (GC), Eweida and others v United Kingdom, Nr. 48420/10, 59842/10, 51671/10 und 36516/10.

Da sich aber auf beiden Seiten der Abwägung vorliegend Grundrechte befinden, ordnet das BVerfG diesen Grundrechten unterschiedliche Gewichte zu, je nachdem, ob es um eine hypothetische künftige Beeinträchtigung im Rahmen einer abstrakten Gefahr oder um einen konkreten Eingriff in die Rechte der Schüler geht, P_1. So stellt *Clérico* fest:

„Ein Prinzip geht unter bestimmten Umständen dem anderen vor. Unter anderen Umständen kann die Vorrangfrage umgekehrt zu beurteilen sein Das entspricht der Konstruktion, daß das Gewicht der Prinzipien von den Umständen des konkreten Falles abhängt. ‚Der Grundsatz der Verhältnismäßigkeit [gebietet] eine Abwägung aller Umstände des Einzelfalles. Das schließt die Annahme einer festen geschlossenen Wertordnung der einzelnen Prinzipien oder Rechtsgüter aus'."[45]

c) Dritter Faktor: Epistemische Größen, empirische und normative Annahmen

Die dritte Größe bezieht sich auf die Sicherheit der epistemischen und normativen Annahmen (wobei S = Sicherheit). S_1 und S_2

„stehen für zwei Faktoren, die in den jüngeren Grundrechtsdiskussion eine immer größere Bedeutung bekommen haben. Sie beziehen sich auf die Sicherheit der empirischen und normativen Annahmen darüber, wie Intensiv der Eingriff in P_i ist und wie intensiv in P_j eingegriffen werden würde, wenn der Eingriff in P_i unterbliebe. Hierbei handelt es sich nicht um einen auf die Sache bezogenen, also nicht um einen ontischen Faktor, sondern um eine auf die Erkenntnis bezogene, also um eine epistemische Größe."[46]

Um die Sicherheit der epistemischen Annahmen zu bewerten, muss nachgewiesen werden, dass die Abschaffung des gesetzlichen Verbots tatsächlich einen positiven Einfluss auf den tatsächlichen Zugang von Lehrerinnen zu einer Einstellung und deren Dauer hätte. Ebenso müsste nachgewiesen werden, dass das Verbot zu Entlassungen führte und einen konkreten, quantifizierbaren Schaden verursacht hat, z. B. in Form von wirtschaftlichen Verlusten durch den Wegfall des Gehalts. Die wirtschaftlichen Kosten, die in Gerichtsverfahren gegen solche Entlassungen oder in anderen Fällen durch die Verweigerung des Zugangs zum Markt entstanden sind, könnten ebenfalls berücksichtigt werden.[47] Als Beweise hierfür sollte etwa die Rechtsprechung zur Diskriminierung

---

[45] *Clérico*, Die Struktur der Verhältnismäßigkeit (Fn. 18), S. 154 unter Anführung von BVerfGE 35, 5 (9 ff.); 27, 344 (352 ff.); 27, 211 (219); 43, 242 (289); 50, 5 (100 ff.); 50, 166 (176); 69, 315 (253); 76, 256 (360): „In Anbetracht aller Umstände"; im Spanischen *dies.*, Examen de proporcionalidad (Fn. 18), S. 177; ebenso Fn. 41.

[46] *Alexy*, Ein nichtpositivistischer Begriff der Grundrechte (Fn. 14), S. 18.

[47] Hierzu existiert eine Bandbreite an Informationen. *D. Frings*, Diskriminierung aufgrund der islamischen Religionszugehörigkeit im Kontext Arbeitsleben. Erkenntnisse, Fragen und Handlungsempfehlungen. Diskriminierung von Musliminnen und Muslimen im Arbeitsleben und das AGG, 2010; *D. Frings*, 9. Bericht der Beauftragten der Bundesregierung für

muslimischer Frauen beim Zugang zum Arbeitsmarkt angeführt werden, die es in der Tat in Hülle und Fülle gibt. Sofern nachzuweisen ist, dass es ohne ein gesetzliches Verbot tatsächlich zu einer Verletzung der Rechte der Schüler kam, müssen empirische Beweise vorgelegt werden, in Form von tatsächlichen Anzeigen von Eltern oder Schülern gegen Lehrer, entweder in ihrem speziellen Fall oder in anderen Fällen, die vor Gericht verhandelt wurden. Zwar gibt es eine umfangreiche Rechtsprechung zu Entlassungen von Lehrerinnen aufgrund von gesetzlichen Verboten, die ab 2003 erlassen wurden, es gibt aber keine Rechtsprechung zu Beschwerden von Eltern wegen des Tragens eines Kopftuchs durch muslimische Lehrerinnen, die mit Indoktrination verbunden waren. Obwohl zu vielen anderen Fällen entsprechende Rechtsprechung besteht, ist dies nicht vorgekommen. Andernfalls muss nachgewiesen werden, dass die Abschaffung des Verbots den Schülern nicht ernsthaft schaden würde, wobei der Zugang von Lehrerinnen auch ohne das Verbot gewährleistet wäre.

Bezüglich der normativen Annahmen wäre zu prüfen, ob die Rechte der Schüler oder der Lehrer höher zu bewerten sind. Vor allem wenn, wie in vorherigen Instanzen oder Sondervoten festgestellt wurde, dass es kein Recht auf Zugang zum öffentlichen Dienst gibt, wenn derjenige nicht gewillt ist, die angenommenen Verpflichtungen der strikten Neutralität einzuhalten, zu denen die Nichtausübung von Grundrechten während der Arbeitszeit gehört, bedeutet dies eine absolute Unterwerfung dem Staat gegenüber. In diesem Fall fiele die Bewertung der tatsächlichen Verletzung beider Rechte sehr unterschiedlich aus, da es auch eine unterschiedliche bisherige Auslegung des anwendbaren Rechts (bzw. des wesentlichen Inhalts der Grundrechte) gibt.

Darüber hinaus führt *Alexy* aus:

> „Eine Formel wie die Gewichtsformel, die einen Quotienten aus zwei Produkten zum Ausdruck bringt, ist nur dann sinnvoll, wenn alle Faktoren durch Zahlen repräsentiert werden können. Das ist das Problem der Graduierung oder Skalierung."[48]

VII. Die Intensität des Eingriffs in die fraglichen Rechte: die Anwendung der Gewichtsformel auf den ersten Faktor der Intensität des Grundrechtseingriffs

Insofern, als es die Wichtigkeit der Graduierung oder der Skalen angeht, sollen diese auf die Entscheidung des BVerfG angewendet werden. Für die Intensität des Eingriffs nennt *Alexy* die möglichen symbolischen Werte leicht (2^0), mittel

---

Migration, Flüchtlinge und Integration über die Lage der Ausländerinnen und Ausländer in Deutschland, 2012.

[48] *Alexy*, Ein nichtpositivistischer Begriff der Grundrechte (Fn. 14), S. 18.

(2^1) und schwer (2^2). Welches Gewicht schreibt das Gericht der Intensität der Eingriffe in P1 und P2 zu?

1) Sollte das Tragen des Kopftuchs erlaubt sein, besteht nur eine abstrakte Gefahr, die Schüler zu beeinflussen bzw. Spannungen in der Schule zu erzeugen (da in einer Mehrheit deutscher Schulen Schüler daran gewöhnt seien, Frauen mit Kopftuch zu sehen und dies keinen größeren Einfluss auf sie ausübt). Das Gewicht des Rechts der Schüler auf negative Religionsfreiheit ist somit für das Mehrheitsvotum als leicht einzustufen. Das Sondervotum hingegen stuft es als schwer ein. Dementsprechend führen sie unterschiedliche Abwägungen durch.

2) Das dem Eingriff in das Recht der positiven Religionsfreiheit der Lehrerinnen zugeordnete Gewicht ist (in der Sicht des Mehrheitsvotums) schwer. Eine entsprechende Diskriminierung auf dem Arbeitsmarkt würde ebenso schwer wiegen. Das Verbot des Kopftuchtragens stellt einen schweren Eingriff in die Rechte der Lehrerinnen dar, ebenso wie die Diskriminierung bezüglich des Zugangs zum öffentlichen Dienst. Die Wertung des Sondervotums weicht hiervon insofern ab, dass nach der Ansicht der zwei fraglichen Richter (deren Wertung sich wiederum aus einer vorherigen Annahme der geltenden Vorschriften und der Auslegung ihres Inhalts ergibt) Beamten kein Recht auf die Ausübung des Grundrechts auf Religionsfreiheit während ihrer Arbeit in der Schule zukommt. Sollten sie dementsprechend gar nicht in den Schutzbereich des Rechts miteinbezogen sein, wäre der Eingriff hierein auch nicht leicht, sondern stattdessen nichtexistent.

Wird der dritte Faktor in Form der epistemischen Aspekte analysiert, hängen Bewertungen davon ab, ob der Eingriff sicher (2^0) ist, welchem ein Gewicht von 1 zugewiesen wird, oder ob er lediglich plausibel erscheint (2^1) welches mit einem Gewicht von 2 zu bewerten ist. Eine dritte Option besteht darin, dass ein empirischer Beleg des Eingriffs besteht, welcher nicht offensichtlich falsch erscheint (2^2) und dem somit ein Gewicht von 4 zukommt. Auf den vorliegenden Fall angewandt sind die negativen Auswirkungen auf die Lehrerinnen sicher empirisch belegt, jedoch sind die Konsequenzen für die Schüler lediglich plausibel im Sinne einer hypothetischen Gefahr. Bestünde eine konkrete, belegte Gefahr, könnte ein sicherer Eingriff in das Recht der Schüler auf Religionsfreiheit ebenfalls belegt werden (und das nicht nur im Sinne einer negativen Religionsfreiheit, sondern auch auf positive Freiheit, etwa wenn Diskussionen zwischen muslimischen Schülerinnen entstünden, im Falle, dass kopftuchtragende Schülerinnen Druck auf solche ausübten, die es nicht tun).

VIII. Ergebnis der Anwendung der Gewichtsformel auf den konkreten Fall

Werden nun alle den fraglichen Grundrechten und ihren Kollisionen zugeordneten Gewichte angewandt, entstehen dem Argument gemäß, dass das BVerfG unterschiedliche Gewichtungen durchführt, je nachdem, ob es sich um abstrakte oder konkrete Gefahren handelt, zwei unterschiedliche Abwägungsresultate.

1) Im Falle der abstrakten Gefahr fällt die Abwägung zugunsten eines Vorrangs der Rechte der Lehrerinnen aus, das Kopftuch zu tragen. § 57 IV SchulG NW (in der alten Fassung, von welcher im Folgenden die Rede ist), welcher das Tragen eines muslimischen Kopftuchs im Unterricht für unstatthaft erklärt, wäre somit nichtig.

Die Formel wäre somit wie folgt:[49]

$$G = \frac{I_1 \cdot G_1 \cdot S_1}{I_2 \cdot G_2 \cdot S_2} = \frac{1 \cdot 1 \cdot 0,5}{4 \cdot 1 \cdot 1}$$

Im Rahmen dieser Bewertung könnte argumentiert werden, dass plausibel ein hypothetischer Einfluss des Kopftuchs auf Schüler bestünde, der als abstrakte Gefahr zu werten ist. Ebenso könnte bewertet werden, ob das Kopftuch positiven Einfluss auf Schüler im Sinne einer Erziehung zur Toleranz und zum Respekt für die Rechte anderer aufweist. Sollte dies der Fall sein, käme dem Faktor des negativen Einflusses ein Wert von null zu. Zwar ist das Bestehen solcher idyllischen, respektvollen Situationen nicht stets als gegeben anzusehen, und dementsprechend gesteht das Gericht der Hypothese eines möglichen negativen Einflusses doch ein gewisses Gewicht zu. In solchen Vorannahmen scheint jedoch stets dem Kopftuch ein negativer, mit Misstrauen zusammenhängender Wert zugeschrieben zu werden.

[49] Diese Abwägungen sind offensichtlich nicht rein mathematisch. Vielmehr fußen sie der Faktenlage, der Anwendung von Regeln sowie der Bewertung von Umständen, die bei allen Schritten der Beratung eine Überprüfung durch die Richter erfordern. Hierbei werden diese ihr Ermessen anwenden, was jedoch nicht mit Willkür gleichzusetzen ist. Dementsprechend sehe ich zwischen einer gerichtlichen Ermessensentscheidung und der durch den Richter durchzuführenden epistemischen Analyse keinen Widerspruch. Abweichend hiervon folgern *Klatt/Meister*, Constitutional Structure (Fn. 2), S. 13: „Die Kombination der Gewichtsformel mit der triadischen Skala erlaubt uns, die folgenden Entscheidungsregeln zu definieren, welche das Ergebnis der Abwägung bestimmen: in allen Fällen, in welchen der Wert von $W_{i,j}$ größer als 1 ist, hat P_i Vorrang gegenüber P_j. In allen Fällen, in denen der Wert von $W_{i,j}$ unter 1 geht, hat P_j Vorrang gegenüber P_i. Und in allen Fällen in denen der Wert von $W_{i,j}$ genau 1 ist, gibt es eine Pattsituation. Im letzteren Fall hat die Abwägung kein Ergebnis, womit es ein Ermessen in der Abwägung gibt."

2) Die zweite Abwägung im Falle eines konkreten Konflikts. In diesem Fall räumt das Gericht dem Bildungsauftrag der Schule (der als Teil der Rechte der Schüler zu identifizieren und somit bei I1 einzuordnen ist) ein größeres Gewicht zu, sodass die Rechte der Lehrerin hier zurückstehen müssen, was wiederum Verbotsregelungen in bestimmten Schulen rechtfertigt. Diese zweite Abwägungsformel sähe wie folgt aus:

$$G = \frac{I_1 \cdot G_1 \cdot S_1}{I_2 \cdot G_2 \cdot S_2} = \frac{4 \cdot 1 \cdot 1}{4 \cdot 1 \cdot 0,5}$$

Das Gewicht der Seite der Schüler wäre somit 4, das der anderen Seite der Abwägung (I2 = 4, G2 = 1, S2 = 0,5) wäre 2. Die Abwägung fiele somit zugunsten der Rechte der Schüler aus, wobei dies einer gewissen Logik entbehrt, da während des gesamten Urteils ein Eingriff in das Recht der Lehrerinnen auf Religionsfreiheit durch ein generelles Verbot der Verwendung des Kopftuchs als schwer und sehr schädigend eingestuft wurde und in der vorliegenden Abwägung der Eingriff in das Recht durch eine lokale Regelung im Rahmen einer konkreten Gefahr schwächer erscheint.

Dieses Argument erscheint nicht sehr logisch. Wäre das Urteil konsistent, müsste es dem Eingriff in das Recht der Lehrerinnen über eine Verbotsregelung weiterhin ein Gewicht von 1 zuweisen, welches zu einem Patt führen würde, dass wie folgt zu beschreiben wäre:

$$G = \frac{I_1 \cdot G_1 \cdot S_1}{I_2 \cdot G_2 \cdot S_2} = \frac{4 \cdot 1 \cdot 1}{4 \cdot 1 \cdot 1}$$

Der Wert beider Seiten der Abwägung wäre dementsprechend 4.

In einem solchen Fall kann auch eine praktische Konkordanz angezielt werden, ohne dass mit jeglicher Art von Verboten in die Rechte der Lehrerinnen eingegriffen wird. Hierauf soll vorliegend lediglich hingewiesen, dies aber nicht weiter ausgeführt werden, da das vorliegende Urteil eine solche Option nur angedeutet.

Dass sich die Abwägung, die im Sondervotum verwendet wird, von der des Mehrheitsvotums unterscheidet, ist nicht überraschend. Für die fraglichen zwei Richter rechtfertigt die mögliche abstrakte Gefahr der Vermutung, dass das Kopftuch einen negativen Einfluss auf Schüler ausüben könnte, das gesetzliche Verbot des Landes:

$$G = \frac{I_1 \cdot G_1 \cdot S_1}{I_2 \cdot G_2 \cdot S_2} = \frac{4 \cdot 1 \cdot 1}{0 \cdot 1 \cdot 0}$$

Das Resultat wäre somit auf der einen Seite der Abwägung ein Wert von 4, auf der anderen Seite ein Wert von 0.

Sollte das Sondervotum davon ausgehen, dass der Schutzbereich des Rechts der Lehrerinnen auf Religionsfreiheit während ihrer Arbeitszeiten praktisch einzuschränken ist, besteht auch kein Eingriff. Ein Eingriff in ein Recht setzt auch einen entsprechenden Schutzbereich voraus.

IX. Evaluation des Verfassungsgerichtsbeschlusses

Diese Gerichtsentscheidung bietet Mittel, die eindeutige Diskriminierung muslimischer Frauen, insbesondere solche deutscher Nationalität, zu beenden, die eine öffentliche Anstellung als Lehrerinnen anstreben und gleichzeitig als subjektiv unvermeidbare religiöse Pflicht ein Kopftuch tragen möchten.

Das BVerfG führt die Mehrheit der Abwägungsschritte in zureichendem Maße durch. Hierbei beginnt es vor der Prüfung der Angemessenheit mit der Geeignetheit und beschreibt den Schutzbereich der fraglichen Grundrechte. Im Rahmen dessen werden auf den vorliegenden Fall zutreffende Rechtsregeln ausgewählt, wobei es sich insbesondere um Grundrechte handelt. Die Rechte der Schüler auf negative Religionsfreiheit, die Rechte der Eltern, der Bildungsauftrag der Schule sowie das staatliche Neutralitätsgebot werden auf der einen Seite der Abwägung verortet. Die Rechte der Lehrerinnen nehmen die andere Seite der Abwägung ein. Diese beinhalten das Recht auf positive Religionsfreiheit, gleichen Zugang zu öffentlichen Ämtern und das Recht darauf, nicht auf der Grundlage von Religion, Geschlecht oder Rasse diskriminiert zu werden, was im Kontext einer positiven Neutralität des Staates zu berücksichtigen ist. Der Schutzbereich dieser Rechte sowie dessen Grenzen hängen hierbei von der Auslegung durch die Richter ab. Ihr Verständnis der staatlichen Neutralität als eines der offenen Neutralität bestimmt hierbei die Abwägung der fraglichen Grundrechte auf beiden Seiten. Bezüglich der Auslegung dieser Rechte folgt der zweite Senat des BVerfG eng der verfassungsrechtlichen Rechtsdogmatik und weicht kaum davon ab. Sein Verständnis der staatlichen Neutralität als offene Neutralität ist, von dem im Ludin-Urteil vertretenen Verständnis abgesehen, mit der bisherigen Rechtsdogmatik im Einklang. Im genannten Urteil überließ das BVerfG den Landesgesetzgebern, für welche Art der Neutralität sich zu entscheiden sei. In der Entscheidung von 2015 hingegen entschied sich das Gericht auf der Grundlage einer entsprechenden Analyse der Geeignetheit und empirischer Belege für das offene Modell der Neutralität.

1. *Evaluation der Verwendung des Prinzips der Geeignetheit*

Das BVerfG hält sich hierbei an die Regeln logischer Argumentation und vermeidet es, Logiksprünge vorzunehmen. Gleichzeitig zeigt es hierbei die Logiksprünge und Fehlschlüsse sowohl in § 57 IV SchulG NW als auch in der unzureichenden Auslegung des Art. 4 II GG der vorherigen Instanzen auf. Sofern das Tragen religiöser Symbole durch Beamte von Art. 4 II GG geschützt ist, kann eine abstrakte Gefahr das Bestehen eines entsprechenden, nur auf das Tragen des Kopftuchs durch Lehrerinnen bezogenen gesetzlichen Verbots nicht verfassungsrechtlich rechtfertigen. Es würde ein diskriminierendes gesetzliches Verbot geschaffen, welches auf einer Gefahr beruht, die nicht empirisch zu Tage getreten ist. Tatsächlich bestehen weder grundsätzlich noch auf diesen spezifischen Fall bezogen wissenschaftliche Belege einer negativen Auswirkung des Tragens von Kopftüchern durch Lehrkräfte auf ihre Schüler. In Bezug auf die Auslegung des Prinzips staatlicher Neutralität, welchem in der gesamten Entscheidung eine Schlüsselrolle zukommt, findet das Gericht eine mit dem Grundgesetz übereinstimmende Auslegung. Das Verhältnis zwischen dem Staat und den Konfessionen ist eines der offenen und positiven Neutralität, der Kooperation sowie der Übereinkunft mit den Konfessionen selbst, das eines offenen und nicht laizistischen Säkularismus. Ein Modell der Neutralität, welches selbst von den Religionen entfernt ist, wäre nicht das Modell, welches das Grundgesetz aufzustellen sucht.

2. *Evaluation der Verwendung des Prinzips der Erforderlichkeit*

Der zweite Schritt der Anwendung des Verhältnismäßigkeitsprinzips verschiebt die Frage, ob ein gesetzliches Verbot erforderlich wäre, nicht an den Bundes- oder Landesgesetzgeber, sondern erklärt, dass eine Beschränkung des Rechts der Lehrerinnen auf positive Religionsfreiheit, sofern diesem nur eine hypothetische abstrakte und unechte Gefahr entgegensteht, dem Grundgesetz zuwider geht. Dementsprechend folgert das BVerfG in diesem Schritt, dass ein gesetzliches Verbot nicht erforderlich sei. Im Falle konkreter Konflikte muss die spezifische Situation betrachtet werden. Hierbei gibt es zwei Möglichkeiten: überschreitet die Lehrerin die Grenzen ihrer Rechte und indoktriniert sie ihre Schüler bzw. respektiert sie deren negative Religionsfreiheit nicht, sind verwaltungsrechtliche Disziplinarmaßnahmen anzuwenden. Sollte die Situation nicht von der konkreten Person ausgehen, sondern die Konflikte von den Schülern geschaffen worden sein, können vorübergehend Maßnahmen vorgenommen werden und Schulen die Verwendung des Symbols an gewissen Orten auch durch entsprechende Bestimmungen einschränken. Auch wenn solche Regelungen nicht geeignet erscheinen, da vornehmlich Mediationsmaßnahmen mit Schülern anzustreben sind, ist nachvollziehbar, dass sie in Extremfällen wie den in manchen Berliner Schulen beschriebenen[50] zumutbar sein mögen. Das BVerfG scheint hierbei mögliche Alternativmaßnahmen vorzuschlagen,

---

50 OVG Berlin-Brandenburg, NVwZ 2010, 1310; BVerfG 141, 223, NVwZ 2012, 162, LKV 2012, 27. Vgl. hierzu *J. Ennuschat*, Die Kooperation von Staat und Kirche im Bereich von Schule und Hochschule, S. 303–350, in: *M. Elósegui* (Hrsg.), La neutralidad del Estado y el papel de la religión en la vida pública en Alemania, zweisprachige Ausgabe Spanisch/Deutsch Zaragoza, 2012.

wie etwa eine Versetzung der Lehrerin (an einen Ort, wo das Kopftuch unproblematisch getragen werden kann). Diese Lösung erscheint jedoch utopisch und ist zugleich ungerecht. Alternativmaßnahmen sollten aus einem vernünftigen Entgegenkommen bestehen, was vorliegend die Verwendung von Kleidungsstücken wäre, welche dieselbe Funktion erfüllen, wie es z. B. eine Baskenmütze täte. Im vorliegenden Fall konnte dies jedoch das Problem nicht lösen, da die Verwaltung eine solche Lösung nicht hinnehmen wollte und den Konflikt bis zur Entlassung der Lehrerin weiterführte. Hier hätte sich das BVerfG somit deutlicher aussprechen und Verbotsbestimmungen nicht erlauben sollen. Die einzige Lösung hierfür wäre, der Lehrerin vorzuschlagen, das Kopftuch nicht in der Schule zu tragen, was im Vergleich zu einem auferlegten Verbot ein milderes Mittel darstellen würde.

3. *Evaluation der Verwendung des Prinzips der Angemessenheit*

Das Prinzip der Angemessenheit wird vom BVerfG in geeignetem Maße betrachtet. Es nimmt die Möglichkeit in Betracht, mildere Mittel zu finden, welche das Recht der muslimischen Lehrerinnen auf Religionsfreiheit weniger stark beeinträchtigen als das Verbot durch den Landesgesetzgeber. Es analysiert hierbei die Konsequenzen dieses gesetzlichen Verbots sowie die Diskriminierung, die es für deutsche muslimische Frauen mit Migrationshintergrund verursacht.

Eine Abwägung muss durchgeführt werden, sofern Grundrechte miteinander kollidieren. Um von einer solchen Kollisionslage zu sprechen, muss diese zunächst im konkreten Fall nachgewiesen werden. Das BVerfG zeigt hierbei auf, dass in den zwei fraglichen Fällen gar keine tatsächliche Kollisionslage mit Eltern oder Schülern bestand. Vielmehr gingen in der Zeit, in der Lehrerin und die Sozialarbeiterin in deren entsprechenden Schulen angestellt waren, dort keinerlei Beschwerden ein. Auch besteht keine Erklärung für einen möglichen negativen Einfluss des Kopftuchs auf die Schüler in diesen Schulen, welche für eine Betrachtung der Angemessenheit notwendig wäre. Tatsächlich entstand der Konflikt, als der nordrhein-westfälische Landesgesetzgeber § 57 IV des Schulgesetzes mit einem abstrakt-generellen gesetzlichen Verbot zum Tragen des Kopftuchs von Lehrerinnen neu gestaltete. Das BVerfG analysiert hinreichend die drei Untersuchungsschritte der Angemessenheit.

a) Evaluation der Anwendung des ersten Schrittes des Prinzips der Angemessenheit: Grad der Nichterfüllung von P1

Im ersten Schritt werden die Grade der Nichterfüllung bzw. Beeinträchtigung der Grundrechte oder Verfassungsprinzipien betrachtet, die sich auf der einen Seite der Abwägung befinden. Genauer gesagt bestehen diese im Bildungsauftrag der Schule sowie den Rechten der Schüler und Eltern, P1. Vorliegend wird hierbei betrachtet, ob Schüler durch die Lehrerinnen indoktriniert wurden. Es wird festgestellt, dass die Verwendung des Kopftuchs nicht an sich missionierend ist und dass auch verbal keine entsprechenden Handlungen erfolgten. In den Bildungsauftrag und den Schulfrieden wurde somit nicht eingegriffen. Würde angenommen, dass es in anderen, spezifischen Fällen einen tatsächlichen Konflikt gäbe, hätten sowohl der Schulfrieden als auch die Rechte der Lehrerinnen zwar dasselbe Gewicht, das Patt würde aber zugunsten des Schulfriedens aufgelöst, selbst wenn dies eine Beschränkung der Freiheit der Lehrerin bedeuten würde. Wäre aber ein gesetzliches Verbot des Kopftuchtragens verhältnismäßig, um die Rechte der Schüler zu schützen? Dies ist zu verneinen. Vielmehr wird Bildung und Erziehung zur Ausübung positiver Neutralität in der Schule vorteilhafter sein, da dies zur Ausübung von Toleranz in der Schule führen und die Sichtbarkeit religiöser Vielfalt unter den Lehrern ebenfalls erhöhen würde. Zwar würde das Recht priorisiert, sofern es Indoktrination gäbe, es sind aber keine spezifischen Gesetze erforderlich, um solche Handlungen zu bestrafen. Die bestehenden Gesetze reichen aus, da sie tatsächliches Handeln bestrafen, ein abstraktes Strafgesetz ist nicht erforderlich.

b) Evaluation der Anwendung des zweiten Schrittes des Prinzips der Angemessenheit

Der zweite Schritt beschäftigt sich mit der Wichtigkeit der Erfüllung der zweiten Gruppe von Rechten P2, die sich auf die Lehrerinnen beziehen, sowie den negativen Auswirkungen eines gesetzlichen Verbots. Hierbei bestehen vordergründig drei negative Auswirkungen. Die erste wäre der schwere Eingriff in das Recht der Lehrerinnen auf positive Religionsfreiheit, das auch für das subjektive Element der Religion bei Beamten eine große Rolle spielt und darüber hinaus die negative Freiheit der Schüler im Falle einer hypothetischen Gefahr überwiegt. Darüber hinaus wird das Gericht die Diskriminierung religiöser Minderheiten oder eingewanderten Anhängern neu zu begegnender Religionen betrachten. Die zweite Konsequenz besteht aus der Diskriminierung auf dem Arbeitsmarkt. Die Negativfolgen eines gesetzlichen Verbots führen nachweislich zu einer indirekten Diskriminierung muslimischer Frauen beim Zugang zum öffentlichen Dienst. Eine dritte Auswirkung besteht in der Privilegierung christlicher und jüdischer Symbole im Landesgesetz gegenüber zum Nachteil anderer Religionen. Muss Sozialfrieden daraus bestehen, manche Religionen in der Öffentlichkeit (und der Schule) sichtbar zu machen und andere zu verstecken? Folglich wird § 57 IV 3 für nichtig erklärt, da er mit dem Grundgesetz nicht übereinstimmt. Eine Folge der offenen Neutralität ist die Gleichbehandlung religiöser Bekenntnisse. Alles Gegenteilige würde einen schweren Eingriff in Art. 4 GG darstellen.

Die ausführliche Betrachtung der Verfassungsmäßigkeit der einzelnen Sätze des Landesgesetzes könnte in diesem zweiten Schritt in den Negativfolgen des Landesgesetzes verortet werden. Das BVerfG versteht, dass die Werturteile des Landesgesetzgebers (sowie der vorherigen Instanzen und des Sondervotums), die Satz 2 und 3 des § 57 IV unterliegen, auf einer religiösen und rassistischen Diskriminierung beruhen, die sich wiederum aus generellen Stereotypen über kopftuchtragende Personen ergibt – ihnen wird die Vertretung eines theokratischen Fundamentalismus zugeschrieben, der dem Grundgesetz, dem Rechtsstaat und den Grundrechten zuwider geht. Das BVerfG lehnt ein solches Werturteil ab und grenzt die Religionsfreiheit Beamter nur im Falle verbaler Indoktrination ein. Ebenso lehnt es abstrakte gesetzliche Verbote der Verwendung religiöser Symbole durch Lehrer ab und spricht sich noch stärker gegen Gesetze aus, die rein auf das Verhindern des Kopftuchtragens durch Lehrer zielen.

In den beiden Fällen, mit denen das BVerfG präsentiert wurde, handelt es sich um muslimische Frauen deutscher Nationalität, die in Deutschland aufwuchsen, arbeiten und wirtschaftlich unabhängig sind. Hierdurch zeigen sie bereits empirisch und tatsächlich, dass sie die Gleichheit zwischen Männern und Frauen im Sinne der deutschen Gesellschaft (bzw. im Einklang mit Art. 3 GG) verstehen und dass sie nicht eine unterlegene Position oder bestimmte traditionelle Rollenmodelle annehmen, die der Landesgesetzgeber allgemein Frauen des islamischen Kulturkreises zuschreibt. Dessen Grundannahmen sind bereits so fehlerhaft, dass er einen Fehlschluss begehen muss.

Das BVerfG führt eine ordentliche Betrachtung der anwendbaren Regeln durch und lehnt die Identifizierung kopftuchtragender Personen mit antidemokratischer Ideologie ab. Kurz gesagt ist es möglich, eine gute Beamtin zu sein und gleichzeitig ein Kopftuch zu tragen. Es ist die Rolle von Beamten, ihre Aufgaben zu erfüllen, zu denen auch die Berücksichtigung der Werte des Grundgesetzes gehört. Dies ist mit dem Kopftuchtragen kompatibel, sodass ein Konflikt keineswegs unausweichlich wird. Dies wirkt sich wiederum auf die Annahme aus, die bereits im Ludin-Urteil aufgebracht und zwar in diesen zwei neuen Fällen nicht ausdrücklich vorgeworfen wurde, aber im Landesgesetz versteckt ist – die Annahme, dass solche Personen nicht geeignet seien bzw. die Voraussetzungen erfüllten, Teil des öffentlichen Diensts zu sein. Das BVerfG sieht einen solchen Eingriff als unlogisch an und lehnt eine solche Annahme der Inkompatibilität ab. Es wird ein Konflikt, der tatsächlich nicht besteht, solange durch einen Dritten (als Betrachter) hineingelesen, bis dieser widerlegt werden kann. Das BVerfG lässt hierbei vier Arten von Kriterien zu, um die Bedeutung der Verwendung eines religiösen Symbols auszulegen: (1) die Person, die es verwendet; (2) das religiöse Bekenntnis; (3) den Staat bzw. Richter und (4) einen objektiven Betrachter. Letztgenanntes wird durch den Gesetzgeber aufgegriffen. Die in diesem Fall der Baskenmütze zugeschriebene religiöse Bedeutung überlappt hierbei – sie wird aus einem religiösen Grund verwendet – sodass die vier genannten Kriterien kombiniert werden. Was das BVerfG jedoch vermeidet, ist, einen Logiksprung von der Tatsache des Kopftuchtragens zur Annahme durchzuführen, dass eine solche Person die Grundwerte der Verfassung ablehnt. Um das große Gewicht, welches es dem Recht auf Religionsausübung einräumt, zu festigen, wird das BVerfG die Bedeutung von Religion und religiöser Überzeugungen als Teil der persönlichen Identität betonen (eine Frage, die bereits in der früheren Rechtsprechung des BVerfG angesprochen wurde).

c) Evaluation der Anwendung des dritten Schritts des Prinzips der Angemessenheit: Das Ergebnis der zwei durch das Bundesverfassungsgericht durchgeführten Abwägungen

In diesem Schritt wird auf die Wichtigkeit der Erfüllung des zuvor betrachteten Prinzips eingegangen. Vorliegend wird P2 behandelt, welches die Grundrechte der Lehrerinnen umfasst, wobei fraglich ist, ob dies die Beeinträchtigung bzw. Nichterfüllung des gegenüberstehenden Prinzips (Schüler, Schulfrieden, abstrakte Gefahr, etc.) rechtfertigen kann. Der dritte Schritt der Angemessenheitsprüfung führt das Gericht zu dem Schluss, dass ein gesetzliches Verbot aufgrund einer möglichen abstrakten Gefahr unverhältnismäßig sei. Schulfrieden kann bereits prinzipiell nicht dadurch hergestellt werden, dass die Grundrechte einer Minderheit aufzugeben sind. Hier spricht sich das Prinzip der praktischen Konkordanz zugunsten der Erlaubnis der Verwendung von religiösen Symbolen durch Lehrer in der Schule (sowie durch Schüler selbst, was jedoch als selbstverständlich vorausgesetzt wird) aus. All dies ist im Rahmen eines Modells der positiven Neutralität einzuordnen, das auch auf Lehrer angewendet wird. Obwohl der Staat als solcher keine religiösen Symbole in Klassenzimmern platzieren kann, muss er die positive Ausübung der Religionsfreiheit von Schülern und Lehrern in einem Rahmen praktischer Organisation betrachten (der vorliegend im Urteil nicht behandelt wird).

In dieser letzten Abwägung sollen jedoch zwei unterschiedliche Arten der Abwägung unterschieden werden, die im Folgenden zu erläutern sind.

Im ersten Szenario, dass die Normalsituation darstellt, ist ein normales Gesetz unter keinen Umständen gerechtfertigt. Vielmehr fiele die Abwägung, sofern kein tatsächlicher Konflikt besteht und die Lehrerinnen nicht indoktrinierend handeln, zugunsten der Rechte der Lehrerinnen aus. Die Abwägung kommt zu dem Ergebnis, dass ein gesetzliches Verbot aufgrund einer möglichen abstrakten Gefahr der verfassungsrechtlichen Dogmatik widerstrebt und nicht rechtmäßig ist, wenn es die Ausübung eines Grundrechts in seinem wesentlichen Gehalt einschränkt. Nachdem die Abwägung im Einzelfall über die Prinzipien der Verhältnismäßigkeit und der praktischen Konkordanz durchgeführt worden ist, kann festgestellt werden, dass eine Priorisierung eines der fraglichen Grundrechte zwar möglich ist, aber einen Abwägungsvorgang erfordert, der in einem abstrakten gesetzlichen Verbot nicht gegeben ist.

Ein zweites Szenario wäre eines, in dem eine konkrete Gefahr oder Spannung besteht, die von den Schülern geschaffen wurde. Hier ergäbe sich nach wiederholten negativen Erfahrungen eine Kollision bzw. ein tatsächlicher Konflikt zwischen den Grundrechten. In einem solchen Fall fiele die Abwägung zur Frage, ob konditional die Priorisierung der Ausübung oder Beschränkung eines Grundrechts beider Parteien möglich ist, anders aus. Letztendlich würde der Schulfrieden schwerer wiegen, um die Erfüllung des schulischen Bildungsauftrags zu ermöglichen, sodass die Lehrerin ihr Recht aufgeben und auf das Kopftuch verzichten müsste. Verbotsregelungen an einzelnen Schulen oder in Konfliktbereichen wären somit gerechtfertigt.

X. Fazit

Letzten Endes wendet das BVerfG in der Entscheidung des ersten Senates das Prinzip der Angemessenheit richtig an. Dies tut es erstens, da es in geeignetem Maße feststellt, dass der Grad der Nichterfüllung des Schulfriedens bzw. der Rechte der Eltern zu messen und mit Blick auf den tatsächlichen Konflikt zu konkretisieren ist. Sofern keine konkrete Gefahr für den Schulfrieden besteht, welche die Ausübung des staatlichen Bildungsauftrags verhindert, ist kein Eingriff in die Rechte der Schüler oder Eltern erfolgt. Die bloße Anwesenheit eines Kopftuchs führt nicht von selbst zu einer Kollision mit dem Recht der Schüler auf Religionsfreiheit. Zweitens beurteilt es in der Betrachtung der Wichtigkeit der Erfüllung des Rechts der Lehrerinnen auf Religionsfreiheit und der Negativfolgen des landesgesetzlichen Verbots dieses als einen schwerwiegenden Eingriff, der eine unverhältnismäßige und nicht erforderliche Maßnahme darstellt. Grundsätzlich rechtfertigt das Gewicht des Rechts auf Religionsfreiheit nicht das Verbot des Kopftuchtragens von Lehrerinnen, um den Schulfrieden zu schützen. Das BVerfG formuliert eine hinreichend rationale Ansicht zur Intensität des Eingriffs in der Beschränkung der positiven Religionsfreiheit, sollte ein gesetzliches Verbot erfolgen, und schätzt sie als „schwer" ein. Auch spricht es dem Schulfrieden kein ausreichendes Gewicht zu, um ein gesetzliches Verbot aufgrund eines gesetzgeberischen Willens zu ermöglichen. Darüber hinaus formuliert es eine hinreichend rationale Ansicht der Intensität des Eingriffs in der Beschränkung des Rechts der Lehrerinnen auf positive Religionsfreiheit, die konkret durch das Verbot in § 57 IV 3 SchulG NW erfolgt, welchen es als einen schweren Eingriff in dieses Grundrecht einstuft und aufgrund seiner Verfassungswidrigkeit für nichtig erklärt. Zusammenfassend ist ein generelles gesetzliches Verbot, das auf einer abstrakten Gefahr beruht, grundgesetzwidrig und stellt aufgrund der Unmöglichkeit der Abwägung im konkreten Fall einen unverhältnismäßigen Eingriff in Grundrechte dar.

Aus diesem Grund schließt es den dritten Schritt damit, dass die Bedeutung der Rechte der Lehrer es rechtfertigt, dass deren positive Religionsfreiheit die negative Religionsfreiheit der Schüler überwiegt. Die Fälle ausgenommen, in denen tatsächliche Konflikte bestehen und in denen alternative Konfliktlösungsmechanismen sich als kurzfristig wirkungslos erwiesen haben, ist es wünschenswert, harmonisierende Lösungen bzw. solche der praktischen Konkordanz zu finden, die, kurz gesagt, ein vernünftiges Entgegenkommen darstellen. In solchen Fällen wären nach Abwägung der konkreten Umstände vorübergehende Maßgaben zur Verwendung des Kopftuchs denkbar – was jedoch eine extreme Maßnahme darstellt, die nach Ansicht der Verfasserin als ungeeignet anzusehen ist.

Mehr Vor- als Nachteile? Robert Alexys Verteidigung des allgemeinen Freiheitsrechts

Dieter Grimm *

I.

Dass Art. 2 Abs. 1 GG zum allgemeinen Freiheitsrecht werden würde, war nicht von Anfang an ausgemacht. Zwar hatte der Herrenchiemseer Konvent eine Formulierung vorgeschlagen, die daran keinen Zweifel ließ, und der Parlamentarische Rat war zunächst geneigt, sie sich zu eigen zu machen. Im Grundsatzausschuss traten aber Bedenken auf, dass die Formulierung, jeder sei frei zu tun und zu lassen, was die Rechte anderer nicht verletzt, der Bedeutung des Grundrechts nicht gerecht werde. Auf Vorschlag *Hermann von Mangoldts*, der dem Grundrechts-Ausschuss vorsaß, wurde aus dem „Tun und lassen-Dürfen" schließlich das Recht jedes Einzelnen auf freie Entfaltung der Persönlichkeit.[1]

Der Rechtswissenschaft gab die Bestimmung von Anfang an Rätsel auf.[2] Sieht man von denjenigen ab, welche in Art. 2 Abs. 1 GG überhaupt kein Grundrecht, sondern lediglich einen Grundsatz sehen wollten, so konkurrierten denkbar enge und denkbar weite Interpretationen der Vorschrift mit einander. Die Befürworter der engen Interpretation, allen voran *Hans Peters*, luden Art. 2 Abs. 1 GG naturrechtlich-christlich auf und rückten ihn nahe an Art. 1 Abs. 1 GG heran. Für sie war er dazu bestimmt, im Sinne „echten Menschtums" die sittliche Entfaltung der Person zu ermöglichen, während „tun und lassen" Ausdruck des wertneutralen Liberalismus sei, von dem sich das Grundgesetz gerade abgekehrt habe.[3]

Nach der weiten Interpretation schützt Art. 2 Abs. 1 GG jedes Verhalten, das nicht in den Schutzbereich eines anderen Grundrechts fällt. Er fungiert also als

---

* Die Vortragsform wurde beibehalten, Belege sind hinzugefügt.

[1] Vgl. zur Entstehungsgeschichte etwa *H. Dreier*, Art. 2 I, in: ders. (Hrsg.), Grundgesetz-Kommentar, Band I, 3. Aufl. 2013, Rn. 8 ff.

[2] Siehe zur frühen Diskussion dieses Grundrechts *H. Birkenkötter*, Art. 2 Abs. 1 GG als allgemeines Freiheitsrecht und Auffanggrundrecht: Das Elfes-Urteil, in: Dieter Grimm (Hrsg.), Vorbereiter – Nachbereiter?, 2019, S. 8.

[3] *H. Peters*, Die freie Entfaltung der Persönlichkeit als Verfassungsziel, in: Festschrift für Rudolf Laun, 1953, S. 671 ff.

Auffanggrundrecht. Der Bezug zur Persönlichkeitsentfaltung wird mit dem Argument hergestellt, dass die Persönlichkeit sich im Handeln entfalte.[4] *Mangoldt*, der die Formulierung im Grundgesetz entscheidend beeinflusst hatte, schloss sich als Grundgesetz-Kommentator der Auslegung als Auffanggrundrecht an. Es fällt aber auf, dass er 1953 auf den Begriff der allgemeinen Handlungsfreiheit verzichtete und in Art. 2 Abs. 1 GG vielmehr den „Eigenwert und Eigenständigkeit des Menschen schlechthin als Grundlage der Gesamtordnung" anerkannt sah.[5]

Eine mittlere Linie deutete sich bei *Günter Dürig* an, wenn er Art. 2 Abs. 1 GG zwar ebenfalls als Auffanggrundrecht betrachtete, aber im Sinne einer Präzisierung des Menschenwürdegedankens als Auffanggrundrecht zum Wertschutz unbenannter Freiheiten, also gerade nicht als Schutz jedes beliebigen Verhaltens. *Dürig* ist auch der Einzige, der aus Art. 2 Abs. 1 GG zusätzlich zur Funktion als Auffanggrundrecht einen Achtungsanspruch des Menschen ableitete, der sich folglich nicht in der Freiheit zum Handeln, sondern in der Freiheit von bestimmten Arten des Behandeltwerdens manifestiert, und damit die spätere Rechtsprechung des Bundesverfassungsgerichts zum Persönlichkeitsrecht vorwegnahm.[6]

Im Elfes-Urteil des Bundesverfassungsgerichts von 1957 fällt dann die Entscheidung zugunsten des allgemeinen Freiheitsrechts in dem unspezifischen Verständnis, dass es jedes erdenkliche menschliche Handeln schützt, das nicht Gegenstand spezieller Grundrechtsgarantien geworden ist.[7] Nachdem die frühen Akten des Bundesverfassungsgerichts zugänglich sind, wissen wir aber, dass das Gericht eine lange und umwegreiche Strecke zurücklegte, ehe es im letzten Moment bei diesem Ergebnis ankam.[8] Die Entscheidung fiel mit 6 gegen 3 Stimmen. Es kann als sicher gelten, dass die Minderheit der Verfassungsbeschwerde von Elfes stattgeben wollte. Ob sie auch gegen die weite Interpretation von Art. 2 Abs. 1 GG war, ist ungewiss.

Dem Bundesverfassungsgericht war die Kontroverse um die Deutung von Art. 2 Abs. 1 GG geläufig. Das hatte es bereits im Investitionshilfe-Urteil von 1954 zu erkennen gegeben, aber keinen Grund gesehen, die Streitfrage zu entscheiden.[9] So wollte es auch der Berichterstatter im Elfes-Fall, *Gerhard Heiland*, halten. Er schlug vor, der Verfassungsbeschwerde von Elfes wegen Verstoßes gegen Art. 11 GG stattzugeben, und berief sich dabei auf die juristische Literatur, die ganz überwiegend Art. 11 GG als sedes materiae betrachtete. Falls der

---

[4] Vgl. *K. G. Wernicke*, Bonner Kommentar, 1950, Art. 2, II. 1) a).

[5] *H. v. Mangoldt*, Das Bonner Grundgesetz, 1953, S. 46.

[6] *G. Dürig*, Der Grundrechtssatz von der Menschenwürde, AöR 81 (1956), S. 117, 121.

[7] BVerfGE 6, 32.

[8] Vgl. *D. Grimm*, Das Elfes-Urteil, in: F. Meinel (Hrsg.), Verfassungsgerichtsbarkeit in der Bonner Republik, 2019, S. 155.

[9] BVerfGE 4, 7 (15).

Senat Art. 11 GG nicht für einschlägig halten sollte, wollte *Heiland* die Entscheidung auf Art. 2 Abs. 1 GG stützen, die Streitfrage seiner Bedeutung aber offen lassen, weil die Ausreise-Freiheit in jedem Fall zur Persönlichkeitsentfaltung gehöre.

Der Senat entschied sich am 31. Oktober 1956 nach der mündlichen Verhandlung mit acht Stimmen bei einer Gegenstimme, der Verfassungsbeschwerde stattzugeben, und zwar wegen Verletzung von Art. 11 GG, allerdings nicht durch das Passgesetz, wie *Heiland* vorgeschlagen hatte, sondern durch dessen Anwendung seitens der Verwaltungsgerichte. Auf dieser Basis legte *Heiland* schon eine Woche später einen Urteilsentwurf vor, der den Senat aber nicht befriedigte. Die Unzufriedenheit betraf jedoch nicht das Ergebnis, sondern den Urteilsduktus. Am Ergebnis, dass Art. 11 GG verletzt sei, hielt der Senat vielmehr bis zum 9. Januar 1957 fest und schwenkte erst an diesem Tag auf Art. 2 Abs. 1 GG um.

Die Wende führte *Theodor Ritterspach* herbei. *Ritterspach* war wohl derjenige Richter, welcher sich schon bei der ersten Abstimmung gegen das Ergebnis ausgesprochen hatte. Seine schriftlichen Stellungnahmen im weiteren Verfahren deuten darauf hin. Er hielt es für unmöglich, den Sinn von „Freizügigkeit im ganzen Bundesgebiet" derart zu dehnen, dass sie auch die Freizügigkeit aus dem Bundesgebiet umfasste. Daher kam für ihn nur Art. 2 Abs. 1 GG in Betracht, und diesen deutete er als Garantie der allgemeinen Handlungsfreiheit, ohne sich mit den Gegenpositionen auseinanderzusetzen und ohne Begründung, warum dies die richtige Interpretation sei.

Aus den Reaktionen auf *Ritterspachs* Vorstoß ist diejenige *Erwin Steins* am interessantesten. Zum einen übte er Kritik an der weiten Interpretation des Begriffs der „verfassungsmäßigen Ordnung" in der Schrankenregelung von Art. 2 Abs. 1 GG, die *Ritterspach* als notwendige Folge der weiten Schutzbereichsdefinition betrachtete. „Verfassungsmäßige Ordnung" meinte danach jede verfassungsmäßige Rechtsnorm. Auch diese Deutung war in der wissenschaftlichen Literatur schon vorbereitet.[10] *Stein* sah darin einen Rückfall in das Weimarer Grundrechtsverständnis und befürchtete, die Grundrechte des Grundgesetzes würden leerlaufen, wenn der Senat der Interpretation *Ritterspachs* folgte.

Für unser Thema ist jedoch der zweite Einwand *Steins* aufschlussreicher. *Stein* insistierte darauf, dass es bei dem Freiheitsrecht gerade auf den Rechtsinhalt ankomme. Es gewährleiste dem Einzelnen einen bestimmten Bereich persönlicher Sicherheit und Betätigungsfreiheit, also nicht wie *Ritterspach* vorgeschlagen hatte, einen beliebigen. Wie dieser Bereich aussehe, entwickelte *Stein* in seiner Stellungnahme nicht näher. Er wies lediglich darauf hin, dass „Freiheit und freie Entfaltung der Persönlichkeit nicht identisch" seien, und

---

[10] Siehe *Birkenkötter* (Fn. 2).

verlangte vom Senat, sich mit dem Sinn der Bestimmung unter Berücksichtigung der Entstehungsgeschichte gründlicher auseinanderzusetzen.

Das griff der Senat auf und setzte eine Dreier-Kommission ein, die die Aufgabe hatte, *Ritterspachs* Gegenentwurf, der inzwischen statt der Vorlage des Berichterstatters *Heiland* Beratungsgrundlage geworden war, zu überarbeiten. Die Kommission nahm verschiedene Änderungen vor, stellte aber die Interpretation von Art. 2 Abs. 1 GG als allgemeine Handlungsfreiheit und daraus folgend die weite Auslegung des Begriffs der verfassungsmäßigen Ordnung nicht mehr infrage. Dabei blieb es auch in der abschließenden Senatsberatung. In der Form, die der Text in dieser Beratung annahm, wurde das Elfes-Urteil am 9. Januar 1956 mit sechs zu drei Stimmen beschlossen und am 16. Januar 1957 verkündet.

Aus einem 8:1 für Stattgabe war also ein 6:3 für Abweisung der Verfassungsbeschwerde geworden. *Stein* befand sich bei der Mehrheit. Seine Sorge, dass die Grundrechte bei der weiten Schrankenregelung leerlaufen könnten, war gebannt. Die entsprechende Passage aus seinem Vermerk wurde ins Urteil übernommen. Auf seinem zweiten Einwand hatte er wohl nicht insistiert. Ob die drei Gegenstimmen abgegeben wurden, weil die Verlierer an Art. 11 GG festhielten oder weil sie die Auslegung von Art. 2 Abs. 1 GG missbilligten oder weil sie am ursprünglichen Ergebnis festhalten wollten, ergibt sich aus den Akten nicht. Hätte es schon Sondervoten gegeben, wüsste man vielleicht mehr.

So wie das Urteil am 16. Januar 1957 verkündet wurde, kennen wir nun die Bedeutung von Art. 2 Abs. 1 GG, und als *Robert Alexys* „Theorie der Grundrechte" 1985 erschien, konnte er sagen, dass das Bundesverfassungsgericht an der Deutung stets festgehalten habe.[11] Wäre das Buch vier Jahre später herausgekommen, hätte er hinzufügen können, dass auch eine Gegenmeinung im Fall „Reiten im Walde" den Senat nicht umzustimmen vermocht hatte. Inzwischen waren Sondervoten aber zugelassen, so dass die Gegenmeinung zumindest nachlesbar ist.[12] Sie löste noch einmal eine grundsätzliche Debatte in der Staatsrechtslehre aus, die aber überwiegend die Elfes-Linie stützte.

In *Alexys* Buch wird das Urteil des Bundesverfassungsgerichts bestätigt, und zwar mit weit ausführlicherer Begründung, als das Gericht sie in Elfes gegeben hatte. Die Elfes-Begründung hat durchaus Schwächen, die freilich nicht *Robert Alexy* angelastet werden können. Die Entstehungsgeschichte wurde nach *Steins* Mahnung zwar herangezogen, aber nur affirmativ ausgewertet. Dass das Gericht Persönlichkeitskerntheorie und allgemeine Handlungsfreiheit als Dichotomie statt als Pole einer Skala betrachtet hatte, wie von *Stein* in der Beratung angeregt worden war und bei *Dürig* nachgelesen werden konnte, war nicht zwingend, wie sich bald schon herausstellen sollte.

---

[11] *R. Alexy*, Theorie der Grundrechte, 1985, S. 309.

[12] BVerfGE 80, 164.

Zunächst fällt auf, dass die Begründung des Urteils zirkulär ist. Es geht zur Bestimmung des Schutzbereichs von Art. 2 Abs. 1 GG von der Schrankenregelung des Grundrechts aus. Diese lasse mit ihren drei Beschränkungsgründen nur den Schluss zu, dass das Grundrecht „die allgemeine Handlungsfreiheit im umfassenden Sinne meint", da bei einem engen Verständnis die Schranken überflüssig seien. Von dem so definierten Schutzbereich schließt es sodann zurück auf die Bedeutung des Tatbestandsmerkmals „verfassungsmäßige Ordnung" innerhalb der Schrankentrias. Angesichts der Weite des Schutzbereichs könne damit nur das gesamte einfache Recht gemeint sein, soweit dieses der Verfassung entspreche.

Die Persönlichkeitskerntheorie glaubt das Gericht mit dem Argument erledigen zu können, es sei unmöglich, dass der Parlamentarische Rat sie gemeint habe. Das folge aus der Schrankenregelung, denn Handeln im Persönlichkeitskernbereich könne niemals gegen das Sittengesetz, die Rechte anderer und die verfassungsmäßige Ordnung verstoßen. Indessen ist auch Entfaltung im Persönlichkeitskernbereich Selbstentfaltung und als solche nicht schon immer auf Verfassungskompatibilität festgelegt. So ist zum Persönlichkeitskern auch Handeln zu zählen, das durch Glauben oder Gewissen motiviert ist. Beides kann aber sehr wohl mit den Schranken kollidieren.

Schließlich wird die Vermeidung einer – vermeintlichen – Unplausibilität mit der Inkaufnahme einer anderen Unplausibilität bezahlt. Angesichts der weiten Schrankenregelung schien es dem Gericht undenkbar, dass Art. 2 Abs. 1 GG einen engen Schutzbereich habe. Die daraus gefolgerte Definition der „verfassungsmäßigen Ordnung" als jede verfassungsmäßige Rechtsnorm machte aber nun die Schranke der „Rechte anderer" funktionslos, denn diese sind ohne Zweifel Teil der verfassungsmäßigen Ordnung. Auf weitere Begründungsmängel muss hier nicht eingegangen werden, weil sie nicht die Auslegung von Art. 2 Abs. 1 GG, sondern den Umgang mit Art. 5 Abs. 1 GG betreffen.[13]

II.

Robert Alexy sekundiert dem Bundesverfassungsgericht im Ergebnis. Art. 2 Abs. 1 GG schützt auch für ihn die allgemeine Handlungsfreiheit. Dieses Verständnis führe zu mehr Vor- als Nachteilen.[14] *Alexy* gelangt zu diesem Ergebnis im Wesentlichen, indem er Einwände gegen das allgemeine Freiheitsrecht widerlegt und die allgemeine Handlungsfreiheit sowie die konkreten Verbürgungen, die das Bundesverfassungsgericht später aus Art. 2 Abs. 1 GG abgeleitet hat, als „folgerichtiges und widerspruchsfreies Ganzes" darstellt, nicht als einen

[13] Siehe dazu *Grimm*, Elfes-Urteil (Fn. 8), S. 183ff.

[14] *Alexy*, Grundrechte (Fn. 11), S. 312f.

ganz andersartigen Strang konkreter Rechte.[15] Im Kern geht es ihm weniger um eine Abwägung zwischen Vor- und Nachteilen als um den Nachweis, dass ein allgemeines Freiheitsrecht möglich ist.

Gegen diese Möglichkeit ist nichts einzuwenden. Wenn der Verfassungsgeber eine Vorschrift in den Grundrechtskatalog aufnimmt, die lautet: „Jeder darf tun und lassen was er will", und dann die Bedingungen hinzufügt, unter denen dies erlaubt ist, dann hat er ein allgemeines Freiheitsrecht garantiert und Verfassungsrechtswissenschaft und Verfassungsrechtsprechung müssen ihm Sinn geben und es praktikabel machen. Nun hat der Parlamentarische Rat eine solche Formulierung aber gerade nicht ins Grundgesetz aufgenommen, sondern sie im Gegenteil ausdrücklich verworfen und stattdessen ein Recht auf freie Entfaltung der Persönlichkeit statuiert. Das kann für die Auslegung nicht gleichgültig sein.

Meine Frage ist daher eine andere als die von *Robert Alexy*, nämlich, ob Art. 2 Abs. 1 GG trotzdem als allgemeines Freiheitsrecht verstanden werden sollte. Das verneine ich und lasse mich dabei vor allem von dem Spezifikum der Grundrechte leiten. Sie heben aus der unendlichen Zahl von Rechten, die der Einzelne hat, einige hervor, denen besonderer Schutz zuteil wird, und zwar dadurch, dass sie über dem Gesetz stehen und folglich auch den Gesetzgeber binden. Darum können sich dann weitere Funktionen lagern, zum Beispiel dass grundrechtsbeschränkende Gesetze selber wieder im Licht des eingeschränkten Grundrechts interpretiert werden müssen, damit ihrer überragenden Bedeutung auch auf der Rechtsanwendungsebene Rechnung getragen wird.[16]

Diese Rechte sind, was ihren Gegenstand betrifft, häufig Negationen vorangegangener Oppressionen, also historisch begründet. Es ist aber nicht ausgeschlossen, dass sie auch aus einer Theorie gerechter Sozialordnung abgeleitet werden. In jedem Fall werden sie für wichtig genug gehalten, um den besonderen Schutz zu verdienen, der mit dem Verfassungsrang einhergeht. Insofern kann man auch sagen, dass in Form von Grundrechten etwas geschützt wird, das als besonders gut, besonders wichtig, besonders wertvoll betrachtet wird, aber gleichwohl von Seiten der Machthaber besonders gefährdet ist. Von „gefährdet" würde man nicht sprechen, wenn es sich um einen als schlecht oder übel angesehenen Gegenstand handelte.

In einer andersartigen Gesellschaftsordnung kann das, was die Grundrechte schützen, umgekehrt als unwert gelten. Aber in einer Gesellschaftsordnung, die sich über die Freiheit der Individuen konstituiert, schützen Grundrechte ein Gut. Davon löst sich das allgemeine Freiheitsrecht. Es schützt alle erdenklichen Handlungen, unabhängig von ihrer positiven oder negativen Bewertung. Mord,

---

[15] Ebd., S. 326, 335.

[16] So zuerst im Lüth-Urteil, BVerfGE 7, 198 (208 f.) im Blick auf Art. 5 Abs. 2 GG, dann auf alle Grundrechte und das gesamte einfache Recht erstreckt.

Vergewaltigung, Folter, Kindesmissbrauch, Verleumdung – sie alle werden von der allgemeinen Handlungsfreiheit umfasst und genießen Grundrechtsschutz. *Robert Alexy* stört das nicht, weil es ja nur prima facie gilt.[17] „Geschützt" ist nicht gleichbedeutend mit „erlaubt". Aber des Schutzes wert sind erst einmal auch die Abscheulichkeiten, nur dürfen sie verboten werden.

Gegen diese Überlegung ist oft eingewandt worden, dass auch spezielle Grundrechte missbraucht oder banalisiert werden können. Das trifft zu, widerlegt das Argument aber nicht, denn es macht einen Unterschied, ob etwas für die individuelle Autonomie und die auf sie bezogene demokratische Ordnung prinzipiell als wichtig und wertvoll Erachtetes auch missbraucht werden kann oder ob ein Grundrecht den Bezug auf prinzipiell schützenswertes Verhalten aufgibt und seinen Schutz unterschiedslos auf schützenswertes und zu bekämpfendes Verhalten verteilt. Die Differenz zeigt sich auch daran, dass es für ein Grundrecht, welches unterschiedslos alles schützt, keine staatliche Schutzpflicht geben kann.

Es liegt also doch nahe, dass mit freier Entfaltung der Persönlichkeit etwas anderes als Beliebigkeit geschützt werden sollte. Man kann *Robert Alexy* zugeben, dass das allgemeine Freiheitsrecht kein tatbestandsloses Grundrecht ist.[18] Es hat einen Gegenstand, nämlich Handlungen, erfasst diese aber total. Es ist also inhaltlich unbestimmt. Die Schutzobjekte der übrigen Grundrechte sind nicht unbestimmt, sondern mehr oder weniger bestimmt, die Schutzobjekte Presse oder Wohnung relativ genau, die Schutzobjekte Glauben oder Kunst relativ ungenau. Stets stellen sie aber einen Ansatzpunkt für die Schutzbereichsdefinition zur Verfügung, während ein solcher Ansatzpunkt dem allgemeinen Freiheitsrecht fehlt.

Im Bundesverfassungsgericht hatte *Stein* die richtige Intuition, dass es bei Freiheiten auf den Rechtsinhalt ankomme. Damit ist nicht gesagt, dass der Verfassungsgeber kein Recht habe, ein Recht, zu tun und zu lassen, was man wolle, in die Verfassung aufzunehmen. Aber es ist ein gewichtiges Argument dagegen, dass der Verfassungsgeber des Grundgesetzes gerade das tun wollte, als er die Formulierung „tun und lassen" durch freie Entfaltung der Persönlichkeit ersetzte. Es liegt vielmehr nahe, dass er damit die Alternative einer ganz weiten und einer ganz engen Interpretation überwinden und aus der Vorstellung ausbrechen wollte, dass Grundrechte Handeln an sich schützen.

Nun führt *Robert Alexy* besonders starke Argumente ins Feld, um das Gegenteil zu belegen. Dabei löst er sich von der konkreten Verfassung und begibt sich auf die abstrakte Ebene der Freiheit überhaupt. Sein Angelpunkt ist der Begriff der negativen oder liberalen Freiheit.[19] Er zielt auf ein möglichst hohes

---

[17] *Alexy*, Grundrechte (Fn. 11), S. 343.
[18] Ebd., S. 314 f.
[19] Ebd., S. 124 ff., 318 ff.

Maß an rechtlicher Freiheit. Die Handlungsalternativen des Individuums sollen so wenig wie möglich von Geboten und Verboten betroffen sein. Die negative Freiheit ist durch die Abwesenheit von Beschränkungen definiert, bleibt also inhaltlich unbestimmt. Die so definierte Freiheit betrachtet er als notwendige, aber nicht hinreichende Bedingung der Menschenwürde.[20] Damit findet er wieder Anschluss ans Grundgesetz.

Menschenwürde ist, wie immer man sie definiert, jedenfalls im Unterschied zur negativen Freiheit ein inhaltliches Konzept. Dennoch soll die Verknüpfung der Handlungsfreiheit mit der Menschenwürde nicht bedeuten, dass das allgemeine Freiheitsrecht durch eine inhaltliche angereicherte Freiheitskonzeption ersetzt werde, dergestalt, dass anstelle der undefinierten Freiheit bestimmte positiv bewertete Einzelfreiheiten träten. Die Menschenwürde fügt der negativen Freiheit für *Alexy* nur materiale Ergänzungen hinzu, zum Beispiel positive Ansprüche zur Ermöglichung der Freiheitswahrnehmung oder Schranken negativer Freiheiten, die einen gemeinschädlichen Gebrauch verhindern.[21]

Daraus folgt jedoch kein Zwang für konkrete Träger der verfassungsgebenden Gewalt, dem zu folgen. Auch ein Verfassungsgeber, der eine freiheitliche Verfassung schaffen will, ist nicht gezwungen, die Menschenwürdegarantie aufzunehmen, und wenn er sie aufnimmt, heißt es nicht, dass er diese in ein allgemeines Freiheitsrecht umsetzen muss. Das Prinzip, dass so wenige Freiheitsbeschränkungen wie möglich vorgesehen werden sollten und dass Freiheit der Unfreiheit vorzuziehen sei, wie *Alexy* sagt,[22] kann handlungsleitende Hintergrundidee der Verfassungsgebung sein. Als solche wäre sie dann Quelle für Grundrechte, aber selbst noch kein Grundrecht.

Die handlungsleitende Idee kann sich auch im Rechtsstaatsprinzip niederschlagen, ohne dass dieses durchgängige Subjektivierung verlangte. *Robert Alexy* kalkuliert übrigens ein, dass sich der Verfassungsgeber nicht theoriekonform verhält, und reicht dann die Aufgabe an Rechtswissenschaft und Rechtsprechung weiter. Aber auch diese sind nicht gezwungen, freilich auch nicht gehindert, falls kein erklärter Wille des Verfassungsgebers im Wege steht, einer Verfassung ohne Menschenwürdegarantie diese zu unterlegen oder aus der Menschenwürdegarantie allgemeine Freiheitsrechte abzuleiten. Das ist kein Plädoyer gegen die Ableitung unbenannter Freiheitsrechte aus der freien Entfaltung der Persönlichkeit.

Das Bundesverfassungsgericht sah sich dieser Notwendigkeit schnell gegenüber, nachdem es angenommen hatte, den Schutzbereich von Art. 2 Abs. 1 GG in Elfes abschließend definiert zu haben. Schon bald traten Fälle auf, in denen die Persönlichkeitsentfaltung nicht durch Handlungsverbote gefährdet wurde,

[20] Ebd., S. 321 ff.
[21] Ebd., S. 325 f.
[22] Ebd., S. 317 ff.

sondern durch die Behandlung der Person durch den Staat oder Dritte. In Reaktionen darauf wurden aus Art. 2 Abs. 1 GG nun konkrete Freiheitsgarantien abgeleitet, doch ohne Preisgabe der allgemeinen Handlungsfreiheit.[23] Eine solche Preisgabe hätte nicht bedeutet, dass Art. 2 Abs. 1 GG fortan nicht mehr auf Handeln bezogen gewesen wäre, welches nicht durch andere Grundrechte geschützt ist, wohl aber, dass es nicht mehr auf beliebiges Handeln bezogen ist.

Für die Anerkennung unbenannter Freiheitsrechte wäre ausschlaggebend, dass es beim Grundrechtsschutz um solche Gegenstände geht, die für Persönlichkeitsentfaltung von vergleichbarer Wichtigkeit sind wie geschriebene Grundrechte. Der Einwand, die Verfassungsinterpretation sehe sich dann vor schwierige Grenzziehungen gestellt, verfängt nicht, weil diese Schwierigkeit bei der Interpretation der meisten Grundrechte besteht und dort gemeistert werden kann. Es macht keine Mühe, den bisherigen Konkretisierungen des Art. 2 Abs. 1 GG diesen Wichtigkeitsgrad zu bescheinigen. Sie können dann auch wieder mit der grundrechtlichen Schutzpflicht verbunden werden, die für den freiheitlichen Gesamtzustand[24] sorgt, der *Alexy* vorschwebt.

Worin besteht also der Mehrwert oder Vorteil der allgemeinen Handlungsfreiheit? Das Bundesverfassungsgericht bekräftigte im „Reiten im Walde", der umfassende Schutz erfülle „eine wertvolle Funktion in der Freiheitssicherung".[25] Auf die Frage welche, hieß es, jeder Versuch einer wertenden Einschränkung des Schutzbereichs von Art. 2 Abs. 1 GG würde zum Verlust des Freiheitsraums für Bürger führen. Das ist zweifellos zutreffend, aber nicht der Punkt, um den es geht. Die Frage ist ja, ob das im Grundgesetz so angelegt war, also ob die Grundrechte individuelles Verhalten wertneutral, also ohne Rücksicht auf die Bewertung als freiheitsförderlich oder freiheitsnegierend, schützen wollen.

Alexys Begründung ist demgegenüber überzeugender. Für jede Beschränkung, Behinderung, Belastung individuellen Handelns wird dem Staat eine Rechtfertigung abverlangt.[26] Das schwebt wohl auch dem Bundesverfassungsgericht vor, obwohl es im „Reiten im Walde" nicht mit der gleichen Klarheit zum Ausdruck kommt. Das wird allerdings nicht erst durch die Grundrechte bewirkt, sondern schon durch das Rechtsstaatsprinzip. Der Rechtfertigungszwang als solcher ist von der Frage, was die Grundrechte schützen, nicht berührt. Gesetze, die die individuelle Freiheit beschränken, müssen ihre Notwendigkeit zum Schutz anderer hochrangiger Rechtsgüter nachweisen. Verlangt wird eine Verhältnismäßigkeitsprüfung.

---

[23] Vgl. *D. Grimm*, Persönlichkeitsschutz im Verfassungsrecht, in: Karlsruher Forum 1996, Schutz der Persönlichkeit, 1997, S. 3.

[24] *Alexy*, Grundrechte (Fn. 11), S. 344ff.

[25] BVerfGE 80, 137 (154).

[26] Ebd., S. 324f.

Was durch Abkehr von der allgemeinen Handlungsfreiheit verloren geht, ist die vollständige Subjektivierung des Rechtsstaatsprinzips. Sie findet nämlich dort nicht statt, wo Handeln für die eigene Persönlichkeitsentfaltung unerheblich ist, aber die Persönlichkeitsentfaltung Dritter untergräbt, also gerade das schützt, was Werte des Grundgesetzes negiert. Verloren geht, dass gewisse Freiheitsbeeinträchtigungen durch Gesetz nicht mehr über die Verfassungsbeschwerde ans Bundesverfassungsgericht gelangen können, sondern nur noch über die Normenkontrolle, die abstrakte wie die konkrete. Mir ist aber wichtig zu betonen, dass nicht die Entlastung des Bundesverfassungsgerichts mein Motiv ist, sondern die Wiederherstellung der Grundrechte in ihrer besonderen Schutzfunktion.

Abwägung im Erkenntnisvakuum

Zu Bedeutung und Funktion formeller Prinzipien

Matthias Klatt

Miteinander konkurrierende Rechte und andere Verfassungsprinzipien abzuwägen, ist eine komplexe und häufig herausfordernde Angelegenheit. Zu einer völlig unmöglichen Mission scheint die Abwägung aber zu werden, wenn ein Erkenntnisvakuum besteht. Ein Erkenntnisvakuum besteht, wenn sich hinsichtlich einer für die Abwägung notwendigen, normativen oder empirischen Prämisse zwei gleich plausible Einschätzungen gegenüberstehen. Welche dieser Einschätzungen korrekt ist, und ob *überhaupt* eine der beiden korrekt ist, kann nicht objektiv festgestellt werden.

In diesem Beitrag werde ich darlegen, was Erkenntnisvakua für die Abwägung bedeuten und wie mit ihnen so umzugehen ist, dass das Ergebnis der Abwägung gleichwohl rational begründet ist. Ich gliedere meine Überlegungen in vier Teile. Ich werde zunächst (I) auf das Problem epistemischer Unsicherheiten allgemein eingehen. Dies mündet (II) in die Frage, welche Rolle formelle Prinzipien bei der Abwägung spielen. Diesbezüglich stehen sich ein Kombinationsmodell und ein Trennungsmodell gegenüber, jeweils in mehreren Varianten. Ich werde in diesem Teil vor allem das Kombinationsmodell betrachten und kritisieren. Dies führt mich (III) zu einer eingehenderen Diskussion und Verteidigung des Trennungsmodells. Diese theoretischen Überlegungen werde ich (IV) im letzten Teil an einer Entscheidung des Bundesverfassungsgerichts exemplifizieren.

I. Epistemische Unsicherheiten bei Abwägungen

Epistemische Unsicherheiten treten bei Abwägungen nicht immer, aber häufig auf. Ich werde im Folgenden (1) zunächst einige Grundlagen der Abwägungslehre der Prinzipientheorie rekapitulieren. Anschließend widme ich mich (2) den Auswirkungen epistemischer Unsicherheiten auf die Abwägung. Drittens werde ich (3) die Bedeutung der epistemischen Variablen in der Gewichtsformel diskutieren.

1. Grundlagen der Abwägung

Die Abwägung ist eine spezifische juristische Methode. Weit über das Verfassungsrecht hinaus prägt sie viele Rechtsgebiete, so dass von einer Ubiquität der Abwägung im Recht gesprochen werden kann.[1] Hintergrund dieser Situation sind eine zunehmende Expansion materieller Verfassungsgehalte, die Deutung der Verfassung als Werteordnung und die Akzeptanz der Ausstrahlungswirkung von Verfassungsprinzipien in alle Bereiche des Rechts.[2]

Abwägungen erlauben es, Konflikte zwischen konkurrierenden Grundrechten und anderen Verfassungsprinzipien zu lösen. Unser heutiges Verständnis ruht auf dem starken Fundament, das *Robert Alexy* in seiner wegweisenden Theorie der Grundrechte geschaffen hat und das anschließend weiter ausgearbeitet wurde.[3]

Grundlage dieser Theorie ist die Differenzierung zwischen zwei Arten von Normen: Regeln und Prinzipien.[4] Prinzipien sind Optimierungsgebote, genauer: zu optimierende Gebote.[5] Die Erfüllung von Prinzipien ist – anders als die Erfüllung von Regeln – nicht eine binäre Frage, sondern eine Frage des Grades. Prinzipien verlangen, dass ihr Ziel in Anbetracht der rechtlichen und tatsächlichen Möglichkeiten bestmöglich realisiert wird.[6] Die rechtlichen Möglichkeiten zur Realisierung des Prinzips wird gegenläufige Prinzipien bestimmt, die ihrerseits die Realisierung entgegengesetzter Ziele gebieten. Aus diesem Grund kann ein Prinzip für sich allein bloße prima facie-Pflichten begründen.

Der Zusammenhang zwischen diesem Prinzipienbegriff und dem Grundsatz der Verhältnismäßigkeit ist denkbar eng. *Alexy* hat von Anfang an herausgestellt, dass das Gebot der Verhältnismäßigkeit bereits aus dem Begriff des Prinzips notwendig folgt. Diese analytische Verteidigung ist für die vor allem international immer wieder kontrovers diskutierte Frage relevant, in welchem Maße und aus welchen Gründen der Abwägungslehre der Prinzipientheorie eine universelle Geltung zukommt. Bestritten wird die Universalität von relativistischen Theorien, welche die Abwägung als Rechtsanwendungsmethode von

---

[1] *M. Klatt/J. Schmidt*, Abwägung unter Unsicherheit, in: M. Klatt (Hrsg.), Prinzipientheorie und Theorie der Abwägung, 2013, S. 105–150 (105).

[2] *R. Smend*, Verfassung und Verfassungsrecht (1928), in: R. Smend (Hrsg.), Staatsrechtliche Abhandlungen und andere Aufsätze, 1994, S. 119–276 (264); *R. Alexy*, Verfassungsrecht und einfaches Recht – Verfassungsgerichtsbarkeit und Fachgerichtsbarkeit, in: Veröffentlichungen der Vereinigung der Deutschen Staatsrechtslehrer 61 (2002), S. 7–33 (9f.).

[3] *R. Alexy*, Theorie der Grundrechte, 1994; vgl. u.a. die Beiträge in M. Klatt (Hrsg.), Prinzipientheorie und Theorie der Abwägung, 2013.

[4] *Alexy*, Grundrechte (Fn. 3), S. 71–104.

[5] *R. Alexy*, Zur Struktur der Rechtsprinzipien, in: B. Schilcher/P. Koller/B.-C. Funk (Hrsg.), Regeln, Prinzipien und Elemente im System des Rechts, 2000, S. 31–52 (38f.).

[6] Ebd. (32).

Eigenheiten des jeweiligen Rechtssystems oder der lokalen Rechtskultur abhängig machen.[7]

Demgegenüber wird die Universalität der Prinzipientheorie wie folgt verteidigt: Alle Teilschritte der Verhältnismäßigkeitsprüfung implementieren die Idee der Optimierung. Geeignetheit und Notwendigkeit verlangen Pareto-Optimalität und betreffen die Optimierung relativ zu den tatsächlichen Möglichkeiten. Die rechtlichen Möglichkeiten dagegen werden durch konkurrierende Prinzipien bestimmt. Diese Konkurrenz wiederum wird durch Abwägung aufgelöst. Der definitiv gebotene Grad der Erfüllung eines Prinzips, relativ zur Erfüllung konkurrierender Prinzipien, wird durch Abwägung bestimmt. Das Ergebnis dieser Abwägung bestimmt den definitiven Grad der Erfüllung eines Prinzips im Rahmen konkurrierender Prinzipien. Somit kann die Abwägung als Optimierung relativ zu den rechtlichen Möglichkeiten begriffen werden. Die *analytische* Verteidigung der Abwägung besteht also im Nachweis einer begrifflich notwendigen Verbindung zwischen Prinzipien als Optimierungsgebote und der Abwägung als Methode ihrer Anwendung.

Dieser analytischen Verteidigung der Abwägung habe ich kürzlich eine *normative* Verteidigung an die Seite gestellt. Meine normative Verteidigung versteht die Abwägung als eine bestimmte Form der rechtlichen Argumentation, deren Verwendung nicht ins Belieben der Rechtsanwenderin gestellt ist. Vielmehr ist die Verwendung dieser Argumentform vom Recht auf Rechtfertigung geboten. *Rainer Forst* hat als Kern der Gerechtigkeit ein moralisches Recht auf Rechtfertigung ausgemacht, das uns allen als rationalen und diskursiven Wesen unhintergehbar eigen ist.

Meine These lautet: Das normative Fundament der Abwägung liegt in diesem moralischen Recht auf Rechtfertigung.[8] Dieses Recht stellt eine tiefgehende normative Begründung der Abwägung als universell gültiger Argumentform bei der Anwendung von Prinzipien dar. Erst die *Kombination* aus analytischer und normativer Rechtfertigung stellt die Relation zwischen Prinzipien und Abwägung vollständig dar.

Das methodische Vorgehen bei der Abwägung erschließt sich ohne Weiteres aus dem sogenannten ersten Abwägungsgesetz: Je größer der Grad der Nichterfüllung eines Prinzips, desto wichtiger muss die Erfüllung des anderen Prinzips sein.[9] Dieses Abwägungsgesetz erhellt die Struktur jeder Abwägungsentscheidung, also deren sogenannte interne Rechtfertigung. Denn es stellt klar,

[7] *M. Cohen-Eliya/I. Porat*, Proportionality and the Culture of Justification, in: American Journal of Comparative Law 59 (2011), S. 463–490 (466); siehe auch *J. Andrade Neto*, Borrowing Justification for Proportionality: On the Influence of the Principles Theory in Brazil, 2018.

[8] *M. Klatt*, Proportionality and Justification, in: E. Herlin-Karnell/M. Klatt (Hrsg.), Constitutionalism Justified: Rainer Forst in Discourse, 2019, S. 159–196.

[9] *Alexy*, Grundrechte (Fn. 3), S. 146; *M. Klatt/M. Meister*, The Constitutional Structure of Proportionality, 2012 (10).

was genau in den drei Schritten jeder Abwägung zu begründen ist, nämlich Behauptungen über Grade der Nichterfüllung, über Wichtigkeiten der Erfüllung und über Relationen zwischen diesen Behauptungen.[10]

Alexy hat die Struktur des Abwägungsgesetzes mit genialer Kreativität in eine präzise Formel übertragen, die sogenannte Gewichtsformel. Die Grundform der Gewichtsformel ist nachfolgend dargestellt (Formel 1).

$$W_{i,j} = \frac{W_i \cdot I_i}{W_j \cdot I_j}$$

Formel 1: Gewichtsformel (Grundform)

Die Gewichtsformel stellt eine Abwägung zwischen zwei kollidierenden Prinzipien P_i und P_j dar. Die Variable, welche das Ergebnis des Quotienten $W_{i,j}$ bezeichnet, steht für das konkrete Gewicht von P_i relativ zu P_j. W_i und W_j repräsentieren die abstrakten Gewichte von P_i bzw. P_j. I_i repräsentiert die Intensität der Beeinträchtigung von P_i. I_j bezeichnet die Wichtigkeit der Erfüllung des kollidierenden Prinzips P_j. I_i und I_j sind qua Definition konkrete Variablen, da sowohl die Intensität der Beeinträchtigung von P_i als auch die Wichtigkeit der Erfüllung von P_j immer von den Umständen des konkreten Falles abhängen. Dadurch wird die Abwägung von Prinzipien fallbezogen. Für die Variablen I_i, I_j, W_i und W_j empfiehlt sich eine triadische Skala mit den Werten leicht (2^0), mittel (2^1) und schwer (2^2).[11]

Aus dem Ergebnis des Quotienten werden anhand von drei Regeln Konsequenzen gezogen, indem bedingte Präferenzrelationen zwischen P_i und P_j festgesetzt werden. Wenn $W_{i,j}$ einen Wert größer 1 einnimmt, besteht die Verpflichtung, P_i in diesem Fall vorzuziehen. Wenn $W_{i,j}$ einen Wert kleiner 1 einnimmt, besteht die Verpflichtung, P_j in diesem Fall vorzuziehen. Wenn $W_{i,j}$ den Wert 1 einnimmt, gibt es ein Patt. In diesem Fall verlangt die Verfassung weder, dass P_i den Vorzug erhält, noch dass P_j der Vorzug gegeben wird. Sowohl eine Präferenz von P_i als auch eine Präferenz von P_j steht im Einklang mit der Verfassung.

Pattsituationen benötigen eine Metaregel. Diese ordnet in vielen Rechtssystemen einen strukturellen Spielraum des Gesetzgebers an.[12] Dieser kann sich dann für eine Präferenz des einen oder des anderen Prinzips entscheiden. Das kontrollierende Verfassungsgericht wird in diese Entscheidung nicht eingreifen. Denkbar sind allerdings auch andere Metaregeln für Pattsituationen, ab-

---

[10] *M. Klatt/M. Meister*, Der Grundsatz der Verhältnismäßigkeit: Ein Strukturelement des globalen Konstitutionalismus, in: Juristische Schulung 2014, S. 193–200 (196).

[11] *R. Alexy*, Die Gewichtsformel, in: J. Jickeli/P. Kreutz/D. Reuter (Hrsg.), Gedächtnisschrift für Jürgen Sonnenschein, 2003, S. 771–792 (777 f.).

[12] *Alexy*, Verfassungsrecht und einfaches Recht (Fn. 2), S. 18–27; *M. Klatt*, Die praktische Konkordanz von Kompetenzen, 2014 (263).

hängig davon, wie ein bestimmtes Rechtssystem die entsprechenden Kompetenzen zuordnet.[13]

2. Das Problem der epistemischen Unsicherheiten

Bereits Abwägungen anhand der Grundform der Gewichtsformel können eine sehr fordernde Aufgabe sein. Der Hauptgrund dafür ist, dass die Struktur der Gewichtsformel also solche inhaltlich neutral ist.[14] Die Formel stellt eine Rechtfertigungsstruktur zur Verfügung. Die Formel entscheidet jedoch selbst nichts über die Werte, die den Variablen zugeschrieben werden. Die Anwendung der Gewichtsformel hängt von Argumenten ab. Diese Argumente müssen extern – also außerhalb der Gewichtsformel – ersonnen und verteidigt werden.[15] Bei dieser externen Rechtfertigung kommen potentiell alle juristisch verwendbaren Argumente zum Tragen; die Klasse zulässiger Argumente ist hier denkbar weit.[16]

Wenn also die argumentative Musik außerhalb der Gewichtsformel spielt, könnte man auf die Idee kommen, die Formel sei überflüssig. Dies ist nicht der Fall. Der spezifische Nutzen der internen Rechtfertigungsstruktur besteht darin, dass wir nur mit ihrer Hilfe klar erkennen können, welche Variablen und Werte genau extern gerechtfertigt werden müssen. Interne und externe Rechtfertigung sind aufeinander bezogen. Die eine kann ohne die andere nicht funktionieren. Beide müssen für eine vollständige Rechtfertigung einer Abwägungsentscheidung notwendig zusammenwirken.

Dass die interne Struktur der Gewichtsformel nur mit externen Argumenten angewendet werden kann, welche die Einstufungen rechtfertigen, wird von Kritikern der Abwägung oft übersehen. Dies führt dann zu dem Missverständnis, die Abwägungslehre der Prinzipientheorie fördere mit der Gewichtsformel einen bloßen Formalismus und koppele die Abwägung von der Substanz der zu entscheidenden materiellen Fragen vollständig ab.[17]

---

[13] Zur flexiblen Zuordnung von Kompetenzen durch eine Abwägung formeller Prinzipien siehe umfassend *Klatt*, Konkordanz von Kompetenzen (Fn. 12).

[14] Natürlich liegen auch bereits in der Auswahl der maßgeblichen Variablen und ihrer Wertigkeit zueinander inhaltliche Festlegungen. Gemeint ist hier, dass die Gewichtsformel nicht selbst vorgibt, welche Einstufungen den Variablen im Einzelfall zugeordnet werden.

[15] *M. Klatt/M. Meister*, Verhältnismäßigkeit als universelles Verfassungsprinzip, in: M. Klatt (Hrsg.), Prinzipientheorie und Theorie der Abwägung, 2013, S. 62–104 (75f.).

[16] Vgl. *M. Klatt*, Die Abwägung von Rechtsprinzipien, in: C. Hiebaum (Hrsg.), Handbuch Gemeinwohl, 2021, S. 1–18 (3.3, 5.2 und 5.3).

[17] In diesem Sinne etwa *S. Tsakyrakis*, Proportionality: An Assault on Human Rights?, in: International Journal of Constitutional Law 7 (2009), S. 468–493 (474); *G. C. N. Webber*, Proportionality, Balancing, and the Cult of Constitutional Rights Scholarship, in: Canadian Journal of Law and Jurisprudence 23 (2010), S. 179–202 (191).

Richtig ist das genaue Gegenteil.[18] Jede Abwägungstheorie muss in eine generelle Theorie der juristischen Argumentation eingebettet sein.[19] Die Anwendung von Verfassungsprinzipien ist ein argumentativer Vorgang, ein Prozess der praktischen Vernunft.[20] Dieser Zusammenhang wird auch dann falsch verstanden, wenn man den vermeintlichen Formalismus nicht kritisiert, sondern quasi umgekehrt zum Vorteil erklärt und sich von der klaren internen Struktur der Gewichtsformel eine Entlastung von kontroversen hochpolitischen und moralischen Fragen erwartet.[21]

Abwägungen werden komplexer, wenn epistemische Unsicherheiten bestehen. Die externe Rechtfertigung bestimmter Werte hängt oft von empirischen oder normativen Prämissen ab, die nicht vollständig verlässlich sind. Prinzipien erfordern eine Optimierung jedoch nicht nur in Hinsicht auf ihr materielles Ziel, sondern auch hinsichtlich der Erkenntnissicherheit. Zu dieser Pflicht der epistemologischen Optimierung würde es eigentlich am besten passen, vor der Abwägung alle Erkenntnisunsicherheiten vollständig zu beseitigen. Volle Erkenntnissicherheit zu erlangen ist jedoch ein anstrengendes Unterfangen, das endlos Zeit, Energie und Ressourcen verschlingen kann. Und in manchen Fällen sind wir aufgrund der Grenzen unserer Erkenntnis sogar gar nicht fähig, diese Aufgabe zu erfüllen.

Somit stehen solche Abwägungen unter Unsicherheit[22] vor einem Dilemma: Entweder wägen wir weiterhin anhand unzuverlässiger Einstufungen ab, verstoßen damit dann aber gegen unsere Verpflichtung, epistemisch zu optimieren; oder wir sind durch die Erkenntnisunsicherheit gelähmt und sehen von einer Entscheidung dieser Konflikte überhaupt ab. Dieses Dilemma aufzulösen, ist ein zentrales Anliegen der Prinzipientheorie.

---

[18] *Klatt*, Abwägung von Rechtsprinzipien (Fn. 16), 5.3.

[19] *M. Klatt*, Robert Alexy's Philosophy of Law as System, in: M. Klatt (Hrsg.), Institutionalized Reason: The Jurisprudence of Robert Alexy, 2012, S. 1–26.

[20] *Klatt/Meister*, Constitutional Structure (Fn. 9), S. 53; *V. Afonso da Silva*, Der Vergleich des Inkommensurablen, in: M. Klatt (Hrsg.), Prinzipientheorie und Theorie der Abwägung, 2013, S. 236–270 (253 f.).

[21] In diesem Sinne aber *L. B. Tremblay*, An Egalitarian Defense of Proportionality-Based Balancing, in: International Journal of Constitutional Law 12 (2014), S. 864–890 (887); gegen diese Entlastungsthese *M. Klatt*, An Egalitarian Defense of Proportionality-Based Balancing: A Response to Luc B. Tremblay, in: International Journal of Constitutional Law 12 (2014), S. 891–899 (898); siehe zum Ganzen auch *L. B. Tremblay*, An Egalitarian Defense of Proportionality-Based Balancing: A Rejoinder to Matthias Klatt, in: International Journal of Constitutional Law 12 (2014), S. 900–903.

[22] Zum Problem bereits umfassend *M. Klatt/J. Schmidt*, Abwägung unter Unsicherheit, in: Archiv des öffentlichen Rechts 137 (2012), S. 545–591; *M. Klatt/J. Schmidt*, Epistemic Discretion in Constitutional Law, in: International Journal of Constitutional Law 10 (2012), S. 69–105.

3. *Die epistemischen Variablen in der Gewichtsformel*

Um den Einfluss epistemischer Unsicherheit auf die Abwägung abzubilden, hat *Alexy* von Anfang an entsprechende Variablen in seiner Gewichtsformel vorgesehen (Formel 2).[23] R_i und R_j stehen für die epistemische Sicherheit der Prämissen, die bei der Abwägung verwendet werden.

$$W_{i,j} = \frac{W_i \cdot I_i \cdot R_i}{W_j \cdot I_j \cdot R_j}$$

Formel 2: Gewichtsformel mit Variablen zur Erkenntnissicherheit

Auch diese Formel ist noch unvollständig. Es ist nämlich zwischen empirischen und normativen Prämissen zu unterscheiden, da die Erkenntnis dieser Prämissen unterschiedlich sicher sein kann. Etwas kann hinsichtlich der empirischen Fakten sehr verlässlich, aber hinsichtlich der normativen Dimension eher unzuverlässig sein – oder umgekehrt. Theoretisch kann jeder Grad der Erkenntnissicherheit empirischer Prämissen mit jedem Grad der Erkenntnissicherheit normativer Prämissen kombiniert werden.

Daher wurde bereits 2010 vorgeschlagen, die *R*-Variablen in R^e und R^n aufzuteilen.[24] R^e beschreibt die Verlässlichkeit von empirischen Prämissen und R^n jene der normativen Prämissen. Diese Modifikation ergibt Formel 3, die inzwischen auch von *Alexy* übernommen wurde.[25]

$$W_{i,j} = \frac{W_i \cdot I_i \cdot R_i^e \cdot R_i^n}{W_j \cdot I_j \cdot R_j^e \cdot R_j^n}$$

Formel 3: Gewichtsformel mit empirischen und normativen Erkenntnissicherheiten

Eine weitere Unterscheidung fügt der vorangegangenen eine Differenzierung hinzu, welche die Erkenntnissicherheiten der empirischen und normativen Prämissen hinsichtlich der Variablen *W* und *I* betrifft (Formel 4).

$$W_{i,j} = \frac{W_i \cdot I_i \cdot R_{Ii}^e \cdot R_{Ii}^n \cdot R_{Wi}^e \cdot R_{Wi}^n}{W_j \cdot I_j \cdot R_{Ij}^e \cdot R_{Ij}^n \cdot R_{Wj}^e \cdot R_{Wj}^n}$$

Formel 4: Gewichtsformel mit allen Erkenntnissicherheiten

---

[23] *R. Alexy*, Postscript, in: A Theory of Constitutional Rights, 2002, S. 388–425 (419 Fn. 97); *Alexy*, Gewichtsformel (Fn. 11), S. 789–790.

[24] *M. Klatt/J. Schmidt*, Spielräume im Öffentlichen Recht, 2010 (51 f.); *Klatt/Schmidt*, Epistemic Discretion (Fn. 22), S. 91; siehe auch bereits *C. Bernal Pulido*, On Alexy's Weight Formula, in: A. J. Menéndez/E. O. Eriksen (Hrsg.), Arguing Fundamental Rights, Dordrecht 2006 (109); *J. Badenhop*, Normtheoretische Grundlagen der Europäischen Menschenrechtskonvention, 2010 (366 f.).

[25] *R. Alexy*, Formal Principles: Some Replies to Critics, in: International Journal of Constitutional Law 12 (2014), S. 511–524 (514 f.).

Für alle epistemischen Variablen war zunächst eine Skala konstruiert worden, die nach der Intensität der gerichtlichen Kontrolle abstuft. Diese Skala enthielt die drei Stufen (*r*) verlässlich oder sicher, (*p*) plausibel oder vertretbar, und (*e*) nicht erwiesen falsch.[26] Diese Bezeichnungen indizieren, dass diese Skala von einer kontrollierenden Autorität, wie etwa einem Verfassungsgericht, genutzt wird, um die verschiedenen Grade der Plausibilität von Einstufungen, die von der primären entscheidenden Autorität, also etwa vom Gesetzgeber, getroffen wurden, zu überprüfen.

Aus diesem Grund habe ich diese ursprüngliche Skala als Kontrollskala bezeichnet. Sie ist jedoch, wie ich an anderer Stelle bereits dargelegt habe, inadäquat.[27] Die Erkenntnissicherheit anhand der Kontrollskala einzustufen, bedeutete, dass das kontrollierende Gericht lediglich die Einschätzung des primärentscheidenden Organs überprüfte, anstatt die Erkenntnissicherheit selbst zu bewerten. Dies mag für die spezifische Kontrollbeziehung zwischen Verfassungsgericht und Gesetzgeber sogar angemessen sein. Dennoch sollte die Skala für epistemische Variablen generell anwendbar sein, nicht nur für spezifische Kontrollverhältnisse. Beispielsweise kann in vielen Rechtssystemen innerhalb des Instanzenzugs das nächsthöhere Gericht als zweite Tatsacheninstanz oft empirische Prämissen des erstinstanzlichen Gerichts nicht nur kontrollieren, sondern sogar voll ersetzen.

Eine zweite Schwäche der Kontrollskala liegt darin, dass sie das zweite Abwägungsgesetz unzutreffend abbildet. Das zweite Abwägungsgesetz lautet: Je schwerer der Eingriff in ein verfassungsgesetzlich gewährleistetes Recht wiegt, desto größer muss die Sicherheit der den Eingriff tragenden Prämissen sein.[28] Diesem Gesetz zufolge wird die Intensität des Eingriffs in ein Recht mit der epistemischen Sicherheit der tragenden Prämissen abgewogen, und nicht nur mit der Plausibilität der jeweiligen Einstufungen. Die richtige Kontrollintensität im Verhältnis zwischen Entscheidungsorgan und Kontrollorgan ist eine separate Frage, die mit dem zweiten Abwägungsgesetz nichts zu tun hat. Sie sollte daher auch separat behandelt werden und nicht mit der Erkenntnissicherheit vermischt werden.

Deshalb habe ich vorgeschlagen, eine Reliabilitätsskala anzuwenden, die wirklich den Grad der Erkenntnissicherheit der Prämissen anstatt die Kontrollintensität abstuft.[29] Die Reliabilitätsskala verwendet die Stufen sicher (*c*),

---

[26] *Alexy*, Postscript (Fn. 23), S. 419 mit Fn. 97.

[27] *Klatt/Schmidt*, Epistemic Discretion (Fn. 22), S. 76.

[28] *R. Alexy*, The Weight Formula, in: J. Stelmach/B. Brozek/W. Zaluski (Hrsg.), Studies in the Philosophy of Law: Frontiers of the Economic Analysis of Law, 2007, S. 9–27 (25).

[29] *Klatt/Schmidt*, Epistemic Discretion (Fn. 22), S. 76; Alexy hält bisher an seiner Kontrollskala fest, siehe *Alexy*, Formal Principles (Fn. 25), S. 515; *R. Alexy*, Proportionality, Constitutional Law, and Sub-Constitutional Law: A Reply to Aharon Barak, in: International Journal of Constitutional Law 16 (2018), S. 871–879 (874).

durchschnittlich sicher (*a*) und unsicher (*u*). Der Vorteil dieser Skala ist ihre universelle Anwendbarkeit. Jedes Entscheidungsorgan kann für sich die Sicherheit der Prämissen bestimmen. Tatsächlich besteht hierzu sogar eine Verpflichtung, wenn wir annehmen, dass jede staatliche Stelle an Verfassungsprinzipien gebunden ist und dass diese Prinzipien auch epistemische Optimierung gebieten. Organe, die Abwägungen vornehmen, müssen in der Rechtfertigung ihrer Abwägung klar benennen, wie sie die epistemischen Sicherheiten bewerten. Sie können diese Verantwortung nicht auf eine andere Autorität verlagern, die später die Entscheidung kontrolliert.

Die Zahlenwerte, die allen Variablen der Erkenntnissicherheit zugeschrieben werden können, lauten $c = 2^0$, $a = 2^{-1}$, $u = 2^{-2}$. Wenn die Sicherheit abnimmt, wird die Entscheidungskraft der materiellen Werte W und I entsprechend reduziert. In Fällen sehr geringer epistemischer Sicherheit werden die materiellen Werte signifikant geschwächt. Ein schwerer, aber sehr unsicherer Eingriff ($W_i = I_i \times R_i = 4 \times \frac{1}{4} = 1$) wird beispielsweise dasselbe Ergebnis wie ein bloß leichter, dafür aber sehr sicherer Eingriff ($W_i = I_i \times R_i = 1 \times 1 = 1$) erzielen.

Gegen die Reliabilitätsskala wurde allerdings eingewendet, dass sie nur mehr Irrationalität die Tür öffne.[30] Die drei Grade der epistemischen Sicherheit entbehrten eines objektiven Standards; die Wahl zwischen ihnen sei eine Frage bloßer „intuitiver Plausibilität". Epistemische Sicherheit sei nicht mehr als das subjektive Empfinden von Sicherheit, das der individuelle Entscheidungsträger erlebe.[31]

Kritisiert wird insbesondere der Begriff der normativ-epistemischen Sicherheit. Es sei unklar, ob normativ-epistemische Sicherheit vom Konsens über das Maß dieser Sicherheit abhänge und ob eine normative Prämisse auch dann in hohem Maße epistemisch sicher sein könne, wenn eine Mindermeinung das Gegenteil behaupte. Es sei unangemessen, dass selbst kleinliche und belanglose Zweifel, die etwa eine einzige Richterin eines Richterkollegiums äußere, die epistemische Sicherheit der von der Mehrheit der Richter vertretenen Prämissen verringern könne.[32]

Diese Kritik ähnelt in bemerkenswerter Weise derjenigen, die gegen die Objektivität und Rationalität der Abwägung generell erhoben wird.[33] Sie ist nichts anderes als eine Variante dieser generellen Kritik, die sich spezifisch auf den Aspekt der epistemischen Sicherheit bezieht. Um sie zurückzuweisen, ist an die wichtige Unterscheidung zwischen interner und externer Rechtfertigung zu

---

30 *J. Quecke/J. Sturm*, Unsicherheit über Abwägung, in: Rechtstheorie 45 (2014), S. 113–131 (116–118).

31 Ebd. (116).

32 Ebd. (117); die Autoren beziehen sich dabei auf meine Fallanalyse in *Klatt/Schmidt*, Abwägung unter Unsicherheit (Fn. 22), S. 576–577.

33 Für eine Diskussion dieser allgemeinen Kritik siehe *Klatt/Meister*, Constitutional Structure (Fn. 9), S. 45–73; *Klatt*, Abwägung von Rechtsprinzipien (Fn. 16), 5.2.

erinnern.[34] Die Gewichtsformel und ihre Variablen repräsentieren nur die formale Struktur des Arguments und erlauben eine interne Rechtfertigung einer Abwägungsentscheidung. Sie hängen jedoch von externen Argumenten ab, welche die Werte rechtfertigen, die den Variablen zugeschrieben werden. Dieser Zusammenhang gilt nicht nur für die substantiellen Variablen, sondern auch für die epistemischen Sicherheiten. Das folgt schon daraus, dass sich der mit jeder Abwägungsentscheidung erhobene Anspruch auf Richtigkeit auch auf die epistemischen Behauptungen erstreckt. Wenn es sich bei den Graden epistemischer Sicherheit lediglich um Intuitionen handelte, dann würde der Anspruch auf Richtigkeit schon im Ansatz vergeblich erhoben.

Natürlich sind weder der bloße Konsens noch eine Mehrheits- oder Mindermeinung in einem Richterkollegium für sich genommen ein Kriterium für die Richtigkeit des angenommenen Grades epistemischer Sicherheit. In einem deliberativen Verfassungssystem kann Konsens immer nur ein Indikator, aber kein Repräsentant für Richtigkeit sein. Es ist aber möglich, Behauptungen wie „Die Sicherheit dieser normativen Prämisse ist hoch" oder „Diese empirische Prämisse ist durchschnittlich sicher" rational zu rechtfertigen. Solche Begründungen werden durch Rechtfertigungsprozesse ermöglicht, deren Fundament ein diskurstheoretisches und konstruktivistisches Verständnis von Rechtfertigung bildet.[35]

Demgegenüber ignoriert die zitierte Bezugnahme auf das subjektive Empfinden von Sicherheit die wichtige Unterscheidung zwischen dem normativen Problem der Rechtfertigung und dem empirischen Problem der Beschreibung realer Ursachen für die Entstehung einer rechtlichen Entscheidung.[36] Für die Abwägungstheorie ist allein das Problem der Rechtfertigung entscheidend.

Meine Gegenthese lautet daher, dass rationale Diskurse über Grade epistemischer Sicherheiten möglich sind. Sie können als „Reliabilitätsdiskurse" bezeichnet werden. Dies widerlegt die oben zitierte Kritik: Denn von einer richterlichen Einzelmeinung vorgetragene Argumente können die Mehrheitsmeinung herausfordern und dadurch die normativ-epistemische Sicherheit der Prämissen reduzieren – allerdings eben nur anhand der Kraft des besseren Arguments. Schlichte Zweifel reichen dafür, anders als von der Kritik behauptet, gerade nicht.

---

[34] *Klatt*, Egalitarian Defense (Fn. 21), S. 897–899; *M. Klatt/M. Meister*, Proportionality – A Benefit to Human Rights?: Remarks on the ICon Controversy, in: International Journal of Constitutional Law 10 (2012), S. 687–708 (693 f.).

[35] Vgl. *Klatt*, Proportionality and Justification (Fn. 8).

[36] Zum Unterschied zwischen Entdeckungszusammenhang und Begründungszusammenhang vgl. *R. A. Wasserstrom*, The Judicial Decision, 1961 (25–31); *J. Wróblewski*, Legal Syllogism and Rationality of Judicial Decision, in: Rechtstheorie 5 (1974), S. 33–46 (35–37); *H.-J. Koch/H. Rüßmann*, Juristische Begründungslehre, 1982 (115–118).

II. Die Rolle formeller Prinzipien

Formelle Prinzipien sind von *Alexy* dafür verwendet worden, Entscheidungsspielräume in Fällen epistemischer Unsicherheit zu rekonstruieren.[37] Jedoch kann die Funktion formeller Prinzipien auf diesen sehr spezifischen Kontext nicht reduziert werden.[38] Vielmehr durchdringen formelle Prinzipien das gesamte Rechtssystem. Sie bilden keineswegs nur die Kompetenz der Legislative ab, sondern alle Staatsgewalten und deren Kompetenzen. Die Funktion formeller Prinzipien auf die Rekonstruktion epistemischer Spielräume zu beschränken, heißt, die volle Kapazität und Bedeutung formeller Prinzipien zu übersehen.

Sobald hingegen die ganze Bandbreite der verschiedenen Funktionen formeller Prinzipien in den Blick genommen wird, entsteht die Möglichkeit eines Modells institutioneller praktischer Konkordanz. Dieses Modell hat eine große explanatorische Kraft. Es kann nicht nur die zahlreichen Kompetenzkonflikte zwischen verschiedenen rechtlichen Autoritäten präzise rekonstruieren, sondern diese durch eine Abwägung formeller Prinzipien auch auflösen.

Um das Modell institutioneller praktischer Konkordanz zu erläutern, werde ich im Folgenden (1) zunächst auf den Begriff formeller Prinzipien eingehen. Anschließend (2) berichte ich über den Ausgangspunkt der Diskussion, nämlich *Alexys* ursprüngliche Position, die ich sodann (3) kritisiere. Diese Kritik werde ich sodann im Anschluss an (4) eine Darstellung des Kombinationsmodells (5) vertiefen.

1. Der Begriff formeller Prinzipien

Die Unterscheidung zwischen materieller Substanz und formellen, institutionellen Aspekten ist von höchster Wichtigkeit für das Verständnis der Abwägung.[39] Diese Unterscheidung wird durch zwei Arten von Prinzipien abgebildet. Materielle Prinzipien, zum Beispiel Grundrechte, etablieren direkt substantielle rechtliche Inhalte. Formelle Prinzipien hingegen etablieren eine Zuständigkeit für Entscheidungen über substantielle rechtliche Inhalte. Ein Beispiel für ein formelles Prinzip ist das Demokratieprinzip. Es etabliert die Kompetenz des demokratisch legitimierten Gesetzgebers, die wesentlichen normativen Fragen der Gesellschaft zu entscheiden. Formelle Prinzipien bilden die autoritative Dimension rechtlicher Entscheidungen in einem Rechtssystem ab.[40]

---

[37] *R. Alexy*, A Theory of Constitutional Rights, 2002 (191–192, 313).

[38] *Klatt*, Konkordanz von Kompetenzen (Fn. 12), S. 157.

[39] Vgl. *J. Rivers*, Proportionality and Variable Intensity of Review, in: Cambridge Law Journal 65 (2006), S. 174–207 (205).

[40] *Klatt*, Konkordanz von Kompetenzen (Fn. 12), S. 167–168.

Es ist behauptet worden, dass formelle Prinzipien keinerlei Inhalt hätten, bevor die zuständige Autorität nicht über die substantielle Frage entschieden habe. Wenn hingegen diese Entscheidung getroffen worden sei, dann stelle *dieser* (materielle) Inhalt den Inhalt des formellen Prinzips dar.[41] Demgegenüber habe ich dargelegt, dass formelle Prinzipien die Optimierung einer Kompetenz gebieten.[42] Genau dies ist ihr Inhalt. Ihr Optimierungsgegenstand ist die autoritative Zuständigkeit, Entscheidungen über materielle Inhalte zu treffen. Dadurch werden diese materiellen Inhalte aber nicht selbst zum Inhalt des formellen Prinzips.

In einer Demokratie verlangt die Verfassung zum Beispiel, so viel Entscheidungsfreiheit des Gesetzgebers wie möglich zu realisieren. Dieses formelle Optimierungsgebot schließt prima facie auch eine Kompetenz des Gesetzgebers ein, Grundrechte zu beschränken, um andere wichtige Güter und Interessen zu schützen. Allerdings etablieren Verfassungsstaaten häufig ebenso klar eine Kontrollkompetenz eines Verfassungsgerichts.[43] Auch hinsichtlich dieser Kompetenz gebietet die Verfassung eine Optimierung. Sowohl die Entscheidungskompetenz des Gesetzgebers als auch die Kontrollkompetenz des Verfassungsgerichts müssen prima facie so weit wie möglich realisiert werden.

Beide Optimierungsgebote kollidieren miteinander. Sie können nicht gleichzeitig maximal realisiert werden. Je mehr Freiheit dem Gesetzgeber gelassen wird, desto weniger Kontrolle kann das Verfassungsgericht ausüben, und umgekehrt. Um die definitiv gebotenen Grade der Realisierung beider Kompetenzen zu bestimmen, ist eine Abwägung formeller Prinzipien erforderlich. Kompetenzen als formelle Prinzipien anstatt als Regeln zu rekonstruieren, bedeutet, Kompetenzen als graduell variabel zu verstehen, so dass Kompetenzen auf einer „gleitenden Skala" in unterschiedlichem Maße realisiert werden können.[44] Formelle Prinzipien ermöglichen es, rechtliche Autorität als graduell abstufbar zu rekonstruieren.[45]

---

[41] *M. Borowski*, The Structure of Formal Principles, in: M. Borowski (Hrsg.), On the Nature of Legal Principles, 2010, S. 19–35 (30); siehe auch *M. Borowski*, Die Bindung an Festsetzungen des Gesetzgebers in der grundrechtlichen Abwägung, in: L. Clérico/J.-R. Sieckmann (Hrsg.), Grundrechte, Prinzipien und Argumentation, 2009, S. 99–128 (125): „Die Ausübung eines formellen Prinzips führt immer dazu, dass der Optimierungsgegenstand des formellen Prinzips inhaltlich konkretisiert wird. [...] das formelle Prinzip [existiert] auf der Verfassungsebene bereits vor der gesetzgeberischen Aktivität [...] und [wartet] gleichsam darauf [...], mit Inhalt – Optimierungsgegenständen – angefüllt zu werden".

[42] *Klatt*, Konkordanz von Kompetenzen (Fn. 12), S. 165–166.

[43] *M. Klatt*, Positive Rights: Who Decides? Judicial Review in Balance, in: International Journal of Constitutional Law 13 (2015), S. 354–382 (363 f.).

[44] *J. Rivers*, Proportionality, Discretion, and the Second Law of Balancing, in: G. Pavlakos (Hrsg.), Law, Rights and Discourse: Themes from the Legal Philosophy of Robert Alexy, 2007, S. 167–188 (170).

[45] *R. Provost*, Judging in Splendid Isolation, in: American Journal of Comparative Law 56 (2008), S. 125–172 (148–153): „degree of bindingness", „spectrum of bindingness"; *J. Rivers*,

2. *Alexys ursprüngliche Position*

Alexy hat formelle Prinzipien ursprünglich dafür verwendet, epistemische Spielräume des Gesetzgebers zu rekonstruieren. Sie waren das entscheidende Argument, um zu erklären, warum und in welchem Maße der Gesetzgeber auch auf Basis unsicherer Prämissen in Grundrechte eingreifen darf.[46] Allerdings kann die Konstruktion der Spielräume des Gesetzgebers nicht statisch und einseitig sein. Denn sonst wäre der Grad des Schutzes von Grundrechten ins Belieben des Gesetzgebers gestellt. Das Bundesverfassungsgericht hat diesen Ausgangspunkt wie folgt beschrieben:

> „Ungewissheit über die Auswirkungen eines Gesetzes in einer ungewissen Zukunft kann nicht die Befugnis des Gesetzgebers ausschließen, ein Gesetz zu erlassen, auch wenn dieses von großer Tragweite ist. Umgekehrt kann Ungewissheit nicht schon als solche ausreichen, einen verfassungsgerichtlicher Kontrolle nicht zugänglichen Prognosespielraum des Gesetzgebers zu begründen."[47]

Nach der in diesem Zitat zum Ausdruck kommenden Position liegt ein Konflikt gegenläufiger Prinzipien vor: Das Grundrecht als materielles Prinzip kollidiert mit der Entscheidungskompetenz des Gesetzgebers als formellen Prinzip. Genau dieses Verständnis liegt dem sogenannten zweiten Abwägungsgesetz zugrunde, das den gebotenen Grad an epistemischer Sicherheit von der Intensität des Eingriffs in ein materielles Prinzip abhängig macht.[48] Nach *Alexys* ursprünglicher Position können formelle Prinzipien erklären, warum das Verfassungsgericht bis zu einem bestimmten Grad die Prämissen des Gesetzgebers akzeptiert, obwohl sie unsicher sind.[49]

3. *Kritik*

Gegen diese ursprüngliche Position *Alexys* sind verschiedene Einwände erhoben worden.[50] So wurde etwa vorgebracht, die Anerkennung formeller Prinzipien zerstöre den höheren Rang und die besondere normative Kraft von Grundrechten. Sie führten dazu, dass der Gesetzgeber nicht mehr an die Grundrechte gebunden sei. Alle Staatsgewalten seien jedoch in genau demsel-

---

Constitutional Rights and Statutory Limitations, in: M. Klatt (Hrsg.), Institutionalized Reason: The Jurisprudence of Robert Alexy, 2012, S. 248–271 (254); *M. Kumm*, The Cosmopolitan Turn in Constitutionalism, in: J. L. Dunoff/J. P. Trachtman (Hrsg.), Ruling the World? Constitutionalism, International Law, and Global Governance, 2009, S. 258–324 (289): „graduated authority".

[46] Vgl. *Klatt*, Konkordanz von Kompetenzen (Fn. 12), S. 170.

[47] BVerfGE 50, 290, Rn. 110 - JURIS.

[48] *Alexy*, Weight Formula (Fn. 28), S. 24–25.

[49] *Alexy*, Theory of Constitutional Rights (Fn. 37), S. 415.

[50] Ich habe diese Einwände ausführlich diskutiert in *Klatt*, Konkordanz von Kompetenzen (Fn. 12), S. 171–177.

ben Maße an Grundrechte gebunden.[51] Andere wenden ein, dass die Bindung des Gesetzgebers an Grundrechte kein Optimierungsgebot, sondern ein definitives Gebot sei.[52] Formelle Prinzipien hingegen relativierten die Pflicht des Gesetzgebers, Grundrechte zu beachten. Auf diese Weise werde letztlich die Normenhierarchie zerstört.[53]

Gegen diese Kritik spricht zunächst, dass sie der Sache nach gar nicht gegen formelle Prinzipien gerichtet ist. Vielmehr bestreitet sie grundsätzlich, dass dem Gesetzgeber epistemische Spielräume zukommen. Dies aber ist keine besonders plausible Position. Im Verhältnis zwischen Verfassungsgericht und Gesetzgeber werden Spielräume benötigt, um das fundamentale Spannungsverhältnis zwischen Demokratie und Grundrechten zu bewältigen. Solange Entscheidungen unter epistemischen Unsicherheiten getroffen werden müssen, kann die Lösung dieses Spannungsverhältnisses kaum darin liegen, epistemische Spielräume vollständig abzulehnen. Da epistemische Unsicherheiten tatsächlich existieren, kann die Frage nur sein, welcher rechtlichen Autorität der entsprechende Spielraum zukommt. Das Demokratieprinzip ist ein starkes Argument dafür, solche Spielräume primär dem Gesetzgeber zuzuweisen.[54]

Aus ähnlichen Gründen kann auch ein weiterer Einwand zurückgewiesen werden. Dieser Einwand meint, der Einbezug formeller Prinzipien mache die Prinzipientheorie inkonsistent. Der Charakter von Prinzipien als Optimierungsgebote schließe es aus, Spielräume des Gesetzgebers anzuerkennen.[55] Von einer Inkonsistenz kann indessen keine Rede sein. Eine Prinzipientheorie, die nicht in der Lage wäre, die institutionellen Strukturen eines Rechtssystems abzubilden, wäre inadäquat.[56] Formelle Prinzipien sind daher ein wichtiges Element, das die Prinzipientheorie für institutionelle Fragen der rechtlichen Autorität und der Gewaltenteilung sensibel macht.[57] Die institutionelle Dimension des Rechts war in der Prinzipientheorie früher tatsächlich unterentwickelt.[58]

---

[51] *A. Scherzberg*, Grundrechtsschutz und „Eingriffsintensität", 1989 (176); siehe auch *S.-P. Hwang*, Verfassungsgerichtliche Abwägung: Gefährdung der gesetzgeberischen Spielräume? Zugleich eine Kritik der Alexyschen formellen Prinzipien, in: Archiv des öffentlichen Rechts 133 (2008), S. 606–628 (621).

[52] *M. Jestaedt*, Grundrechtsentfaltung im Gesetz, 1999 (223 f.); vgl. *V. Afonso da Silva*, Grundrechte und gesetzgeberische Spielräume, 2003 (160 f.).

[53] *K.-E. Hain*, Die Grundsätze des Grundgesetzes, 1999 (137 f.).

[54] *M. Raabe*, Grundrechte und Erkenntnis, 1998 (217).

[55] *Scherzberg*, Grundrechtsschutz (Fn. 51), S. 175; siehe auch *M. Gellermann*, Grundrechte in einfachgesetzlichem Gewande, 2000 (71).

[56] *J.-R. Sieckmann*, Regelmodelle und Prinzipienmodelle des Rechtssystems, 1990 (241).

[57] *Klatt*, Konkordanz von Kompetenzen (Fn. 12), S. 19–22.

[58] Vgl. *M. Kumm*, The Idea of Socratic Contestation and the Right to Justification: The Point of Rights-Based Proportionality Review, in: Law & Ethics of Human Rights 4 (2010), S. 141–175 (142); *B. Pirker*, Proportionality Analysis and Models of Judicial Review, 2013 (63–66).

Dementsprechend hatten sich viele Kritiker der Prinzipientheorie speziell auf Kompetenzfragen und auf Probleme legitimer Autorität bezogen.[59]

Indem die Prinzipientheorie nunmehr, auch in Reaktion auf diese Kritik, die formellen Prinzipien umfassender in den Blick nimmt, entwickelt sie sich von einem rein substantiellen Modell der Grundrechtsargumentation zu einer komplexeren Theorie fort, die nunmehr auch Instrumente bereitstellt, um Fragen der institutionellen Kompetenz und Autorität zu analysieren. Diese entwickelte, institutionell sensitive Prinzipientheorie schärft ihr Bewußtsein für institutionelle Fragen und ermöglicht rationale Diskurse über das richtige Verhältnis der verschiedenen Staatsgewalten.[60]

Nach alledem liegen die Probleme von *Alexys* ursprünglicher Position also nicht darin, dass sie überhaupt formelle Prinzipien berücksichtigt. Vielmehr sind die Probleme darin zu suchen, dass die Funktion formeller Prinzipien auf die Konstruktion epistemischer Spielräume reduziert wurde. Das wird zum Beispiel an den Erwägungen deutlich, die als Rechtfertigung für das zweite Abwägungsgesetz verwendet wurden. Das zweite Abwägungsgesetz sollte das Verhältnis zwischen dem formellen Prinzip der Entscheidungsfreiheit des Gesetzgebers und materiellen Prinzipien erfassen.[61] *Alexy* argumentierte diesbezüglich gegen zwei Extrempositionen, die entweder dem formellen oder dem materiellen Prinzip absoluten Vorrang einräumten, und plädierte für eine Abwägung. Die relative Präferenzrelation zwischen den Prinzipien soll durch das zweite Abwägungsgesetz etabliert werden.

Jedoch kommt das formelle Prinzip der Entscheidungskompetenz des Gesetzgebers im Wortlaut des zweiten Abwägungsgesetzes gar nicht vor. Stattdessen behandelt dieses Gesetz eine Abwägung zwischen der Eingriffsintensität und dem Grad der epistemischen Sicherheit. Anders formuliert: Das formelle Prinzip wird, anders als die ursprüngliche Position behauptet, gar nicht benötigt, um epistemische Spielräume zu begründen.[62] Das formelle Prinzip betritt die Bühne vielmehr erst, nachdem ein epistemischer Spielraum festgestellt wurde. Anknüpfend an die Feststellung eines solchen Spielraums kann das formelle Prinzip eine Meta-Regel begründen, die eine Aussage darüber trifft, welchem Staatsorgan eine Entscheidungskompetenz im Falle eines Spielraums zugewiesen ist.[63] *Portocarrero* hat dieses Argument als „Anknüpfungsthese“

---

[59] *Rivers*, Second Law of Balancing (Fn. 44), S. 167; *J. A. Portocarrero Quispe*, Zu Begriff und Struktur der formellen Prinzipien, in: M. Klatt (Hrsg.), Prinzipientheorie und Theorie der Abwägung, 2013, S. 200–235 (200).

[60] Für ähnliche Ansätze, wenngleich in anderen Kontexten, siehe *A. D. P. Brady*, Proportionality and Deference under the UK Human Rights Act, 2012 (34); *M. Maduro*, Interpreting European Law, http://ssrn.com/paper=1134503, (Stand 22.07.2022); *E. Carolan*, The New Separation of Powers, 2009 (11–13).

[61] *Alexy*, Theory of Constitutional Rights (Fn. 37), S. 417.

[62] Siehe bereits *Klatt*, Konkordanz von Kompetenzen (Fn. 12), S. 173.

[63] *Klatt/Schmidt*, Spielräume (Fn. 24), S. 63–65.

bezeichnet, um den Unterschied zu *Alexys* „Begründungsthese“ deutlich zu machen.[64]

Ähnliche Erwägungen gelten für strukturelle Spielräume bei der Abwägung materieller Prinzipien. Auch sie werden nicht mithilfe formeller Prinzipien begründet. Ein struktureller Abwägungsspielraum ist von Kompetenzerwägungen unabhängig. Die Entscheidungskompetenz des Gesetzgebers ist keine *entry*-, sondern eine *exit*-Erwägung. Sie kommt erst dann zum Tragen, wenn es darum geht, wie mit einem Abwägungspatt umzugehen ist.[65] Das formelle Prinzip der Entscheidungskompetenz des Gesetzgebers kann dann eine Regel extern rechtfertigen, der zufolge in Pattfällen der Gesetzgeber entscheidungsbefugt ist.[66]

Eine weitere Einsicht kann in diesem Zusammenhang festgehalten werden. Sowohl bei epistemischen als auch bei strukturellen Spielräumen wird die Entscheidungskompetenz des Gesetzgebers nicht als Prinzip, sondern als Regel verwendet. Diese Regel ordnet die Entscheidungskompetenz in Pattfällen dem Gesetzgeber zu. Solche Regeln können als Kompetenzregeln bezeichnet werden. Kompetenzregeln sind das Ergebnis einer Abwägung zwischen formellen Prinzipien. Das Verhältnis zwischen Kompetenzregeln und formellen Prinzipien folgt insoweit den aus der Abwägung materieller Prinzipien bekannten Mechanismen von Präferenzrelationen und Kollisionsgesetz.[67]

Insgesamt ist damit deutlich, dass die ursprüngliche Position *Alexys* den Einfluss formeller Prinzipien für die Konstruktion von Spielräumen überschätzt hat. Zugleich lag, in anderer Hinsicht, eine Unterschätzung dieses Einflusses vor. Dies gilt zum Beispiel für *Alexys* Bemerkung, dass formelle Prinzipien keine Funktion mehr hätten, sobald die epistemischen Unsicherheiten beseitigt seien:

> „[…] formal principles have the *sole* function of participating in the division of decision-taking competences in the case of uncertainties located in the relationship between substantive principles. The moment uncertainty disappears they go out of action again.“[68]

Zutreffend ist vielmehr, dass formelle Prinzipien für alle Arten von Kompetenzkonflikten und Autoritätsstrukturen relevant sind. Insbesondere konnte gezeigt werden, dass die Kompetenzkonflikte zwischen europäischen Grundrechtsgerichten der nationalen, internationalen und supranationalen Ebene

---

[64] *Portocarrero Quispe*, Begriff und Struktur (Fn. 59), S. 224, 226.

[65] *Klatt/Schmidt*, Spielräume (Fn. 24), S. 63–65; *Badenhop*, Grundlagen (Fn. 24), S. 380.

[66] Siehe bereits *Alexy*, Theory of Constitutional Rights (Fn. 37), S. 82: „[…] that formal principle is the reason for the many instances of discretion which the Federal Constitutional Court allows the legislature.“

[67] *Klatt*, Konkordanz von Kompetenzen (Fn. 12), S. 174, 271.

[68] *Alexy*, Postscript (Fn. 23), S. 424.

durch eine Abwägung formeller Prinzipien gelöst werden können.[69] Ein weiterer Anwendungsfall einer solchen formellen Abwägung stellt das Problem verfassungsgerichtlicher Kontrolle innerhalb des staatlichen Kompetenzgefüges dar. Dies gilt sowohl generell als auch speziell für die Kontrolle des Schutzes positiver Grundrechte.[70] Auch für das Problem der verfassungskonformen Auslegung kann die Theorie der praktischen Konkordanz von Kompetenzen nutzbar gemacht werden.[71] Weitere Anwendungsfelder der Abwägung von Kompetenzen sind die Rekonstruktion der Gewaltenverhältnisse im Rechtsstaat sowie der Einfluss von Präjudizien.[72]Angesichts dieser funktionellen Vielfalt und Komplexität formeller Prinzipien dürfte klar sein, dass ihre Bedeutung über die Rekonstruktion von Erkenntnisspielräumen weit hinausreicht.

Es gibt weitere konstruktive Mängel der ursprünglichen Position.[73] Ungeklärt ist zum Beispiel, welcher Einfluss formellen Prinzipien auf die materielle Abwägung zukommen soll – schließlich bezieht sich keine der Variablen der Gewichtsformel auf formelle Prinzipien. *Borowski* hat im Einklang mit Alexys ursprünglicher Position folgendes festgestellt: „A formal principle grants the competence to create a goal to be optimized in the sense of the principles theory."[74] Diese Aussage ist insoweit zutreffend, als die *Ausübung* einer Kompetenz einen materiellen Optimierungsgegenstand schaffen kann. Sie übersieht jedoch, dass das formelle Prinzip einen *eigenständigen*, formellen Optimierungsgegenstand hat. Dieser blinde Fleck taucht auch bei *Portocarrero* auf, der behauptet, ein formelles Prinzip kollidiere nicht mit anderen Prinzipien.[75] *Borowski* zufolge hat das formelle Prinzip erst dann einen Optimierungsgegenstand, wenn die Kompetenz ausgeübt wird. Dieser Gegenstand ist dann aber ein materieller.[76]

Demgegenüber stellt die Theorie praktischer Konkordanz von Kompetenzen klar, dass formelle Prinzipien einen formellen Optimierungsgegenstand haben, nämlich eine Kompetenz.[77] Bereits vor und unabhängig von der Ausübung einer Kompetenz gilt ein prima facie Gebot, die Kompetenz zu optimieren.

---

[69] *M. Klatt*, Balancing Competences: How Institutional Cosmopolitanism Can Manage Jurisdictional Conflicts, in: Global Constitutionalism 4 (2015), S. 195–226.

[70] *M. Klatt*, Judicial Review and Institutional Balance: Comments on Dimitrios Kyritsis, in: Revus 2019, S. 21–38; *Klatt*, Positive Rights (Fn. 43).

[71] *M. Klatt*, The Legitimacy of Constitutionally Conforming Interpretation, in: M. Klatt (Hrsg.), Constitutionally Conforming Interpretation. Comparative Perspectives: Volume 1: National Reports, 2023 (im Erscheinen).

[72] *Sieckmann*, Regelmodelle und Prinzipienmodelle (Fn. 56), S. 153–155, 158; *Portocarrero Quispe*, Begriff und Struktur (Fn. 59), S. 228.

[73] *Klatt*, Konkordanz von Kompetenzen (Fn. 12), S. 176–177.

[74] *Borowski*, Structure (Fn. 41), S. 28.

[75] *Portocarrero Quispe*, Begriff und Struktur (Fn. 59), S. 228.

[76] *M. Borowski*, Formelle Prinzipien und Gewichtsformel, in: M. Klatt (Hrsg.), Prinzipientheorie und Theorie der Abwägung, 2013, S. 151–199 (187 f.).

[77] *Klatt*, Konkordanz von Kompetenzen (Fn. 12), S. 177.

4. Das Kombinationsmodell

Hinsichtlich der Einzelheiten des Verhältnisses zwischen formellen Prinzipien und der Abwägung nach der Gewichtsformel konkurrieren zwei Modelle. Das Kombinationsmodell steht für die oben diskutierte ursprüngliche Position der Prinzipientheorie. Es berücksichtigt formelle Prinzipien direkt in derselben Abwägung wie die materiellen Prinzipien. *Alexy* hat dies so beschrieben:

„A formal or procedural principle is, for example the principle which says that the democratic legislature shall take decisions which are significant for society as a whole. This procedural principle, together with a substantive principle serving some secondary public interest, can be balanced against a constitutional principle guaranteeing an individual right.“[78]

Das entscheidende Merkmal des Kombinationsmodells besteht darin, dass das formelle Prinzip niemals allein, sondern stets in Kombination mit einem materiellen Prinzip auftaucht:

„Procedural formal principles can override substantive constitutional rights principles only in connection with other substantive principles.“[79]

Technisch gesehen gibt es zwei Wege, diese Überlegung zu operationalisieren.[80] Die erste Variante des Kombinationsmodells integriert formelle Prinzipien in die interne Rechtfertigung. *Martin Borowski* vertritt diese erste Variante. Danach soll in die Gewichtsformel eine neue Variable aufgenommen werden, die sich auf das formelle Prinzip bezieht. Diese formelle Variable soll allerdings nur *entweder* im Zähler *oder* im Nenner verwendet werden:

„Material and formal principles are then balanced together. Depending on how the legislator has decided, the formal principle will be considered alongside with either the one or the other material principle [...] and increases that material principle's weight.“[81]

„The answer to the question on which side of the balancing the formal principle has to be used, depends, first, on the decision made by the legislator in the balancing of the material principles, and, secondly, on what result in the balancing of the material principles the constitutional court thinks is correct.“[82]

Diese Argumentation überrascht, weil sie die Funktion formeller Prinzipien von einer materiellen Abwägung abhängig macht, die wiederum an die spezifische Perspektive eines Staatsorgans gebunden sein soll. Dadurch wird diese Funktion kontingent. Nicht überzeugend ist aber vor allem der Vorschlag, for-

---

[78] *Alexy*, Theory of Constitutional Rights (Fn. 37), S. 82.

[79] *Alexy*, Postscript (Fn. 23), S. 423.

[80] Für Einzelheiten dieser konstruktiven Varianten siehe *Klatt*, Konkordanz von Kompetenzen (Fn. 12), S. 181–188.

[81] *Borowski*, Formelle Prinzipien (Fn. 76), S. 158.

[82] Ebd. (193).

melle Prinzipien nur auf einer Seite der materiellen Abwägung zu berücksichtigen.[83] Es ist deutlich näherliegend, dass immer auch das kollidierende materielle Prinzip durch ein formelles Prinzip gestärkt oder geschwächt werden kann.[84] Wenn wir somit K_k und K_l für zwei formelle Prinzipien notieren, sähe eine Grundform dieser Variante des Kombinationsmodells wie folgt aus (Formel 5).

$$W_{i,j} = \frac{W_i \cdot I_i \cdot K_k}{W_j \cdot I_j \cdot K_l}$$

Formel 5: Gewichtsformel mit formellen Prinzipien auf beiden Seiten

Eine ganze Reihe von konstruktiven Fragen müssten für diese Variante geklärt werden. Unklar ist zum Beispiel, ob auch für die formellen Prinzipien zwischen abstrakten Gewichten (K_k, K_l) und konkreten Gewichten (I_k, I_l) zu unterscheiden ist und ob es entsprechende Variablen für die epistemischen Sicherheiten ($R_k^e, R_k^n, R_l^e,\ R_l^n$) gibt. Eine Kombination all dieser Aspekte würde zu einer vollständigeren Version der Gewichtsformel (Formel 6) führen.

$$G_{i,j} = \frac{G_i \cdot I_i \cdot R_i^e \cdot R_i^n \cdot K_k \cdot I_k \cdot R_k^e \cdot R_k^n}{G_j \cdot I_j \cdot R_j^e \cdot R_j^n \cdot K_l \cdot I_l \cdot R_l^e \cdot R_l^n}$$

Formel 6: Gewichtsformel mit formellen Prinzipien (vollständig)

Weiterhin müsste geklärt werden, wie die Variablen, die sich auf K_k und K_l beziehen, graduiert werden. Diese konstruktiven Fragen sollen hier aber nicht weiterverfolgt werden. Das Gesagte genügt, um eine Idee von den Grundzügen dieser Variante des Kombinationsmodells zu bekommen.

Eine zweite Variante des Kombinationsmodells bezieht formelle Prinzipien dagegen in der externen Rechtfertigung ein.[85] Formelle Prinzipien werden dann nicht durch eine eigene Variable in der Gewichtsformel repräsentiert. Vielmehr werden sie als Gründe in der externen Rechtfertigung genutzt, in der es um die Zuschreibung von Werten für die Gewichte der materiellen Prinzipien geht.

Interessanterweise wird diese zweite Variante auch außerhalb der von Robert Alexy begründeten Schule der Prinzipientheorie vertreten. Sie findet sich zum Beispiel im Frühwerk *Dworkins*, der formelle Prinzipien als „conservative principles“ und materielle Prinzipien als „substantive principles“ bezeichnet.[86] Auch *Kyritsis* hat kürzlich eine ähnliche Position eingenommen, obwohl er die

[83] *Klatt*, Konkordanz von Kompetenzen (Fn. 12), S. 182; *Portocarrero Quispe*, Begriff und Struktur (Fn. 59), S. 221.

[84] Vgl. *Hain*, Grundsätze (Fn. 53), S. 137; *Raabe*, Grundrechte (Fn. 54), S. 241.

[85] Vgl. *Klatt*, Konkordanz von Kompetenzen (Fn. 12), S. 186–188.

[86] *R. Dworkin*, The Model of Rules I, in: R. Dworkin (Hrsg.), Taking Rights Seriously, 1977, S. 14–45 (38).

Gewichtsformel nicht verwendet und auch nicht zwischen den beiden Varianten des Kombinationsmodells unterscheidet.[87] Aber es ist klar, dass auch *Kyritsis* eine direkte Abwägung zwischen materiellen Prinzipien, die er als „first-order-considerations" bezeichnet, und formellen Prinzipien, die er „second-order-considerations" nennt, für möglich hält. *Kyritsis* betont zunächst, dass sein Ansatz einer legitimen verfassungsgerichtlichen Kontrolle substantielle Erwägungen des Grundrechtsschutzes mit einer Sensibilität für Autorität kombiniert. Direkt im Anschluss führt er aus, dass Aspekte des institutionellen Designs die determinative Kraft und den Zugriff solcher deontologischen Beschränkungen abschwächen könnten, die von substantiellen Rechten stammten.[88] Im Ergebnis könne dann der substantielle Schutzgehalt des Grundrechts hinter dem moralisch gebotenen Gehalt zurückbleiben, und zwar spezifisch aus Gründen des institutionellen Designs:

„[I]nstitutional considerations such as the need for coordination or expertise may have a bearing on the content of constitutional rights […] the judge must assign normative weight to inputs that are morally sub-optimal."[89]

5. *Diskussion*

Beide Varianten des Kombinationsmodells haben entscheidende Schwächen. Zunächst könnte man an den Einwand der Inkommensurabilität denken. So hat etwa *Waldron* vorgetragen, eine Abwägung zwischen formellen und materiellen Aspekten rechtlicher Legitimität führe zu einem Kategorienfehler.[90] Ähnlich argumentiert *Trevor Allan*, wenn er das Verhältnis von formellen Aspekten des institutionellen Designs und gerechtigkeitsorientierten, substantiellen Erwägungen als „extern" bezeichnet und betont, für beide gälten unterschiedliche Bewertungsskalen.[91] Kommensurabilität freilich ist hier wie auch sonst keine Vorbedingung für Abwägung, sondern vielmehr deren Ergebnis.[92] Es ist gerade das Ziel von Abwägungen, die kollidierenden Prinzipien vergleichbar zu machen.[93] Angesichts der Tatsache, dass unsere Verfassungen for-

---

[87] *D. Kyritsis*, Where Our Protection Lies, 2017; vgl. die Diskussion in *Klatt*, Judicial Review (Fn. 70).

[88] *Kyritsis*, Protection (Fn. 87), S. 186–187.

[89] Ebd. (S. 193; siehe auch S. 189, 197).

[90] *J. Waldron*, The Circumstances of Integrity, in: Legal Theory 3 (1997), S. 1–22 (10); vgl. *Kyritsis*, Protection (Fn. 87), S. 12–13.

[91] *T. R. S. Allan*, Human Rights and Judicial Review: A Critique of „Due Deference", in: Cambridge Law Journal 65 (2006), S. 671–695 (688); vgl. *Kyritsis*, Protection (Fn. 87), S. 173.

[92] *M. Klatt*, Balancing Rights and Interests: Reconstructing the Asymmetry Thesis, in: Oxford Journal of Legal Studies 41 (2021), S. 321–347 (335); *Klatt*, Abwägung von Rechtsprinzipien (Fn. 16), 5.1.

[93] *Klatt/Meister*, Constitutional Structure (Fn. 9), S. 58–66; *Klatt/Meister*, Proportionality (Fn. 34), S. 699; siehe auch *V. Afonso da Silva*, Comparing the Incommensurable: Constitu-

melle und materielle Prinzipien enthalten, lässt sich diese Aufgabe auch trotz aller Schwierigkeiten, die sie mit sich bringt, nicht ignorieren. Der Einwand der Inkommensurabilität greift also nicht.

Es gibt aber einen mächtigeren Einwand gegen das Kombinationsmodel, der in der Debatte zwischen *Alexy* und *Allan* eine prominente Rolle gespielt hat.[94] Das Kombinationsmodell steht nämlich vor einem erheblichen Problem: Wie kann aus einer materiellen Perspektive begründet werden, dass es moralisch gerechtfertigt sein sollte, von den materiellen Erfordernissen eines Rechts nur deshalb abzuweichen, weil eine Autorität diese Abweichung für angemessen hält? Verfassungsgesetzlich gewährleistete Rechte verlieren schließlich genau auf diesem Weg ihre Bindungswirkung gegenüber diesen Autoritäten. Dieses Problem ist vermutlich dafür ausschlaggebend gewesen, dass *Alexy* später im Postskript betont hat, formelle Prinzipien könnten materielle Prinzipien nur in Verbindung mit anderen materiellen Prinzipien verdrängen.[95]

Allan hat gegen das Kombinationsmodell den überzeugenden Einwand vorgebracht, dass ein formelles Prinzip, wie etwa das demokratische Prinzip der Autorität des Parlaments, einen Eingriff in ein materielles Prinzip, der allein materiell nicht gerechtfertigt ist, niemals rechtfertigen könne.[96] In seiner Antwort auf *Allan* gab *Alexy* diesen Punkt zu und bot ein weiteres Argument gegen das Kombinationsmodell an.[97] Er schlussfolgerte, dass formelle Prinzipien nicht „direkt" in der Abwägung von materiellen Prinzipien teilnehmen können.[98] Wie *Sieckmann* gezeigt hat, erlaubt das Kombinationsmodell keine Lösung bezüglich konkurrierender Ansprüche auf Richtigkeit, die von verschiedenen Autoritäten erhoben werden.[99] Das Kombinationsmodell erlaubt es nicht, eine transparente und organisierte Antwort auf die Frage zu geben, welche Autorität aus welchen Gründen die Kompetenz haben sollte, das letzte Wort zu sprechen. Im Lichte dieser Kritik ist das Trennungsmodell vorzuziehen.

---

tional Principles, Balancing and Rational Decision, in: Oxford Journal of Legal Studies 31 (2011), S. 273–301 (273).

[94] *T. R. S. Allan*, Constitutional Rights and the Rule of Law, in: M. Klatt (Hrsg.), Institutionalized Reason: The Jurisprudence of Robert Alexy, Oxford 2012, S. 132–151; *R. Alexy*, Comments and Responses, in: M. Klatt (Hrsg.), Institutionalized Reason: The Jurisprudence of Robert Alexy, 2012, S. 329–356 (329–332).

[95] *Alexy*, Postscript (Fn. 23), S. 423.

[96] *Allan*, Constitutional Rights (Fn. 94), S. 136; siehe auch *Allan*, Human Rights (Fn. 91), S. 675; *T. R. S. Allan*, Common Law Reason and the Limits of Judicial Deference, in: D. Dyzenhaus (Hrsg.), The Unity of Public Law, 2004, S. 289–306 (291).

[97] *Alexy*, Comments (Fn. 94), S. 330–331.

[98] Ebd. (331); vgl. *Klatt*, Konkordanz von Kompetenzen (Fn. 12), S. 180–181, 190.

[99] *J.-R. Sieckmann*, Recht als normatives System, 2009 (194).

III. Das Trennungsmodell

1. *Die Trennung von materieller und formeller Ebene*

Das Trennungsmodell unterscheidet zwischen einer substantiellen Ebene der Grundrechte und einer formellen Ebene der Autorität.[100] Im Trennungsmodell findet die Abwägung, welche die Rechtmäßigkeit gerichtlicher Kontrolle einer von anderen Organen getroffenen Entscheidung bestimmt, nicht zwischen formellen und materiellen Prinzipien statt, sondern ausschließlich zwischen formellen Prinzipien. Schon deswegen wird das Trennungsmodell von dem mächtigen Einwand *Allans* nicht getroffen. Die Abwägung zwischen materiellen Prinzipien wird von Überlegungen zu Kompetenzkonflikten freigehalten.[101]

Diese Trennung ist dem Kombinationsmodell vorzuziehen, weil alle Instanzen staatlicher Gewalt an die Substanz verfassungsrechtlich gewährleisteter Rechte gebunden sind.[102] Diese Bindung würde kompromittiert, wenn Kompetenzüberlegungen mit der materiellen Abwägung verbunden wären, wie das Kombinationsmodell behauptet. *Rivers* hat zutreffend betont, dass analytisch zwischen der Perspektive des Gesetzgebers, der Grundrechte verhältnismäßig beschränken will, und der Perspektive eines diese Entscheidung kontrollierenden Verfassungsgerichts zu unterscheiden ist.[103] Aspekte der letzteren sind generell irrelevant für die erstere. Im Trennungsmodell wird der Konflikt zwischen der Entscheidungskompetenz des Gesetzgebers und der Kontrollkompetenz des Verfassungsgerichts auf der formellen Ebene gelöst, und zwar durch eine Abwägung der kollidierenden formellen Prinzipien.[104]

2. *Institutionelle praktische Konkordanz*

Das Trennungsmodell erlaubt eine präzise Rekonstruktion dessen, was ich als institutionelle praktische Konkordanz bezeichnet habe. Die Idee der praktischen Konkordanz wurde von *Konrad Hesse* entwickelt, um Konflikte zwischen materiellen Prinzipien zu lösen.[105] *Hesses* hocheinflussreicher Grundsatz lautet: Immer dann, wenn Grundrechte miteinander konkurrieren, muss keines dieser Rechte dem anderen vollständig weichen. Vielmehr sind materielle Prinzipien

---

[100] Ich habe das Trennungsmodell früher als „Zweiebenenmodell" bezeichnet, siehe *Klatt/Meister*, Constitutional Structure (Fn. 9), S. 141–146; siehe auch *Klatt*, Konkordanz von Kompetenzen (Fn. 12), S. 191–203.

[101] *Klatt/Schmidt*, Abwägung unter Unsicherheit (Fn. 22), S. 583; siehe auch *Rivers*, Variable Intensity (Fn. 39), S. 205.

[102] *Rivers*, Variable Intensity (Fn. 39), S. 206.

[103] *Rivers*, Statutory Limitations (Fn. 45), S. 252.

[104] Vgl. *Klatt*, Balancing Competences (Fn. 69), S. 211–217.

[105] *K. Hesse*, Grundzüge des Verfassungsrechts der Bundesrepublik Deutschland, 1995 (§ 2 Rn. 72).

so zueinander ins Verhältnis zu setzen, dass beide verwirklicht werden. Daher werden beide Prinzipien nur in dem Maße begrenzt, wie es zur Realisierung des jeweils anderen erforderlich ist.[106]

Ich habe Hesses Idee von der substanziellen Ebene materieller Prinzipien auf die institutionelle Ebene rechtlicher Autorität und Kompetenz übertragen.[107] Diese Theorie institutioneller praktischer Konkordanz ermöglicht eine Unterscheidung und Bestimmung von verschiedenen Graden rechtlicher Autorität in einem Spektrum institutioneller Kompetenz.

Damit unterscheidet sich diese Theorie klar von anderen Positionen, die nur zwei mögliche Relationen zwischen rechtlichen Kompetenzen akzeptieren, nämlich entweder Kooperation oder Konflikt.[108] Die Theorie institutioneller praktischer Konkordanz ermöglicht einen Mittelweg zwischen diesen beiden Extrempositionen. Sie ist weiterhin auf doppelte Weise dynamisch.[109] Erstens ermöglicht sie je nach den Umständen des Einzelfalls einen Wechsel der Präferenzrelation zwischen den kollidierenden Kompetenzen. Zweitens kann sie auch erklären, warum das institutionelle Gleichgewicht zwischen Kompetenzen sich über Zeiträume hinweg verändern kann.

Ursprünglich habe ich diese Theorie für die Jurisdiktionskonflikte im Mehrebenensystem des Europäischen Grundrechtsschutzes entwickelt.[110] Später habe ich sie auf die verfassungsgerichtliche Kontrolle von positiven Rechten übertragen.[111] Über diese spezifische Anwendungsfelder hinaus hat diese Theorie aber einen universellen Charakter. Aufgrund ihrer großen analytischen Kraft kann sie z. B. auch für eine Rekonstruktion des generellen Problems der Verfassungsgerichtsbarkeit und einer Vielzahl anderer Kompetenzkonflikte genutzt werden.[112]

---

[106] Für einen knappen Überblick über Hesses Idee siehe *T. Marauhn/N. Ruppel*, Balancing Conflicting Human Rights, in: E. Brems (Hrsg.), Conflicts Between Fundamental Rights, 2008, S. 273–296.

[107] *Klatt*, Konkordanz von Kompetenzen (Fn. 12), S. 16–19.

[108] *N. W. Barber*, Self-Defence for Institutions, in: Cambridge Law Journal 72 (2013), S. 558–577 (570–577).

[109] Einen ähnlichen Ansatz verfolgt *A. Fritzsche*, Discretion, Scope of Judicial Review and Institutional Balance in European Law, in: Common Market Law Review 47 (2010), S. 361–403 (386).

[110] *Klatt*, Balancing Competences (Fn. 69); *Klatt*, Konkordanz von Kompetenzen (Fn. 12).

[111] *Klatt*, Positive Rights (Fn. 43); vgl. *D. Bilchitz*, Article Review, http://www.iconnectblog.com/2015/08/article-review-david-bilchitz-on-matthias-klatts-positive-rights-who-decides-judicial-review-in-balance/ (Stand 22. 07. 2022).

[112] Siehe insbesondere meine Schlussbemerkung in *Klatt*, Positive Rights (Fn. 43), S. 382; *Klatt*, Judicial Review (Fn. 70).

3. *Das Gesetz der formellen Abwägung und die formelle Gewichtsformel*

Der Konflikt zwischen der legislativen Kompetenz, die wesentlichen Fragen des Gemeinwesens zu entscheiden, und der Kontrollkompetenz des Verfassungsgerichts kann als Konflikt zwischen formellen Prinzipien rekonstruiert werden.[113] Bei Abwägungen in Fällen epistemischer Unsicherheit konkurrieren diese Kompetenzen miteinander. Beide Kompetenzen können nicht gleichzeitig vollständig realisiert werden. Als Optimierungsgebote müssen sie aber beide bestmöglich realisiert werden. Die Lösung des institutionellen Problems liegt daher in einer Abwägung der konkurrierenden formellen Prinzipien. Diese Abwägung bestimmt, welcher Kompetenz in einem konkreten Fall der Vorrang zukommt.[114]

Die Struktur dieser Abwägung folgt einem formellen Abwägungsgesetz: Je höher der Grad der Nichterfüllung eines formellen Prinzips ist, desto wichtiger muss die Realisierung des anderen formellen Prinzips sein.[115] Für die Einstufungen kann als heuristisches Instrument die bekannte triadische Skala verwendet werden. Das Gewicht der Kompetenz des Gesetzgebers kann leicht, mittel oder schwer sein. Umgekehrt kann die Kompetenz des Verfassungsgerichts zur Überprüfung der Entscheidung ebenfalls leicht, mittel oder sehr wichtig sein. Basierend auf den Werten, die den kollidierenden Kompetenzen zugeschrieben werden, etabliert der dritte Schritt der Abwägung eine Präferenz für eines der beiden Prinzipien. So setzt sich beispielsweise ein formelles Prinzip mit schwerem Gewicht gegen eine kollidierende Kompetenz mit mittlerem oder leichtem Gewicht durch.

Das formelle Abwägungsgesetz bestimmt die interne Struktur der Abwägung von Kompetenzen. Diese interne Struktur kann durch eine neue Gewichtsformel (Formel 7) rekonstruiert werden.[116] Die neue Gewichtsformel enthält ausschließlich Variablen, die sich auf die beiden kollidierenden formellen Prinzipien K_l und K_k beziehen. Sie kann als „formelle Gewichtsformel" bezeichnet werden, um sie von der „materiellen Gewichtsformel", die Abwägungen materieller Prinzipien betrifft, zu unterscheiden:

$$G_{k,l} = \frac{K_k \cdot I_k \cdot R_k^e \cdot R_k^n}{K_l \cdot I_l \cdot R_l^e \cdot R_l^n}$$

Formel 7: Formelle Gewichtsformel

[113] Für das Verständnis von Kompetenzkonflikten als Konflikte zwischen formellen Prinzipien siehe *Klatt*, Balancing Competences (Fn. 69), S. 195–197.

[114] Zu den Einzelheiten dieser Abwägung siehe *Klatt*, Positive Rights (Fn. 43), S. 364–376.

[115] *Klatt*, Balancing Competences (Fn. 69), S. 213; *Klatt*, Konkordanz von Kompetenzen (Fn. 12), S. 209–212.

[116] *Klatt*, Konkordanz von Kompetenzen (Fn. 12), S. 212–214.

Jede Entscheidung eines Kompetenzkonfliktes, die dieser internen Struktur der formellen Gewichtsformel folgt, ist intern gerechtfertigt. Eine interne Rechtfertigung ist eine notwendige, aber nicht eine hinreichende Bedingung einer rationalen Lösung des Kompetenzkonfliktes. Die Einstufungen der Gewichte der Kompetenzen müssen ihrerseits gerechtfertigt werden. Dies geschieht in der externen Rechtfertigung, die für Umstände des Einzelfalles sensibel ist.[117] Formelle Prinzipien können in verschiedenen Situationen unterschiedliche konkrete Gewichte annehmen. Die externe Rechtfertigung erfolgt anhand von Argumenten, die zur Abwägung selbst extern sind. Daher kann gesagt werden, dass die externe Rechtfertigung die formelle Abwägung als spezifischer Methode zur Lösung von Kompetenzkonflikten mit der generellen Theorie der juristischen Argumentation verbindet.

4. Die Bestimmung von Kontrollintensitäten

Ein Vorteil des Trennungsmodells ist seine Erklärungskraft für die Bestimmung der in einem bestimmten Fall angemessenen Kontrollintensität. Die Wahl zwischen verschiedenen Kontrollintensitäten ist ein sehr leistungsfähiges Instrument. Allerdings ist der Charakter dieser Wahl umstritten, und zwar in zweierlei Hinsicht.

Erstens ist umstritten, ob die Wahl der richtigen Kontrollintensität rechtlichen oder politischen Charakter aufweist. *Kyritsis* hat diese Wahl als Frage der politischen Moral gekennzeichnet. Er betont, dass seine Theorie eine Verfassungsgerichtsbarkeit nicht als notwendiges Element legitimer politischer Ordnung vorschreibe, sondern dass sie diese lediglich zum „Menü der Optionen" hinzufügen wolle.[118] Dementsprechend führt er weiterhin aus, dass er nicht zur normativen Diskussion um eine niedrige oder eine hohe Kontrollintensität beitragen wolle, weil es sich dabei um eine Frage der „institutionellen Wahl" handele.[119] Mit anderen Worten, für *Kyritsis* handelt es sich dabei um eine politische, nicht um eine rechtliche Frage.

Diese Position halte ich für eine merkwürdige Abdankung der Verfassungstheorie als rechtlicher Wissenschaft.[120] Im Unterschied zu *Kyritsis* möchte ich daher betonen, dass für die Theorie der praktischen Konkordanz von Kompetenzen sowohl die formellen Prinzipien als auch die für die Einstufung ihrer Gewichte relevanten Faktoren einen rechtlichen Charakter haben.[121] Sie sind nicht einfach nur Aspekte politischer Moralität.

---

117 *Klatt*, Balancing Competences (Fn. 69), S. 214.
118 *Kyritsis*, Protection (Fn. 87), S. 6.
119 Ebd. (107).
120 Vgl. *Klatt*, Balancing Competences (Fn. 69), S. 199, 204–205.
121 Vgl. *Klatt*, Judicial Review (Fn. 70).

Dieser wichtige Umstand wird bereits an dem ganzen Bündel von Gesichtspunkten deutlich, die *Kyritsis* selbst in seiner Monographie diskutiert: Gewaltenteilung, Subsidiarität, substantielle Prinzipien und Grundrechte, Demokratie, um nur einige zu nennen. All diese Faktoren sind nicht lediglich Aspekte politischer Klugheit. Vielmehr handelt es sich um rechtlich bindende Verfassungsnormen. Somit besteht kein Anlass, die Frage der richtigen Kontrollintensität in den Bereich politischer Moralität zu verweisen. Die vorhandenen Kapazitäten des Verfassungsrechts, für Rechtssicherheit und Gewaltenteilung zu sorgen, sollten ausgeschöpft werden.

Die zweite umstrittene Dimension betrifft den konkreten oder abstrakten Charakter der richtigen Kontrollintensität. *Kyritsis* zufolge ist die Bestimmung der richtigen Kontrollintensität ein fixer, abstrakter Vorgang. Wenn der Verfassungsgeber die politische Entscheidung für ein bestimmtes System der verfassungsgerichtlichen Kontrolle einmal getroffen hat, steht die innerhalb dieses Rechtssystems richtige Kontrollintensität ein für alle Mal fest.[122]

Im Gegensatz zu einer solchen starren, systemweiten Bestimmung erlaubt die Theorie der praktischen Konkordanz von Kompetenzen, die Kontrollintensitäten auch innerhalb eines Rechtssystems flexibel zu handhaben. Denn die Abwägung der Kompetenzen ist für die spezifischen Umstände konkreter Fälle sensibel. Auf diese Weise steht den Gerichten grundsätzlich die ganze Bandbreite an verschiedenen Kontrollintensitäten zur Verfügung.

Die Wahl einer bestimmten Kontrollintensität ist jedoch nicht ins Belieben der Gerichte gestellt. Vielmehr muss sie im Einzelfall gerechtfertigt werden, indem eine formelle Abwägung vorgenommen wird. Ein solches flexibles, aber gleichwohl rechtlich strukturiertes Modell ist gegenüber einem systemweiten, starren Modell vorzugswürdig, weil es den Umständen des Einzelfalles besser gerecht wird.

Die Frage der richtigen Kontrollintensität hat somit nicht einen politischen und abstrakten Charakter, sondern ist rechtlich determiniert und konkret. Die richtige Kontrollintensität ist durch eine Abwägung formeller Prinzipien zu bestimmen. Wenn das Ergebnis dieser formellen Abwägung eine Präferenz der gerichtlichen Kontrollkompetenz ergibt, ist eine hohe Kontrollintensität geboten. Wenn dagegen die Kompetenz des primären Entscheidungsträgers Vorrang hat, ist eine leichte Kontrollintensität richtig.[123] Diese Mechanismen werde ich in der folgenden Fallanalyse erläutern.

---

[122] *Kyritsis*, Protection (Fn. 87), S. 122, 150–151.

[123] *Klatt*, Konkordanz von Kompetenzen (Fn. 12), S. 256.

IV. Die Rotmilan-Entscheidung des BVerfG

1. Sachverhalt

Die Kläger hatten für ein Windkraftwerk eine Genehmigung nach dem Bundesimmissionsschutzgesetz beantragt.[124] Die Behörden hatten diese Genehmigung jedoch versagt, weil dem geplanten Kraftwerk die Schutzbestimmung des §44 Abs. 1 Nr. 1 BNatSchG entgegenstehe. Diese Bestimmung verbietet das Töten von besonders geschützten Wildtieren. Dabei reicht es für eine Versagung der Genehmigung bereits aus, wenn das Risiko, dass geschützte Tiere getötet werden, signifikant erhöht ist. Diese Risikoerhöhung nahmen die Behörden an, weil Rotmilane möglicherweise mit den Rotorblättern der geplanten Windkraftwerke kollidieren könnten.

Im verwaltungsgerichtlichen Verfahren wurde den Behörden eine „naturschutzrechtliche Einschätzungsprärogative" zugestanden. Diese könne vom Gericht nur eingeschränkt überprüft werden. Die Prärogative erfasse insbesondere Fragen wie die Überwachung der Vogelpopulation und die Abschätzung des Risikos, das mit dem Projekt zusammenhängt.

Das Hauptargument der Verwaltungsgerichte für diese Ansicht war, dass die Prüfung nicht-rechtlicher, faktischer Fragen in die Kompetenz der Behörden falle. Zudem fehlten anerkannte wissenschaftliche Standards und Überwachungsmethoden für die Abschätzung der Risiken, die sich aus dem Betrieb von Windkraftwerken in Bezug auf Rotmilane ergeben.

Die Kläger wenden sich in ihren Verfassungsbeschwerden gegen diese Begründung. Sie rügen, dass die den Behörden gewährte Einschätzungsprärogative ihr Recht auf effektiven Rechtsschutz gem. Art 19 Abs. 4 S. 1 GG verletze.

2. Analytische Rekonstruktion

In diesem Fall konkurriert die behördliche Kompetenz, empirische Fragen des Naturschutzes zu entscheiden, mit der Kontrollkompetenz der Verwaltungsgerichte. Beide Kompetenzen sind formale Prinzipien, also Optimierungsgebote. Diese Prinzipien können jedoch nicht beide gleichzeitig vollständig realisiert werden: Je mehr Einschätzungsprärogative der behördlichen Kompetenz zugestanden wird, desto weniger Kontrolle übt das Gericht aus. Umgekehrt gilt: Je intensiver die gerichtliche Kontrolle ist, desto kleiner die Prärogative der Behörden. Die Intensität der Kontrolle und die Prärogative sind zwei Seiten derselben Medaille. Eine Veränderung des definitiven Schutzes der einen Kompetenz wirkt sich notwendigerweise auf den definitiven Schutz der jeweils anderen Kompetenz aus.

---

[124] Zum Sachverhalt siehe BVerfGE 149, 407.

Das Gericht muss seine Kontrollintensität innerhalb eines Spektrums möglicher Intensitäten bestimmen. Diese Wahl ist, das hatte ich dargelegt, weder ein politisches noch ein abstraktes Problem. Vielmehr handelt es sich um eine Frage, deren Antwort an rechtliche Kriterien gebunden ist. Zudem ist auf die Umstände des konkreten Falls Bezug zu nehmen.

Die materielle Gewichtsformel beantwortet die Frage nach der korrekten Kontrollintensität nicht. In dieser Hinsicht gibt sie keinerlei Anhaltspunkte. Aus diesem Grund benötigen wir die Kompetenzebene, auf der eine formelle Abwägung zwischen den beiden Kompetenzen vorzunehmen ist. Diese formelle Abwägung ermöglicht die Bestimmung der korrekten Kontrollintensität.

Die Kläger trugen vor, dass es tatsächlich möglich sei, die Population der Rotmilane im fraglichen Gebiet zu überwachen. So könne der Grad der Gefährdung, die mit dem Betrieb des Windkraftwerks verbunden wäre, mit einer hohen epistemischen Sicherheit konkret festgestellt werden.[125] Die Kläger bezogen sich auf etablierte Methoden der statistischen Berechnung, um die Wahrscheinlichkeit der Kollision von Rotmilanen mit dem Windkraftwerk zu bestimmen.

Nach Ansicht der Kläger lag hier also gerade *kein* Fall von epistemischer Unsicherheit vor. Das Bundesverfassungsgericht betont, dass unter dieser Annahme die Gerichte vollständig hätten überprüfen müssen. Sie wären somit nicht befugt gewesen, ihre Kontrollintensität herabzusetzen. Einschätzungsprärogativen der Behörde kann es nur bei epistemischer Unsicherheit geben.[126] Die Kläger hatten jedoch versäumt, diese Ansicht bereits im fachgerichtlichen Verfahren zu begründen. Ihre Verfassungsbeschwerde erfüllte daher insoweit die Anforderungen des Subsidiaritätsprinzips nicht.

Abgesehen davon betont das Bundesverfassungsgericht, dass eine reduzierte gerichtliche Kontrolle das Recht auf effektiven Rechtsschutz nicht automatisch verletzt. Zwar verlange dieses Recht grundsätzlich, also in prinzipientheoretischer Diktion: prima facie, dass Gerichte behördliche Entscheidungen sowohl in tatsächlicher als auch in rechtlicher Hinsicht vollständig überprüfen.[127] Sofern unterhalb der einfachgesetzlichen Rechtsebene keine normative Konkretisierung relevanter Standards erfolgt ist, müssen die Behörden und die kontrollierenden Gerichte sich für diese Kontrolle eben direkt auf wissenschaftliche Expertenmeinungen stützen.

Dieser prima facie Schutz kann aber eingeschränkt sein. Eine nur begrenzte gerichtliche Überprüfung komme dann in Betracht, wenn die Anwendung eines Gesetzes tatsächliche Erkenntnisse voraussetze, die eine besondere Expertise im Naturschutz erfordere.

125 BVerfGE 149, 407, Rd. 11 – JURIS.
126 BVerfGE 149, 407, Rd. 12 – JURIS.
127 BVerfGE 149, 407, Rd. 19 – JURIS.

Das Besondere in diesem Fall war der Umstand, dass die fachwissenschaftliche Expertise praktisch vollständig fehlte. Weder war der fachliche Erkenntnisstand durch sekundäre Rechtsvorschriften festgehalten, was ja sonst im Naturschutz- und Umweltrecht durchaus häufig vorkommt, noch waren wissenschaftlich anerkannte Standards überhaupt vorhanden. Es lag somit ein Erkenntnisvakuum vor.

Wenn das Wissen begrenzt ist, dann muss die gerichtliche Kontrolle begrenzt sein.[128] Den Gerichten war es objektiv unmöglich, die Fakten des Falles zu ermitteln. Das Verwaltungsgericht konnte daher gar nicht bestimmen, ob die behördliche Entscheidung richtig war. In solchen Fällen ist das kontrollierende Gericht nicht verpflichtet, die Lücke der wissenschaftlichen Erkenntnis zu schließen. Es muss keineswegs weitere Forschung in Auftrag geben, die über das hinaus ginge, was in der betroffenen Wissenschaft nach dem letzten Erkenntnisstand bereits durchgeführt wurde.

Somit darf das kontrollierende Gericht seine Entscheidung auf Basis der Annahme treffen, dass die behördliche Bewertung der empirischen Fragen korrekt war. Das Gericht darf die Bewertung der Behörde nicht durch seine eigene Einschätzung ersetzen. Denn selbst wenn das Gericht zu einer anderen Einschätzung gelangte als die Behörde, bliebe die Frage, welche der beiden Einschätzungen korrekt ist, offen. Es bliebe sogar offen, ob überhaupt eine dieser beiden Einschätzungen richtig ist oder eine ganz andere. Die Bewertung der Behörde und jene des Gerichts wären von derselben epistemischen Unsicherheit betroffen:

> „In außerrechtlichen tatsächlichen Fragen besteht aber zugunsten der Gerichtsbarkeit keine Vermutung, dass sie über mehr Expertise verfügte als die Verwaltung. Weil nichts dafür spricht, dass die gerichtliche Einschätzung wissenschaftlich ungeklärter ökologischer Zusammenhänge eher richtig ist als die der Behörde, vermag die gerichtliche Kontrolle insofern auch nicht zum Schutz der Rechte der Betroffenen beizutragen."[129]

Soweit die Begründung des Bundesverfassungsgerichts. Prinzipientheoretisch lässt sich das wie folgt rekonstruieren: In Fällen epistemischer Unsicherheit gilt: Die Kompetenz der zuständigen Naturschutzbehörde hat ein höheres konkretes Gewicht als die gerichtliche Kontrollkompetenz. Die formelle Abwägung führt daher zu einem Vorrang der behördlichen Kompetenz. Deshalb ist die Reduktion der Kontrollintensität von hoch zu mittel oder sogar niedrig gerechtfertigt.

Das ist jedoch eine konditionale Präferenzrelation. Sie hängt von mehreren Bedingungen ab, insbesondere von den erwähnten Grenzen der Erkenntnis in der betroffenen Wissenschaft. Eine geringe Kontrollintensität ist nur gerechtfertigt, *solange* die wissenschaftlichen Erkenntnisse begrenzt sind. Die Grenzen

---

[128] BVerfGE 149, 407, Rd. 17 – JURIS.
[129] BVerfGE 149, 407, Rd. 22 – JURIS.

der gerichtlichen Kontrolle, die eine geringere Kontrollintensität begründen, sind dynamisch. Wenn sich wissenschaftliche Erkenntnisse mit der Zeit entwickeln, werden höhere Kontrollintensitäten notwendig.

Von Interesse für diese Rekonstruktion ist auch, dass das Bundesverfassungsgericht einige Gesichtspunkte auflistet, unter denen die Kontrollintensität selbst in Fällen eines Erkenntnisvakuums nicht reduziert werden darf. Erstens ist die Kontrollintensität nur für genau diejenigen Aspekte zu reduzieren, hinsichtlich derer ein Erkenntnisvakuum tatsächlich vorliegt:

„Soweit hingegen für einzelne Aspekte der fachlichen Beurteilung Erkenntnisdefizite nicht bestehen, hat das Gericht die Richtigkeit der behördlichen Entscheidung vollständig nachzuprüfen.“[130]

Die Begrenzung der gerichtlichen Überprüfung ist nur dann möglich, wenn klar etablierte wissenschaftliche Erkenntnisse tatsächlich fehlen. Wenn hingegen Standards und Methoden zur Bestimmung der Population geschützter Tiere oder zur Bestimmung der Gefahren, die ihnen bei der Errichtung bestimmter baulichen Anlagen drohen, existieren, kommt eine reduzierte Kontrolle nicht in Betracht.

Zweitens muss das Gericht selbst dann, wenn ein epistemisches Vakuum tatsächlich vorliegt, überprüfen, ob die Standards und Methoden, welche die Behörde genutzt hat, zulässig und plausibel sind. Dies schließt die Kontrolle der Frage ein, ob Einwände, die während des Verfahrens vorgebracht wurden, die Methoden, Annahmen oder Schlussfolgerungen der Behörde in Frage stellen.[131] Die Kontrollintensität kann zwar reduziert werden – jedoch nicht auf null. Eine niedrige oder sogar eine mittlere Kontrollintensität, also etwa eine Plausibilitätskontrolle, wird trotzdem vom Gericht verlangt.

Schließlich sind, drittens, die üblichen Standards einer minimalen Kontrolle in jedem Fall einzuhalten. Das Gericht muss auf Verfahrensfehler der Behörde achten. Es hat zu überprüfen, ob im Ermittlungsverfahren Fehler gemacht wurden und ob der Sachverhalt umfassend genug ermittelt wurde. Auch ist zu prüfen, ob die Behörde von unsachlichen oder unzulässigen Annahmen oder Einflüssen geleitet wurde.

All diese Erwägungen stellen prinzipientheoretisch bestimmte C-Bedingungen dar, die anhand der Umstände des Einzelfalls jeweils einen Vorrang der Kompetenz des primären Entscheidungsträgers oder des kontrollierenden Gerichts zur Folge haben. Die Theorie der formellen Abwägung ist hervorragend geeignet, diese Variationen der gerichtlichen Kontrollintensität nicht nur zu erklären, sondern anhand rechtlicher Kriterien zu begründen.

---

[130] BVerfGE 149, 407, Rd. 26 – JURIS.
[131] BVerfGE 149, 407, Rd. 28 – JURIS.

VI. Ergebnis

Formelle Prinzipien sind nicht lediglich für die Rekonstruktion epistemischer Spielräume relevant. Sie stellen vielmehr ein umfassendes, weitreichendes Instrument dar, um sämtliche autoritativen Strukturen eines Rechtssystems zu erfassen. Dies schließt insbesondere die Möglichkeit ein, mit Hilfe formeller Prinzipien die Relationen zwischen primären Entscheidungsorganen und sekundären Kontrollorganen zu rekonstruieren.

Eine solche Rekonstruktion habe ich hier auf Basis des Trennungsmodells entwickelt. Im Trennungsmodell wird eine formelle Abwägung verwendet, um zwischen zwei kollidierenden Kompetenzen einen Zustand herzustellen, den ich als institutionelle praktische Konkordanz bezeichnet habe. Institutionelle praktische Konkordanz bedeutet zum Beispiel, dass die Gerichte ihre Kontrollintensität je nach Gewicht ihrer Kontrollkompetenz, relativ zur Entscheidungskompetenz des kontrollierten Organs, variieren müssen. Eine solche Variation konnte ich hier anhand der Rotmilan-Entscheidung des Bundesverfassungsgerichts für den Fall eines Erkenntnisvakuums erläutern.

Grundrechte als Kooperationsrechte

*Josef Franz Lindner**

I. Von der vertikalen Abwehrdimension zum Dreiecksverhältnis

Im klassischen Grundrechtsfall greift der Staat in Grundrechte des Bürgers ein. Dann geht es regelmäßig um die verfassungsrechtliche Rechtfertigung des staatlichen Eingriffs. In ihrer klassischen Funktion verbürgen die Grundrechte Abwehrrechte des grundrechtsberechtigten Einzelnen gegen den Staat[1]. Zentrale grundrechtsdogmatische Denkfigur ist insoweit das dualistische oder vertikale Grundrechtsverhältnis zwischen dem Einzelnen und dem Staat. Sie steht im Zentrum der Rechtsprechung des Bundesverfassungsgerichts. Lässt sich ein Eingriff nicht rechtfertigen, liegt eine Grundrechtsverletzung vor, die der Betroffene grundsätzlich nicht zu dulden braucht und mit der Verfassungsbeschwerde (Art. 93 Abs. 1 Nr. 4a GG) rügen kann. Ein (privater) Dritter[2] spielt in diesem zweipoligen Grundrechtsverhältnis strukturell zunächst keine Rolle. Er kann allerdings im Rahmen der Rechtfertigung des Grundrechtseingriffs relevant werden, wenn dieser primär oder zumindest auch dem Schutz der Grundrechte eines Dritten dienen soll. In der Erfüllung grundrechtlicher Schutzpflichten[3] zu Gunsten des Dritten liegt dann der verfassungsrechtliche legitime Zweck, der den ersten Unterpunkt der Verhältnismäßigkeitsprüfung bildet. In solchen mit „Schutz durch Eingriff"[4] umschriebenen Konstellationen wandelt oder besser erweitert sich das zweipolige vertikale Grundrechtsverhält-

---

* Der Beitrag knüpft an *J. F. Lindner*, Der Dritte im System der Grundrechtsdogmatik, Jura 2020, S. 9 ff. an. Im Mittelpunkt stehen die Grundrechte des Grundgesetzes. Die Ausführungen lassen sich aber auf die Grundrechte der EU-Grundrechtecharta und der Landesverfassungen übertragen.

[1] „Staat" soll hier pars pro toto für *alle* grundrechtsverpflichteten Hoheitsträger (also vor allem auch die Gemeinden) stehen.

[2] Die Überlegungen beschränken sich auf die Beteiligung *privater* Dritter. Außer Betracht bleiben juristische Personen des öffentlichen Rechts in deren Funktion als Hoheitsträger. Unter „Dritter" wird nicht nur die einzelne natürliche oder juristische Person des Privatrechts verstanden, sondern auch eine Mehrzahl oder Gruppe solcher Personen (etwa *alle* Nichtraucher oder *alle* Arbeitgeber).

[3] Zur Dogmatik der grundrechtlichen Schutzpflichten s. *T. Kingreen/R. Poscher*, Grundrechte Staatsrecht II, 37. Aufl. 2021, Rn. 146 ff.; *J. F. Lindner*, Theorie der Grundrechtsdogmatik, 2005, S. 351 ff.

[4] *R. Wahl/J. Masing*, Schutz durch Eingriff, JZ 1990, S. 557 ff.

nis zum Dreiecksverhältnis[5]. Beispielsweise erfüllt der Staat seine aus Art. 2 Abs. 2 GG folgende Schutzpflicht zugunsten der Gesundheit der Nichtraucher (Dritte), indem er gesetzliche Rauchverbote (Grundrechtseingriff) ausspricht. Man hat es nun mit einem dreipoligen Grundrechtsverhältnis zu tun. Eine besondere Rolle spielen solche Dreieckskonstellationen im Privatrecht, wenn der Staat durch den Erlass von Privatrechtsnormen (z.B. §§ 823, 1004 BGB) oder deren Anwendung durch Zivilgerichte nach Maßgabe der ZPO die eine Partei verpflichtet (Eingriff), eine grundrechtsbeeinträchtige störende Handlung zu Lasten eines anderen zu unterlassen (Schutz). Ein Arbeitsgericht etwa, das dem Arbeitnehmer in Anwendung arbeits- und zivilrechtlicher Normen einen Anspruch gegen den Arbeitgeber einräumt, dass dieser die Überwachung der Internetnutzung des Arbeitnehmers unterlässt, erfüllt die dem Staat obliegende Pflicht zum Schutz des informationellen Selbstbestimmungsrechts (Art. 2 Abs. 1 i.V.m. Art. 1 Abs. 1 GG) des Arbeitnehmers, indem er in die Berufsausübungsfreiheit des Arbeitgebers (Art. 12 Abs. 1 GG) eingreift. Oder: Das Landgericht, das in Anwendung zivilrechtlicher Normen (z.B. §§ 823, 1004 BGB, §§ 22 ff. KunstUrhG) ein Presseunternehmen verpflichtet, eine in die Privatsphäre eingreifende Berichterstattung über eine prominente Person zu unterlassen, erfüllt die dem Staat obliegende Pflicht zum Schutz des Persönlichkeitsrechts der prominenten Person (Art. 2 Abs. 1 i.V.m. Art. 1 Abs. 1 GG) dadurch, dass er in das Grundrecht der Pressefreiheit (Art. 5 Abs. 1 GG) eingreift. Solche meist unter dem Begriff der mittelbaren Drittwirkung der Grundrechte firmierenden Fallgestaltungen bilden einen praktisch besonders wichtigen Anwendungsfall der Dreieckskonstellation „Schutz durch Eingriff". Da diese Fälle regelmäßig durch eine Kombination von Eingriff und Schutzpflicht konstruier- und lösbar sind, ist der Begriff „mittelbare Drittwirkung" eher irreführend und in der Sache überflüssig[6].

---

[5] *J. F. Lindner*, Öffentliches Recht, 3. Aufl. 2022, Rn. 1209 ff. Ist der Dritte selbst der Adressat der Maßnahme, spricht man von „Grundrechtsschutz gegen sich selbst": Der Staat spricht ein Verbot aus, um den Einzelnen vor einer unvertretbaren Selbstschädigung zu bewahren. Ein Beispiel für diese Konstellation ist das Verbot von Betäubungsmitteln nach Maßgabe des BtMG.

[6] So auch *F. Michl*, Die Bedeutung der Grundrechte im Privatrecht, Jura 2017, S. 1062 ff. (1076), der den Begriff der mittelbaren Drittwirkung verabschieden möchte. Das BVerfG benutzt den Terminus allerdings nach wie vor: BVerfG NJW 2015, 2485; BVerfGE 148, 267, wo es der Begriff der mittelbaren Drittwirkung sogar in den Leitsatz 1 geschafft hat. Zum Verständnis der mittelbaren Drittwirkung der Grundrechte in der Rechtsprechung des BVerfG s. BVerfGE 148, 267, Tz. 30. Das BVerfG arbeitet dabei auch weiterhin mit der „Ausstrahlungswirkung" der Grundrechte in das Zivilrecht. So heißt es in BVerfGE 148, 267, Tz. 32: „Nach ständiger Rechtsprechung können die Grundrechte in solchen Streitigkeiten im Wege der mittelbaren Drittwirkung Wirksamkeit entfalten [...]. Danach verpflichten die Grundrechte die Privaten grundsätzlich nicht unmittelbar untereinander selbst. Sie entfalten jedoch auch auf die privatrechtlichen Rechtsbeziehungen Ausstrahlungswirkung und sind von den Fachgerichten, insbesondere über zivilrechtliche Generalklauseln und unbestimmte Rechtsbegriffe,

II. Die Beteiligung von „Dritten" am Grundrechtsfall – Systematik

Auch außerhalb solcher dreipoligen Grundrechtsverhältnisse können Dritte in Erscheinung treten. So kann der Grundrechtsberechtigte zur Realisierung grundrechtlich geschützter Interessen die Hilfe oder die Beteiligung eines Dritten benötigen oder eine solche zumindest wünschen. Ein Beispiel bildete der vom Bundesverfassungsgericht für nichtig erklärte § 217 StGB[7], der bestimmte Formen der Suizidhilfe unter Strafandrohung verbot und damit nicht nur Grundrechte des Sterbehelfers beeinträchtigte, sondern mittelbar auch die des Sterbewilligen. Es erscheint insgesamt sinnvoll, die möglichen „Beteiligungen" von Dritten systematisch zu erfassen und die jeweiligen grundrechtsdogmatischen Konsequenzen aufzuzeigen:

1. Der Dritte als Partner

Der Dritte kann zunächst als „Partner" der Grundrechtsverwirklichung dergestalt fungieren, dass die Realisierung eines bestimmten grundrechtlich geschützten Interesses nur dann möglich oder sinnvoll ist, wenn ein Dritter daran mitwirkt; das Grundrecht der Ehe (Art. 6 Abs. 1 GG) ist nur ein besonders signifikantes Beispiel dafür. Diese Konstellationen können als „Kooperationsfälle" bezeichnet werden. Darum soll es in diesem Beitrag gehen.

2. Der Dritte als Störer

In direktem Kontrast zur Kooperation steht die Kollision: der Dritte erschwert die Grundrechtsausübung eines anderen oder macht sie unmöglich. Das sind die unter I. genannten Kollisionsfälle, die unter dem Schlagwort „mittelbare Drittwirkung" verhandelt werden.

3. Der Dritte als Auslöser grundrechtlicher Duldungspflichten

Von der Kollision ist drittens die Konfrontation zu unterscheiden: Hier geht es um die Frage, ob der Einzelne die Grundrechtsausübung Dritter (etwa dessen Religionsausübung oder Meinungsäußerung) zu dulden hat oder ob die Grundrechte auch einen Schutz vor Konfrontation mit der Grundrechtsausübung Dritter vermitteln können – was nur ganz ausnahmsweise der Fall ist.[8]

---

bei der Auslegung des Fachrechts zur Geltung zu bringen. Die Grundrechte entfalten hierbei ihre Wirkung als verfassungsrechtliche Wertentscheidungen und strahlen als ‚Richtlinien' in das Zivilrecht ein […]".

[7] BVerfGE 153, 182ff.

[8] BVerfGE 138, 296, Tz. 104: „Die Einzelnen haben in einer Gesellschaft, die unterschiedlichen Glaubensüberzeugungen Raum gibt, allerdings kein Recht darauf, von der Konfron-

Grundrechte vermitteln grundsätzlich keinen Schutz dahingehend, vor der Grundrechtsausübung anderer verschont zu bleiben. Man hat die Grundrechtsausübung eines Dritten zu dulden, es sei denn, in dieser läge gleichzeitig eine Kollision.

III. Grundrechte und Kooperation

Wenden wir uns also der Kooperation zu. Inwieweit verbürgen Grundrechte Kooperationsansprüche gegen einen Dritten oder den Staat? Der Ausgangspunkt scheint klar: Grundrechtsschutz ist zunächst Individualrechtsschutz. Die Grundrechte schützen mit Verfassungsrang die Interessenrealisierung des Einzelnen, der für sich selbst und allein entscheidet, ob und wie er seine Grundrechtspositionen verwirklichen will, etwa: ob und welcher Religion er angehören will, ob und wie er seine Meinung äußert, ob er einen Beruf ausüben will und welchen, wie er mit seinem Eigentum umgeht, ob er raucht oder nicht, ob er mit dem Flugzeug oder mit der Bahn reist oder ob er im Wald reitet. In der Lebenswirklichkeit gibt es aber eine Fülle von Interessen, die der Einzelne nur dann verwirklichen kann, wenn ein Dritter mit ihm kooperiert. Dabei lassen sich mehrere Fallgruppen unterscheiden:

1. Denknotwendige Kooperation

Die Kooperation ist eine *notwendige*, wenn die Verwirklichung eines grundrechtlich geschützten Interesses überhaupt nur dann möglich ist, wenn ein anderer sich beteiligt: Die Grundrechte der Ehe, der Versammlungs- und der Vereinigungsfreiheit sind hier zu nennen.

2. Faktisch notwendige Kooperation

Bei anderen Grundrechten ist eine Kooperation zwar nicht logisch, wohl aber faktisch notwendig: Die meisten Berufe (Art. 12 I GG) kann man nur ausüben, wenn man einen einstellungsbereiten Arbeitgeber, eine kreditvergabebereite Bank oder einen zur beruflichen Kooperation bereiten Dritten findet.

---

tation mit ihnen fremden Glaubensbekundungen, kultischen Handlungen und religiösen Symbolen verschont zu bleiben." Anders aber eine vereinzelt gebliebene Entscheidung des BVerwG, das das in § 26 Abs. 2 BOKraft festgelegte Verbot politischer und religiöser Werbung auf Taxen mit dem Konfrontationsschutz (auf Seiten der Fahrgäste) gerechtfertigt hat: *BVerwG* NJW 1999, S. 805; vgl. dazu die Kritik bei *J. F. Lindner*, Konfrontationsschutz als negative Komponente der Freiheitsrechte – Eine neue grundrechtsdogmatische Argumentationsfigur?, NVwZ 2002, S. 37 ff.

3. *Optionale Kooperation*

Drittens gibt es Fälle der zwar nicht (faktisch) notwendigen, aber vom Grundrechtsberechtigten gewünschten, optionalen Kooperation. Beispiel: Der schwer und unheilbar erkrankte Patient, der seinem Leben ein Ende setzen und von seinem Grundrecht auf selbstbestimmtes Sterben Gebrauch machen will, indem er sich – wenn er dazu physisch in der Lage ist – selbst tötet, wird es vorziehen, wenn ihn ein Arzt, also ein Dritter, durch die Gabe eines entsprechend dosierten Medikaments oder Stoffes dabei unterstützt oder begleitet.

In allen Fallgruppen stellen sich zwei zu unterscheidende grundrechtsdogmatische Fragen: Können Grundrechte (auch) einen Anspruch auf Kooperation umfassen (sogleich IV.)? Wie sind staatliche Kooperationsverbote zu handhaben (unten V.)?

IV. Gewähren Grundrechte Kooperationsansprüche?

Können Grundrechte Ansprüche gegen Dritte auf Kooperation begründen? „Warum nicht?" möchte man entgegnen. Wenn man – wie *Robert Alexy* in seiner Theorie der Grundrechte – das Grundrecht als Ganzes in den Blick nimmt und dieses als „Bündel an grundrechtlichen Positionen"[9] versteht, so spricht zunächst nichts dagegen, diesem Bündel auch Kooperationsansprüche zuzuordnen.

1. *Skepsis*

Gleichwohl überwiegt die Skepsis. Grundsätzlich verbürgen die Grundrechte weder Leistungsansprüche gegen den Staat noch gegen Dritte.[10] Der Grundrechtsberechtigte kann vom Staat grundsätzlich nicht verlangen, dass dieser ihn bei der Realisierung seiner grundrechtlich geschützten Interessen unterstützt und mit ihm kooperiert oder zu Kooperationen mit Dritten verhilft. Und im horizontalen Verhältnis verbürgen die Grundrechte keine Ansprüche unter Privaten auf Unterstützung oder Kooperation. Zwar kennt die Rechtsordnung einfachgesetzliche Fälle von Kontrahierungszwang. Daraus lassen sich aber noch keine Rückschlüsse auf deren grundrechtliche Gebotenheit ziehen. Dies gilt auch für solche Grundrechte, deren Ausübung notwendigerweise oder typischerweise auf Kooperation verwiesen ist. Ein sterbewilliger schwerkranker Mensch hat keinen Anspruch gegen einen Arzt, dass dieser ihm bei der Umsetzung seines Sterbewunsches hilft und ihn begleitet. Davon streng zu unter-

---

[9] *R. Alexy*, Theorie der Grundrechte, 2. Aufl. 1994, S. 224.

[10] Zur sog. leistungsrechtlichen Dimension der Grundrechte s. *Kingreen/Poscher*, Grundrechte (Fn. 3), Rn. 135ff. (dort auch zu den Ausnahmen).

scheiden ist die Konstellation, dass der Staat dem (eigentlich dazu bereiten) Dritten die Hilfe verbietet (wie es z.B. durch den früheren § 217 StGB geschehen ist).

2. *Ausnahmen*

Allerdings sind Konstellationen denkbar, in denen sich den Grundrechten sehr wohl Kooperationsansprüche entnehmen lassen können. Nachfolgend sollen vier Konstellationen in den Blick genommen werden:

a) Monopolstellung eines Dritten

Wer ein Monopol hat, muss kooperieren – könnte ein Grundsatz lauten. Dies ließe sich anhand der Wissenschaftsfreiheit (Art. 5 Abs. 3 GG) zeigen. Diese gewährt zwar keinen Anspruch gegen Dritte auf wissenschaftliche Kooperation. Ausgehend jedoch von dem Gedanken, dass Wissenschaft typischerweise auf Kooperation und Organisation angewiesen ist, leitet das Bundesverfassungsgericht[11] aus Art. 5 Abs. 3 GG die Pflicht des Staates ab, Organisationsstrukturen, vor allem Hochschulen zu schaffen, in denen wissenschaftliche Kooperation möglich ist. Man kann von einem „Kooperationsermöglichungsanspruch" sprechen. In dieser Funktion gewährt Art. 5 Abs. 3 GG zwar genau genommen keinen Anspruch auf Kooperation gegen Dritte, wohl aber einen Anspruch auf Schaffung von Strukturen, in denen Kooperation mit Dritten möglich wird. Man könnte auch über einen grundrechtlichen Kooperationsanspruch in Fällen diskutieren, in denen ein Dritter über für die Grundrechtsausübung wesentliche Bedingungen oder Ressourcen verfügt. So könnte sich aus Art. 5 Abs. 3 GG ein Anspruch von Wissenschaftlern auf Nutzung privater Archive oder privat aufgebauter und betriebener Bio- und Datenbanken ableiten lassen, zumal wenn diese Einrichtungen mit staatlicher Unterstützung aufgebaut worden sind und eine sachliche Monopolstellung besitzen. Dieser Ansatz ist über Art. 5 Abs. 3 GG und über das Grundgesetz hinaus verallgemeinerungsfähig.

b) Kooperationsanspruch aus der Schutzpflichtdimension der Grundrechte

Zweitens könnte man einen Kooperationsanspruch aus der Schutzpflichtdimension der Grundrechte ableiten. Referenzgebiet dafür könnte vor allem das Medizinrecht sein: Zumindest in Konstellationen, in denen das Leben oder die körperliche Unversehrtheit einer erkrankten Person gefährdet oder nicht nur unerheblich beeinträchtigt ist (z.B. bei starken Schmerzen), erfüllt der

---

[11] Seit BVerfGE 35, 79, 128 ff.

Staat seine aus Art. 2 Abs. 2 Satz 1 GG folgende Schutzpflicht dadurch, dass er dem Betroffenen – über die allgemeine Hilfeleistungspflicht in Notfällen (§ 323 c StGB) hinausgehend – einen zivilrechtlichen Anspruch gegen den Arzt auf medizinische Hilfe einräumt.[12]

Einen Anspruch des Sterbewilligen auf Hilfe bei der Selbsttötung wird man auf diese Weise wohl nicht begründen können, da eine Schutzpflicht des Staates zu Gunsten des Sterbewilligen bislang nicht anerkannt ist.

c) Kooperationsanspruch aus Gleichheitssatz und Diskriminierungsverbot

Drittens können sich grundrechtliche Kooperationsansprüche aus den Diskriminierungsverboten (Art. 3 Abs. 2, 3 GG) sowie aus dem allgemeinen Gleichbehandlungsgrundsatz (Art. 3 Abs. 1 GG) begründen lassen. So hat das Bundesverfassungsgericht in seinem Beschluss zu Stadionverboten[13] entschieden, dass aus Art. 3 I GG ein Kontrahierungszwang folgen könne: Zwar lasse sich Art. 3 I GG „auch nach den Grundsätzen der mittelbaren Drittwirkung kein objektives Verfassungsprinzip entnehmen, wonach die Rechtsbeziehungen zwischen Privaten von diesen prinzipiell gleichheitsgerecht zu gestalten“ wären. Grundsätzlich gehöre es zur Freiheit jeder Person, nach eigenen Präferenzen darüber zu bestimmen, mit wem sie unter welchen Bedingungen Verträge abschließen wolle. Das Bundesverfassungsgericht lässt jedoch für bestimmte – von ihm nicht abschließend umschriebene – besondere Konstellationen Ausnahmen zu: Gleichheitsrechtliche Anforderungen für das Verhältnis zwischen Privaten könnten sich aus Art. 3 Abs. 1 GG für spezifische Konstellationen ergeben. „Mittelbare Drittwirkung“ könne Art. 3 Abs. 1 GG etwa dann entfalten, wenn einzelne Personen mittels des privatrechtlichen Hausrechts von Veranstaltungen ausgeschlossen würden, die von Privaten aufgrund eigener Entscheidung einem großen Publikum ohne Ansehen der Person geöffnet würden und wenn der Ausschluss für die Betroffenen in erheblichem Umfang über die Teilhabe am gesellschaftlichen Leben entscheide. Die Veranstalter dürften hier ihre Entscheidungsmacht nicht dazu nutzen, bestimmte Personen ohne sachlichen Grund von einem solchen Ereignis auszuschließen. In einem solchen Fall ist der Staat verpflichtet, dem Einzelnen einen zivilrechtlichen Anspruch gegen den Staat auf Kooperation (hier: Zugang zum Fußballstadion) zu vermitteln. Art. 3 Abs. 1 GG entfaltet dann – so das Bundesverfassungsgericht – „Ausstrahlungswirkung in das Zivilrecht“[14]. Letztlich kann man aber auch diese Konstellation – wie andere Konstellationen der mittelbaren Drittwirkung

---

[12] Vgl. *M. Klose/M. Straub*, Kontrahierungszwang im Arztvertragsrecht, MedR 2017, S. 935.

[13] BVerfGE 148, 267.

[14] BVerfGE 148, 267, Tz. 30 ff., insbes. 33.

auch (s. oben I.) – mit der Figur „Schutz durch Eingriff" rekonstruieren: Der Staat schützt im Wege des Zivilrechts das Interesse des Einzelnen (etwa des Stadionbesuchers) vor Diskriminierung durch einen Dritten (Nichtzulassung zum Stadion durch einen Dritten) dadurch, dass er ein Zulassungsgebot (Eingriff in die Vertragsfreiheit des Dritten) ausspricht.

Für welche Fallkonstellationen diese Konstruktion, die einer unmittelbaren Drittwirkung des Art. 3 Abs. 1 GG zumindest sehr nahe kommt, gelten soll, klärt das Bundesverfassungsgericht zwar nicht abschließend, gibt aber doch einige Hinweise. Es nennt die „Unausweichlichkeit von Situationen", das „Ungleichgewicht zwischen sich gegenüberstehenden Parteien", die „gesellschaftliche Bedeutung von bestimmten Leistungen" oder die „soziale Mächtigkeit einer Seite"[15]. Es steht zu erwarten, dass das Bundesverfassungsgericht die Konstellationen im Rahmen geeigneter künftiger Verfahren näher konturieren wird.

d) Kooperation durch Duldung

Eine vierte Ausnahme findet sich in einer bisher kaum beachteten Kammerentscheidung des Bundesverfassungsgerichts vom 30.3.2021[16]. Ein Aktionskünstler hatte das Grabmal eines NS-Kriegsverbrechers beschädigt und insbesondere mit roter Farbe übergossen. Zur Rechtfertigung hatte er sich auf die Kunstfreiheit berufen. Dies hat das Bundesverfassungsgericht im Grundsatz akzeptiert: Die Reichweite der Kunstfreiheit erstrecke sich auch auf die Inanspruchnahme fremden Eigentums zum Zweck der künstlerischen Entfaltung. Der Eigentümer muss dann die Kunstausübung dulden – „Kooperation durch Duldung" könnte man dies nennen. Kunstfreiheit und Eigentum seien von den Zivilgerichten ins Verhältnis praktischer Konkordanz zu bringen. Erst wenn die Inanspruchnahme des fremden Eigentums unverhältnismäßig sei, müsse die Kunstfreiheit zurückstehen. Eine ähnliche Haltung nimmt das Bundesverfassungsgericht für die Versammlungsfreiheit im Hinblick auf Versammlungen auf im Privateigentum stehenden Flächen ein.[17]

---

[15] BVerfGE 148, 267, Tz. 33. Hierbei knüpft das BVerfG an frühere Entscheidungen an: BVerfGE 89, 214, 232; 128, 226, 249. *F. Michl*, Situativ staatsgleiche Grundrechtsbindung privater Akteure, JZ 2018, 910 sieht in der Stadionverbotsentscheidung des BVerfG die (von ihm kritisierte) Etablierung einer „situativ staatsgleichen Grundrechtsbindung privater Akteure" und in der Sache eine Verabschiedung der (lediglich) mittelbaren Drittwirkung der Grundrechte.

[16] 1 BvR 160/19 – NJW 2021, S. 1939 ff.

[17] BVerfGE 128, 226 ff. – Fraport.

V. Das Problem von Kooperationsverboten

Dem Problem der (nur ausnahmsweise) zu bejahenden grundrechtlichen Kooperationsansprüche entgegengesetzt ist die Konstellation, dass der Staat eine Kooperation, zu der ein Dritter *bereit* ist, verbietet oder einschränkt. Hierin ist regelmäßig ein doppelter Grundrechtseingriff zu sehen: Ein unmittelbarer Eingriff bei demjenigen, an den sich das Verbot richtet, sowie ein mittelbarer Eingriff bei demjenigen, der die Hilfe des (dazu eigentlich bereiten) Dritten wegen des Verbots (faktisch) nicht in Anspruch nehmen kann, weil sich der Adressat des Verbotes daran regelmäßig halten wird.

Beide Grundrechtseingriffe sind jeweils nach dem eingriffsabwehrrechtlichen Prüfungsschema abzuarbeiten, es liegt kein Fall der mittelbaren Drittwirkung der Grundrechte im Sinne eines Dreiecksverhältnisses vor. Als Beispiel wurde bereits § 217 StGB genannt, der die geschäftsmäßige Suizidhilfe unter Strafandrohung verbot und damit sowohl in die Grundrechte des zur Sterbehilfe bereiten Dritten als auch des Sterbewilligen eingriff. Allgemein lässt sich formulieren: Schränkt der Staat die Kooperation durch ein an den zur Hilfe bereiten Dritten adressiertes Verbot ein, so liegt darin gleichzeitig auch ein Eingriff in Grundrechte dessen, der die Hilfe in Anspruch nehmen möchte, insbesondere auf die Kooperation angewiesen ist. Beide Grundrechtseingriffe sind jeweils für sich nach den allgemeinen grundrechtsdogmatischen Regeln zu untersuchen. Dies gilt unabhängig davon, ob es sich um eine zwingende, faktisch notwendige oder lediglich gewünschte Kooperation handelt.

VI. Fazit

In die Frage, ob Grundrechte Kooperationsansprüche gegenüber Dritten begründen können, ist vor allem durch die Rechtsprechung des Bundesverfassungsgericht Bewegung gekommen: Durch die Stadionentscheidung und die Grabmalentscheidung weitet das Gericht den Kooperationsrahmen der Grundrechte – was freilich quer liegt zu den Grundstrukturen des bürgerlichen Rechts. Dieses ist sehr stark von einer Abgrenzung der Rechtskreise geprägt (§§ 823, 1004 BGB; Vertragsfreiheit) – was sich mit dem kooperationsrechtlichen Ansatz des Bundesverfassungsgerichts nicht sonderlich verträgt. Hier besteht weiterer Erörterungsbedarf – gerade auch im Diskurs mit den Zivilrechtlern.

Verhältnismäßigkeit und richterliche Kontrollkompetenz

*Julian Rivers**

Seit dem Ende des Zweiten Weltkriegs ist zu beobachten, dass sich der Umfang der Grundrechte erweitert. Sowohl die Gesamtzahl der Verfassungen als auch der Anteil von Verfassungen, die spezifische Grundrechte festlegen, haben zugenommen, und es werden darüber hinaus auch neue Arten von Rechten anerkannt.[1] Immer mehr Staaten verfügen über Systeme der Verfassungsprüfung, die Richter zur Auslegung und Durchsetzung dieser Rechte ermächtigen.[2] Auch haben sich internationale Prozesse zum Schutz der Menschenrechte durchgesetzt, was ein wachsendes Interesse an der Beziehung zwischen innerstaatlichem und globalem Konstitutionalismus hervorgerufen hat.[3]

Der stetige Anstieg an justiziablen Grundrechten erklärt in großem Maße die Aufmerksamkeit, welche *Robert Alexys Theorie der Grundrechte* gewidmet wurde.[4] Seit ihrer ursprünglichen Veröffentlichung im Jahr 1985 wurde sie in zahlreiche Fremdsprachen übersetzt. Die englische Übersetzung wurde von Verfassungsrechtlern und -praktikern auf der ganzen Welt mit Interesse gelesen.[5] Sie wurde vom Gerichtshof der Europäischen Union sowie vom Europäischen Gerichtshof für Menschenrechte zitiert. Viele Eigenschaften dieses Werks lassen es äußerst nützlich erscheinen. Es zeigt die konzeptionelle Struktur der Rechte und deren Beziehung zum Rechtssystem im Allgemeinen auf. Die Darstellung allgemeiner Freiheits- und Gleichheitsrechte hilft beim Verständnis der spezifischeren Freiheits- und Gleichheitsrechte. Auch enthält sie eine wichtige Analyse der Ableitung und Struktur positiver Rechte. Insbeson-

---

* Ich bedanke mich bei Patrick Capps, Matthias Klatt und Paul Yowell für ihre Kommentare zu einem früheren Entwurf. Ebenfalls danke ich Lukas Fest für seine Übersetzung dieses Textes aus dem Englischen.

[1] *B. Goderis/M. Versteeg*, The diffusion of constitutional rights, in: International Review of Law and Economics 39 (2014), S. 1–19. Australien, das in seiner Verfassung von 1901 nur vereinzelte Verweise auf Rechte hat, stellt heute einen Ausnahmefall dar. Die beiden echten Verluste im Laufe der Zeit sind das Recht, Waffen zu tragen sowie das Petitionsrecht.

[2] *T. Ginsburg/M. Versteeg*, Why do countries adopt constitutional review?, in: The Journal of Law, Economics and Organization 30 (2014), S. 587.

[3] Vgl. etwa *G. Teubner*, Constitutional Fragments: Societal Constitutionalism and Globalization, 2012; *A. Somek*, The Cosmopolitan Constitution, 2014.

[4] *R. Alexy*, Theorie der Grundrechte, 1985; englische Übersetzung: A Theory of Constitutional Rights (Julian Rivers), 2002.

[5] *J. Rivers*, The reception of Robert Alexy's work in Anglo-American jurisprudence, in: Jurisprudence (2019), S. 133–150.

dere die Feststellung, dass die Verhältnismäßigkeitslehre konzeptionell mit der Natur der Rechtsgrundsätze verbunden ist, entspricht der Erfahrung von Rechtsanwälten und Richtern auf der ganzen Welt, die abstrakte Rechte auf konkrete Fälle anzuwenden suchen. Dies erklärt, warum die Verhältnismäßigkeit eine solch zentrale Rolle in der entstehenden globalen Rechtfertigungskultur spielt.[6] *Alexys* Theorie ist in bedeutendem Maße zum allgemeinen Teil des vergleichenden Verfassungsrechts geworden.

Allerdings ist die Zunahme justiziabler Grundrechte nicht unangefochten geblieben. In jeder Gerichtsbarkeit besteht eine lebhafte Debatte über die angemessene Rolle des Richters in Bezug auf die Grundrechte. Es gibt keine einfache Korrelation zwischen der institutionellen Entscheidung, ein Recht justiziabel zu machen, und dem jeweiligen staatlichen Schutzniveau.[7] Auch stellen sich wichtige Fragen zur politischen Legitimation, wenn wesentliche Änderungen am Inhalt des Rechts von Berufsrichtern und nicht von einer demokratisch-repräsentativen Legislative vorgenommen werden. Hierbei befürchten einige, dass ein umfassender Kodex von Rechten, der mit Hilfe dynamischer Auslegungsmethoden von Richtern ausgelegt wird, die versuchen, das zu beheben, was sie als Mängel politischer Prozesse empfinden, zu einer radikalen Machtverschiebung führt, die letztlich weder liberal noch demokratisch ist.

Wie *Alexys* Verfassungstheorie zu solchen Debatten steht, ist unklar. Als ich vor zwanzig Jahren die *Theorie der Grundrechte* ins Englische übersetzte, nahm ich den Standpunkt an, dass es eine allgemeine Verfassungstheorie sei, welche im Rahmen einer Vielzahl unterschiedlicher institutioneller Konstellationen anwendbar und zu umstrittenen Fragen richterlicher Kontrollkompetenz mehr oder weniger neutral ist. Bezüge auf Regelungen des deutschen Verfassungsrechts könnten lediglich als Beispiele für die Anwendung der Theorie in einem bestimmten verfassungsrechtlichen Kontext verstanden werden.[8] Dass sich jedoch die wissenschaftliche Diskussion über *Alexys* Theorie in den letzten Jahren weiterentwickelt hat, insbesondere in Hinblick auf den Stellenwert des gesetzgeberischen Ermessens innerhalb der Verhältnismäßigkeitsprüfung, lässt diese Auslegung zunehmend unplausibel erscheinen. Es bestehen bereits im Originaltext Hinweise darauf, dass die Existenz eines Verfassungsgerichts, das als oberster Hüter der Verfassung agiert, in der Theorie eine bedeutendere Rolle spielt, als es auf den ersten Blick erscheinen mag.

Der Schutz von Grundrechten kann im Rahmen eines starken Systems richterlicher Oberhoheit stattfinden, wie es etwa im Grundgesetz der Fall ist, und dies kann auch in einem System richterlicher Unterordnung geschehen, wie

---

[6] *M. Cohen-Eliya/I. Porat*, Proportionality and the Culture of Justification, in: American Journal of Comparative Law 59 (2011), S. 463.

[7] Vgl. etwa *C. Jung/R. Hirschl/E. Rosevear*, Economic and Social Rights in National Constitutions, in: The American Journal of Comparative Law 62 (2014), S. 1043.

[8] *Alexy* (Fn. 4), A Theory of Constitutional Rights, xviii und li.

etwa in der traditionellen parlamentarischen Konzeption der britischen Verfassung. Es gibt selbstverständlich zwischen diesen beiden Extremen viele andere Möglichkeiten. Neben diesen großen systemischen Unterschieden gibt es auch innerhalb jeder Rechtsordnung erhebliche Variation zwischen richterlicher Oberhoheit und richterlicher Unterordnung bezüglich der einzelnen Rechte. Eine Verfassungstheorie muss für dieses Maß an Variation offen sein, wenn sie als theoretischer Teil der vergleichenden Untersuchung der Grundrechte dienen soll. Dies bedeutet nicht zwangsläufig, dass *Alexys* Theorie für solche Zwecke ungeeignet ist, führt aber dazu, dass die Rolle der Richter in Bezug auf materielle Rechte genauer zu bestimmen ist. Es ist möglich, die Theorie so zu ergänzen, dass sie in Bezug auf die Fragen der Verfassungsgestaltung „neutralisiert" wird. Hierzu muss das Verhältnis zwischen der Verhältnismäßigkeit und der richterlichen Kontrollkompetenz genauer konzeptioniert werden.

Der Versuch einer solchen Verallgemeinerung hat seine Grenzen. Alexy schlägt vor, dass man sich Verfassungen auf einem Spektrum vorstellen kann, welches vom rein Prozeduralen bis hin zum rein Materialen reicht.[9] Eine rein prozedurale Verfassung besteht gänzlich aus verfahrens- und organisationsrechtlichen Normen. Die Gestaltung des Verfahrensrechts hat zweifellos einen mittelbaren Einfluss auf den materialen Gehalt verabschiedeter Gesetze, eine solche Verfassung ist rechtlich gesehen jedoch für jegliche Rechtsgehalte inhaltlich offen. Im Vergleich hierzu enthält eine rein materiale Verfassung implizit den gesamten Inhalt des Rechts. Das Recht muss lediglich aus der Verfassung abgeleitet werden. Da *Alexy* annimmt, dass die Verfassung an sich legal ist, entspricht das prozedural-materiale Spektrum einem Spektrum von der gesetzgeberischen bis zur richterlichen Kontrollkompetenz bei der Bestimmung des Rechtsinhalts, die auf unterschiedliche Weise eingeschränkt wird.

Hierbei gibt *Alexy* direkt zu, dass eine rein materiale Verfassung praktisch unmöglich wäre. Trotz seiner hohen normativen Dichte ist das Grundgesetz als gemischt material-prozedural einzustufen. Dem ist hinzuzufügen, dass eine rein prozedurale Verfassung normativ nicht akzeptabel wäre. Alexy selbst liefert den Grund dafür. An anderer Stelle argumentiert er, dass das Recht aus einer internen Perspektive heraus an zwei Punkten mit den Erfordernissen der materiellen Gleichheit verbunden sein muss: Die Richter sind verpflichtet, die Gesetze, soweit möglich, menschenrechtskonform auszulegen, wobei das Recht seine Geltung verliert, wenn es von den Anforderungen der Menschenrechte so weit abweicht, dass es auf extreme Ungerechtigkeit hinausläuft.[10] Die

[9] Ebd., S. 473–475.

[10] *R. Alexy*, The Argument from Injustice: A Reply to Legal Positivism (übers. von Stanley L. Paulson und Bonnie Litschewski Paulson), 2002, S. 127.

zusammenhängende und systematische Art des gesamten Alexyschen Werks[11] legt nahe, dass diese beiden Elemente die äußeren Grenzen einer akzeptablen Institutionalisierung der Grundrechte darstellen. Eine Verfassung, die innerhalb dieser Grenzen volle gesetzgeberische Freiheit gewährt, ist eine maximal prozedurale Verfassung. In solchen Staaten kommt der gesetzgebenden Gewalt die übergeordnete Stellung bei der Verwirklichung der Grundrechte zu, der sich die Rechtsprechung unterordnen muss. Grundrechte sind jedoch weiterhin in der juristischen Argumentation relevant, sowohl als Auslegungswerte als auch als Normen mit präsumtiver Rechtskraft. Dies entspricht der Situation im Vereinigten Königreich vor der Verabschiedung des Human Rights Act 1998 und wird auch heute noch von Juristen wie *John Finnis* verteidigt, die der Verhältnismäßigkeit und der richterlichen Kontrollkompetenz skeptisch gegenüberstehen.[12] Eine solch maximal prozedurale Verfassung ist jedoch von einer rein prozeduralen Verfassung zu unterscheiden, in der Grundrechte lediglich moralisch und politisch gelten, sofern sie überhaupt anerkannt werden.

Eine allgemeine Verfassungstheorie muss zeigen, wie die Verhältnismäßigkeitsprüfung angewendet werden kann, so dass der gesamten Bandbreite legitimer verfassungsrechtlicher Möglichkeiten Rechnung getragen wird; vom maximal prozeduralen Verständnis, in dem die Rechtsprechung der gesetzgebenden Gewalt unterliegt, bis hin zum maximal materialen Verständnis, in dem das Gegenteil der Fall ist.

I. Die Natur der Verhältnismäßigkeit

Erhebliche Verwirrung ist dem Umstand zu verdanken, dass Juristen gemeinhin annehmen, die Verhältnismäßigkeit stelle einen rein juristischen Prüfungsmaßstab dar. Wie *Alexy* jedoch überzeugend darlegt, ist der bekannte Vierschritt der Verhältnismäßigkeitsprüfung im Kern eine Anforderung der praktischen Ver-

[11] *M. Kumm*, Constitutional Rights as Principles: On the Structure and Domain of Constitutional Justice, in: International Journal of Constitutional Law 2 (2004) S. 574 (595); *G. Pavlakos*, Introduction, in: G. Pavlakos (Hrsg.), Law, Rights and Discourse: The Legal Philosophy of Robert Alexy, 2007; *M. Borowski*, Discourse, Principles, and the Problem of Law and Morality: Robert Alexy's Three Main Works, in: Jurisprudence 2 (2) (2011), S. 575–595; *M. Klatt*, Robert Alexy's Philosophy of Law as System, in M. Klatt (Hrsg.), Institutionalized Reason: The Jurisprudence of Robert Alexy, 2012.

[12] *J. Finnis*, Nationality, Alienage and Constitutional Principle, 2007; erneut in Human Rights and the Common Good: Collected Essays Vol. III, 2011, S. 133. Zum Skeptizismus vgl. z.B., *J. Finnis*, Judicial Power: Past, Present and Future, 2015: „courts responsible for applying the Convention have plucked from some rather shady areas of German theology and law the idea of *proportionate* (and therefore justified) interferences"; vgl. auch *J. Finnis*, Judicial Law-Making and the „Living" instrumentalization of the ECHR, in N. W. Barber/R. Ekins/P. Yowell (Hrsg.), Lord Sumption and the Limits of Law, 2016.

nunft, nicht des positiven Rechts.[13] Sie leitet sich aus der Idee zweier oder mehrerer „idealer Sollensgebote" ab, die einer Optimierung, also der größtmöglichen Verwirklichung ihres Inhalts bedürfen, die faktisch und normativ möglich ist. Die Optimierung selbst ist nichts anderes als der Gedanke, dass man, wenn man einen Grund hat, etwas zu tun, dies möglichst auch tun sollte, solange kein anderer, gewichtigerer Grund dagegenspricht. Wenn gesagt wird, dass Rechtsprinzipien Optimierungsgebote sind, ist damit lediglich gemeint, dass die Güter, Werte oder Interessen, die sie schützen, als anfechtbare allgemeine Gründe für Rechtsnormen und Entscheidungen fungieren. Da man stets das tun sollte, wozu man am meisten Grund hat, ist die Verhältnismäßigkeit nicht mehr und nicht weniger als die Struktur oder Form der rationalen Rechtfertigung, die dem Recht als System der öffentlichen praktischen Vernunft innewohnt.[14] Dies sollte uns nicht überraschen – die Kerngedanken der Verhältnismäßigkeit finden sich bereits in Aristoteles' Darstellung der Verteilungsgerechtigkeit.[15] In der Tat ist die Verhältnismäßigkeit eine ultraminimale Theorie der Verteilungsgerechtigkeit, die dem grundlegenden moralischen Recht auf Rechtfertigung inhärent ist.[16]

Verhältnismäßigkeit an sich kann nicht bestimmen, welche Zwecke legitim sind, welche Mittel geeignet sind, oder wie zu entscheiden ist, welcher Handlungsweise der Vorzug zu geben ist. Im Zusammenhang mit den Handlungen von Amtsträgern sagt sie nichts darüber aus, welche angeblichen öffentlichen Güter wirklich gut sind, welche relative Bedeutung diese verschiedenen Güter haben und wie die verschiedenen Ausprägungen dieser Güter zu bewerten sind. Sie ist nicht rawlssch, da sie nicht davon ausgeht, dass Freiheit lexikalisch Vorrang vor sozialen und wirtschaftlichen Gütern zukommt. Sie ist nicht dworkinianisch, da sie keine Präferenz für „Prinzipien" über „policy" enthält. Sie führt nicht notwendigerweise zum Schutz allgemeiner Rechte auf Freiheit und Gleichheit durch die Verfassung. Auch ist sie nicht utilitaristisch, da sie nicht davon ausgeht, dass es eine einzige Werteskala gibt, auf der Güter gemessen werden können. Vielleicht überraschenderweise setzt sie nicht einmal eine Ver-

---

[13] *Alexy*, Theorie der Grundrechte (Fn. 4), S. 100–104.

[14] *M. Kumm*, Alexy's Theory of Constitutional Rights and the Problem of Judicial Review, in M. Klatt (Hrsg.), Institutionalized Reason (Fn. 11), S. 203: „It is the test of public reason". *Alexander Somek* spricht von „analytically careful formalisation of moral intuitionism", zitiert in *M. Jestaedt*, The doctrine of Balancing – Strengths and Weaknesses, in M. Klatt (Hrsg.), Institutionalized Reason (Fn. 11), S. 165.

[15] Nichomachean Ethics, V. 3. Es überrascht nicht, dass Paul Craig behauptet, dass die Verhältnismäßigkeit in der englischen Rechtsprechung über 300 Jahre zurückreicht. Vgl. *P. Craig*, Proportionality and Judicial Review: A UK Historical Perspective, in: S. Vogenauer/ S. Weatherill (Hrsg.), General Principles of Law: European and Comparative Perspectives, 2017.

[16] *M. Klatt*, Proportionality and Justification, in: E. Herlin-Karnell/ders. (Hrsg.), Constitutionalism Justified: Rainer Forst in Discourse, 2019.

gleichbarkeit voraus. Sollten zwei Verfassungsgüter unvergleichbar sein, wird die Verfolgung des einen nicht dadurch illegitim, dass das andere untergraben wird, noch ist es ungerecht, das eine dem anderen unter allen Umständen vorzuziehen. Die Anfangs- und Endstadien der Verhältnismäßigkeit wären stets erfüllt, obwohl es weiterhin irrational wäre, eines der beiden Güter unnötig zu untergraben; nicht mehr rational ist lediglich die Bevorzugung des einen oder des anderen – die Zerstörung der Welt gegenüber dem Ritz am eigenen Finger, um es mit Humes provokanter Formulierung auszudrücken. Wichtige Rechte könnten weiterhin Trümpfe sein. Alles, was man sagen kann, ist dass die Verhältnismäßigkeit für die Möglichkeit der Vergleichbarkeit offen ist und dass sich ihre volle Struktur bei Vorhandensein einer Vielzahl von nicht reduzierbaren, aber vergleichbaren Verfassungsgütern offenbart. Kurz gesagt ist die Verhältnismäßigkeit lediglich eine apriorische Kategorie zur rationalen Entscheidungsfindung angesichts konkurrierender *prima facie*-Pflichten. Sie hat keinen Inhalt, wenn es keine materielle Verfassungsmoral gibt, die Fleisch auf ihre formellen Knochen bringt.

Hieraus folgt, dass sich jede vernünftige Entscheidung anhand der vier Stufen der Verhältnismäßigkeitsprüfung darstellen lässt. Ein rational handelnder Akteur muss davon überzeugt sein, dass seine Handlung auf etwas abzielt, dass er für gut hält (legitimer Zweck), dass er in der Lage ist, dieses Ziel zu erreichen (Geeignetheit), dass die von ihm eingesetzten Mittel andere Güter nicht unnötig beeinträchtigen (Erforderlichkeit) und dass die Handlung, auch wenn sie unvermeidlich zur Verweigerung anderer Güter führt, insgesamt dennoch lohnender ist (Angemessenheit bzw. Verhältnismäßigkeit im engeren Sinne). Es können einem Fehler unterlaufen, aber wissentlich gegen eine dieser vier Anforderungen zu verstoßen, ist irrational. Versucht man, Entscheidungen anderer nachzuvollziehen, dann tut man dies, indem man eine plausible Darstellung ihrer internen Rechtfertigungen rekonstruiert, die notwendigerweise diese Form hat, unabhängig davon, ob man mit dem, was sie für gut halten, ihren angenommenen Fakten und ihrem relativen Wertesystem einverstanden ist.

Verhältnismäßigkeit ist dementsprechend immer dann gegeben, wenn man versucht, dem Recht „einen Sinn zu geben". Indem sie sich in das Recht vertiefen, lernen Anwälte und Richter das ihrer Rechtsordnung innewohnende System der öffentlichen Vernunft zu verstehen. Die Auslegung von Gesetzen und die Rekonstruktion von Präjudizien erfordern eine Neuformulierung von Rechtsnormen in Hinblick auf die ihnen zugrundeliegenden Gründe und ihr Verhältnis zueinander. In diesem Sinne spiegeln die konkreten Regeln und Entscheidungen des Rechts ein hochkomplexes Gefüge institutioneller Moral wider. Dieser Prozess des Verstehens der Rechtsgrundsätze nimmt unweigerlich die Form der Verhältnismäßigkeit an, ob man diese anerkennt oder nicht. Da die Verhältnismäßigkeit eine universelle Anforderung der praktischen Vernunft darstellt ist es jedem möglich, sich ein Bild davon zu machen, was die

Abwägung von Prinzipien in einer bestimmten Situation erfordert. Verhältnismäßigkeit ist für alle öffentlichen Bediensteten verbindlich, unabhängig davon, ob sie in einem Verfassungstext erwähnt wird. Sie enthält keine Annahme, dass die beste politische Institution zur Beantwortung ihrer Fragen die Legislative, ein Organ der Exekutive oder ein Gericht sei. Bestünde die Regierung aus einem absoluten Monarchen oder einem Rat platonischer Philosophenkönige, wäre die Verständlichkeit ihrer Vorschriften noch immer durch deren Verhältnismäßigkeit bestimmt.

Der Grundsatz der Verhältnismäßigkeit an sich erfordert kein System richterlicher Kontrolle, auch wenn das Verfahren der richterlichen Kontrolle unweigerlich von ihren Anforderungen geprägt sein wird. Die Verhältnismäßigkeit ist mit einer vollständigen richterlichen Unterordnung unter das materielle Wertesystem des positiven Rechts ebenso vereinbar wie mit der richterlichen Feststellung und Durchsetzung von Grundrechten. In einem System richterlicher Unterordnung verlangt die Verhältnismäßigkeit lediglich, dass der Richter als rationaler Erklärer des Rechts auftritt und die normativen und faktischen Urteile anderer Amtsträger erläutert. Die beste Rechtfertigung für die gerichtliche Überprüfung in einer Demokratie beruht auf dem demokratischen Recht freier und gleicher Bürger, eine rationale Rechtfertigung für jede staatliche Maßnahme zu verlangen.[17] Daher ist alles, was die gerichtliche Überprüfung minimal erfordert, dass die Richter die Entscheidungen anderer öffentlicher Stellen unter Bezugnahme auf die Struktur der Verhältnismäßigkeit rationalisieren.

Wenn Juristen jedoch die Verhältnismäßigkeit als juristischen Maßstab für gerichtliche Kontrolle behandeln, schwingt darin die Annahme mit, dass die „Verhältnismäßigkeit" bereits eine materielle Verfassungsmoral beinhalte. Da von Richtern angenommen wird, dass sie das Recht kennen, und von ihnen erwartet wird, dass sie Rechtsstreitigkeiten dem Recht nach lösen können, wird der Begründungsprozess, durch den der Staat entscheidet, wie er angesichts konkurrierender Verfassungsprinzipien handeln soll, in letzter Instanz zu einer richterlichen Aufgabe. Wenn man die Reichweite der Grundrechte und den Umfang des Verfassungsrechts weit fasst, wie *Alexy* es tut, dann greifen die meisten Formen staatlichen Handelns in Rechte ein und lösen eine Verhältnismäßigkeitsprüfung aus. Jedes gültige Gesetz, jeder Akt der Exekutive, jede gerichtliche Entscheidung wägt Grundrechte ab und verwirklicht damit die Verfassung. Das Bundesverfassungsgericht wird zu ihrem obersten Hüter und unterwirft alles Recht seiner wachsamen Kontrolle.[18]

---

17 *Kumm*, Alexy's Theory of Constitutional Rights and the Problem of Judicial Review (Fn. 14), S. 217.

18 *R. Alexy*, Verfassungsrecht und einfaches Recht, VVDStRL 61 (2002), S. 29–30; s. auch *ders.*, Proportionality, constitutional law and sub-constitutional law: a reply to Aharon Barak, I*CON 16.3 (2018), S. 871–879.

Nach dieser weit verbreiteten Annahme führt die Verhältnismäßigkeit unweigerlich zur richterlichen Oberhoheit.[19] Dies ist jedoch nicht die Folge der Verhältnismäßigkeit an sich. Sie ist die Folge der Zuweisung der Letztverantwortung für die sachlich-rationale Rechtfertigung aller öffentlichen Handlungen an die Richter. Die Verhältnismäßigkeit selbst ist in der Frage der richterlichen Kontrollkompetenz völlig offen.

II. Die Begrenzungen des strukturellen Spielraums

Im *Postscript* und in den darauffolgenden Arbeiten versucht *Alexy*, seine Theorie gegen den Vorwurf der Überjustizialisierung zu verteidigen, indem er argumentiert, dass die Verfassung, welche von Richtern aufrechterhalten wird, von Natur aus eine offene Textur habe.[20] Da der Inhalt des einfachen Rechts nur teilweise durch die Verfassung bestimmt wird, stelle die richterliche Oberhoheit keine Gefahr dar. Die offene Textur der Verfassung eröffne die Möglichkeit eines gesetzgeberischen Spielraums; die Richter stellen lediglich sicher, dass die Grenzen eingehalten werden.

Alexy unterscheidet zwei unterschiedliche Arten von Spielräumen: strukturelle und epistemische. Der strukturelle Spielraum ergibt sich aus der Unvollständigkeit des Verfassungsrechts. Es gibt Rechtspositionen, die von der Verfassung weder verboten noch vorgeschrieben sind. Im Gegensatz hierzu ergibt sich der epistemische Spielraum aus der Tatsache, dass die Anforderungen der Verfassung zu einem bestimmten Grad ungewiss sind. Dem epistemischen Spielraum wurde in der Literatur viel mehr Aufmerksamkeit geschenkt, aber auch der strukturelle Spielraum ist nicht einfach. Eine genauere Untersuchung zeigt, dass er nicht annähernd so umfangreich ist, wie *Alexy* es annimmt.

Des Weiteren unterscheidet *Alexy* drei Arten strukturellen Spielraums in Bezug auf die Verhältnismäßigkeit. Der Zwecksetzungsspielraum bezieht sich darauf, dass der Gesetzgeber die Wahrnehmung von Rechten aus einem breiten Spektrum materieller Gründe einschränken kann. Gerichte greifen nur selten ein, um festzustellen, dass ein Gesetzgeber ein unzulässiges Ziel verfolgt hat, obwohl solche Fälle nicht unbekannt sind. Hier sieht man deutlich, dass die Gerichte dem Ermessen äußere Grenzen setzen. Sofern es keine positiven Rechte gibt, sind Gesetzgeber auch nicht von Verfassung wegen verpflichtet, solche öffentlichen Güter zu verfolgen. So können sie beispielsweise das Recht auf ein ordentliches Gerichtsverfahren einschränken, um die Bedrohung durch

---

[19] *R. Hirschl*, Towards Juristocracy: The Origins and Consequences of the New Constitutionalism, 2004.

[20] Das *Postscript* wurde 2001 zur Veröffentlichung der englischsprachigen Übersetzung der *Theorie der Grundrechte* verfasst. Eine leicht abweichende deutsche Version ist in *Alexy*, Verfassungsrecht und einfaches Recht (Fn. 18) zu finden.

den Terrorismus zu bekämpfen, müssen es aber nicht. Die Prinzipien, um die es bei solchen öffentlichen Gütern geht, sind Optimierungserlaubnisse, nicht Optimierungsgebote. Darin unterscheiden sie sich von Grundrechten, die obligatorisch sind. Alle politischen Institutionen sind verpflichtet, dafür zu sorgen, dass sie nicht ohne angemessene Rechtfertigung eingeschränkt werden. Der Zwecksetzungsspielraum bringt die Idee der gesetzgeberischen Freiheit innerhalb äußerer Grenzen klar zum Ausdruck.

Der Mittelwahlspielraum bezieht sich auf die Tatsache, dass der Gesetzgeber bei der Erfüllung positiver verfassungsrechtlicher Pflichten eine Auswahl an möglichen Maßnahmen hat; fraglich ist nur, ob das „Gesamtpaket" verfassungsrechtlich angemessen ist, um seine verfassungsrechtlichen Verpflichtungen zu erfüllen. So können Staaten beispielsweise eine Reihe von Maßnahmen ergreifen, um Todesfälle in Polizeigewahrsam zu verhindern, solange insgesamt ein angemessenes Schutzniveau für das Recht auf Leben besteht. Bei solchen Entscheidungen sind wahrscheinlich so komplexe Abwägungen zwischen mehreren Gütern erforderlich, dass es selten möglich sein wird, ein alternatives Maßnahmenpaket zu finden, das aus verfassungsrechtlicher Sicht insgesamt besser ist.

Der Zwecksetzungs- und der Mittelwahlspielraum sind unkompliziert; aus diesem Grund hat sich die Diskussion eher auf das Ermessen im Rahmen der Abwägung konzentriert. *Ronald Dworkin* vertrat die Auffassung, dass ein Gleichgewicht der Prinzipien zwar theoretisch möglich ist, aber nur selten vorkommt.[21] *Alexy* hingegen argumentiert, dass dies recht häufig der Fall ist. Der strukturelle Spielraum im Rahmen der Abwägung ist eine Funktion des Vorhandenseins von „Patt-Situationen" zwischen unterschiedlichen Graden der Verwirklichung und Beschränkung von zwei oder mehr Prinzipien. Er argumentiert, dass es zwei Aspekte von Patt-Situationen gibt. Erstens bedeutet die relative Grobheit der verfügbaren Skalen, dass es durchaus möglich ist, dass der Grad des Eingriffs in einen Grundsatz durch den Grad der Verwirklichung eines anderen Grundsatzes ausgeglichen wird.[22] Unter solchen Umständen verbleibt dem Gesetzgeber Entscheidungsfreiheit, denn die einzige relevante verfassungsrechtliche Pflicht ist die Pflicht, unverhältnismäßige (d. h. unausgewogene) Einschränkungen von Rechten zu vermeiden. Darüber hinaus gibt es mehrere Abwägungspunkte, wobei ein geringer Grad der Beeinträchtigung durch einen geringen Grad der Verwirklichung, ein mittlerer durch einen mittleren und so weiter ausgeglichen wird. Wie grob oder fein die verfügbaren Skalen auch sein mögen, gibt es eine Reihe von Patt-Situationen, bezüglich derer dem Gesetzgeber Entscheidungsfreiheit verbleibt.[23] Der Gesetzgeber

---

[21] *R. Dworkin*, A Matter of Principle, 1985, S. 144.

[22] *Alexy*, Postscript (Fn. 20), S. 411–412.

[23] Auf einer n-Punkte-Skala wären 1/n logische Möglichkeiten ausgeglichen.

kann sich dafür entscheiden, ein beliebiges öffentliches Interesse in beliebigem Umfang zu verfolgen, solange die mit dieser Maßnahme verbundenen Kosten für die Rechte durch die erzielten Gewinne ausgeglichen werden. Dies ist schließlich der Kerngedanke der Verhältnismäßigkeit. Auf diese Weise versucht *Alexy*, die Idee zu verteidigen, dass die Optimierung es nicht ausschließt, dass dem Gesetzgeber eine Reihe von politischen Entscheidungen offen stehen.

Leider ist der strukturelle Spielraum bei der Verhältnismäßigkeit nicht so einfach. Erstens ist es wichtig festzustellen, dass die beiden Dimensionen der Pattsituation lediglich Aspekte einer einzigen Reihe von möglichen legislativen Entscheidungen sind. Wenn es heißt, dass zwei Prinzipien „gleichgewichtig" sind, bedeutet dies, dass die Verfassung neutral dazu steht, wenn es darum geht, eine Maßnahme zu ergreifen oder nicht zu ergreifen. Nehmen wir zum Beispiel die Entscheidung zwischen der Annahme eines neuen Gesetzes, das öffentliche Versammlungen verbietet, weil sie die Gefahr der Verbreitung einer gefährlichen Infektionskrankheit bergen, und der Nichtannahme eines solchen Gesetzes. In *Alexys* Worten bedeutet eine Pattsituation, dass im Falle der Verabschiedung des vorgeschlagenen Gesetzes der Gewinn für P_i (Schutz der öffentlichen Gesundheit) ebenso groß wäre wie der Verlust für P_j (persönliche Freiheit). Dies könnte man als eine schwer-schwere Pattsituation bezeichnen. Die Nichtverabschiedung eines solchen Gesetzes negiert einfach die Werte. Die Negation setzt voraus, dass der Gewinn für die öffentliche Gesundheit bei Verabschiedung des Gesetzes genauso groß ist wie der Verlust für die öffentliche Gesundheit, wenn es nicht verabschiedet wird, und dass der Verlust an Freiheit bei Verabschiedung des Gesetzes genauso groß ist wie der Gewinn an Freiheit, wenn es nicht verabschiedet wird. Der Begriff „Verlust" umfasst sowohl Beeinträchtigungen als auch Opportunitätskosten. Kurz gesagt, wenn die Maßnahme nicht ergriffen wird, gibt es ein geringeres Niveau von P_i (Schutz der öffentlichen Gesundheit) und ebenso geringe Verluste bei P_j (persönliche Freiheit). Dies ist eine leicht-leichte Patt-Situation. Die leicht-leichte Pattsituation ist die genaue Umkehrung der alternativen schwer-schweren Pattsituation. Das Ermessen des Gesetzgebers ist nur dann gegeben, wenn diese Umkehrung zutrifft. Mit anderen Worten: *Alexy* geht davon aus, dass der Status quo bereits ausgeglichen ist. Wir neigen dazu, dies anzunehmen, doch die Möglichkeit verfassungsrechtlicher Pflichten zur Gesetzgebung legt nahe, dass dies konzeptionell nicht notwendig ist. Wenn zwei Prinzipien im Status quo aus dem Gleichgewicht geraten sind, würde das bloße Vorhandensein einer einzigen Patt-Situation bei einem vorgeschlagenen Vorgehen kein gesetzgeberisches Ermessen sicherstellen. Man wäre verpflichtet, den Weg einzuschlagen, bei dem die einschlägigen Prinzipien zumindest gleichgewichtig sind. Dieser Punkt wird leicht durch die Tatsache verdeckt, dass es sich bei Interessen wie der „öffentlichen Gesundheit" größtenteils um Optimierungserlaubnisse und nicht um Gebote handelt, was bedeutet, dass häufig ein Zwecksetzungsspielraum auf einer Seite der Abwägung besteht.

Selbst nach dieser Klarstellung gibt es immer noch eine „Pattlinie" zwischen konkurrierenden Prinzipien, die auf eine verfassungsrechtliche Neutralität zwischen Maßnahmen mit hohem Gewinn und hohen Kosten und Maßnahmen mit niedrigem Gewinn und niedrigen Kosten hinzudeuten scheint. Dies leuchtet intuitiv ein. Das Problem ist, dass dies allein nicht ausreicht, um das Ermessen des Gesetzgebers zu sichern. Dadurch wird der Schwerpunkt vom Ermessen bei der Verhältnismäßigkeit auf das Ermessen bei der Abwägung verlagert. Die Abwägung ist nur die letzte Stufe der Prüfung. Während der Zwecksetzungs- und der Mittelwahlspielraum den ersten beiden Stufen der vierstufigen Verhältnismäßigkeitsprüfung entspricht, bleibt die dritte Stufe unberücksichtigt: die Erforderlichkeit oder die minimale Beeinträchtigung. Die Verhältnismäßigkeitsprüfung erfordert den Erfolg sowohl der Erforderlichkeits- als auch der Abwägungsprüfung. Die Erforderlichkeitsprüfung stellt eine andere und vorrangige Reihe von zulässigen politischen Entscheidungen dar. Für jedes gegebene Maß an Verwirklichung eines legitimen Zwecks gibt es zwangsläufig ein Minimum an Kosten für die Rechte. Die verfassungsrechtliche Pflicht des Gesetzgebers besteht in diesem Stadium darin, ein Überschreiten dieses Minimums zu vermeiden. Der Schlüssel zur Bestimmung des Umfangs des strukturellen Ermessens ist das Verhältnis zwischen den legislativen Maßnahmen, die sowohl die Erforderlichkeitsprüfung als auch die Abwägungsprüfung erfüllen.[24]

Einige der Elemente aus der Menge der politischen Entscheidungen, welche die Rechte am wenigsten beeinträchtigen, werden als unausgewogen ausgeschlossen. Auf diese Weise funktioniert die letzte Stufe der Verhältnismäßigkeit. Sie identifiziert jene Maßnahmen als verfassungswidrig, die zwar die Erforderlichkeitsprüfung erfüllen, aber unausgewogen sind. So würde beispielsweise eine Maßnahme, die auf die rasche und vollständige Ausrottung einer Pandemie abzielt, einen sehr hohen Verlust an persönlicher Freiheit erfordern, beispielsweise durch das Verbot jeglicher zwischenmenschlicher Kontakte. Wir würden eine solche drastische Einschränkung der Freiheit als unannehmbar hoch ansehen. Die Kombination eines noch so hohen Schutzes vor Ansteckung mit einem so geringen Maß an persönlicher Freiheit ist normativ nicht zulässig. Ebenso unverhältnismäßig wäre es, im Falle einer Pandemie überhaupt keine Maßnahmen zu ergreifen. Es bestünde ein hohes Maß an persönlicher Freiheit, aber die Infektion würde wild um sich greifen und mehr oder weniger wahllos eine große Zahl von Menschen töten. Die positive Dimension des Rechts auf Leben schließt dies aus. Auf der letzten Stufe der Verhältnismäßigkeit schließen

---

[24] Auf dieses Argument deutete ich bereits in *J. Rivers*, Proportionality, Discretion and the Second Law of Balancing, in: G. Pavlakos (Hrsg.), Law, Rights and Discourse: The Legal Philosophy of Robert Alexy, 2007 hin, es wird hier aber zum ersten Mal vollständig entwickelt.

Richter Maßnahmen aus, die eine unangemessene Kombination relevanter Güter widerspiegeln, auch wenn sie Rechte nur minimal beeinträchtigen. Damit werden die Grenzen des strukturellen Spielraums festgelegt.

Das Problem besteht darin, dass aus struktureller Sicht die Festlegung äußerer Grenzen für die Menge an politischen Entscheidungen, welche Rechte am wenigsten beeinträchtigen, dazu tendiert, auf einen optimalen Punkt zu konvergieren. Dies lässt sich am besten grafisch veranschaulichen:

Struktureller Spielraum

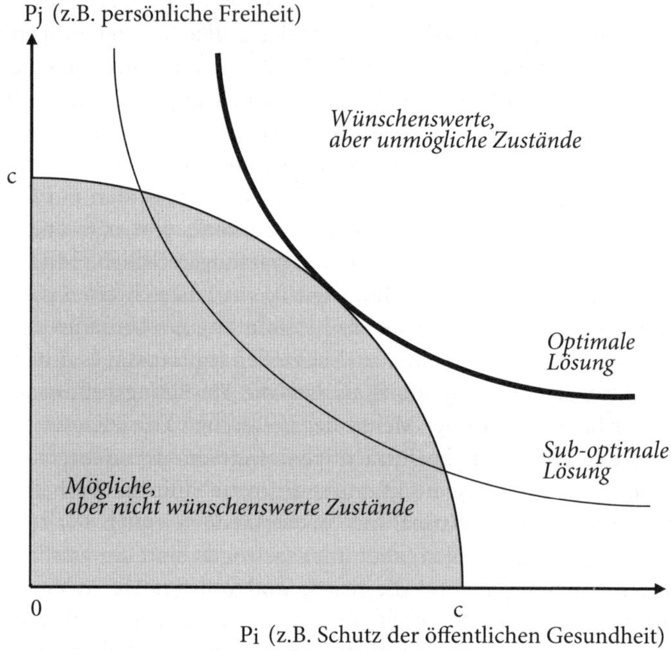

III. Struktureller Spielraum

Die Erforderlichkeitsprüfung erfolgt in Form einer Pareto-Optimalitätskurve.[25] Dies ist eine Kurve, bei der man den Wert einer Variablen nicht erhöhen kann, ohne dass sich der Wert einer anderen verringert. Wenn einige öffentliche Versammlungen kein Risiko für die öffentliche Gesundheit darstellen, dann ist ein vollständiges Verbot nicht pareto-optimal, weil ein besser zugeschnittenes Verbot das gleiche Maß an Schutz der öffentlichen Gesundheit zu geringeren Kos-

[25] *Alexy*, Theorie der Grundrechte (Fn. 4), S. 149, dort Fn. 222.

ten für die persönliche Freiheit erreichen würde. Wir können uns das als eine einfache Gerade vorstellen ($x + y = c$; c ist eine Konstante), da jeder Gewinn an x (öffentliche Gesundheit) durch einen Verlust an y (persönliche Freiheit) ausgeglichen wird. Wir neigen jedoch dazu, uns die Pareto-Optimalität als eine konvexe Kurve vorzustellen, etwa als die eines Quadranten ($x^2 + y^2 = c^2$), weil extreme Maßnahmen dazu neigen, ihre Wirksamkeit zu verlieren – so würden sich Menschen nicht an ein absolutes Verbot menschlicher Interaktion halten, so dass sich die Krankheit trotzdem ausbreiten würde, und eine virulente Pandemie hat ebenfalls Auswirkungen auf die persönliche Freiheit ihrer Opfer. Die genaue Form der Pareto-Optimalitätskurve ist vorliegend nicht erheblich.

Im Gegensatz dazu folgt die Abwägungsprüfung dem Gesetz des abnehmenden Grenznutzens.[26] Sie wird durch eine konkave Indifferenzkurve ($xy = n^2$) dargestellt, die die Einsicht zum Ausdruck bringt, dass schwerwiegende Rechtsverletzungen entsprechend größere Grade der Verwirklichung eines öffentlichen Interesses erfordern, um normativ gerechtfertigt zu sein. Dies verdeutlicht, warum die Extreme der Notwendigkeitslinie wahrscheinlich als unverhältnismäßig empfunden werden: Das Produkt der beiden Variablen (xy) auf der Pareto-Optimalitätskurve ist zu klein. Ein völliges Verbot jeglicher menschlicher Interaktion könnte das Infektionsrisiko zwar erheblich verringern, aber die Kombination aus schwerwiegendem Verlust persönlicher Freiheit und – wenn auch beträchtlichem – Gewinn für die öffentliche Gesundheit würde nicht als erstrebenswert angesehen werden. In der Praxis gibt es in diesem Stadium eine Wechselwirkung zwischen normativen und faktischen Aspekten. Das Urteil, dass das Produkt zu klein ist (unausgewogene Güter), kann nur gefällt werden, weil wir uns anderer alternativer Punkte auf der Notwendigkeitslinie bewusst sind, in denen das Produkt der Variablen größer ist. Zum Beispiel könnte die Erlaubnis für kleine Versammlungen im Freien und Versammlungen in geschlossenen Räumen mit einem begrenzten Teilnehmerkreis insgesamt vorteilhafter erscheinen.

Das Produkt (xy) variiert an jedem Punkt der Notwendigkeitslinie ($x^2 + y^2 = c^2$). Das bedeutet, dass aus einer normativen Perspektive jede mögliche politische Option, die die Rechte minimal beeinträchtigt, insgesamt entweder besser oder schlechter ist. Ein Element der Menge von politischen Entscheidungen, bei denen Prinzipien minimal beeinträchtigt werden, ist unverhältnismäßig, wenn es ein anderes Element gibt, bei dem der kombinierte Wert der relevanten Prinzipien aus normativer Sicht größer ist. Wenn Prinzipien Optimierungsgebote sind, dann verlangen sie, dass diejenige Maßnahme gewählt wird, bei der das Produkt aus beiden Variablen so groß wie möglich ist. Mathematisch gesehen kann nur ein Element dieser Prüfung genügen. Es ist dort am

[26] Ebd., S. 146–149.

größten, wo $x = y$ ist, und auf beiden Seiten kleiner. Dies gilt selbst auf einer groben 3-Punkte-Skala der Vergleichbarkeit.[27]

Mit anderen Worten besteht eine einzige politische Option, die sowohl die relevanten Güter minimal beeinträchtigt als auch sie maximal kombiniert. Die Struktur der Verhältnismäßigkeit fördert diese Konvergenz. Sie neigt strukturell dazu, die unausgewogenen Extreme auf der Linie möglicher politischer Entscheidungen in die Mitte zu bringen, bis sie zu der einen Maßnahme konvergieren, die allen relevanten Prinzipien gleichermaßen Rechnung trägt. Nach *Alexy* ist dies der Fall, wenn das Produkt aus abstraktem und konkretem Gewicht von P_i (unter Berücksichtigung der Zuverlässigkeit) gleich dem Produkt aus abstraktem und konkretem Gewicht von P_j (unter Berücksichtigung der Zuverlässigkeit) ist. Die Verhältnismäßigkeit ist die Apotheose des politischen Kompromisses.

Damit ist der Gedanke des strukturellen Spielraums nicht völlig vom Tisch. Es gibt immer noch einen Zwecksetzungs- und einen Mittelwahlspielraum. Sobald jedoch die grundlegenden verfassungsrechtlichen Güter, um die es geht, identifiziert sind, geht die strukturelle Tendenz der Verhältnismäßigkeit in Richtung einer Politik, die alle diese Güter optimal verwirklicht. Die Verhältnismäßigkeit verleitet den Richter dazu, darauf zu bestehen, dass seine ideale politische Lösung, die die „perfekte" Ausgewogenheit aller relevanten Prinzipien beinhaltet, verfassungsmäßig vorgeschrieben ist. In der Praxis widerstehen die Richter dieser Versuchung. Sie setzen der Menge der politischen Entscheidungen, die die Rechte am wenigsten beeinträchtigen, äußere Grenzen, die immer noch eine Reihe von legislativen Optionen zulassen. Was jedoch den Zusammenbruch des gesetzgeberischen Ermessens verhindert, kann nicht die Struktur der Verhältnismäßigkeit selbst, sondern muss ein anderer Faktor sein.

IV. Epistemische Unsicherheit und gesetzgeberisches Ermessen

Im letzten Kapitel der Theorie geht *Alexy* kurz auf die Kontrollkompetenz des Verfassungsgerichts ein.[28] Er stellt das Mitbestimmungsurteil des BVerfG mit seiner Unterscheidung zwischen drei Ebenen der Prüfung gesetzgeberischer

---

[27] Alexy gibt die Werte 1, 2 und 4 für leichte, mittlere und hohe Grade der Verwirklichung eines Prinzips an. Die Punkte (1,4), (2,2) und (4,1) wiegen gleich schwer ($xy = 4$) und liegen auf einer konkaven Indifferenzkurve. Wenn (1,4) und (4,1) auf der Pareto-Optimalitätskurve liegen, dann muss die Position (2,2) darunter liegen ($2^2 + 2^2$ ist kleiner als $1^2 + 4^2$). Sie ist nicht minimal rechtsbehindernd und daher normativ nicht gerechtfertigt aus Sichtpunkt der Erforderlichkeit. Liegt andererseits (2,2) auf einer Pareto-Optimalitätskurve, so geht diese Kurve durch die Punkte (0,v8) und (v8,0). In einem solchen Fall sind die Punkte (1,4) und (4,1) unmöglich zu erreichen. Daraus folgt, dass mittel-mittlere Patt-Situationen die einzig möglichen ausgeglichenen sind. Dieses Ergebnis gilt auch für feinere Skalen.

[28] *Alexy*, Theorie der Grundrechte (Fn. 4), S. 495–498.

Kontrolle vor: Evidenzkontrolle, Vertretbarkeitskontrolle und der intensiven Inhaltskontrolle. Er vertritt die Auffassung, dass die Frage, ob es überhaupt eine gerichtliche Kontrolle geben sollte, geklärt ist, sobald es ein Verfassungsgericht gibt, wobei die Frage nach dem Umfang der Kontrolle noch offen bleibt. Dabei spielen verschiedene Aspekte eine Rolle, aber letztlich hängt die Kontrollkompetenz „also stets wesentlich von der Sicherheit ab, mit der die Existenz einer grundrechtlichen Position begründet werden kann“[29]. Wie er dann im *Postscript* ausführt, ist das gesetzgeberische Ermessen im Zusammenhang mit den Grundrechten eine Funktion der empirischen und normativen Unsicherheit. Wenn wir nicht wissen, was die Verfassung verlangt, hat der formale Grundsatz, dass der Gesetzgeber „so viele wichtige gesellschaftliche Fragen wie möglich“ entscheiden sollte, Vorrang.[30] Die Diskussion über das gesetzgeberische Ermessen im Rahmen der Theorie *Alexys* bewegt sich daher tendenziell zwischen den Polen der epistemischen Unsicherheit und der formalen Prinzipien.

Formelle Prinzipien sind das Gegenstück zu materiellen Prinzipien. Während materielle Prinzipien ein individuelles oder kollektives Gut wie Freiheit, Privatsphäre, Gleichheit, Sicherheit, Gesundheit oder wirtschaftlichen Wohlstand schützen, betreffen formelle Prinzipien die Frage, wie, von wem und auf welcher Grundlage Entscheidungen in Bezug auf diese Güter getroffen werden. Das offensichtlichste dieser formellen Prinzipien – und davon gibt es viele – ist das demokratische Prinzip, dass Gesetze von einer demokratisch repräsentativen Gesetzgebung gemacht werden müssen. Dieses formelle Prinzip weist eine Zuständigkeit zu. Man könnte auch das wichtige formelle Prinzip der Rechtssicherheit erwähnen. Die Rechtssicherheit verlangt von den Gesetzgebern, dass sie klare Gesetze erlassen, d. h. dass sie es vermeiden, unklare oder widersprüchliche Gesetze zu erlassen. Die Rechtssicherheit verlangt auch von den Gerichten, unvorhersehbare Auslegungen und Entscheidungen *contra legem* zu vermeiden. In Rechtsordnungen des Common Law müssen sie sich an Präjudizien halten. In diesem Sinne schränkt die Rechtssicherheit die Befugnis von Gesetzgebern und Gerichten ein, den Inhalt von Gesetzen nach eigenem Gutdünken zu bestimmen.

In der ursprünglichen Fassung der *Theorie* schlug *Alexy* mehr oder weniger beiläufig vor, dass formelle Prinzipien bei der Abwägung des Gewichts konkurrierender materieller Prinzipien einfach hinzugefügt werden könnten.[31] Die Tatsache, dass der Gesetzgeber eine Entscheidung getroffen hat, könnte zu ihrer materiellen Rechtfertigung hinzugerechnet werden. Er lehnt diese Lösung nun ab, da sie die Möglichkeit zulässt, dass etwas, das ansonsten unverhältnis-

[29] Ebd., S. 498.
[30] *Alexy*, Postscript (Fn. 20), S. 416–417.
[31] *Alexy*, Theorie der Grundrechte (Fn. 4), S. 120, 465.

mäßig ist, verhältnismäßig werden kann, nur weil der Gesetzgeber es so sieht.[32] Das ist sicher richtig: Wenn Richter gesetzgeberische Entscheidungen in ihre Überlegungen einbeziehen, dann tun sie dies in einer Weise, die deren materielle Richtigkeit verteidigt. Als eine Frage des persönlichen Urteils mögen sie durchaus anders entschieden haben, aber wenn es keinem rechtlichen Zweck dient, auf die ihrer Meinung nach inhärente Unverhältnismäßigkeit eines Gesetzes aufmerksam zu machen, ist eine solche Offenlegung der persönlichen Meinung irrelevant und unangemessen. Die Rolle eines Richters ist es, nach Gesetz und Recht zu entscheiden, nicht darüber zu urteilen.

Im *Postscript* beschränkt *Alexy* daher die Relevanz formaler Prinzipien auf Situationen epistemischer Unsicherheit. Die grundlegende Einsicht ist intuitiv einleuchtend: Einerseits sollten Rechte optimiert werden. Das könnte darauf hindeuten, dass der Genuss von Rechten nur auf der Grundlage völlig zuverlässiger Fakten und Urteile eingeschränkt werden sollte. Das Leben lässt eine solche Sicherheit jedoch nicht zu, und der Gesetzgeber sollte dennoch die Möglichkeit haben, Gesetze zu erlassen, die wichtige öffentliche Interessen verfolgen. Es muss eine Art Abwägung zwischen der Schwere der Einschränkung der Rechte und dem potenziellen Gewinn für das öffentliche Interesse geben, wobei der Grad der Gewissheit oder Ungewissheit zu berücksichtigen ist, der die zugrunde liegenden Annahmen betrifft. Dies veranlasste *Alexy*, ein zweites Abwägungsgesetz zu formulieren: Je schwerer ein Eingriff in ein Grundrecht wiegt, desto größer muss die Gewissheit der den Eingriff tragenden Prämissen sein.[33]

Alexy schlug vor, dass diese Erkenntnis durch die Aufnahme von Zuverlässigkeitsfaktoren in die Gewichtsformel berücksichtigt werden könnte.[34] Die Frage, welches Prinzip in einer bestimmten Situation Vorrang hat, hängt also von drei Faktoren ab: dem abstrakten Gewicht des Prinzips, seinem konkreten Gewicht im aktuellen Fall (Grad der Verletzung, Nichtbefriedigung usw.) und der Zuverlässigkeit der Prämissen. In späteren Schriften hat er die Formel erweitert, indem er zwischen empirischer und normativer Verlässlichkeit unterschied und so die verfeinerte vollständige Gewichtsformel (Refined Complete Weight Formula) entwickelte.[35] Diese Formel ist subtiler als die textliche Version des zweiten Abwägungsgesetzes, weil sie auch die Gewissheit auf der Seite des Rechts zulässt: Je intensiver und sicherer ein Eingriff in ein Grundrecht ist, desto wichtiger und sicherer muss der Gewinn für ein konkurrierendes Prinzip sein.

---

[32] *R. Alexy*, Formal Principles: Some replies to critics, in: *I*CON* 12.3 (2014), S. 511–524 (518).

[33] *Alexy*, Postscript (Fn. 20), S. 418; *Alexy*, Verfassungsrecht und einfaches Recht (Fn. 18), S. 28.

[34] *Alexy*, Postscript (Fn. 20), S. 419 Fn. 97.

[35] *Alexy*, Formal Principles (Fn. 32), S. 514.

$$CW_{i,j} = \frac{I_i \cdot W_i \cdot R_i^e \cdot R_i^n}{I_j \cdot W_j \cdot R_j^e \cdot R_j^n}$$

Das Problem bei dieser Verfeinerung ist, dass sie kein zusätzliches Ermessen einräumt. Die Gewichtsformel geht davon aus, dass der ‚Zuverlässigkeit' auf jeder Seite der Gleichung ein Wert zugewiesen werden kann, der dann mit der abstrakten und der konkreten Gewichtung kombiniert werden kann, um ein Gesamtprodukt zu erhalten. Dies muss zu einer Bevorzugung eines Prinzips oder zu einer Pattsituation führen; wenn es eine Pattsituation gibt, dann besteht ein gesetzgeberisches (strukturelles) Ermessen. Die Zuverlässigkeitsfaktoren können jedoch ebenso gut das Gleichgewicht weg von einer Pattsituation hin zu einer klaren Antwort verschieben. Tatsächlich führt die Einführung des Problems der Gewissheit in den meisten Fällen dazu, dass der Ermessensspielraum des Gesetzgebers eingeschränkt wird. Ein Beispiel, das *Alexy* regelmäßig anführt, ist das strafrechtliche Verbot des Verkaufs oder Besitzes von Cannabisprodukten. Das Vorhandensein von Straftatbeständen schränkt die Freiheit mit absoluter Sicherheit ein, denn auf der Seite des Rechts betrachten wir die Absicht des Gesetzes, nicht seine Wirkung; wir ignorieren die Möglichkeit von Gesetzesverstößen und die Realitäten einer partiellen Rechtsdurchsetzung. Wenn es jedoch um mögliche Vorteile für das öffentliche Interesse (Gesundheit) geht, ist die Zuverlässigkeit von Prognosen über die relativen sozialen Auswirkungen eines strafrechtlichen Verbots oder einer Entkriminalisierung von Bedeutung. Ein nicht durchsetzbares Verbot würde beispielsweise keine Vorteile für die öffentliche Gesundheit mit sich bringen, sondern nur zu einer sinnlosen Kriminalisierung führen. Die Berücksichtigung von Risiken und Unsicherheiten schwächt die Argumente für ein Verbot tendenziell ab und schränkt das Ermessen des Gesetzgebers ein.

Die Berücksichtigung von Risiken und Zweifeln ist die Pflicht eines jeden rationalen Akteurs, wenn es darum geht, die Wahrnehmung konkurrierender Güter zu optimieren. Aus diesem Grund ist die Verlässlichkeit ein Bestandteil der Gewichtsformel. Das bedeutet lediglich, dass selbst spekulative Gewinne für das öffentliche Interesse ausreichen konnen, um notwendige Einschränkungen von Rechten zu rechtfertigen, solange diese Gewinne erheblich und wahrscheinlich genug sind. Die Diskussion über die epistemische Unsicherheit im *Postscript* hat daher keine zusätzlichen Auswirkungen auf den Umfang des gesetzgeberischen Ermessens. Sie geht einfach im strukturellen Spielraum auf, und wie bereits festgestellt, bricht der strukturelle Spielraum selbst unter dem Optimierungsdruck der Verhältnismäßigkeit zusammen. Geändert hat sich lediglich, dass das optimale Gleichgewicht aller Prinzipien nun auch die Unsicherheit mit einbezieht.

Wir müssen feststellen, dass es *Alexy* weder in der ursprünglichen *Theorie der Grundrechte* noch im Postskriptum gelungen ist, eine Theorie des Ermessens im Rahmen der Verhältnismäßigkeit aufzustellen. Im Gegenteil blieb die Verhältnismäßigkeit eine materielle Rechtslehre, die es den Richtern ermöglichte, jeden öffentlichen Akt für rechtswidrig zu erklären, der nicht alle relevanten Verfassungsprinzipien optimal ausbalancierte.

Dies bildet den Hintergrund für drei neuere Versuche, die epistemische Unsicherheit mit dem Ermessen des Gesetzgebers in Verbindung zu bringen: das epistemische Modell, das Kombinationsmodell und das Modell der bevorzugten Zuständigkeit. Das ‚epistemische Modell' ist der Name, den *Robert Alexy* seiner jüngsten Darstellung gegeben hat.[36] Der Name ist nicht ideal, da alle drei Modelle den Versuch betreffen, den epistemischen Spielraum zu verstehen. Er ist auch in mehrfacher Hinsicht problematisch.

V. Das „epistemische Modell" des gesetzgeberischen Ermessens

Alexy weist darauf hin, dass das Gericht im Cannabis-Urteil akzeptiert hat, dass zwei alternative empirische Annahmen beide plausibel sind: die Annahme, dass der Konsum von Cannabis ein hohes Risiko für die öffentliche Gesundheit darstellt, und die Annahme, dass er nur ein geringes Risiko birgt. Wir wissen nicht, welche dieser Alternativen richtig ist. Wenn man die Annahme eines „hohen Risikos" akzeptiert, wird die unvermeidliche Einschränkung der persönlichen Freiheit durch den Gewinn für die öffentliche Gesundheit mindestens gleichwertig ausgeglichen. Der Gesetzgeber kann sich daher für ein Verbot von Cannabisprodukten entscheiden. Akzeptiert man die Annahme eines „geringen Risikos", ist die Einschränkung der persönlichen Freiheit nicht durch den geringen Gewinn für die öffentliche Gesundheit gerechtfertigt. Dies war die Ansicht der abweichenden Stimme am Gericht, die das Verbot für verfassungswidrig erklärt hätte. Doch anstatt einfach zu behaupten, dass das Risiko tatsächlich hoch sei, konzentrierte sich die Mehrheit auf die Vertretbarkeit beider Ansichten und ließ dem Gesetzgeber auf dieser Grundlage eine Wahl.

Allerdings lassen die Gerichte dem Gesetzgeber angesichts der empirischen Unsicherheit nicht immer eine Wahl. Es scheint davon abzuhängen, wie schwer der Eingriff in die entsprechenden Rechte ist. Dies führt uns zurück zu einer grundlegenden Einsicht des *Postscript*: Je schwerer ein Eingriff in ein Grundrecht wiegt, desto größer muss die Gewissheit der den Eingriff tragenden Prämissen sein.[37] *Alexy* drückt dies nun in der Behauptung aus, dass materielle Prinzipien sowohl eine epistemische als auch eine materielle Optimierung erfordern. Mit anderen Worten, wenn Rechte eingeschränkt werden, muss nicht

---

[36] Ebd., S. 511.

[37] *Alexy*, Postscript (Fn. 20), S. 419; *Alexy*, Verfassungsrecht und einfaches Recht (Fn. 18), S. 28.

nur die Verwirklichung der konkurrierenden Prinzipien bedeutend genug sein, um die Einschränkung zu rechtfertigen (materielle Optimierung), sondern auch die Verlässlichkeit der Prämissen, die der Einschränkung zugrunde liegen, muss im Verhältnis zu ihrer Schwere stehen (epistemische Optimierung). Dieses Erfordernis der erkenntnistheoretischen Optimierung verortet er dann auf einer Metaebene, wo es mit dem formalen Prinzip der Demokratie in Konflikt gerät. Dieses Gleichgewicht zwischen materiell-formellen Prinzipien auf der Metaebene bestimmt, welchen Zuverlässigkeitswert das Gericht in die Gewichtsformel einfügt. Da der Eingriff in die Freiheit im Fall Cannabis als moderat eingestuft wurde, hatte der Gesetzgeber einen gewissen Spielraum, seine Entscheidung auf lediglich plausible Prämissen zu stützen. Die Ansicht, dass die Gefahren einer Entkriminalisierung hoch waren, war zumindest plausibel, und so war dies der Wert, den das Gericht bei der Beurteilung der Wichtigkeit der Beibehaltung des Verbots zugrunde legte. Eine mittlere Auswirkung auf die Rechte steht einem plausiblen Risiko einer hohen Auswirkung auf die öffentliche Gesundheit gegenüber, so dass die Pattsituation zu einem Ermessen des Gesetzgebers führt.

Die soeben angebotene Darstellung ist zumindest zum Teil eine Rekonstruktion, da *Alexy* eine Reihe anderer Behauptungen aufstellt, die im Widerspruch zu ihr stehen oder aus anderen Gründen problematisch sind. An mehreren Stellen suggeriert er, dass die Abwägung zweiter Ordnung darüber entscheidet, ob die Zuverlässigkeitsvariable in der Gewichtsformel überhaupt vorhanden ist.[38] Es stimmt natürlich, dass sich der Wert des Zuverlässigkeitsfaktors ändert und dass sich Zuverlässigkeitsfaktoren gegenseitig aufheben können, doch die Zuverlässigkeit muss immer als Variable vorhanden sein. Jeder rationale Entscheidungsträger berücksichtigt Ungewissheit und Risiko, auch wenn es in einem bestimmten Fall keines gibt.

Alexy erörtert auch den epistemischen Grad der Gewissheit in Bezug auf Verletzungen von Grundrechten und nicht auf Beschränkungen des öffentlichen Interesses. Er argumentiert, dass das formale Prinzip (zugunsten des Gesetzgebers) zurücktritt, wenn der epistemische Grad „sicher" ist, aber Vorrang hat, wenn er „plausibel" oder „nicht offensichtlich falsch" ist.[39] Dies überrascht, da das Problem des epistemischen Niveaus in der Regel nicht die Verletzung von Rechten betrifft, zumindest nicht von negativen Rechten. Ob ein Gesetz die Freiheit einschränkt, ist fast immer völlig sicher; die wichtigsten Variablen auf der Seite des Rechts sind sein abstraktes Gewicht und die Intensität des Eingriffs. Wäre das Ausmaß eines Rechtseingriffs ungewiss, bräuchte der Gesetzgeber natürlich nur ein weniger bedeutendes Ziel des öffentlichen Interesses, um ihn zu rechtfertigen, und da öffentliche Interessen Optimie-

---

[38] *Alexy*, Formal Principles (Fn. 32), S. 520, 521, 524.
[39] Ebd.

rungserlaubnisse sind, wäre das Ermessen des Gesetzgebers erhöht worden. Aber diese Zunahme ist einfach eine Funktion des strukturellen Zwecksetzungsspielraums, wobei die Ungewissheit den Grenzfall einer strukturellen „Pattsituation" verschiebt.

Der Artikel schließt mit der Erörterung des Ermessens, das sich aus einer „epistemischen Pattsituation" ergibt.[40] Dies impliziert, dass sowohl die Prognosen „hohe Gefahr" als auch „nur geringe Gefahr" gleichermaßen plausibel sind, und dass allein diese Tatsache das Gericht dazu veranlasst, alternative Werte für die Zuverlässigkeitsvariable zu akzeptieren. Dies verkennt jedoch den bereits erwähnten Punkt, dass in einigen Fällen einer epistemischen Pattsituation der Gesetzgeber die Wahl hat und in anderen Fällen das Gericht entscheidet, je nach der Schwere des Rechtseingriffs.

Es gibt noch grundsätzlichere Schwierigkeiten. Die Einführung der Metaebene zu den vorgeschlagenen Begriffen ist überflüssig. Im Fall Cannabis hat sich die Mehrheit für die empirische Unsicherheit entschieden und die Ansicht, dass die Gefahr hoch sei, als ‚plausibel' eingestuft. Dies bedarf keiner Betrachtung auf der Metaebene. Eine mäßig mögliche, aber hohe Gefahr für die öffentliche Gesundheit gleicht eine völlig sichere, aber nur mäßige Einschränkung von Rechten aus. Dies ist die einstufige Rekonstruktion des Cannabis-Urteils, die ursprünglich im *Postscript* angeboten wurde, und sie eignet sich hervorragend, um den Fall zu erklären. Die Diskussion des Gerichts über das Ermessen des Gesetzgebers ist streng genommen irrelevant: Der Gesetzgeber behauptete, es bestehe zumindest ein plausibles Risiko einer schwerwiegenden Auswirkung auf die öffentliche Gesundheit, und die Mehrheit des Gerichts stimmte dem zu. Wäre eine schwerwiegende Auswirkung auf die öffentliche Gesundheit sicher gewesen, hätte dies die Entscheidung lediglich erleichtert.

Alexy ist überzeugt, dass die Bedingungen der beiden Abwägungsgesetze identisch sind.

> „It is of the utmost systematic significance that the protases of the two laws of balancing are identical. Both refer to the weight of the interference with the constitutional right as defined by the combination of the intensity of interference and the abstract weight, or, more exactly, by the product of I_i and W_i. This shows that the constitutional rights principle in issue presents the Archimedean point of balancing"[41].

Doch die Gewichtsformel ist bereits der archimedische Punkt, nach dem *Alexy* sucht. Sie drückt die Kombination beider Abwägungsgesetze vollständig aus und macht jede Metaebene überflüssig.

---

[40] Ebd., S. 523–524.

[41] Ebd., S. 522.

VI. Zwei Alternativmodelle

Die Bedenken gegen Alexys Rekonstruktion veranlassen *Martin Borowski*, stattdessen ein Kombinationsmodell vorzuschlagen.[42] Dieses ist deutlich unkomplizierter. Borowski weist auf den wichtigen Punkt hin, dass es einen Unterschied zwischen den Rollen der Legislative und der Judikative bei der Bestimmung des Inhalts des Gesetzes gibt. Die Richter überprüfen die Entscheidungen des Gesetzgebers nur auf ihre Verfassungsmäßigkeit; sie ersetzen nicht ihr eigenes Urteil. Dies veranlasst *Borowski*, die Gewichtsformel durch ein einziges formelles Prinzip, den ‚Gewichtsjoker' (P_f), zugunsten der Position des Gesetzgebers zu ergänzen. Dies markiert einen klaren Unterschied zwischen der normalen Gewichtsformel, die jeder rationale Entscheidungsträger, einschließlich des Gesetzgebers, annehmen würde, und der Rolle des Gerichts, das diese erste Entscheidung überprüfen, nicht aber ersetzen soll.

Der Gewichtungsjoker ist eine multifaktorielle Variable und bündelt somit eine Reihe von Erwägungen, die das Gericht veranlassen, dem Gesetzgeber zu folgen. Eine wichtige Überlegung ist der Grad der Sicherheit der zugrundeliegenden Prämissen: Je mehr Sicherheit gegeben ist, desto weniger Grund gibt es, dem Urteil des Gesetzgebers zu folgen, und desto kleiner ist der formelle Gewichtsjoker. Formelle Erwägungen können natürlich in beide Richtungen weisen. Die Schwere einer Einschränkung von Rechten verringert tendenziell das Ermessen des Gesetzgebers; die Ungewissheit der empirischen Voraussetzungen erhöht es tendenziell. Das Gewicht dieses Faktors könnte gleich Null sein, was bedeutet, dass die Tatsache, dass die primäre Entscheidung in der Art und Weise und von dem Gremium getroffen wurde, das sie getroffen hat, irrelevant ist. Es gäbe kein Ermessen, und die gerichtliche Überprüfung wäre eine Überprüfung auf Richtigkeit. Ist die formelle Variable jedoch größer als Null, wird sie zu einer Seite der Gewichtsformel addiert, wodurch eine Entscheidung in die vom Gesetzgeber bevorzugte Richtung gekippt (doch nicht vollständig bestimmt) wird. *Borowski* verwendet diese Konstruktion, um das bekannte Phänomen zu erklären, dass Gerichte dem Gesetzgeber eine begrenzte Auswahl an Optionen zugestehen.

Borowskis Kombinationsmodell erweckt den Eindruck, ein einstufiges Modell zu sein, doch dieser Eindruck täuscht. Für die Berechnung des zusammengesetzten formalen Prinzips P_f müssen mehrere Faktoren miteinander in Beziehung gesetzt werden. Das Ergebnis dieses Prozesses wird dann in die Gewichtsformel übertragen. Das ist ein zweistufiger Prozess. Zweistufige Modelle haben den klaren Vorteil, dass sie die Rolle des Gerichts in Bezug auf die Frage

[42] *M. Borowski*, Limited Review in Balancing Constitutional Rights, in: J.-R. Sieckmann (Hrsg.), Proportionality, Balancing and Rights, 2021, S. 135–163.

der Substanz klären. Diese Rolle kann von der vollen Übernahme des Problems als Rechtsfrage bis zur völligen Ablehnung der Zuständigkeit reichen.

Diese Konstruktion trägt auch dazu bei, das auf den ersten Blick paradoxe Problem der epistemischen Unsicherheit zu lösen. Einerseits scheint ein hohes Maß an epistemischer Unsicherheit den Ermessensspielraum des Gesetzgebers zu erweitern. Wenn das Gericht mit Sicherheit wüsste, wie sich die Entkriminalisierung von Cannabis auswirken würde, könnte es die Ausgewogenheit der Prinzipien selbst ausarbeiten. Auf der anderen Seite verringert ein hohes Maß an epistemischer Unsicherheit den Gesamtnutzen des Verbots für die öffentliche Gesundheit, da wir den potenziellen Nutzen um die geringere Wahrscheinlichkeit seiner Verwirklichung verringern müssen. *Borowskis* zweistufiger Prozess verdeutlicht, dass die epistemische Unsicherheit den Spielraum für das Ermessen des Gesetzgebers vergrößert, die inhaltliche Vertretbarkeit von Beschränkungen jedoch verringert.

Das Hauptproblem bei *Borowskis* Vorschlag ist, dass er immer noch mit *Alexys* Einwänden gegen seinen eigenen ursprünglichen Vorschlag zu kollidieren scheint: Jede Ergänzung der Gewichtsformel birgt die Gefahr, dass das Gericht ausdrücklich unverhältnismäßige Handlungen legitimiert. Das Ermessen muss so eingebaut werden, dass es die Gewichtsformel nicht stört.

Dies veranlasst *Matthias Klatt* dazu, eine Lösung vorzuschlagen, die man als eine der bevorzugten Kompetenzen bezeichnen könnte.[43] *Klatt* ist der Meinung, dass formelle und materielle Prinzipien strikt voneinander getrennt werden sollten. Formelle Prinzipien sind Kompetenzen, und das Problem der Intensität der richterlichen Kontrolle ist letztlich ein Problem konkurrierender Kompetenzen. Die richterliche Kontrolle findet in der Abwägung zwischen der Kompetenz des Gesetzgebers (Gesetze zu erlassen) und der Kompetenz des Gerichts (Fälle zu entscheiden) statt. Das Gleichgewicht zugunsten der einen oder der anderen Seite hängt von mehreren verschiedenen Faktoren ab, von denen einige in die eine, andere in die andere Richtung weisen. Zu den Faktoren gehören Merkmale des Falles wie die verfahrensrechtliche Qualität der ursprünglichen Entscheidung, die epistemische Zuverlässigkeit der Entscheidung, ihre demokratische Legitimität, die auf dem Spiel stehenden materiellen Prinzipien und die spezifische Funktion der verschiedenen an der Entscheidung beteiligten Institutionen. Aus dem Gleichgewicht all dieser Faktoren ergeben sich drei verschiedene Intensitäten der Überprüfung: eine leichte Intensität, bei der nur offensichtliche Fehler kontrolliert werden, eine mittlere Intensität, bei der die Grundlagen der Entscheidung und ihre allgemeine Wirksamkeit überprüft werden, und eine schwere Intensität, bei der die Richtigkeit überprüft wird. Dieses Gleichgewicht sollte nicht auf einer systemweiten Basis

---

[43] *M. Klatt*, Positive rights: Who decides? Judicial review in balance, in: *I*CON* 13.2 (2015), S. 354–382.

beantwortet werden – es ist ja nicht so, als ob verschiedene Verfassungen eine allgemeine Intensität der Überprüfung annehmen – sondern auf einer Einzelfallbasis. Auch wenn dies in seinen Ausführungen nicht ganz klar wird, zeigt seine Erörterung des Falles der Asylbewerberleistungen, dass dieser Ansatz auf der Ebene der Teilfälle, Element für Element, angewendet werden muss. In Bezug auf die tatsächliche Höhe der Sozialleistungen nimmt das Gericht nur eine leichte Überprüfung vor, doch in Bezug auf die Verfahren und Methoden, die zur Berechnung dieser Höhe verwendet werden, nimmt das Gericht eine intensivere Überprüfung vor. *Klatt* zeigt, dass diese Differenzierung angesichts der unterschiedlichen Faktoren, die die Entscheidungskompetenz beeinflussen, rational ist.

Klatts Modell ist sehr anschaulich und eignet sich dazu, viele Merkmale der gerichtlichen Praxis in Bezug auf die Verhältnismäßigkeit zu erklären. Es kann auch auf Probleme der Rechtsprechung auf mehreren Ebenen im Kontext der globalen Konstitutionalisierung angewendet werden.[44] Zwei Elemente bedürfen jedoch weiterer Klärung. Wenn es sich bei den Faktoren um Komponenten handelt, die das relative Gewicht von zwei konkurrierenden formellen Prinzipien bestimmen, scheint es, dass sie (in Bezug auf jeden Aspekt eines jeden Falles) zu einer Bevorzugung des Gesetzgebers, einer Bevorzugung des Gerichts oder zu einer Pattsituation führen. Dies würde bedeuten, dass in Bezug auf jeden Aspekt entweder der Gesetzgeber oder das Gericht entscheidet, oder es keine Antwort darauf gibt, wer entscheidet. Und doch scheint *Klatt* der Meinung zu sein, dass es stattdessen zu verschiedenen Ebenen der Überprüfung kommt: leichte Intensität, schwere Intensität oder mittlere Intensität. Hier gibt es eine logische Lücke. Es mag zwar akzeptabel sein, „schwere Intensität der Überprüfung" mit „das Gericht hat die Kompetenz zu entscheiden" zu verwechseln, aber die Kompetenz des Gesetzgebers entspricht sicherlich nicht „nur leichte Überprüfung offensichtlicher Fehler". Es ist auch nicht offensichtlich, dass eine Pattsituation der Kompetenzen zu einer mäßigen Überprüfung führen sollte. Vielmehr bleiben wir damit einfach auf der Strecke. Irgendjemand muss entscheiden. *Klatt* erklärt nicht den Zusammenhang zwischen den Faktoren, die für eine Bevorzugung der Kompetenz eines Organs sprechen, und den verschiedenen Ebenen der Überprüfung.

Das zweite klärungsbedürftige Element ist die Beziehung zwischen den verschiedenen bevorzugten Kompetenzen und der materiellen Gewichtsformel. Es ist eine Notwendigkeit der diskursiven Rechtspraxis, dass Richter offiziell die spezifischen Urteile des positiven Rechts aufrechterhalten, was bedeutet, dass

---

[44] *M. Klatt*, Balancing Competences: How institutional competences can manage jurisdictional conflict, in: Global Constitutionalism 4.2 (2015), S. 195–226. Für ein ähnliches Argument, s. *J. Rivers*, Proportionality and discretion in international and European law, in: N. Tsagourias (Hrsg.), Transnational Constitutionalism: International and European Perspectives, 2007.

sie den verschiedenen Elementen der Gewichtsformel keine Werte geben können, die nicht zum „richtigen" (gesetzlich vorgeschriebenen) Ergebnis führen. Wie fließt die Diskussion über die relative Kompetenz, die auf einer Metaebene stattfindet, in die Werte ein, die den verschiedenen Variablen der Gewichtsformel zugewiesen werden? Im nächsten Abschnitt sollen diese Fragen beantwortet werden.

VII. Das Modell der begrenzten Kompetenzen

Das Problem des Ermessensspielraums der Legislative oder Exekutive im Rahmen der Verhältnismäßigkeit besteht darin, dass das Gericht vermeiden muss, den Anschein zu erwecken, dass eine Entscheidung unverhältnismäßig ist und dann über die Bestätigung der Befugnis einer anderen politischen Institution, unverhältnismäßige Entscheidungen zu treffen, einen Rückzieher zu machen. Diese Notwendigkeit des gerichtlichen Diskurses deutet bereits darauf hin, dass jede Anpassung der Struktur der Gewichtsformel inakzeptabel ist. Die Formel ist schlicht und einfach ein Ausdruck der Verpflichtung eines jeden rationalen Akteurs, der Entscheidungen trifft, die konkurrierende Güter betreffen. Das Gericht scheint vor der Qual der Wahl zu stehen: Entweder es hält sich an die Gewichtsformel, was zu bedeuten scheint, dass es eine Überprüfung der Richtigkeit vornimmt, oder es verzerrt sie auf eine zwangsläufig suboptimale Weise, um der Legislative oder der Exekutive entgegenzukommen.

Die Wahl ist jedoch nicht so eindeutig. Es ist wichtig, sich daran zu erinnern, dass das Gericht bei der gerichtlichen Überprüfung nicht daran interessiert ist, ob die Entscheidung einer anderen öffentlichen Einrichtung richtig ist, sondern ob sie falsch ist. Es ist von äußerster Wichtigkeit, dass das Gericht nach Rechtswidrigkeit oder Unverhältnismäßigkeit sucht. Dies gilt im Prinzip für jede Variable in der Gewichtsformel. Die Rolle des Gerichts bei der Abwägung der materiellen Prinzipien besteht darin, der Kompetenz anderer politischer Institutionen, die Werte der Variablen in der Gewichtsformel zu bestimmen, Grenzen zu setzen. Das Gericht muss zunächst feststellen, welche Werte der primäre Entscheidungsträger den Variablen zugewiesen hat, die zur Begründung der ursprünglichen Entscheidung geführt haben. Diese ursprüngliche Zuschreibung von Werten könnte auch nur implizit erfolgen und muss möglicherweise rekonstruiert werden. Das Gericht prüft dann, ob sich die Zuschreibung von Werten innerhalb akzeptabler Grenzen bewegt. Trotz aller Schwierigkeiten ist die grundlegende Intuition, die *Alexy* in seiner jüngsten Schrift über formale Prinzipien zum Ausdruck bringt, richtig. Die Frage, mit der das Gericht konfrontiert wird, lautet nicht: „Was ist der richtige Wert dieser Variablen?", sondern: „Ist der vom primären Entscheidungsträger ausgedrückte oder vorausgesetzte Wert aus rechtlicher Sicht akzeptabel?". Durch die Anpassung des akzeptablen Wertebereichs in der Gewichtsformel kann der Verhältnismäßigkeit eine Sensibilität verliehen werden, die ihr ansonsten zu fehlen scheint. Dies kann als das Modell der begrenzten Kompetenzen bezeichnet werden.

In Fällen mit hoher Prüfungsintensität sind die Grenzen der Kompetenz des Hauptentscheidungsträgers eng gesteckt: Alle Alternativen zur einzigen richtigen Bewertung sind falsch. Bei einer Überprüfung mit geringer Intensität ist die Entscheidung nur bei offensichtlichen Fehlern oder einem schwerwiegenden Ungleichgewicht rechtswidrig, so dass der Bandbreite möglicher Werte weite Grenzen gesetzt sind. Die Frage hängt von der Art der Variable und den formalen Prinzipien ab, die bestimmen, wer ihren Wert am besten bestimmen kann. So wird beispielsweise dem Gesetzgeber in der Regel eine viel größere Rolle bei der Bestimmung des abstrakten Gewichts eines sozialen und wirtschaftlichen Ziels wie ‚Vollbeschäftigung' zugestanden als einem Grundrecht wie dem Recht auf ein faires Verfahren. Die politische Legitimität, die der Gesetzgeber der erstgenannten Maßnahme verleiht, legt nahe, dass die Richter sich bei der Feststellung ihrer Rechtswidrigkeit zurückhalten sollten. Die rechtssystematische Bedeutung des letztgenannten Ziels und die richterliche Sachkenntnis bei seiner Konkretisierung bedeuten, dass der Gesetzgeber in viel engeren Grenzen handelt.[45] Dieser Grad an Nuancierung lässt sich nicht in einer einzigen zusätzlichen Gewichtung erfassen, die auf die eine oder andere Seite der Formel angewandt werden kann, und schon gar nicht in einer binären Entscheidung zwischen der Ablehnung oder der Durchführung einer Überprüfung. Sie betrifft jede Phase der Verhältnismäßigkeitsanalyse und jede der acht Variablen der Gewichtsformel.

Im Zusammenhang mit der Lösung der epistemischen Unsicherheit schlägt *Alexy* vor, dass die Suche nach einer „epistemischen Optimierung" erfolgt.[46] Diese Idee funktioniert besonders gut in Fällen empirischer Unsicherheit. Wenn die Frage nach der Bedeutung einer gesetzgeberischen Maßnahme von komplexen sozialen Tatsachen und Vorhersagen abhängt, sind sich die Richter bewusst, dass sie die Antwort nicht kennen, und stehen daher vor der Frage, wie sie am besten die richtige Antwort finden können. Dies lenkt ihre Aufmerksamkeit auf die Rolle der Regierungsexperten oder der parlamentarischen Ausschüsse. Die Ungewissheit löst eine Suche nach der zuverlässigsten Wissensquelle aus. In Ermangelung einer unabhängigen gerichtlichen Forschungseinheit, die in der Lage ist, bessere Informationen zu liefern, ist dies der richtige Ort für eine Theorie der richterlichen Zurückhaltung.[47]

---

[45] *J. Rivers*, Proportionality and Variable Intensity of Review, in: Cambridge Law Journal 65 (2006), S. 174–207.

[46] *Alexy*, Formal Principles (Fn. 32), S. 511–524, 519.

[47] *P. Yowell*, Constitutional Rights and Constitutional Design: Moral and Empirical Reasoning in Judicial Review, 2018.

Doch die Pflicht zur epistemischen Optimierung gilt unabhängig von jeglicher Unsicherheit. Die Frage des Zweifels ist ein Ablenkungsmanöver. Wenn es zutrifft, dass die erkenntnistheoretische Optimierung in gewissem Maße erfordert, dass die Richter anderen politischen Institutionen ein gewisses Ermessen in Bezug auf verfassungsrechtliche Anforderungen zugestehen, dann gilt diese formale Verpflichtung unabhängig davon, ob sie der Meinung sind, dass es irgendwelche Zweifel in Bezug auf die Anforderungen der Verfassung gibt oder nicht. In diesem Sinne ist jede gerichtliche Überprüfung eine Überprüfung auf rechtliche Richtigkeit. Die Bestimmung dessen, was als rechtlich richtig gilt, liegt jedoch in der gemeinsamen Verantwortung der Institutionen. Die Einführung eines Schwellenwerts für die richterliche „Unsicherheit" birgt die Gefahr, dass selbstbewusste Richter keine angemessene Zurückhaltung üben. Die einzige Aufgabe, der sich ein Richter nicht entziehen kann – in der Tat ist es eine Pflicht, der sich alle Bürger stellen müssen – ist die Aufgabe, festzustellen, wer die Kompetenz hat, Recht zu setzen. Angesichts der Vielzahl miteinander verbundener Institutionen in einer modernen globalisierten Verfassung ist dies keineswegs eine einfache Aufgabe. Was versucht werden muss, ist, eine weitreichende Konvergenz über eine Reihe begrenzter Kompetenzen mehrerer rechtlicher Akteure zu erreichen, die die Prozesse der Rechtsetzung und Rechtsdurchsetzung im Interesse der Gerechtigkeit optimieren. Dies erfordert eine Haltung des kooperativen Konstitutionalismus.

VIII. Fazit

Die Frage der institutionellen Optimierung bleibt unter liberal-demokratischen Verfassungen offen. Das hier vorgeschlagene Modell der Proportionalität mit begrenzten Kompetenzen trägt dieser Vielfalt Rechnung, da es die Verhältnismäßigkeit für grundlegende Meinungsverschiedenheiten über den angemessenen Platz der Justiz in der Verfassung offen macht. Es kann erklären, warum die ausgeprägten institutionellen und gerichtlichen Vorteile eines Verfassungsgerichts in einem System die Annahme intensiverer Formen der Überprüfung rechtfertigen und warum der relative Mangel an Ressourcen und die politische Unterordnung der Richter in einem anderen System zu weniger intensiven Formen der Überprüfung, wie der „Unreasonableness", führt.

Alles, was *Alexys* Verfassungstheorie benötigt, um dieser Vielfalt Rechnung zu tragen, ist die Ergänzung der Gewichtsformel durch die Erkenntnis, dass Gerichte nur dann direkt die Verhältnismäßigkeit anwenden, wenn sie ihre eigenen Befugnisse ausüben, wie bei der Verurteilung oder der Gewährung von Rechtsmitteln. Im Rahmen der gerichtlichen Überprüfung versuchen sie stattdessen stets, Fehler in den Entscheidungen anderer öffentlicher Stellen festzustellen. Es mag sein, dass es in mancher Hinsicht nur eine einzige nicht fehlerhafte Möglichkeit gibt. Doch in vielen Fällen erkennen die Richter, dass sie an einem breiteren politischen, rechtlichen und öffentlichen Diskurs über den richtigen Inhalt des Rechts teilnehmen. Sie tun gut daran, den Sachverstand und die Legitimität anderer Institutionen anzuerkennen, indem sie die Urteile anderer in ihre Entscheidungen darüber einbeziehen, was rechtlich als verhältnismäßig gelten soll. Ihren eigenen Beitrag leisten sie darüber hinaus, indem sie angemessene Grenzen für diese Urteile setzen. Was „angemessen" ist, hängt von vielen Faktoren ab und ist eine Frage, auf die Verfassungen und Rechtssysteme liberaler Demokratien noch keine eindeutige Antwort gefunden haben.

Die schweizerische Rezeption der Grundrechtstheorie Robert Alexys

*Axel Tschentscher**

I. Einleitung

Die Grundthese dieses Beitrags ist, dass es in der Schweiz inzwischen eine *implizite Rezeption* der Grundrechtstheorie *Robert Alexys* gibt. Das ist keinesfalls selbstverständlich, denn für die Verfassungsstaaten der Welt ist das Rezeptionsbedürfnis unterschiedlich stark ausgeprägt. So fällt *Alexys* Theorie in lateinamerikanischen Ländern, allen voran Kolumbien, offenbar auf besonders fruchtbaren Boden. Die Schweiz gehört nicht zum Kreis der solchermaßen rezeptionsfreudigen Länder. Gerade im öffentlichen Recht gibt es sehr alte und eigenständige Traditionslinien, etwa bei der Rechtsweggarantie oder den objektiv-rechtlichen Grundrechtsgarantien, die terminologisch und inhaltlich den Abstand zur deutschen Lehre und Rechtsprechung wahren. Die Suche nach den Rezeptionspfaden der Grundrechtstheorie *Robert Alexys* in der Schweiz hat ihren besonderen Reiz darin, dass sie einem Detektivspiel gleicht. Generell wird Literatur in der Schweiz weniger liebevoll und gründlich zitiert als in Deutschland. Es geht darum regelmäßig um die Aufdeckung einer *verdeckten* Rezeption, bei der die Wirkkraft der Theorie mehr erahnt als belegt wird.

Bevor diesen Zusammenhängen durch eine Analyse von Literatur (II.) und Rechtsprechung (III.) sowie einen Blick auf die institutionellen Besonderheiten in der Schweiz (IV.) nachgegangen wird, sei zunächst gefragt, was eigentlich die Charakteristika der Alexyschen Grundrechtstheorie sind – gewissermaßen ihre Essenz, die sich für eine Analyse einsetzen lässt. Hier hat *Alexy* in jüngerer Zeit treffend mit dem Pentagon der idealen Dimension („Ideal Dimension Pentagon“) gearbeitet (Abb. 1), bei dem der Richtigkeitsanspruch des Rechts auf fünf zentrale Thesen der Rechtstheorie ausstrahlt.[1]

Unter den vielfältigen Beziehungen, die dadurch sichtbar gemacht werden, sind im Folgenden nur drei bedeutsam (Abb. 2): Die Grundrechte sind mit der

---

* Für Recherchen zu diesem Beitrag danke ich Adina Keller, MLaw, Rechtsanwältin.

[1] *Robert Alexy*, The Ideal Dimension of Law, in: G. Duke/R. P. George (Hrsg.), The Cambridge Companion to Natural Law Jurisprudence, 2017, S. 314 ff. (329 f.).

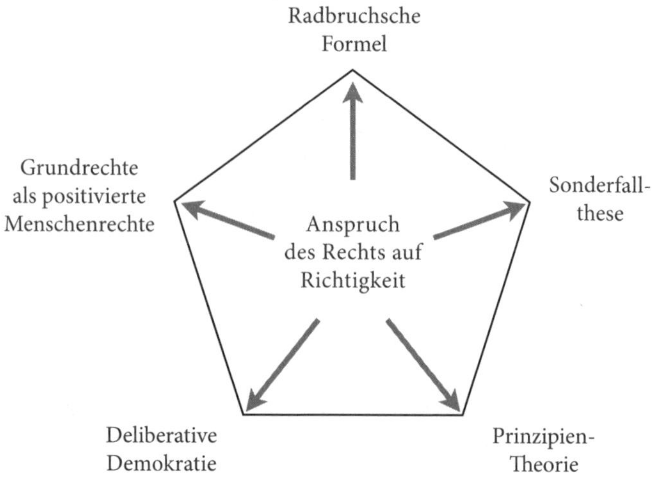

Abb. 1: Pentagon der idealen Dimension („Ideal Dimension Pentagon")

Prinzipientheorie verbunden, die ihrerseits notwendig auf eine zentrale Stellung des Verhältnismäßigkeitsprinzips und in diesem der Abwägungsprozedur verweist. Die Abwägung ist dabei kein beliebiges Fiat von Gerichten, sondern Ausdruck einer Rationalität verbürgenden Prozedur, worin sich die These bestätigt, dass der juristische Diskurs einen Sonderfall des allgemeinen praktischen Diskurses bildet.

Die einzelnen Elemente als solche sind keine Besonderheit der Alexyschen Theorie, sondern gehören zum heute unbestrittenen Kanon des Grundrechtsdenkens: Die Vorpositivität der Menschenrechte (*John Locke*), der Effekt der Positivierung durch Verfassungsrecht, das Kriterium der Verhältnismäßigkeit und die Prozedur des Abwägens (*Balancing*) sind ansatzweise – wenn auch mit unterschiedlichem Gewicht – in praktisch allen Verfassungsstaaten der Welt anerkannt. Das Besondere an *Alexys* Grundrechtstheorie liegt darin, dass Grundrechte, Abwägung und praktische Rationalität durch die Prinzipientheorie in einen Zusammenhang gestellt werden, bei dem sich das Eine aus dem Anderen notwendig ergibt. Weil Grundrechte als Positivierung von Menschenrechten einen Prinzipiencharakter haben, führt die Grundrechtsanwendung notwendig zu einer Abwägung und damit, wiederum notwendig, zu einer zentralen Stellung des Verhältnismäßigkeitsprinzips. Besonders bei mehrpoligen Grundrechtsverhältnissen, bei denen mindestens zwei gegenläufige Grundrechte aufeinandertreffen, führt deren Prinzipiencharakter notwendigerweise zu einer Abwägung, die man in der Schweiz wie in Deutschland als „praktische Konkordanz" bezeichnet. Letztlich indiziert also die Verknüpfung der allgemein bekannten Praxiselemente mit dem Theorieelement „Prinzipiencharakter" eine Rezeption von *Alexys* Grundrechtstheorie. Das gilt besonders,

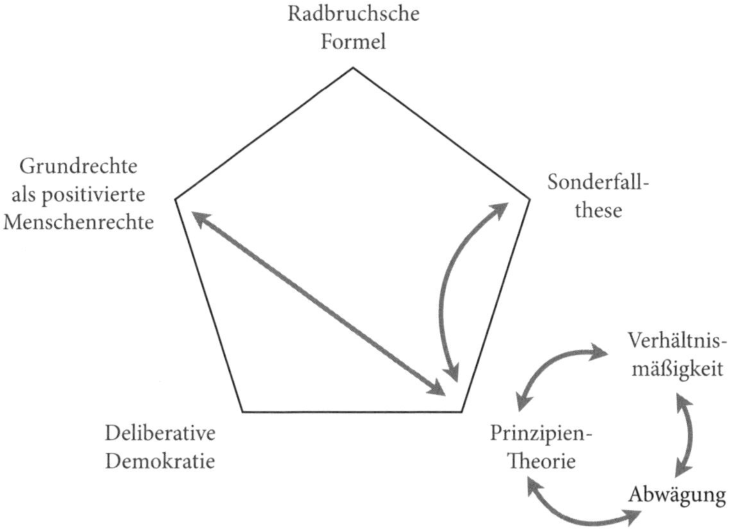

Abb. 2: Pentagon der idealen Dimension
unter Hervorhebung der für den Beitrag relevanten Beziehungen

wenn Details der Prinzipientheorie (Optimierungsgebot, graduelle Verwirklichung, ideales oder prima-facie-Sollen, Abwägungsgesetz, Spielraumtheorie, Außentheorie) zusätzlich erwähnt werden. Dem sei zunächst für die verschiedenen Literaturgattungen nachgegangen.

II. Die Literatur: Rezeption oder Nicht-Rezeption?

1. Vereinzelte Beispiele für erkennbare Theorierezeption

Die pragmatische und dadurch manchmal theorieferne Grundhaltung der schweizerischen Jurisprudenz macht es nicht eben leicht, die Rezeptionspfade der Grundrechtstheorie aufzudecken. Gleichwohl gibt es deutliche Anhaltspunkte, dass *Alexys* Theorie jedenfalls in jüngster Zeit an Bekanntheit gewinnt.

So findet sich im einzigen deutschsprachigen Lehrbuch, das ganz den allgemeinen Grundrechtslehren in der Schweiz gewidmet ist, folgende Passage:

„Grundrechte sind meist als *Prinzipien*, nicht als Regeln […] rechtlich gewährleistet. Prinzipien sind Normen, die einen Grundsatz beinhalten, der im Rahmen der staatlichen Tätigkeit möglichst weitgehend zu verwirklichen ist […]. Weil Prinzipien in möglichst hohem Mass realisiert werden müssen, stellen sie *Optimierungsgebote* dar […]. Im Unterschied zu Regeln, die entweder erfüllt oder nicht erfüllt werden *(strikte Verwirklichung)*, geht es bei den Prinzipien um ein Mehr oder Weniger an Verwirklichung *(gra-*

duelle Verwirklichung). Eine strikte Verwirklichung ist bei Prinzipien schon deswegen nicht möglich, weil verschiedene Prinzipien der Rechtsordnung in einem Spannungsverhältnis stehen können [...], sodass das Ausmass der Verwirklichung jedes einzelnen Prinzips in jeder Situation durch Abwägung neu bestimmt werden muss [...].“[2]

Und zu Regeln heißt es im Grundlagenteil dieses Buches:

„Sie [die Regeln] setzen eine bestimmte Möglichkeit unter mehreren fest und lassen bei ihrer Anwendung wenig Gestaltungsspielraum. Der wesentliche Unterschied zwischen Prinzipien und Regeln ist demnach, dass [...] Regeln eine bestimmte Möglichkeit festlegen, die keine (oder wenig) Abwägung zulässt [...].“[3]

Einige Kapitel weiter findet sich außerdem der Zusammenhang zwischen Abwägung und Verhältnismäßigkeit vertieft.[4]

Obwohl *Alexys* „Theorie der Grundrechte“ und *Borowskis* „Grundrechte als Prinzipien“ im Buch nur als „weiterführende Literatur“ erwähnt sind, klingen diese Zitate doch so, als hätten die Kolleginnen aus Fribourg hier das dritte Kapitel der „Theorie der Grundrechte“ für Studienanfänger paraphrasiert.[5] Sicher: Details zum Abwägungsgesetz oder zur Spielraumtheorie fehlen. Die sind in einem Lehrbuch für Studienanfänger aber auch nicht zu erwarten. Es bleibt bei dem Befund, dass hier für die allgemeinen Grundrechtslehren an zentraler Stelle auf die Prinzipientheorie zurückgegriffen wird.

Es wäre allerdings falsch, aus diesem Beispiel zu schließen, dass die schweizerische Lehre generell offen für eine Rezeption der Prinzipientheorie ist. Die Grundrechtstheorie von *Robert Alexy* ist in der Schweiz wenig bekannt und spielt in der Rechtsprechung der Gerichte eine geringere Rolle als in Deutschland. Dieser Befund wird dadurch bestätigt, dass sich wortgewaltige Gegner der Theorie zwar in Deutschland finden,[6] nicht aber in der Schweiz.

2. *Kommentierungen zur Bundesverfassung*

Schaut man sich zunächst die aktuelle Literatur an, dann findet sich beispielsweise in den Kommentaren zur Bundesverfassung kaum ein Anhaltspunkt,

---

[2] *E. M. Belser/B. Waldmann*, Grundrechte I: Allgemeine Grundrechtslehren, 2. Aufl., 2021, Kapitel 1, Rn. 4 (Hervorhebungen im Original, Auslassung der Beispiele).

[3] *Belser/Waldmann*, Allgemeine Grundrechtslehren (Fn. 2), Kapitel 1, Rn. 5.

[4] Ebd., Kapitel 7, Rn. 46 f.

[5] *R. Alexy*, Theorie der Grundrechte, 1986, 3. Kapitel: Die Struktur der Grundrechtsnormen, S. 71 ff.

[6] Beispielsweise *R. Poscher*, Grundrechte als Abwehrrechte. Reflexive Regelung rechtlich geordneter Freiheit, 2003, insbesondere S. 75 f., 81 f.; *M. Jestaedt*, Die Abwägungslehre – ihre Stärken und ihre Schwächen, in: FS Josef Isensee, 2007, S. 253 ff. (269 f.); *W. Cremer*, Praktische Konkordanz als grundrechtliche Kollisionsauflösungsregel – Einebnung gesetzgeberischer Entscheidungsspielräume, in: Festschrift für Hans D. Jarass, 2015, S. 175 ff. (180 f.), alle m. w. N.

dass die Prinzipientheorie verwendet würde oder auch nur in Details bekannt wäre.

So erwähnt *Biaggini* in seinen Ausführungen zur allgemeinen Grundrechtslehre weder den Prinzipiencharakter von Grundrechtsnormen, noch den Begriff des Optimierungsgebots.[7] In der von *Schweizer* im St. Galler Kommentar bearbeiteten allgemeinen Grundrechtslehre findet sich *Alexy* zwar beiläufig erwähnt,[8] aber die mit dem Namen verbundene Grundrechtstheorie wird nirgends behandelt.[9] Im ersten französischsprachigen Kommentar zur neuen Bundesverfassung schreibt *Mahon* in den Vorbemerkungen ebenfalls nichts über den Prinzipiencharakter der Grundrechte.[10] Und der gerade erschienene, ansonsten sehr detaillierte Commentaire Romand führt zwar *Alexy* und *Dworkin* im Literaturverzeichnis zum Menschenwürdeartikel auf, in der Kommentierung selbst berücksichtigt *Dubey* sie aber nicht.[11] Einzig in der Einleitung zum Basler Kommentar fordert *Belser* die Unterscheidung zwischen Normen mit Regelcharakter von solchen mit Prinzipiencharakter, ohne das dort aber näher auszuführen.[12]

3. *Lehrbücher zu Grundrechten*

In den Lehrbüchern zu Grundrechten – abgesehen von dem eben zitierten Werk aus Fribourg – wird die Prinzipientheorie bisher nicht ausdrücklich erwähnt.

Das umfangreiche Werk von *Jörg Paul Müller* verzichtet bis in die jüngste, von *Schefer* verfasste Neuauflage ganz auf eine Analyse der grundrechtlichen Normstruktur.[13] Auch *Kiener, Kälin und Wyttenbach* erwähnen in der aktuellen

---

[7] *G. Biaggini*, Bundesverfassung der Schweizerischen Eidgenossenschaft, 2. Aufl., 2017, Vorbem. Art. 7–36, Rn. 4 ff.

[8] *R. J. Schweizer*, in: St. Galler Kommentar, 3. Aufl., Band 1: Art. 1–80, 2014, Vorbemerkungen zu Art. 7–36: Einleitung zu den Grund- und Menschenrechten, Rn. 34; dort mit der Aussage, dass bei objektiv-rechtlicher Geltung eines Grundrechts der subjektive Anspruch vermutet werden könne, zitiert aus: *R. Alexy*, Die Institutionalisierung der Menschenrechte, in: S. Gosepath/G. Lohmann (Hrsg.), Philosophie der Menschenrechte, 2. Aufl. 1999, S. 244 ff. (254 ff.).

[9] Auch nicht bei der Verhältnismässigkeit: *R. J. Schweizer*, in: St. Galler Kommentar (Fn. 8), Art. 36, Rn. 37 ff.

[10] *P. Mahon*, in: J.-F. Aubert/P. Mahon, Petit Commentaire de la Constitution fédérale de la Confédération Suisse du 18 avril 1999, u. a. 2003, Chapitre premier: Droits fondamentaux. Remarques liminaires, Rn. 1 ff.

[11] *J. Dubey*, in: V. Martenet/J. Dubey (Hrsg.), Constitution fédérale. Volume I: Préambule – art. 80 Cst., 2021, Art. 7, S. 279 ff.

[12] *E. M. Belser*, in: B. Waldmann u. a. (Hrsg.), Basler Kommtar. Bundeserfassung, 2015, Einleitung, Rn. 68.

[13] *J. P. Müller/M. Schefer*, Grundrechte in der Schweiz. Im Rahmen der Bundesverfassung, der EMRK und der UNO-Pakte, 4. Aufl., 2008.

dritten Auflage ihres Grundrechtslehrbuchs an keiner Stelle den Prinzipiencharakter von Grundrechtsnormen.[14] In *Rhinows* Werk zur neuen Bundesverfassung findet sich zwar etwas zur Normstruktur der Grundrechte, doch unterscheidet der Autor ohne ausdrücklichen Rekurs auf die Prinzipientheorie und in enger Anlehnung an den Wortlaut der Bundesverfassung lediglich zwischen Normen mit konkreten Ansprüchen, anderen mit allgemeinen „Gewährleistungen“ und schließlich solchen mit gemischtem Inhalt.[15] Dass hier tatsächlich und fast versteckt Alexys Prinzipientheorie der Grundrechte rezipiert wird, ohne das Wort „Prinzip“ zu benutzen, merkt man erst, wenn man ergänzend das weitere Lehrbuch von *Rhinow, Schefer* und *Uebersax* heranzieht. Dort ist zu derselben Differenzierung nämlich ausdrücklich auf die „Theorie der Grundrechte“ verwiesen.[16]

„Die Bundesverfassung verankert die Grundrechte einerseits als vage umschriebene Grundsätze, andererseits als relativ präzise formuliert Regeln (dazu – im Anschluss an Ronald Dworkin – näher Robert Alexy, Theorie der Grundrechte, 3. Aufl. Frankfurt a. M. 1996). Diese beiden – in reiner Form nicht existenten – Normtypen zeigen sich im Verfassungstext etwa folgendermassen: […]“.[17]

In der französischsprachigen Schweiz fehlt im Grundrechtsband des Lehrbuchs von *Auer, Malinverni und Hottelier* unter den Charakteristika der Grundrechtsnormen jeder Hinweis auf deren Prinzipiencharakter.[18] Auch im zweiten französischsprachigen Lehrbuch von *Mahon* sind die Grundrechte als Prinzipien kein Thema.[19]

Bei den übrigen Lehrbüchern dürfte schon der geringere Umfang ein Grund dafür sein, dass auf die Details des Normcharakters von Grundrechten nicht eingegangen wird.[20] Das gilt erst recht, wenn die Bücher sich auf das Staats-

---

[14] Vgl. *R. Kiener/W. Kälin/J. Wyttenbach*, Grundrechte, 3. Aufl., 2018, § 9 Rn. 144, wo lediglich die praktische Konkordanz bei Grundrechtskollisionen erwähnt wird.

[15] *R. Rhinow*, Die Bundesverfassung 2000. Eine Einführung, 2000, S. 103.

[16] *R. Rhinow/M. Schefer/P. Uebersax*, Schweizerisches Verfassungsrecht, 3. Aufl., 2016, Rn. 1085.

[17] *Rhinow/Schefer/Uebersax*, Schweizerisches Verfassungsrecht (Fn. 16), Rn. 1126.

[18] *A. Auer/G. Malinverni/M. Hottelier*, Droit constitutionnel suisse, Volume II: Les droits fondamentaux, 2. Aufl., 2006, Rn. 6 ff.; auch hier wird nur auf die praktische Konkordanz hingewiesen: Rn. 265.

[19] *P. Mahon*, Droit constitutionnel, Volume II: Droits fondamentaux, 3. Aufl., 2015, S. 2 ff.

[20] So *A. Tschentscher/A. Lienhard/F. Sprecher*, Öffentliches Recht. Verfassungsrecht, Verwaltungsrecht und öffentliches Verfahrensrecht, 2. Aufl., 2019, Rn. 98 ff.; *E. Grisel*, Droits fondamentaux, Libertés idéales, 2008, S. 11 f.; *T. Jaag/L. Bucher/R. Häggi Furrer*, Staatsrecht in der Schweiz, 2. Aufl., 2016, S. 11 ff.; *V. Marantelli-Sonanini*, Einführung in das öffentliche Recht. Staatsrechtliche Grundlagen, Grundrechte, Staatsrechtliche Beschwerde, Band 1, Bern 2004, S. 59 ff.; *W. Haller*, The Swiss Constitution, 2009, Rn. 342 ff.; *P. Egli*, Introduction to Swiss Constitutional Law, 2. Aufl., 2020, S. 109 ff.

organisationsrecht konzentrieren und die Grundrechte eher nebenbei behandeln.[21]

4. *Handbücher zum schweizerischen Staatsrecht*

Schaut man sodann in die zur Schweiz erschienenen Handbücher des Staatsrechts, so stößt man auch hier durchweg auf Schweigen. In den allgemein eher theorieabstinenten Handbuchbeiträgen ist für den Prinzipiencharakter der Grundrechte offenbar kein Platz. Von *Jörg Paul Müller* werden sie beispielsweise weder in den allgemeinen Bemerkungen zu den Grundrechten[22] noch bei Funktionen und Zielsetzung der Grundrechte[23] erwähnt. Im neuesten Handbuch zum Verfassungsrecht der Schweiz spielt der Prinzipiencharakter im Kapitel von *Kiener* zu den Grundrechten keine Rolle.[24] Auch wenn *Hottelier* im Beitrag zu den Grundrechtskollisionen die „Harmonisierung der Rechtsgüter" einfordert,[25] hätte ein Hinweis auf den Prinzipiencharakter nahe gelegen, ist aber nicht enthalten.

5. *Monografien und Artikel*

In Monografien schließlich, insbesondere Habilitationsschriften, und in einzelnen Artikeln finden sich ausdrückliche Hinweise auf die Prinzipientheorie der Grundrechte. So verweist *Egli* in ihrer Habilitationsschrift auf *Alexys* Definition der Prinzipien,[26] *Oesch* greift in seiner Habilitation für die Herstellung praktischer Konkordanz auf *Alexy* zurück[27] und *Reich* charakterisiert in seiner Dissertation[28] die Wirtschaftsfreiheit als Prinzip.

---

[21] *P. Tschannen*, Staatsrecht der schweizerischen Eidgenossenschaft, 5. Aufl., 2021, Rn. 261 ff. (370); *U. Häfelin/W. Haller/H. Keller/D. Thurnherr*, Schweizerisches Staatsrecht, 10. Aufl., 2020, Rn. 205 ff. (319); *W. Haller/A. Kölz/T. Gächter*, Allgemeines Staatsrecht, 6. Aufl., 2020, S. 355 ff.; *G. Biaggini/T. Gächter/R. Kiener*, Staatsrecht, 3. Aufl., 2021, § 30, S. 160.

[22] *J. P. Müller*, Allgemeine Bemerkungen zu den Grundrechten, in: D. Thürer u. a. (Hrsg.), Verfassungsrecht der Schweiz, 2001, § 39, S. 621 ff.

[23] *J. P. Müller*, Geschichtliche Grundlagen, Zielsetzung und Funktionen der Grundrechte, in: D. Merten/H.-J. Papier (Hrsg.), Handbuch der Grundrechte in Deutschland und Europa, Band VII/2: Grundrechte in der Schweiz und Liechtenstein, 2007, § 202, S. 3 ff.

[24] *R. Kiener*, Grundrechte in der Bundesverfassung, in: O. Diggelmann/M. Hertig Randall/B. Schindler (Hrsg.), Verfassungsrecht der Schweiz, Band II: Rechtsstaatlichkeit, Grund- und Menschenrechte, u. a. 2020, S. 1193 ff. Rn. 7 ff.

[25] *M. Hottelier*, Grundrechtskonkurrenzen und Grundrechtskollisionen, in: D. Merten/H. J. Papier, Band VII/2 (Fn. 23), § 207, S. 121 ff., Rn. 44.

[26] *P. Egli*, Die Bundestreue. Eine rechtsvergleichende Untersuchung, 2010, Rn. 469.

[27] *M. Oesch*, Differenzierung und Typisierung. Zur Dogmatik der Rechtsgleichheit in der Rechtsetzung, 2008, S. 199 ff. (Prinzipiencharakter von Freiheitsrechten), dort Fn. 675 (Alexys Idee der Optimierungsgebote).

[28] *J. Reich*, Grundsatz der Wirtschaftsfreiheit. Evolution und Dogmatik von Art. 94 Abs. 1

Nicht spezifisch für *Alexys* Theorie, sondern einfach als genereller Hinweis auf die Arbeit von *Esser*, *Dworkin* und *Alexy*, sind die Zitate, die über einen knappen terminologischen Hinweis nicht hinausgehen, etwa in *Richlis* Monografie zum Verfassungsrecht der Wirtschaftspolitik[29] und in *Wiederkehrs* Arbeit[30] zur Fairness als Verfassungsgrundsatz.

Andere Publikationen konzentrieren sich auf die Entwicklung *allgemeiner* Rechtsprinzipien aus zivilrechtlicher,[31] steuerrechtlicher,[32] europarechtlicher,[33] verfahrensrechtlicher[34] oder methodischer Sicht,[35] ohne spezifisch auf den Prinzipiencharakter von Grundrechten einzugehen.

Einzelne Aufsätze und Festschriftenbeiträge sind zwar der Prinzipientheorie im öffentlichen Recht gewidmet, finden damit aber im Mainstream der Literatur bisher keine weite Resonanz: So hat *Engi* einen Beitrag zum Prinzipienbegriff im öffentlichen Recht verfasst[36] und *Morand* schreibt in einem Festschriftenbeitrag über die Gewichtung von Verfassungswerten mit direkter Bezugnahme auf *Alexys* Prinzipientheorie.[37] Sehr breit figuriert *Alexys* Prinzipientheorie sodann in der Habilitationsschrift von *Stöckli*, die allerdings noch nicht veröffentlicht ist.[38]

---

und 4 der Bundesverfassung der Schweizerischen Eidgenossenschaft vom 18. April 1999, 2011, Rn. 844.

[29] *P. Richli*, Zur Leitung der Wirtschaftspolitik durch Verfassungsgrundsätze und zum Verhältnis zwischen Wirtschaftspolitik und Handels- und Gewerbefreiheit, 1983, S. 101 ff.

[30] *R. Wiederkehr*, Fairness als Verfassungsgrundsatz, 2006, S. 133 ff.

[31] *V. Duss*, Gericht, Gesetz und Grundsatz. Entstehung und Funktion von Prinzipien des Rechts in der Rechtsprechung des Schweizerischen Bundesgerichts vor und nach Einführung der zivilrechtlichen Kodifikationen (OR und ZBG), 2009, S. 7 ff.

[32] *L. Cavelti*, Steuerrechtsprinzipien im Spannungsfeld zwischen Rechtspositivismus und Prinzipientheorie, ZSR 2018/1, S. 551 ff., 570 ff.; *M. Reich*, Von der normativen Leistungsfähigkeit der verfassungsrechtlichen Steuererhebungsprinzipien, in: E. Höhn/K. A. Vallender (Hrsg.), Festschrift für Francis Cagianut, 1990, S. 110 f.

[33] *A. Zysset/J. Rochel*, The Notion and Functions of Principles in European and International Law, Between Authority and Morality: Identifying Two Legitimatory Roles of Legal Principles, in: S. Besson/P. Pichonnaz, Les principes en droit européen/Principles in European Law, 2011, S. 85 ff.

[34] *I. Meier/R. Ottomann*, Prinzipiennormen und Verfahrensmaximen, 1993, S. 52 ff.

[35] *E. Zeller*, Treu und Glauben und Rechtsmissbrauchsverbot, Prinzipiengehalt und Konkretisierung von Art. 2 ZGB, 1981, §§ 1–5; *E. A. Kramer*, Juristische Methodenlehre, 6. Aufl., 2019, S. 291 ff.

[36] *L. Engi*, Zum Prinzipienbegriff im öffentlichen Recht, ZBl 118 (2017), S. 59 ff.

[37] *C.-A. Morand*, Vers une méthodologie de la pesée des valeurs constitutionnelles, in: De la constitution: Etudes en l'honneur de Jean-François Aubert, 1996, S. 57 ff., 65.

[38] *A. Stöckli*, Die Glaubens- und Gewissensfreiheit der Schweizerischen Bundesverfassung. Unter Berücksichtigung der historischen, philosophischen und völkerrechtlichen Grundlagen, 4. Kap., § 1 zu den grundrechtsdogmatischen Grundlagen; zitiert nach dem Manuskript.

Diese relativ seltenen und versteckten Hinweise ändern nichts am grundsätzlichen Befund, dass die Grundrechtstheorie *Robert Alexys* in der schweizerischen Literatur bisher nur sporadisch ausdrücklich angesprochen worden ist.

III. Die Rechtsprechung: später Siegeszug der Verhältnismäßigkeitsprüfung

1. Keine explizite Rezeption

Bei der Rechtsprechung ist es oberflächlich betrachtet ähnlich, wird doch der Name *Alexy* durch das Bundesgericht nicht erwähnt. Insofern teilt der Autor allerdings das Schicksal aller anderen ausländischen Autoren, denn das Bundesgericht beschränkt sich bei seinen Literaturzitaten regelmäßig auf die schweizerische Literatur. Auch inhaltlich werden die Schlüsselbegriffe der Prinzipientheorie wie „Optimierungsgebot" und „Abwägungsgesetz" nicht verwendet. Selbst von „Grundrechtstheorie" oder „Außentheorie" spricht das Gericht, soweit ersichtlich, in seiner Rechtsprechung bisher nicht.

Damit ist die Spurensuche nach der Theorierezeption wiederum auf Indizien angewiesen.

2. Implizite Rezeption der Prinzipientheorie

Eine implizite Rezeption der Prinzipientheorie dürfte in der außentheoretisch weiten Konstruktion grundrechtlicher Schutzbereiche und, damit verbunden, im Siegeszug der Verhältnismäßigkeitsprüfung enthalten sein. In der Grundrechtsjudikatur der Schweiz hat die Verhältnismäßigkeit zwar spät, aber unaufhaltsam Einzug gehalten.

Ursprünglich geht es dem Gericht dabei allerdings um die Verhältnismäßigkeit im Polizeirecht. So wird im Jahr 1970 betont, dass die Pressefreiheit wie jede Freiheit ihre Grenzen habe, bei der Beschränkung aber die Verhältnismäßigkeit einzuhalten sei, sodass jeweils das mildeste Mittel herangezogen werden müsse.[39] Mit diesem Argument wurde verboten, für das Verteilen von Flugblättern eine Bewilligungspflicht einzuführen,[40] wohingegen die Bewilligungspflicht für Demonstrationen vom Bundesgericht bestätigt wurde.[41] Für polizeiliche, insbesondere gewerbepolizeiliche Beschränkungen findet sich der Grundsatz der Verhältnismäßigkeit schon seit 1954 in der Rechtsprechung.[42]

---

39 BGE 96 I 586 E. 4a S. 589 – Aleinick.

40 BGE 96 I 586 E. 4c S. 590 f. – Aleinick.

41 BGE 96 I 219 E. 7 S. 228 ff. – Nöthinger.

42 BGE 80 I 13 E. 4 S. 16 – Prüfung von medizinischem Hilfspersonal; 80 I 350 E. 2 S. 353 – Spielautomaten Willimann; 91 I 321 E. 2 S. 323 – Spielautomaten Süess.

Vermischt mit dem polizeirechtlichen Störer- und Gefahrbegriff[43] nimmt er dabei allerdings noch keine grundrechtstypische Funktion ein. In dieser Frühphase geht es zudem oft nur um die Geeignetheit und Erforderlichkeit,[44] nicht aber um eine detaillierte Abwägung für die Verhältnismäßigkeit im engeren Sinn.

Die Verhältnismäßigkeit als Teil der Grundrechtsprüfung hat sich erst nach und nach entwickelt. Seit der Totalrevision der Bundesverfassung von 1999 gelten inzwischen sogar zwei zentrale Anordnungen der Verhältnismäßigkeit: eine allgemeine bei den Grundsätzen rechtsstaatlichen Handelns (Art. 5 Abs. 2 BV) und eine spezielle für die Beschränkung von Grundrechten (Art. 36 Abs. 3 BV).[45] Diese ausdrücklichen Bestimmungen führen gleichzeitig dazu, dass ein Rekurs auf die Prinzipientheorie als grundrechtstheoretisches Fundament weitgehend entbehrlich wird.

3. *Praktische Konkordanz*

Der vielleicht stärkste Anhaltspunkt für eine Annäherung der schweizerischen Rechtsprechung an die Prinzipientheorie sind die Ausführungen zur praktischen Konkordanz bei Grundrechtskollisionen. Hier wird in der Schweiz nicht nur *Hesse* erwähnt, sondern auch *Bäumlin*, der im Wechselspiel der beiden Smend-Schüler dieses Konzept mit entwickelt hat.[46]

Die Bezeichnung ist dabei – was in der Schweiz gern betont wird – zeitlich zuerst bei *Bäumlin* zu verorten. Er hatte bereits 1961 darauf hingewiesen, dass das Verfassungsrecht offen sei für nebeneinander stehende Teilantworten, die in fortwährender Konkretisierung zu „praktischer Konkordanz“ zu bringen seien.[47] Wirklich prominent sind Lösungsansatz und Bezeichnung dann durch die spätere Aufnahme in das Lehrbuch von *Hesse* geworden. Wenn dieser schreibt, die kollidierenden Güter dürften nicht – „eines auf Kosten des anderen realisiert werden [, sondern] *beiden* Gütern müssen Grenzen gezogen

---

[43] BGE 85 I 225 E. 2 S. 233 – Einstellplätze für Motorfahrzeuge.

[44] BGE 89 I 188 E. 3 S. 199 – Zonenabgrenzung Bolligen: „Eignung“; BGE 90 I 334 E. 3c S. 343 – Sempachersee: „Notwendigkeit“; BGE 98 Ia 56 E. 3 S. 59 – Anwaltskommission Zürich: „zur Erfüllung des […] gewerbepolizeilichen Zweckes notwendig“; BGE 102 Ia 243 E. 5c S. 250 – Denkmalschutz Basel-Stadt: „zur Erreichung des Schutzzweckes erforderlich“.

[45] Art. 5 Abs. 2 BV: „Staatliches Handeln muss im öffentlichen Interesse liegen und verhältnismässig sein.“ Art. 36 Abs. 3 BV: „Einschränkungen von Grundrechten müssen verhältnismässig sein.“

[46] *A. Kley*, Geschichte des öffentlichen Rechts der Schweiz, 2011, S. 214, 447f.; *Häfelin/Haller/Keller/Thurnherr*, Schweizerisches Bundesstaatsrecht (Fn. 21), Rn. 319.

[47] *R. Bäumlin*, Staat, Recht und Geschichte, Eine Studie zum Wesen des geschichtlichen Rechts, entwickelt an Grundproblemen von Verfassung und Verwaltung, 1961, S. 30.

werden, damit beide zu optimaler Wirksamkeit gelangen können"[48] – dann klingt darin bereits das Abwägungsgesetz aus der Prinzipientheorie an.

In der Schweiz wird die praktische Konkordanz als „möglichst schonender Ausgleich" sowohl in der Literatur[49] als auch in der Rechtsprechung[50] eingefordert und ist als notwendige Folge der Grundrechtskollision sogar implizit in der Bundesverfassung enthalten.[51] Obwohl dieser Ausgleich eigentlich den Prinzipiencharakter der beteiligten Grundrechtsnormen impliziert, wird der Zusammenhang nicht aufgedeckt. Dasselbe gilt, wenn bei der praktischen Konkordanz die „optimale Wirksamkeit" der beiden konfligierenden Grundrechte eingefordert wird.[52]

4. Verankerung in der neuen Bundesverfassung

Die Abwägung zwischen kollidierenden Grundrechten ist in der neuen Bundesverfassung sogar textlich verankert. Unter den allgemeinen Erfordernissen für Grundrechtsbeschränkungen ist nämlich auch der „Schutz von Grundrechten Dritter" als öffentliches Interesse im weiteren Sinne erwähnt (Art. 36 Abs. 2 BV). Für die damit gemeinten Grundrechtskollisionen spricht das Bundesgericht davon, dass eine „optimale Grundrechtsgewährung und -koordination" gefunden werden müsse.[53] Durch eine entsprechende Güterabwägung werden dann beispielsweise Einschränkungen der Gerichtsberichterstattung zum Schutz der Persönlichkeitsrechte von Parteien gerechtfertigt.[54] Oder die Durchsuchung von Stadionbesuchern wird mit dem Schutz aller anderen Besucher begründet.[55]

Für die Fallgruppe der Grundrechtskollisionen gilt generell: Je mehr Lebensbereiche durch weit verstandene grundrechtliche Schutzbereiche erfasst werden, desto eher kollidiert der Schutz der Grundrechte des Einen mit den Grundrechten eines Anderen, und desto eher wird der Prinzipiencharakter der Grundrechte betont.

---

48 *K. Hesse*, Grundzüge des Verfassungsrechts der Bundesrepublik Deutschland, 20. Aufl., 1999, S. 28 (Hervorhebung bei Hesse).

49 Etwa bei *Rhinow/Schefer/Uebersax*, Schweizerische Verfassungsrecht (Fn. 16), Rn. 1126.

50 BGE 140 I 201 E. 6.7 S. 212 f. – Studentenverbindung, Ausschluss von Frauen; BGE 129 I 173 E. 5.1 S. 181 – Bestimmung des Bestattungsortes; BGE 126 III 129 E. 8a S. 149 – Parallelimporte im Patentrecht.

51 Art. 36 Abs. 2 BV: „Einschränkungen von Grundrechten müssen durch ein öffentliches Interesse oder *durch den Schutz von Grundrechten Dritter gerechtfertigt* sein." (Hervorhebung hinzugefügt, A. T.).

52 *Rhinow/Schefer/Uebersax*, Schweizerische Verfassungsrecht (Fn. 16), Rn. 1126; *Häfelin/Haller/Keller/Thurnherr*, Schweizerisches Bundesstaatsrecht (Fn. 21), Rn. 319.

53 BGE 128 I 327 E. 4.3.2 S. 344 – Sicherheitspolizeiliche Befugnisse Kanton.

54 BGE 137 I 209 E. 4.9 S. 215 – Ausschluss des Gerichtsberichterstatters.

55 BGE 140 I 2 E. 10.5.2 S. 215 – Durchsuchung von Stadionbesuchern.

Hierbei gibt es allerdings eine Rezeptionshürde, die eine Übertragung der deutschen Grundrechtsjudikatur auf die schweizerischen Verhältnisse verhindert: Das Fehlen einer allgemeinen Handlungsfreiheit.

IV. Rezeptionsgrenzen durch institutionelle Besonderheiten

Schaut man sich die institutionellen Besonderheiten der Schweiz mit Blick auf die Prinzipientheorie an, dann sind es einmal nicht die direktdemokratischen Elemente, die den entscheidenden Unterschied bilden. Es geht vielmehr um die andersartige Systematik des Grundrechtsschutzes:

1. Keine konzentrierte Normenkontrolle

Das fängt damit an, dass in der Schweiz kein Verfassungsgericht mit konzentrierter Normenkontrolle besteht, sondern alle Rechtsanwendungsinstanzen – Gerichte jeder Stufe wie auch Verwaltungsbehörden – in eigener Hoheit prüfen, ob die anzuwendenden Rechtsnormen grundrechtskonform sind. Die große Strahlkraft, wie sie eine Entscheidung des deutschen Bundesverfassungsgerichts erreichen kann, ist in dieser Diffusität des Grundrechtsschutzes von vornherein gemindert.

2. Keine umfassende Verfassungsgerichtsbarkeit

Entscheidend geschwächt wird die diffuse Verfassungsgerichtsbarkeit sodann durch das Verbot, formelle Bundesgesetze für unanwendbar zu erklären (Art. 190 BV). Die effektive Normenkontrolle ist unter dieser Bedingung nur unvollständig möglich, nämlich gegenüber Verordnungsrecht des Bundes und gegenüber Gesetzen der Kantone. In den wichtigen Bereichen der formellen Bundesgesetzgebung dürfen die Gerichte die Grundrechtswidrigkeit von Normen hingegen nur feststellen, ohne dass das unmittelbare Konsequenzen hätte. Es bleibt danach Sache des Bundesgesetzgebers, die grundrechtswidrigen Gesetzesnormen im ordentlichen Verfahren abzuändern.

3. Keine allgemeine Handlungsfreiheit

Die größte Besonderheit des Grundrechtsschutzes in der Schweiz liegt schließlich darin, dass keine allgemeine Handlungsfreiheit anerkannt ist. In der Schweiz gilt, was *Grimm* einst im Minderheitenvotum zur Reiten-im-Walde-Entscheidung des Bundesverfassungsgerichts gefordert hatte: Der Grundrechtsschutz beschränkt sich auf eine „Zone von Freiheitsbetätigungen, die

[…] für die Persönlichkeitsentfaltung […] von erheblicher Bedeutung sind."[56] Das schweizerische Bundesgericht spricht insoweit von „elementaren Erscheinungen der Persönlichkeitsentfaltung".[57] Zu denen gehört beispielsweise das Nacktwandern in den Bergen nicht.[58] Viele andere Freiheiten der Alltagsgestaltung – nicht nur das Reiten im Walde oder das Taubenfüttern auf dem Marktplatz – fallen so aus dem Grundrechtsschutz heraus: Das Bootfahren auf dem See, die Benutzung von Geldspielautomaten in Restaurants und Bars, das Parken von Autos in der Innenstadt. In vielen anderen Fällen bleibt umstritten, ob die Schwelle zum Grundrechtsschutz schon erreicht ist, etwa beim Konsum von Zigaretten und Cannabis oder beim Maskentragen in Läden und Zügen. Fälle, die schwierige Grundrechtsfragen auslösen, etwa die Frage des paternalistischen Schutzes durch Gurt- und Helmpflicht, gelangen in der Schweiz schon deshalb nicht zur Prüfung, weil sie bloß kleine Belästigungen im alltäglichen Handeln bilden. Es wäre darum schwierig, vor Gericht zu argumentieren, dass das Autofahren ohne Sicherheitsgurt oder das Motorradfahren ohne Helm zu den elementaren Erscheinungen der Persönlichkeitsentfaltung zählt. Der Grundrechtsschutz ist in solchen Fällen erst eröffnet, wenn die Handlung ausnahmsweise in den Schutzbereich eines anderen Grundrechts fällt, was beispielsweise beim religiösen Kopfbedeckungsgebot für Sikhs vom Bundesgericht verneint wurde.[59]

Die allgemeine Handlungsfreiheit erlangt auch nicht auf dem Umweg über das Rechtsstaatsprinzip verfassungsrechtlichen Schutz, obwohl Art. 5 Abs. 2 BV dies anzudeuten scheint.[60] Schon seit den 70er Jahren hatte das Bundesgericht unter der alten Bundesverfassung, die nur punktuelle Grundrechtsgarantien enthielt, darauf bestanden, dass man einen Verstoß gegen die Verhältnismäßigkeit nicht selbständig rügen kann, sondern nur, wenn man sich mit seinem Handeln im Schutzbereich eines Grundrechts befindet.[61] Obgleich das Verhältnismäßigkeitsprinzip in der neuen Bundesverfassung zusätzlich als allgemeiner Grundsatz rechtsstaatlichen Handelns definiert ist, weigert sich das Bundesgericht, die Verhältnismäßigkeitsprüfung effektiv in allen Bereichen staatlichen Handelns durchzusetzen. Es handle sich zwar um ein verfassungsmäßiges Prinzip, nicht aber um ein verfassungsmäßiges Recht.[62]

---

56 BVerfGE 80, 137 (164 ff., 166) – Reiten im Walde, Minderheitsvotum Grimm.

57 BGE 127 I 6 E. 5a S. 11 – Basler Zwangsmedikation m. w. N.; aus jüngerer Zeit auch BGE 138 I 331 E. 5.1 S. 337 – Datenerfassung für Sozialhilfe.

58 BGE 138 IV 13 E. 7.1 S. 26 – Nacktwandern in Appenzell Ausserrhoden.

59 BGE 119 IV 216 E. 3 b/bb S. 264 f. – Helmpflicht für Sikhs.

60 Art. 5 Abs. 2 BV: „Staatliches Handeln muss […] verhältnismässig sein".

61 BGE 98 Ia 362 E. 6 S. 369 – Geldsammeln in Universitätsräumen; BGE 102 Ia 69 E. 2 S. 71 – Rückwirkende Stromanschlussgebühren; BGE 123 I 1 E. 10 S. 11 – Lehrerbesoldung.

62 BGE 123 I 1 E. 10 S. 11 – Lehrerbesoldung.

V. Schluss

Zusammenfassend sind es viele kleine Faktoren, die in der Schweiz die Rezeption der Grundrechtstheorie *Robert Alexys* erschweren: Längst nicht alle staatlichen Regulierungen betreffen grundrechtliche Schutzbereiche. Entsprechend seltener sind die Situationen, in denen eine Abwägung zwischen kollidierenden Grundrechten vorzunehmen ist. Selbst wenn eine Grundrechtsprüfung stattfindet und ein Gesetz als verfassungswidrig gerügt wird, hat diese Feststellung bei den formellen Bundesgesetzen keine unmittelbaren Konsequenzen.

Dazu kommen „weiche" Faktoren wie der ausgeprägte Pragmatismus der Schweiz und die generelle Skepsis gegenüber einer starken Richterschaft. In Rechtsprechung und Lehre wird auf systematische und theoretisch fundierte Antworten gern verzichtet, solange die Praxis mit befriedigenden Ergebnissen aufwarten kann. Mit anderen Worten: Die Schweiz ist nicht eben der fruchtbarste Boden für eine Theorie der Grundrechte.

Trotzdem lässt sich in den letzten Jahren eine stärker werdende implizite Rezeption der Prinzipientheorie beobachten. Vermittelt zunächst durch einzelne Habilitationen und Dissertationen, dringt dieser Teil der theoretischen Reflexion inzwischen auch bis zu den Grundrechtslehrbüchern vor. Die Praxis der Rechtsprechung hat mit dem früh anerkannten Mechanismus der praktischen Konkordanz eigentlich schon immer, wenn auch gewissermaßen „unbewusst", einen Anknüpfungspunkt zur Prinzipientheorie gehabt. Durch die ausdrückliche Anordnung der Verhältnismäßigkeitsprüfung an gleich zwei zentralen Stellen der totalrevidierten Bundesverfassung hat sich die Rezeption seit deren Inkraftsetzung im Jahr 2000 noch einmal beschleunigt. Es ist allgemein anerkannt, dass die zentrale Entscheidungskraft der Verhältnismäßigkeitsprüfung in der Abwägungsprozedur liegt. Vom bewussten Umgang mit der Abwägung bis zur Anerkennung des Prinzipiencharakters der Grundrechte ist es dann nur noch ein kleiner Schritt.

Verhältnismäßigkeit und das Problem regulatorischer Subventionen

*Mark Tushnet**

Meine Diskussion behandelt nur einen Aspekt des immens bedeutsamen Werks von Professor Alexy, wobei ich hoffe, dass dieses scheinbar enge Thema weiterreichende Implikationen für die Theorie des Verfassungsrechts haben kann. Um eine abstrakte Vorschau zu bieten: Man sollte zwischen Verfassungsdogmatik der ersten, zweiten und dritten Ordnung trennen.[1]

Dogmatik der ersten Ordnung führt uns zur besten Auflösung konkreter verfassungsrechtlicher Kontroversen, indem sie die sozialen und individuellen Interessen erkennt, die in der Kontroverse eine Rolle spielen und dabei verfassungsrechtlich irrelevante Interessen von solchen trennt, denen ein besonderes Gewicht zukommt. Zwei verkürzte Beispiele für Dogmatik erster Ordnung: (1) „Der gesellschaftliche Nutzen eines Verbots dieser Äußerung ist der Beeinträchtigung der individuellen und sozialen Interessen an der Verbreitung der Äußerung gegenüber unverhältnismäßig." (2) „Diese Äußerung stellt keine Anstiftung zu einer unmittelbar bevorstehenden rechtswidrigen Handlung dar."[2]

Dogmatik der zweiten Ordnung legt fest, wie mit diesen Interessen umgegangen werden soll. Die Verhältnismäßigkeit stellt eine solche Dogmatik der

---

* Aus dem Englischen übersetzt von Lukas Fest.

[1] Ich biete hier keine genaue Definition von „Dogmatik" an. Ich verwende den Begriff, um einen generellen Zugang zur Analyse von Problemen zu beschreiben, in Abgrenzung zu genauen Formulierungen (so wie „Regeln"), die relativ genaue Anleitungen für bestimmte Fälle liefern (terminologisch könnte man wohl letzte Formulierungen als Dogmatik erster Ordnung bezeichnen). In verwandten Arbeiten haben ich und andere wie *Adrian Vermuele* den Begriff „zweite Ordnung" für die institutionellen Anliegen verwendet, die ich hier als „dritte Ordnung" bezeichne. Ich habe die neue, wenn auch umständliche Terminologie übernommen, da ich den Unterschied zwischen Entscheidungen erster Ordnung, die bestimmte Fälle (bzw. Gruppen eng verwandter Fälle) lösen, Lehransätzen, die Entscheidungen erster Ordnung zusammenfassen, und den institutionellen Anliegen, welche die Ansätze zweiter Ordnung beeinflussen oder einschränken könnten, hervorheben möchte.

[2] Die Beispiele sind verkürzt, da im ersten Fall weder der behauptete gesellschaftliche Nutzen noch die Besonderheiten des individuellen und gesellschaftlichen Interesses genannt werden, und weil im zweiten Fall weder der Tatbestand der Anstiftung noch die Umstände genannt werden, welche die Schlussfolgerung der Nichtbeeinträchtigung stützen. Grundsätzlich – wie auch in vielen tatsächlichen Stellungnahmen – würden diese Einzelheiten selbstverständlich genau angegeben werden.

zweiten Ordnung dar (wie das erste Beispiel zeigt), ebenso wie die Abwägung und andere kategorische Regeln (wie im zweiten Beispiel).

Dogmatik der dritten Ordnung bindet institutionelle Interessen in die Analyse ein. Solche Interessen identifizieren die Merkmale realer Institutionen wie der Gesetzgebung und der Rechtsprechung, die deren Fähigkeit zur Lösung von Verfassungskontroversen beeinflussen.[3] Hier will ich argumentieren, dass die Verhältnismäßigkeit zwar eine gute – wenn nicht sogar die beste – Dogmatik der zweiten Ordnung ist, aber dass Überlegungen der dritten Ordnung teils zu einer Bevorzugung kategorischer oder anderer nicht-verhältnismäßigkeitsartiger Dogmatik der zweiten Ordnung führen. Ich werde mit der Mutmaßung schließen, dass die Verfassungsdogmatik als solche grundsätzlich als ein Ansatz der dritten Ordnung verstanden werden sollte – also als Anstrengung, solche Ansätze zur Betrachtung der Verfassung zu wählen, denen die Herstellung sozial wünschenswerter Ergebnisse bei der Anwendung durch konkrete Institutionen am besten gelingt.

Ich nähere mich der Thematik der Verhältnismäßigkeit hierbei aus der Perspektive eines US-amerikanischen Verfassungsrechtlers. Bekanntlich ist der Oberste Gerichtshof der USA einer der prominentesten Bastionen, wenn auch nicht die Einzige, die sich gegen auf Verhältnismäßigkeit fußende Ansätze ausspricht.[4] Selbst bin ich ein wohlwollender Kritiker solcher Ansätze und habe zwei Arten von Argumenten angeboten, mit denen ich ihnen nicht völlig widersprechen, wohl aber den Enthusiasmus hierfür dämpfen will. Erstens habe ich argumentiert, dass in komplexen Rechtssystemen die Dynamik der Entwickelung von Dogmatik – die sozusagen eine interne Logik darstellt – zu kategorischeren Ansätzen drängt, obwohl ich nicht behaupte, dass es zwangsläufig zu einer vollständigen Konvergenz kommt. Zweitens, und das ist der Schwerpunkt der vorliegenden Diskussion, habe ich argumentiert, dass eine Verhältnismäßigkeitsprüfung durchaus effektiv ist, wenn es um den Umgang mit fall- und normspezifischen Merkmalen verfassungsrechtlicher Fragen geht. Sie ist somit grundsätzlich eine gute Dogmatik zweiter Ordnung, wenn sie zur Lösung von Problemen der ersten Ordnung angewendet wird. Schwierigkeiten, wenn auch nicht unüberwindbare, hat das Verhältnismäßigkeitsprinzip bei der Behandlung von Fragen der dritten Ordnung. Solche Fragen ergeben sich da-

---

[3] *R. H. Fallon, Jr.*, Implementing the Constitution (2001), liefert ein Beispiel für die Analyse des US-Verfassungsrechts auf der dritten Ordnung. Fallon argumentiert, dass die Prinzipien der Richter Dogmatik erster und zweiter Ordnung hervorbringen, dass aber institutionelle Interessen dritter Ordnung die Grundlage für viele der Regeln bilden, die der U.S. Supreme Court entwickelt hat.

[4] *Stephen Breyer*, Richter am U.S. Supreme Court, stellt dort eine einsame Stimme für solche Betrachtungen dar, der sich in der US-amerikanischen Rechtswissenschaft bedeutende Größen wie *Vicki Jackson* von der Harvard Law School und *Jamal Green* von der Columbia Law School angeschlossen haben.

raus, dass Dogmatik in bestimmten institutionellen Kontexten angesiedelt ist, wobei die Umsetzung der Dogmatik zur Erzielung sozial wünschenswerter Ergebnisse erfordert, dass wir diese Kontexte berücksichtigen. So habe ich beispielsweise vorgebracht, dass eine kategorische Analyse einer Verhältnismäßigkeitsprüfung vorzuziehen wäre, sofern es sich um Rechtssysteme mit relativ kleinen obersten Gerichten handelt, die nur eine relativ kleine Anzahl von Fällen entscheiden können, und deren nationale Institutionen es über das ganze Land verteilten Richtern erlauben, viele Verfassungsfragen (formell vorläufig) zu entscheiden.[5]

Hier soll es aber um eine andere, der dritten Ordnung angehörige bzw. institutionelle Frage gehen, nämlich um die Beziehung zwischen der Verhältnismäßigkeitsprüfung und dem Gesamtsystem der gesetzgebenden Politikgestaltung. Mein Argument ist hierbei recht komplex. Ich beginne mit einer Vorschau auf die Umrahmung des Arguments sowie dessen Schluss.

Es soll mit der Darstellung zweier Probleme begonnen werden, von denen eins aus Deutschland und ein anderes aus den USA stammt. Vorliegend handelt es sich um Rechtsvorschriften, die ich als regulatorische Subventionen bezeichnen und später definieren werde. Anschließend stelle ich eine Verhältnismäßigkeitsprüfung der Fälle vor, die zwei Komponenten umfasst. Die erste behandelt sie wie Gesetze, die auf die Förderung der allgemeinen Wohlfahrt (ein Begriff aus den USA) oder des öffentlichen Wohls bzw. des öffentlichen Interesses (Begriffe aus anderen Verfassungssystemen) abzielen, die zweite als Subventionen für gewünschte Tätigkeiten. In beiden Komponenten, so mein Argument, werden regulatorische Subventionen in der Regel nicht mit den Anforderungen der Verhältnismäßigkeit vereinbar sein.

Jedoch gibt es, wie ich vorbringen werde, gute institutionelle Gründe dritter Ordnung für die Gewährung regulatorischer Subventionen. Diese Gründe sind in der Notwendigkeit moderner Demokratien verwurzelt, die Bürger zu motivieren, sich am politischen Prozess zu beteiligen. Meines Erachtens wird üblicherweise zwischen zwei Arten von Bürgermotivation unterschieden. Die erste, die in der allgemeinen Literatur über Public Choice und in der Verfassungstheorie in *Bruce Ackermans* einflussreicher Darstellung der gewöhnlichen Politik, welche er wiederum den verfassungsrechtlichen Momenten gegenüberstellt, hervorgehoben wird, ist das private Interesse: Die Menschen engagieren sich in der Politik, sofern und soweit sie glauben, dass dieses Engagement ihrem privaten Nutzen dient. Diese Orientierung an privaten Interessen veranlasst sie beispielsweise dazu, Interessengruppen zu unterstützen, die sich für Gesetze mit besonderen Interessen einsetzen, und politische Parteien zu unterstützen, von deren Programmen sie glauben, dass sie dadurch materiell besser

[5] *M. Tushnet*, Making Easy Cases Harder, in: V. C. Jackson/M. Tushnet (Hrsg.), Proportionality: New Frontiers, New Challenges, 2017.

gestellt werden. Hervorzuheben ist, dass regulatorische Subventionen eine Form der Gesetzgebung darstellen, die sich an Partikularinteressen orientiert. Die zweite Art von Bürgermotivation, die in der normativen und nicht in der deskriptiven politischen Theorie und in *Ackermans* Darstellung der verfassungsrechtlichen Momente stärker betont wird, ist der Wunsch, die allgemeine Wohlfahrt, das Gemeinwohl oder das öffentliche Interesse zu fördern.

Wie *Ackermans* Terminologie andeutet, ist der größte Teil der Politik „gewöhnlich" und befasst sich mit Angelegenheiten von privatem Interesse. Das bedeutet aber auch, dass ein politisches System, das die Bürger zu politischem Engagement motiviert, nur dann erfolgreich sein kann, wenn zumindest ein Teil der Gesetzgebung, die auf Partikularinteressen abzielt, verfassungsrechtlich zulässig ist, wozu ich auch regulatorische Subventionen zähle. Wenn die Prüfung der Verhältnismäßigkeit jedoch dazu führt, dass solche Subventionen unzulässig sind, wie ich argumentiert haben werde, könnte eine solche Prüfung die Fähigkeit des politischen Systems schwächen, die Bürger zu politischem Engagement zu motivieren.

Dies ist eine lange Zusammenfassung eines noch längeren Arguments. Wie bei der allgemeinen Unterscheidung zwischen Dogmatik erster, zweiter und dritter Ordnung geht es bei diesem Argument, auch wenn es scheinbar nur um die Verhältnismäßigkeit und regulatorische Subventionen geht, um recht weitreichende Fragen der politischen Theorie. Es werden zwei konkurrierende, aber (zumindest in der gegenwärtigen nicht idealen Welt) komplementäre Ansätze für die Gestaltung der Staatstätigkeit identifiziert, von denen sich der eine auf private Interessen und der andere auf das Gemeinwohl konzentriert. Beide Ansätze kommen in der realen Welt der Politikgestaltung vor, und beide müssen – aus diesem Grund – in der Verfassungstheorie berücksichtigt werden.

Nun endlich zum Argument. Die beiden Fälle, um die es geht, sind *Williamson v. Lee Optical* aus den Vereinigten Staaten und der Fall „Schokoladenosterhase" aus Deutschland. In *Williamson* ging es um ein Gesetz aus Oklahoma, wonach es Optikern – also Menschen, die lediglich Brillen verkaufen – untersagt war, einem Kunden ein gesprungenes Glas abzunehmen, die Krümmung des Glases zu bestimmen (was technisch möglich war) und das gesprungene Glas zu ersetzen, es sei denn, dass die Kundin ein *neues* Rezept von ihrem Augenarzt vorweisen konnte.[6] Die Regierung verteidigte die Vorschrift als Gesundheitsmaßnahme: Sie bedeute, dass die Menschen häufiger zu Augenuntersuchungen gehen würden (in der Annahme, dass Brillengläser häufiger zerbrechen, als die Menschen Probleme mit ihrer Sehkraft wahrnehmen), was wiederum zu einer besseren Augengesundheit führe, indem zum Beispiel Augenprobleme frühzeitig erkannt würden. Der Oberste Gerichtshof der USA stimmte dem zu.

---

[6] Williamson v. Lee Optical Co., 348 U.S. 483 (1955).

Im Fall „Schokoladenosterhase" ging es um eine Verordnung, die den Verkauf von Süßigkeiten verbot, die aus mit Schokolade überzogenem Puffreis bestehen.[7] Die Regierung verteidigte das Verbot als Maßnahme zum Schutz der Verbraucher. Bürger – wie ich behaupte, vor allem Eltern – würden die Süßigkeiten in der Erwartung kaufen, dass sie etwas bekommen, das durch und durch aus Schokolade besteht (und einen Preis zahlen, der ihrem Wunsch nach „Vollschokoladen"-Süßigkeiten entspricht), nur um dann enttäuscht und in gewissem Sinne betrogen zu werden, wenn sie nur eine dünne Schicht Schokolade und hauptsächlich Luft dazu bekommen. Das Bundesverfassungsgericht befand die Regelung für mit dem Grundgesetz unvereinbar.

Diese beiden Fälle sind Beispiele eines viel umfassenderen Phänomens. Große Teile des modernen Regulierungsstaates – vielleicht vor allem die Vorschriften für den Zugang zu und die Tätigkeit in bestimmten Unternehmen und Berufen sowie ein Großteil der Verbraucherschutzgesetze – beinhalten Vorschriften, die vorgeblich aus Gründen des Allgemeinwohls wie der öffentlichen Gesundheit und des Verbraucherschutzes gerechtfertigt sind, die aber selbst bei einigermaßen genauer Betrachtung ziemlich dünn erscheinen.

So habe ich zum Beispiel die Argumente skizziert, die für die Regulierungen sprechen. Aber wie wohl jeder weiß, der sich auf diesem Gebiet auskennt, sind solche Argumente nicht das, was hinter den Verordnungen stand. Es handelte sich „in Wirklichkeit" um Subventionen für bestimmte Tätigkeiten. *Williamson* war eine Subvention für Augenärzte, die damit unnötige Verschreibungen ausstellen durften. Die Verschreibungen waren unnötig, weil die große Mehrheit der Brillenträger, deren Gläser brechen, keine anderen Sehprobleme haben (und daher keine neue Augenuntersuchung benötigen), und weil Optiker die Glaskrümmung ohne Rezept für diese Verbraucher bestimmen können. Das Verbot von Puffreis-Süßigkeiten mit Schokoladenüberzug war eine Subvention der Schokoladen-Süßwarenindustrie, für die damit eine Wettbewerbsquelle wegfiel. Kurz gesagt handelte es sich um regulatorische Subventionen – Regeln in Form von Vorschriften für Geschäftspraktiken, deren Wirkung (und wahrscheinliche Absicht) darin besteht, ein Unternehmen auf Kosten eines anderen Unternehmens (und letztlich des Verbrauchers) zu begünstigen.

Nun die Betrachtung der Verhältnismäßigkeit. Zunächst zu den Rechtfertigungsgründen des Gemeinwohls. Die Förderung der Gesundheit und des Verbraucherschutzes sind natürlich legitime gesetzgeberische Zwecke. Die Verordnung über Puffreis-Süßigkeiten ist mit ziemlicher Sicherheit geeignet, diese Zwecke zu fördern: Wenn Verbraucher keine Puffreis-Süßigkeiten kaufen können, werden sie nicht enttäuscht sein, wenn sie feststellen, dass sie hauptsächlich Luft essen. Die Verordnung über den Ersatz von Brillengläsern ist meines

[7] BVerfGE 53, 135 – Schokoladenosterhase. Alexy erörtert diesen Fall kurz in *R. Alexy*, Constitutional Rights and Proportionality, in: Revus 22/2014, S. 51–65.

Erachtens problematischer, auch wenn sie letztlich wahrscheinlich ebenfalls geeignet ist. Die Schwierigkeit besteht darin, dass es zwar richtig ist, dass die Verpflichtung zu einer Augenuntersuchung, wenn ein Brillenglas gesprungen ist, Menschen dazu ermutigt, sich untersuchen zu lassen, doch ist der Anlass dazu völlig zufällig – das zufällige Ereignis, dass ein Brillenglas gesprungen ist. Dennoch ist es wahrscheinlich als geeignet anzusehen, einfach die Zahl der Menschen zu erhöhen, die sich in einem bestimmten Zeitraum einer Augenuntersuchung unterziehen.

Die Vorschriften scheitern jedoch mit Sicherheit an der Frage, ob es ebenso wirksame, aber weniger beeinträchtigende Alternativen gibt.[8] Im Fall der Puffreis-Süßigkeiten scheint es einfach zu sein, doch hier lauert ein Problem. Auf den ersten Blick gibt es eine offensichtliche, weniger beeinträchtigende Alternative: Produktetiketten, die deutlich darauf hinweisen, dass es sich um mit Schokolade überzogenen Puffreis handelt, und nicht durchgehend um Schokolade. Verbraucher können sich dann für ein Preis-Leistungs-Verhältnis entscheiden, dass sie zufrieden stellt. Das lauernde Problem ist das folgende: Nehmen wir an, wie ich es vermute, dass es sich bei diesen Produkten um „Impuls"-Käufe an der Verkaufsstelle handelt und dass sie vor allem in der Nähe der Kassen gut sichtbar ausgestellt sind. Nehmen wir an, ein Elternteil kauft mit seinen Kindern ein; die Kinder sehen die Süßigkeiten, während das Geschäft abgewickelt wird und drängen den Elternteil, diese für sie zu kaufen. Durch die Situation abgelenkt oder unfähig, dem Drängen der Kinder zu widerstehen, kauft der Elternteil das Produkt in dem Wissen, dass es (in gewisser Weise) enttäuschend sein wird. Die weniger beeinträchtigende Alternative wäre hier, den Verkauf selbst von entsprechend gekennzeichneten Süßigkeiten *an den Kassen* zu verbieten.

Gibt es eine weniger beeinträchtigende Alternative in *Williamson*? Wie ich schon sagte, ist das Problem dort der Zufall. Die Regierung nutzt ein zufälliges Ereignis aus, um jemanden zu zwingen, sich einer Augenuntersuchung zu unterziehen. Nehmen wir die Beschwerde einer Person, die in den letzten zwei Jahren eine Augenuntersuchung hatte und deren Brille zerbrach, als sie stolperte und fiel. Sie sagt: „Warum sollte ich mich neu untersuchen lassen, wenn mein Nachbar, der viel Auto fährt, seit zehn Jahren keine Augenuntersuchung mehr hatte?". Vielleicht ist die weniger beeinträchtigende Alternative – eine, die Augenuntersuchungen zum Zwecke der Förderung der Augengesundheit fördert – die Vorgabe regelmäßiger Augenuntersuchungen. Die Aufsichtsbehörde könnte die Zahl der Fälle von „gesprungenen Gläsern" pro Jahr berechnen und sie mit der Zahl der Brillenträger vergleichen, um daraus sozusagen das Verfallsdatum der Verschreibungen abzuleiten. Auf diese Weise würde die Zahl der

[8] Beeinträchtigt wird die Freiheit der Verbraucherin, selbst zu entscheiden, welche Käufe ihr Leben verbessern.

Menschen, die sich jedes Jahr einer Augenuntersuchung unterziehen müssen, nicht ansteigen, wäre somit insgesamt nicht beeinträchtigender als die eigentliche Verordnung und würde die Willkür des auslösenden Ereignisses beseitigen.

Der Vollständigkeit halber sollte ich hinzufügen, dass, wenn die Prüfung der Erforderlichkeit nicht ausreicht, um festzustellen, dass die Vorschriften nicht verhältnismäßig sind, der Prüfungsschritt der „Verhältnismäßigkeit im engeren Sinne" meiner Meinung nach eindeutig scheitern würde, wenn man bedenkt, wie schwach die Rechtfertigungen für die Mindestbeeinträchtigung sind.

Ich vermute, dass meine Argumente hier zu ausführlich sind. Jedem, der auch nur kurz über die Fälle nachdenkt, ist klar, dass die Argumente des Gemeinwohls in Bezug auf die Gesundheit und den Verbraucherschutz nur ein Tropfen auf den heißen Stein sind. Die Regelungen sind, wie ich schon sagte, Subventionen.

Wie sieht dann die Betrachtung der Verhältnismäßigkeit der Regelungen aus, die als Subventionen angesehen werden? Natürlich ist die Subventionierung bevorzugter Unternehmen ein legitimer staatlicher Zweck, und regulatorische Subventionen sind insofern zur Förderung dieses Zwecks geeignet, als sie Geld von jemandem zu den bevorzugten Unternehmen transferieren. Die Schwierigkeit liegt jedoch nach wie vor im nächsten Prüfungsschritt. In Williamson bezahlen Menschen, deren Brillengläser gesprungen sind, einen Augenarzt für eine Untersuchung, anstatt einen Optiker für eine neue Brille zu bezahlen. Das heißt, diese Verbraucher geben ihr Geld lieber an Augenärzte als an Optiker. In diesem Sinne subventionieren die Optiker die Augenärzte (mit ihrem entgangenen Einkommen). Ähnlich verhält es sich mit den Schokoladenosterhasen: Verbraucher, die eigentlich die preiswertere Puffreis-Süßigkeit bevorzugen würden, zahlen den höheren Preis der reinen Schokoladensüßigkeit, so dass die Hersteller von Puffreis-Süßigkeiten die Hersteller von Schokoladensüßigkeiten subventionieren. Darüber hinaus – und das ist wichtig für die folgende Analyse – schalten diese Regelungen einen Teil des Wettbewerbs aus (beim Austausch von Brillengläsern und bei Süßigkeiten) und ermöglichen es den Augenärzten und den Herstellern von Schokoladenbonbons, die Preise zu erhöhen.[9]

Direkte Subventionen sind die offensichtliche Alternative zu regulatorischen Subventionen. Die Zahlung direkter Subventionen aus dem allgemeinen Steueraufkommen ist jedoch nicht offensichtlich weniger beeinträchtigend als eine ordnungspolitische Subvention, denn einige Menschen – diejenigen, deren

[9] Gleichzeitig wird es weniger Optiker (und Süßigkeitenhersteller) geben als sonst, was bedeutet, dass Augenärzte (und Schokoladenhersteller) höhere Preise für Augenuntersuchungen und Schokoladensüßigkeiten verlangen können. Dies ist eine alternative Beschreibung der Subvention, bei der der Schwerpunkt auf den Mehrpreisen liegt, die die Verbraucher zahlen, und nicht auf den Auswirkungen auf die Optiker.

Brille nie kaputt geht, diejenigen, die ohnehin keine Süßigkeiten mit Puffreis kaufen würden – werden besteuert, obwohl sie die höheren Preise, die sich aus der ordnungspolitischen Subvention ergeben, nicht gezahlt hätten. Die offensichtliche Antwort auf diese Frage ist eine gezielte Steuer auf die Dienstleistungen von Optikern zum Austausch von Brillengläsern oder auf den Verkauf von Süßigkeiten mit Puffreis. Eine gezielte Steuer erzeugt die Subvention, schränkt aber die Wahlmöglichkeiten der Verbraucher nicht ein: Sie können beschließen, dass sie in der Tat schokolierte Puffreis-Süßigkeiten lieber mögen als reine Schokoladensüßigkeiten, die den gleichen Betrag kosten.

Bis jetzt habe ich noch nichts über den vielleicht häufigsten Einwand gegen regulatorische Subventionen im Gegensatz zu direkten Subventionen gesagt. Dieser Einwand kommt aus dem Register der Transparenz. Die Regelungen in Williamson und der Fall der Puffreis-Süßigkeiten sind Subventionen, sehen aber nicht so aus. Deshalb ziehen Augenärzte und Hersteller von Süßigkeiten eine regulatorische Subventionierung einer direkten vor, denn sie befürchten, wahrscheinlich zu Recht, dass die Aufnahme einer Haushaltslinie für „Subventionen für Augenärzte" die Aufmerksamkeit auf diese Praxis lenken und damit ihre Durchsetzung erschweren würde. Die gewichtigen allgemeinen Gesundheits- und Verbraucherschutzargumente verschleiern die Tatsache, dass es sich hier um eine regulatorische Subvention handelt. Diese Intransparenz könnte für die Beurteilung der Legitimität der Praxis als relevant angesehen werden.

Die Schlussfolgerung der Verhältnismäßigkeitsprüfung sowohl der Rechtfertigung als „Gesundheits- und Verbraucherschutz" sowie „Subvention" ist dieselbe: Legitimer Zweck, wahrscheinlich geeignet, mit ziemlicher Sicherheit nicht erforderlich, da nicht das mildeste Mittel in Bezug auf die Beeinträchtigung der Freiheit der Verbraucher (und selbst wenn gerade so das mildeste Mittel, als solches sicherlich unangemessen).

Der nächste Schritt in meiner Argumentation ist eher spekulativ, obwohl er auf einer anerkannten politischen Theorie beruht. Er beginnt mit der Feststellung, dass gut funktionierende Demokratien für ihre stabile Aufrechterhaltung voraussetzen, dass sich ihre Bürger in gewissem Umfang am politischen Leben beteiligen – aber eben nur „in gewissem Umfang".

Ein Gemeinwesen, in dem sich eine große Zahl von Bürgern in einer Vielzahl von Fragen intensiv politisch engagiert, funktioniert nicht gut; manchmal wird es als hyperpolitisch beschrieben oder als ein Gemeinwesen, in dem jede Frage Gegenstand eines intensiven politischen Konflikts ist. Ein solches Gemeinwesen kann leicht in zivile Unruhen ausarten. Aber auch ein Gemeinwesen, in dem sich die Bürger völlig von der Politik abgekoppelt haben, funktioniert nicht gut; es ist reif für Korruption und eine halb-geheime Subversion der Demokratie selbst.

Was man sich also wünscht, sind Bürger, die der Politik meist gleichgültig gegenüberstehen oder sich nur mäßig engagieren, die aber auch bereit sind, sich stärker zu engagieren, wenn es um sehr wichtige Fragen geht. Wie ich bereits erwähnt habe, bringt *Bruce Ackerman* dies mit seiner Unterscheidung zwischen bürgerschaftlichem Engagement in Zeiten normaler Politik und einem solchen Engagement in verfassungsrechtlichen Momenten auf den Punkt. Ich konzentriere mich hier auf Ersteres, d.h. darauf, wie sich Bürger in der normalen Politik politisch verhalten.

Laut *Ackerman* und anderen Theoretikern, insbesondere jenen, die mit den Public-Choice-Ideen verbunden sind, verbringen die Menschen in Zeiten der normalen Politik nicht viel Zeit damit, über Politik nachzudenken. Sie delegieren die Politikgestaltung im Wesentlichen an Berufspolitiker in organisierten politischen Parteien und vor allem an Interessengemeinschaften, die sich für die Verabschiedung bestimmter politischer Maßnahmen einsetzen oder Lobbyarbeit betreiben. Dabei streben sie eine öffentliche Politik an, die *für sie selbst* gut ist, ohne Rücksicht auf so etwas wie das allgemeine Wohl oder das öffentliche Interesse. Oder, wie es die Public-Choice-Wissenschaftler ausdrücken würden, *ist* das allgemeine Interesse lediglich die Summe der Partikularinteressen von Einzelpersonen.[10] Bürgerinnen und Bürger engagieren sich in der Politik, weil sie sehen, dass diese ihnen einen individuellen Nutzen bringen kann. Die Bürger fragen sich bei vorgeschlagenen politischen Maßnahmen: „Was ist für mich drin?".

Was ist mit den politischen Parteien, denen die Bürger die Macht überlassen? Auch Politiker und Interessengruppen sind sozusagen auf sich selbst bedacht. Das heißt, sie wollen (im Falle der Politiker) ihr Amt gewinnen und behalten, oder (im Falle der Interessengruppen) besondere Vorteile für die Gruppen erreichen, für die sie sprechen. Wenn die Bürger fragen: „Was ist für mich drin?", antworten die politischen Parteien: „Dies, das und jenes". Woher nehmen die Parteien diese Ideen? Im Grunde von den Interessengruppen, die sie sowohl über die Politik informieren, von der die Gruppen glauben, dass sie eigennützige Wähler anziehen wird, als auch – und das ist wichtig – ihnen ein gewisses Maß an materieller Unterstützung zukommen lassen (denn nur ideologisch motivierte Wähler, von denen wir hoffen, dass es nicht allzu viele gibt, spenden freiwillig an politische Parteien).

Es ist wichtig zu betonen, dass diese enge Fokussierung auf Eigeninteressen aus der Perspektive einer gut funktionierenden Demokratie eine gute Sache ist, weil sie politisches Engagement in der richtigen Intensität fördert – etwas, aber nicht zu viel. Aber natürlich sind die Gesetze, die daraus entstehen, klassische Partikularinteressen-Gesetze, die bestimmten Gruppen Vorteile verschaffen, ohne die Kosten für andere zu berücksichtigen. Der Grund für dieses Ergebnis ist aus der Public-Choice-Literatur im Zusammenhang mit der Arbeit *Mancur*

---

[10] Um es mit *Margaret Thatchers* denkwürdigem Satz zu sagen: In dieser Sichtweise gibt es keine „Gesellschaft", sondern nur Individuen und Familien.

Olsons bekannt. Die Vorteile von Gesetzen im Partikularinteresse kommen Gruppen zugute, die im Vergleich zur Gesamtbevölkerung klein sind, während die Kosten solcher Gesetze auf die Gesamtbevölkerung verteilt werden. Die Begünstigten haben also einen Anreiz, in politische Aktivitäten zu investieren, um eine solche Gesetzgebung durchzusetzen, der größer ist als der Anreiz der Allgemeinbevölkerung – in unserem Beispiel der Verbraucher –, in solche Aktivitäten zu investieren, um diese Gesetzgebung zu bekämpfen.

Dieser Aspekt des Public-Choice-Arguments erklärt, warum wir zwischen Gesetzen, die dem Privatinteresse (oder Partikularinteresse) dienen, und Gesetzen, die dem Gemeinwohl dienen, gut unterscheiden können.[11] Selbst wenn das Gemeinwohl nicht mehr ist als die Zusammenfassung privater Interessen – die öffentliche Gesundheit ist das Wohlergehen jedes Einzelnen, die Verbraucherwohlfahrt die Vorzüge jedes einzelnen Verbrauchers – haben wir Grund zu der Annahme, dass diese Zusammenfassung in der tatsächlichen Gesetzgebung häufig unterbewertet wird. Die Interessenverbände können Parteien und Gesetzgebern mehr Mittel zur Verfügung stellen als die (disaggregierten) Bürger.[12]

Ich möchte an dieser Stelle anmerken, dass es sich hierbei um eine stark vereinfachte Darstellung handelt, bei der ideologisch motivierte öffentliche Interessengruppen und dergleichen nicht berücksichtigt werden. Aber es ist wichtig zu verstehen, dass solche Gruppen aus den bereits genannten Gründen in einer gut funktionierenden Demokratie eine gewisse Rolle spielen, aber, um das Gemeinwesen nicht wieder zu hyperpolitisieren, keine dominierende.

Kehren wir nun zu unseren Beispielfällen zurück. Ohne einige Einschränkungen zahlen die Verbraucher mehr für Brillengläser und Süßigkeiten, weil Augenärzte und Hersteller von reinen Schokoladen-Süßwaren gut organisiert sind (und aus irgendeinem Grund besser organisiert sind als Optiker und Hersteller von Puffreis-Süßwaren) und die Verbraucher nicht. Die Verhältnismäßigkeitsprüfung wirkt wie eine Einschränkung. Ihre Wirkung und ihr Zweck besteht darin, regulatorische Subventionen zu beseitigen und sie durch gezielte Steuern zu ersetzen.

Kehren wir nun zur Frage der Transparenz zurück. Betrachten wir die Auswirkungen, die sich ergeben, wenn man die transparenteren Formen der Sub-

---

[11] Die in diesem Absatz angesprochene Frage wurde durch Kommentare zu früheren Versionen dieses Aufsatzes von *Robert Alexy* und *Vicki Jackson* aufgeworfen.

[12] Ich weise auf eine offensichtliche alternative Darstellung der Gesetzgebung zum Gemeinwohl bzw. zum öffentlichen Interesse hin. In der Sprache des Bundesverfassungsgerichts schafft die Verfassung jedes Landes eine objektive Werteordnung, in der die Gesetzgebung zum Gemeinwohl höher steht als die Gesetzgebung im privaten Interesse. Diese Arbeit ist nicht der richtige Ort, um meine Bedenken gegen eine solche Darstellung darzulegen; ich stelle lediglich fest, dass ich mir Sorgen über die Fähigkeit dritter Ordnung eines Verfassungsgerichts mache, die objektive Werteordnung zuverlässig zu bestimmen (oder genauer gesagt, über die Fähigkeit eines Verfassungsgerichts, dies in allen Fällen zuverlässiger zu tun als ein demokratisch verantwortlicher Gesetzgeber).

ventionierung, direkte Subventionen oder gezielte Steuern, für das politische Engagement der Bürger vorschreibt. Indem die Verhältnismäßigkeitsbetrachtung die Möglichkeit regulatorischer Subventionen ausschließt, beseitigt (oder verringert) sie auch die Anreize für die Bürger, sich in normalen Zeiten politisch zu engagieren. Die Antwort auf die Frage: „Was habe ich davon?" lautet dann: „Eigentlich nicht viel." Dies ist ein Rezept für den Rückzug der Bürger aus der Politik oder für die Umwandlung aller Themen in Schlachten über hochrangige Visionen der guten Gesellschaft. Dies ist wiederum nicht gut für die demokratische Stabilität.

Um diesen Teil des Arguments zusammenzufassen: Moderne, stabile und gut funktionierende Demokratien erfordern ein moderates Maß an politischem Engagement der Bürgerinnen und Bürger. Ein guter Weg, dieses Maß an Engagement zu gewährleisten – und vielleicht der beste Weg – ist es, einen gewissen Spielraum in der Gesetzgebung für Partikularinteressen in Form von regulatorischen Subventionen zu schaffen. Eine Verhältnismäßigkeitsbetrachtung könnte diesen Spielraum beseitigen.

Bevor ich zu meinem dritten und letzten Abschnitt komme, möchte ich auf einen Punkt zurückkommen, den ich eingangs erwähnt habe. Das vorangegangene Argument war institutionell in dem Sinne, dass es sich mit dem institutionellen Rahmen befasst, in dem die Verhältnismäßigkeitsbetrachtung angesiedelt ist. In diesem Fall ist dies die Welt der politischen Organisation – politische Parteien und Interessengruppen, die von normalen Bürgern unterstützt werden, die sich nicht vollständig in der Politik engagieren. Im ersten Teil dieser Arbeit wurde argumentiert, dass die Verhältnismäßigkeitsbetrachtung recht gut geeignet ist, uns die Instrumente an die Hand zu geben, mit denen wir über Probleme auf der fall- oder gesetzesspezifischen Ebene nachdenken können. Mein Ziel im zweiten Teil war es, die Frage aufzuwerfen, ob sie in der Lage ist, institutionelle Fragen gut zu behandeln.

Es gibt natürlich noch mehr zu sagen. Insbesondere die Aussage, dass eine gut funktionierende moderne Demokratie einen gewissen Spielraum für regulatorische Subventionen erfordert, sagt nichts darüber aus, wie groß dieser Spielraum sein sollte (groß genug, um ein moderates Maß an bürgerschaftlichem Engagement in der Politik zu motivieren, aber wie können wir das bestimmen?) oder ob eine bestimmte regulatorische Subvention erlaubt oder unzulässig sein sollte. Was wir brauchen, ist ein Kriterium für die Unterscheidung zwischen regulatorischen Subventionen, und bis jetzt ist mir kein dogmatisch handhabbares Kriterium eingefallen. Das Kriterium der minimalen Rationalität, das Anwärterkriterium in den USA, reicht nicht aus, weil, wie ich bereits sagte, alle Subventionen minimal rational sind. Vielleicht kann man ein Kriterium finden, um *bessere* regulatorische Subventionen von schlechteren zu unterscheiden, obwohl ich zugeben muss, dass ich noch nicht herausgefunden habe, wie das geht.

Alternativ könnte das Kriterium auch etwas mit der sozialen Bedeutung oder dem Wert des subventionierten Unternehmens zu tun haben. Dies ist zum Beispiel ein häufig angeführter Grund für Subventionen für die kleinbäuerliche Landwirtschaft in den Vereinigten Staaten und könnte regulatorische Subventionen unterstützen, die Produkte aus solchen Betrieben begünstigen (in den Vereinigten Staaten ist dies zumindest ein Grund für die Kontroversen über die Kennzeichnung von Produkten als „biologisch"). Ein solches Kriterium könnte uns bei unseren zentralen Beispielen helfen. Bei Williamson geht es um eine Subventionierung von Augenärzten auf Kosten von Optikern, aber es ist kaum offensichtlich, dass die erstere Gruppe in irgendeiner Weise gesellschaftlich bedeutsamer oder wertvoller ist als die letztere (und es ist relativ leicht vorstellbar, dass Optiker wertvoller sind als Augenärzte). Ein ähnliches Argument könnte man für Subventionen für Hersteller von Süßigkeiten mit reiner Schokolade auf Kosten der Hersteller von Süßigkeiten mit Puffreis vorbringen. Im Allgemeinen ist mir jedoch nicht klar, ob das Kriterium der sozialen Bedeutung oder des Wertes, wie ich es formuliert habe, dogmatisch handhabbar ist.

Die Schwierigkeit liegt für mich darin, dass diese Regelungen von Gesetzgebern erlassen werden, die vermutlich ein gutes Gespür für Fragen der gesellschaftlichen Bedeutung und des Wertes haben.[13] Die Antworten auf diese Fragen sind in der Gesellschaft als Ganzes verwurzelt. Und die Gesellschaft als Ganzes ist die Quelle des Wählerauftrags für den Gesetzgeber. Ich kann mir zum Beispiel vorstellen, dass an manchen Orten und zu manchen Zeiten Süßigkeiten aus Schokolade einen kulturellen Wert haben, der es wert ist, durch eine Subvention bewahrt zu werden; eine Legislative scheint ein geeigneter Ort zu sein, um diesen kulturellen Wert zum Ausdruck zu bringen.[14] Vielleicht können wir, wie *John Hart Ely* in einem ähnlichen Zusammenhang vorschlug, Mängel im Wahlprozess feststellen, die die Legislative zu einem weniger zuverlässigen Indikator für gesellschaftliche Bedeutung und Wert machen als die Urteile juristischer Eliten. Für mich ist dies der Punkt, auf den sich die Untersuchung der Nachvollziehbarkeit der Dogmatik konzentrieren sollte.

Ich habe mich bereits ziemlich weit vom ursprünglichen Schwerpunkt meines Vortrags entfernt, der zwei kleine wirtschaftliche Regelungen und die Verhältnismäßigkeitsbetrachtung betraf. Ich habe argumentiert, dass die Proble-

---

[13] An diesem Punkt kommen Überlegungen ins Spiel, die man in anderen Zusammenhängen als mit dem Wert der demokratischen Entscheidungsfindung verbunden bezeichnen könnte. In meiner Argumentation versuche ich, eine Erklärung für die Reservierung eines Bereichs für die demokratische Entscheidungsfindung zu liefern, der nicht durch den Grundsatz der Verhältnismäßigkeit eingeschränkt ist – nämlich die Notwendigkeit, den Bürgern zu versichern, dass sie den Verlauf der Staatstätigkeit tatsächlich beeinflussen können.

[14] Ebenso könnten Augenärzte, nicht aber Optiker, zu einer besonders wertvollen Berufsgruppe gehören, die von den Übergriffen des „bloßen" Handels bedroht ist.

me, die durch regulatorische Subventionen aufgeworfen werden, eine tiefgreifende Annahme der Verhältnismäßigkeitsbetrachtung über die verfassungsrechtlich legitime Gesetzgebung offenlegen. Diese Annahme ist, dass die Gesetzgebung im Gegensatz zu rein privaten Interessen die öffentliche Wohlfahrt oder das Gemeinwohl oder das öffentliche Interesse fördern sollte. Ich habe auch argumentiert, dass diese Annahme heute im Widerspruch zu der Forderung steht, dass gut funktionierende Demokratien ein moderates, aber nur moderates Maß an Bürgerbeteiligung an der Politik erfordern, weil eine gute Möglichkeit, ein solches Maß an Beteiligung zu fördern, darin besteht, Gesetzgebung im privaten Interesse zuzulassen (in unserem Fall, regulatorische Subventionen zu erlauben). Um auf eine noch allgemeinere Ebene zu kommen: Ich habe versucht, die Verhältnismäßigkeitsbetrachtung mit einem Wettbewerb zwischen zwei Visionen der Gesetzgebung zu verbinden, der Vision des „Gemeinwohls" und der Vision des „privaten Interesses".

Beide Arten des Regierens haben ihre Vorzüge und jede gute Regierung wird beide zu verbinden wissen. Meine Argumentation gibt uns jedoch nicht zur Hand, wie diese Mischung aussehen sollte. Die beiden Fälle, die ich als zentrale Beispiele angeführt habe, könnten durchaus darauf hindeuten, dass wir zu viele Gesetze zum Schutz privater Interessen haben und dass wir besser dran wären, wenn wir schrittweise zu einer Welt mit weniger Gesetzen zum Schutz privater Interessen und mehr Gesetzen zum Gemeinwohl übergehen würden, ohne die Menge der ersteren auf ein Niveau zu reduzieren, bei dem die Bürger ihre Motivation verlieren, sich überhaupt politisch zu engagieren. Vielleicht könnte eine nuancierte Anwendung der Verhältnismäßigkeitsbetrachtung eine Technik für eine solche schrittweise Entwicklung sein. Wenn meine Argumente zutreffen, bestünde die nächste Forschungsaufgabe darin, die geeigneten Nuancen zu identifizieren – das heißt, die Bereiche, in denen die Verhältnismäßigkeitsbetrachtung im Hinblick auf regulatorische Subventionen herangezogen werden sollte und in denen nicht.

Nun zu einer letzten Bemerkung zur Betrachtung dritter Ordnung. Die Betrachtung dritter Ordnung beginnt mit einer Betrachtung der Merkmale und Anreize der grundlegenden Institutionen der Rechtsetzung. Zu den Merkmalen gehören die Amtszeit, die Anzahl der Akteure, die befugt sind, Maßnahmen auszulösen, die hierarchischen Beziehungen zwischen den Institutionen und vieles mehr. Die Anreize betreffen die Vorteile und Kosten, die den Akteuren entstehen, wenn sie etwas tun oder nicht tun. Die Betrachtung dritter Ordnung leitet aus diesen Merkmalen und Anreizen Vorschläge zur Betrachtung zweiter Ordnung ab, die zu den besten sozialen Ergebnissen für die untersuchten Systeme führen werden.[15] Wichtig ist, dass die institutionellen Regelungen in den

[15] Um einen Punkt zu wiederholen, der zu Beginn dieses Aufsatzes gemacht und an anderer Stelle ausführlicher verteidigt wurde, legt die Betrachtung dritter Ordnung nahe, dass die

verfassungsrechtlichen Systemen der Welt sehr unterschiedlich sind. In einigen Systemen ist die verfassungsrechtliche Kontrolle bei einem einzigen Gericht zentralisiert (Deutschland), in anderen ist sie auf alle Gerichte verteilt (die Vereinigten Staaten);[16] einige Verfassungsgerichte sind befugt, nicht verfassungsrechtliches Privatrecht zu entwickeln (Kanada), andere sind dazu nicht befugt (die Vereinigten Staaten); einige Verfassungsgerichte sind personell und finanziell gut ausgestattet, andere nicht; einige Nationen sind groß (Deutschland), andere klein (Israel). All diese Merkmale werden sich auf die Betrachtung dritter Ordnung auswirken und könnten durchaus zu einer Vielzahl von Dogmatiken führen, die jeweils für den spezifischen Kontext geeignet sind. In diesem Sinne ist die Verhältnismäßigkeitsbetrachtung vielleicht nicht die „ultimative Rechtsregel", wie *David Beatty* es ausdrücken würde. In der Tat könnte es keine „ultimative Rechtsregel" in seinem Sinne geben, sondern nur die Rechtsregel, die für bestimmte institutionelle Vereinbarungen angemessen ist.

Die Betrachtung erster Ordnung, das A und O der verfassungsrechtlichen Wissenschaft, wird immer im Mittelpunkt des Verfassungsrechts stehen. Der Grund dafür ist, dass die Betrachtung erster Ordnung die Menge an Ergebnissen identifiziert, die die sozialen und individuellen Interessen in der verfassungsrechtlichen Ordnung am besten fördern würden (sozusagen die optimale Menge). Mit dieser Menge an Ergebnissen können wir dann eine Betrachtung zweiter und dritter Ordnung anstellen, um den Ansatz zu ermitteln, der eine Menge an Ergebnissen hervorbringt, die angesichts der institutionellen Merkmale des verfassungsrechtlichen Systems der optimalen Menge am nächsten kommt (die praktisch realisierbare nahezu optimale Menge).[17]

Die allgemeinste Schlussfolgerung, mit der ich schließe, ist, dass die Idee der Verhältnismäßigkeit dazu führt – wie alle großen Ideen, wenn sie im Detail untersucht werden –, dass wir uns ganz grundlegende Fragen zur politischen Ordnung stellen. Dass die Arbeit von *Robert Alexy* uns dorthin führt, zeigt, wie bedeutend seine Beiträge zum politischen Denken sind.

Dogmatik der Verhältnismäßigkeit für die Vereinigten Staaten nicht gut geeignet ist, auch wenn sie für Frankreich oder Deutschland gut geeignet sein mag.

[16] In den Vereinigten Staaten bezieht sich das „einfache" Recht auf das Common Law, das die Verfassung den Gerichten der teilsouveränen Bundesstaaten überlässt.

[17] Auch hier gibt es Komplexitäten, die ich zur Kenntnis nehme, aber nicht im Detail untersuche. Alles ist in Ordnung, wenn die Betrachtung zweiter und dritter Ordnung eine Menge an Ergebnissen hervorbringt, die eine echte Teilmenge der optimalen Menge ist. Nehmen wir jedoch an, dass die praktisch realisierbare Menge ein oder mehrere Ergebnisse enthält, die außerhalb der optimalen Menge liegen – was bedeutet, dass sie das soziale oder individuelle Wohlbefinden verringern. Gelegentlich ist der Nettobeitrag der praktisch realisierbaren Menge zum sozialen und individuellen Wohlbefinden immer noch positiv. Was ist aber zu tun, wenn dies nicht der Fall ist? Meines Erachtens liegt das Heilmittel nicht in dem Versuch, eine bessere Dogmatik zu entwickeln, sondern in der Neugestaltung der Institutionen, sodass die Betrachtung dritter und zweiter Ordnung eine bessere Menge an praktisch umsetzbaren Ergebnissen hervorbringt.

III. Rechtsbegriff, Rechtsgeltung und Rechtsinterpretation

Das institutionalistische Vorurteil in der Interpretationslehre

Zur Bedeutung der Selbstbeurteilung von und im Recht

Andreas Funke

I. Einleitung: Wer interpretiert Rechtsnormen?

Im Folgenden soll die Frage untersucht werden, wer für die Interpretation von Rechtsnormen zuständig ist. Der Beitrag zielt im Wesentlichen darauf, ein Problem herauszuarbeiten, das von großen Teilen der Rechtstheorie und der juristischen Methodenlehre gar nicht gesehen wird. Schon die Formulierung des Problems bereitet Schwierigkeiten: „Zuständigkeit" ist eigentlich eine Frage der rechtlichen Kompetenz; wie sich aber zeigen wird, ist es problematisch, Interpretation überhaupt als einen denkbaren Gegenstand rechtlicher Kompetenz anzusehen.

Wer interpretiert Rechtsnormen? In der theoretischen Beschäftigung mit dem Recht gilt die Interpretation des Rechts meistens als eine Angelegenheit der staatlichen Organe, insbesondere der Gerichte. Die Theorie der juristischen Interpretation knüpft also an die institutionelle Natur des Rechts an. Diese Anknüpfung wird selten hinterfragt, es handelt sich um eine Selbstverständlichkeit. Man kann von einer Konvention sprechen.[1] Es wäre, so die erste These des Beitrages, erforderlich, eine Rechtfertigung für die Verbindung von juristischer Interpretation und institutionellen Rechtsprozeduren zu entwickeln. Aber diese Rechtfertigung, so die zweite These, gelingt nicht. Die herkömmliche Herangehensweise hinterlässt in der rechtstheoretischen Begriffswelt eine Leerstelle. Diese Leerstelle lässt sich aber, so die dritte These des Beitrags, füllen: Es muss nämlich in Rechnung gestellt werden, dass und wie die Adressaten des Rechts ihrerseits das Recht interpretieren. Die Aufgabenstellung der Interpretationslehre bedarf deshalb einer kritischen Reflexion. Die Interpretationslehre muss ein rechtstheoretisches Konzept der Selbstbeurteilung im Recht enthalten. Der Beitrag soll die Konturen eines solchen Konzepts aufzeigen und ausloten, welche Folgefragen damit verbunden sind.

---

[1] *J. Raz*, Ethics in the Public Domain. Essays in the Morality of Law and Politics, 1994, S. 327.

II. Exposition des Problems

1. Die These der institutionellen Natur der Interpretation

Die Jurisprudenz unterscheidet sich in der Betrachtung normativer Probleme von der praktischen Philosophie gemeinhin dadurch, dass sie stets *zweistufig* orientiert ist: Sie unterscheidet Normsetzung und Normanwendung. Ganz unabhängig davon, wie nun genau das Verhältnis dieser beiden Stufen konzipiert wird – darüber, dass es überhaupt notwendig ist, im Recht diese zwei Stufen zu unterscheiden, besteht wohl einhellige Übereinstimmung. In der praktischen Philosophie gibt es diese Übereinstimmung so nicht. Die Normbegründung steht hier im Mittelpunkt. Die Anwendung wird hingegen oft vernachlässigt, sofern sie überhaupt als Problem gilt.[2] Jene Zweistufigkeit ist in der Philosophie insbesondere dann erkennbar, wenn die Rolle der praktischen Urteilskraft hervorgehoben wird.[3]

In der Jurisprudenz ist die Stufe der Normanwendung eng mit der Vorstellung verknüpft, dass die Normen *ausgelegt* werden müssen, damit eine Anwendung möglich ist. Hier öffnet sich das weite Feld der juristischen Methodenlehre. Sie ist in ihrer wissenschaftlichen Bearbeitung durchaus von unterschiedlichen rechtstheoretischen Vorverständnissen geprägt. Die Rechtspraxis ist relativ stabil; methodologische Fragen werden von ihr in der Regel routiniert und gleichmäßig abgearbeitet.

In diesem Zusammenhang gelingt es der Diskurstheorie des Rechts, die gängigen Annahmen der Methodenlehre besonders griffig auf den Punkt zu bringen. Demnach hat die juristische Interpretation einen institutionellen Charakter. Die Interpretation erfolgt durch Organe, die von der Rechtsordnung hierzu eingesetzt sind, und zwar in gewisser Hinsicht ausschließlich durch diese Organe. Zwar gibt es die sogenannte Laieninterpretation. Das ist, wie *Robert Alexy* ausführt, die Interpretation „durch die dem Recht unterworfenen Bürger."[4] Die Laieninterpretation hat aber keinen institutionellen Charakter und sie ist rechtlich nicht verbindlich. Dass *Alexy* die Laieninterpretation überhaupt erwähnt, ist bemerkenswert. Er stellt sie neben die authentische Interpretation, die Doktrinalinterpretation und die Usualinterpretation. Seine Darstellung erweckt den Eindruck, nur den Stand der klassischen Methodenlehre zu referieren. So verhält es sich aber nicht: Die Tradition kennt zwar die genannten drei Inter-

---

[2] Vgl. *K. Günther*, Der Sinn für Angemessenheit. Anwendungsdiskurse in Moral und Recht, 1988, S. 17.

[3] *Günther*, Sinn (Fn. 2), S. 15; hierzu *C. Nierhauve*, Rechtsklugheit. Beitrag zu einer Rhetorischen Rechtstheorie, 2016.

[4] *R. Alexy*, Juristische Interpretation, in: *ders.*, Recht, Vernunft, Diskurs, 1995, S. 71–92 (74); daran anschließend: *M. Klatt*, Juristische Hermeneutik, in: E. Hilgendorf/J. Joerden (Hrsg.), Handbuch Rechtsphilosophie, 2. Aufl., 2021, S. 224–230 (225).

pretationsformen, nicht aber die Laieninterpretation,[5] und auch in den jüngeren Darstellungen der Methodenlehre spielt diese üblicherweise keine Rolle. *Alexy* verknüpft also die klassische Unterscheidung der Interpretationsarten mit der für ihn eigentlich wichtigen Unterscheidung von „institutioneller" Interpretation und Laieninterpretation.

Ein ähnlicher Zugang findet sich in der Diskurstheorie des Rechts von *Jürgen Habermas*. Sie exkludiert ebenfalls den Einzelnen von der Normenkonkretisierung. Hierin kommt nämlich, nach *Habermas*, gerade die Komplementarität von Recht und Moral zum Ausdruck: Die professionelle Rechtskonkretisierung durch Gerichte und Rechtswissenschaft entlastet den Einzelnen davon, sich selbst ein moralisches Urteil zu bilden.[6] Für *Habermas* macht das die Legalität des Rechts (im Sinne *Kants*) aus. Zwar bildet für *Habermas* der viel zitierte Gedanke den Ausgangspunkt, dass die Adressaten des Rechts sich auch als Autoren des Rechts verstehen können müssen.[7] Doch offenbar soll dieser Zusammenhang auf der Konkretisierungsebene nicht mehr relevant sein. Der „Anwendungsdiskurs", der unter dem Rückgriff auf Prinzipien in der konkreten Fallsituation erst noch geführt werden muss, ist *a priori* eine Angelegenheit der Gerichte, nicht der Adressaten.[8]

So kommt es zu einem Schisma: Laiensicht und Expertensicht fallen auseinander. Die Normkonkretisierung erfolgt exklusiv durch die Experten, im Wege institutionell verstandener „Anwendung".

Die Konsequenzen dieses Ansatzes für die juristische Methodologie arbeitet *Martin Borowski* sehr deutlich heraus. *Borowski* sieht, dass auf der Grundlage der Diskurstheorie die Annahme durchaus nahe liegt, dass die Privaten Verfassungsinterpreten sein müssten.[9] Aber den Privaten fehle die für Verfassungsorgane charakteristische Ermächtigung, „eine Interpretation der Verfassung mit dem Anspruch auf rechtliche Verbindlichkeit vorzunehmen".[10] Private können sich zwar über die Bedeutung von Verfassungsnormen austauschen. Sie unterbreiten nach *Borowski* jedoch nur – und doch: immerhin – Vorschläge, die allein anhand ihrer argumentativen Kraft bewertet werden.

---

[5] Siehe etwa *F. C. v. Savigny*, System des heutigen Römischen Rechts, Bd. 1, 1840 (Nachdruck 1973), S. 209; *L. Enneccerus/H. C. Nipperdey*, Allgemeiner Teil des Bürgerlichen Rechts. Ein Lehrbuch, 15. Aufl., 1959, § 53, S. 323; *J. Schröder*, Recht als Wissenschaft. Geschichte der juristischen Methodenlehre in der Neuzeit (1500–1933), 2. Aufl., 2012, S. 77, 141, 228.

[6] *J. Habermas*, Faktizität und Geltung. Beiträge zur Diskurstheorie des Rechts und des demokratischen Rechtsstaats, 5. Aufl., 1997, S. 147.

[7] Ebd., S. 153 f.

[8] Ebd., S. 266.

[9] *M. Borowski*, § 274: Subjekte der Verfassungsinterpretation, in: J. Isensee/P. Kirchhof (Hrsg.), Handbuch des Staatsrechts der Bundesrepublik Deutschland, Bd. 12, 2014, S. 761–782, Rn. 21.

[10] Ebd., Rn. 20.

Borowski verweist zur Begründung seiner Sicht auf einige Eckpunkte der Diskurstheorie des Rechts: Im juristischen Diskurs als Sonderfall geht es nicht um das schlechthin moralisch Gesollte, sondern um das rechtlich Gesollte; um rechtliche, nicht moralische Verbindlichkeit. In der Rechtsordnung muss es ein Organ geben, das zur letztgültigen Entscheidung ermächtigt ist. Solche Ermächtigungen machen nun einmal die autoritative, institutionelle Natur des Rechts aus.[11] Die Regeln des idealen Diskurses werden durch die gesetzlichen Verfahrensregelungen ersetzt. An anderer Stelle erläutert *Borowski* die Konsequenzen dieser Sicht für die Abwägung, die im Zusammenhang mit Grundrechtseingriffen vorzunehmen ist: Die Bewertung der Abwägungsgegenstände – also die Fragen der Eingriffsintensität und der Bedeutung der den Eingriff rechtfertigenden Gründe – ist nicht Sache des Grundrechtsträgers, sondern der rechtsanwendenden staatlichen Organe.[12] Offenbar soll also die Abwägung von Rechten den Rechtsinhabern entzogen sein. Letztlich spielt die „Laieninterpretation" in diesem Arrangement gar keine Rolle. Sie kommt irgendwie dazu und steht in keinem Bezug zur staatlichen Interpretation.

Selten dürfte die Diskurstheorie des Rechts so treffend die herrschende Meinung in der Rechtstheorie repräsentieren. Aber gerade in diesem Punkt überzeugt sie nicht.

2. *Problemkontext: rechtliches Handeln und moralische Handlungsgründe*

Die These der institutionellen Natur der juristischen Interpretation steht im Kontext eines bestimmten rechtstheoretischen Paradigmas, das den institutionellen Charakter des Rechts in den Mittelpunkt stellt.

Nach einem in den letzten beiden Jahrzehnten besonders verbreiteten Verständnis praktischer Vernunft ist es fruchtbar, moralische Normen als Handlungsgründe anzusehen (*reasons approach*).[13] Die Beantwortung der klassischen Frage „Was soll ich tun?" wird also von den Gründen abhängig gemacht, die für oder gegen eine Handlung sprechen. In der Rechtsphilosophie ist dieser handlungsorientierte Ausgangspunkt durchaus unterschiedlich ausgeformt worden. Keineswegs entsprechen die damit verbundenen Positionierungen der üblichen Zweiteilung in die Lager von Positivismus und Naturrecht (ein

---

[11] Ebd., Rn. 23.

[12] *M. Borowski*, Die Glaubens- und Gewissensfreiheit des Grundgesetzes, 2006, S. 288. Die Frage ist jüngst praktisch relevant geworden: Auf dem Verfassungsblog wurde behauptet, die individuelle Auffassung, eine Corona-Schutzimpfung schade dem eigenen Körper, sei – obwohl objektiv falsch – im Rahmen der grundrechtlichen Abwägung zu berücksichtigen (*U. Sacksofsky*, Allgemeine Impfpflicht – ein kleiner Piks, ein großes verfassungsrechtliches Problem, VerfBlog, 2022/1/21, https://verfassungsblog.de/allgemeine-impfpflicht-ein-kleiner-piks-ein-groses-verfassungsrechtliches-problem [Stand 30.09.2022]). Diese These hatte eine heftige Diskussion ausgelöst.

[13] *J. Nida-Rümelin*, Eine Theorie praktischer Vernunft, 2020, S. 2.

weiterer Grund, warum diese Zweiteilung überholt ist). Auch Positivisten stellen teilweise einen handlungsorientierten Bezug zur praktischen Vernunft her. So hat der als Positivist geltende *Joseph Raz* sein Verständnis von Normativität im begrifflichen Rahmen einer Theorie der Handlungsgründe entworfen.[14] Als Handlungsgründe werden Normen aber auch etwa bei *Habermas* oder *Ronald Dworkin* aufgefasst (im Detail ist das diskutabel). Das Diskursprinzip soll dezidiert die Gültigkeit von Handlungsnormen ausweisen.[15]

So wie es aber rechtspositivistische Auffassungen gibt, die sich im Rahmen einer Handlungstheorie bewegen, gibt es nichtpositivistische Theorien, die einen solchen Rahmen *nicht* wählen. Sie weisen jedenfalls keinen prägnanten Bezug zu Handlungsgründen mehr auf. Dies ist meines Erachtens etwa in der Rechtstheorie *Alexys* der Fall, wie noch genauer zu erörtern ist. Diese nichtpositivistischen Theorievarianten sind primär darauf ausgerichtet, die Legitimation staatlicher Autorität, mit der Recht gesetzt, angewendet und durchgesetzt wird, zu begründen. Staatliche Autorität bedarf als solche der Legitimation. Für das moralische Begründungsprogramm verschiebt sich damit der Fokus. Es hat vornehmlich die Aufgabe, bestimmte Anforderungen politischer Moral wie insbesondere die Gerechtigkeit zu artikulieren. Diese Anforderungen müssen allein von der staatlichen Autorität erfüllt werden. Eine solche Vorstellung liegt vielen klassischen Staatsphilosophien zugrunde und zieht sich bis zu *John Rawls* Annahme, dass die Grundstruktur der Gesellschaft den Gegenstand der Gerechtigkeit – *Rawls* fügt einschränkend hinzu: der sozialen Gerechtigkeit – bildet.[16] Auch *Habermas* lässt sich hier einordnen, insofern er Recht und Moral in einem komplizierten, etwas willkürlich anmutenden Arrangement *nebeneinander* als nur „gleichursprünglich" aus einem neutral gehaltenen Diskursprinzip erwachsen lässt.[17] Die Idee der Selbstgesetzgebung von Bürger/-innen dürfe nicht auf die moralische Selbstgesetzgebung *einzelner* Personen zurückgeführt werden.[18] Hier ist schon eine gewisse Distanz zum handlungstheoretischen Ausgangspunkt angelegt.

Für die „handlungsorientierte" Spielart praktischer Philosophie sowie für eine darauf gestützte Rechtsphilosophie sind Moral und Recht gleichermaßen der Ort unserer Autonomie. Die Verbindlichkeit *des Rechts* erwächst damit

---

[14] *J. Raz*, Praktische Gründe und Normen, 2006; *ders.*, Engaging Reason. On the Theory of Value and Action, 1999 (Nachdruck 2010). Wie stark die institutionalistische Prägung des Rechtsdenkens ist, wird an der Arbeit von *A. Stark*, Interdisziplinarität der Rechtsdogmatik, Tübingen 2020, deutlich. Stark knüpft zwar an dem Raz'schen Verständnis von Normen als Handlungsgründen an. Aber er kennt als „Rechtsakteure" nur die drei staatlichen Gewalten, hinzu kommt die Rechtswissenschaft als „rechtsdogmatischer Akteur". Selbst die Teilnehmerperspektive beschäftigt ihn nur aus der Sicht dieser Akteure (a. a. O., S. 60ff.).

[15] Vgl. *Habermas*, Faktizität und Geltung (Fn. 6), S. 138.

[16] *J. Rawls*, Eine Theorie der Gerechtigkeit, 1979, S. 23.

[17] *Habermas*, Faktizität und Geltung (Fn. 6), S. 135ff.

[18] *Habermas*, Faktizität und Geltung (Fn. 6), S. 154.

nicht erst – vertikal – aus der moralischen Anerkennungswürdigkeit bestimmter Instanzen, sondern – horizontal – direkt aus den moralischen Verbindungen, die *zwischen den Mitgliedern* einer politischen Gemeinschaft bestehen. Im Mittelpunkt steht hier eben das Handeln der Einzelnen, für das bestimmte Handlungsgründe relevant sind. Die Moral bildet dabei einen wichtigen Bereich solcher Handlungsgründe. Handeln wird unter Rekurs auf solche Gründe gerechtfertigt. Das damit verbundene Verständnis von Normativität unterscheidet sich von den autoritätsbezogenen dadurch, dass es *keine spezifische Rechtsverbindlichkeit* postuliert. Das Recht ist einfach, und d. h.: moralisch, verbindlich.[19] Daraus folgt eine spezifische Formung der rechtsphilosophischen Aufgabenstellung. *Paul Sourlas* hat das treffend formuliert: Es muss die Verbindlichkeit des Rechts „zuerst aus der Sichtweise der handelnden Personen und nicht aus derjenigen des autoritativ anordnenden Gesetzgebers betrachtet und verständlich gemacht werden".[20]

III. Kritik der These der institutionellen Natur der juristischen Interpretation

In diesem Problemkontext muss sich die Kritik der These der institutionellen Natur der juristischen Interpretation bewegen. Die Frage, wie stark in einer vernunftbezogenen rechtsphilosophischen Position der Bezug zu Handlungsgründen nun sein muss, ist an dieser Stelle allerdings nicht zu entscheiden. Wichtig ist zunächst einmal, überhaupt die Unterschiede in den Begründungsprogrammen zu sehen. Sie wirken sich, wie nun zu zeigen ist, in der Beurteilung der These der institutionellen Natur aus. Sie ist verschiedenen Einwänden ausgesetzt. Die Kritik legt es nahe, die eingangs erwähnte Figur der Selbstbeurteilung genauer ins Auge zu fassen.

1. Naturalisierung der Normbefolgung

Für die These der institutionellen Natur der juristischen Interpretation kommt es nicht darauf an, ob Handlungen, die sich als Normbefolgung darstellen, mit Interpretationen der befolgten Norm verknüpft sind. Die These behandelt die Normbefolgung naturalisierend als eine reine Tatsache. Interessanterweise deckt sich die Diskurstheorie hier mit rechtspositivistischen Theorien. Beispielsweise situiert *H. L. A. Hart* in seiner Theorie rechtlicher Verbindlichkeit die Geltung der *rule of recognition* nach herrschender und wohl zutreffender Interpretation nicht etwa in den Adressaten der primären Normen, also der

---

[19] Vgl. *W. Enderlein*, Abwägung in Recht und Moral, 1992, S. 293.
[20] *P. Sourlas*, Rechtsprinzipien als Handlungsgründe, 2011, S. 87.

Verhaltensnormen, sondern allein im Rechtsstab, den *officials*.[21] Das hat nach *Hart* unvermeidbar eine Entkoppelung der Handlungsperspektiven von Offiziellen und Einzelnen zur Folge. Wie *Hart* drastisch formuliert, können die Einzelnen die Stellung von Schafen haben, die nicht davor geschützt sind, von den Amtsträgern zum Schlachthof geführt zu werden.[22] Aber das seien eben die Kosten des institutionellen Charakters des Rechts.[23]

Problematisch ist an dieser Sichtweise gar nicht so sehr die Möglichkeit der diktatorischen Unterdrückung, die *Hart* andeutet. Vor allem gehen in diesem theoretischen Rahmen wichtige Sinnbezüge verloren. Es scheint, als würden Gerichte darüber urteilen, was *ihnen* geboten, verboten oder erlaubt ist. Das ist aber ein falsches Bild. Gerichte haben zu entscheiden, was den Einzelnen geboten, verboten, erlaubt ist.[24] Sie müssen mit anderen Worten die Handlungsgründe der Einzelnen beurteilen. Die Deliberation, die der Einzelne (allein oder mit anderen) in Ansehung von Normen durchführt, spielt für *Hart* jedoch keine Rolle. Erst *Raz* stellt später den Bezug zu diesen Handlungsgründen her.

Dass die These der institutionellen Natur die Rechtsbefolgung naturalisiert, zeigt sich aber auch daran, dass es auf ihrer Grundlage nicht möglich ist, andere wichtige Erscheinungsformen des Rechtslebens, die maßgeblich eine Interpretation voraussetzen, zu erklären. *Ernst Rudolf Bierling* nennt sie „Rechtsbetätigungen"; er zählt hierzu die Erfüllung von Pflichten, die Geltendmachung von Rechtsansprüchen und die Setzung neuer Normen auf der Grundlage bestehender Normen.[25] Normbefolgung ist also längst nicht alles: Normadressatinnen und -adressaten machen auch Ansprüche geltend, nehmen Erlaubnisse wahr, üben Kompetenzen aus. All diese Handlungen sind ohne Interpretation nicht begreifbar. Dabei handelt es sich um die Interpretation derjenigen, die handeln, und in diesem Sinne um eine Selbstinterpretation. Natürlich gibt es

---

[21] Dworkin interpretiert Hart hingegen im Sinne einer Anerkennung durch die Einzelnen, aber diese Interpretation ist wohl nicht zutreffend (*R. Dworkin*, Law's Empire, 1986, S. 34).

[22] „Wo es aber die Einheit von primären und sekundären Regeln gibt, können sich die Regeln als allen gemeinsame Gruppenstandards vom bloß stillschweigenden und passiven Gehorsam des Bürgers abgespaltet haben. Im Extremfall kann man sogar den internen Gesichtspunkt mit seinem charakteristischen normativen Sprachgebrauch [...] auf die amtliche Welt beschränken. Das wäre dann schon ein kompliziertes System, wo es den Beamten vorbehalten ist, die Kriterien der Rechtsgültigkeit zu verwalten. Jedoch würde eine solche Gesellschaft in beklagenswerter Weise einer Schafherde ähneln, und die Schafe würden vielleicht im Schlachthaus enden. Aber wir hätten keinen Grund, diesem System den Titel eines Rechtssystems abzusprechen." (*H. L. A. Hart*, Der Begriff des Rechts, 2011, S. 141).

[23] *H. L. A. Hart*, The Concept of Law, 2. Aufl., 1994, S. 117 (die Kosten: S. 202); zum Ganzen *J. Waldron*, All We Like Sheep, in: Canadian Journal of Law and Jurisprudence 12 (1999), S. 169.

[24] Vgl. *R. Alexy*, Theorie der Grundrechte, 3. Aufl., 1996, S. 91.

[25] *E. R. Bierling*, Juristische Prinzipienlehre, Bd. 4, 1911, S. 3 ff. Allerdings stellt Bierling insofern keinen Bezug zur Auslegungslehre her.

falsche Interpretationen. Um falsch und richtig geht es aber zunächst gar nicht. Die Richtigkeit oder Falschheit etwa der Geltendmachung eines Anspruchs hängt nicht davon ab, ob ein Richter den Anspruch anerkennt oder nicht, sondern ob der Anspruch *besteht* oder nicht.

Nehmen wir den schlichten Fall, dass A von B die Herausgabe der Sache X verlangt, weil er Eigentümer sei, und B kommt dem Verlangen nach. Es handelt sich um einen perfekten Vorgang des Rechtslebens. Er benötigt, abgesehen vom Gesetz, keinen institutionellen Rahmen. A *ist* Eigentümer, B hat den Herausgabe*anspruch* des A *erfüllt*. Die Handlungen von A und B sind ohne Interpretation der einschlägigen Normen des Sachenrechts nicht verständlich. Aber in den Begriffen von Laieninterpretation einerseits und einer auf bestimmte Weise verbindlichen, deshalb vielleicht „echten" Interpretation andererseits lässt sich der Vorgang nicht adäquat beschreiben.

2. *Gründe für Normen vs. Gründe für Handlungen*

Ein zweiter Kritikpunkt hängt mit dem Konzept des Grundes zusammen. In der „Theorie der Grundrechte" diskutiert *Alexy* in einem knappen Abschnitt die Frage, inwiefern Regeln bzw. Prinzipien als Gründe verstanden werden können.[26] Genauer geht es um die sehr wichtige Frage, *wofür* Regeln und Prinzipien Gründe sind. *Alexy* meint (eine gängige Unterscheidung aufgreifend), sie könnten entweder Gründe für Handlungen oder Gründe für Normen sein. Vorzugswürdig sei es, Regeln und Prinzipien als Gründe für Normen aufzufassen. Mittelbar seien sie dann immer noch Gründe für Handlungen. Aber diese unscheinbare begriffliche Weichenstellung hat gravierende Konsequenzen. *Alexy* meint, die „Gründe für Normen"-Auffassung entspreche der Sichtweise der Jurisprudenz.[27] Der Richter urteile über Behauptungen darüber, was geboten, verboten oder erlaubt sei. Das ist ohne Zweifel zutreffend. Aber in diesen Modalitäten verbergen sich Handlungsanweisungen für diejenigen, die den Richter eingeschaltet haben. Unter der Hand werden die Gründe in der *Gründe für Normen*-Auffassung zu Anweisungen darüber, wie der Richter entscheiden soll. Sie fungieren *nur* als Erkenntnis-Gründe.[28] Natürlich haben auch Gründe

---

[26] *Alexy*, Grundrechte (Fn. 24), S. 90 ff.

[27] Zudem weist Alexy darauf hin, dass der semantische Normbegriff auf die Entscheidungssituation des Richters zugeschnitten sei. Einwände gegen die *Gründe für Normen*-Auffassung berühren deshalb auch den semantischen Normbegriff. Meines Erachtens deutet die These der Laieninterpretation darauf hin, dass die „nicht-positivistische" Diskurstheorie noch eine gewisse rechtspositivistische Grundierung hat. Das Kelsensche Geltungsdenken ist ihr wohl tief eingeschrieben.

[28] Insofern folge ich nicht *G. Pavlakos*, A Plea for Moderate Optimisation, in: M. Borowski/S. Paulson/J.-R. Sieckmann (Hrsg.), Rechtsphilosophie und Grundrechtstheorie, 2017, S. 395–410 (407 ff.), der Alexys Prinzipientheorie als eine Theorie von (interpersonell situierten) Handlungsgründen verstehen möchte.

für Handlungen eine rechtfertigende Funktion; sie sind *auch* Erkenntnis-Gründe. Das ist ihre diskursive Rolle. Umgekehrt müssen aber Regeln und Prinzipien, damit sie als Gründe für Normen operieren können, stets auch als Gründe für Handlungen gedacht werden können, und zwar auch in der Sichtweise der Jurisprudenz. Hier stellt sich das schwierige Problem, wie Handlungsgründe und Erkenntnisgründe zusammenhängen.

3. *Der Begriff der Verbindlichkeit*

Ein dritter Kritikpunkt resultiert daraus, dass die These der Laieninterpretation dem Begriff der Verbindlichkeit eine problematische Rolle zuweist. Wie erwähnt, soll nur die Interpretation durch staatliche Organe, insbesondere Gerichte, verbindlich sein, im Gegensatz zur Laieninterpretation. Aber was heißt es denn überhaupt, dass ein Urteil verbindlich ist?

Rechtstechnisch operiert die Verbindlichkeit eines Urteils in der Form der Rechtskraft. Die Rechtskraft bezieht sich auf den Tenor des Urteils. Der Tenor ist, je nach Inhalt, vollstreckbar. Das Urteil beruht auf einer bestimmten Interpretation rechtlicher Normen. Ob diese Interpretation richtig ist, kann allerdings selbst bei einem rechtskräftigen Urteil noch sinnvoll diskutiert werden.[29] Die Diskutierbarkeit der Interpretation macht eine institutionalisierte Entscheidung darüber überhaupt erst *möglich*. Ohne Diskutierbarkeit gäbe es nichts zu entscheiden.[30] Die vom Gericht getroffene Entscheidung ändert aber an der Diskutierbarkeit nichts, die Entscheidung kann ihre eigenen Voraussetzungen nicht in Frage stellen. Die Richtigkeit eines Urteils bemisst sich ausschließlich nach der *Überzeugungskraft* der Gründe, die das Urteil tragen. Die Abweichung von einem Urteil kann deshalb nicht als „Verstoß“ gegen eine Rechtsnorm gewertet werden. Treffend führt das BVerfG im Zusammenhang mit einer Rechtsprechungsänderung aus:

„Das Bundesarbeitsgericht hat auch nicht dadurch gegen Art. 20 Abs. 3 GG verstoßen, daß es, wie die Beschwerdeführerin vorträgt, seine Rechtsprechung zum Arbeitskampfrecht ohne zureichenden Grund geändert hätte. Höchstrichterliche Urteile sind kein Gesetzesrecht und erzeugen keine damit vergleichbare Rechtsbindung […]. Von ihnen abzuweichen, verstößt grundsätzlich nicht gegen Art. 20 Abs. 3 GG. Ihr Geltungsanspruch über den Einzelfall hinaus beruht allein auf der Überzeugungskraft ihrer Gründe sowie der Autorität und den Kompetenzen des Gerichts. Es bedarf deswegen nicht des Nachweises wesentlicher Änderungen der Verhältnisse oder der allgemeinen

---

[29] Vgl. *M. Kriele*, Theorie der Rechtsgewinnung entwickelt am Problem der Verfassungsinterpretation, 2. Aufl., 1976, S. 326 ff.

[30] Diesen Umstand als Paradoxie des Entscheidens (vgl. *T. Vesting*, Rechtstheorie. Ein Studienbuch, 2. Aufl., 2015, Rn. 226) zu formulieren, setzt m. E. voraus, das Entscheiden als bloß nachvollziehende Erkenntnis zu verstehen.

Anschauungen, damit ein Gericht ohne Verstoß gegen Art. 20 Abs. 3 GG von seiner früheren Rechtsprechung abweichen kann."[31]

Es ist deshalb nicht möglich, von wirklich „letzten" Entscheidungen im Recht auszugehen. Dies zeigen die Phänomene der Rechtsprechungsänderung und des Rechtswandels.[32] Es gibt ein normatives Lernen im Recht.

Staatliche Interpretationen sind also in gewisser Hinsicht *nie* verbindlich. Allerdings schwindet dann der Unterschied zwischen institutioneller Interpretation und Laieninterpretation ganz erheblich.

Zuspitzend lässt sich sogar die institutionelle Interpretation immer nur als ein Abglanz der Laieninterpretation verstehen. Die Parteien eines Rechtsstreits bringen ihre konfligierenden Interpretationen vor das Gericht.[33] Das Gericht kann die Vorzugswürdigkeit der einen oder anderen Interpretation nur nach deren Überzeugungskraft beurteilen. Es ist dem Gericht verwehrt, einfach darauf abzustellen, *als Gericht* ein besseres Wissen zu haben. Hingegen führt für die Diskurstheorie eigentlich, das wurde schon erwähnt, gar kein Weg von der Laieninterpretation zur staatlichen Interpretation. Die Diskurstheorie läuft insofern auf eine rechtsrealistische Betrachtung hinaus: Die staatliche Interpretation scheint erst konstitutiv und autoritativ der Laieninterpretation die Qualität einer richtigen Interpretation *zuzuweisen*. Die Bezüge, die das gerichtliche Geschehen zur Interpretation der Rechte durch die Inhaber der Rechte selbst hat, gehen so verloren.

IV. Theoretischer Rahmen für ein Konzept der Selbstbeurteilung

Der vorstehende Gedankengang konzentriert sich darauf, die Art und Weise zu kritisieren, in der die Unterscheidung von Laieninterpretation und institutioneller Interpretation getroffen wird. Die Kritik lässt sich weiter dadurch plausibilisieren, dass die rechtstheoretische Leerstelle, die hier besteht – eben jene Selbstbeurteilung, von der bereits die Rede war – deutlicher hervorgehoben wird.

1. *Abgrenzungen: unergiebige Ansätze*

Einige denkbare Ansätze, der Idee der Selbstbeurteilung Gestalt zu verleihen, scheiden bei näherer Betrachtung aus. So könnte daran gedacht werden, die

[31] BVerfGE 84, 212 (227).

[32] *L. Kähler*, Strukturen und Methoden der Rechtsprechungsänderung, 2. Aufl., 2011.

[33] Zwar reicht es – jedenfalls im Zivilprozess – aus, in Verbindung mit dem Antrag nur Tatsachen vorzutragen (*iura novit curia*). Aber die Auswahl der Tatsachen beruht schon auf einer rechtlichen Interpretation, die demgemäß für das Gericht unhintergehbar ist.

„Selbstdeutung" des rechtlichen Materials heranzuziehen, die *Hans Kelsen* im Rahmen seiner Unterscheidung des subjektiven und des objektiven Sinnes von Akten der Normsetzung einführt.[34] *Kelsen* bezieht sich aber nicht auf den Inhalt der Normen, sondern allein darauf, unter welchen Bedingungen Akte als Normsetzungsakte identifiziert werden können. Die Interpretation des Rechts wird dabei nicht berührt.

Des Weiteren könnte näher untersucht werden, unter welchen Voraussetzungen Selbstinterpretationen ausnahmsweise kraft spezifischer rechtlicher Verbürgung relevant sind. So ist anerkannt, dass die Reichweite des Grundrechts der Religionsfreiheit durch das grundrechtliche Selbstverständnis des oder der Berechtigten mitbestimmt wird.[35] Auch damit hat das Konzept der Selbstbeurteilung jedoch nichts zu tun. Es betrifft jede Rechtsnorm, nicht nur bestimmte Grundrechtsbestimmungen. Aus den gleichen Gründen kann das Konzept auch nicht auf die von der deliberativen Demokratietheorie jüngst betonte Partizipation der Bürger/-innen an der Verfassungsinterpretation reduziert werden.[36] Gewisse Überschneidungen mit dieser Idee sind aber ohne Zweifel gegeben.

Ebenso wenig geht die hier vorgestellte Selbstbeurteilung schließlich im Problemkomplex des zivilen Ungehorsams auf. Sicher gibt es gewisse Verbindungslinien; man denke an *Dworkins* Begründung eines Rechts auf zivilen Ungehorsam.[37] Aber es führt kein direkter Weg von dem einen zum anderen. Ein „Recht" auf Ungehorsam lässt sich so verstehen, dass die darauf gestützte Handlung auf einer Interpretation beruht, die *per se* der konkurrierenden staatlichen Interpretation überlegen ist. Diese Überlegenheit hat die Selbstbeurtei-

---

[34] *H. Kelsen*, Reine Rechtslehre. Einleitung in die rechtswissenschaftliche Problematik, 1934, S. 3 ff.

[35] Für den Abgleich der subjektiven Bestimmung religiösen Verhaltens mit dem Selbstverständnis der Religionsgemeinschaft siehe BVerfGE 108, 282 (298); zum Ganzen *J. Isensee*, Wer definiert die Freiheitsrechte? Selbstverständnis der Grundrechtsträger und Grundrechtsauslegung des Staates, 1980; *W. Höfling*, Offene Grundrechtsinterpretation. Grundrechtsauslegung zwischen amtlichem Interpretationsmonopol und privater Konkretisierungskompetenz, 1987. Die bahnbrechende Arbeit von *M. Morlok*, Selbstverständnis als Rechtskriterium, 1993, greift im Untersuchungsansatz weit über die Grundrechtsdogmatik aus. Gleichwohl ist sie für den vorliegenden Zusammenhang nicht unmittelbar ergiebig. Zum einen erweitert Morlok gewissermaßen noch einmal die Problemstellung, weil als „Selbstverständnis" nicht nur die Selbstinterpretation rechtlicher Normen, sondern etwa auch Handlungsbeschreibungen und Motivationen in Betracht kommen. Zum anderen verengt Morlok das Thema auf der Begründungsebene, weil die „Einbringung von Selbstinterpretationen" allein grundrechtlich verankert wird (a. a. O., S. 293). Dass Morloks Arbeit in meiner Universitätsbibliothek unter der Rubrik „Rechtsgefühl" verzeichnet wurde, ist sicherlich symptomatisch.

[36] Vgl. *C. Lafont*, Unverkürzte Demokratie. Eine Theorie deliberativer Bürgerbeteiligung, 2021, S. 413.

[37] *R. Dworkin*, Bürgerrechte ernstgenommen, 1984, S. 337 ff.

lung zur Voraussetzung, aber sie bedarf einer weiteren, besonderen Rechtfertigung, die ein anderes Thema ist.

2. Selbstbeurteilung und Menschenwürde

Einen der wichtigen konstruktiven Anknüpfungspunkte für die Einbeziehung von Selbstbeurteilungen in die Rechtstheorie bildet der Schutz der Menschenwürde.[38] Eindringlich weist *Jeremy Waldron* darauf hin, dass eine Entkoppelung der Perspektiven von Rechtsstab und Einzelnen einer zentralen Eigenschaft des Rechts nicht gerecht wird.[39] Rechtliche Herrschaft beruht auf der Anerkennung der menschlichen Würde jeder und jedes Einzelnen. Diese Fundierung, das ist nun das Besondere dieser Überlegung *Waldrons*, muss sich in der Architektur der Rechtstheorie niederschlagen. *Waldron* entwickelt hierfür die Idee einer „Selbst-Applikation" des Rechts durch die Adressaten. Das Recht gehe davon aus, dass die Einzelnen in der Lage seien, das Recht auf ihr eigenes Verhalten anzuwenden, dass sie insofern also die gleichen Fähigkeiten wie die Amtsträger hätten.

Aber auch diese Sicht ist immer noch stark von einer gewissen Dominanz der Amtsträger geprägt. Dies ist anders bei der Figur der protestantischen Haltung, die von *Dworkin* in „Law's Empire" entwickelt wurde.[40] Hier dienen die institutionellen Prozeduren der Anwendung des Rechts dazu, diejenige argumentative Rechtfertigung von Aussagen über das Recht nachzubilden, die im Verhältnis zwischen den streitenden Parteien angesiedelt ist.[41] Nur sollte zur Klarstellung angefügt werden, dass diese protestantische Haltung sich nicht auf die gleichsam negative Herausforderung des Rechts, dessen Infragestellung, beschränkt. Sie erfasst auch dessen *Affirmation*. Diese Affirmation liegt darin, dass Normen befolgt und dass Rechte ausgeübt werden, wie bereits dargelegt wurde (unter III. 1.). *Dworkin* macht klar, dass der Gedanke der Selbstinterpretation mit der Natur von Rechten notwendig verbunden ist, dass mit anderen Worten ein demokratisches Recht dadurch gekennzeichnet ist, dass jeder Einzelne für die Identifikation wie auch für die Interpretation des Rechts verantwortlich ist.

Der hochgradig technische Charakter juristischer Dogmatisierung des Rechtsstoffs, der nur vom professionalisierten Rechtsstab beherrscht werden

---

[38] Ausführlich zu einschlägigen Argumenten *A. Funke*, Auf Augenhöhe?, in: P. Hilbert/J. Rauber (Hrsg.), Warum befolgen wir Recht?, 2019, S. 201–225.

[39] *J. Waldron*, How Law Protects Dignity, in: Cambridge Law Journal 71 (2012), S. 200–222; *ders.*, Dignity, Rank, and Rights, 2009.

[40] *Dworkin*, Empire (Fn. 21), S. 190, 252, 413. Eine ausführliche Erläuterung und Verteidigung bei *W.-C. Lee*, The Judgeship of All Citizens, in: Law and Philosophy 34 (2015), S. 23–53.

[41] *Funke*, Augenhöhe (Fn. 38), S. 217.

kann, steht damit keineswegs in Frage. Nur sollte klar sein, dass die Dogmatisierung in letzter Konsequenz im Dienste der Selbstbeurteilung durch die Adressaten und Urheber des Rechts steht. Das mag auf der Oberfläche alltäglicher juristischer Arbeit nicht immer sichtbar sein. Aber zur Tiefenstruktur des demokratischen Rechts gehört die Annahme, dass die Dogmatisierung immer nur den Zweck haben kann, den Rechtsstoff für die Einzelnen beherrschbar zu machen.

3. Ort der Relevanz: die juristische Methodenlehre

Deshalb ist der Ort, an dem die Relevanz der Figur der Selbstbeurteilung vielleicht am deutlichsten zu greifen ist, die juristische Methodenlehre. Freilich nicht nur: Auch für die Strukturtheorie des Rechts ist die Figur wichtig, weil sie die Ausrichtung des Normbegriffs dirigiert (siehe unter III. 2. zu der Frage, wofür Normen Gründe sind). In der Methodenlehre ist die Selbstbeurteilung etwa von Bedeutung für die Frage, ob und inwieweit die semantische Interpretation von Normen am Verständnis professioneller Juristen auszurichten ist.[42]

Aber der eigentliche Punkt ist ein anderer. Die Figur der Selbstbeurteilung ist eng mit der Ansicht verknüpft, dass Rechtsnormen als Handlungsgründe aufzufassen sind. Aus diesem Zugriff resultiert eine Schärfung der Aufgaben, die eine juristische Methodenlehre, die Theorie des *legal reasoning*, bewältigen muss.[43] Bis heute ist der argumentative Charakter des Rechts für die Methodenlehre nur ein Problem der an der Rhetorik orientierten Begründung juristischer Entscheidungen.[44] Darüber geht die Methodenlehre nicht hinaus. In der Folge dessen kreist sie gemeinhin um eine neutrale, deskriptive Interpretation von Rechtsnormen, zu der in bestimmten Fällen eine besonders rechtfertigungsbedürftige Rechtsfortbildung hinzukommt. Der handlungsorientierte Ausgangspunkt rückt demgegenüber in den Vordergrund, dass die Rechtskonkretisierung *stets* eine Frage der argumentativen Rechtfertigung von Aussagen über Rechtsgründe für das Handeln ist. Was das genau heißt, ist an dieser Stelle nicht weiter zu untersuchen.[45] Es sollte aber deutlich geworden sein, dass von diesem Ausgangspunkt aus der Bestand der Methodenlehre einer kritischen Revision bedarf.

---

[42] Näher und m. w. N. *Funke*, Augenhöhe (Fn. 38), S. 205, 209.

[43] Hierzu auch *P. Sourlas*, Zum argumentativen Charakter rechtlicher Begründungen, in: F. Saliger u. a. (Hrsg.), Rechtsstaatliches Strafrecht. Festschrift für Ulfrid Neumann zum 70. Geburtstag, 2017, S. 409–416.

[44] Siehe *F. Reimer*, Juristische Methodenlehre, 2. Aufl., 2020, Rn. 700 ff.; *T. Möllers*, Juristische Methodenlehre, 3. Aufl., 2020, § 1 Rn. 63 ff.

[45] Im Falle einer bloßen Auslegung beschränkt sich das methodische Vorgehen auf eine Anwendung der klassischen *canones*. Aber dieses Vorgehen setzt komplexe substantielle Argumentationen voraus. Zentral ist dabei die Idee der rechtlichen Gleichbehandlung, die in jede einzelne Rechtsoperation ausstrahlt. Im herkömmlichen Verständnis von Auslegung

V. Fazit

Die Inhaber von Rechten sind die Erstinterpreten ihrer Rechte. Diese Interpretation ist nicht mehr und nicht weniger bedeutsam als die Interpretation durch staatliche Organe. Die Interpretation ist, so gesehen, nicht beim Staat monopolisiert. Wenn die Rechtstheorie, auch die Diskurstheorie des Rechts, gleichwohl ein solches Monopol annimmt, handelt es sich um ein Vorurteil,[46] das rechtfertigungsbedürftig, aber nicht rechtfertigungsfähig ist. Der Begriff der Selbstbeurteilung sollte deutlich machen, dass es problematisch ist, wenn die Rechtstheorie ihre Vorstellungswelt auf staatliche Rechtserzeugung beschränkt. Wichtige Eigenschaften des Rechts geraten damit aus dem Blick.

---

und Rechtsfortbildung bleibt dieser Zusammenhang verborgen. Auslegungen bedürfen nicht weniger der Rechtfertigung als Rechtsfortbildungen. In gewisser Hinsicht ist dann gerade die Auslegung besonders rechtfertigungsbedürftig, weil sie die methodischen Operationen auf die Anwendung der *canones* beschränkt. Auslegung ist der Verzicht auf Rechtsfortbildung. Dieser Verzicht muss gleichwohl unter Rückgriff auf die Idee der Gleichbehandlung gerechtfertigt werden können.

[46] Die Anregung, den Begriff hierfür zu verwenden, verdanke ich Dr. David Kuch (Würzburg).

Die Geltung des Rechts

Begriffsgeschichte und Begriffsbildung

Nils Jansen

Geltung ist ein komplexer Begriff, der von jeher in vielen, sehr unterschiedlichen Kontexten zur Anwendung kommt.[1] Seit alters „vergelten" Menschen Geschenke oder auch Leistungen; man kann von der „Geltung" einer Währung oder auch der Regeln einer Grammatik sprechen; man kann Ansprüche „gelten" lassen; und man kann nach der „Geltung" einer Rechtsnorm oder auch eines Rechtssystems fragen. Letzteres hat *Robert Alexy* bekanntlich vor allem in seiner dritten Monographie zu „Begriff und Geltung des Rechts" und dann noch einmal in seinem Beitrag zu den Mauerschützenprozessen getan.[2] Dabei kreisen *Alexys* Untersuchungen um die alte Frage eines adäquaten Rechtsbegriffs und um das Problem des Rechtspositivismus. Die Kernfrage lautet, ob Rechtsnormen bzw. Rechtssysteme „gelten", also: ob sie verbindlich sind, wenn sie sich als extrem ungerecht erweisen oder wenn diese Gesetze nicht beachtet werden. Es geht *Alexy* also nicht eigentlich um die Bedeutung des Begriffs „Geltung", sondern um Kriterien rechtlicher Geltung.

Alexy stützt seine Argumentation in erster Linie auf begriffliche Argumente, wobei er mit drei unterschiedlichen „Geltungsbegriffen" – einem „soziologischen", einem „ethischen" bzw. „moralischen"[3] sowie einem „rechtlichen" Geltungsbegriff – operiert und jeweils fragt, unter welchen Voraussetzungen eine Norm in dem genannten Sinne gelte. Sozial, so *Alexy*, gilt eine Norm, „wenn sie entweder befolgt oder ihre Nichtbefolgung sanktioniert" werde, moralisch, „wenn sie moralisch gerechtfertigt ist", rechtlich, „wenn sie ordnungsgemäß gesetzt ist".[4] Der *clou* der Argumentation besteht bei alldem in der These, dass

---

[1] Ausführlich *J. Grimm/W. Grimm*, Deutsches Wörterbuch, bearbeitet von R. Hildebrand und H. Wunderlich, Bd. 4, Abt. 1, Theil 2, Leipzig, 1897, Sp. 3066–3096, Stichwort „Gelten", sowie Sp. 3098 f., Stichwort „Geltung".

[2] *R. Alexy*, Begriff und Geltung des Rechts, 1992, S. 139 ff.; *ders.*, Mauerschützen. Zum Verhältnis von Recht, Moral und Strafbarkeit, 1993.

[3] So Robert Alexy in späteren Beiträgen; siehe etwa *ders.*, Die Institutionalisierung der Menschenrechte im demokratischen Verfassungsstaat, in: G. Lohmann/S. Gosepath (Hrsg.), Philosophie der Menschenrechte, 1998, S. 244–264 (249 ff.).

[4] *Alexy*, Begriff und Geltung (Fn. 2), S. 139, 141, 143. Rechtliche Geltung setze dementsprechend voraus, dass die Norm „von einem dafür zuständigen Organ in der dafür vorgesehen Weise erlassen worden ist und nicht gegen höherrangiges Recht verstößt".

rechtliche Geltung notwendig Elemente soziologischer und ethischer Geltung inkludiere.[5]

Die Frage, was nun aber mit dem Begriff der Geltung genau gemeint sei, spricht *Alexy* mit alldem also gar nicht an. Vielmehr setzt er offenbar voraus, dass der Begriff der „Geltung" als „Verbindlichkeit" zu verstehen ist. Jedenfalls soll der Satz

„Die Verfassung *V* gilt rechtlich."

den Satz

„Es ist rechtlich geboten, sich gemäß der Verfassung *V* zu verhalten."

implizieren. In diesem Beitrag soll es demgegenüber um die Frage gehen, was genau Juristen meinten, und was sie im Einzelnen voraussetzten, als sie begannen, von „Geltung" zu sprechen.

Nun versuchen Juristen seit jeher, den Begriff der „Geltung" im Rückgriff auf die logische Unterscheidung von Eigenschaften und Existenzaussagen zu fassen. Dabei scheint mir die heutige Debatte[6] allerdings nur wenig über die Grundlagendiskussion des frühen 20. Jahrhunderts hinausgekommen zu sein und jedenfalls durchweg daran anzuknüpfen.[7] Ich möchte deshalb in einem ersten Schritt diese älteren Diskussionen rekapitulieren, um dann in einem zweiten Schritt zu fragen, unter welchen Umständen und in welchem Sinne Juristen die „Geltung" des Rechts zu einem Rechtsbegriff machten. Denn häufig lässt sich ein Begriff besser verstehen, wenn man sich bewusst macht, in welchem Kontext er ursprünglich geprägt wurde. Dabei wird sich zeigen, dass die Geburtsstunde des Geltungsbegriffs in den Diskussionen um Verstöße gegen die frühen Verfassungen liegt. Hier sahen Juristen sich mit Rechtsnormen konfrontiert, die die rechtliche Verbindlichkeit von Gesetzen zu regeln schienen; und sie prägten den Begriff der Geltung, um die rechtliche Zugehörigkeit einer Norm zum Rechtssystem zum Ausdruck zu bringen. Ein „theorieerzeugter Par-

---

[5] *Alexy*, Begriff und Geltung (Fn. 2), S. 142 und *passim*.

[6] Siehe insbesondere *N. Luhmann*, Die Geltung des Rechts, Rechtstheorie 22 (1991), S. 273–286; *S. Meyer*, Juristische Geltung als Verbindlichkeit, 2011; *M. Auer*, Rechtsgeltung: Verständnisse und Missverständnisse, in: M. Quante (Hrsg.), Geschichte – Gesellschaft – Geltung. XXIII. Deutscher Kongress für Philosophie, 2016, S. 683–691; *D. von der Pfordten*, Kritik der Geltung, in: M. Quante (Hrsg.), ebd., S. 693–702; *S. Kirste*, Rechtsbegriff und Rechtsgeltung, in: Quante (Hrsg.), ebd., S. 659–679; *T. Gutmann*, Genesis, Geltung, Genealogie, in: M. Quante (Hrsg.), ebd., S. 719–734.

[7] Näher *N. Jansen*, Recht und gesellschaftliche Differenzierung. Fünf Studien zur Genese des Rechts und seiner Wissenschaft, 2019, S. 273 ff. Für einen historischen Überblick *von der Pfordten*, Geltung (Fn. 6), S. 695 f.; siehe auch *Auer*, Rechtsgeltung (Fn. 6), S. 683 f.; *H. Hülsmann*, Art. „Gelten, Geltung", in: J. Ritter (Hrsg.), Historisches Wörterbuch der Philosophie, Bd. 3, 1974, Sp. 232–235.

venü des 19. Jahrhunderts“[8] ist der Begriff also nicht: Seine juristisch-technische Verwendung seit den 1840er Jahren geht seiner späteren Reflexion in der Philosophie und Rechtstheorie deutlich voraus. Gleichwohl bildet „Geltung“, was viele Juristen überraschen dürfte, ein junges Element unserer Rechtssprache. Es ist nicht älter als etwa die moderne Gefährdungshaftung und bildet damit ein Kind der juristischen Moderne.

I. Die Ontologie von Normen

Die Ontologie von Werten und Normen bildet ein Hauptproblem der deutschen Philosophie der ersten Jahrzehnte des 20. Jahrhunderts. Im Schatten der Diskussionen um die spezifischen Forschungslogiken von Natur- und Geisteswissenschaften wollte man verstehen, was Normen und Werte eigentlich waren und wie sie sich ontologisch adäquat fassen ließen. In diesem Sinne schrieb etwa *Adolf Reinach* 1913:

„ein Anspruch auf der einen, eine Verbindlichkeit auf der anderen Seite. Was sind das für merkwürdige Gebilde? Sie sind gewiß nicht *nichts*. Wie könnte man ein Nichts aufheben durch Verzicht oder durch Widerruf oder durch Erfüllung? Aber sie lassen sich auch unter keine der Kategorien bringen, die uns sonst geläufig sind.“

Obligationen, so *Reinach* weiter, seien „nichts Physisches oder gar Physikalisches“, aber auch nichts „Psychisches“, denn sie seien „auch dann da, wenn das Subjekt keine Erlebnisse hat oder zu haben braucht, im Schlafe, oder in tiefer Ohnmacht“.[9] Juristen wie *Hermann Kantorowicz* begriffen dies als einen „tiefen Gedanken“, der eine Grundlage dafür bildete, die Rechtsdogmatik analog zur Mathematik zu verstehen.[10] Normen, Rechtsverhältnisse und dogmatische Figuren waren offenbar ebenso real wie Zahlen und Gedanken, aber eben etwas anderes als psychische Vorstellungen. Daher das Programm einer Überwindung der alten Dualität von (äußerer) Wirklichkeit und Geist zugunsten von „Dreiwelten“- bzw. „Dreireichelehren“.[11]

---

[8] So *von der Pfordten*, Geltung (Fn. 6), S. 693.

[9] *A. Reinach*, Die apriorischen Grundlagen des bürgerlichen Rechtes, 1913, S. 9f.

[10] *H. Kantorowicz*, Rezension zu Adolf Reinach, Die apriorischen Grundlagen des bürgerlichen Rechts, Logos. Zeitschrift für Philosophie 8 (1919/20), S. 111–115, (114).

[11] *H. Rickert*, Vom Begriff der Philosophie, Logos. Zeitschrift für Philosophie 11 (1910), S. 1–34 (19ff.): (empirische) Wirklichkeit, Sinn, Werte; *G. Frege*, Der Gedanke. Eine logische Untersuchung, in: Beiträge zur Philosophie des deutschen Idealismus 1/2 (1918), S. 58–77 (67ff., 69): Dinge der Außenwelt, Vorstellungen, Gedanken; *H. Kantorowicz*, Der Aufbau der Soziologie, in: M. Paly (Hrsg.), Hauptprobleme der Soziologie. Erinnerungsgabe für Max Weber, 1923, S. 73–96 (81): sinnlich erfahrbare Welt, „Sinngebilde (*objective meaning*)“, Normativität; *G. Radbruch*, Rechtsphilosophie, 1932, S. 1ff., 3 (Natur, Werte, Religion), 5: „wertbeziehende Betrachtung [des Rechts], die Betrachtung des Rechts als Kulturtatsache […] (*Rechts-*

Die Debatten um die Ontologie von Normen und Werten bildeten nun den Hintergrund, vor dem der spezifische Unterschied zwischen den Begriffen „Gültigkeit“ und „Geltung“ zum Thema wurde.[12] Er entsprach der Differenz zwischen psychischen Vorstellungen einerseits und der Welt des Geistes andererseits. Man begriff den Begriff der Gültigkeit als ein subjektives Werturteil, während man den Begriff der Geltung als eine objektive Aussage über eine Norm oder ein System von Normen verstand.[13] Der Begriff der Geltung sollte damit die spezifische Seinsart von Ideen und Gedanken[14] und damit auch von Normen bezeichnen,[15] wobei es genauer um die objektive, intersubjektive Verbindlichkeit im Gegensatz zu einem bloß subjektiv verbindlichen idealen Sollen gehen sollte.[16]

Die Rechtstheorie des 20. Jahrhunderts konnte in ihren Diskussionen um den juristischen Geltungsbegriff an diese Intuition anschließen[17] und verstand „Geltung“ konsequent als die „spezifische Form der Existenz einer Norm“.[18] Dabei war freilich selbstverständlich, dass diese Existenz nichts anderes besagte als die Zugehörigkeit einer Norm zur Rechtsordnung,[19] wobei diese Vorstellung konsequent zu einem Stufenmodell des Rechts und der Konzeption einer

---

wissenschaft) [...], bewertende Betrachtung [...] (*Rechtsphilosophie*) [...]; wertüberwindende Betrachtung [...] (*Religionsphilosophie des Rechts*)“.

[12] Das Folgende beruht weitgehend auf *Jansen*, Recht und gesellschaftliche Differenzierung (Fn. 7).

[13] *B. Bauch*, Wahrheit, Wert und Wirklichkeit, 1923, S. 42 f. Bei Bauch steht diese Definition im Kontext erkenntnistheoretischer Fragestellungen; um bloße „tatsächliche Anerkennung“ ging es ihm bei dem Begriff der Geltung gerade nicht. Näher zur Lehre Bauchs *T. Kubalica*, Wahrheit, Geltung und Wert. Die Wahrheitstheorie der Badischen Schule des Neukantianismus, 2011, S. 107 ff.

[14] *H. Lotze*, Logik. Drei Bücher vom Denken, vom Untersuchen und vom Erkennen, 1912, S. 511 ff.; *H. Rickert*, System der Philosophie. Teil 1: Allgemeine Grundlegung der Philosophie, 1921, S. 121 f.

[15] Vgl. *E. Lask*, Die Logik der Philosophie und die Kategorienlehre, in: *ders.*, Gesammelte Schriften, Bd. 2, 1923, S. 1–282 (15 ff.).

[16] *M. Scheler*, Der Formalismus in der Ethik und die materiale Wertethik. Neuer Versuch der Grundlegung eines ethischen Personalismus, 5. Aufl., 1966, S. 277 f.

[17] Grundlegend *Radbruch*, Rechtsphilosophie (Fn. 11), S. 159 ff.; ausführlich dann *C. A. Emge*, Über den Charakter der Geltungsprobleme in der Rechtswissenschaft, 3 Teile, Archiv für Rechts- und Wirtschaftsphilosophie (ARWP) 14 (1920/21), S. 146–171 und S. 277–285 sowie ARWP 15 (1921/22), S. 54–63 (mit ausdrücklicher Bezugnahme auf die neukantianische Diskussion). Heute insbesondere *Alexy*, Begriff und Geltung (Fn. 2); jüngst etwa *F. Wittreck*, Geltung und Anerkennung von Recht, 2014, S. 17 ff.; *Kirste*, Rechtsbegriff (Fn. 6); *Auer*, Rechtsgeltung (Fn. 6).

[18] *H. Kelsen*, Reine Rechtslehre, 2. Aufl., 1960, S. 9 (und ff.); *J. Raz*, Legal Validity, ARSP 63 (1977), S. 339–353 (339, 341); vgl. auch *G. Jellinek*, Allgemeine Staatslehre, 3. Aufl., 1921, S. 20 f.

[19] *H. L. A. Hart*, The Concept of Law, 2. Aufl., 1994, S. 103; *Kelsen*, Reine Rechtslehre (Fn. 18), S. 196 ff.; *R. Lippold*, Geltung, Wirksamkeit und Verbindlichkeit von Rechtsnormen, Rechtstheorie 19 (1988), S. 463–489 (465 ff.).

Grundnorm führt. Jedenfalls gilt „Geltung“ seither als ein ontologisches Prädikat, mit dem über den spezifischen Inhalt einer Norm ebenso wenig gesagt sein soll wie mit einem Existenzprädikat über seinen Gegenstand.[20] Insoweit soll also gelten, was zum Begriff der Existenz klassisch *Kant* formuliert hat:

„Sein ist offenbar kein reales Prädikat, d.i. ein Begriff von irgend etwas, was zu dem Begriffe eines Dinges hinzukommen könne. [...] Hundert wirkliche Taler enthalten nicht das mindeste mehr, als hundert mögliche.“[21]

Versteht man den Begriff der sozialen Geltung nun als ein *empirisches* Urteil über die Wirksamkeit einer Norm, so wird vor diesem Hintergrund allerdings fraglich, ob es bei dieser Form von „Geltung“ tatsächlich um normative Verbindlichkeit geht, also um die spezifische Seinsweise von Normen, und nicht einfach um empirische Tatsachen. Denn wenn soziale „Geltung“ lediglich bedeuten würde, dass eine Norm in einer Gesellschaft normalerweise angewendet wird, so würde es um einen empirischen sozialen Sachverhalt gehen, nicht um normative Erwartungen: Gleichförmiges Verhalten erlaubt keinen Schluss auf Normativität, das zeigen die Mode und vor allem der Musikgeschmack von Jugendlichen sehr deutlich. Sieht man näher hin, so wird allerdings deutlich, dass die empirische Existenz und die soziale Wirksamkeit von Normen durchaus Verschiedenes bezeichnen: Beispielsweise kann eine Norm in dem Sinne existieren, dass sie ordnungsgemäß beschlossen und verkündet wurde, gleichwohl aber weder befolgt noch sanktioniert wird. Einer solchen Norm fehlt es nicht an Existenz, sondern an sozialer Wirksamkeit. Zwar existiert sie nicht als eine soziale Institution, wohl aber als Gegenstand von Gesetzesblättern und anderen Texten. Umgekehrt lässt sich aus der empirischen Tatsache, dass Menschen sich regelförmig verhalten, nicht automatisch auf die soziale Geltung einer Norm schließen – entscheidend ist vielmehr, dass die Menschen die Norm *befolgen*, ihr Verhalten also an der Norm ausrichten und vor allem die Nichtbefolgung sanktionieren. Dass soziale Wirksamkeit in diesem Sinne freilich etwas anderes ist als die empirische Existenz (von Normtexten oder sozialen Verhaltensweisen), liegt schon deshalb auf der Hand, weil Rechtsnormen in einem größeren oder geringeren Maße befolgt und sanktioniert werden können und sich dementsprechend durch den Grad ihrer Befolgung bzw. Durchsetzung unterscheiden.[22] Soziale Wirksamkeit ist also durchaus eine Eigenschaft von Normen. Wenn *Alexy* von der „sozialen Geltung“ von Normen spricht, so handelt es sich dabei nicht um ein ontologisches Prädikat.

---

[20] So *Luhmann*, Geltung (Fn. 6), S. 279.

[21] *I. Kant*, Kritik der reinen Vernunft, 2. Aufl., Riga, 1787, S. 626f.

[22] Siehe noch unten nach Fn. 69.

Parallele Probleme stellt auch die Vorstellung „moralischer Geltung".[23] Nach *Alexy* gilt eine Norm moralisch, „wenn sie gegenüber jedem, der sich auf eine rationale Begründung einläßt, gerechtfertigt werden kann"[24]. Versteht man unter einer Rechtfertigung dabei das Ergebnis moralischer Diskurse unter idealen Bedingungen, so wäre dies Kriterium in der wirklichen Welt freilich nicht brauchbar. Denn ideale Diskurse sind unmöglich. Versteht man *Alexys* Definition als Erfordernis einer zwingenden Begründung, so würde sich der Kreis moralisch „geltender" Normen auf die diskursiv *notwendigen* Normen beschränken, also im Wesentlichen auf eine Teilmenge der Diskursregeln sowie einen Kernbestand von Grundrechten.[25] Versteht man die Definition demgegenüber lediglich als Begründbarkeit, so würden alle diskursiv *möglichen* – also auch unvereinbare – Normen moralisch gelten. Beide Verständnisweisen wären juristisch-pragmatisch indes wenig hilfreich. Interessanter ist hier die Stärke einer moralischen Begründung, also das Gewicht der für eine Norm angeführten Gründe wie insbesondere die Intersubjektivität ihrer Begründung oder die Vereinbarkeit mit allgemeinen moralischen Überzeugungen.[26]

Vor der Unterscheidung von Existenz einerseits und Eigenschaften rechtlicher Normen wie ihrer sozialen Wirksamkeit und mehr oder weniger guten moralischen Begründbarkeit andererseits steht zunächst allerdings die Unterscheidung von Existenz und Geltung. Diese Unterscheidung bleibt im Raum ontologischer Prädikate. Beispielsweise kann es nach einer Währungsreform oder in einer Währungskrise sinnvoll sein, von bestimmten Geldscheinen oder Münzen einer Währung (hundert Talern) zu sagen, sie hätten ihre Geltung verloren. Materiell würden die fraglichen Münzen oder Scheine natürlich weiterhin existieren; sie wären lediglich ihrer Kaufkraft beraubt. Ebenso kann es eine juristisch sinnvolle Aussage bilden, dass eine Rechtsnorm, die ursprünglich ordnungsgemäß erlassen und in Kraft getreten war, in *desuetudo* geraten sei und deshalb ihre Geltung verloren habe. Geltung und Existenz sind also nicht identische, sondern lediglich analoge Konzepte. Sie beziehen sich auf ver-

[23] Vgl. zum Folgenden auch *C. Bäcker*, Recht als institutionalisierte Vernunft?, ARSP 97 (2011), S. 346–359 (355 f.).

[24] *Alexy*, Institutionalisierung (Fn. 3), S. 249.

[25] Näher *R. Alexy*, Diskurstheorie und Menschenrechte, in: *ders.*, Recht, Vernunft, Diskurs, 1995, S. 127–164 (129 ff.). Auch das Habermassche Diskursprinzip („Gültig sind genau die Handlungsnormen, denen alle möglicherweise Betroffenen als Teilnehmer an rationalen Diskursen zustimmen könnten.") erweist sich hier als blass: Welches Maß an Freiheitseinschränkungen sich in einer Pandemie rational rechtfertigen, und welches Maß aus Gründen des Gesundheitsschutzes geboten ist, sind Fragen, deren Beantwortung beispielsweise sehr stark von der individuellen Risikobereitschaft und der Bewertung persönlicher Freiheit abhängt. Diskursiv möglich ist hier offensichtlich vieles.

[26] Näher *N. Jansen*, Die Struktur der Gerechtigkeit, 1998, S. 289 ff.; *ders.*, The Validity of Public Morality, ARSP 84 (1998), S. 1–15.

schiedene Welten bzw. auf verschiedene Dimensionen von Wirklichkeit.[27] Wer sagt, dass eine Norm nicht gelte, bringt zum Ausdruck, dass sie kein Element der Rechtsordnung bilde, auch wenn sie weiterhin in Gesetzesblättern abgedruckt und in der juristischen Lehre tradiert wird und in diesem Sinne offensichtlich existiert. Wer dabei „Geltung" durch ein Prädikat wie „rechtlich", „sozial" oder „moralisch" qualifiziert, erklärt, auf welchen Gründen der Geltungsverlust beruht.

II. Höherrangiges Recht

Aus der Perspektive des Rechts bildet die Zugehörigkeit einer Norm zur Rechtsordnung eine Rechtsfrage, die innerhalb des Rechtssystems anhand rechtlicher Kriterien zu entscheiden ist. Von Geltung zu sprechen setzt also voraus, dass die Geltung der Rechtsnormen einer Rechtsordnung überhaupt einen Gegenstand anderer Rechtsnormen bildet. Der Begriff „Geltung" ist also nur im Rahmen gestufter Rechtsordnungen im Sinne *Kelsens* und *Harts* sinnvoll, in denen höherrangiges Recht die Voraussetzungen der Geltung niederrangigen Rechts normiert.

Nun wurde eine solche Mehrebenenstruktur von Rechtsordnungen in Deutschland[28] erst mit den frühen Verfassungen des frühen 19. Jahrhunderts zum Thema juristischer Debatten; in der Welt des *ancien régime*, in der das Reichskammergericht nur ganz ausnahmsweise die Verbindlichkeit lokaler Statuten hatte überprüfen können,[29] hatten solche Vorstellungen weitgehend fern-

[27] Vgl. in diesem Sinne auch *Lippold*, Geltung (Fn. 19), S. 467, Fn. 12: Geltung sei „die Form […], in der eine Norm normativ existiert; ebenso wie man sagen kann, daß Leben die Form ist, in der Lebewesen biologisch (und nicht bloß chemisch) existieren."

[28] Anders in England; hier hatte die Integration der Justiz in die hierarchisch strukturierte Regierung der Krone bereits seit dem 16. Jahrhundert unterschiedlichste Formen eines *judicial review* möglich gemacht; näher *J. H. Baker*, An Introduction to English Legal History, 4. Aufl., 2002, S. 143; siehe *Rooke's Case*, 5 Coke Reports 99b–100a (1598). Dabei war es zunehmend selbstverständlich geworden, auch niederrangiges Statutarrecht (etwa die *byelaws* von Gemeinden und Körperschaften) zu kontrollieren: *S. Kyd*, A Treatise on the Law of Corporations, Bd. 2, London, 1794, S. 95 ff., 101 ff., 107: „All bye-laws must be reasonable and consistent with the general principles of the law of the land; and their reasonableness and legality must be determined by the judges in the superior courts"; näher *S. Anderson*, Public Law, in: The Oxford History of the Laws of England, Bd. 11, 1820–1914 English Legal System, 2010, S. 301–522 (518 ff.).

[29] Einzelheiten sind nicht ganz klar; zur Prüfung von Reichsgesetzen war das Gericht ohnehin nicht befugt. Vgl. *F. Schack*, Die Prüfung der Rechtmäßigkeit von Gesetz und Verordnung unter besonderer Berücksichtigung Preußens und des Deutschen Reichs, 1918, S. 42 ff.; *B. Wulffen*, Richterliches Prüfungsrecht im Heiligen Römischen Reich Deutscher Nation des 18. Jahrhunderts, Diss. Frankfurt a. M., 1968. Im Alten Reich ging es freilich nicht um das Recht souveräner Herrscher, sondern um die Durchsetzung der Rechtsordnung des Reichs, an die zumindest theoretisch jeder Territorialherr gebunden war.

gelegen. Zwar mussten Juristen auch damals fragen, unter welchen Voraussetzungen beispielsweise Normen des römischen Rechts anwendbar waren, unter welchen Voraussetzungen sie gegenüber lokalem Recht zurückzutreten hatten, und wie weit der Rückgriff auf Lehren des Naturrechts zulässig war. Solche Fragen beantwortete man allerdings nicht im Rückgriff auf Rechtsnormen, denn solche Rechtsnormen gab es nicht. Vielmehr stellte man auf die Praxis ab, indem man entweder ganz unmittelbar fragte, ob eine fragliche römische Quellenstelle (*lex*) in der Praxis faktisch angewendet wurde (*usus*),[30] oder genauer darauf abstellte, ob gelehrte Juristen eine solche Anwendung erwarten durften (*auctoritas*).[31] Über die Verbindlichkeit einer Norm war mit der Feststellung, sie sei nicht anwendbar, im Übrigen ohnehin nichts gesagt, denn es war keinesfalls ungewöhnlich, dass eine bestimmte Norm, die in einem Fall aus bestimmten Gründen nicht angewendet wurde, in einem anderen Fall durchaus Anwendung fand.

Fernliegend wäre einem Juristen dieser Zeit aber vor allem auch die Vorstellung erschienen, Naturrecht sei gegenüber einfachem Recht in dem Sinne höherrangig, dass es dieses „brechen" könnte.[32] Diese Vorstellung stammt aus der katholischen Moraltheologie der Neuscholastik bzw. des Neothomismus; sie erklärt sich aus der Konfrontation von Staat und Kirche.[33] Demgegenüber argumentierte das Naturrecht der Aufklärung staatsorientiert: Man formulierte rationalistische Programme zur Modernisierung des gemeinrechtlichen

---

[30] *S. van Groenewegen*, Tractatus de legibus abrogatis et inusitatis in Hollandia vicinisque regionibus, Leiden, 1649; näher *Jansen*, Recht und gesellschaftliche Differenzierung (Fn. 7), S. 231 f.

[31] *S. Stryk*, Discursus Praeliminaris de Usu et Auctoritate Juris Romani in Foris Germaniae, in: *ders.*, Specimen Usus modernus Pandectarum, 4. Aufl., Halle, 1713, Bd. 1, S. 1–38; dazu *Jansen*, Recht und gesellschaftliche Differenzierung (Fn. 7), S. 232 ff. Zwar formulierte Stryk damit ein normatives Anwendungskriterium, doch verwies dies unmittelbar auf die Praxis der Rechtswissenschaft.

[32] Anschaulich *C. Thomasius*, Fundamenta Juris Naturae et Gentium, 4. Aufl., Halle, 1718, *lib.* 2, *cap.* 5, § 34. Näher *J. Schröder*, Recht als Wissenschaft, 3. Aufl., 2020, Bd. 1, S. 115 f. Beispiele bei *K. Luig*, Der Einfluß des Naturrechts auf das positive Privatrecht im 18. Jahrhundert, ZRG (germ.) 96 (1979), S. 38–54, insb. S. 43–47 zur römischen Regel „Kauf bricht Miete".

[33] Näher *N. Jansen*, Das Recht und seine Vernunft. Eine Geschichte universeller Gerechtigkeit, in: N. Jansen/S. Meier (Hrsg.), Iurium Itinera. Festschrift für Reinhard Zimmermann, 2022, S. 121–147 (139 ff.); *M. Liberatore*, Institutiones philosophicae, Bd. 3, 10. Aufl., Rom, 1857, S. 258 f. (Rn. 176); *F. Probst*, Katholische Moraltheologie, Bd. 2, Tübingen, 1850, S. 470 f.: „Soll das Gesetz Geltung haben, so muß es gerecht sein. […] Ungerecht und darum ungültig ist es, […] wenn es dem natürlichen oder göttlichen Gesetze widerspricht"; *J. E. Pruner*, Lehre vom Rechte und von der Gerechtigkeit, Regensburg, 1857, Bd. 1, S. 16 f.; *T. Meyer*, Die Grundsätze der Sittlichkeit und des Rechts nach Maßgabe der im Syllabus § VII. verzeichneten Irrthümer, Freiburg, 1868, S. 130 f. Üblicherweise parallelisierte man dabei Natur- und Kirchengesetz: *A. Stöckl*, Lehrbuch der Philosophie, Bd. 2, 3. Aufl., Mainz, 1872, S. 486 ff., 490 f.; *J. Haring*, Der Rechts- und Gesetzesbegriff in der katholischen Ethik und modernen Jurisprudenz, Graz, 1899, S. 41 ff., S. 104 ff.

Erbes,[34] zur politischen Ordnung des Gemeinwesens und zur Legitimation fürstlicher Herrschaftsansprüche.[35] Dass das „willkürliche" positive Recht der Zeit hinter den Rationalitätsstandards solcher Entwürfe zurückblieb, lag in der Natur der Sache und änderte jedenfalls nichts an seiner Verbindlichkeit.[36] Zwar sollten positives Recht und Naturrecht ein organisches Ganzes bilden,[37] Gerichte bei der Rechtsanwendung also auch Naturrecht berücksichtigen. Aber das galt nur, soweit dies Naturrecht seitens des Herrschers anerkannt war.[38] Dass Gesetze das Naturrecht modifizierten und auch dann verbindlich waren, wenn sie akademischen Lehren widersprachen, blieb selbstverständlich.[39]

Ganz anders die juristische Welt zu Beginn des 19. Jahrhunderts: Jetzt verfügten nicht nur die Vereinigten Staaten und Frankreich, sondern auch die konstitutionellen Monarchien Süddeutschlands, der Niederlande und wenig später auch Belgiens über Verfassungsdokumente, in denen geregelt war, unter welchen Voraussetzungen staatliche Organe Rechtsnormen erlassen durften und welche Verfahren, Formen und auch materiellen Grenzen dabei zu beachten waren. Nicht einfach zu beantworten war dabei die Frage nach der Rechtsfolge eines Verstoßes gegen solche Regelungen, war die Folge von Verfassungsverstößen doch in den meisten Verfassungen ungeregelt geblieben. Es verwundert deshalb nicht, dass die Frage der Verbindlichkeit verfassungswidriger Rechtsnormen alsbald zum Gegenstand einer internationalen Diskussion wurde;[40] bis

---

[34] Exemplarisch *J. Domat*, Les loix civiles dans leur ordre naturel, le droit public et legum delectus, Paris, 1689.

[35] Statt aller *K. Haakonssen*, German natural law, in: M. Goldie/R. Wokler (Hrsg.), The Cambridge History of Eighteenth-Century Political Thought, 2006, S. 251–290 (255 ff.).

[36] *S. Pufendorf*, De iure naturae et gentium libri octo, Frankfurt a. M./Leipzig, 1759, *lib.* 2, *cap.* 3, § 24: „(legum civilium) ratio desumta est […] ex nudo legislatoris arbitrio".

[37] In diesem Sinne hieß es bisweilen, das *ius civile* statuiere nichts gegen die *aequitas naturalis*; so etwa *G. A. Struve*, Syntagma Jurisprudentiae secundum Ordinem Pandectarum […] Cum Additionibus Petri Mülleri, 3. Aufl., Frankfurt a. M. und Leipzig, 1738, *exerc.* 6, *n.* 12; *G. R. Emme*, Philosophia Juris Ostensa in Doctrina de Obligationibus & Actionibus (sub praesidio D. *Christiani Thomasii*), Diss. Leipzig, 1682, § 112.

[38] *Thomasius*, Fundamenta (Fn. 32), 2, 5, 34; *Pufendorf*, De iure naturae (Fn. 36), 8, 1, 1; s. auch *F. Grunert*, Äußere Norm und inneres Gewissen, in: M. Germann/W. Decock (Hrsg.), Das Gewissen in den Rechtslehren der protestantischen und katholischen Reformationen, 2017, S. 297–312 (307); *C. Schott*, Rechtsgrundsätze und Gesetzeskorrektur, 1975, S. 71–73.

[39] Vgl. *J. H. Boehmer*, Introductio in Ius Digestorum, 2. Aufl., Halle, 1714, *lib.* I, *tit.* II, *n.* 14, 16; *W. Blackstone*, Commentaries on the Laws of England, Bd. 1, 3. Aufl., Oxford, 1768, S. 91: „if the parliament will positively enact a thing to be done which is unreasonable, I know of no power that can control it". Der ethische Vorrang des Naturrechts (ebd., S. 41: „no human laws are of any validity, if contrary to" [natural law, N. J.]) war juristisch irrelevant; näher *J. Finnis*, Blackstone's Theoretical Intentions, Natural Law Forum 1 (1967), S. 163–183.

[40] Siehe nur *R. von Mohl*, Das Bundes-Staatsrecht der Vereinigten Staaten von Nord-Amerika, Teil I, Stuttgart und Tübingen, 1824, S. 133 ff.; *ders.*, Ueber die rechtliche Bedeutung verfassungswidriger Gesetze, in: *ders.*, Staatsrecht, Völkerrecht und Politik, Bd. 1, Tübingen, 1860, S. 66–95; *H. Bischof*, Verfassung, Gesetz, Verordnung und richterliches Prüfungsrecht

heute gilt die Entscheidung des Amerikanischen Supreme Court in *Marbury* v. *Madison* als wegweisend.[41]

In Deutschland kreiste die Diskussion um königliche Verordnungen, mit denen Regierungen Materien geregelt hatten, für die eigentlich ein Gesetz, also die Zustimmung des bürgerlichen Parlaments, erforderlich gewesen wäre. (Üblicherweise war dies geschehen, weil die Regierung eine solche Zustimmung nicht erwarten konnte.)[42] Ebenso wie der Supreme Court hatten zunächst auch die deutschen Gerichte[43] und die deutlich überwiegende Lehre ein solches Prüfungs- und Verwerfungsrecht bejaht.[44]

---

der Verfassungsmäßigkeit landesherrlicher Gesetze und Verordnungen, Zeitschrift für Civilrecht und Prozeß 16 (1859), S. 235–294 und S. 385–442 (286 ff., 405 ff. m. w. N.).

[41] *Marbury* v. *Madison*, 5 U.S. (1 Cranch) 137, 176–180 (1803) – freilich hat der Supreme Court erst in der 2. Hälfte des 19. Jahrhunderts Gesetze wegen Verfassungsverstoßes auch tatsächlich für unwirksam erklärt. Aus der deutschen Literatur dazu etwa *W. Hoffmann-Riem*, Das Ringen um die verfassungsgerichtliche Normenkontrolle in den USA und Europa, JZ 2003, S. 269–275 (269 f.).

[42] *R. Ogorek*, Richterliche Normenkontrolle im 19. Jahrhundert. Zur Rekonstruktion einer Streitfrage, ZNR 11 (1989), S. 12–38 (17 ff., 24 ff.).

[43] OAG Lübeck, Seufferts Archiv 4 (1851), Nr. 250, S. 399–403, mit Hinweisen auf ältere Entscheidungen des OAG Darmstadt, bayerischer Gerichte sowie des OAG Cassel (8. 1. 1835). W. N. zum In- und Ausland (Frankreich) etwa bei *H. A. Zachariä*, Erstreckt sich das richterliche Entscheidungsrecht auf die Frage, ob die Regierung eine Verordnung, auf welche sich in einer Streitsache die Partheyen beziehn, zu erlassen berechtigt gewesen sey, AcP 16 (1833), S. 145–182 (151 f., 154, 156–158); *Ogorek*, Normenkontrolle (Fn. 42), S. 26.

[44] Die Diskussionen sind im Einzelnen schwierig zu rekonstruieren; näher *Jansen*, Recht und gesellschaftliche Differenzierung (Fn. 7), S. 250 f. m. w. N. Für ein weitgehendes Prüfungsrecht insbesondere *A. Jordan*, Bemerkungen über den Gerichtsgebrauch, dabey auch über den Gang der Rechtsbildung und die Befugnisse der Gerichte, AcP 8 (1825), S. 191–260 (214 ff.); *Zachariä*, Entscheidungsrecht (Fn. 43), S. 170 ff., S. 175 ff.; *von Mohl*, Bedeutung verfassungswidriger Gesetze (Fn. 40); *G. F. Puchta*, Vorlesungen über das heutige römische Recht, Bd. 1, Leipzig, 1847, S. 33 f. (§ 15); detaillierter *ders.*, Brief an Gustav Hugo vom 14. 2. 1839, in: H. H. Jakobs (Hrsg.), Georg Friedrich Puchta. Briefe an Gustav Hugo, 2009, S. 197 f. Kritisch demgegenüber *C. J. A. Mittermaier*, Beiträge zur Lehre von den Gegenständen des bürgerlichen Prozesses, AcP 4 (1821), S. 305–370 (334 f.); *ders.*, Ueber die Ergebnisse der legislativen Thätigkeit in Bezug auf Civilprozeßgesetzgebung und Gerichtsorganisation seit 1830, AcP 17 (1834), S. 122–160, S. 279–319 und AcP 18 (1835), S. 119–148, Teil 2, S. 310 f.; *J. T. B. Linde*, In Monarchien mit landständischer Verfassung sind die Gerichte nicht befugt, die Gültigkeit der von den Monarchen ohne Mitwirkung der Landstände erlassenen Gesetze (Verordnungen) einer Prüfung und Entscheidung zu unterwerfen, AcP 16 (1833), S. 305–382 (309 ff. m. w. N.). Nach dem Kurhessischen Verfassungskonflikt wurde das offenbar zur herrschenden Meinung; siehe etwa *Bischof*, Verfassung (Fn. 40), S. 414 ff. mit einem ausführlichen Diskussionsbericht und w. N. S. 281 ff., S. 385 ff. Als der Dritte Deutsche Juristentag 1862 die Frage diskutierte, ob „Verordnungen und Erlasse des Staatsoberhauptes oder der Staatsregierung, deren Inhalt nur in der Form des Gesetzes mit Zustimmung der Stände hätte festgestellt werden können, […] für den Richter […] verbindende Kraft“ haben, folgte man freilich wieder mit einer „an Einstimmigkeit grenzende Majorität“ dem ablehnenden Votum von Rudolf Jhering: Verhandlungen des Dritten Deutschen Juristentages II, Berlin, 1863, S. 61.

Nun soll an dieser Stelle allerdings nicht diese Verfassungsdiskussion des 19. Jahrhunderts das Thema sein.[45] Entscheidend ist allein, dass in diesem Verfassungskonflikt den deutschen Juristen endgültig bewusst wurde, dass die Verbindlichkeit und Anwendbarkeit des Rechts zu Rechtsfragen geworden waren. Diese Erkenntnis hatte mit den frühneuzeitlichen Diskussionen um die rechte Staatsform und die Befugnisse von Regierungen einerseits und mit den großen Revolutionen andererseits in der Luft gelegen;[46] *Alexy* hat völlig zu Recht darauf hingewiesen, dass die Vorstellung einer Grundnorm, also eines letzten Kriteriums rechtlicher Verbindlichkeit, zwar nicht dem Begriff, wohl aber der Sache nach, bereits bei *Kant* zu finden ist.[47] Aber erst jetzt war die Frage, unter welchen Umständen neues positives Recht entstehen konnte, auch positiv geregelt und damit im Konfliktfall eindeutig zu entscheiden.

III. „Geltung" als Rechtsbegriff

Die Umstellung des Rechts auf den Begriff der Geltung erklärt sich aus diesem Strukturwandel juristischen Denkens; es ist bemerkenswert, wie rasch die Sprache des Rechts hier zu einer gänzlich neuen Terminologie fand: Zu Beginn des 19. Jahrhunderts hatte man die verfassungsmäßige Wirksamkeit eines Gesetzes zumeist untechnisch als Frage der „verfassungsmäßigen Gültigkeit" einer Norm diskutiert;[48] allerdings hatten Autoren wie *Puchta* es vorgezogen, von der „Existenz" eines Gesetzes oder einer Norm zu sprechen.[49] Auf derselben Linie argumentierte *von Mohl*, eine besonders einflussreiche Stimme in dieser

---

[45] Dazu *Jansen*, Recht und gesellschaftliche Differenzierung (Fn. 7), S. 249–268.

[46] *Jansen*, Recht und gesellschaftliche Differenzierung (Fn. 7), S. 268 ff. Auch Stryks Kriterium der *auctoritas* einer Norm (oben Fn. 31) war rechtlich gefasst, auch wenn die Kriterien dafür – der usus, also die Praxis der Rechtswissenschaft – auf der Ebene sozialer Tatsachen blieben.

[47] *Alexy*, Begriff und Geltung (Fn. 2), S. 186 f.; siehe *I. Kant*, Die Metaphysik der Sitten, Teil I. Metaphysische Anfangsgründe der Rechtslehre, 2. Aufl., Königsberg, 1798, S. 24: „Es kann also eine äußere Gesetzgebung gedacht werden, die lauter natürliche (Akad. Ausg.: positive) Gesetze enthielte; alsdenn aber müßte doch ein natürliches Gesetz vorausgehen, welches die Autorität des Gesetzgebers (d. i. die Befugnis, durch seine bloße Willkür andere zu verbinden) begründete."

[48] OAG Lübeck, Seufferts Archiv 4 (1851), Nr. 250, S. 399 f. m. N. (8. 1. 1835); siehe auch *Zachariä*, Entscheidungsrecht (Fn. 43), S. 175 und öfter: „Rechtsgültigkeit der Verordnungen"; *von Mohl*, Bedeutung verfassungswidriger Gesetze (Fn. 40), S. 81: „keine Gültigkeit"; „kein gültiges" Gesetz.

[49] *Puchta*, Brief an Hugo vom 14. 2. 1839 (Fn. 44), S. 197: „Ich behaupte, daß der Richter die Existenz des Gesetzes zu beurtheilen habe"; *ders.*, Vorlesungen (Fn. 44), S. 33: „Existenzfrage". Ebenso *R. Jhering*, (stenographischer) Bericht für den Dritten Deutschen Juristentag: Verhandlungen des Dritten Deutschen Juristentages, Bd. 2, Berlin, 1863, S. 10–19 und S. 49–55, 11.

Diskussion, dass ein verfassungswidriges Gesetz „gar kein Gesetz“ sei[50] und deshalb als „nicht vorhanden“ angesehen werden müsse.[51] Offensichtlich sprach man hier metaphorisch; niemand zweifelte, dass ordnungsgemäß publizierte Gesetze, auch wenn sie verfassungswidrig waren, das Handeln der Verwaltung bestimmten, also durchaus als soziale Tatsachen existierten. *Puchta* und *von Mohl* wollten mit ihrer Rede von der Nichtexistenz einer Norm also lediglich zum Ausdruck bringen, dass ein Gesetz nur dann von Rechts wegen verbindlich sein konnte, wenn es zu einem Element einer Rechtsordnung und in diesem Sinne ein Teil der juristischen Wirklichkeit geworden war. Nahm man die normative Perspektive des Rechts ein, so erschien die „verfassungsmäßige Gültigkeit“ einer Rechtsnorm jetzt also als ein gleichsam ontologischer Sachverhalt. Daher die Rede von der „Existenz“ einer Rechtsnorm.

Seit der Jahrhundertmitte etablierte sich für diesen Sachverhalt nun aber zunehmend rasch der Modebegriff der „Geltung“,[52] der, soweit ich sehe, zuvor in dieser spezifisch normativ-ontologischen Bedeutung nicht gebräuchlich gewesen war;[53] damit wurde „Geltung“ zugleich zum juristischen Grundbegriff.[54]

---

[50] So die Formulierung etwa bei *von Mohl*, Bedeutung verfassungswidriger Gesetze (Fn. 40), S. 74, S. 80. Ähnlich ebd., S. 79: „ob ein angeführtes Gesetz wirklich eines sei und ob und wie es im einzelnen Rechtsstreit Anwendung finde“.

[51] Siehe beispielhaft *R. von Mohl*, Art. „Gesetz, Gesetzgebende Gewalt, Gesetzgebung“, in: J. C. Bluntschli/K. Brater (Hrsg.), Deutsches Staatswörterbuch, Bd. 4, Stuttgart und Leipzig, 1859, S. 267–289 (275).

[52] Vgl. etwa *A. von Humboldt*, Kosmos. Entwurf einer physischen Weltbeschreibung, Bd. 1, Stuttgart und Tübingen, 1845, S. 385: „Wenn wir eine Idee bezeichnen wollen, die durch die ganze Geschichte hindurch in immer mehr erweiterter Geltung sichtbar ist“; *K. Ludwig*, Lehrbuch der Physiologie des Menschen, Bd. 1, Heidelberg, 1852, S. 132: „eine Beobachtung, welche im Stande gewesen wäre, die ausschliessliche Geltung des Bell'schen Gesetzes aufzuheben“; *W. Diltey*, Einleitung in die Geisteswissenschaften, Leipzig, 1883, S. 404: „Die eingeschränkte Geltung des Satzes ex nihilo nihil fit hat schon Thomas von Aquino erkannt“; *H. Baumgart*, Handbuch der Poetik, Stuttgart, 1887, S. 2 und *passim*: „Wie weit sind die in den genannten Schriften aufgestellten Fundamentalsätze noch heute in Geltung?“; *E. Schröder*, Vorlesungen über die Algebra der Logik, Bd. 1, Leipzig, 1890, S. 174: „[...] musste der Satz II allgemeine Geltung haben“; *G. Simmel*, Über sociale Differenzierung, Leipzig, 1890, S. 61: „Als die Mutterfamilie [...] durch die Geltung der männlichen Macht verdrängt war“.

[53] Näher Grimm/*Grimm*, Deutsches Wörterbuch IV (Fn. 1), Sp. 3066–3096, Stichwort „Gelten“, sowie Sp. 3098 f., Stichwort „Geltung“. Zwar war in der älteren gemeinrechtlichen Diskussion gelegentlich von *validitas* die Rede gewesen, doch war es dabei entweder um die rechtliche Wirksamkeit typischerweise privater individueller Rechtsakte gegangen (z. B. *Liber Extra* 1,2,6; 1,3,8; 1,3,10; 1,3,17; 2,24,2; 2,24,13 und öfter.), oder um die nach den Regeln der Statutentheorie vorrangige Anwendbarkeit einer Norm vor Gericht (etwa *Albericus de Rosate*, Commentarii de statutis, in: Tractatus de statutis diversorum autorum, Frankfurt a. M., 1606, 1–333, *lib.* I, *qu.* VII, *n.* 1: „Statutum civitatis contradicens iuri communi an valeat?“; ebd., *n.* 7: „Statutum, quod instrumentum confectum à non tabellione fidem faciat, an valeat?“; *qu.* VIII, *n.* 1: „Statuta contra ius canonicum, vel divinum, an valeant?“). Insbesondere bei Bartolus finden sich zudem einzelne Formulierungen, die auf eine Unterscheidung der Wirksamkeit einer Norm von ihrer Anwendbarkeit hindeuten (vgl. etwa *Bartolus*, In duodecim libros Codicis commentaria, Basel, 1562, *ad* C. 1,1,1, *nn.* 21 f.: Wirksamkeit einer testaments-

Der Begriff steht also in einem unmittelbaren Zusammenhang zu einer Deutung der Verbindlichkeit von Rechtsnormen als normativer Existenzaussage, die in justiziabler Form erst mit der Etablierung gestufter Rechtsordnungen, in Deutschland also erst im Frühkonstitutionalismus, möglich wurde. Interessanterweise bestätigt aber auch ein Blick nach England diesen Befund. Hier hatte die Einbindung der Judikative in das hierarchisch strukturierte zentralistische Regierungssystem der Krone bereits im 17. und 18. Jahrhundert eine richterliche Kontrolle niederrangigen Statutarrechts, etwa von gemeindlichen Satzungen („bye-laws") möglich gemacht.[55] Ähnlich wie in Deutschland war dabei zunächst von der „voidness"[56] oder, noch weniger technisch, von der „goodness",[57] solcher Normen die Rede gewesen. Ab dem 18. Jahrhundert sprach man dann aber genauer von „validity" (Geltung) und „invalidity",[58] wobei „void" und „invalid" freilich noch in *Marbury* v *Madison* offenbar gleichbedeutend nebeneinanderstehen.[59]

Ebenso stand der Begriff der Geltung auch in Deutschland zunächst neben dem der Ungültigkeit;[60] er hat diese Terminologie im Laufe des 19. Jahrhunderts dann aber offenbar als ein präziserer Begriff abgelöst und findet sich in dieser Bedeutung auch außerhalb des engeren verfassungsrechtlichen Kontexts:[61] Bereits 1840 sprach *Savigny* von der „Geltung" des gemeinen

---

rechtlichen Formvorschrift; Anwendbarkeit auf Testamente Ortsfremder). Aber mir sind keine Stellen geläufig, an denen ein Jurist ein Statut tatsächlich aufgrund Verstoßes gegen das *ius commune* für unwirksam erklärt hätte. Für wichtige Hinweise danke ich an dieser Stelle *Maris Köpcke-Tinturé* und *Kristin Boosfeld*.

[54] Siehe etwa *G. Beseler*, System des gemeinen deutschen Privatrechts, Bd. 1, 3. Aufl., Leipzig, 1847, S. 72: „Umfang und Maaß der Geltung des Gesetzes". Beseler hatte die formelle Verfassungsmäßigkeit allerdings unter der Überschrift „Form der Gesetze" (S. 68 ff.) diskutiert, und bezog den Begriff der Geltung auf materielle Fragen, insbesondere auf die Irrelevanz entgegenstehender Privatrechte und auf die Verbindlichkeit auch gegenüber dem Souverän.

[55] Oben Fn. 28.

[56] Chief Justice Coke, *Dr. Bonham's Case*, 8 Coke Reports 113, 118; 77 ER 646.

[57] Justice Holt, *The City of London* v *Wood*, 12 Mod 669, 676; 88 ER 1592.

[58] *Kyd*, Corporations II (Fn. 28), 106 f.

[59] *Marbury* v. *Madison*, 5 U.S. (1 Cranch) 137, 177 (1803).

[60] So etwa *Jordan*, Gerichtsgebrauch (Fn. 44), S. 215: „als wirklich geltend ausgemittelt"; *A. Vollert*, Ueber die Gültigkeit der [...] von der Staatsregierung [...] erlassenen Gesetze [...], Zeitschrift für die gesamte Staatswissenschaft 10 (1854), S. 338–359 (346): Gesetzesakte hätten „zuverlässig keine Geltung", S. 356: neue Gesetze könnten „Geltung erhalten".

[61] Vgl. – neben den im Folgenden Genannten, jeweils nur beispielhaft: *G. Beseler*, Kommentar über das Strafgesetzbuch für die preußischen Staaten, Leipzig, 1851, S. 68: „Geltung jeder andern Rechtsquelle, namentlich des Gewohnheitsrechts, vom Gebiete der Strafrechtspflege ausgeschlossen"; *A. W. Heffter*, Das Europäische Völkerrecht der Gegenwart, Berlin, 1844, S. 11: „Ein auf gegenseitiger Anerkennung beruhendes Recht kann nur unter denjenigen Staaten Geltung haben"; *L. Lesser*, Zur Geschichte der Berliner Börse und des Eisenbahnaktien-Handels, Berlin, 1844, S. 27: „Und nun erhielt plötzlich ein Gesetz Geltung"; *C. F. W. von Gerber*, Grundzüge eines Systems des deutschen Staatsrechts, Leipzig, 1865, S. 83, Fn. 3:

Rechts,[62] *Beseler* 1843 von der „allgemeinere(n) Geltung des römischen Rechts in einer früheren Zeit".[63] Im gleichen Sinne diskutierte *Bluntschli* 1868 die Geltung völkerrechtlicher Normen[64] und *von Liszt* 1881 die zeitliche Geltung von Strafvorschriften.[65] In *Labands* Staatsrecht fungiert der Begriff der Geltung dann durchgehend als begrifflicher Fluchtpunkt der dogmatischen Darstellung.[66]

Bei dieser Rede von Geltung scheint mir vor allem bemerkenswert, dass der Begriff die Verbindlichkeit von Normen und Rechtssystemen von Anfang an in der eigentümlichen Form eines deskriptiven ontologischen Prädikats zum Ausdruck brachte. Der Begriff bezeichnete damit etwas ganz anderes als die Begriffe der Anwendbarkeit bzw. des *usus*, bei denen es einfach um die vorfindliche juristische Praxis ging.[67] (Wo von der „Geltung" vormodernen Rechts die Rede war, handelte es sich dementsprechend um eine ahistorische Terminologie.) Einerseits nimmt der Begriff nämlich in einem deskriptiven Sinne auf eine Rechtsordnung bzw. ihre Normen Bezug und bringt dabei zum Ausdruck, dass diese als eine Institution existieren;[68] auch die Geltung einer einzelnen Geset-

„Die Geltung des Primogeniturrechts wird übrigens von allen deutschen Verfassungsurkunden unter die Grundgesetze aufgenommen"; *R. Jhering*, Der Geist des römischen Rechts auf den verschiedenen Stufen seiner Entwicklung, Bd. 2/2, Leipzig, 1854, S. 229: „daß dieser [...] Rechtssatz [...] in Latium bis zur lex Julia (664) Geltung gehabt hatte"; *T. Mommsen*, Römische Geschichte, Bd. 3, Leipzig, 1856, S. 92: „Vor allen Dingen erhielt das tribunicische Amt wieder seine frühere Geltung".

62 *F. C. von Savigny*, System des heutigen Römischen Rechts, Bd. 1, Berlin, 1840, S. 4: „Bey der Auflösung des Deutschen Reichs behaupteten nun manche Schriftsteller, daß das gemeine Recht mit seiner Basis, der Reichsstaatsgewalt, auch seine Geltung verloren habe."

63 *G. Beseler*, Volksrecht und Juristenrecht, Leipzig, 1843, S. 31.

64 *J. C. Bluntschli*, Das moderne Völkerrecht der civilisirten Staaten, Nördlingen, 1868, S. 10: „Das Völkerrecht [...] hat schon manchen Sieg über die Schwierigkeiten erfochten, welche seiner Geltung im Wege stehen".

65 *F. von Liszt*, Das deutsche Reichsstrafrecht, Berlin u. a., 1881, S. 44: „fortdauernde Geltung des §. 270 des preuß. StGB."; siehe auch ebd., 49: „Die Strafrechtssätze [...] finden keine Anwendung auf die vor oder nach ihrer Geltung begangenen Delikte".

66 *P. Laband*, Das Staatsrecht des Deutschen Reiches, 4 Bände, Tübingen bzw. Freiburg, 1876–1882, Bd. 1, S. 8: „Gesetze [...], welche wegen ihres Ursprungs formell gemeinrechtliche Kraft und Geltung hatten und welche trotz der Auflösung des Reiches diese Bedeutung behielten"; Bd. 2, S. 1: „Geltung" von Gewohnheitsrecht; Bd. 3/1, S. 3: „Die Reichsverfassung enthält demnach gleichsam ein Idealrecht, welches nirgends verwirklicht ist, das vielmehr nur die Normallinie bildet, um welche sich die thatsächlich in Geltung stehenden Regeln in mancherlei Windungen ziehen"; Bd. 3/2, S. 2: „Bis zum Erlaß dieser gemeinsamen Gesetzgebung blieb allerdings [...] die bunte Masse der partikularen Rechtsvorschriften über das Verfahren in Geltung [...]". Daneben sprach Laband durchgehend im heutigen Sinn von „in Geltung treten" bzw. „stehen" oder Geltung „haben".

67 *Jordan*, Gerichtsgebrauch (Fn. 44), S. 215: Unanwendbarkeit und Ungültigkeit (mangelnde Geltung) seien „keinesfalls gleichbedeutend".

68 Vgl. etwa *J. C. Bluntschli*, Allgemeine Statslehre. Fünfte umgearbeitete Auflage des ersten Bandes des Allgemeinen Statsrechts, Stuttgart, 1875, S. 6: „Alles Recht und alle Politik

zesbestimmung erscheint in diesem Sinne als eine institutionelle Tatsache. Entscheidend ist bei dem Geltungsurteil allerdings andererseits ein normativer Aspekt, nämlich die Verbindlichkeit der fraglichen Normen. Dementsprechend haben auch die Kriterien von Geltungsurteilen einen normativen Charakter; hier geht es um Verfassungsnormen, um eine dahinterstehende *rule of recognition* oder Grundnorm, sowie möglicherweise auch um von Rechts wegen beachtliche moralische Elementarstandards. Auch die Frage, welches Maß an sozialer Anerkennung für die Verbindlichkeit bzw. Geltung einer Rechtsnorm erforderlich sein soll, wird, wo immer die Frage zur Entscheidung steht, zu einer Rechtsfrage und ist damit innerhalb des Rechtssystems, aufgrund rechtlicher Maßstäbe zu beantworten.[69]

Hinzu kommt Folgendes: Anders als die Begriffe des *usus* bzw. der Anwendbarkeit, der sozialen Wirksamkeit oder der rechtlichen Autorität, der sozialen Anerkennung bzw. der schwächeren oder stärkeren moralischen Begründung ist der Begriff der Geltung nicht graduierbar. Während es sinnvoll ist, von einer höheren oder geringeren sozialen Wirksamkeit oder Autorität einer Norm oder etwa von regionalen Unterschieden in der Anwendung bzw. im *usus* einer Bestimmung des römischen Rechts zu sprechen, wäre eine solche Redeweise bei dem Begriff der Geltung nicht verständlich. Beispielsweise ist der Satz

„Norm N_1 wird in einem geringeren Maße befolgt als Norm N_2."

sinnvoll und ohne weiteres verständlich. Für den Satz

„Norm N_1 gilt in einem geringeren Maße als Norm N_2."

gilt das nicht.

Mit alldem hat die Rede von „sozialer" oder „moralischer Geltung" also einen analogen bzw. metaphorischen Charakter; wo von „sozialer Geltung" die Rede ist, fehlt das normative Element der Verbindlichkeit; wo es um „moralische Geltung" geht, der objektive institutionelle Charakter, der die Voraussetzung einer sinnvollen ontologischen Aussage bildet. Auch wenn es sinnvoll sein kann, die soziale Wirksamkeit bzw. die moralische Begründbarkeit im Sinne eines Anspruchs auf moralische Richtigkeit als Kriterien rechtlicher Geltung in den Rechtsbegriff (also in die Verfassung bzw. in die Grundnorm eines Rechtssystems) zu inkludieren, ist Geltung also etwas kategorial anderes als (soziale) Wirksamkeit oder gute (moralische) Begründbarkeit. Nur wo von Geltung die Rede ist, kommt die ontologische Dimension einer Aussage über die Verbindlichkeit einer Rechtsnorm oder Rechtsordnung zum Ausdruck.

---

nämlich hat eine ideale Seite, einen sittlichen und geistigen Gehalt in sich, aber beide ruhen zugleich auf einem realen Boden, und haben auch eine leibliche Gestalt und Geltung".

[69] Vgl. *Luhmann*, Geltung (Fn. 6), S. 279: „es gilt, was gilt."

IV. Schluss

Die Geschichte des Begriffs rechtlicher Geltung erlaubt ein genaueres Verständnis der eigentümlichen Bedeutung eines normativen ontologischen Prädikats: Der Begriff – das macht die Diskussion im 19. Jahrhundert unmittelbar anschaulich – bringt eine normative Existenzaussage über Normen zum Ausdruck. Er verlangt dementsprechend handhabbare höherstufige normative Verbindlichkeitskriterien, ist also nur im Rahmen gestufter Normordnungen sinnvoll. Das erklärt, warum der Begriff der Geltung schlecht passt, wo die Verbindlichkeit von Recht nicht verbindlich geregelt ist, sondern allein auf sozialer Anerkennung bzw. auf der Qualität seiner Begründung beruht. Von der „Geltung" eines Präjudizes oder auch von Richter- bzw. Rechtsprechungsrecht[70] zu sprechen, wäre deshalb in einer kodifizierten Rechtsordnung[71] missverständlich,[72] denn hier sind Gerichte nicht zur Normsetzung befugt, und es gibt auch keine Regeln, die eine solche Normsetzung steuern könnten. In der Literatur ist dementsprechend treffender von der Autorität eines Urteils, einer bestimmten Rechtsprechung oder auch eines Gerichts die Rede.[73] Ganz allgemein erscheint die Rede von sozialer Wirksamkeit bzw. guter moralischer Begründung oder moralischer Begründbarkeit gegenüber den Begriffen der „sozialen" bzw. „moralischen Geltung" klarer und deshalb vorzugswürdig. Denn jeweils handelt es sich hier nicht um eigentliche Geltungsaussagen über Normen im Sinne ontologischer Prädikate, sondern um (graduierbare) Eigenschaften von Normen.

Dementsprechend wird vor diesem Hintergrund verständlich, warum der Begriff der Geltung sich nur im Recht, nicht aber in der (politischen) Philoso-

---

[70] Der Begriff des Rechtsprechungsrechts geht zurück auf *M. Albers*, Höchstrichterliche Rechtsfindung und Auslegung gerichtlicher Entscheidungen, VVDStRL 71 (2012), S. 257–295 (259) und *passim*. Gegenüber dem Begriff des „Richterrechts" bringt er treffend zum Ausdruck, dass es sich hierbei um ein eigenes „Text- und Kommunikationsformat" handelt, „dessen Rechtsgehalt sich in den anschließenden Deutungsprozessen entfaltet und herauskristallisiert."

[71] Genau umgekehrt für das *common law*, freilich aufgrund einer strikten *doctrine of precedent*, wonach Gerichte im Falle einer Regelungslücke neues Recht setzen, *J. Raz*, The Authority of Law, 2. Aufl., 2009, S. 195: „Strictly speaking judge-made law is binding and valid, just as much as enacted law." Auch wenn Richter von einem Präjudiz abweichen, und sei es im Wege des *distinguishing*, versteht Raz dies als einen Akt neuer Normsetzung.

[72] *Albers*, Höchstrichterliche Rechtsfindung (Fn. 70), S. 286 f. und *passim*; *M. Payandeh*, Judikative Rechtserzeugung. Theorie, Dogmatik und Methodik der Wirkungen von Präjudizien, 2017, S. 136 ff.; *F. Bydlinski*, Juristische Methodenlehre und Rechtsbegriff, 2. Aufl., 1991, S. 501 ff.

[73] *Payandeh*, Judikative Rechtserzeugung (Fn. 72), S. 142 ff., S. 145 ff., S. 277 ff.: „Judikative Rechtserzeugung als autoritative Interpretation des Rechts". Payandeh macht sich hier bewusst eine Kategorie des gelehrten Rechts zu Eigen, um Parallelen zwischen heutigem judikativ erzeugten Recht und dem gelehrten Recht auf den Begriff zu bringen: ebd., S. 147 ff.

phie als brauchbar erwiesen hat.[74] Denn in der öffentlichen Moral kommen als Kriterien der objektiven Verbindlichkeit von Normen allenfalls unpräzise und irreführende Maßstäbe wie die Stärke ihrer Begründung oder der Grad ihrer Anerkennung in Frage.[75] Nur im Recht gibt es einfach handhabbare normative Maßstäbe, anhand derer sich ohne weiteres bestimmen lässt, ob ein Gesetz oder eine Verordnung in dem Sinne „existiert", dass das Gesetz bzw. die Verordnung zu einem Element der Rechtsordnung geworden ist. Zwar vermag keine Verfassung sämtliche Geltungsfragen zu beantworten – insbesondere bieten Verfassungen bekanntlich keine hinreichende Grundlage für die Bewältigung revolutionärer Umbrüche; und sie helfen zumeist auch nicht weiter, wo Normen schlicht vergessen werden und dadurch außer Gebrauch geraten. Aber im Normalbetrieb demokratischer Gesetzgebung erlaubten Verfassungstexte klare Aussagen über die Verbindlichkeit von Gesetzgebungsakten und damit über die Geltung des Rechts.

---

[74] Zwar stellen sich theoretische Probleme, wo von der Geltung einer Rechtsordnung als Ganzer die Rede ist: *Lippold*, Geltung (Fn. 19), S. 472 ff., S. 476 ff. Zu relevanten praktischen Problemen führt das aber nicht.

[75] Vgl. für den Versuch einer Präzisierung *Jansen*, Gerechtigkeit (Fn. 26), S. 289 ff.; *ders.*, Validity of Public Morality (Fn. 26). Der Titel dieses Aufsatzes hat also eine metaphorische Bedeutung; ich halte ihn heute nicht mehr für glücklich.

Der Sondercharakter der Verfassungsnormen

*Jorge Alexander Portocarrero Quispe**

Lassen sich Verfassungsnormen in irgendeiner Weise von anderen Rechtsnormen unterscheiden? Bei der Beantwortung dieser Frage geht es nicht nur um Aspekte der Struktur von Rechtsnormen und ihren Beziehungen innerhalb einer Rechtsordnung, sondern auch um kritische Aspekte auf rechtsphilosophischer Ebene. Ziel dieses Aufsatzes ist es, ein Argument zugunsten einer bejahenden Antwort auf diese Frage vorzubringen, nämlich die These vom Sondercharakter der Verfassungsnormen. Diese These besagt, dass Verfassungsnormen im Gegensatz zu anderen Rechtsnormen zwei Besonderheiten aufweisen, nämlich zum einen ihre naheliegende hierarchische Stellung innerhalb des Rechtssystems, und zum anderen ihre institutionalisierende Funktion, materielle bzw. substantielle Gründe in das Rechtssystem einzubeziehen (d.h. ihre konkretisierende Funktion, pragmatische, ethisch-politische und moralische Gründe in positives Recht umzuwandeln). Um den Sondercharakter von Verfassungsnormen zu belegen, werde ich zwei Gruppen von Argumenten untersuchen, die mit den beiden genannten Merkmalen der Sondercharakter-These zusammenhängen, nämlich die Argumente, die sich auf den hierarchischen Aspekt, und solche Argumente, die sich auf die institutionalisierende Funktion dieser Normen beziehen. Im Endeffekt wird geltend gemacht werden, dass der Sondercharakter der Verfassungsnormen einen Großteil der Besonderheiten und Herausforderungen der Verfassungsauslegung verdeutlicht.

I. Das Verhältnis zwischen Verfassungsnormen und Rechtsnormen

Bei der Analyse des Verhältnisses zwischen Verfassungsnormen und den anderen Rechtsnormen[1] gibt es mindestens drei mögliche Szenarien und für jedes von ihnen eine beschreibende These. Erstes Szenario: Verfassungsnormen sind

---

* Der Autor bedankt sich bei Robert Alexy, Julian Rivers und Schnutz R. Dürr für die wertvollen Anmerkungen und Kommentare in der Entstehungsphase dieses Aufsatzes.

[1] Es ist zu unterstreichen, dass der Ausdruck „Verfassungsnormen" im Kontext des sogenannten modernen Konstitutionalismus zu verstehen ist, welcher ein Ergebnis der liberalen Revolutionen des XVIII. Jahrhunderts ist und auf kennzeichnenden Merkmalen wie dem Vorrang der Verfassung als oberste Grenze der politischen Herrschaft, der Gewaltenteilung und der Garantie von Rechten beruht. Die Unterscheidung zwischen Verfassungs- und Rechts-

Rechtsnormen ohne jede weitere Qualifikation (*Äquivalenzthese*)[2]. Zweites Szenario: Verfassungsnormen sind eine gänzlich eigene Art von Rechtsnormen, da sie hauptsächlich aus allgemeinen Richtlinien, politischen Zielen oder Absichtserklärungen ohne jegliche normative Qualität bestehen (*strikte Differenzthese*)[3]. Drittes Szenario: Verfassungsnormen sind eine qualifizierte Gruppe von Rechtsnormen, die ihre formale Struktur mit anderen Rechtsnormen teilen, aber die die höchste hierarchische Stufe innerhalb des Rechtssystems einnehmen und eine institutionalisierende Funktion zugunsten materieller bzw. substantieller Gründe besitzen (*Sondercharakter-These*).

Gewiss haben sowohl Verfassungsnormen als auch andere Rechtsnormen dieselbe formale Struktur: Sie enthalten ein Gebot, welches eine Rechtsfolge nach sich zieht. Beide Arten von Normen können einen Rechtsstatus anerkennen, Verhaltensweisen festlegen, Rechtslagen konstituieren, Zuständigkeiten verleihen oder sogar Definitionen festschreiben. Darüber hinaus können sowohl Verfassungsnormen als auch Rechtsnormen einen Inhalt haben, der sich aus materiellen bzw. substantiellen Gründen ableitet – zum Beispiel Verfassungsnormen, die sich auf Grundrechte, und Rechtsnormen, die sich auf bewährte kulturelle Traditionen beziehen. Die sogenannte Äquivalenzthese ist also zutreffend, wenn sie behauptet, dass die formale Struktur von Rechtsnormen kein geeignetes Argument sein kann, um eine Unterscheidung oder Abgrenzung zwischen Rechtsnormen und Verfassungsnormen vorzunehmen. Diese Homogenität erklärt jedoch nicht einige spezifische Merkmale von Verfassungsnormen, wie ihre übergeordnete Hierarchie und ihre institutionalisierende Funktion, materielle bzw. substantielle Gründe in das Rechtssystem einzubeziehen. Keine andere Norm innerhalb einer Rechtsordnung weist diese

---

normen ist daher für jene Rechtssysteme nicht relevant, in denen die Verfassung nicht die höchste und oberste Quelle der Legitimität und der Rechtsmacht ist; dies wäre etwa der Fall der englischen Verfassungsordnung, in der die „*constitutional laws*“ dem übergeordneten Prinzip der parlamentarischen Souveränität unterworfen sind.

[2] Diese Behauptung wurde von Ernst Forsthoff aufgestellt, der die Auffassung vertritt, dass die einzige gültige Methode zur Auslegung der Verfassung die klassische Auslegungsmethodenlehre ist, vgl. *E. Forsthoff*, Die Umbildung des Verfassungsgesetzes, in: R. Dreier/ F. Schwegmann (Hrsg.), Probleme der Verfassungsinterpretation. Dokumentation einer Kontroverse, 1976, S. 67 ff.; vgl. auch *ders.*, Rechtsstaat im Wandel, 2. Aufl., 1976, S. 130 ff. Auch Karl Larenz vertritt die Auffassung, dass sich die Probleme der Verfassungsauslegung nicht von der Problematik der Gesetzesauslegung unterscheiden, vgl. hierzu *K. Larenz*, Methodenlehre der Rechtswissenschaft, 2. Aufl., 1969, S. 148. Dieser Ansicht schließt sich auch *R. Guastini*, L'interpretazione dei documenti normativi, 2004, S. 277 f., an.

[3] Wróblewski verweist auf diese Möglichkeit, die in einem bestimmten Bereich der französischen, italienischen und polnischen Verfassungsauslegungslehre besteht: „Es gibt Auffassungen, nach denen die Verfassung kein Regelwerk ist, die Verfassung nur ein politisches Programm formuliert, dem es an normativen Qualitäten fehlt, oder dass einige Teile des Verfassungstextes nicht normativ sind, z.B. die Präambel.“ Vgl. *J. Wróblewski*, Constitución y teoría general de la interpretación jurídica, 1985, S. 103.

Merkmale auf. Selbstverständlich betreffen Probleme wie Unbestimmtheit, Mehrdeutigkeit oder die allgemein gehaltene Formulierung ihres Inhalts nicht nur Verfassungsnormen, sondern auch andere Rechtsnormen[4]; Probleme über Vorrangigkeit und Einbeziehung von materiellen bzw. substantiellen Inhalten im Rechtssystem betreffen allerdings nur Verfassungsnormen.

Gegen die sogenannte strikte Differenzthese lässt sich einwenden, dass sie die Normativität der Verfassung nicht ernst nimmt und die Verbindlichkeit von Verfassungsnormen wie auch die Eigenart des Konstitutionalismus umgeht. In der Tat widerspricht die Reduktion der Rolle von Verfassungsnormen auf allgemeine Richtlinien, politische Ziele oder bloße Absichtserklärungen, die dem Ermessen derjenigen unterliegen, die zu ihrer Umsetzung berufen sind, der normativen Kraft der Verfassung als Grundordnung des Staates. Verfassungsnormen in dieser Art und Weise zu beschreiben, ist darüber hinaus mit ihrer regulierenden Funktion bei der Machtverleihung und der politischen Herrschaft unvereinbar.[5] Sollte es einen Unterschied zwischen Verfassungsnormen und Rechtsnormen geben, so kann dieser Unterschied nur in der Hierarchie und der spezifischen Funktion der ersteren im Gegensatz zu den letzteren liegen.

II. Die spezifischen Merkmale von Verfassungsnormen

Die zentrale Behauptung der Sondercharakter-These besagt, dass Verfassungsnormen zwei Merkmale aufweisen, die andere Rechtsnormen innerhalb der Rechtsordnung nicht haben, nämlich die Eigenschaft als höchste machtverleihende Normen (das hierarchische Element) und ihre institutionalisierende Funktion, materielle bzw. substantielle Gründe (d.h. pragmatische, ethisch-politische und moralische Gründe) in das Rechtssystem einzubeziehen (das institutionalisierende Element).

---

[4] Kent Greenawalt schlägt sieben Schlüsselvarianten zur Unterscheidung zwischen Verfassungsnormen und (gesetzlichen) Normen vor: (1) subject matters, (2) open-endedness of concepts, (3) the need for assessing competing interests, (4) difficulties of revision, (5) symbolic significance, (6) the primary addresses, and (7) different allocations of interpretative responsibilities. Vgl. *K. Greenawalt*, Interpreting the Constitution, 2015, S. 5 ff. Allerdings lassen sich alle diese Merkmale sowohl in Verfassungsnormen als auch bei den anderen Rechtsnormen leicht finden, da es Rechtsnormen wie Organgesetze gibt, die alle von Greenawalt genannten Merkmale enthalten können, ohne Verfassungsnormen zu sein.

[5] Vgl. *D. Grimm*, Constitutionalism. Past, Present, Future, 2016, S. 200.

1. Das hierarchische Element

Der erste Schritt zur Rechtfertigung des Sondercharakters von Verfassungsnormen besteht darin festzustellen, dass sie zwar ebenso verbindlich sind wie die anderen Rechtsnormen, darüber hinaus aber eine wichtige Funktion innerhalb des Rechtssystems erfüllen, die die anderen Rechtsnormen nicht aufweisen, nämlich ihre Funktion als höchste verbindliche Normen innerhalb einer Rechtsordnung. Für die Beantwortung der Frage, warum die Verfassungsnormen als die höchsten verbindlichen Normen innerhalb der Rechtsordnung anzusehen sind, gibt es mindestens zwei mögliche Ansätze: Entweder handelt es sich bei dieser höchsten verbindlichen Position um eine faktische Konvention zwischen den Amtsträgern, oder sie ist auf eine abgestufte Struktur zurückzuführen, deren normative Kraft letztlich von einer gewissen machtverleihenden und vereinheitlichenden transzendentalen Norm stammt, die außerhalb der Rechtsordnung liegt.

a) Eine konventionalistische Normativität

Nach der konventionalistischen Ansicht von der normativen Kraft der Normen wären die Verbindlichkeit und die Hierarchie der Verfassung eine Frage der Konvention unter den Amtsträgern einer bestimmten Rechtsordnung, die sich darauf einigen, dass rechtsgültig ist, was mit der Verfassung übereinstimmt. Der Status von Verfassungsnormen als maßgebliche und höchste Quelle der Rechtskraft innerhalb eines Rechtssystems wäre demnach eine Angelegenheit der Konvention zwischen Amtsträgern, d. h. die Verfassungsnormen würden ein System von Präferenzen und Erwartungen bilden, welches eine Gruppe von Rechtsakteuren mit mehreren Handlungsalternativen nutzt, um Koordinationsprobleme in Verfassungsfragen zu bewältigen.[6] Die einflussreichste Begründung für den konventionellen Charakter der rechtlichen Gültigkeit stammt aus *Herbert Harts* Ausführungen zur Erkenntnisregel (*the rule of recognition*).[7] Die Hart'sche Erkenntnisregel ist eine singuläre verpflichtende Argumentationsregel, die besagt, dass die Amtsträger zur Klärung eines normativen Zweifels oder einer Meinungsverschiedenheit darüber, was in einer Rechtsordnung als verbindlich angesehen werden kann, die Geltungskriterien der Gemeinschaft (soziale Praxis) gegeneinander abwägen müssen.[8] Was die

---

[6] Zur Konvention in philosophischen Kategorien und ihrer Funktion als Mittel zur Koordinationslösung, vgl. vor allem *D. Lewis*, Convention. A Philosophical Study, 1986, S. 8 ff.

[7] Hart präsentiert seine Lehre der Erkenntnisregel (*rule of recongnition*) im Kapitel V seines einflussreichen Werks „The concept of Law": „[The rule of recognition] will specify some feature or features possession of which by a suggested rule is taken as a conclusive affirmative incitation that it is a rule of the group to be supported by the social pressure it exerts." Vgl. *H. L. A. Hart*, The Concept of Law, 1961, S. 94.

[8] Vgl. *Hart* (Fn. 7), S. 94, 113; vgl. hierzu auch *S. Shapiro*, What is the Rule of Recognition?

Gültigkeit der Erkenntnisregel angeht, so argumentiert *Hart*, sie sei davon abhängig, dass sie von den Amtsträgern innerhalb einer Rechtsordnung akzeptiert und angewendet wird.[9] Die Hierarchie und die Verbindlichkeit von Verfassungsnormen beruhen also auf einer faktischen – impliziten oder expliziten – Konvention zwischen den Amtsträgern, dass dies der Fall sein muss.

Allerdings kann eine Verfassung nicht mit dem gleichgesetzt werden, was *Hart* als Erkenntnisregel bezeichnet. In *Harts* Modell ist die Erkenntnisregel das Kriterium, nach dem bestimmt wird, was in einem Rechtssystem als Recht angesehen werden kann, wobei die Verfassung eines von mehreren Kriterien ist, die Teil der Erkenntnisregel sein können. So wäre zum Beispiel die Erkenntnisregel der Vereinigten Staaten zur Bestimmung dessen, was Recht ist: „Was immer beide Häuser des Kongresses gebilligt haben, was vom Präsidenten unterzeichnet wurde und was nicht im Widerspruch zur *Verfassung* und ihren Amendments steht, ist in den Vereinigten Staaten Recht".[10] Hier wird deutlich, dass die Verfassung ein Teil der Erkenntnisregel ist, und nicht die Erkenntnisregel schlechthin. Ferner *kann* die Verfassung Teil der Erkenntnisregel sein, *ohne dass dies jedoch zwingend wäre*; so bei der britischen Erkenntnisregel, wie sie Hart formulierte: „Was immer die Königin im Parlament erlässt, ist Recht".[11]

Diese Überlegungen führen uns zu der Annahme, dass die konventionalistische Darstellung der Normativität nicht dazu beiträgt, ein Argument für den Sondercharakter der Verfassungsnormen aufzubauen, da die Verfassung nur eine Norm unter anderen wäre, sowie ihre normative Kraft und hierarchische Stellung nur vom Konsens der Amtsträger abhinge und nicht von irgendeiner

(and does it exist?), in: Yale Law School. Public Law and Legal Theory Research Papers Series 181 (2009), S. 1–34 (S. 4: „Any norm that bears one of the marks of authority set out in the rule of recognition is a law of that system and officials are required to recognize it when carrying out their official duties").

[9] Hart stützt seine Behauptung, dass es sich bei der Gültigkeit der „*master rule of recognition*" um eine faktisch verbindliche Übereinkunft zwischen Rechtsbeamten handelt, auf zwei Argumente: „First, a person who seriously asserts the validity of some given rule of law, say a particular statute, himself makes use of a rule of recognition which he accepts as appropriate for identifying the law. Secondly, it is the case that this rule of recognition, in terms of which he assesses the validity of a particular statute, is not only accepted by him but is the rule of recognition actually accepted and employed in the general operation of the system". *Hart* (Fn. 7), S. 108. In letzter Zeit, *A. Marmor*, Positive law and objective values, Oxford 2001, S. 50; *S. Shapiro*, On Hart's Way Out, in: Legal Theory 4 (1998), S. 469–507 (483).

[10] Diese eher grobe Formulierung der „U.S. Rule of Recognition" beruht auf der ausführlicheren Rekonstruktion von *K. Greenawalt*, The Rule of Recognition and the Constitution, in: Michigan Law Review 85 (1987), S. 621–671 (659 ff.).

[11] *Hart* (Fn. 7), S. 107. Oder, etwas allgemeiner ausgedrückt, in Form des imaginären Königreichs von Rex I: „whatever Rex I enacts is law". Ebd., S. 96.

Eigenschaft der Verfassung selbst.[12] Betrachtet man die Normen in den allermeisten Rechtssystemen (mit Ausnahme solcher Rechtssysteme, die auf der parlamentarischen Souveränität beruhen), so bilden sie in der Tat eine hierarchische Ordnung, die sich aus Geltungsebenen zusammensetzt, welche durch eine Kette von Geltungsnormen verbunden sind. Eine Verfassung ist die oberste machtverleihende Norm, mit der die gesetzgebenden und rechtsprechenden Kompetenzen in Einklang stehen müssen. Wenn man beispielsweise die Gültigkeit einer Verordnung feststellen will, die eine lokale Behörde zum Erlass von Vorschriften ermächtigt, muss man die Kette der Geltungsnormen zurückverfolgen, bis man die höchste Geltungsnorm innerhalb der Rechtsordnung erreicht. Die Erkenntnisregel kann uns nur sagen, dass die tatsächliche Praxis der Amtsträger in dieser bestimmten Rechtsordnung der Verfassung den höchsten Platz in der Normenhierarchie einräumt, aber sie sagt uns nicht, warum dies der Fall ist.

b) Eine transzendentale Normativität

Eine andere Möglichkeit, die Verbindlichkeit von Verfassungsnormen zu erklären, besteht darin, sie als Höhepunkt einer absteigenden Struktur von Geltungsnormen darzustellen. Ein solches Modell würde dem Rechtssystem Verbindlichkeit und Kohärenz verleihen. Dieses Modell würde Verfassungsnormen auch eine besondere Eigenschaft zusprechen, die keine andere Norm im Rechtssystem aufweist, nämlich die der höchsten Ermächtigungsnormen. Ein solches Modell wurde von *Hans Kelsen* in seiner Theorie der hierarchischen Struktur der Rechtsordnung bzw. der *Stufenbaulehre* entwickelt.[13] Für *Kelsen* ist Recht Norm, und jede Norm besteht aus einer Kombination von Sollen und Zwang. Darüber hinaus muss eine Norm notwendigerweise das Endprodukt eines Rechtserzeugungsprozesses sein.[14] Eine der Aufgaben der Verfassungsnormen in *Kelsens* Theorie ist es, den Prozess der Rechtserzeugung zu regeln,[15] damit das Rechtssystem kohärent und verbindlich bleibt.

Kelsens Begriffsapparat erklärt auf logische und systematische Weise die Struktur einer Vielzahl von Rechtssystemen. Die Frage nach der Quelle der normativen Kraft der Verfassung bleibt jedoch in *Kelsens* Darstellung problematisch. Da *Kelsen* ausdrücklich darauf verzichtet, diese Kraft weder durch faktisch-soziologische Gründe noch durch moralisch-ideologische Gründe zu

---

[12] Tatsächlich behauptet Hart, die Gültigkeit der Erkenntnisregel sei „assumed but cannot be demonstrated", vgl. *Hart* (Fn. 7), S. 109.

[13] *H. Kelsen*, Reine Rechtslehre, 2. Aufl., 1960, S. 228 ff.; *ders.*, General Theory of Law and State, 1945, S. 122 ff.; Vgl. hierzu auch das erhellende Werk *S. L. Paulson*, How Merkl's Stufenbaulehre Informs Kelsen's Concept of Law, in: Revus 21 (2013), S. 29–45 (31 ff.).

[14] *H. Kelsen*, Reine Rechtslehre, 1. Aufl., 1934, S. 25 f.

[15] *Kelsen*, Rechtslehre (Fn. 13), S. 228 f.; *ders.*, General Theory (Fn. 13), S. 122 f.

rechtfertigen,[16] muss er die Normativität aus einer anderen Quelle ableiten. Zu diesem Zweck greift er zunächst in einer regressiven Argumentation auf die erste geschichtliche Verfassung zurück, um von dort aus zu behaupten, dass die ultimative Quelle der Normativität aus einer Norm außerhalb der Rechtsordnung stammt, der sogenannten „Grundnorm"; deren Wortlaut wäre etwa: „Handle so, wie es die historisch erste Verfassung autorisiert hat". *Kelsen* zufolge muss die Normativität dieser Grundnorm notwendigerweise als transzendentale Erkenntniskategorie *vorausgesetzt* werden[17] (das sogenannte regressive transzendentale Argument zur Grundnorm *Kelsens*).[18] Eine herrschende Verfassung wäre somit der erste Ausdruck der hypothetischen „Grundnorm" innerhalb eines Rechtssystems.

Die Qualität und Funktion der Verfassung ist für *Kelsens* transzendentalen Normativismus von zentraler Bedeutung, während in *Harts* Konventionalismus die Verfassung gelegentlich ein Teil der Erkenntnisregel sein könnte.[19] Betrachtet man jedoch ein konkretes Rechtssystem, so sind *Kelsens* Grundnorm und *Harts* Erkenntnisregel nicht mehr voneinander zu unterscheiden. Beide sind die übergeordneten Regeln, von denen Normativität ausgeht, und beide sind der identifizierende Prüfstein, anhand dessen Amtsträger gültige Normen erkennen können. So haben die Grundnorm „Handle so, wie es die historisch erste Verfassung autorisiert hat" und die Erkenntnisregel „Was immer die Königin im Parlament erlässt, ist Recht", die folgende Grundstruktur: „Gültig ist, was die Geltungskriterien im System erfüllt. Das kann entweder die Verfassung sein oder das, was die Königin im Parlament erlässt".

---

[16] Der sogenannte „Zweifrontenkrieg" von Kelsen gegen die Reduktion des Rechtsinhalts auf entweder faktische oder moralische Argumente. *Kelsen*, Rechtslehre (Fn. 14), S. 1 f.; *ders.*, Vorrede zur zweiten Auflage der Hauptprobleme der Staatsrechtlehre, 1923, S. V–XXIII (V) f. Gegen Kelsens Ansatz bemerkenswert *C. Schmitt*, Verfassungslehre, 1928, S. 8 f.

[17] *Kelsen*, Rechtslehre (Fn. 13), S. 197; *ders.*, General Theory (Fn. 13), S. 111. Hart behauptet im Gegensatz zu Kelsen, dass die Existenz einer Norm nicht vorausgesetzt werden kann und dass Wirkungen dieser vorausgesetzten Norm, da es sich außerhalb des Systems befindet, die Normen innerhalb des Systems nicht beeinflussen können, deren Status nur von bestimmten Kriterien abhängt, die von der Erkenntnisregel vorgegeben werden. Hart behauptet, dass seine Erkenntnisregel ein Faktum ist (*a matter of fact*), dessen Gültigkeit angenommen werden muss, so wie wir annehmen, dass der Standardmeterstab in Paris existiert, dessen Existenz aber nicht vorausgesetzt werden muss, sondern einfach als Praxis der Gerichte, Beamten und Privatpersonen angenommen wird. Vgl. *Hart* (Fn. 7), S. 109 f.

[18] „(1) One has cognition of legal norms (*given*), (2) Cognition of legal norms is possible only if the category of normative imputation is presupposed (*transcendental premiss*), (3) Therefore, the category of normative imputation is presupposed (*transcendental conclusion*)." Vgl. *S. L. Paulson*, The Neo Kantian Dimension of Kelsen's Pure Theory of Law, in: Oxford Journal of legal Studies 12 (1992), S. 311–332 (326, 329 ff.).

[19] „In a modern legal system where there are a variety of ‚sources' of law, the rule of recognition is correspondingly more complex: the criteria for identifying the law are multiple and commonly include a written constitution, enactment by legislature and judicial precedents." *Hart* (Fn. 7), S. 101.

Im Vergleich zu *Harts* konventionalistischem Geltungsansatz liefert Kelsens Theorie der Grundnorm als Geltungskriterium eines hierarchisch strukturierten Systems die bestmögliche Darstellung des autoritativen Elements des Sondercharakters der Verfassungsnormen. Freilich bleibt es eine offene Kontroverse, ob die Quelle der Normativität eine vorausgesetzte hypothetische Norm ist oder aus einer anderen Quelle stammt. Doch sobald die Verbindlichkeit in Form einer Verfassung institutionalisiert wird, mag es sich um eine geschriebene oder ungeschriebene Verfassung handeln, verleiht sie der Rechtsordnung Normativität und Kohärenz. Ausgenommen von dieser Rekonstruktion bleiben, wie bereits erwähnt, Rechtsordnungen, in denen das oberste Kriterium der Normativität aus einer anderen Quelle als der Verfassung stammt, beispielsweise aus dem Prinzip der parlamentarischen Souveränität.

2. *Das institutionalisierende Element*

Sowohl *Kelsens* transzendentale Normativität als auch *Harts* konventionalistische Normativität liefern ausschließlich autoritative Gründe, um die Quelle der Verbindlichkeit von Verfassungsnormen zu begründen, und reichen somit nicht aus, um das gesamte Wesen von Verfassungsnormen zu erläutern. Problematisch an Harts Darstellung der Normativität ist, dass sie sich nur auf Fakten, d.h. auf die Rechtspraxis der Amtsträger als das Kriterium, welches den Rechtsnormen Normativität verleiht, bezieht. Auf dieser Basis würde nur eine bloße Faktizität als Argument für den Sondercharakter der Verfassungsnormen dienen, und nichts Weiteres. Obwohl *Kelsens* Rekonstruktion der Normativität tiefer geht als die von *Hart* und gerade die Frage nach der Normativität von Rechtsnormen direkt angeht, führt ihn sein moralischer Skeptizismus unvermeidlich zu dem Argument der „Grundnorm" und ihrer transzendentalen Normativität.

Da allerdings der Inhalt einer Verfassung die Konkretisierung der zugrundeliegenden Werte ihrer Gemeinschaft darstellt, spielen moralische Gründe auch eine zentrale Rolle bei der Rechtfertigung der Verbindlichkeit von Verfassungsnormen. Deshalb ist es für die Begründung der Verbindlichkeit von Verfassungsnormen notwendig, die autoritativen Gründe mit den der Rechtsordnung zugrunde liegenden moralischen Werten bzw. moralischen Gründen zu ergänzen. Dies bildet das Kernstück des Arguments des Sondercharakters der Verfassungsnormen. So gehen beispielsweise die Normen zur Gewaltenteilung auf extralegale politische Überzeugungen zurück, der Schutz der Freiheitsrechte auf bestimmte ideologische Gründe, die Freiheit und Autonomie privilegieren, und die Schaffung und Ermächtigung bestimmter Institutionen auf kulturelle und historische Gründe außerhalb des Rechtssystems.

a) Der normative moralische Hintergrund

Nach der von *Ronald Dworkin* vertretenen Theorie der Rechts-Integrität (*Law as integrity*)[20] ist die Auslegungspraxis der Amtsträger dazu verpflichtet, die moralischen Grundsätze zu ermitteln, die den Rechtsnormen in einer bestimmten Gemeinschaft zugrunde liegen. Das geltende Recht muss auf der Grundlage der vernünftigsten Auslegung der zugrunde liegenden sozialen Praxis gerechtfertigt werden können. Für *Dworkin* ist Moral keine begriffliche Konstruktion, sondern vielmehr ein Grund, der von den Richtern durch Interpretation aus der sozialen Praxis gewonnen wird, um zu rechtfertigen, dass ihre Entscheidungen den Grundsätzen der zugrunde liegenden politischen Moral, nämlich Gerechtigkeit[21] und *Fairness*[22], entsprechen.[23] Das Recht und die zugrunde liegenden moralischen Werte der Gemeinschaft sind notwendigerweise miteinander verbunden, denn die Grundsätze der politischen Moral sind rechtlicher Natur, weil sie Teil des Rechtssystems sind. Recht und die zugrunde liegende politische Moral sind notwendigerweise miteinander verbunden, denn die Prinzipien der politischen Moral sind rechtlicher Natur, weil sie Teil des Rechtssystems sind. Daher beschränken sich die Rechtsnormen nicht nur auf Regeln, sondern sie erstrecken sich auch auf Prinzipien. Die moralischen Prinzipien der zugrunde liegenden politischen Moral sind nicht gleichzusetzen mit rechtlichen Prinzipien. Grund dafür ist, dass die moralischen Prinzipien der zugrunde liegenden politischen Moral allein aufgrund ihres objektiven Inhalts gültig sind, während die Gültigkeit von Rechtsprinzipien nicht nur von ihrem objektiven Inhalt abhängt – der mit der zugrunde liegenden politischen Moral kohärent sein muss –, sondern auch von ihrer rechtlichen Gültigkeit.

Die der Gemeinschaft zugrunde liegende Moral ist im Wesentlichen diskursiv und gewinnt ihren Inhalt aus der gemeinschaftlichen Auffassung von Gerechtigkeit und *Fairness* und wird mittels der von den auslegenden Amtsträgern festgelegten Prinzipien und Politiken (*policies*) in die rechtliche Argumentation einbezogen.[24] Die Normativität des Rechts ergibt sich also aus dem Inhalt der bestehenden moralischen Prinzipien derjenigen Moral, die der Ge-

---

[20] Vgl. *R. Dworkin*, Law's Empire, 1986, S. vii, 410; Law as a whole or integrity consist in the best justification of the legal practices as a whole.

[21] Vgl. ebd., S. 404: „Gerechtigkeit ist eine Frage des richtigen Ergebnisses des politischen Systems: die richtige Verteilung von guten Chancen und anderen Ressourcen".

[22] *Fairness* hat eine spezifische Bedeutung in Dworkins Theorie der Rechts-Integrität, vgl. ebd.: „Fairness ist eine Frage der richtigen Struktur des politischen Systems, der Struktur, die den Einfluss auf politische Entscheidungen in der richtigen Weise verteilt".

[23] Vgl. ebd., S. 225 f. Dworkin bezeichnet diesen interpretativen Vorgang als „constructive interpretation". Unter „*constructive*" versteht Dworkin eine Auslegungsmethodologie, deren Gegenstand eine kreative Interpretation ist, die einen Sinn konstruiert, indem sie einem Objekt oder einer Praxis einen Zweck auferlegt, um sie zum bestmöglichen Beispiel der Form oder des Genres zu machen, zu dem sie gehört. Vgl. hierzu ebd., S. 52.

[24] Richter und Anwälte „make use of standards that do not function as rules, but operate

meinschaft zugrunde liegt. Die Amtsträger müssen beim Erlass von Rechtssätzen notwendigerweise die moralischen Prinzipien der der Gemeinschaft zugrunde liegenden Moral berücksichtigen, d. h. die Prinzipien der Gerechtigkeit und der *Fairness.*[25] Normativität ergibt sich für *Dworkin* aus moralischen Fakten, d. h. objektiven moralischen Inhalten, die den Einsatz von Zwang durch die Amtsträger rechtfertigen. Normativität ist also weder ein Faktum wie bei *Harts* Erkenntnisregel noch ein transzendentales Argument wie bei *Kelsens* Grundnorm, vielmehr entsteht Normativität aus der fundiertesten Interpretation der Prinzipien der zugrunde liegenden Moral in der Rechtspraxis und ist daher eine Frage der Interpretation und Argumentation.[26]

Verfassungsnormen werden in Dworkins Theorie der Rechtsintegrität als Repräsentation der Prinzipien der zugrunde liegenden politischen Moral einer Gemeinschaft aufgefasst, womit explizit oder implizit der zugrunde liegende moralische Hintergrund der Gemeinschaft zum Ausdruck gebracht wird. In Bezug auf die Beziehung zwischen Verfassungsnormen und anderen Rechtsnormen behauptet *Dworkin* ausdrücklich, dass Verfassungsnormen eine qualifizierte Art von Gesetzen sind, da sie die Grundlage aller anderen Normen im Rechtssystem bilden.[27] Somit weist *Dworkins* Darstellung der Normativität von Verfassungsnormen einen doppelten Charakter auf: Einerseits würden Verfassungsnormen ihre Normativität letztlich aus den Prinzipien der der Gemeinschaft zugrunde liegenden Moral ableiten, aus denen sie stammen, und andererseits sind sie gleichzeitig Normativitätskriterien für die Gesamtheit der anderen Gesetze innerhalb des Rechtssystems. In diesem Sinne hat *Dworkins* Theorie der Rechtsintegrität mit *Kelsens* reiner Rechtstheorie gemeinsam, dass beide die Frage nach der Normativität der Verfassung aufgreifen, aber in ihren Antworten auf diese Frage divergieren: *Dworkin* stützt die Normativität auf moralische Prinzipien, während *Kelsen* die Normativität auf das transzendentale Argument der Grundnorm zurückführt.

---

differently as principles, policies and other sort of standards.“ Vgl. *R. Dworkin*, Taking rights seriously, 1977, S. 22.

[25] „According to law as integrity, propositions of law are true if they figure in or follow from the principles of justice, fairness, and procedural due process that provide the best constructive interpretation of the community's legal practice.“ Vgl. *Dworkin*, Law's Empire (Fn. 20), S. 225.

[26] „Legal practice, unlike other social phenomena, is *argumentative*. Every actor in the practice understands that what it permits or requires depends on the truth of certain that are given sense only by and within the practice; the practice consists in large part in deploying and arguing about these propositions.“ Vgl. *Dworkin*, Law's Empire (Fn. 20), S. 13.

[27] „The constitution is different from ordinary statutes in one striking way. The constitution is foundational of other law.“ Vgl. ebd., S. 380.

b) Die prozedurale moralische Richtigkeit

Ein völlig anderer Ansatz als die von *Dworkin* vertretene interpretative Richtigkeit moralischer Gründe ist die sogenannte prozedurale Theorie der moralischen Richtigkeit. Anstatt sich auf die fundierteste Interpretation der der Gemeinschaft zugrunde liegenden Moral zu stützen, beruht *Robert Alexys* prozedurale Theorie der moralischen Richtigkeit auf einem Rechtfertigungsverfahren, welches durch Regeln und Argumentationsformen – die sogenannten Regeln des praktischen Diskurses – gesteuert wird, und moralische Richtigkeit beansprucht.[28] *Alexy* hat ein System von 28 Regeln und Argumentationsformen des praktischen Diskurses entwickelt, welches Regeln der Logik, Regeln über die Teilnahme am Diskurs, Rechtfertigungslasten, Regeln über die Universalisierung von Sätzen usw. umfasst.[29] Die Richtigkeit dieser Regeln und Argumentationsformen beruht ihrerseits auf dem, was *Habermas* ein „moralisches Prinzip" der Interaktion genannt hat, das jede rationale Argumentation regiert: „(U): Jede gültige Norm muss der Bedingung genügen, dass die Folgen und Nebenwirkungen, die sich aus ihrer *allgemeinen* Befolgung für die Befriedigung der Interessen *jedes* Einzelnen voraussichtlich ergeben, von *allen* Betroffenen zwanglos akzeptiert werden können."[30] Die von *Alexy* vorgebrachte prozedurale Rechtfertigung der moralischen Richtigkeit von Rechtsnormen besagt, dass die Gültigkeit von Rechtsnormen nicht nur auf autoritativen, sondern auch auf materiellen bzw. substantiellen Gründen beruht.[31] Demnach sind die drei Arten von substanziellen Gründen, nämlich pragmatische oder prudentielle

---

[28] „Nach dieser Theorie ist eine normative Aussage richtig oder – unter Voraussetzung einer liberalen Wahrheitstheorie – wahr, wenn sie das Ergebnis einer bestimmten Prozedur, der des rationalen Diskurses, sein kann. Dies Verhältnis von Richtigkeit und Prozedur ist für alle prozeduralen Theorien kennzeichnend"; *R. Alexy*, Die Idee einer prozeduralen Theorie der juristischen Argumentation, in: ders., Recht, Vernunft, Diskurs. Studien zur Rechtsphilosophie, 2. Aufl. 2016, S. 94–108 (95). Vgl. hierzu auch *R. Alexy*, Probleme der Diskurstheorie, in: *ders.* Recht, Vernunft, Diskurs. Studien zur Rechtsphilosophie, 2. Aufl., 2016, S. 109–126 (111).

[29] „Die Regeln reichen von solchen, die Widerspruchsfreiheit, sprachliche Klarheit, empirische Wahrheit und Aufrichtigkeit fordern, über solche, die dem Gedanken der Verallgemeinerbarkeit u a. dadurch Ausdruck geben, dass sie das Teilnahmerecht eines jeden am Diskurs und die gleiche Berücksichtigung eines jeden am Diskurs sichern, bis zu solchen, die der Folgenargumentation, dem Abwägen und der Analyse der Entstehung normativer Überzeugungen gelten"; *Alexy*, Diskurstheorie (Fn. 28), S. 111. Vgl. auch *R. Alexy*, Theorie der juristischen Argumentation, 1978, S. 233 ff.

[30] Vgl. *J. Habermas*, Diskursethik – Notizen zu einem Begründungsprogramm, in: *ders.*, Moralbewußtsein und kommunikatives Handeln,1983, S. 53–125 (103). Vgl. auch *ders.*, Erläuterungen zur Diskursethik, in: *ders.*, Erläuterungen zur Diskursethik, 1991, S. 119–226 (134).

[31] Alexy behauptet, dass die Beantwortung einer rechtlichen Frage auch eine politisch-moralische Angelegenheit ist: „At least some of the arguments with which the judge justifies the balance he strikes have, in terms of content, character of moral arguments"; *R. Alexy*, The Argument from Injustice. A Reply to Legal Positivism, 2002, S. 77. Auf dieser Grundlage plädiert Alexy dafür, dass rechtliche Richtigkeit notwendigerweise mit moralischer Richtigkeit

Gründe (die sich mit Nutzen und Effizienz befassen), ethisch-politische Gründe (die sich mit partikularen oder parochialen Auffassungen darüber befassen, was gut oder richtig ist) und moralische Gründe (die sich mit universellen Auffassungen darüber befassen, was gut und richtig ist), in dem vereint, was *Alexy* als allgemeinen praktischen Diskurs bezeichnet. Die drei erwähnten materiellen bzw. substanziellen Gründe zusammen mit autoritativen Gründen wie verbindlichen sozialen Praktiken, gerichtlichen Präzedenzfällen und Gesetzen[32] bestimmen, was als gerechtfertigt und damit im rechtlichen Kontext als verbindlich angesehen werden kann. Der juristische Diskurs ist somit ein Sonderfall des allgemeinen praktischen Diskurses (die sogenannte Sonderfallthese).[33] Richtigkeit und Normativität im Recht würden also von der Rationalisierung von Regeln, Prinzipien und Argumentationsformen abhängen, welche rechtliche Entscheidungen gültig und verbindlich machen.[34] Hier liegt der entscheidende Unterschied zwischen *Alexys* und *Dworkins* moralischer Rechtfertigung der rechtlichen Normativität. Während *Dworkin* auf moralische Tatsachen und die fundierteste Interpretation dieser moralischen Tatsachen zurückgreift, um die Normativität moralischer Gründe im Recht zu rechtfertigen, greift *Alexy* auf die verfahrensmäßige Richtigkeit moralischer Gründe und auf die Postulate seiner Sonderfallthese zurück, um die Normativität moralischer Gründe im Recht zu rechtfertigen.

Was die Rolle der moralischen Gründe und des allgemeinen praktischen Diskurses bei der Ausformung der konstitutionellen Konfiguration eines Rechtssystems betrifft, so meint *Alexy*, dass eine immanente Moral jedem Rechtssystem und jeder Verfassung zugrunde liegt.[35] Daher wäre der materielle bzw. substantielle Inhalt von Verfassungsnormen (etwa Grundrechte und ihre Funktionen, Gerechtigkeitsvorstellungen, Gestaltung des Rechtsstaatsprinzips,

---

verbunden ist. Die Richtigkeit dieser moralischen Argumente ist wiederum eine Frage der prozeduralen Richtigkeit, die auf den Regeln der praktischen Argumentation beruht.

[32] Nach Alexy ist die juristische Argumentation ein Sonderfall des allgemeinen praktischen Diskurses, sie wird durch Gesetze, Rechtsprechung und Rechtsdogmatik eingegrenzt. Vgl. *R. Alexy*, The Special Case Thesis, Ratio Juris 12 (1999), S. 374–384 (375).

[33] „A general practical discourse is not the same as a moral discourse […]. It is a discourse in which moral, ethical, and pragmatic questions and reasons are connected. General practical discourses differ from legal discourses in being not dependent on institutional reasons. For legal argumentation institutional reasons like statute and precedent are constitutive; for general practical argumentation they are not"; ebd., S. 378.

[34] Nach Alexy sind diese „rules that demand non-contradiction, universalizability qua consistent use of predicates, clarity of language, reliability of empirical premises, as well as rules and forms that speak to the consequences, balancing, exchange of roles, the genesis of moral convictions, and freedom and equality in discourse", *R. Alexy*, Legal certainty and correctness, Ratio Juris 28 (2015), S. 441–451 (442).

[35] *R. Alexy*, Die immanente Moral des Grundgesetzes – Bericht über ein Forschungsprojekt, in: F. Bydlinski/Th. Mayer-Maly (Hrsg.), Rechtsethik und Rechtspraxis, 1990, S. 97–117 (100).

Grundprinzipien der politischen Herrschaft, Formen der Kompetenzverteilung, tradierte sozio-kulturelle Überzeugungen der Gemeinschaft, usw.) dann – und nur dann – richtig und verbindlich, wenn dieser den Anforderungen des praktischen Diskurses genügt. So greift *Alexy* beispielsweise auf die Idee des Diskurses zurück, um den Inhalt moralischer Prinzipien wie den der Gerechtigkeit zu bestimmen. *Alexy* zufolge ist Gerechtigkeit eng mit dem praktischen Diskurs und der prozeduralen Rationalität verbunden.[36] Es ist jedoch wichtig zu berücksichtigen, dass *Alexy* – wie es auch bei *Dworkin* der Fall ist – von einer minimalen objektiven oder faktischen Moral ausgeht. Das ist so, weil er als Bereich dessen, was Gegenstand des Diskurses sein kann, einige moralische Inhalte festlegt, wie z. B. Grundrechte als positivierte Menschenrechte, Gerechtigkeit als begründbare Richtigkeit beim Verteilen und Ausgleichen sowie deliberative Demokratie als individuelle/kollektive Auffassung vom Guten.[37] Somit lässt sich feststellen, dass moralische Prinzipien für *Alexy* eine Kombination aus einem minimalen objektiven Inhalt und den Bedingungen bzw. Regeln des praktischen Diskurses sind. So setzt sich beispielsweise das Prinzip der Gerechtigkeit aus dem minimalen objektiven Inhalt der Gerechtigkeit als *Fairness* und den Kriterien der Richtigkeit des Diskurses zusammen. Schlussendlich ist es zwar richtig, dass *Alexy* und *Dworkin* die Frage der Normativität von Rechtsnormen als eine Frage moralischer und rechtlicher Gründe behandeln, aber ihre Begründungen der Richtigkeit dieser Gründe gehen auseinander.

Was die hierarchische Stellung von Verfassungsnormen betrifft, so behauptet *Alexy*, ebenso wie *Kelsen* und *Dworkin*, dass die Verfassung die höchste Quelle der Normativität innerhalb eines Rechtssystems darstellt.[38] Erst wenn wir nach der Geltung der herrschenden Verfassung fragen, werden wir auf etwas zurückgreifen müssen, was jenseits der Rechtsordnung liegt, nämlich auf die Kelsensche „Grundnorm" oder – wie *Alexy* und *Dworkin* mit unterschiedlichen Argumenten behaupten – auf moralische Gründe.

---

[36] Alexys sogenannte Gerechtigkeit-als-Richtigkeit-These: „Für die Diskurstheorie als Theorie der Gerechtigkeit von zentraler Bedeutung sind die spezifischen Diskursregeln. [...]. Diese Regeln bringen, was die Personen anbetrifft, auf der Ebene der Argumentation die Ideen der Freiheit und Gleichheit zum Ausdruck. [...] Die Agumentationsstruktur enthält so die Gerechtigkeitstruktur"; vgl. *R. Alexy*, Giustizia come correttezza, Ragion Pratica 9 (1997), S. 103–113 (107f).

[37] Vgl. *R. Alexy*, Law, Morality and the Existence of Human Rights, Ratio Juris 25 (2012), S. 2–14 (9). Vgl. auch *ders.*, On necessary Relations Between Law and Morality, Ratio Juris 2 (1989), S. 167–183 (181).

[38] *R. Alexy*, Hans Kelsens Begriff der Verfassung, in: S. Paulson/M. Stolleis (Hrsg.), Hans Kelsen. Staatsrechtlehrer und Rechtstheoretiker des 20. Jahrhunderts, 2005, S. 333–352 (335).

III. Der Sondercharakter von Verfassungsnormen

Die These des Sondercharakters von Verfassungsnormen besagt, dass Verfassungsnormen, obwohl sie dieselbe deontische Struktur wie andere Rechtsnormen aufweisen, einen Sondercharakter oder *Ethos* besitzen, der sich aus ihrer *hierarchischen Stellung* in der Rechtsordnung und aus ihrer *institutionalisierenden Funktion* ergibt. Gewiss sind Verfassungsnormen – die Gesamtheit der Regeln, Prinzipien und verbindlichen Praktiken, die das Verfassungsgefüge einer Rechtsordnung ausmachen – Normen, die festlegen, dass etwas geboten, verboten, erlaubt oder ermächtigt ist, und sie sind daher auf dieser Grundlage nicht eindeutig von anderen Regeln, Prinzipien und verbindlichen Praktiken innerhalb des Rechtssystems zu unterscheiden. Berücksichtigt man jedoch nicht die innere Struktur der Verfassungsnormen, sondern ihre Stellung und Rolle innerhalb eines Rechtssystems, so kann man erkennen, dass sie zwei besondere Merkmale aufweisen, die sie von anderen Rechtsnormen unterscheiden, nämlich dass die *Verfassungsnormen die höchsten machtverleihenden autoritativen Gründe in einem Rechtssystem sind*[39] *und dass sie eine institutionalisierende Funktion, materielle bzw. substantielle Gründe in das Rechtssystem einzubeziehen, besitzen.*[40] Wie keine andere Rechtsnorm verankern die Verfassungsnormen an der Spitze des Rechtssystems moralische Werte, kulturelle Ansichten, politische Erwartungen, ideologische Überzeugungen, wirtschaftliche Interessen und soziale Praktiken, die als Grundlage für die Verteilung der Kompetenzen, Funktionen und Rechte im gesamten Rechtssystem dienen.[41] Moralische und politische Grundwerte wie Menschenwürde, Freiheit,

---

[39] Der Sondercharakter von Verfassungsnormen, der sich aus ihrer hierarchischen Stellung in der Rechtsordnung ergibt, wurde besonders hervorgehoben von *D. Grimm*, Ursprung und Wandel der Verfassung, in: Die Zukunft der Verfassung II, 2012, S. 11–65 (24f.); vgl. auch *R. Wahl*, Der Vorrang der Verfassung, Der Staat 20 (1981), S. 485–516 (486f.). Stern drückt dies mit dem Ausdruck „Eigentümlichkeiten des Verfassungsrechts" aus, vgl. *K. Stern*, Das Staatsrecht der Bundesrepublik Deutschland, Bd. I, 2. Aufl., 1984, S. 103. Krüger bezeichnet diese Besonderheit als die spezifische „Gestimmtheit" des Verfassungsrechts, vgl. *H. Krüger*, Subkonstitutionelle Verfassungen, DÖV (1976), S. 613–624 (613).

[40] Die Idee, dass das Recht notwendigerweise sowohl moralische bzw. ideale Elemente als auch faktische bzw. reale Elemente enthält, wurde von Robert Alexy in seiner These von der doppelten Natur des Rechts vorgebracht. Alexy behauptet, der Begriff des Rechts enthalte notwendigerweise nicht nur reale Elemente wie die verbindliche Verabschiedung von Normen und deren soziale Wirksamkeit (die reale Natur), sondern auch aus der kritischen Moral abgeleitete Elemente wie die Anforderungen der Gerechtigkeit (die ideale Natur); vgl. *R. Alexy*, The Dual Nature of Law, Ratio Juris 23 (2010), S. 167–182 (167ff.).

[41] Ronald Dworkin betonte, dass der wesentliche Unterschied zwischen der Auslegung von Verfassungs- und Gesetzestexten darin besteht, dass die moralischen und politischen Lasten in den Auslegungsprozess der Verfassung einbezogen werden. „Die Verfassung unterscheidet sich von gewöhnlichen Gesetzen in einer auffallenden Weise. Die Verfassung ist die Grundlage für alle anderen Gesetze, daher muss die Auslegung des gesamten Dokuments und seiner abstrakten Klauseln durch Herkules ebenfalls grundlegend sein. Sie muss zu den grund-

Gleichheit, Rechtsstaatlichkeit, Demokratie, Sozialstaatlichkeit, Menschenrechte usw. finden über die Verfassung ihren Weg in die Rechtsordnung. Verfassungsnormen sind gewissermaßen ein Prisma, in das moralisch-politische Gründe hineingehen und aus dem autoritative und ermächtigende Gründe herauskommen. Die Verfassung enthält somit nicht nur Normen, die moralische Fragen auf verfassungsrechtlicher Ebene klären, sondern auch Normen, die die Entscheidungsbefugnis über praktische Fragen an den politischen Prozess oder an Einzelpersonen übertragen, wie etwa die Normen, die den Gesetzgebungsprozess oder die Freiheitsrechte regeln.[42] Die Verfassung wäre also nicht nur eines der entscheidenden Kriterien für die Bestimmung dessen, was in einem Rechtssystem als rechtsgültig gelten kann,[43] sondern darüber hinaus das ultimative Kriterium der Legitimität, da es auch die führenden Werte, die der politischen Moral der Gemeinschaft zugrunde liegen, festlegt.[44]

Ein weiteres unterstützendes Argument zugunsten des Sondercharakters der Verfassungsnormen wäre, dass die Grundrechte eine Art von Verfassungsnormen sind, die den Menschenrechten innerhalb eines Rechtssystems am nächsten stehen. Universelle Werte wie Freiheit und Gleichheit sind als Grundrechte institutionalisiert; keine andere Norm kann sich unmittelbar auf die Menschenrechte berufen, wie die Grundrechte es tun. Selbst das Strafrecht, dessen Schutzgüter Leben, Gleichheit, Freiheit, Eigentum usw. sind, muss zunächst auf die in der Verfassung enthaltenen Grundrechte zurückgreifen, bevor es sich auf die außerhalb des Rechtssystems liegenden Menschenrechte beruft.

Da der Sinn der modernen Verfassung darin besteht, die politische Herrschaft zu regulieren, Kompetenzen zu verteilen, die Beziehungen zwischen den Bürgern und den öffentlichen Gewalten festzulegen, Rechte zu garantieren, die Gestaltung der öffentlichen Institutionen zu schaffen usw.,[45] weist die Ver-

---

legendsten Regelungen der politischen Macht in der Gemeinschaft passen und diese rechtfertigen, was bedeutet, dass es sich um eine Rechtfertigung handeln muss, die aus den philosophischsten Bereichen der politischen Theorie stammt"; *Dworkin*, Law's Empire (Fn. 20), S. 380. Allerdings, Dworkins Unterscheidungsmerkmal der Verfassungsinterpretation stützt sich nur auf den moralischen und politischen Aspekt der Verfassungsnormen, er berücksichtigt in seiner Argumentation nicht die normsystematische Stellung der Verfassungsnormen innerhalb der Rechtsordnung als höchste ermächtigende autoritative Gründe.

[42] *Alexy*, Die immanente Moral (Fn. 35), S. 107.

[43] Vgl. in diesem Sinne auch *Greenawalt*, Rule of regonition (Fn. 10), S. 622.

[44] Auch das spanische Verfassungsgericht hat sich in diesem Sinne geäußert: „Die Verfassung ist eine Norm – wie bereits erwähnt –, aber eine Norm, die sich qualitativ von den anderen unterscheidet, da sie das System der wesentlichen Werte enthält, die die Ordnung des politischen Zusammenlebens bilden und die gesamte Rechtsordnung prägen müssen. Die Verfassung ist somit die grundlegende und fundamentale Norm der gesamten Rechtsordnung. […] Das Wesen des höheren Rechts spiegelt sich in der Notwendigkeit wider, die gesamte Rechtsordnung im Einklang mit der Verfassung auszulegen"; STC 9/81, 31 März 1981, RG. 3.

[45] Dieter Grimm beschreibt die moderne Verfassung anhand von sieben Hauptmerkmalen: „1. Die Verfassung muss einen normativen Geltungsanspruch erheben. Verfassungs-

fassung einen inhärent kommunikativen bzw. diskursiven Charakter auf und muss daher implizit oder explizit den von *Alexy* herausgearbeiteten Regeln des rationalen praktischen Diskurses folgen.[46] Die institutionalisierende Funktion von Verfassungsnormen materieller bzw. substantieller Gründe im Rechtssystem einzubeziehen wird einerseits alle jene externen materiellen Gründe beiseite schieben, die sich nicht an die Regeln des praktischen Diskurses anpassen, und andererseits jene anderen institutionalisieren, die gerade diesen Regeln folgen.[47] Demnach gehört, was nicht durch Verfassungsnormen institutionalisiert werden kann, zum diskursiv Unmöglichen (z.B. Sklaverei, Folter, Rassentrennung etc.), was durch Verfassungsnormen tatsächlich institutionalisiert wird, gehört zum diskursiv Notwendigen (Demokratie, Gewaltenteilung, Menschenrechte, Rechtsstaatlichkeit etc.). Was diskursiv Mögliches ist (Verbot bestimmter Parteien, Todesstrafe, Recht auf Gewährleistung des Existenzminimums usw.), gehört zu einem Diskurs, der zwischen dem allgemeinen praktischen Diskurs und dem institutionalisierenden juristischen Diskurs gelagert ist. Auf diese Weise erfüllen die Verfassungsnormen ihre institutionalisierende bzw. integrierende Funktion, um bestimmte Werte in das Rechtssystem einzubeziehen. Besonders relevant wird dies bei der Abänderung einer Verfassung oder der Ausarbeitung einer neuen Verfassung.

---

texte ohne rechtlichen Bindungswillen gehören nicht dazu. 2. Die Rechtbindung muss sich auf die Einrichtung und Ausübung politischer Herrschaft beziehen. Es genügt nicht, dass nachgeordnete Instanzen gebunden sind, während die obersten frei bleiben. 3. Die Rechtbindung muss umfassend in dem Sinn sein, dass weder extrakonstitutionelle Kräfte Herrschaft ausüben noch bindende Entscheidungen aus extrakonstitutionellen Verfahren hervorgehen können. 4. Die verfassungsrechtlichen Bindungen müssen zugunsten aller Herrschaftsbetroffenen, nicht nur zugunsten privilegierter Gruppen wirken. 5. Die Verfassung muss die Legitimationsgrundlage politischer Herrschaft bilden. Eine unabhängig von der Verfassung bestehende Legitimationsgrundlage reicht nicht aus. 6. Die Legitimation zur Herrschaft muss sich auf die Herrschaftsunterworfenen zurückführen lassen. Legitimation durch Wahrheit statt Konsens untergräbt die Verfassung. 7. Die Verfassung muss Vorrang vor den Ausübungsakten von Herrschaft haben. Eine Verfassung, die zur Disposition des einfachen Gesetzgebers steht, genügt nicht"; *Grimm*, Ursprung und Wandel der Verfassung (Fn. 39), S. 39f. Vgl. hierzu auch *D. Grimm*, Entstehungs- und Wirkungsbedingungen des modernen Konstitutionalismus, in: *ders.*, Die Zukunft der Verfassung, 1991, S. 31–66 (34f.); *ders.*, Gesellschaftlicher Konstitutionalismus – Eine Kompensation für den Bedeutungsschwund der Staatsverfassung? in: M. Herdegen/H. H. Klein/H.-J. Papier/R. Scholz (Hrsg.), Staatsrecht und Politik. Festschrift für Roman Herzog zum 75. Geburtstag, 2009, S. 67–81 (70f).

[46] Siehe Fn. 29.

[47] „[I]n einem rationalen Diskurs [lassen sich] nicht beliebige Rechtssysteme rechtfertigen, sondern nur solche, die elementare Anforderungen der praktischen Vernunft erfüllen. Zu diesen zählen die Garantie der fundamentalen Menschenrechte und die Institutionalisierung demokratischer und rechtsstaatlicher Prozeduren"; *R. Alexy*, Die juristische Argumentation als rationaler Diskurs, in: E. Garzón Valdés/R. Zimmerling (Hrsg.), Facetten der Wahrheit. Festschrift für Meinolf Wewel, 1995, S. 361–378 (373).

Die wichtigste Konsequenz aus der Annahme, dass Verfassungsnormen einen Sondercharakter haben, der sie zu einer qualifizierten Art von Rechtsnormen macht, ist nun, dass ihre Auslegung auch eine qualifizierte Version der Rechtsauslegung sein muss. Anders ausgedrückt: Die Eigenart der Verfassungsauslegung ergibt sich aus der Einzigartigkeit ihres Gegenstandes, nämlich der Verfassungsnormen. Auf der Grundlage der sogenannten Sondercharakter-These lässt sich die Notwendigkeit einer qualifizierten Form der allgemeinen Methodologie der Rechtsauslegung begründen, nämlich einer Theorie der Verfassungsauslegung.[48]

IV. Der qualifizierte Status der Verfassungsauslegung

Wenn die These des Sondercharakters der Verfassungsnormen richtig ist, d.h. Verfassungsnormen Merkmale aufweisen, die keine anderen Normen innerhalb der Rechtsordnung für sich beanspruchen können, dann muss auch die Auslegung von Verfassungsnormen ein qualifizierter Fall bzw. Unterfall der Rechtsauslegung sein. Diese Überlegungen liefern Gründe, um von einem qualifizierten Status der Verfassungsauslegung zu sprechen.[49] Der These des qualifizierten Status der Verfassungsauslegung zufolge teilt die Verfassungsinterpretation mit der allgemeinen Methodologie der Rechtsauslegung deren Regeln, Prinzipien und Formen, benötigt aber zusätzliche methodologische Regeln wie die Hermeneutik der Geisteswissenschaften, die praktische Argumentation, die Begriffsanalyse, die Topik, die soziokulturelle Bewertung usw., um dem Sondercharakter von Verfassungsnormen Rechnung tragen zu können.

Die Verfassungsauslegung, ihre gesetzgeberische Entwicklung, ihr Reformprozess und ihre Anwendung auf konkrete Fälle berühren direkt oder indirekt Fragen, die das Rechtssystem allein nicht zu beantworten vermag. Denkt man an die sogenannten „Grenzen der Verfassungsreform“,[50] so stellt sich zwangsläufig irgendwann die Frage, was Teil der Verfassung sein darf, wobei diese Frage ohne qualifizierte Interpretationsinstrumente wie die sozialwissenschaftliche Hermeneutik oder den allgemeinen praktischen Diskurs nicht vollständig

[48] Der Status der Verfassungsauslegung als Sonderfall der Rechtsauslegung wurde auch von András Jakab vorgeschlagen; vgl. *A. Jakab*, European constitutional Language, 2016, S. 20.

[49] Rudolf Smend bezeichnet die Verfassungsauslegung als „ergänzend, vor aller sonstigen Rechtsauslegung“; *R. Smend*, Verfassung und Verfassungsrecht, in: Verfassungsrechtliche Abhandlungen, 2. Aufl., 1968, S. 190.

[50] Yaniv Roznai erläutert die Grenzen, denen eine Verfassungsreform unterliegt. Er argumentiert, dass dieses Verfahren explizite und implizite Grenzen hat, die mit den Grundpfeilern des Systems zusammenhängen und die bei einer Änderung die Identität der Verfassung beeinträchtigen würden. Auf der Grundlage dieser These stellt Roznai eine Theorie der verfassungswidrigen Verfassungsreformen auf; vgl. hierzu *Y. Roznai*, Unconstitutional Constitutional Amendments. The Limits of Amendment Powers, 2017, S. 15ff., 39ff., 135ff.

beantwortet werden kann. Auch die Frage, ob das verfassungsrechtliche Rechtsstaatsmodell die Gewährleistung eines effektiven Schutzes der sozialen Rechte einschließt, erfordert Argumente, die über die Behauptung hinausgehen, dass die Verfassung nur „echte Grundrechte" mit bestimmten Verfahrensgarantien schützt. Schließlich kann die Abgrenzung, worin der Wesensgehalt eines Grundrechts besteht und wie er von Fall zu Fall abzugrenzen ist, nicht ohne Überlegungen zum Bedeutungsgehalt des betroffenen Rechts und seiner axiologischen Ausgestaltung auskommen. Um zu verhindern, dass die These vom qualifizierten Status der Verfassungsauslegung ins Leere läuft oder irrelevant wird, muss man freilich betonen, dass die Anwendung zusätzlicher methodischer Regeln auf der Ebene der Verfassungsauslegung immer notwendig sein wird, während bei der Auslegung anderer Rechtsnormen eine solche Anwendung kontingent bleibt. Wenn zum Beispiel bei der Auslegung von Rechtsnormen eine Norm das Alter der Rechtsmündigkeit eindeutig vorschreibt und sich in einem konkreten Fall herausstellt, dass das von der Norm geforderte Alter nicht erreicht wurde, dann ist es nicht notwendig (aber doch in bestimmten gerechtfertigten Fällen nicht undenkbar), auf ergänzende Auslegungskriterien zurückzugreifen. Wenn es hingegen Fälle gibt, in denen die Anwendung einer Rechtsnorm auf Probleme stößt, die nicht durch Rückgriff auf das, was im Tatbestand der Norm vorgesehen ist, gelöst werden können (z.B. ein Fall, in dem eine Vorschrift nicht vorsieht, ein bestimmtes Verhalten in ihren Tatbestand einzubeziehen), dann wird der Interpret auf ergänzende Kriterien zur üblichen Methodologie der Rechtsauslegung zurückgreifen müssen, wie z.B. die objektiv-teleologische Auslegung oder Techniken zur Schließung von Rechtslücken. Selbst in eindeutigen Fällen, wie bei den Zustimmungserfordernissen für die Umsetzung von völkerrechtlichen Verträgen in innerstaatliches Recht, tauchen besondere Auslegungsprobleme auf.[51]

Obwohl die allgemeine Methodologie der Rechtsauslegung und die Verfassungsauslegung weitgehend dieselben methodischen Merkmale aufweisen, lassen sich Unterschiede zwischen beiden feststellen. Dies wird deutlich, wenn man Aspekte berücksichtigt wie die Hierarchie der Verfassungsnormen, ihren politisch-moralischen Inhalt und ihre regulierende Funktion der politischen Herrschaft.[52] All dies macht den Einsatz von hermeneutischen Hilfsmitteln

---

[51] Hesse unterscheidet zwischen Aktualisierung und Interpretation der Verfassung. Nach Hesse ist eine Verfassung aktualisiert, wenn der Inhalt ihrer Normen verwirklicht wird und Zweifel über die Verfassungsmäßigkeit dieses Wirkens nicht auftauchen, z.B. „in der Gründung einer Vereinigung, der Wahl des Parlamentes, dem Erlass von Gesetzen, Verwaltungsakten oder richterlichen Entscheidungen in Ausübung der (verfassungsmäßig begrenzten) Kompetenzen." Andererseits sei eine Verfassung auslegungsbedürftig, wenn es aufgrund ihres offenen und weiten Charakters nicht möglich ist, eine verfassungsrechtliche Frage zu beantworten. Vgl. *K. Hesse*, Grundzüge des Verfassungsrechts der Bundesrepublik Deutschland, 14. Aufl., 1984, S. 19f.

[52] Ralf Dreier hat seinerseits vorgeschlagen, dass die Rigidität gegenüber Veränderungen

zusätzlich zu den klassischen Methoden der Gesetzesauslegung bei der Verfassungsauslegung umso wichtiger, wenn nicht gar unverzichtbar. Aufgrund des offenen und weiten Charakters der Verfassung treten bei ihrer Auslegung Probleme häufiger auf als bei anderen Rechtsnormen, die in der Regel eine klarere Beschreibung des durch sie geregelten Sachverhalts aufweisen.[53]

V. Fazit

Verfassungsnormen weisen zwei kennzeichnende Merkmale auf, die ihren Sondercharakter ausmachen, nämlich ein autoritatives Element und ein institutionalisierendes Element. Das autoritative Element beruht auf der Annahme, dass Verfassungsnormen die höchsten verbindlichen und machtverleihenden Normen innerhalb eines Rechtssystems sind. Das substantielle Element geht davon aus, dass Verfassungsnormen die Institutionalisierung materieller bzw. substantieller Gründe darstellen, die den zugrunde liegenden Wertehintergrund eines Rechtssystems bilden. Verfassungsnormen verankern an der Spitze des Rechtssystems moralische Werte, kulturelle Ansichten, politische Erwartungen, ideologische Verpflichtungen, wirtschaftliche Interessen und soziale Praktiken, die als Grundlage für die Regelung der politischen Herrschaft, der Kompetenzverteilung und der Rechte im gesamten Rechtssystem dienen. Das Wesen der Verfassungsnormen ist untrennbar mit dem Status der Verfassungsauslegung verbunden. Somit ist die Sondercharakter-These eine notwendige Voraussetzung für eine qualifizierte Art von Methodenlehre zur Auslegung der Verfassung, nämlich eine Theorie der Verfassungsauslegung.

(oder erschwerten Reformvoraussetzungen) das entscheidende Unterscheidungskriterium zwischen Verfassungsnormen und Rechtsnormen sei; vgl. *R. Dreier*, Zur Problematik und Situation der Verfassungsinterpretation, in: Probleme der Verfassungsinterpretation. Dokumente einer Kontroverse, R. Dreier/F. Schwegmann (Hrsg.), 1976, S. 13–47 (14). Dagegen lässt sich, wie bereits erwähnt, argumentieren, dass das Merkmal der Rigidität gegenüber Veränderungen auch bei anderen Normen als der Verfassung zu finden ist, zum Beispiel bei Organgesetzen.

[53] Vgl. *Hesse*, Grundzüge des Verfassungsrechts der Bundesrepublik Deutschland (Fn. 52), S. 20.

Die formellen Prinzipien und der Begriff des Rechts

Alexandre Travessoni Gomes Trivisonno

I. Einführung

In Robert Alexys Theorie des Rechts wird der Begriff des Rechts dadurch definiert, dass er das Ergebnis einer Abwägung zwischen zwei Prinzipien ist: der Rechtssicherheit, die ein formelles Prinzip ist, und der Richtigkeit beziehungsweise Gerechtigkeit, die ein materielles Prinzip ist. Der inklusive Nichtpositivismus behauptet, dass extremes Unrecht kein Recht ist.[1] Er stellt nach *Alexy* die richtige Abwägung zwischen diesen beiden Prinzipien dar.[2] Da in dieser Abwägung sowohl ein formelles als auch ein materielles Prinzip beteiligt ist, lohnt es sich zu prüfen, ob die innerhalb der Prinzipientheorie entwickelten Modelle von formellen Prinzipien fähig sind, diese Abwägung zu rekonstruieren. Nach *Alexy* gibt es drei Hauptmodelle formeller Prinzipien, die für die Rekonstruktion der Verfassungsgerichtbarkeit angewendet worden sind: (i) das Kombinationsmodell oder „gemischtes substantiell-formelles Modell" („combination model" oder „mixed substantial-formal model"), (ii) das Trennungsmodell („separation model") und (iii) das epistemische Modell.[3] Das reine substantiell-formelle Modell, das nie auf die Rekonstruktion der Verfassungsgerichtbarkeit angewendet wurde, wurde von *Alexy* selbst als Modell der Rekonstruktion der im Begriff des Rechts enthaltenen Abwägung angewendet.[4] In diesem Beitrag sollen nur zwei Modelle genauer in den Blick genommen werden: das Kombinationsmodell, insbesondere in der von *Martin Borowski* entwickelten Form, und das rein substantiell-formelle Modell, insbesondere in seiner von *Robert Alexy* entwickelten Anwendung auf den Begriff des Rechts.

---

[1] Siehe *G. Radbruch*, Gesetzliches Unrecht und übergesetzliches Recht, Gesamtausgabe, 1990, Bd. 3, S. 83–93 (89); siehe auch *G. Radbruch*, Fünf Minuten Rechtsphilosophie, Gesamtausgabe, 1990, Bd. 3, S. 78–82, (83 f.); *R. Alexy*, Die Doppelnatur des Rechts, in: Der Staat 50 (2011), S. 389–404 (399 f.).

[2] *R. Alexy*, Die Doppelnatur des Rechts (Fn. 1), S. 394.

[3] *R. Alexy*, Formal Principles. Some Replies to Critics, in: International Journal of Constitutional Law 12 (2014), S. 511–524 (518, 520).

[4] Siehe *Alexy*, Formal Principles. Some Replies to Critics (Fn. 3), S. 517; siehe auch unten, II.2 und folgende.

II. Anwendung der Modelle von formellen Prinzipien auf den Begriff des Rechts

1. Das Kombinationsmodell und der Begriff des Rechts

Borowskis Kombinationsmodell unterscheidet zwischen zwei in der Verfassungsgerichtbarkeit beteiligten Abwägungsentscheidungen: der Entscheidung des Gesetzgebers und der Entscheidung des Verfassungsgerichts. Formelle Prinzipien spielen eine Rolle, wenn die Abwägungsentscheidung des Kontrollorgans, d. h. vom Verfassungsgericht, und die Entscheidung des zu kontrollierenden Organs, d. h. vom Gesetzgeber, nicht gleich sind. In solchen Fällen ordnet das Kontrollorgan das formelle Prinzip auf der Seite des materiellen Prinzips ein, das in der vorhergehenden Entscheidung des zu kontrollierenden Organs (des Gesetzgebers) überwogen hat und das in der neuen Entscheidung des Kontrollorgans (des Verfassungsgerichts) unterliegt.[5]

Borowski selbst wendet das Kombinationsmodell auf den Begriff des Rechts an. Auch hinsichtlich des Begriffs des Rechts gäbe es nach *Borowski* zwei Abwägungsentscheidungen.[6] Die erste würde von jenen getroffen werden, die das Recht schaffen. Sie wäre eine Abwägung von zwei materiellen Prinzipien, P_1 x P_2. In dieser von einem Recht schaffenden Organ durchgeführten Abwägung würde ein Prinzip, z. B. P_1, überwiegen ($P_1 \mathbf{P} P_2$ [B]). Dann gäbe es eine zweite Abwägung, die vom Kontrollorgan ausgeführt würde. Wenn die zweite Abwägung im Ergebnis von der ersten abweicht (z. B. $P_2 \mathbf{P} P_1$ [B]), kann man sagen, dass das geschaffene Recht Unrecht ist. Das Kontrollorgan würde dann ein formelles Prinzip auf der Seite des Prinzips einordnen, das in der ersten Abwägung überwogen hatte und das in der zweiten Abwägung unterliegt.[7]

Aber wie kann das Kontrollorgan prüfen, ob das geschaffene Recht *extrem* ungerecht ist? Angenommen, die beiden jeweils vom zu kontrollierenden Organ und vom Kontrollorgan eingestellten materiellen Prinzipien seien die gleichen. Die Tatsache, dass die Abwägungsentscheidungen nicht gleich sind, reicht nicht aus, um zu begründen, dass das geschaffene Recht extrem ungerecht ist.

---

[5] *M. Borowski*, Formelle Prinzipien und Gewichtsformell, in: M. Klatt (Hrsg.), Prinzipientheorie und Theorie der Abwägung,), 2013, S. 151–199 (193 f.). Für Borowskis Auffassungen von formellen Prinzipien siehe auch *M. Borowski*, Grundrechte als Prinzipien, 1998, S. 78; *M. Borowski*, Die Bindung an Festsetzungen des Gesetzgebers in der grundrechtlichen Abwägung, in: L. Clérico/J.-R. Sieckmann (Hrsg.), Grundrechte, Prinzipien und Argumentation, 2009, S. 99–128; *M. Borowski*, The Structure of Formal Principles, in: M. Borowski (Hrsg.), On the Nature of Legal Principles, 2010, S. 19–35; *M. Borowski*, Alexys drittes Modell formeller Prinzipien, in: M. Borowski/S. L. Paulson/J.-R. Sieckmann (Hrsg.), Rechtsphilosophie und Grundrechtstheorie. Robert Alexys System, 2017, S. 449–476.

[6] *Borowski*, Alexys drittes Modell formeller Prinzipien (Fn. 5), S. 476.

[7] Ebd., S. 476.

Meines Erachtens sollte diese Bewertung davon abhängig gemacht werden, wie weit die beiden Abwägungsentscheidungen voneinander entfernt sind, beziehungsweise, wie schwer die erste Abwägung die zweite Abwägung verletzt. Das Ergebnis der materiellen Abwägung des Kontrollorgans wird zum Maßstab der Richtigkeit des geschaffenen Rechts. Wie weit das Ergebnis der materiellen Abwägung des Recht schaffenden Organs von diesem Maßstab abweicht, bestimmt, ob das Unrecht extrem ist oder nicht.

Borowski entwickelt keine Methode, um zu messen, wie weit die Abweichung sein muss, damit das Unrecht als extrem anzusehen ist. Zwar könnte eine solche Methode entwickelt werden. Damit einher ginge jedoch die Gefahr, dass das Modell zu kompliziert wird. Darüber hinaus gibt es ein weiteres Problem: in einigen Fällen, wie z. B. im typischen Fall des Nationalsozialismus, können die in den beiden Abwägungsentscheidungen beteiligten Prinzipien nicht gleich sein. Der Grund dafür ist simpel: ein Prinzip, das vom Recht schaffenden Organ benutzt wurde, wird vom Kontrollorgan verneint. In den Fällen der nationalsozialistischen, extrem ungerechten Rechtsnormen gilt das vermeintliche Prinzip der Vorherrschaft des deutschen Volkes. Die Verleugnung der Geltung eines Prinzips durch das Kontrollorgan, das vom zu kontrollierenden Organ verwendet wurde, kann kaum durch das Kombinationsmodell rekonstruiert werden.

2. *Das reine substantiell-formelle Modell und der Begriff des Rechts bei Alexy*

Wenn man das reine substantiell-formelle Modell auf den Begriff des Rechts anwendet, wird ein formelles Prinzip gegen ein materielles Prinzip abgewogen.[8] Dieses Modell wurde bisher von keinem Vertreter der Prinzipientheorie entwickelt, um Abwägungsentscheidungen im Rahmen der Verfassungsgerichtbarkeit zu rekonstruieren. Doch scheint *Alexy* es auf den Begriff des Rechts anzuwenden. In seinem 2014 erschienenen Aufsatz, *Formal Principles*, behauptet *Alexy*:

„It is of the utmost importance that all this be intrinsically connected with the weight formula. The formal principle of legal certainty has precedence over the substantive principle of justice if and only if it has a higher concrete weight than this principle. Now, under the condition of injustice below the threshold of extreme injustice, the interference with the principle of justice does not have the highest intensity. I would classify it, on the basis of the triadic scale, at best as medium—and in cases of less severe injustice even as light. The value of legal certainty below the threshold of extreme injustice is, however, high. If each and every injustice were to lead to legal invalidity, the function of the legal system to coordinate behavior and to secure the advantages of social coordination and cooperation would be endangered. According to the weight formula, a prin-

[8] *R. Alexy*, Formal Principles. Some Replies to Critics (Fn. 3), S. 517.

ciple with a high weight justifies an interference with a principle with a medium or light weight. If, however, the injustice is extreme, the interference with the principle of justice would be serious. By contrast, one has to assume only a medium or light interference with the principle of legal certainty. Extreme injustice occurs only in extreme situations of legal systems, and it concerns by no means all legal norms, but only those specific to the rough legal system. All this means that balancing formal and substantive principles is not only possible but, indeed, is also necessary in law".[9]

Diese Passage konkretisiert wichtige Merkmale von Alexys Auffassung. Diese Merkmale sollen im Folgenden genauer untersucht werden.

3. Analyse von und Weiterführendes zu Alexys Auffassung

Alexy schlägt vor, dass die Gewichtsformel fähig ist, die im Begriff des Rechts beteiligte Abwägung zu rekonstruieren. Deshalb ist es notwendig, seine oben zitierten Bemerkungen in die Formel einzufügen. Die sog. raffinierte vollständige Gewichtsformel („refined complete weight formula"), welche die vollständigere und neuere Version der Formel darstellt, lautet:

$$G_{i,j} = \frac{I_i \cdot G_i \cdot S_i^e \cdot S_i^n}{I_j \cdot G_j \cdot S_j^e \cdot S_j^n}$$

In der oben zitierten Passage erwähnt *Alexy* die abstrakten Gewichte der beiden im Begriff des Rechts beteiligten Prinzipien (d.h. der Rechtssicherheit und der Richtigkeit oder Gerechtigkeit) nicht. Er erwähnt auch nicht die Sicherheit der empirischen und normativen Annahmen. Das bedeutet: nach *Alexy* sind alle diese Variablen in der im Begriff des Rechts beteiligten Abwägungen unwichtig. Sie haben sowohl im Zähler als auch im Nenner den gleichen Wert und können deshalb aus der Formel gestrichen werden. Folglich bleiben in Alexys Rekonstruktion der im Begriff des Rechts enthaltenen Abwägung nur die Intensität des Eingriffs in ein Prinzip und die Wichtigkeit der Erfüllung des anderen Prinzips:

$$P_{i,j} = \frac{I_i}{I_j}$$

Wenn nun P_{Rs} das Prinzip der Rechtssicherheit und P_{Ri} das Prinzip der Richtigkeit vertritt und man eine einfache triadische Skalierung anwendet, um die Intensitäten der Variable I zu quantifizieren (2^0 vertritt „leicht", 2^1 vertritt „mittel" und 2^2 vertritt „schwer"), können die beiden von *Alexy* entworfenen Szenarien wie folgt vorgestellt werden:

[9] Ebd., S. 517.

(i) Unterhalb der Schwelle des extremen Unrechts (Bedingungen B_1) wäre die Wichtigkeit der Rechtssicherheit schwer ($2^2 = 4$), während der Eingriff in die Richtigkeit leicht ($2^0 = 1$) oder maximal mittel ($2^1 = 2$) wäre:

$$P_{Rs,Ri} = \frac{4}{1} = 4$$

oder

$$P_{Rs,Ri} = \frac{4}{2} = 2$$

(ii) In Fällen des extremen Unrechts (B_2) wäre die Intensität des Eingriffs in das Prinzip der Richtigkeit oder Gerechtigkeit nach *Alexy* dagegen schwer (4), während die Wichtigkeit des Prinzips der Rechtssicherheit nur mittel (2) oder leicht (1) wäre:

$$P_{Rs,Ri} = \frac{1}{4} = 0,25$$

oder

$$P_{Rs,Ri} = \frac{1}{2} = 0,5$$

4. *Fünf Probleme der Rekonstruktion Alexys*

Es ist nicht von der Hand zu weisen, dass Alexys Rekonstruktion einige Probleme aufwirft. Die Hauptprobleme sind: (i) Die Anwendung der triadischen Skalierung in der Rekonstruktion ist zu unterkomplex; (ii) die Rekonstruktion nimmt an, dass beide in der Abwägung beteiligten Prinzipien das gleiche Gewicht haben; (iii) die Rekonstruktion nimmt an, dass eine extrem ungerechte Rechtsnorm nie ein schwerer Eingriff in das Prinzip der Rechtssicherheit sein kann, (iv) wenn die Gewichtsformel auf den Begriff des Rechts angewendet wird, würde nicht nur das extrem ungerechte Recht seine Geltung verlieren – immer, wenn die Rechtssicherheit unterliegt, müsste das Recht ungültig sein; (v) die Rekonstruktion missachtet alle Erkenntnisse hinsichtlich der Sicherheit der Annahmen.

a) Die Unterkomplexität der Skalierung

In Hinsicht auf das erste Problem (Problem [i]) habe ich bereits an anderer Stelle gezeigt, dass die einfache triadische Skalierung nicht ausreicht, um extremes Unrecht und nicht-extremes Unrecht zu unterscheiden.[10] Dieses Problem

---

[10] Für die Frage der Skalierungen siehe *R. Alexy*, Postscript, in: R. Alexy, A Theory of Constitutional Rights, J. Rivers (Übers.), 2002, S. 388–425 (408 f.); *R. Alexy*, Die Gewichtsformel,

hat aber eine Lösung, die sich innerhalb Alexys Theorie findet: Die doppeltriadische Skalierung, die unterscheidungsfähiger als eine einfache triadische Skalierung, jedoch nicht so unverständlich wie eine trippeltriadische Skalierung ist, wie *Alexy* es auch selbst behauptet.[11] Hier soll jedenfalls die doppeltriadische Skalierung angewendet werden. Sie hat die Werte leicht-leicht, mittel-leicht, schwer-leicht, leicht-mittel, mittel-mittel, schwer-mittel, leicht-schwer, mittel-schwer und schwer-schwer, das heißt 2^0, 2^1, 2^2, 2^3, 2^4, 2^5, 2^6, 2^7, 2^8.[12] Nach der doppeltriadischen Skalierung wird eine extrem ungerechte Rechtsnorm als ein schwer-schwerer Eingriff in die Richtigkeit eingestuft.

b) Die Annahme der gleichen abstrakten Gewichte und die Annahme, dass eine extrem ungerechte Rechtsnorm nie ein schwerer Eingriff in das Prinzip der Rechtssicherheit sein kann

Die Tatsache, dass *Alexy* beiden im Begriff des Rechts beteiligten Prinzipien das gleiche Gewicht zuordnet (Problem [ii]), soll zusammen mit der Tatsache analysiert werden, dass nach *Alexy* eine extrem ungerechte Rechtsnorm kein extremer Eingriff in die Rechtssicherheit sein kann (Problem [iii]).

Wenn man das gleiche Gewicht den zwei kollidierenden Prinzipien zuordnet (Problem [ii]), kann die Variable des abstrakten Gewichts aus der Gewichtsformel entfernt werden, das heißt, sie kann sowohl vom Zähler als auch vom Nenner abgezogen werden. Dies scheint gegen eine mit dem Begriff des Rechts verbundene fundamentale Intuition zu gehen: das Prinzip der Rechtssicherheit hätte ein höheres abstraktes Gewicht als das Prinzip der Richtigkeit. Der Grund für diese Intuition lässt sich auf Folgendes zurückführen: wenn *nur* extremes Unrecht kein Recht ist, wenn also alle weitere Arten von Unrecht Recht sind, kann das Prinzip der Richtigkeit das Prinzip der Rechtssicherheit nur in einem Fall überwiegen. Deswegen scheint es nicht nur möglich, sondern auch vernünftig zu denken, dass das Prinzip der Rechtssicherheit ein höheres Gewicht als das Gewicht des Prinzips der Richtigkeit hat. Dies muss jedoch nachgeprüft werden. Die Sicherheit der Annahmen sei zunächst außer Acht gelassen. Die Formel sollte zwei Variablen haben: eine für die Intensität des Eingriffs bzw. die Wichtigkeit der Erfüllung beider Prinzipien sowie eine andere für die abstrakten Gewichte beider Prinzipien:

$$P_{i,j} = \frac{I_i \cdot G_i}{I_j \cdot G_j}$$

---

in: J. Jickeli/P. Kreutz/D. Reuter (Hrsg.), Gedächtnisschrift für Jürgen Sonnenschein, 2003, S. 771–792 (777 f.).

[11] *A. Travessoni Gomes Trivisonno*, Der Begriff des extremen Unrechts und der subinklusive Nichtpositivismus, in: M. Borowski (Hrsg.), Modern German Non-Positivism. From Radbruch to Alexy, 2020, S. 143–168 (162 f.).

[12] *Alexy*, Postscript (Fn. 11), S. 412; *Alexy*, Die Gewichtsformel (Fn. 11), S. 786 f.

Wenn man einerseits das höchste abstrakte Gewicht dem Prinzip der Rechtssicherheit ($2^8 = 256$) und anderseits das zweithöchste abstrakte Gewicht dem Prinzip der Richtigkeit ($2^7 = 128$) zuordnet, so kommt man auf:

$$P_{Rs,Ri} = \frac{I_{Rs} \cdot 256}{I_{Ri} \cdot 128}$$

Angenommen, das extreme Unrecht wäre ein schwer-schwerer Eingriff in die Richtigkeit (256). Es sei auch angenommen, dass im Fall des Begriffs des Rechts die Wichtigkeit der Erfüllung der Rechtssicherheit von einem Extrem der Skalierung zum anderen schwanken kann. Es ergeben sich die in Tabelle 1 abgebildeten Szenarien.

Tab. 5: Mögliche Szenarien unter der Annahme, dass extremes Unrecht als schwer-schwerer Eingriff in die Richtigkeit zu sehen ist und die Wichtigkeit der Erfüllung der Rechtssicherheit von einem Extrem der Skalierung bis zum anderen reichen kann.

extremes Unrecht (und schwer-schwerer Eingriff in die Rechtssicherheit)	$P_{Rs,Ri} = \frac{256 \cdot 256}{256 \cdot 128} = 2$	P_{Rs} überwiegt
extremes Unrecht (und mittel-schwerer Eingriff in die Rechtssicherheit)	$P_{Rs,Ri} = \frac{128 \cdot 256}{256 \cdot 128} = 1$	*Patt*
extremes Unrecht (und leicht-schwerer Eingriff in die Rechtssicherheit)	$P_{Rs,Ri} = \frac{64 \cdot 256}{256 \cdot 128} = 1/2$	P_{Ri} überwiegt
extremes Unrecht (und schwer-mittlerer Eingriff in die Rechtssicherheit)	$P_{Rs,Ri} = \frac{32 \cdot 256}{256 \cdot 128} = 1/4$	P_{Ri} überwiegt
extremes Unrecht (und mittel-mittlerer Eingriff in die Rechtssicherheit)	$P_{Rs,Ri} = \frac{16 \cdot 256}{256 \cdot 128} = 1/8$	P_{Ri} überwiegt
extremes Unrecht (und leicht-mittlerer Eingriff in die Rechtssicherheit)	$P_{Rs,Ri} = \frac{8 \cdot 256}{256 \cdot 128} = 1/16$	P_{Ri} überwiegt
extremes Unrecht (und schwer-leichter Eingriff in die Rechtssicherheit)	$P_{Rs,Ri} = \frac{4 \cdot 256}{256 \cdot 128} = 1/32$	P_{Ri} überwiegt
extremes Unrecht (und mittel-leichter Eingriff in die Rechtssicherheit)	$P_{Rs,Ri} = \frac{2 \cdot 256}{256 \cdot 128} = 1/64$	P_{Ri} überwiegt
extremes Unrecht (und leicht-leichter Eingriff in die Rechtssicherheit)	$P_{Rs,Ri} = \frac{1 \cdot 256}{256 \cdot 128} = 1/128$	P_{Ri} überwiegt

Die oben skizzierten Szenarien zeigen: wenn man der Rechtssicherheit ein Gewicht zuordnet, das höher als das der Richtigkeit zugeordnete Gewicht ist, verlieren nicht alle extrem ungerechten Rechtsnormen ihre Geltung. Wenn der Eingriff in die Rechtssicherheit das Höchstmögliche wäre (schwer-schwer), würde die extrem ungerechte Rechtsnorm ihre Geltung behalten. Wenn dieser Eingriff die zweithöchstmögliche Intensität wäre (mittel-schwer), gäbe es ein Patt.

Wenn man, erstens, den beiden Prinzipien das gleiche Gewicht zuordnet, was *Alexy* tut, und zweitens verschiedene mögliche Intensitäten der Wichtigkeit der Rechtssicherheit akzeptiert, einschließlich der höchstmöglichen Intensität schwer-schwer, was *Alexy* nicht tut, modifiziert dies die Konstellation etwas. Aber wie sich Tabelle 2 entnehmen lässt, bleibt ein Problem bestehen:

Tab. 2: Modifizierung der Konstellation aus Tabelle 1 unter der Prämisse, dass der Rechtssicherheit und der Richtigkeit das gleiche Gewicht zuzuordnen ist und verschiedene mögliche Intensitäten der Wichtigkeit der Rechtssicherheit akzeptiert werden – einschließlich der höchstmöglichen Intensität schwer-schwer.

extremes Unrecht (und schwer-schwerer Eingriff in die Rechtssicherheit)	$P_{Rs,Ri} = \frac{256 \cdot 256}{256 \cdot 256} = 1$	*Patt*
extremes Unrecht (und mittel-schwerer Eingriff in die Rechtssicherheit)	$P_{Rs,Ri} = \frac{128 \cdot 256}{256 \cdot 256} = 1/2$	P_{Ri} überwiegt
extremes Unrecht (und leicht-schwerer Eingriff in die Rechtssicherheit)	$P_{Rs,Ri} = \frac{64 \cdot 256}{256 \cdot 256} = 1/4$	P_{Ri} überwiegt
extremes Unrecht (und schwer-mittlerer Eingriff in die Rechtssicherheit)	$P_{Rs,Ri} = \frac{32 \cdot 256}{256 \cdot 256} = 1/8$	P_{Ri} überwiegt
extremes Unrecht (und mittel-mittlerer Eingriff in die Rechtssicherheit)	$P_{Rs,Ri} = \frac{16 \cdot 256}{256 \cdot 256} = 1/16$	P_{Ri} überwiegt
extremes Unrecht (und leicht-mittlerer Eingriff in die Rechtssicherheit)	$P_{Rs,Ri} = \frac{8 \cdot 256}{256 \cdot 256} = 1/32$	P_{Ri} überwiegt
extremes Unrecht (und schwer-leichter Eingriff in die Rechtssicherheit)	$P_{Rs,Ri} = \frac{4 \cdot 256}{256 \cdot 256} = 1/64$	P_{Ri} überwiegt
extremes Unrecht (und mittel-leichter Eingriff in die Rechtssicherheit)	$P_{Rs,Ri} = \frac{2 \cdot 256}{256 \cdot 256} = 1/128$	P_{Ri} überwiegt
extremes Unrecht (und leicht-leichter Eingriff in die Rechtssicherheit)	$P_{Rs,Ri} = \frac{1 \cdot 256}{256 \cdot 256} = 1/256$	P_{Ri} überwiegt

Der Unterschied besteht darin, dass das Szenario des Überwiegens der Rechtssicherheit verschwindet. Jedoch bleibt das Patt: dazu kommt es, wenn eine extrem ungerechte Rechtsnorm ein schwer-schwerer Eingriff in die Rechtssicherheit ist.

Man könnte verführt sein, zu behaupten, dass das hier identifizierte Problem gar keines sei, da eine extrem ungerechte Rechtsnorm nie einen schwersten Eingriff (einen schwer-schweren Eingriff) in die Rechtssicherheit darstellen kann. Dies scheint *Alexy* zu glauben. Wenn dieser Ansatz richtig wäre, ist es natürlich konsequent, dass *Alexy* ihn von einer Rekonstruktion ausschließt. Dies erscheint jedoch aus mehreren Gründen als problematisch. Erstens, wenn die Rechtssicherheit wirklich ein Prinzip ist, kann sie in verschiedenen Graden erfüllt bzw. verletzt werden, je nach den rechtlichen und faktischen Bedingungen des Falls. Die Rechtssicherheit als ein Sonderprinzip zu betrachten, also als ein Prinzip *sui generis*, welches nicht bis zum höchsten Grad verletzt sein kann, zerstört nicht nur den Begriff des Rechtsprinzips, sondern fordert auch, dass man bestimmte Argumente einführt. Diese Argumente sollten zeigen, dass es erstens ein solches Prinzip geben kann und dass zweitens die Rechtssicherheit ein Prinzip dieser Art ist (Argumentationslast).[13] Zweitens gibt es anscheinend verschiedene Fälle von extrem ungerechten Rechtsnormen, die verschiedene Eingriffe in die Rechtssicherheit darstellen. Nimmt man z. B. an, dass eine extrem ungerechte Rechtsnorm erstens von einem Richter (Urteil), zweitens von einem Verwaltungsorgan (Verordnung) und drittens vom Gesetzgeber (Gesetz) geschaffen würde, könnte das den Eingriff in die Rechtssicherheit verschlimmern. Auch andere Faktoren wie die räumlichen, zeitlichen, personalen und sachlichen oder materiellen Geltungsbereiche der extrem ungerechten Rechtsnorm können die Intensität des Eingriffs in die Sicherheit der Annahmen beeinflussen.[14]

Demgemäß erlauben sowohl die Zuordnung eines höheren abstrakten Gewichts zur Rechtssicherheit als zur Richtigkeit als auch die Zuordnung von gleichen Gewichten zu beiden Prinzipien keine plausible Rekonstruktion der im Begriff des Rechts beteiligten Abwägungsentscheidung, dessen Ergebnis die Radbruchsche Formel ist. Die Lösung besteht darin, der Richtigkeit ein höheres abstraktes Gewicht ($2^8 = 256$) als der Rechtssicherheit ($2^7 = 128$) zuzuordnen. Wenn man diese Lösung annimmt, ergeben sich die in Tabelle 3 abgebildeten Szenarien.

---

[13] Nach Alexy selbst: wer etwas behauptet, hat die Argumentationslast; siehe *R. Alexy*, Theorie der juristischen Argumentation. Die Theorie des rationalen Diskurses als Theorie der juristischen Begründung, 2. Aufl., 1991, S. 242 f.

[14] Siehe *H. Kelsen*, Reine Rechtslehre, 2. Aufl., 2000, S. 12 f.

Tab. 3: Modifizierung der Konstellation aus Tabelle 2 unter der Prämisse, dass man der Richtigkeit ein höheres abstraktes Gewicht zuordnet als der Rechtssicherheit.

extremes Unrecht (und schwer-schwerer Eingriff in die Rechtssicherheit)	$P_{Rs,Ri} = \frac{256 \cdot 128}{256 \cdot 256} = 1/2$	P_{Ri} überwiegt
extremes Unrecht (und mittel-schwerer Eingriff in die Rechtssicherheit)	$P_{Rs,Ri} = \frac{128 \cdot 128}{256 \cdot 256} = 1/4$	P_{Ri} überwiegt
extremes Unrecht (und leicht-schwerer Eingriff in die Rechtssicherheit)	$P_{Rs,Ri} = \frac{64 \cdot 128}{256 \cdot 256} = 1/8$	P_{Ri} überwiegt
extremes Unrecht (und schwer-mittlerer Eingriff in die Rechtssicherheit)	$P_{Rs,Ri} = \frac{32 \cdot 128}{256 \cdot 256} = 1/16$	P_{Ri} überwiegt
extremes Unrecht (und mittel-mittlerer Eingriff in die Rechtssicherheit)	$P_{Rs,Ri} = \frac{16 \cdot 128}{256 \cdot 256} = 1/32$	P_{Ri} überwiegt
extremes Unrecht (und leicht-mittlerer Eingriff in die Rechtssicherheit)	$P_{Rs,Ri} = \frac{8 \cdot 128}{256 \cdot 256} = 1/64$	P_{Ri} überwiegt
extremes Unrecht (und schwer-leichter Eingriff in die Rechtssicherheit)	$P_{Rs,Ri} = \frac{4 \cdot 128}{256 \cdot 256} = 1/128$	P_{Ri} überwiegt
extremes Unrecht (und mittel-leichter Eingriff in die Rechtssicherheit)	$P_{Rs,Ri} = \frac{2 \cdot 128}{256 \cdot 256} = 1/256$	P_{Ri} überwiegt
extremes Unrecht (und leicht-leichter Eingriff in die Rechtssicherheit)	$P_{Rs,Ri} = \frac{1 \cdot 128}{256 \cdot 256} = 1/512$	P_{Ri} überwiegt

Diese Szenarien zeigen offenbar auf, dass man der Richtigkeit ein höheres Gewicht als der Rechtssicherheit zuordnen muss, um die Radbruchsche Formel zu rekonstruieren.

c) Eine Rechtsnorm verliert ihre Geltung immer, wenn das Prinzip der Richtigkeit das Prinzip der Rechtssicherheit überwiegt

Das vierte Problem (iv) besteht darin, dass nicht nur extrem ungerechte Rechtsnormen kein Recht sind, wenn man die Gewichtsformel bezüglich der im Begriff des Rechts enthaltenen Abwägungsentscheidung anwendet. Viel mehr verliert eine Rechtsnorm ihre Geltung immer dann, wenn das Prinzip der Richtigkeit das Prinzip der Rechtssicherheit überwiegt. Ein Beispiel reicht aus, um dieses Problem zu erläutern: Angenommen, ein schwer-mittlerer Eingriff in die Richtigkeit (d.h. ein schwer-mittleres Unrecht) würde eine leicht-leichte Wichtigkeit der Erfüllung der Rechtssicherheit darstellen und der Richtigkeit würde ein höheres abstraktes Gewicht als der Rechtssicherheit zugeordnet werden.

Man kommt zu folgendem Ergebnis:

schwer-mittlerer Eingriff in die Richtigkeit (schwer-mittleres Unrecht), und leicht-leichte Wichtigkeit der Erfüllung der Rechtssicherheit	$P_{Rs,Ri} = \frac{1 \cdot 128}{32 \cdot 256} = 1/64$	P_{Ri} überwiegt

Die Richtigkeit überwiegt. Das Recht würde dann in einem Fall von nicht-extremen Unrecht seine Geltung verlieren. Auch wenn man beiden Prinzipien das gleiche Gewicht zuordnet, würde die Richtigkeit überwiegen:

schwer-mittlerer Eingriff in die Richtigkeit (schwer-mittleres Unrecht), der eine leicht-leichte Wichtigkeit der Erfüllung der Rechtssicherheit darstellt:	$P_{Rs,Ri} = \frac{1 \cdot 256}{32 \cdot 256} = 1/32$	P_{Ri} überwiegt

Man könnte geneigt sein, zu sagen, dass dieses Problem die Unmöglichkeit der Anwendbarkeit der Gewichtsformel auf den Begriff des Rechts beweist. Eine mögliche Vermeidung dieses Problems wäre es aber, anzunehmen, dass nur in Fällen extremen Unrechts das Prinzip der Rechtssicherheit unterliegt – wie es auch *Alexy* tut. Aber, wie schon gezeigt wurde, entspricht diese Lösung nicht dem Begriff eines Prinzips.

Deswegen wäre eine realistische Lösung, die Anwendbarkeit der Gewichtsformel zum Begriff des Rechts offen zu begrenzen: Sie wäre dann auf den Begriff des Rechts nur in Fällen des extremen Unrechts anwendbar. Diese Lösung, die ich als „Anwendungsbegrenzung" bezeichne, könnte willkürlich erscheinen, aber es gibt in Alexys Theorie ein Argument für sie: ein Argument, das ich an anderer Stelle als „Evidenzargument" bezeichnet habe.[15] Das Evidenzargument besagt: „Je extremer die Ungerechtigkeit, desto sicherer ihre Erkenntnis".[16] Dieses Argument, das nach *Alexy* nicht absolut ist, entspricht unseren moralischen Intuitionen, aber, wie ich es im oben erwähnten Kontext bereits dargelegt habe, nicht der Gewichtsformel, da es in der Gewichtsformel

[15] *Travessoni Gomes Trivisonno*, Der Begriff des extremen Unrechts und der subinklusive Nichtpositivismus (Fn. 12), S. 162.

[16] *R. Alexy*, Begriff und Geltung des Rechts, 1992, S. 91. Siehe auch *R. Alexy*, Mauerschützen. Zum Verhältnis von Recht, Moral und Strafbarkeit, 1993, S. 3.

eine Variable für die Sicherheit der Annahmen gibt.[17] Folglich kann die Brauchbarkeit dieses Argumentes nur beurteilt werden, nachdem man die Sicherheit der Annahmen analysiert, die das fünfte Problem der Alexyschen Rekonstruktion darstellt.

d) Die Missachtung aller Berücksichtigungen hinsichtlich der Sicherheit der Annahmen

Wenn man die raffinierte vollständige Gewichtsformel betrachtet, dann merkt man sofort, dass die Sicherheit der Annahmen betrachtet werden muss:

$$P_{i,j} = \frac{I_i \cdot G_i \cdot S_i^e \cdot S_i^n}{I_j \cdot G_j \cdot S_j^e \cdot S_j^n}$$

Stellt man die Prinzipien der Rechtssicherheit und der Richtigkeit in die Formel ein, so ergibt sich:

$$P_{Rs,Ri} = \frac{I_{Rs} \cdot G_{Rs} \cdot S_{Rs}^e \cdot S_{Rs}^n}{I_{Ri} \cdot G_{Ri} \cdot S_{Ri}^e \cdot S_{Ri}^n}$$

Die Gewichtsformel zeigt, dass die Sicherheit der Annahmen berücksichtigt werden sollen, wenn man die Rechtssicherheit und die Richtigkeit abwiegt. Aber in seinem 2014 erschienenen Aufsatz betrachtet *Alexy* sie nicht. Und er führt keinen Grund für diese Unterlassung an. Aber es gibt ein Argument in seiner Theorie, das hier nützlich sein könnte: das bereits erwähnte Evidenzargument: wenn „Je extremer die Ungerechtigkeit, desto sicherer ihre Erkenntnis" gilt, ist die Sicherheit der Annahmen von der Intensität des Eingriffs bzw. der Wichtigkeit der Erfüllung der Prinzipien, d.h. von der Variabel *I*, abhängig.

Das Evidenzargument wäre deswegen sowohl die Lösung für das vierte als auch für das fünfte Problem. Doch es gibt eine Schwierigkeit: wie ich schon an anderer Stelle gezeigt und auch oben erwähnt habe, ist das Evidenzargument mit der Gewichtsformel inkompatibel.[18] Der Grund dafür ist einfach: wenn es unabhängige Variablen für die Sicherheit der Annahmen gibt (S^e und S^n), hängen sie nicht von der Variable *I* ab. Kurz gesagt: *S* hängt nicht von *I* ab. Die endgültige Lösung wäre es, im Fall des Begriffs des Rechts die Unabhängigkeit zwischen *S* und *I* aufzugeben. Das Evidenzargument könnte dann brauchbar werden. Da *Alexy* aber behauptet, dass das Evidenzargument nicht absolut ist, wäre die Lösung dieses Problems die Entwicklung eines Ausgleichs. Diesen Ausgleich bezeichne ich als „Verhältnismäßigkeitsausgleich", weil er die Ver-

---

[17] *Travessoni Gomes Trivisonno*, Der Begriff des extremen Unrechts und der subinklusive Nichtpositivismus (Fn. 6), S. 163f.

[18] *Travessoni Gomes Trivisonno*, Der Begriff des extremen Unrechts und der subinklusive Nichtpositivismus (Fn. 12), S. 163f.

hältnismäßigkeit zwischen *I* und *S* bestimmen würde. Dadurch allerdings würde das Modell möglicherweise zu komplex werden.

III. Schluss

Man kann sowohl das Kombinationsmodel als auch das reine substantiell-formelle Modell zur Rekonstruktion der im Begriff des Rechts enthaltenen Abwägungsentscheidung anwenden. Im Fall der Anwendung des Kombinationsmodelles, insbesondere von *Borowski*, muss man eine Methode entwickeln, um zu messen, wie weit die Abwägung des Rechtsschaffungsorgans von der Abwägung des Kontrollorgans abweicht. Wie aufgezeigt gibt es ein weiteres Problem: die in den beiden Abwägungsentscheidungen beteiligten Prinzipien können manchmal nicht gleich sein. Diese Probleme zu lösen würde das Modell zu komplex machen.

Im Fall der Anwendung des reinen substantiell-formellen Modells, insbesondere von *Alexy*, gibt es noch mehr Probleme, wie oben gezeigt wurde: Dazu zählt die nicht ausreichend komplexe Skalierung, das Problem der abstrakten Gewichte der Prinzipien, die Annahme, dass eine extrem ungerechte Rechtsnorm nie ein schwerer Eingriff in das Prinzip der Rechtssicherheit sein kann, die Tatsache, dass immer dann, wenn die Rechtssicherheit unterliegt, das Recht ungültig sein sollte, und die Missachtung jeder Berücksichtigung unterschiedlicher Sicherheiten zu den Annahmen. Für die drei erstgenannten Probleme lassen sich in *Alexys* Theorie Lösungen finden. Die zwei letztgenannten Probleme zu lösen würde auch dieses Modell zu komplex werden lassen. Dies zeigt: Zur Rekonstruktion der Abwägung zwischen dem formellen Prinzip der Rechtssicherheit und dem materiellen Prinzip der Richtigkeit bleibt noch viel zu tun.

Alexys inklusiver Rechtsnichtpositivismus als eine hybride Naturrechtstheorie?

*Peng-Hsiang Wang**

I. Einleitung

Robert Alexys inklusiver Rechtsnichtpositivismus wird von einigen führenden Naturrechtstheoretikern, etwa von *Mark Murphy* oder von *Jonathan Crowe*, als Hybrid zwischen einer starken und einer schwachen Naturrechtsposition angesehen.[1] Dabei bleibt unklar, wie *Alexys* nichtpositivistische Theorie als eine Version der Naturrechtstheorie gelesen werden kann und inwiefern seine Argumente für den Nichtpositivismus zur Verteidigung der Naturrechtsthese verwendet werden können.

In diesem Beitrag werde ich zwei Versionen der Naturrechtsthese mit *Alexys* Unterscheidung dreier Formen des Nichtpositivismus vergleichen, und versuchsweise *Alexys* inklusiven Nichtpositivismus als hybride Naturrechtstheorie umformulieren. Sodann werde ich untersuchen, ob und – bejahendenfalls – wie *Alexys* Richtigkeitsargument als Unterstützung einer schwachen Naturrechtsposition fruchtbar gemacht werden kann. Dabei werde ich auch einige Probleme beleuchten, die den Übergang *Alexys* von einer schwachen Naturrechtsposition bezüglich der Nichtfehlerhaftigkeit des Rechts zu einer stärkeren Behauptung bezüglich der Existenzbedingungen des Rechts betreffen. Schließlich werde ich vorschlagen, dass seine nichtpositivistische Rechtstheorie am besten als eingeschränkte Version einer starken Naturrechtstheorie anzusehen ist – wobei vorausgesetzt ist, dass der Richtigkeitsanspruch des Rechts, wie von *Alexy* in jüngeren Schriften behauptet, als Anspruch auf Richtigkeit zweiter Ordnung verstanden wird.

---

* Aus dem Englischen übersetzt von Georg Binzenhöfer.

[1] *M. C. Murphy*, Defect and Deviance in Natural Law Jurisprudence, in: M. Klatt (Hrsg.), Institutionalized Reason: The Jurisprudence of Robert Alexy, 2012, S. 45–60; *J. Crowe*, Natural Law and the Nature of Law, 2019, S. 153–154.

II. Zwei Versionen der Naturrechtsthese und drei Formen des Nichtpositivismus

Die zentrale Behauptung, die von zeitgenössischen Naturrechtstheoretikern wie *John Finnis*, *Mark Murphy*, *Jonathan Crowe* und *George Duke* vertreten wird, ist die *Naturrechtsthese*, nach der das Recht notwendigerweise eine rationale Verhaltensanweisung ist.[2] Bei der Naturrechtsthese geht es um eine notwendige Verbindung zwischen Recht und normativen Handlungsgründen. Wie *Murphy* es ausdrückt, wird das Recht notwendigerweise durch entscheidende Gründe für das Handeln gestützt.[3]

Im Hinblick auf die handlungsbegründende Kraft des Rechts ist eine Rechtsnorm *rational fehlerhaft*, wenn sie von den Menschen eine Handlung verlangt, für die sie entweder keinen Grund haben, sie auszuführen, oder einen entscheidenden Grund haben, sie zu unterlassen.[4] Hinsichtlich der Wirkung rationaler Fehler lässt die Naturrechtsthese zwei Interpretationen zu.[5] In der starken Lesart stellt die Naturrechtsthese eine notwendige Bedingung für die Existenz und Geltung des Rechts auf: Eine mutmaßliche Rechtsnorm, die keine entscheidenden Gründe für die Befolgung liefert, ist rechtlich ungültig oder überhaupt kein Recht. Die starke Naturrechtsthese kann wie folgt formuliert werden:

> *Die starke Naturrechtsthese*: Ein rationaler Fehler einer Norm führt zu ihrer rechtlichen Ungültigkeit.

Im Gegensatz dazu interpretiert die schwache Lesart die Naturrechtsthese dahingehend, dass sie eine Bedingung für die Nichtfehlerhaftigkeit des Rechts darstellt. Nach der schwachen Lesart ist eine Rechtsnorm, die keine entscheidenden Gründe für ihre Befolgung liefert, eine defekte Rechtsnorm, so wie ein Wecker, der die Menschen nicht aufweckt, ein defekter Wecker ist. Die schwache Naturrechtsthese kann wie folgt formulieren werden:

> *Die schwache Naturrechtsthese*: Ein rationaler Fehler einer Norm führt zu ihrer rechtlichen Fehlerhaftigkeit.

Während sich die Naturrechtsthese, sowohl in ihrer starken als auch in ihrer schwachen Version, auf die Verbindung des Rechts mit praktischen Gründen

---

[2] *J. Finnis*, Natural Law and Natural Rights, 2. Aufl. 2011; *M. C. Murphy*, Natural Law Jurisprudence, in: Legal Theory 9 (2013), S. 241–267; *J. Crowe*, Natural Law Theories, in: Philosophy Compass 11 (2016), S. 91–101; *G. Duke*, The Weak Natural Law Thesis and the Common Good, in: Law and Philosophy 35 (2016), S. 485–509.

[3] *M. C. Murphy*, Natural Law in Jurisprudence and Politics, 2006, S. 1.

[4] *Crowe*, Natural Law and the Nature of Law (Fn. 1), S. 141–142, 179–180.

[5] Für die starke und die schwache Lesart der Naturrechtsthese, siehe *Crowe*, Natural Law and the Nature of Law (Fn. 1), S. 142–144; *Murphy*, Natural Law in Jurisprudence and Politics (Fn. 3), S. 8–20.

oder praktischer Rationalität konzentriert, befasst sich die nichtpositivistische Theorie von *Alexy* in erster Linie mit der Beziehung zwischen Recht und Moral. Nach *Alexy* vertreten alle Nichtpositivisten die *Verbindungsthese*, nach der es einen notwendigen Zusammenhang zwischen Rechtsgeltung bzw. rechtlicher Richtigkeit einerseits und moralischen Wertungen bzw. moralischer Richtigkeit und Fehlerhaftigkeit andererseits gibt.[6] Analog zur rationalen Fehlerhaftigkeit ist eine Norm moralisch fehlerhaft, wenn sie von den Menschen eine moralisch unrichtige Handlung oder eine Handlung verlangt, die sie aus moralischen Gründen nicht ausführen dürfen. Hinsichtlich der Auswirkung moralischer Fehler auf die Rechtsgeltung unterscheidet *Alexy* drei Formen des Nichtpositivismus.[7]

Die erste ist der *exklusive Nichtpositivismus*, demzufolge jeder moralische Fehler einer Norm den Verlust ihrer Rechtsgeltung oder ihres Rechtscharakters zur Folge hat. Diese radikalste Form des Nichtpositivismus, die in der Literatur allerdings nur selten zu finden ist, wird häufig mit dem Satz *lex iniusta non est lex* ausgedrückt.

Die zweite ist der *superinklusive Nichtpositivismus*, der behauptet, dass die Rechtsgeltung keineswegs durch moralische Fehler beeinflusst wird. Eine moralisch fehlerhafte Rechtsnorm ist zwar rechtlich fehlerhaft, aber sie verliert nie ihre Rechtsgeltung. Mit anderen Worten: Ungerechte oder moralisch unrichtige Rechtsnormen sind immer noch Recht, auch wenn sie fehlerhaft sind. Nach Ansicht von *Alexy* kann *Finnis'* Naturrechtstheorie als ein Beispiel für den superinklusiven Nichtpositivismus gelesen werden.[8]

Die dritte Form des Nichtpositivismus, die *Alexy* vertritt, ist der *inklusive Nichtpositivismus*. Als Mittelposition zwischen den beiden oben genannten Extremen behauptet der inklusive Nichtpositivismus weder, dass moralische Defekte stets die Rechtsgeltung zerstören, noch dass sie dies niemals tun. Vielmehr behauptet der inklusive Nichtpositivismus, dass moralische Defekte positive Rechtsnormen unter bestimmten Bedingungen rechtlich ungültig machen, unter anderen jedoch nicht. In Anlehnung an die Radbruchsche Formel behauptet *Alexys* inklusiver Nichtpositivismus, dass moralische Defekte die Rechtsgeltung nur dann zerstören, wenn die Schwelle der extremen Ungerechtigkeit überschritten wird. Unterhalb dieser Schwelle ist eine ungerechte oder moralisch unrichtige positive Rechtsnorm rechtlich fehlerhaft, aber gültig.

Das allen drei Formen des Nichtpositivismus gemeinsame kennzeichnende Merkmal ist nach *Alexy* eine *qualifizierende* Verbindung zwischen Recht und Moral: Der Effekt der moralischen Fehlerhaftigkeit oder Unrichtigkeit ist die

---

[6] *R. Alexy*, Law's Ideal Dimension, 2021, S. 22.

[7] Ebd., S. 23–27, 53–56, 95–97.

[8] *R. Alexy*, Some Reflections on the Ideal Dimension of Law and on the Legal Philosophy of John Finnis, in: The American Journal of Jurisprudence 58 (2013), S. 97–110 (105–107).

rechtliche Fehlerhaftigkeit oder Unrichtigkeit. Die drei Formen des Nichtpositivismus unterscheiden sich nur in der Wirkung ihres jeweiligen *klassifizierenden* Zusammenhangs, nämlich ob und wie sich moralische Fehlerhaftigkeit als rechtliche Fehlerhaftigkeit auf die Rechtsgeltung auswirkt. Eine interessante Frage ist, ob die drei Formen des Nichtpositivismus als eine starke oder schwache Version der Naturrechtstheorie rekonstruiert werden können. Die Antwort lautet ja, wenn moralische Fehlerhaftigkeit als eine Art rationaler Fehlerhaftigkeit angesehen werden kann.

In der Tat hat *Alexy* einen inneren Zusammenhang zwischen moralischer Richtigkeit und praktischer Rationalität vorgeschlagen. Er stellt fest: „what is morally correct is, *ceteris paribus*, reasonable, and what is practically reasonable, is, at least in this respect, morally correct"[9]. Die Verbindung zwischen Moral und praktischen Gründen kann auch als *moralischer Rationalismus* charakterisiert werden, der wie folgt lautet: Wenn eine Handlung moralisch unrichtig ist, gibt es notwendigerweise einen entscheidenden Grund, die Handlung nicht auszuführen.[10] Angenommen, es liegt ein entscheidender Grund, eine moralisch unrichtige Handlung nicht auszuführen, vor, so ist eine moralisch fehlerhafte Norm auch rational defekt. Demnach entsprechen der exklusive und der superinklusive Nichtpositivismus der starken bzw. der schwachen Naturrechtstheorie. *Alexys* inklusiver Nichtpositivismus scheint eine mittlere Position einzunehmen, die *Crowe* eine *hybride Naturrechtstheorie* nennt:[11]

> *Die hybride Naturrechtsthese*: Ein rationaler Fehler einer Norm führt zu ihrer rechtlichen Fehlerhaftigkeit oder Ungültigkeit.

Nach dieser These sind einige rational fehlerhafte Normen lediglich rechtlich fehlerhaft, während andere rechtlich ungültig sind. *Alexys* Unterscheidung zwischen extrem ungerechten und weniger ungerechten Normen gibt Aufschluss darüber, unter welchen Umständen einer fehlerhaften positiven Rechtsnorm die rechtliche Geltung entzogen wird.

Alexy hat zwei Hauptargumente für den inklusiven Nichtpositivismus vorgebracht: *das Richtigkeitsargument* und das Argument der *Doppelnatur des Rechts*. Es gibt jedoch mindestens zwei ungeklärte Probleme, die entstehen, wenn seine Argumente, *mutatis mutandis*, zur Verteidigung der hybriden Naturrechtsthese verwendet werden.

Erstens: Obwohl einige Naturrechtstheoretiker *Alexys* Richtigkeitsargument als paradigmatisches Sprechaktargument für die schwache Naturrechtsthese

---

[9] *Alexy*, Some Reflections on the Ideal Dimension of Law (Fn. 8), S. 99.

[10] *S. Darwall*, Reasons, Motives, and the Demands of Morality: An Introduction, in: S. Darwall/A. Gibbard/P. Railton (Hrsg.), Moral Discourse and Practice: Some Philosophical Approaches, 1997, S. 305–312 (306–307).

[11] *Crowe*, Natural Law and the Nature of Law (Fn. 1), S. 153–155.

ansehen,[12] ist nicht ganz klar, wie dieses Argument begründen kann, dass moralische Richtigkeit zu den Bedingungen der Nichtfehlerhaftigkeit des Rechts gehört, wonach eine moralisch unrichtige Rechtsnorm *qua* Recht fehlerhaft ist.

Zweitens: Obwohl sich *Alexys* Doppelnaturthese nicht nur mit den Bedingungen der Nichtfehlerhaftigkeit, sondern auch mit denen der Existenz des Rechts befasst, ist dennoch undurchsichtig, wie man von der Einbeziehung der moralischen Richtigkeit in die Bedingung der Nichtfehlerhaftigkeit des Rechts zur Einbeziehung der Moral in die notwendigen Bedingungen der Rechtsgültigkeit übergeht.

Im weiteren Verlauf dieses Artikels werde ich diese beiden Probleme der Reihe nach behandeln und zeigen, dass *Alexys* Argumente, wenn sie durch ein funktionales Argument ergänzt werden, eine spezifische Version der Naturrechtstheorie unterstützen können, die einer eingeschränkten starken Naturrechtsposition näher steht als einer hybriden.

III. Das Richtigkeitsargument und die schwache Naturrechtsthese

Der Eckpfeiler der nichtpositivistischen Theorie von *Alexy* ist das Richtigkeitsargument, das aus zwei Prämissen besteht:

> (1) Das Recht, d.h. sowohl einzelne Rechtsnormen und einzelne Rechtsentscheidungen als auch Rechtssysteme im Ganzen, erhebt notwendig einen Anspruch auf Richtigkeit.
> (2) Der Richtigkeitsanspruch des Rechts beinhaltet einen Anspruch auf moralische Richtigkeit.

Aus (1) und (2) folgert *Alexy*, dass es sowohl einen klassifizierenden als auch einen qualifizierenden Zusammenhang zwischen Recht und Moral gibt:

> „Normensysteme, die diesen Anspruch nicht explizit oder implizit erheben, sind keine Rechtssysteme. Insofern hat der Anspruch auf Richtigkeit eine klassifizierende Bedeutung. Rechtssysteme, die diesen Anspruch zwar erheben, ihn aber nicht erfüllen, sind rechtlich fehlerhafte Rechtssysteme. In dieser Hinsicht hat der Anspruch auf Richtigkeit eine qualifizierende Bedeutung. Eine ausschließlich qualifizierende Bedeutung kommt dem Anspruch auf Richtigkeit bei einzelnen Rechtsnormen und einzelnen Rechtsentscheidungen zu. Sie sind rechtlich fehlerhaft, wenn sie den Anspruch auf Richtigkeit nicht erheben oder nicht erfüllen.“[13]

---

[12] *Murphy*, Defect and Deviance in Natural Law Jurisprudence (Fn. 1), S. 54–57; *Crowe*, Natural Law and the Nature of Law (Fn. 1), S. 150.

[13] *R. Alexy*, Begriff und Geltung des Rechts, Erweiterte Neuausgabe 2020, S. 64.

Ich gehe vorerst davon aus, dass sowohl (1) als auch (2) wahr sind (obwohl sie keineswegs unumstritten sind[14]) und beschränke mich auf die Frage, ob sie die schwache Naturrechtsthese stützen können, bei der es nur um die qualifizierende Bedeutung des Anspruchs auf Richtigkeit geht.

Nach dem Richtigkeitsargument ist das Recht das, was *Judith Jarvis Thomson* eine *richtigkeitsfixierende Art* (correctness-fixing kind) nennt: K ist eine richtigkeitsfixierende Art, wenn das, was ein K ist, selbst die Standards setzt, die ein K erfüllen muss, um *qua* K richtig oder korrekt zu sein.[15] Da der Richtigkeitsanspruch des Rechts einen Anspruch auf moralische Richtigkeit beinhaltet, ist moralische Richtigkeit ein Standard, den eine Rechtsnorm oder -entscheidung erfüllen muss, wenn sie *qua* Recht richtig sein soll. Moralische Richtigkeit ist also mit den Standards der rechtlichen Richtigkeit verbunden. Hier geht es um die Frage, ob das Richtigkeitsargument allein begründen kann, dass moralische Richtigkeit zu den Bedingungen der Nichtfehlerhaftigkeit des Rechts gehört, so dass moralisch unrichtige Rechtsnormen *qua* Recht fehlerhaft sind.

Wie bereits erwähnt ist das Richtigkeitsargument ein Sprechaktargument. *Alexy* räumt ein, dass das Recht im wörtlichen Sinne nicht in der Lage ist, einen Anspruch zu erheben, da Ansprüche nur von Subjekten erhoben werden können, die die Fähigkeit haben, zu sprechen und zu handeln. Der Richtigkeitsanspruch des Rechts ist daher am besten als ein Anspruch zu verstehen, der von den Teilnehmern eines Rechtssystems, etwa von Richtern oder dem Gesetzgeber, erhoben wird, wenn sie den rechtlichen Sprechakt der Normbehauptung, Normsetzung oder Normanwendung vollziehen.[16]

Sprechakte, ob rechtlich oder nicht rechtlich, sind ebenfalls richtigkeitsfixierende Arten. Wie *Thomson* hervorhebt, legt eine Sprechaktart zwei Wege fest, auf denen ihre Mitglieder richtig oder korrekt sein können. Ein Fall einer Sprechaktart ist nur dann *intern-richtig* (internal correct), wenn der Sprecher den Sprechakt korrekt vollzieht, und *extern-richtig* (external correct), wenn der propositionale Gehalt des Sprechakts, sofern er einen propositionalen Gehalt hat, wahr ist.[17]

Nehmen wir zum Beispiel das Behaupten. Ein Akt der Behauptung ist dann und nur dann intern-richtig, wenn er die Erfolgs- oder Gelingensbedingungen der Behauptung erfüllt: zum Beispiel die Bedingung, dass der behauptete Inhalt p wahrheitsfähig ist, die Bedingung, dass der Sprecher glaubt oder vorgibt zu

---

[14] Für eine ausführliche Kritik des Richtigkeitsarguments von Alexy, siehe *C. Heidemann*, Law's Claim to Correctness, in: S. Coyle/G. Pavlakos (Hrsg.), Jurisprudence or Legal Science? A Debate on the Nature of Legal Theory, 2005, S. 127–146.

[15] *J. J. Thomson*, Normativity, 2008, S. 83.

[16] *Alexy*, Law's Ideal Dimension (Fn. 6), S. 36–37, 312–315; siehe auch *Heidemann*, Law's Claim to Correctness (Fn. 14), S. 130–131.

[17] *Thomson*, Normativity (Fn. 15), S. 86–88.

glauben, dass p der Fall ist und die Bedingung, dass p rechtfertigbar ist. Ein Akt der Behauptung ist dann und nur dann extern-richtig, wenn der behauptete Satz wahr ist. Man könnte sagen, dass die Bedingungen für die interne Richtigkeit einer Behauptung die Bedingungen sind, die erfüllt sein müssen, um überhaupt eine Behauptung aufstellen zu können; ebenso könnte man sagen, dass die Bedingungen für die externe Richtigkeit einer Behauptung die Wahrheitsbedingungen des behaupteten Satzes sind.

Analog dazu ist ein rechtlicher Sprechakt intern-richtig, wenn er einen Anspruch auf Richtigkeit erhebt und bestimmte institutionalisierte Bedingungen erfüllt: zum Beispiel die Bedingung, dass der Sprecher befugt ist oder die Kompetenz hat, Gesetze zu erlassen oder rechtliche Entscheidungen gemäß bestimmten Verfahrensregeln zu fällen. Ein rechtlicher Sprechakt ist extern-richtig, wenn sein normativer Inhalt moralisch richtig oder gerechtfertigt ist. Anstatt von interner und externer Richtigkeit zu sprechen, könnte man sagen, dass eine rechtliche Sprechaktart zwei Wege festlegt, auf denen ihre Mitglieder richtig sein können: prozedural oder formell richtig und inhaltlich oder substantiell richtig.

Wenn *Alexy* sagt, dass das Recht notwendig einen Anspruch auf Richtigkeit erhebt, dann meint er mit „Richtigkeit" in erster Linie die externe oder inhaltliche Richtigkeit. Die Erhebung des Richtigkeitsanspruchs ist für einen rechtlichen Sprechakt „notwendig", weil sie zu den Erfolgs- oder Gelingensbedingungen, d. h. zu den Bedingungen der internen Richtigkeit des rechtlichen Sprechakts gehört. *Alexy* hat an den Beispielen performativer Widersprüche gezeigt, dass die Äußerung eines Sprechers eines rechtlichen Sprechakts nicht als erfolgreicher Fall der Sprechaktart gelten kann, wenn der Sprecher nicht behauptet, dass der normative Inhalt des Akts moralisch richtig ist.[18] Erhebt der Sprecher dagegen einen Anspruch auf Richtigkeit, so zählt seine Äußerung, solange sie andere formelle oder prozedurale Anforderungen an die interne Richtigkeit erfüllt, immer noch als ein erfolgreicher Fall der rechtlichen Sprechaktart, unabhängig davon, wie schlecht dieser Anspruch erfüllt wird. Ob der normative Inhalt der Äußerung des Sprechers moralisch richtig ist oder nicht (d. h., ob der Anspruch auf Richtigkeit erfüllt ist oder nicht), ist eine Frage der externen Richtigkeit, die für die interne Richtigkeit des Sprechaktes irrelevant ist.

[18] Alexys erstes Beispiel für einen performativen Widerspruch ist der fiktive erste Artikel einer Verfassung, der lautet „X ist eine souveräne, föderale und ungerechte Republik"; das zweite Beispiel ist eine gerichtliche Entscheidung, die lautet, „Der Angeklagte wird, was eine falsche Interpretation des geltenden Rechts ist, zu lebenslanger Freiheitsstrafe verurteilt." Siehe *Alexy*, Begriff und Geltung des Rechts (Fn. 13), S. 65–70. Es ist jedoch umstritten, ob diese beiden Beispiele zeigen können, dass der Anspruch auf Richtigkeit notwendigerweise im Recht erhoben wird oder dass das Unterlassen des Anspruchs auf Richtigkeit ein fehlerhafter rechtlicher Sprechakt ist, siehe *Heidemann*, Law's Claim to Correctness (Fn. 14), S. 136–139.

Wie *Thomson* hervorhebt, ist ein Sprechakt, der nicht intern-richtig vollzogen wird, entweder fehlerhaft *qua* der Sprechaktart, zu der er gehört, oder er kann nicht als Fall dieser Art gelten. Wenn der Sprechakt jedoch intern-richtig, aber extern-unrichtig ist, dürfen wir nicht immer zu dem Schluss kommen, dass er auch in Bezug auf die Art des Sprechakts fehlerhaft ist.[19]

Nehmen wir erneut die Behauptung als Beispiel. Behaupten ist ein Sprechakt, bei dem ausgesagt wird, dass etwas der Fall ist. Nehmen wir an, dass ein Akt des Behauptens notwendigerweise einen Anspruch auf Richtigkeit erhebt, d.h. einen Anspruch auf Wahrheit.[20] Wenn jemand eine Behauptung aufstellt, aber nicht behauptet, dass der behauptete Inhalt p wahr ist (d.h. er gibt nicht vor zu glauben, dass p der Fall ist oder dass p gerechtfertigt werden kann), ist seine Äußerung entweder keine Behauptung oder eine fehlerhafte. Behauptet er dagegen, dass p wahr ist, tatsächlich ist p aber nicht der Fall, so gilt seine Äußerung dennoch erfolgreich als Behauptung (d.h. sein Behauptungsakt ist intern-richtig), wenn auch als falsche (d.h. sein Behauptungsakt ist extern-unrichtig).

Stellen wir uns zum Beispiel folgendes Szenario vor: (1) John behauptet, dass Bert der Bruder von Alice ist und (2) John lügt nicht, d.h. er glaubt, dass Bert der Bruder von Alice ist. Nehmen wir nun an, dass Bert in Wirklichkeit nicht der Bruder von Alice ist. Johns Behauptung ist extern-unrichtig, aber seine Äußerung wird dennoch als Behauptung gelten. Er hat eine falsche Behauptung aufgestellt, und der Wahrheitswert des behaupteten Satzes hat keinen Einfluss darauf, ob John den Akt der Behauptung gelingend oder richtig vollzieht.[21]

Kann man Johns Behauptung als fehlerhaft bezeichnen, nur weil sie falsch ist? Das hängt von dem pragmatischen Kontext der Behauptung ab. Betrachten wir folgendes Szenario: Tom fragt John: „Wer ist der Bruder von Alice?" Als Antwort auf die Frage sagt John: „Bert ist der Bruder von Alice." John gibt Tom eine falsche Antwort. Die Antwort ist falsch, weil Johns Behauptung, dass Bert der Bruder von Alice ist, falsch ist. In diesem Zusammenhang könnte man sagen, dass Johns Behauptung fehlerhaft ist. Sie ist aber fehlerhaft in Bezug auf die Beantwortung einer Frage, nicht in Bezug auf die Behauptung an sich. Wenn Johns Behauptung wahr wäre, wäre sie eine richtige oder nicht fehlerhafte Antwort auf Toms Frage.

Wie *Thomson* hervorhebt, ist die Beantwortung einer Frage ein auf Behauptungen basierender Sprechakt, d.h. ein Akt, der durch die Behauptung einer

---

19 *Thomson*, Normativity (Fn. 15), S. 101–105.

20 Zum Anspruch auf Wahrheit als Anspruch auf Richtigkeit, der von einer Behauptung erhoben wird, siehe *Heidemann*, Law's Claim to Correctness (Fn. 14), S. 132–134.

21 *Thomson*, Normativity (Fn. 15), S. 101–105. Siehe auch *Heidemann*, Law's Claim to Correctness (Fn. 14), S. 134.

Aussage vollzogen wird.[22] Für einige auf Behauptungen basierende Sprechaktarten (Ks), zu denen Akte der Beantwortung einer Frage, Akte der Beschreibung von etwas und Akte der Erklärung, warum etwas geschieht, gehören, ist eine Behauptung, die der Sprecher macht, um einen Akt von K zu vollziehen, nur dann defekt *qua* K, wenn der Inhalt der Behauptung falsch ist. Zu den Bedingungen der Nichtfehlerhaftigkeit von K gehören also die Wahrheit bzw. die externe Richtigkeit der Behauptung.

Wir können weiter fragen, warum K Bedingungen der Nichtfehlerhaftigkeit hat, die aus der Wahrheit der behaupteten Sätze bestehen. Eine mögliche Erklärung ist, dass einige auf Behauptungen basierende Sprechaktarten nicht nur richtigkeitsfixierende Arten sind, sondern auch *funktionale Arten*; das heißt, es gibt eine Funktion, die mit jeder der Arten verbunden ist, so dass ein Mitglied, das diese Funktion nicht oder schlecht erfüllt, als fehlerhaftes Mitglied der Art gekennzeichnet ist.[23] Die charakteristische Funktion der Beantwortung einer Frage besteht beispielsweise darin, wahre Informationen zu vermitteln. Wenn A auf die Frage von B mit einer falschen Behauptung antwortet, gibt die Behauptung B keine wahre Information und ist somit eine fehlerhafte Antwort. Allgemein gilt für eine funktionale Art K, dass das, was ein K ist, selbst die Standards festlegt, die ein K erfüllen muss, um nicht-defekt *qua* K zu sein, und es ist möglich, dass es ein K gibt, das diese Standards, nämlich die Bedingung der Nichtfehlerhaftigkeit von K, nicht erfüllt.[24]

Kehren wir zum Richtigkeitsargument zurück. *Alexys* Argument kann eine Einbeziehung der moralischen Richtigkeit in die Bedingungen der Nichtfehlerhaftigkeit des Rechts nur dann stützen, wenn sein Argument davon ausgeht, dass das Recht nicht nur eine richtigkeitsfixierende, sondern auch eine funktionale Art ist. *Alexy* stellt also fest:

> „The argument from correctness *qua* conceptual-analytical argument requires that normative or practical arguments be given in order to establish the adequacy of the concept of law as a concept of a social kind, normative arguments that are based on the idea of making the best of this social practice in the light of its functions or tasks."[25]

Die meisten Naturrechtstheoretiker sind der Ansicht, dass der Grundgedanke der Naturrechtsthese die Funktion des Rechts betrifft. Die primäre Funktion des Rechts ist es, das Handeln zu leiten, indem es normative Gründe liefert. Recht ist genau in diesem Sinne eine rationale Verhaltensanweisung.[26] Rechts-

---

22 *Thomson*, Normativity (Fn. 15), S. 94–97.

23 Ebd., S. 209.

24 *M. C. Murphy*, The Explanatory Role of the Weak Natural Law Thesis, in: W. Waluchow/S. Sciaraffa (Hrsg.), Philosophical Foundations of the Nature of Law, 2013, S. 3–21 (4).

25 *Alexy*, Law's Ideal Dimension (Fn. 6), S. 89.

26 *Crowe*, Natural Law Theories (Fn. 2), S. 91. Für funktionale Argumente in der Naturrechtstheorie siehe *Murphy*, Natural Law in Jurisprudence and Politics (Fn. 3), S. 29–36; *Crowe*, Natural Law and the Nature of Law (Fn. 1), S. 140–150, 169–181; *M. S. Moore*, Law as

normen, die es versäumen, entscheidende Gründe für das Handeln zu liefern, sind fehlerhaft *qua* Recht, weil die Rechtsnormen ihre handlungsleitende Funktion nicht oder nur schlecht erfüllen. Die Handlungsbegründungsfähigkeit ist also ein Standard, dem eine Rechtsnorm genügen muss, um *qua* Recht nicht fehlerhaft zu sein. Das Problem dabei ist, wie man – ausgehend von dem Anspruch auf Richtigkeit in Verbindung mit der funktionalen Sichtweise des Rechts – argumentieren kann, dass moralische Richtigkeit zu den Bedingungen der Nichtfehlerhaftigkeit des Rechts gehört.

Wie bereits erwähnt, wird der Anspruch auf Richtigkeit durch rechtliche Sprechakte erhoben, die von Teilnehmern eines Rechtssystems vorgenommen werden. Nach *Alexy* ist ein Teilnehmer an der richtigen Antwort auf die Frage interessiert, was in dem jeweiligen Rechtssystem, in dem er sich befindet, rechtlich geboten, erlaubt oder verboten ist.[27] Ein Gesetzgeber oder ein Richter – beide sind typische Teilnehmer eines Rechtssystems – können diese Frage konkret beantworten, indem sie in einem institutionalisierten Kontext direktive illokutionäre Akte vollziehen, wie etwa den gesetzgeberischen Akt des Erlasses von Gesetzen und den richterlichen Akt der Verkündung von Urteilen. Man könnte sagen, dass gesetzliche Normen und richterliche Entscheidungen die „Antwort" des Gesetzgebers und des Richters auf die Frage darstellen, was rechtlich geboten, erlaubt oder verboten ist. Aus funktionaler Sicht beabsichtigt der Akteur, der die Frage durch einen institutionalisierten direktiven illokutionären Akt beantwortet, den Subjekten des Rechtssystems entscheidende Handlungsgründe zu geben. Mit anderen Worten: Die Funktion der Beantwortung einer Rechtsfrage besteht aus der Teilnehmerperspektive darin, einen entscheidenden Grund zu liefern, das zu tun, was rechtlich geboten ist, oder das zu unterlassen, was rechtlich verboten ist.

Im institutionalisierten Kontext direktiver illokutionärer Akte erhebt der Sprecher nicht nur einen Anspruch auf Richtigkeit, sondern auch einen Anspruch auf Handlungsbegründung. Die Akteure eines Rechtssystems (z. B. Gesetzgeber und Richter) behaupten, entscheidende Handlungsgründe in Form von Direktiven zu liefern, wie z. B. einzelne Rechtsnormen und gerichtliche Entscheidungen, die, wie oben ausgeführt, die Antwort der Akteure auf eine Rechtsfrage darstellen. Mit dem Anspruch darauf, dass der normative Inhalt ihrer Direktiven moralisch richtig ist, behaupten die Akteure weitergehend, dass ihre Direktiven entscheidende Handlungsgründe liefern. Wenn der Anspruch auf Richtigkeit nicht erfüllt ist, d. h., wenn der normative Inhalt der Direktiven moralisch unrichtig ist, geben sie nach dem moralischen Rationa-

---

a Functional Kind, in: R. P. George (Hrsg.), Natural Law Theory: Contemporary Essays, 1992, S. 188–242.

[27] *Alexy*, Begriff und Geltung des Rechts (Fn. 13), S. 47; *Alexy*, Law's Ideal Dimension (Fn. 6), S. 72–75.

lismus keine entscheidenden Gründe für ihre Befolgung. In diesem Fall sind die moralisch unrichtigen Direktiven rechtlich fehlerhaft, auch wenn weder der gegebene gesetzgeberische noch der gegebene richterliche Akt als rechtlicher Sprechakt an sich fehlerhaft ist. Auf diese Weise ist die moralische Richtigkeit (d.h. die Bedingungen für die externe Richtigkeit rechtlicher Sprechakte) nicht nur mit der rechtlichen Richtigkeit verbunden, sondern auch ein notwendiger Teil der Bedingungen für die Nichtfehlerhaftigkeit des Rechts.

IV. Die Doppelnatur des Rechts und die hybride Naturrechtsthese

Der Ausgangspunkt von *Alexys* zweitem Argument für den inklusiven Nichtpositivismus ist die Doppelnaturthese, die besagt, dass das Recht notwendig sowohl eine reale Dimension, die durch autoritative Gesetztheit und soziale Wirksamkeit repräsentiert wird, als auch eine ideale Dimension, die durch moralische Richtigkeit repräsentiert wird, aufweist.[28] *Alexy* argumentiert für die Notwendigkeit der realen Dimension wie folgt: Die Moral lässt einerseits vernünftige Meinungsverschiedenheiten darüber, was moralisch richtig und unrichtig ist, zu und verlangt andererseits eine Lösung der Probleme der sozialen Koordination und Kooperation, um die moralischen Kosten der Anarchie zu vermeiden. Diese Probleme können nur durch das Recht als Unternehmen, das danach strebt, den Wert der Rechtssicherheit zu verwirklichen, gelöst werden. Rechtssicherheit kann dabei nur durch das positive Recht, d.h. durch autoritativ gesetzte und sozial wirksame Normen, erreicht werden.[29]

Da die Moral selbst die Verwirklichung von Rechtssicherheit verlangt, unterscheidet *Alexy* zwischen zwei Stufen oder Ordnungen der Richtigkeit: Richtigkeit erster Ordnung und Richtigkeit zweiter Ordnung:

> „Die Richtigkeit erster Ordnung bezieht sich ausschließlich auf die ideale Dimension. Sie betrifft die Gerechtigkeit als solche. Die Richtigkeit zweiter Ordnung ist umfassender. Sie bezieht sich sowohl auf die ideale als auch auf die reale Dimension. Das bedeutet, dass es bei ihr sowohl um Gerechtigkeit als auch um Rechtssicherheit geht. Nun kann Rechtssicherheit nur durch Positivität erlangt werden. Auf diese Weise verknüpft der Anspruch auf Richtigkeit als Anspruch zweiter Ordnung sowohl das Prinzip der Gerechtigkeit als auch das Prinzip der Rechtssicherheit notwendig mit dem Recht.“[30]

Auf den ersten Blick scheint *Alexy* anzunehmen, dass der Richtigkeitsanspruch des Rechts nicht nur moralische oder inhaltliche Richtigkeit, sondern auch prozedurale oder formelle Richtigkeit umfasst. Eine authentischere Interpretation der Richtigkeit zweiter Ordnung ist jedoch, dass die Kriterien der recht-

---

[28] *R. Alexy*, Die Doppelnatur des Rechts, in: Der Staat 50 (2011), S. 389–404.

[29] *Alexy*, Law's Ideal Dimension (Fn. 6), S. 30–31.

[30] *Alexy*, Die Doppelnatur des Rechts (Fn. 28), S. 397.

lichen Richtigkeit aus zwei verschiedenen Arten von moralischen Prinzipien bestehen: dem materiellen Prinzip der Gerechtigkeit und dem formellen Prinzip der Rechtssicherheit. Tatsächlich vertreten die meisten Naturrechtstheoretiker auch die Ansicht, dass das Recht das Handeln der Menschen angeblich im Dienste höherer Ziele wie der Gerechtigkeit oder des Gemeinwohls steuert. Diese höheren Ziele erklären, warum das Recht seine handlungsbegründe Kraft hat: Wir haben Gründe, das Recht zu befolgen, und diese Gründe sind in der behaupteten Übereinstimmung der Rechtsnormen mit der Gerechtigkeit, dem Gemeinwohl oder zumindest dem Bedürfnis nach Rechtssicherheit verwurzelt. Normen, die der Gerechtigkeit zuwiderlaufen oder keine verbindlichen Lösungen für die Probleme der Koordination und Kooperation bieten, scheinen daher *qua* Recht defekt zu sein.[31]

Nach der Doppelnaturthese gehören sowohl das Prinzip der Gerechtigkeit als auch das Prinzip der Rechtssicherheit zu den Bedingungen der Nichtfehlerhaftigkeit des Rechts. Dennoch ist rechtliche Richtigkeit oder Nichtfehlerhaftigkeit nicht identisch mit Rechtsgeltung. Wie *Alexy* einräumt, impliziert weder die rechtliche Fehlerhaftigkeit als solche die rechtliche Ungültigkeit, noch impliziert die moralische Richtigkeit als Richtigkeit erster Ordnung unmittelbar die rechtliche Gültigkeit.[32] Wenn die „Natur" des Rechts als Existenz oder Geltung des Rechts verstanden wird,[33] bleibt die Doppelnaturthese eine Darlegung der Rolle schuldig, die das Prinzip der Gerechtigkeit und das Prinzip der Rechtssicherheit bei der Bestimmung der Existenzbedingungen des Rechts oder der Bedingungen der Rechtsgültigkeit spielen.

Auch hier ist ein funktionales Argument erforderlich, um von den Bedingungen der Nichtfehlerhaftigkeit zu den Existenzbedingungen des Rechts überzugehen. Die charakteristische Funktion einer funktionalen Art K liefert nicht nur einen Maßstab für die Bewertung eines Falls von K als fehlerhaftes oder nicht fehlerhaftes K, sondern spielt auch eine entscheidende Rolle bei der Erklärung, warum etwas als Fall von K gilt. Um ein Mitglied von K zu sein, muss ein mutmaßlicher Fall von K konstitutiv in der Lage sein, die charakteristische Funktion der Mitglieder von K zu erfüllen. Wenn etwas konstitutiv nicht in der Lage ist, diese Funktion zu erfüllen, zählt es nicht als Mitglied von K.[34]

Die Hauptfunktion von Weckern besteht beispielsweise darin, Menschen aus dem Schlaf oder einem kurzen Nickerchen zu wecken. Um diese Funktion

---

[31] *Crowe*, Natural Law Theories (Fn. 2), S. 91; *Moore*, Law as a Functional Kind (Fn. 26), S. 213–227; *Duke*, The Weak Natural Law Thesis and the Common Good (Fn. 2), S. 492–502.

[32] *Alexy*, Law's Ideal Dimension (Fn. 6), S. 30.

[33] *M. C. Murphy*, Two Unhappy Dilemmas for Natural Law Jurisprudence, in: The American Journal of Jurisprudence 60 (2015), S. 121–141 (122).

[34] *Crowe*, Natural Law Theories (Fn. 2), S. 170–173; siehe auch *J. Crowe*, Metaphysical Foundations of Natural Law Theories, in: G. Duke/R. P. George (Hrsg.), The Cambridge Companion to Natural Law Jurisprudence, 2017, S. 103–129 (120–121).

erfüllen zu können, muss ein Wecker eine Vorrichtung haben, die den Menschen weckt. In der Regel macht ein solches Gerät zu einer bestimmten Zeit Geräusche. Ein Wecker, der zwar eine Glocke hat, aber nicht zur eingestellten Zeit klingelt, ist ein fehlerhafter Wecker. Eine Uhr oder etwas anderes, das keine Vorrichtung hat, um Menschen zu einer bestimmten Zeit zu alarmieren, ist plausiblerweise überhaupt kein Wecker. Das Vorhandensein einer Vorrichtung, die Menschen zu einer bestimmten Zeit alarmiert, ist also eine notwendige Existenzbedingung, um ein Wecker zu sein.

In Anlehnung an das Beispiel des Weckers müssen sich die Existenzbedingungen des Rechts auf die Funktion des Rechts beziehen. Um eine Rechtnorm zu sein, muss eine Norm teilweise durch eine Eigenschaft oder Tatsache konstituiert sein, die geeignet ist, die handlungsbegründende Funktion des Rechts zu erfüllen, in der Regel im behaupteten Dienst der Gerechtigkeit und Rechtssicherheit. Aus diesem Grund können die Existenzbedingungen des Rechts als Verwirklichungsbedingungen dafür angesehen werden, rechtlich fehlerfrei zu sein, d. h. als Bedingungen dafür, die Funktion des Rechts angemessen erfüllen zu können. Diese funktionale Erklärung der Existenzbedingungen des Rechts kann, wie *Murphy* es ausdrückt, als *Argument der hypothetischen Notwendigkeit* bezeichnet werden.[35]

Wie oben dargelegt, sind sowohl das Prinzip der Gerechtigkeit als auch das Prinzip der Rechtssicherheit Maßstäbe für die Beurteilung, ob eine mutmaßliche Rechtsnorm fehlerhaft ist oder nicht, und die Bedingungen der Rechtsgültigkeit müssen Eigenschaften oder Tatsachen enthalten, die für die Verwirklichung der Gerechtigkeit oder der Rechtssicherheit erforderlich sind. Um das Prinzip der Gerechtigkeit zu verwirklichen, müssen die Bedingungen der Rechtsgültigkeit einige materielle moralische Kriterien enthalten, so dass eine richtige Verteilung oder ein gerechter Ausgleich durch die Rechtsnormen erreicht werden kann. Damit das Prinzip der Rechtssicherheit verwirklicht werden kann, müssen die Bedingungen der Rechtsgültigkeit einige Elemente der autoritativen Gesetztheit enthalten, weil Gesellschaften auf autoritative Entscheidungen angewiesen sind, um die Probleme der sozialen Koordination und Kooperation zu lösen, die sich aus moralischen Meinungsverschiedenheiten ergeben.[36]

Dennoch stellt *Alexy* fest, dass das Prinzip der Gerechtigkeit und das Prinzip der Rechtssicherheit wie Prinzipien ganz allgemein kollidieren können und dies auch oft tun. Die Kollision von Prinzipien wird durch Abwägung aufgelöst. So ist die Richtigkeit zweiter Ordnung eine Sache der Abwägung: Bei der Bestimmung der Bedingungen der Rechtsgültigkeit müssen das Prinzip der Ge-

---

35 *Murphy*, The Explanatory Role of the Weak Natural Law Thesis (Fn. 24), S. 11–16.

36 Siehe *P.-H. Wang*, On Alexy's Argument from Inclusion, in: Ratio Juris 29 (2016), S. 288–305 (301–302).

rechtigkeit und das Prinzip der Rechtssicherheit in ein richtiges Verhältnis gesetzt werden; nur so kann man das richtige Verhältnis der beiden Prinzipien im Diskurs über die Natur des Rechts erreichen.[37]

Alexy hat versucht, die drei Formen des Nichtpositivismus mittels der Abwägung zwischen dem Prinzip der Rechtssicherheit und dem Prinzip der Gerechtigkeit zu rekonstruieren. Der exklusive Nichtpositivismus räumt der Gerechtigkeit unter allen Umständen absoluten Vorrang vor der Rechtssicherheit ein, so dass eine ungerechte Norm, auch wenn sie autoritativ gesetzt wird und sozial wirksam ist, niemals rechtlich gültig ist. Im Gegensatz dazu räumt der superinklusive Nichtpositivismus der Rechtssicherheit unter allen Umständen absoluten Vorrang vor der Gerechtigkeit ein, so dass eine ungerechte Norm, solange sie autoritativ gesetzt wird und sozial wirksam ist, niemals ihre Rechtsgeltung verliert. In Bezug auf die Rechtsgeltung gibt es keinen Unterschied zwischen dem superinklusiven Nichtpositivismus und dem Rechtspositivismus, da beide behaupten, dass die Bedingungen der Rechtsgültigkeit nur aus den Elementen der autoritativen Gesetztheit und der sozialen Wirksamkeit bestehen.[38]

Nach *Alexys* Ansicht gibt der exklusive Nichtpositivismus der Gerechtigkeit zu viel Gewicht, und der superinklusive Nichtpositivismus gibt der Rechtssicherheit zu viel Gewicht. Nur der inklusive Nichtpositivismus gibt diesen beiden Prinzipien ein angemessenes Gewicht: „the correct result of this balancing is that the principle of legal certainty precedes justice in all cases of injustice except for the case of extreme injustice."[39] Nach *Alexys* inklusivem Nichtpositivismus ist eine autoritativ gesetzte und sozial wirksame Norm, selbst wenn sie ungerecht ist, immer noch rechtlich gültig, es sei denn, ihre Ungerechtigkeit erreicht ein extremes Maß.[40] Zusätzlich zu den Elementen der autoritativen Gesetztheit und der sozialen Wirksamkeit ist also das moralische Element „nicht extrem ungerecht zu sein" in die Bedingungen der Rechtsgültigkeit einzubeziehen, damit eine gültige Rechtsnorm richtig im Sinne der Richtigkeit zweiter Ordnung oder rechtlich nicht fehlerhaft sein kann.[41]

Das Richtigkeitsargument und die Doppelnaturthese scheinen zusammen mit dem funktionalen Argument der hypothetischen Notwendigkeit eine hybride Naturrechtsposition zu unterstützen: Der Richtigkeitsanspruch des Rechts schließt einen Anspruch auf moralische Richtigkeit ein, und einzelne Normen, die diesem Anspruch nicht gerecht werden, sind im Normalfall recht-

---

[37] *Alexy*, Die Doppelnatur des Rechts (Fn. 28), S. 397–398.

[38] *Alexy*, Law's Ideal Dimension (Fn. 6), S. 99.

[39] *R. Alexy*, Between Positivism and Non-Positivism? A Third Reply to Eugenio Bulygin, in: J. Ferrer Beltrán/J. J. Moreso/D. M. Papayannis (Hrsg.), Neutrality and Theory of Law, 2013, S. 225–238 (227).

[40] *Alexy*, Law's Ideal Dimension (Fn. 6), S. 98.

[41] *Wang*, On Alexy's Argument from Inclusion (Fn. 36), S. 303.

lich fehlerhaft und im Extremfall rechtlich ungültig. Mit anderen Worten: Ein moralischer Fehler *qua* rationalem Fehler macht eine Norm rechtlich fehlerhaft und dieser Fehler zerstört ihre Rechtsgeltung, wenn er die Schwelle zur extremen Ungerechtigkeit überschreitet. Es sei jedoch darauf hingewiesen, dass *Alexy* moralische Fehler im Allgemeinen als moralische Unrichtigkeit erster Ordnung versteht.[42] Wenn die rechtliche Richtigkeit auf die Richtigkeit zweiter Ordnung ausgedehnt wird, ist es zweifelhaft, dass ungerechte positive Rechtsnormen unterhalb der Schwelle extremer Ungerechtigkeit immer noch rational oder rechtlich fehlerhaft sein werden.

Wie bereits erwähnt, ist eine Norm nach naturrechtlicher Ansicht rational fehlerhaft, wenn sie nicht durch *entscheidende* Gründe für die Befolgung gestützt wird, wobei die handlungsbegründende Kraft der Rechtsnormen auf deren Förderung von Werten oder Zielen beruht, wie dem Prinzip der Gerechtigkeit und dem Prinzip der Rechtssicherheit. Nach *Alexy* sind Prinzipien *prima facie* oder genauer gesagt *pro tanto* Gründe, da sie eine Dimension von Gewicht haben und gegeneinander abgewogen werden können. Ein Prinzip allein kann nicht definitiv gewährleisten, dass eine Handlung, für die es ein Grund ist, durchgeführt werden soll, weil das Prinzip durch einige entgegenwirkende Prinzipien, die Gründe gegen die Handlung bieten, zurückgedrängt werden könnte. Um zu bestimmen, was *definitiv* getan werden soll, muss man Gründe und Gegengründe aus den relevanten Prinzipien unter bestimmten Umständen abwägen.[43] Dementsprechend ist das, was getan werden soll, eine Handlung, die man aus einem entscheidenden Grund durchführen soll, d.h. einem Grund, der schwerer wiegt als alle gegensätzlichen Gründe, sei es einzeln oder zusammengenommen.

Ob ein formelles Prinzip gegen ein materielles Prinzip abgewogen werden kann oder dieses sogar überwiegt, ist eine umstrittene Frage, zu der *Alexy* noch nicht zu einer abschließenden Position gelangt zu sein scheint.[44] Vorliegend soll jedoch diese Frage beiseitegelassen und angenommen werden, dass formelle und materielle Prinzipien gegeneinander abgewogen werden können. Nach *Alexy* ist das formelle Prinzip der Rechtssicherheit ein moralischer Grund

[42] *Alexy*, Law's Ideal Dimension (Fn. 6), S. 23–27, 53–56.

[43] Für Prinzipien als normative Gründe, siehe *R. Alexy*, Theorie der Grundrechte, 2. Aufl. 1994, S. 90–92; *P.-H. Wang*, Formal Principles as Second-Order Reasons, in: M. Borowski/S. L. Paulson/J.-R. Sieckmann (Hrsg.), Rechtsphilosophie und Grundrechtstheorie: Robert Alexys System, 2017, S. 429–448 (437–439).

[44] In einer Erwiderung auf einige Kritiker der formellen Prinzipien nimmt Alexy das epistemische Modell an, in dem formelle Prinzipien nicht direkt an der Abwägung erster Ordnung, d.h. der Abwägung der materiellen Prinzipien, beteiligt sind, sondern nur das Gewicht der materiellen Prinzipien angesichts der epistemischen Unsicherheit beeinflussen. Siehe *Alexy*, Law's Ideal Dimension (Fn. 6), S. 175–189. Für weiterführende Diskussionen dieses Problem betreffend, siehe *Wang*, Formal Principles as Second-Order Reasons (Fn. 43), S. 429–448.

für die Befolgung des positiven Rechts, d. h. von Normen, die autoritativ gesetzt wurden und sozial wirksam sind. Das materielle Prinzip der Gerechtigkeit ist ein moralischer Grund gegen die Befolgung des ungerechten positiven Rechts. *Alexy* erklärt:

> „The reason for the general priority of legal certainty over justice is the moral value and legitimacy of authoritativeness. But if moral reasons are relevant as reasons for abiding by the law, then moral reasons must also be relevant as reasons against abiding by the law; and if reasons of the same kind stand on both sides of a problem, then it is always possible that sometimes those on the one side will prevail, and sometimes those on the other. Thus, the possibility cannot be excluded that the moral reasons on the side of legal certainty will be outweighed by moral reasons on the side of justice. Precisely this is the case when the threshold of extreme injustice is crossed."[45]

Wenn positive Rechtsnormen extrem ungerecht sind, spricht die Abwägung der Gründe für ihre Nichtbefolgung. Bei extrem ungerechten Normen haben wir keinen entscheidenden Grund, sie zu befolgen, oder wir haben entscheidende Gründe, sie nicht zu befolgen. Der daraus resultierende rationale Fehler macht die Normen nicht nur rechtlich fehlerhaft, sondern auch rechtlich ungültig.

Wenn jedoch die Schwelle der extremen Ungerechtigkeit bei ungerechten positiven Rechtsnormen unterschritten wird, gibt es angesichts des allgemeinen Vorrangs des Prinzips der Rechtssicherheit vor dem Prinzip der Gerechtigkeit immer noch entscheidende Gründe für ihre Befolgung, weil umgekehrt die moralischen Gründe, die auf der Gerechtigkeit beruhen, unter diesen Umständen durch die moralischen Gründe, die auf der Rechtssicherheit beruhen, überwogen werden. Wenn also die Schwelle der extremen Ungerechtigkeit nicht überschritten wird, sind die ungerechten positiven Rechtsnormen nicht rational fehlerhaft. Mit anderen Worten sind ungerechte Rechtsnormen, solange ihre Ungerechtigkeit nicht ein extremes Ausmaß erreicht hat, rechtlich nicht fehlerhaft: Sie werden immer noch durch entscheidende Gründe gestützt, die auf dem Prinzip der Rechtssicherheit beruhen.

Zusammenfassend lässt sich sagen: Wenn der Richtigkeitsanspruch des Rechts ein Anspruch auf Richtigkeit zweiter Ordnung ist, der sowohl das Prinzip der Rechtssicherheit als auch das Prinzip der Gerechtigkeit mit den Bedingungen der Nichtfehlerhaftigkeit des Rechts verbindet, und wenn die Richtigkeit zweiter Ordnung eine Sache der Abwägung ist, dann sind ungerechte positive Rechtsnormen, die unterhalb der Schwelle der extremen Ungerechtigkeit liegen, zumindest auf der Ebene der Richtigkeit zweiter Ordnung rational nicht fehlerhaft und rechtlich richtig. Unterhalb der Schwelle der extremen Ungerechtigkeit sind ungerechte positive Rechtsnormen nur inhaltlich unrichtig oder moralisch fehlerhaft im Sinne der Richtigkeit erster Ordnung, aber, wie

---

[45] *Alexy*, Law's Ideal Dimension (Fn. 6), S. 79.

Alexy einräumt, sie sind immer noch gestützt durch entscheidende Gründe im Hinblick auf die richtige Abwägung der relevanten moralischen Gründe. Ungerechte positive Rechtsnormen sind nur dann rational fehlerhaft, wenn die Schwelle der extremen Ungerechtigkeit überschritten wird, und jeder rationale Fehler führt zum Verlust der Rechtsgeltung. Folglich ist *Alexys* nichtpositivistische Theorie im Gegensatz zu *Murphys* und *Crowes* Auffassung tatsächlich eine eingeschränkte Version der starken Naturrechtstheorie. Sie unterscheidet sich von den üblichen starken Naturrechtstheorien nur dadurch, dass sie rationale Fehlerhaftigkeit auf extreme Ungerechtigkeit beschränkt.

V. Schluss

In diesem Artikel habe ich gezeigt, dass *Alexys* nichtpositivistische Theorie des Rechts als eine Version der Naturrechtstheorie gelesen werden kann. Seine Argumente für den inklusiven Nichtpositivismus, die durch das von den meisten zeitgenössischen Naturrechtstheoretikern vorgebrachte funktionale Argument ergänzt werden, können die Behauptung untermauern, dass moralische Richtigkeit sowohl in den Bedingungen der Nichtfehlerhaftigkeit des Rechts als auch in den Bedingungen der Existenz des Rechts eine Rolle spielt. Wenn jedoch der Richtigkeitsanspruch des Rechts als Anspruch auf Richtigkeit zweiter Ordnung das richtige Abwägen moralischer Gründe auf beiden Seiten der Rechtssicherheit und der Gerechtigkeit erfordert, entspricht *Alexys* inklusiver Nichtpositivismus eher der starken Naturrechtsposition: Ein rationaler Fehler in einer Norm führt zu ihrer rechtlichen Ungültigkeit, während eine mutmaßliche Rechtsnorm nur dann rational fehlerhaft ist, wenn sie extrem ungerecht ist.

Autorenverzeichnis

Prof. Dr. Hidehiko Adachi
Kanazawa University (Japan), Faculty of Law, Professur für Rechtsphilosophie

Dr. Martín Aldao
Universidad de Buenos Aires (Argentinien), Facultad de Derecho, Instituto de Investigaciones Jurídicas y Sociales Ambrosio Lucas Gioja

Prof. em. Dr. Dr. h.c. mult. Robert Alexy
Christian-Albrechts-Universität zu Kiel, Rechtswissenschaftliche Fakultät, Hermann Kantorowicz-Institut für juristische Grundlagenforschung

Prof. Dr. Carsten Bäcker
Universität Bayreuth, Rechts- und Wirtschaftswissenschaftliche Fakultät, Lehrstuhl für Öffentliches Recht, Verfassungstheorie und Rechtsphilosophie

Prof. Dr. Carlos Bernal-Pulido
University of Dayton School of Law (USA), Professor of Law; ehemals Magistrado de La Corte Constitucional de Colombia

Prof. Dr. Martin Borowski
Universität Heidelberg, Juristische Fakultät, Institut für Staatsrecht, Verfassungslehre und Rechtsphilosophie, Lehrstuhl für Öffentliches Recht, Verfassungstheorie und Rechtsphilosophie

Prof. Dr. Laura Clérico
Universidad de Buenos Aires (Argentinien), Facultad de Derecho, Professorin für Verfassungsrecht; CONICET; Friedrich-Alexander-Universität Erlangen-Nürnberg, Rechts- und Wirtschaftswissenschaftliche Fakultät, Institut für Rechtsphilosophie und Allgemeine Staatslehre, Honorarprofessur für Verfassungsvergleichung und Menschenrechte

Prof. Dr. Virgílio Afonso da Silva
Universidade de São Paulo (Brasilien), Faculdade de Direito, Departamento de Direito do Estado

Prof. Leonardo Di Carlo
Università degli Studi di Foggia (Italien), Dipartimento di Giurisprudenza

Prof. Dr. María Elósegui
Richterin am Europäischen Gerichtshof für Menschenrechte (Strasbourg, Frankreich); Universidad de Zaragoza (Spanien), Facultad de Derecho, Lehrstuhl für Rechtsphilosophie

Prof. Dr. Andreas Funke
Friedrich-Alexander-Universität Erlangen-Nürnberg, Rechts- und Wirtschaftswissenschaftliche Fakultät, Lehrstuhl für Öffentliches Recht und Rechtsphilosophie

Prof. em. Dr. Dr. h.c. mult. Dieter Grimm, LL.M. (Harvard)
Humboldt-Universität zu Berlin, Juristische Fakultät; Permanent Fellow am Wissenschaftskolleg zu Berlin; Richter des Bundesverfassungsgerichts a.D.

Prof. Dr. Dr. Eric Hilgendorf
Julius-Maximilians-Universität Würzburg, Juristische Fakultät, Lehrstuhl für Strafrecht, Strafprozessrecht, Rechtstheorie, Informationsrecht und Rechtsinformatik

Prof. Dr. Nils Jansen
Westfälische Wilhelms-Universität Münster, Rechtswissenschaftliche Fakultät, Institut für Rechtsgeschichte, Lehrstuhl für Römisches Recht und Privatrechtsgeschichte sowie Deutsches und Europäisches Privatrecht

Prof. Dr. Matthias Klatt
Karl-Franzens-Universität Graz, Rechtswissenschaftliche Fakultät, Forschungszentrum Graz Jurisprudence, Lehrstuhl für Rechtsphilosophie

Prof. Dr. Josef Franz Lindner
Universität Augsburg, Juristische Fakultät, Lehrstuhl für Öffentliches Recht, Medizinrecht und Rechtsphilosophie

Prof. em. Dr. Georg Lohmann †
Otto-von-Guericke-Universität Magdeburg, Fakultät für Humanwissenschaften, Bereich Philosophie, Lehrstuhl für Praktische Philosophie

Prof. Dr. Alejandro Nava Tovar
Universidad Nacional Autónoma de México; Campus Azcapotzalco (Mexiko)

Prof. em. Dr. Dres. h.c. Ulfrid Neumann
Johann Wolfgang Goethe-Universität Frankfurt am Main, Fachbereich Rechtswissenschaft, Institut für Kriminalwissenschaften und Rechtsphilosophie

Dr. Jorge Alexander Portocarrero Quispe
Universidad Pontificia Comillas – ICADE, Facultad de Derecho; Centro de Estudios Políticos y Constitucionales, Madrid (Spanien)

Prof. Dr. Julian Rivers
University of Bristol (Vereinigtes Königreich), Law School, Professor of Jurisprudence

Prof. Dr. Jan Sieckmann
Friedrich-Alexander-Universität Erlangen-Nürnberg, Rechts- und Wirtschaftswissenschaftliche Fakultät, Institut für Rechtsphilosophie und Allgemeine Staatslehre, Professur für Rechtstheorie und Rechtsphilosophie

Prof. Dr. Alexandre Travessoni Gomes Trivisonno
Pontifícia Universidade Católica (PUC) de Minas Gerais; Universidade Federal de Minas Gerais (UFMG) (Brasilien); Ordinarius für Rechtstheorie und Rechtsphilosophie

Prof. Dr. Axel Tschentscher
Universität Bern, Rechtswissenschaftliche Fakultät, Institut für Öffentliches Recht, Ordentlicher Professor für Staatsrecht, Rechtsphilosophie und Verfassungsgeschichte

Prof. em. Dr. Mark Tushnet
Harvard University (Vereinigte Staaten von Amerika), Harvard Law School, William Nelson Cromwell Professor of Law

Prof. Dr. Peng-Hsiang Wang
Academia Sinica Taipeh (Taiwan), Institutum Iurisprudentiae, Associate Research Professor